West-Kanada
Alaska
Richtig Reisen

W0233260

Kurt Jochen Ohlhoff

Unter Mitarbeit von
Rainer W. Hamberger, Katrina Hartje,
Dieter Kreutzkamp, Karl Teuschl und
Wolfgang R. Weber

DuMONT

BUCHVERLAG KÖLN

Inhalt

Magische Weiten – West-Kanada und Alaska

Reisen in West-Kanada und Alaska

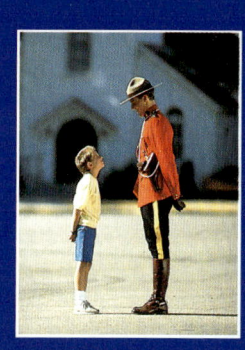

Serviceteil

Verzeichnis der Pläne und Karten

Magische Weiten –
West-Kanada
und Alaska

Unberührte Natur, alte Kulturen und lebendige Städte

Der Westen Kanadas und Alaskas: Das sind traumhafte Weiten mit unberührten Naturlandschaften von einer Vielfältigkeit, wie sie in Europa und sonstwo kaum anzutreffen sind. Endlose Prärien, riesige Wälder und Tundren, durchzogen von mächtigen Strömen und Wildwasserflüssen, majestätische Bergketten mit großen Gletscherfeldern, Zehntausende von Inseln und noch mehr Seen.

Zwei Regionen mit einer über 25 000 Jahre zurückreichenden Geschichte ihrer Ureinwohner sowie einer jungen und abenteuerlichen Vergangenheit, die kaum zwei Jahrhunderte alt ist, geprägt von Entdeckern, Trappern und Goldsuchern, Holzfällern und Siedlern. Noch heute verspürt man den Pioniergeist jener Zeit, und auch die alte Kultur der Ureinwohner ist noch nicht ganz verschwunden.

Weite Teile Kanadas sind unbewohnt, auf nicht eimal 5 % seiner Fläche siedeln Menschen. Über 90 % der Bevölkerung

leben in einem wenige hundert Kilometer breiten Streifen nördlich der US-amerikanischen Grenze, vornehmlich in den Ballungszentren weniger großer Städte wie Vancouver, Victoria, Edmonton, Calgary, Winnipeg, Saskatoon und Regina in West-Kanada. Auch in Alaska konzentriert sich der weitaus größte Teil der Bevölkerung in den Großstädten Anchorage und Fairbanks.

So vielseitig wie das Reisegebiet ist auch sein **Klima,** das von Gegensätzen geprägt wird, die den wenigsten Reisenden bewußt werden. Während im hohen Norden das ewige Eis der Arktik keine Vegetation zuläßt, wird in den südlichen Regionen von British Columbia sogar

Wein angebaut. Im Landesinneren von Alaska, dem Yukon und den Northwest Territories herrschen im Winter häufig Temperaturen von unter –50° C – im Sommer weisen dieselben Regionen warmes, oft sogar heißes Klima auf. Gemäßigter gestaltet sich das Wettergeschehen in den Küstenregionen von British Columbia und Südost-Alaska. Hier dominieren relativ trockene und warme Sommer, während im Winter häufige Niederschläge für eine üppig grüne Vegetation sorgen.

Geographische und klimatische Vielfalt West-Kanadas und Alaskas haben auch die Voraussetzungen für eine einzigartige **Tierwelt** geschaffen. In den nördlichen Regionen durchziehen Herden mit zigtausend Karibus die Tundra, Elche und Bären werden fast überall beobachtet. Alaska und British Columbia sind die Heimat der mächtigen Grizzlies – nur noch wenige Exemplare leben außerhalb dieser Regionen. Hier zählt man auch die meisten Bergziegen, Weißkopfseeadler und Trompeterschwäne der Welt. In den Küstengewässern tummeln sich Delphine, Orcas (Killerwale), Buckel- und Grauwale, Seelöwen und Seeotter. In jedem Jahr kämpfen sich Abermillionen Lachse die Flüsse aufwärts, um zu ihren Laichgebieten zu gelangen. Der Fischreichtum West-Kanadas und Alaskas ist legendär. Vor den Küsten Süd-Alaskas liegen die reichsten Fanggründe der Welt, und die unzähligen Flüsse und Seen der Region sind ein wahres Paradies für Angler.

West-Kanada und Alaska bieten so gut wie alles, was das Herz des aktiven Urlaubers höher schlagen läßt – locken von den vertrauten Pfaden des Alltags zu

Eismeer-Exkursion vor der Küste der Northwest Territories

Weite, sonnige Strände säumen die Küsten im Süden von British Columbia

immer neuen Erfahrungen und Erlebnissen.

British Columbia ist als Urlaubsregion wohl am vielseitigsten. Zahlreiche National- und Provinzparks bieten jede nur mögliche Art von Naturerlebnis und eine breite Palette an Freizeitaktivitäten. Abenteuerlustige können den wildromantischen Fraser Canyon auf einer spritzigen Wildwassertour kennenlernen, wer es gemütlicher mag, folgt dem parallel verlaufenden Transkanada Highway. Auf der legendären Cariboo Road, dem alten Goldsucher-Trail, gelangt man zum historischen Barkerville, das als ›lebendiges Museum‹ auch heute noch die Atmosphäre der Goldrausch-Ära spüren läßt.

Abseits der Touristenziele und nur wenig besucht, erschließt sich dem entdeckungsfreudigen Reisenden eine ganz andere Welt: die Queen Charlotte Islands an der Westküste von British Columbia, wild und ursprünglich, mit grün-dämmerigen, geheimnisvollen Regenwäldern, zerklüfteten Küsten und uralten, überwucherten Indianerdörfern, die mit Hilfe von indianischen Führern aufgesucht werden können. Zugänglicher ist die Kultur der Nordwestküsten-Indianer in rekonstruierten Dörfern wie im 'Ksan Indian Village bei Hazelton mit seinen Plankenhäusern und Totempfählen.

Vancouver Island zieht Naturfreunde an, die Wale beobachten möchten oder auf dem legendären West Coast Trail die Wildnis der Regenwälder hautnah erleben wollen. Reizvoll ist eine Entdeckungsreise mit der Fähre durch die dichtbewaldete Inselwelt vor den Küsten von British Columbia und Südost-Alaska mit ihren Fjorden, Buchten und vergletscherten Bergketten.

Im Osten, an der Grenze zu Alberta, schließt sich die grandiose Bergwelt der Rocky Mountains an. Einer der Höhepunkte ist die Fahrt auf dem spektakulären Icefields Parkway, der Kanadas berühmteste Nationalparks, Banff und Jasper, miteinander verbindet: überwältigende Ausblicke auf Felsgipfel, blühende Bergwiesen, tosende Wasserfälle, schimmernde Gletscher und türkisfarbene Seen – aneinandergereiht wie auf einer Perlenschnur.

Alberta bedeutet nicht nur sattgrünes Farmland und sanfte, hügelige Prärie. Hier warten Canyons und die *badlands,* eine sonnendurchglühte urweltliche Landschaft mit bizarren Sandsteinformationen, Fossilien und Dinosaurier-Skeletten. Auch der ›alte Westen‹ ist hier noch lebendig, wo die großen Rinderherden getrieben werden, Cowboys auf den Rodeos ihre atemberaubenden Reiterkunststücke zeigen und die farbenpräch-

warten im Nordland noch namenlose Bergketten und wilde, völlig unberührte Flüsse. Wanderer können auf den Spuren der Goldsucher über den Chilkoot Pass trekken. Bequemer ist die Fahrt mit dem Auto auf dem Dempster Highway zum Eismeer – vom alten Goldgräberort Dawson City bis nach Inuvik an der Nordküste des Kontinents.

Alaska, der größte US-Staat im äußersten Nordwesten von Nordamerika, steht als Reiseziel seinem Nachbarn in nichts nach: ein gewaltiges Land mit 6000 m hohen Bergketten, breiten Wildnisflüssen und einsamen Küsten am Pazifik, an der Beringsee und am Polarmeer. Diejenigen, die Abenteuer und besondere Erlebnisse suchen, werden auch hier voll auf ihre Kosten kommen. Exkursionen führen zu den größten Bären der Welt auf Kodiak Island und der Katmai Peninsula, man kann sich von Buschpiloten in die Eiswelt des Mount McKinley fliegen lassen, dem höchsten Berg Nordamerikas, oder ganz geruhsam mit der Alaska-Fähre den Spuren russischer Pelzhändler durch Südost-Alaska folgen. Dort erstreckt sich mit der Glacier Bay auch eines der spektakulärsten Gletschergebiete der Welt, umrahmt von den 5000 m hohen Bergen der St. Elias- und Fairweather Range. Haushohe, ins Meer ›kalbende‹ Gletscher und eine faszinierende Tierwelt mit Buckel- und Schwertwalen, Grizzlies und Weißkopf-Seeadlern gehören zu den Hauptattraktionen dieses Nationalparks.

Wer großstädtisches Flair sucht, ist in vitalen **Städten** mit ihrem kunterbunten kulturellen Angebot und vielfältigen Attraktionen genau richtig. Hervorragende Museen bieten einen Einblick in die Kultur der Ureinwohner, allen voran das Museum of Anthropology in Vancouver, das umfassend über die Nordwestküsten-Indianer informiert oder das Glenbow Mu-

tigen *pow wows* der Indianer stattfinden. Und wer schon immer mal Cowboy spielen wollte, kann dies bei Ferien auf einer Ranch in Zentral-British Columbia, Alberta und auch in den Nachbarprovinzen **Manitoba** und **Saskatchewan** nachholen. Dort, wo die Menschen in verschlafenen Provinznestern Jeans und karierte Hemden tragen und noch gastfreundlicher sind als anderswo.

Abenteurer folgen dem ›Ruf des Nordens‹ zum **Yukon** und den **Northwest Territories,** riesige Gebiete mit überwältigenden Landschaften: wilde Bergwelten, dunkle Fichtenwälder mit glitzernden Seen und Flüssen im Süden, weite Tundra im Norden bis zur Küste des Eismeers. Dort gibt es noch Regionen, die sich seit den Tagen der ersten Entdecker nicht verändert haben, eine großartige Tierwelt mit Eisbären, Moschusochsen, Elchen, Luchsen und Dallschafen. Auf Kanuten und Schlauchbootwanderer

Stadtbummel in Victoria

seum in Calgary, das eine der umfangreichsten Sammlungen zur Geschichte der Prärie-Indianer beherbergt.

Das kosmopolitische **Vancouver** mit seiner einmalig schönen Lage zwischen Meer und Bergen, nahen Wildnisgebieten und einem Überangebot an Freizeitaktivitäten ist schon alleine einen Urlaub wert. Die Stadt gilt auch als architektonisches Schaufenster Kanadas. Hier ist Arthur Erickson zu Hause, von vielen als Kanadas größter Architekt angesehen. Das von ihm entworfene Museum of Anthropology besticht durch seine beispielhafte Umsetzung der Raumvorstellungen der Westküsten-Indianer in Beton und Glas, die weltweit höchste Anerkennung gefunden hat. Nicht weniger Aufsehen erregte eine ästhetisch hervorragend gelungene Umgestaltung von Vancouvers Innenstadt durch die Anlage des Robson Square-Komplexes. Eberhard Zeidler, ebenfalls ein kanadischer Baumeister von internationalem Rang, hat Vancouver mit einem städtebaulichen Wahrzei-

chen versehen, dem futuristisch anmutenden Kongreßzentrum Canada Place, das wie ein riesiges Schiff mit geblähten weißen Segeln in den Hafen ragt. Erickson und Zeidler haben maßgeblich dazu beigetragen, daß Kanada heute zu den führenden Architekturnationen gehört.

Auch die anderen großen Städte West-Kanadas haben in den letzten beiden Jahrzehnten ihr Gesicht völlig verändert. Calgary erinnert mit seinen schimmernden Wolkenkratzern an ein ›Manhattan‹ in der Prärie, und auch in Edmontons Downtown ragen die Glaspaläste der Banken und Ölfirmen in den Himmel. Die Stadt hat sich eine weltweit einmalige Attraktion zugelegt: die West Edmonton Mall, ein Einkaufs- und Freizeitparadies der Superlative – nicht nur für Technikbegeisterte sehenswert. Trotz supermoderner Revitalisierung der Städte sind Parks und Grünanlagen nicht zu kurz gekommen und weit großzügiger gestaltet als in anderen nordamerikanischen Städten.

Die Region heute: Wirtschaft und Umwelt

Attraktiv ist der Westen Kanadas schon immer gewesen. Nicht nur für seine Besucher – auch die Kanadier hat es aus wirtschaftlichen Gründen schon früh in die Westprovinzen gezogen. Den größten Aufschwung erlebte die Wirtschaft West-Kanadas durch Schiffbau und Flugzeugindustrie während des Zweiten Weltkrieges. Neue Industrien, Ausbau der Holzwirtschaft und eine verstärkte Orientierung auf den pazifischen Wirtschaftsraum in British Columbia sowie die Erschließung großer Erdölvorkommen in Alberta und Alaska brachten ein enormes Wachstum für die Region mit sich. Entsprechend wuchs auch die Bevölkerung. Der alte Pionierslogan ›Go West Young Man‹ gewann neue Bedeutung. Ströme von Zuwanderern aus dem östlichen Teil Kanadas, aber auch Einwanderer aus aller Herren Länder zog es in das Land der Zukunft, die Westprovinzen.

In jüngster Zeit kommen vor allem wohlhabende Chinesen aus Hongkong nach Vancouver, die ihre Familien, Firmen und Vermögen vor einem möglichen Zugriff der Volksrepublik im Jahr 1997 bewahren wollen. Seit Ende der 80er Jahre reisten über 100 000 chinesische Staatsbürger ein. Sie brachten Jobs, Können, Unternehmergeist und vor allem Kapital, was für Vancouver eine kräftige Vitalitätsspritze bedeutete und British Columbia half, die Rezession besser als andere kanadische Provinzen zu überstehen. Allerdings sind dadurch die Preise deutlich angestiegen, besonders bei Immobilien, so daß der Traum vom eigenen Haus zumindest in Vancouver für die Kanadier immer schwieriger zu erfüllen ist. Ein Umstand, der selbst in dieser so kosmopolitischen Stadt zu Spannungen zwischen Einheimischen und Einwanderern führte.

Ein wichtiger Faktor des wirtschaftlichen Aufschwungs ist der Tourismus. Seit 1970 haben sich vor allem British Columbia und Alberta als beliebteste Urlaubsregionen etabliert. Die rasche Entwicklung brachte auch ein verstärktes politisches Selbstbewußtsein mit sich. Kanadas Westprovinzen, die sich schon immer von den politischen und wirtschaftlichen Machtzentren Ost-Kanadas isoliert sahen, äußern ihren Unmut bis hin zu deutlich separatistischen Tendenzen. Ganz deutlich wurde dies 1993 bei den kanadischen Bundeswahlen, als populistische Protestbewegungen in den Westprovinzen einen enormen Zuwachs erhielten. Man ist der Meinung, daß der eigene Beitrag für die kanadische Einheit zu hoch ist und hat kein Verständnis für die Sonderwünsche des frankophilen Kanada. Vor allem Alberta, mit seinen riesigen Erdgas- und Ölvorkommen und einer prosperierenden Landwirtschaft das Wirtschaftswunderkind Kanadas, fühlt sich durch die nationale Energiepolitik bevormundet und will nicht für den Rest des Landes bezahlen, zumal seit dem Ölpreisverfall der letzten Jahre auch hier die Euphorie eines ungebremsten Wachstums nüchterner Sparsamkeit gewichen ist.

Das Verhältnis zum großen Nachbarn im Süden ist nicht ohne Probleme. An der Westküste lebt man mit den Amerikanern im ständigen Streit über die Fangquoten für Lachse. Kanada ist der Meinung, daß die US-Fischer sich viel zu ungeniert aus dem grenzüberschreitenden Angebot an Edelfisch bedienen, deshalb weniger Lachse zum Laichen in die Flüsse von British Columbia zurückkehren und die kanadischen Fischer geringere Fangergebnisse erzielen.

Bedeutendster Wirtschaftsfaktor in British Columbia ist jedoch nach wie vor die Forstwirtschaft. Von den weltweit produzierten 120 Mio. Tonnen Zellstoff liefert Kanada etwa jede zehnte. Die Hälfte davon stammt aus den Wäldern British Columbias. Obwohl die Erträge der Forstwirtschaft ihren Höhepunkt überschritten haben dürften, stellen Holzeinschlag und holzverarbeitende Industrie immer noch etwa 16 % des Bruttoinlandproduktes. Über 200 000 Menschen sind von diesem Wirtschaftszweig abhängig, viele davon in Regionen, die keine anderen Industrien aufweisen.

In der Vergangenheit wurde an den scheinbar unerschöpflichen Wäldern der Westküste schwerer Raubbau betrieben. Und trotz gegenteiliger Beteuerungen der Politiker steht fest, daß auch in den letzten Jahren mehr Wald gerodet wurde als nachwachsen kann. Selbst die häßlichen großen Kahlschläge sind nicht unterblieben. Nun ist die Regierung in die Defensive gedrängt worden. Die schon lange währenden Proteste gegen die Abholzung der Urwälder British Columbias haben eine neue Dimension angenommen. ›Greenpeace‹ und andere Umweltschutzorganisationen rufen zum internationalen Boykott von Holzprodukten aus kanadischen Kahlschlaggebieten oder Primärwäldern auf. Mit Erfolg, denn englische und deutsche Papierhersteller und Zeitschriftenverlage haben bereits ihre Zustimmung erklärt, keine Produkte mehr von British Columbias größtem Holzkonzern MacMillan Bloedel zu beziehen. Anlaß der neuen Kampagne ist die Entscheidung der Provinzregierung, wesentliche Teile eines 350 000 ha großen Primärwaldes am Clayoquot Sound (sprich Klakwut) auf Vancouver Island zur Abholzung freizugeben. Der Clayoquot Sound ist weltweit eines der größten noch verbliebenen, zusammenhängenden Gebiete des gemäßigten Regenwaldes, auf das zudem auch noch die 3000 dort ansässigen Indianer Anspruch erheben.

Der Streit über Holzeinschlag in diesem Gebiet folgt einer Reihe von bitteren Auseinandersetzungen über die Abholzung von British Columbias Urwäldern. An den Protesten sind zunehmend auch Vertreter der *First Nations,* Kanadas Ureinwohner, beteiligt. 1984 machten Umweltschützer und Indianer Front gegen die Abholzung von Meares Island an der Westküste von Vancouver Island. Sie blockierten Zufahrtswege und hinderten Holzfäller an der Landung auf der Insel. Ein Jahr später entschied ein Gericht in British Columbia, die Besitzansprüche der Indianer müßten erst entschieden werden, bevor mit dem *logging* begonnen werden dürfe. Inzwischen haben die Indianer Erfolg gehabt. Auch die Haida-Indianer auf den Queen Charlotte Inseln verhinderten 1985 die Abholzung im South Moresby Archipel. 1987 wurde das gesamte Gebiet zum Nationalpark erklärt und damit jegliches Holzfällen verboten. 1988 formierte sich Widerstand gegen die Abholzung der Wälder im Stein Valley im Fraser Canyon. Hier wurde inzwischen der nördliche und der südliche Teil zu Schutzgebieten erklärt. Im gleichen Jahr verhinderten Proteste ein Abholzen der uralten Sitka-Fichten im Carmanah Valley auf Vancouver Island durch MacMillan Bloedel. 1990 wurde das Gebiet geteilt: die eine Hälfte wurde zum neuen Provinzpark erklärt, in der anderen darf weiterhin gefällt werden.

Um langfristigen wirtschaftlichen Schaden abzuwenden – und wohl auch um nicht ihre international gute Umweltreputation zu verlieren, muß die kanadische Regierung, und vor allem die Provinz British Columbia etwas tun. So soll der Anteil der Naturschutzgebiete sich bis zum Jahr 2000 von 6 % auf 12 % erhöhen, und durch wesentlich strengere Bestimmungen will man eine bessere Überwachung der Forstbetriebe erreichen. Außerdem soll die Wiederaufforstung verbessert und die Zahl und Größe der Kahlschläge erheblich begrenzt werden. Ganz auf Abholzung verzichten, wie viele Umweltschützer fordern, kann man in British Columbia wohl nicht. Bei einer Arbeitslosenzahl von über 10 % würde dies größte soziale Konflikte schaffen, die keine Regierung überstehen würde.

Auch in Alaska ging die wirtschaftliche Entwicklung vor allem in den letzten 30 Jahren rasant voran. Hier lockte das große Geld Scharen von Amerikanern aus den *lower 48,* den amerikanischen Bundesstaaten südlich des 48. Breitengrades, an. Bedingt durch die riesigen Ausmaße des Landes und der extremen klimatischen Verhältnisse ist die Infrastruktur Alaskas vielerorts noch recht primitiv. Außerhalb der drei größten Städte Anchorage, Fairbanks und Juneau fehlt es meistens an Wasser- und Abwasserleitungen, und elektrischer Strom muß oft durch aufwendige Selbstversorgung mit Dieselgeneratoren erzeugt werden. Besonders in den entlegenen Indianer- und Eskimodörfern, die heute längst an den ›Segnungen‹ der Zivilisation mit Fernseher und Schneemobil teilhaben, muß der Dieselkraftstoff mit großem Kostenaufwand eingeflogen werden.

Erste wichtige Wirtschaftsimpulse brachten die Erschließung des Landes durch den Alaska Highway, der im Zweiten Weltkrieg aus militär-strategischer Notwendigkeit in die Wildnis geschlagen wurde. Die großen Ölfunde in der Prudhoe Bay am Arktischen Ozean und die Vollendung des Jahrhundertprojekts Alaska-Pipeline 1977 veränderten den Staat am Polarkreis dann radikal. Über eine Entfernung von fast 1300 km trans-

Kanadas Wirtschaftszweig Nr. 1 ist die Forstwirtschaft

portiert die Alyeska-Pipeline bis zu 1,2 Mio. Faß Erdöl pro Tag. Von dieser Entwicklung betroffen war vor allem das Leben der etwa 20 000 Ureinwohner, zu denen außer Eskimos und Aleuten auch die Indianerstämme der Haida, Athapasken und Tlingit gehören.

Bevor das Alaska-Öl gefördert werden konnte, mußte der Gebietsanspruch der Ureinwohner geklärt werden. Mit dem ›Alaska Native Claims Settlement Act‹ übertrug der US-Kongreß 1971 den Indianern und Eskimos die Nutzungsrechte über ein Zehntel des Landes. Außerdem wurde ihnen eine Entschädigung von fast einer Milliarde Dollar gewährt. Die eingeborenen Alaskaner, die bis dahin überwiegend vom Fischfang und der Jagd lebten, mußten sich von da an mit den Gesetzen der kapitalistischen Marktwirtschaft vertraut machen. Deshalb schlossen sie sich in 13 regionalen Genossenschaften, den *corporations* zusammen, die heute zum Teil Wirtschaftsunternehmen beachtlicher Größe darstellen. Kapital wurde in die verschiedensten Zweige wie Tourismus, Wohnungsbau, Handel, Schiffs- und Flugzeuggesellschaften investiert. Nach anfänglichen Schwierigkeiten haben viele der Indianer- und Eskimosiedlungen heute ein gutes Auskommen. Dennoch gibt es Probleme, denn viele der Ureinwohner haben den jähen Wechsel von einer naturorientierten Lebensweise in ein hochtechnisiertes Leben nicht geschafft.

Der Bau der Pipeline und der damit einhergehende Boom brachten ökologischen Raubbau und soziale Probleme mit sich, die die gewachsenen Strukturen der einheimischen Bevölkerung zunehmend zerstörten. Dies ging nicht ohne Proteste vonstatten. So erlebte Alaska schon damals eine Umweltdiskussion mit Demonstrationen, wie man sie bis dahin nicht gekannt hatte. Nicht ohne Erfolg, denn geblieben ist ein verstärktes ökologisches Bewußtsein, Umweltgesetze wurden verbessert oder neu geschaffen und zusätzliche Naturschutzgebiete entstanden. Als eine seiner letzten Amtshandlungen unterschrieb Präsident Jimmy Carter 1980 den ›Alaska National Interest Lands Conservation Measures Act‹. Eine wirklich revolutionäre Gesetzgebung, denn sie vergrößerte den bisherigen Bestand an Naturschutzgebieten von 12 Mio. auf über 42 Mio. ha. Riesenregionen wie die Wrangells Mountains, Glacier Bay und Gates of the Arktic wurden dem Nationalparksystem hinzugefügt. Andere Gebiete wie Admiralty Island, Bering Land Bridge und große Teile der Alaska Peninsula kamen unter den Schutz der Bundesregierung.

Nur zwölf Jahre nachdem das erste Öl das Ende der Pipeline in Valdez erreichte, wurde die Umweltdiskussion neu entfacht. Am 24 März 1989 lief im maleri-

Ölbohrung in Süd-Alberta

schen Prince William Sound der mit 163 000 t Rohöl beladene Supertanker »Exxon Valdez« auf Grund. Fast 40 Mio. Liter flossen aus und verschmutzten über 2000 km Küste – mit verheerenden Folgen für Alaskas reiche Tierwelt. Inzwischen sind zwar die direkten Folgen der Ölpest nicht mehr sichtbar, langfristige Schäden an Vogelwelt und Meeresfauna aber noch nicht abzusehen. Die gigantische Rettungs- und Säuberungsaktion in den Wochen und Monaten nach der Ölkatastrophe kostete den Ölkonzern Exxon über zwei Milliarden Dollar plus weitere 1½ Milliarden Dollar Schadensersatz. Für viele Alaskaner in der Rezession eine willkommene Finanzspritze. Alaskas 550 000 Einwohner lebten zwei Jahrzehnte im Überfluß. Der Staat, der über 85 % seines Haushalts durch Einnahmen aus der Ölförderung deckt, konnte es sich leisten, weder Einkommen- noch Verkaufssteuer zu erheben. Nicht nur das, jeder Einwohner erhält alljährlich eine Gutschrift von bis zu tausend Dollar von der Staatsregierung. Der Verfall des Ölpreises seit 1986 und rückläufige Erträge der Ölfelder in der Prudhoe Bay haben den Politikern in Juneau seit ein paar Jahren kräftige Defizite beschert. Für jeden Dollar, den der Ölpreis pro Faß sinkt, fehlen 150 Mio. Dollar in der Staatskasse.

So bleibt die Verwaltung der natürlichen Resourcen das wichtigste Thema in Alaska. Jetzt, da das Öl aus der Prudhoe Bay weniger wird und die Spuren des Exxon-Desasters verschwunden sind, wird wieder heiß diskutiert, ob im polaren Küstengebiet der Arktic National Wildlife Refuge nach neuen Ölquellen gebohrt werden darf. Umweltschützer wehren sich vehement dagegen, und der größte Teil der Öffentlichkeit in den USA ist über die Gefährdung dieses höchst empfindlichen Ökosystems ebenfalls empört.

Robbe im Prince William Sound, Süd-Alaska

So wird die Politik des Staates dominiert von ständigen Konflikten zwischen Umweltschützern, Ölproduzenten, Holzfällern, Fischern und Jägern. Die Alaskaner halten sich für zäher und unabhängiger als ihre Landsleute im Süden. Sie wollen ganz im Sinne der alten Pioniermentalität ihr Glück machen, das riesige Potential ihres Staates ausnutzen und seine Bodenschätze erschließen. Dabei fühlen sie sich von der Bundesregierung in Washington, die etwa 80 % Alaskas unter ihrer Verwaltung hat, gehindert. Die meisten Amerikaner in den anderen Bundesstaaten wollen mehr Umweltschutz und sehen in Alaska die Chance, einige der letzten großen Wildnisgebiete und Ökosysteme der Welt für immer zu bewahren. Seit der »Exxon Valdez«-Katastrophe, die wie keine andere die amerikanische Öffentlichkeit aufgerüttelt hat, haben Sie nicht nur moralischen Rückhalt. So soll der weitaus größte Teil der Exxon-Gelder für den Ankauf und Schutz gefährdeter Gebiete verwendet werden. Auch die ständig wachsende Bedeutung des Tourismus als Wirtschaftsfaktor in Alaska wie auch in West-Kanada wird allmählich zum gewichtigen Argument, wenn es darum geht, die Interessen der Öl- und Holzindustrie zurückzudrängen. Denn nur eine noch intakte Natur bietet Anreiz, diese Regionen zu bereisen.

Landeschronik: Pelzhändler, Abenteurer und Goldsucher

von Dieter Kreutzkamp und Kurt J. Ohlhoff

Monolog am Lagerfeuer:

»Du mußt wissen, mein Sohn, es ist lange her, noch bevor der Vater deines Vaters geboren war, ja vor der Geburt des Großvaters meines Urgroßvaters. Es war, bevor der weiße Mann kam, da lebten unsere Vorfahren in einem entfernten Land, welches sie heute Sibirien nennen. Mutige Männer, tapfer beim Fischfang. Einer war der Kühnste, sein Ruhm bekannt im ganzen Land.

Eines Tages half er einem Riesen im Kampf gegen einen Rivalen. Und der getötete Gigant stürzte in das Meer, eine Brücke zwischen den Kontinenten bildend. Nun machten sich unsere Vorfahren auf, von Rußland nach Alaska, vorsichtig den Leib des Riesen als Brücke benutzend.

Lange dauerte es, viele von uns hatten schon das neue Land erreicht, als der Körper des Riesen zerfiel. Und das Meer spülte die Reste fort. Hier und dort siehst du noch heute einen Knochen aus dem Meer ragen. Wie Splitter in der See verstreut. Nur die, welche die Geschichte unseres Volkes nicht kennen, nennen sie ›Aleuten-Inseln‹.«

Und sie schwiegen lange. Der Junge und der Alte. Nur das Lagerfeuer knisterte.

(Aus den Legenden der Athabasca-Indianer)

Die geschriebene Geschichte West-Kanadas und Alaskas ist kurz und reicht nur wenige hundert Jahre zurück. Doch prähistorische Zeugnisse werfen ein kurzes Streiflicht auf die Lebewesen, die den Nordwesten des Kontinents vor Jahrtausenden bevölkert haben.

vor 35 000 v. Chr. Über die Beringstraße, einer wegen niedriger Weltmeeresspiegel freiliegenden Landverbindung zwischen Asien und Amerika, wandern nomadisierende Jägervölker aus Asien in mehreren Wellen auf den amerikanischen Kontinent. Funde in Old Crow, einem Dorf im nördlichen Yukon Territorium, bringen den bislang ältesten Beweis für menschliches Leben in Nordwest-Amerika: ein bearbeiteter Karibuknochen, 27 000 Jahre alt.

17 000 v. Chr. Der Nordwesten ist ein Land unter dem Eis. Bis zu drei Kilometern türmen sich die Eismassen an der Hudson Bay. Und doch gibt es eisfreie Zugänge, Verbindungswege für die jagenden, nomadisierenden Neuankömmlinge von jenseits der Beringsee: den eisfreien Korridor des Yukon-Beckens und das zentrale Flachland von Alaska. Mit zunehmender Erwärmung, dem Schmelzen der Eismassen und dem Steigen der Weltmeere, wandern die Menschen aus den Niederungen auf höher gelegene Landschichten. Zurück bleiben Millionen Seen, die sich heute wie ein Labyrinth über Tausende von Kilometern von den Nordwest-Territorien über den Norden Saskatchewans, Manitoba, Ontario bis nach Quebec erstrecken.

5000 v. Chr. Die indianische Bevölkerung ist dünn gestreut. Die Menschen leben als Jäger, Beerensammler, Fischer. Völkische Zugehörigkeiten haben sich noch nicht gebildet. Erst später wird sich eine klare sprachliche Trennung in zwei Hauptgruppen vollziehen – die Algonquin in Mittel- und Ost-Kanada und die Athabasca im Nordwesten.

ab 2000 v. Chr. Andere Neuankömmlinge, angepaßt an das rauhe Klima, besiedeln das arktische Küstengebiet. Die Züge wirken mongolisch, ihre frühere Heimat war vermutlich Nordost-Asien. Sie leben in kleinen isolierten Gruppen, fertigen ausgezeichnete Steinwerkzeuge, leben hauptsächlich vom Meer, das sie in kleinen Booten befahren. Auch Karibu und Moschusochsen werden gejagt. Für sie und ihre Nachkommen wird die Geschichtsschreibung Namen wie *Okvik, Ipiutak,* aber vor allem *Dorset* finden.

1000 n. Chr. Die Dorset-Menschen werden im Norden Kanadas von den aus Alaska einwandernden *Thule* verdrängt. Es sind die Vorfahren der *Eskimos,* die sich an Nordamerikas polaren Küsten entlang bis Grönland verbreiten werden. *Eskimo* ist ein Wort aus der indianischen Sprache, gleichbedeutend mit ›Rohfleischesser‹. Sie selbst bezeichnen sich als *Inuit,* was ›Mensch‹ bedeutet. Ihre Sprache ist nicht verwandt mit einer sonst in Amerika gesprochenen Sprache, mit Ausnahme jener der Aleuten.

1497 Nur fünf Jahre nach Kolumbus landet als erster Mitteleuropäer der im Dienst der englischen Krone stehende Venezianer Giovanni Caboto an der Atlantikküste Kanadas.

1534–1535 Jacques Cartier erforscht den St.-Lorenz-Strom und begründet Frankreichs Anspruch auf die neuen Territorien in Amerika. In seinen Berichten erscheint zum erstenmal der Name *kanata,* der irokesische Begriff für Dorf.

1576–1578 Der Engländer Martin Frobisher unternimmt drei Reisen in die arktischen Gewässer, um die Nordwestpassage zu finden.

1579 Sir Francis Drake kommt auf seiner Weltumsegelung auch in die Küstengewässer nördlich von San Francisco, vielleicht sogar bis Vancouver Island. Er erhebt im Namen Englands Anspruch auf die Region.

1592 Der Spanier Juan de Fuca segelt in die Gewässer im Süden von Vancouver Island. Er glaubt im Puget Sound die Nordwestpassage entdeckt zu haben.

1603–1608 Samuel de Champlain kartographiert den St. Lorenz und gründet die Siedlung Quebec.

1610 Henry Hudson, englischer Seefahrer, sucht einen Seeweg von Europa nach Asien durch das Nordpolarmeer. An Bord seines Schiffes »Discovery« befinden sich außer ihm und seinem Sohn noch 19 Seeleute. Als das Schiff im August einen großen See erreicht, glaubt Hudson, die begehrte Passage nach Westen gefunden zu haben. In Wirklichkeit handelt es sich um die später nach ihm benannte Bucht. Anfang September beschließt Hudson die Überwinterung im Eis. Extreme Kälte und lange Nächte führen zu Zerreißproben zwischen Kapitän und Besatzung. Endlich, Mitte Juni 1611, schmilzt das Eis. Die »Discovery« nimmt Kurs Nordwest. Doch am 22. Juni kommt es zur Meuterei. Henry Hudson, sein Sohn sowie acht weitere Männer werden in einem Beiboot ausgesetzt. Ihr Schicksal ist besiegelt. Die Meuterer nehmen Kurs auf England. Die Bay aber erhält Hudsons Namen.

1670 In London, Tausende von Meilen entfernt, wird von Prince Rupert, einem Vetter des englischen König Charles II., und 17 Kaufleuten, eine Gesellschaft gegründet, die den klingenden Namen trägt: »The Governor and Company of

Adventurers Trading into Hudson's Bay«. Ihre Rechte: Ausübung des Pelzhandels im Einzugsgebiet aller Gewässer, die in die Hudson Bay münden. Dabei hat man noch überhaupt keine Vorstellung, wie groß das Gebiet ist, auf das man Anspruch erhebt: *Rupert's Land* umfaßt ein Territorium von insgesamt vier Mio. qkm. Man ist vor allem an Biberpelzen interessiert, denn für die neue Hutmode in Europa – seidigglänzende Zylinder – braucht man das wollige Haar des Unterpelzes der Nagetiere. Riesige Profite winken den Wagemutigen. Die königliche Charta ermächtigt die Gesellschaft zum Schutz ihrer Interessen Männer unter Waffen zu halten und gewährt weitreichende politische Rechte. Erste Niederlassungen werden gebaut: York Factory und später Churchill an der Hudson Bay. Die »Gesellschaft der Abenteurer« ist heute noch unter dem Namen »Hudson's Bay Company« bekannt.

1689 Beginn der Kämpfe zwischen Frankreich und England, da sich die Franzosen mit der Präsenz der immer mächtiger werdenden Hudson's Bay Company im Norden des Landes nicht abfinden wollen. Die Indianerstämme sind auf beiden Seiten an den teilweise mit äußerster Grausamkeit geführten Kämpfen beteiligt. Von den nächsten 74 Jahren sind nur drei Jahrzehnte Frieden.

1741 Vitus Bering, ein Däne im Auftrag des russischen Zaren, betritt als erste Weißer den Boden Alaskas. Am 16. Juli 1741, dem Geburtstag des heiligen Elias, benennt er die vor ihm liegenden Berge zu Ehren des russischen Heiligen. Es wird Berings letzte Reise sein. Ausgemergelt von Entbehrungen und Krankheiten, stirbt er auf einer nach ihm benannten Insel der Aleuten. Russische Pelzhändler machen die Gegend um Sitka zum Hauptquartier des russischen Pelzhandels. 1805 entsteht an gleicher

Das Innere einer Indianerhütte am Nootka Sound, 1788 (historische Darstellung)

Stelle Neu-Archangelsk, die Hauptstadt Russisch-Amerikas bis 1867. Sie trägt den Beinamen ›Paris des Pazifiks‹.

1763 Nach dem Fall von Quebec (1759) und Montreal (1760) erkennt Frankreich im Frieden von Paris die Vorherrschaft der Engländer an und verzichtet auf seine amerikanischen Besitzungen. *Nouvelle France* wird britisch.

1775 Der Spanier Juan Perez sichtet die Küste der Olympic Peninsula. Als erster Europäer landet sein Landsmann Bruno Heceta an der Nordwestküste und beansprucht den Nordwesten für die spanische Krone.

1778 Captain James Cook ist der erste Seefahrer, der die Küste Nordwest-Amerikas systematisch untersucht und kartografiert. Im selben Jahr landet er in Nootka an der Westküste von Vancouver Island. Sein anschließender Versuch, die *Northwest Passage* zu finden, mißlingt. Er erforscht das Cook Inlet, an dem heute Anchorage liegt, durchsegelt die Beringstraße, berührt den Arktischen Ozean, doch die Passage zum Atlantik, Traum vieler Nordlandforscher, bleibt ihm verschlossen.

Peter Pond, Abenteurer und Pelzhändler, erreicht als erster weißer Mann das Gebiet am Athabasca-See. Über eine 21 km lange Landstrecke (Methye Portage) findet er eine Verbindung zwischen dem sich in die Hudson Bay ergießenden Churchill River und dem in Richtung Beaufort-See fließenden Mackenzie-Wassersystem. Peter Pond erweitert den Pelzhandel damit als erster auf den Nordwesten Kanadas.

1783 Gregor Schelikof, ein russischer Händler, beschließt die Gründung der ersten ständigen Jagd- und Handelsniederlassung auf Kodiak Island, Alaska.

1787 Zwanzig selbständige Pelzhändler Ost-Kanadas bilden einen Zusammenschluß, um erfolgreicher dem westlichen Monopol der Hudson's Bay Company begegnen zu können. Der Name der Gesellschaft lautet Northwest Company.

Die neu gegründete Gesellschaft drängt gewaltsam in die ergiebigen Pfründe der Hudson's Bay Company. Es kommt zu wiederholten Kämpfen zwischen den Kanupaddlern beider Gesellschaften. Der Handel wird mit zunehmender Hektik und Brutalität betrieben. Mit ›Feuerwasser‹ versuchen Händler beider Seiten, die fallenstellenden Indianer für sich zu gewinnen. Manche neue Handelsniederlassung geht als *Whiskey Fort* in die Geschichte ein.

1789 Alexander Mackenzie, gebürtiger Schotte, sucht im Auftrag der Northwest Company eine Wasserverbindung zum Pazifik. Am 3. Juni 1789, 9 Uhr, startet er in Fort Chipewyan am Athabasca-See. Im zehn Meter langen Kanu Mackenzies sitzen vier frankokanadische Paddler und ein Deutscher namens Johann Steinbruck. Alexander Mackenzie weiß an diesem Tag noch nicht, daß er den falschen Ozean erreichen wird. Anstatt zum Pazifik führt ihn der mächtige Strom zum Nordpolarmeer (Beaufort-See). Mackenzie nennt den Fluß, der heute seinen Namen trägt, *river of disappointment,* ›Fluß der Enttäuschung‹.

1790 Alexander Baranof (der ›Zar von Alaska‹ genannt) wird für 27 Jahre den organisierten russischen Pelzhandel in Alaska festigen.

1792–1794 Mit der »HMS Discovery« umsegelt George Vancouver, der schon mit Kapitän Cook in der Region war, die 400 km lange Insel, die später seinen Namen erhält. Von Südost-Alaska bis Kalifornien kartographiert er als erster die Westküste Nordamerikas.

1793 Alexander Mackenzie unternimmt den zweiten Versuch, den Pazifik zu erreichen. Über Peace und Parsnip

River, nach kräftezehrenden Fußmärschen und Überquerung der Rocky Mountains, erreicht er Bella Coola. Eine Verbindung zur Westküste wird gefunden, doch sie ist wegen zahlloser Schwierigkeiten für den Pelzhandel untauglich.

1794 Captain George Vancouver segelt in das Cook Inlet bis zum Eagle River. Er vervollständigt Cooks Karten.

1798 Auszug aus der Pelzausbeute der Northwest Company in diesem Jahre:

106 000 Biberfelle	3 800 Wolfspelze
2 100 Bärenfelle	32 000 Marderfelle
4 600 Otterfelle	1 950 Hirschdecken
17 000 Bisamfelle	700 Wapitifelle

Zum selben Zeitpunkt arbeiten 1120 Kanupaddler und 35 Pfadfinder für die Gesellschaft (aus: »General History« der Northwest Company von Alexander Mackenzie)

1799 Gründungsjahr der Russisch-Amerikanischen Gesellschaft. Zielsetzung: Pelzhandel, Erforschung und Christianisierung. Die Namensliste der Direktoren der Gesellschaft reicht von Baranof bis zu Baron von Wrangell.

1808 Simon Fraser befährt im Auftrag der Northwest Company als erster den Fraser River bis zur Mündung. Niemand ahnt zu diesem Zeitpunkt, daß hier einmal Vancouver entstehen wird.

1812 Lord Selkirk, schottischer Adliger, erwirbt im heutigen Süd-Manitoba von der Hudson's Bay Company Land am Zusammenfluß von Red- und Assiniboine River. Die von ihm begründete Siedleraktivität führt zu schweren Auseinandersetzungen mit der Northwest Company.

1812–1815 Amerika und England befinden sich im Krieg, der durch den Friedensvertrag von Gent beendet wird.

1816 Otto von Kotzebue, Seefahrer und Forscher in russischen Diensten, entdeckt auf der Suche nach der Nordwestpassage den Kotzebue Sound. Kotzebue ist heute eine der größten und traditionsreichsten Inuit-Siedlungen Alaskas.

1818 Die USA und England einigen sich auf den 49. Breitengrad als gemeinsame Grenze vom Gebiet des Lake of the Woods bis zu den Rocky Mountains. Jedoch bleibt die pazifische Wasserscheide Gegenstand von Verhandlungen und gelegentlich auch gewalttätigen Konflikten.

1821 Nach harten Auseinandersetzungen zwischen den beiden großen Pelzhandelsgesellschaften kommt es zur Fusion. Die Northwest Company geht in der Hudson's Bay Company auf.

1825 Die »Royal Horticultural Society« entsendet den schottischen Botaniker David Douglas zur Erforschung der Wälder des Westens. Im Puget Sound entdeckt er einen mächtigen Baum, der später nach ihm benannt wird: die Küstendouglasie.

1827 Erste Anfänge der Holzfällerei für kommerzielle Zwecke nahe Fort Vancouver. Manche Ausdrücke der Holzfällersprache blieben bis heute erhalten: z. B. *timber beast* (Spitzname für Waldarbeiter), *river pigs* (Waldarbeiter an Flüssen), *bull of the woods* (Vorarbeiter), *widow maker* (gefürchtete herunterfallende Äste oder Baumrindenstücke, die manchen Holzfäller erschlugen).

1835 Die Russen gründen eine Mission in der Nähe von Knik, gegenüber vom heutigen Anchorage.

1857 Am Fraser River in British Columbia wird Gold entdeckt. Die Kunde erreicht San Francisco und im nächsten Jahr drängen fast 30 000 Goldsucher in das bis dahin einsame Fraser Valley.

1862 Neue Goldfunde in den Cariboo Mountains in British Columbia. Im Sommer des Jahres durchwühlen 20 000 Männer den Boden des William Creek, der bereits Gold im Wert von zwei Millionen Dollar freigegeben hat. Billy Barker

Holzeinschlag vor der Jahrhundertwende, British Columbia (historisches Foto)

zieht das große Los: Gold im Wert von 1000 Dollar innerhalb von 48 Stunden! Der Ort Barkerville entsteht, ein typischer Goldrauschort seiner Zeit. Nuggets und Revolver sitzen locker. Preis für einen Tanz mit einem leichten Mädchen: 10 Dollar.

Der Weg zum Gold durch die steile Schlucht des Fraser River ist unsagbar mühselig und erfordert viele Todesopfer. So läßt die Provinzregierung schon bald eine Straße zu den Goldfeldern anlegen. Noch für Jahrzehnte ist die *Cariboo Waggon Road* die einzige Straße im Westen Kanadas.

1866 Der russische Botschafter in Washington, Baron von Stoeckl, erhält Anweisung, den Verkauf Alaskas vorzubereiten. Preisvorstellung: Wenigstens fünf Mio. Dollar.

1867 William Seward, U.S. Secretary of State, führt die schwierigen Verhandlungen auf amerikanischer Seite. Auch in Amerika gab es viel Kritik an diesem Handel, denn man sah wenig Nutzen in Alaska und nannte es spöttisch Seward's Icebox. Man wird sich schließlich einig. Für 7,2 Mio. Dollar verkauft das zaristische Rußland Alaska an die Vereinigten Staaten – eine Fläche von 1518 800 qkm Land für weniger als 5 Cent pro Hektar.

Der 1. Juli 1867 ist die Geburtsstunde des heutigen Kanada. Durch den British North America Act vereinigen sich die Provinzen Ontario und Quebec mit Nova Scotia und New Brunswick zu einem Bundesstaat, dem Dominion of Canada. 1869 wird ihm das Gebiet der Hudson's Bay Company *(Rupert's Land)* angegliedert. Aus diesem Zusammenschluß entstehen Manitoba (1870) sowie Alberta und Saskatchewan (1905). 1871 erfolgt der Anschluß von British Columbia, 1873 der von Prince Edward Island. 1949 wird Neufundland nach einer Volksabstimmung angegliedert.

Gründung der Siedlung Granville, dem heutigen Vancouver, durch John Deighton, der mit seiner Indianer-Squaw und einem Faß Whiskey im Burrard Inlet an Land ruderte und einen Saloon in der Wildnis eröffnete. Er fand regen Zuspruch von Holzfällern, Trappern und Goldsuchern, und schon vier Jahre später hatte die sich rasch entwickelnde Siedlung über 200 Einwohner.

1873 Am 23. Mai verabschiedet das kanadische Parlament das Gesetz zur Gründung einer neuen Polizeitruppe, geführt nach straffen militärischen Prinzipien: die Geburtsstunde der Northwest Mounted Police.

Alkoholexzesse, Schießereien, Konflikte zwischen Indianern und Siedlern machen eine sofortige Zusammenstellung der neuen Truppe erforderlich: Jeder gutbeleumundete Mann zwischen 18 und 40 Jahren kann sich bewerben. Die Bezahlung ist gut: 1 Dollar pro Tag, außerdem kostenlose Übereignung eines Stück Land nach Entlassung.

1874 Am 8. Juli macht sich von Osten ein ungewöhnlicher und farbiger Treck auf den Weg: 366 Polizisten, 114 Wagen mit Verpflegung, 73 Karren mit landwirtschaftlichen Geräten, 142 Arbeitsochsen, 93 Rinder und 310 Pferde. Noch vor Wintereinbruch wird Fort Macleod gegründet, der erste von vielen neuerrichteten Posten der *mounties*.

Die Jagd auf die wilden Büffel der Prärien erreicht einen ihrer letzten Höhepunkte. Allein die I. G. Barker Company verschickt in diesem Jahr 250 000 Büffelfelle nach New Orleans. Bill Cody, bekannt geworden als Buffalo Bill, tötet in 18 Monaten 4280 Büffel. Die organisierten Metzeleien entziehen den Prärieindianern mehr und mehr die Lebensgrundlage. Hungersnöte häufen sich.

1875 Eine Abteilung der Northwest Mounted Police erreicht den Zusammenfluß von Bow und Elbow River. Innerhalb weniger Monate wird an diesem historischen Lagerplatz ein Fort gebaut. Es ist die Geburtsstunde von Calgary.

1877 Den 22. September halten manche Geschichtsschreiber für den Tag, an dem der Nordwesten ›gezähmt‹ wurde. Tausende von Indianern versammeln sich bei Blackfoot Crossing unterhalb von Fort Calgary am Bow River. Es kommt zum Friedensvertrag (Blackfoot Treaty Number Seven) zwischen Prärie-Indianern und Vertretern der Northwest Territories. Anläßlich der Unterzeichnung spricht der mächtige Blackfoot-Häuptling Crowfoot:

»Während ich spreche, seid geduldig und gütig. Ich spreche für mein Volk, das zahlreich ist und das mir vertrauensvoll folgen wird auf jenem Weg, der in Zukunft sich zum Guten wenden wird. Die Prärien sind groß und weit. Sie sind unsere Heimat, und immer ist der Büffel unsere Nahrung gewesen. Ich hoffe, ihr seht von nun an auf die Blackfoots, Bloods und Sarcees wie auf eure Kinder und ihr möget nachsichtig und wohltätig zu ihnen sein ... Ich bin zufrieden. Ich werde den Vertrag unterzeichnen.«

1879 Gegen den Widerstand vieler Politiker Ost-Kanadas werden die Pläne für den Bau einer Transkanada-Eisenbahn durchgesetzt. 1879 erreicht der Schienenstrang Winnipeg/Manitoba. Die Grundstückspreise steigen über Nacht.

1880 Joe Juneau und Richard Harris entdecken Gold am ›Gold Creek‹ in der Nähe von Juneau in Südost-Alaska. Ge-

*Prärie-Indianer
in Saskatchewan,
19. Jahrhundert
(historisches Foto)*

meinsam werden die »Treadwell« und »A-J«-Mine Gold im Wert von 146 Millionen Dollar produzieren.

Die Siedlung Juneau weitet sich aus. 1900 beschließt man, den Sitz der Regierung des Territoriums von Sitka nach hier zu verlegen. Seitdem ist Juneau die Hauptstadt von Alaska.

In Kanada sind nur noch Einzelexemplare der früher Millionen zählenden Büffel anzutreffen. Das Sammeln und der Verkauf der über die Prärien verstreuten Büffelknochen wird für die ersten Siedler zur Lebensgrundlage. Der Preis: 5 bis 6 Dollar pro Tonne abgelieferter Knochen.

1881   Eine Eisenbahngesellschaft, die später unter dem Namen »Canadian Pacific Railway« bekannt wird, erhält den Auftrag zum Bau der Eisenbahnlinie Winnipeg–Pazifik. Preis: 25 Mio. Acre Land des Westens sowie 25 Mio. Dollar in bar.

1882   Im Gebiet des heutigen Anchorage wird Gold gefunden. Tausende von Prospektoren strömen ins Matanuska und Susitna Valley.

1883   Die Canadian Pacific Railway erreicht Calgary. Ein Siedlerstrom nach Al-

berta setzt ein, der selbst kühnste Vorstellungen übersteigt.

1885   Die »Riel-Rebellion« wird niedergeschlagen – ein Ereignis, das zu den Meilensteinen in der jungen Geschichte Kanadas zählt. Aufstand der Métis, den Nachkommen aus Verbindungen von Inuit und weißen Siedlern, unter der Leitung von Louis Riel gegen die Siedlungspolitik der kanadischen Regierung und der Hudson's Bay Company, die einer Enteignung der Métis gleichkommt. Die Rebellion schlägt fehl, Riel wird gehängt. Damit ist der letzte große Widerstand gegen die Massenbesiedlung des Westens gebrochen.

Tausende von Bahnarbeitern arbeiten unermüdlich an der Erschließung West-Kanadas. Sprengungen zerreißen die Stille des Landes, Tunnels werden durch die Rockies getrieben. Endlich, am 7. November, treffen sich die Bautrupps in Craigellachie in den Monashee Mountains. Donald Smith, bekannt als Lord Strathcona, schlägt den letzten Bolzen in den Schienenstrang der Canadian Pacific Railway. Ost- und West-Kanada sind sich trotz zahlloser Hindernisse und Gegensätzlichkeiten nähergekommen.

1886   Der erste Zug (von Montreal kommend) erreicht Port Moody am 4. Juli 1886. Das Zeitalter des Birkenrindenkanus ist beendet.

1892   Medicine Hat: Bahnarbeiter stoßen beim Brunnenbohren auf Erdgas. Der Schriftsteller Rudyard Kipling bezeichnet Medicine Hat als »Die Stadt mit der Hölle als Fundament«.

1896   Drei abenteuerliche Gestalten, Tagish Charlie, Skookum Jim und George Washington Carmack, entdecken Gold am Bonanza Creek. Am Zusammenfluß von Klondike und Yukon River entsteht über Nacht Dawson City. Abenteurer und Glücksritter aus aller Welt treibt es zum Yukon. Bis 1904 wird Gold im

Wert von 100 Millionen Dollar aus den Creeks am Klondike geholt.

1897 Mit dem Bau einer Lachsverarbeitungsfabrik legt der Norweger Peter Buschbaum den Grundstein für die nach ihm benannte Stadt Petersburg in Alaska. Viele der ca. 3000 Einwohner sind norwegischer Abstammung.

1898 Skagway entwickelt sich zur Zelt-Großstadt für Zehntausende von Goldsuchern auf dem Weg zum Klondike.

1900 Die White Pass- und Yukon-Eisenbahn von Skagway nach Whitehorse ist fertig.

Laut Zensus beträgt die Bevölkerungszahl Alaskas 29 500 Eskimos, Indianer und Aleuten; 4300 weiße Alaskaner und 26 000 *cheechakos,* d. h. Neuankömmlinge.

1905 Alberta und Saskatchewan treten der Konföderation bei. Edmonton wird Hauptstadt der Provinz Alberta.

1906 Die kanadische Regierung erwirbt 700 wilde Büffel von einem Rancher in Montana. Diese Tiere, vermutlich die letzten freilebenden ihrer Art, bilden den Grundstock für die noch heute in Alberta anzutreffenden *buffalos.*

1914 Kanada befindet sich im Ersten Weltkrieg.

Der Name »Anchorage« erscheint erstmals offiziell am kleinen Postgebäude der Zeltsiedlung am Cook Inlet.

1915 Anchorage wird gegründet; in einer Auktion, dem »Great Anchorage Land Sale«, werden 655 lots für 148 000 Dollar verkauft. Mit einem großen Fest wird die Namensgebung gefeiert. Zuvor waren als mögliche Namen Matanuska, Alaska City, Ship Creek, Winalaska und Homestead in Betracht gezogen worden.

1931 Das Statut von Westminster beseitigt alle kolonialen Beschränkungen kanadischer Unabhängigkeit.

1935 Im »Matanuska Valley Project« werden Hunderte von Familien aus dem dürregeplagten Mittleren Westen der USA ins Matanuska-Tal nördlich von Anchorage umgesiedelt. Sie legen den Grundstein für ertragreichen Gemüseanbau in Alaska.

1939 Kanada befindet sich im Zweiten Weltkrieg.

1942 Japanische Truppen landen auf den Aleuten. Als Teil einer Verteidigungsstrategie für die amerikanische Westküste beschließen die amerikanische und die kanadische Regierung den Bau einer Militärstraße von Alberta über British Columbia und das Yukon Territory nach Fairbanks in Alaska. Meile für Meile wird der nördlichen Wildnis abgetrotzt. Nach acht Monaten und zwölf Tagen größter Herausforderung für Männer und Maschinen ist eine Trasse von 2446 km Länge geschaffen. 1949 wird die Straße, die später die Bezeichnung *Alaska Highway* erhält, freigegeben.

Anchorage hat bei Kriegsbeginn 7700 Einwohner – bei Kriegsende 43 400.

1945 Kanada ist Gründungsmitglied der Vereinten Nationen.

1947 Große Erdölvorkommen werden bei Leduc, 37 km von Edmonton entfernt, entdeckt. Weitere Funde folgen rasch. Die Grundlage für den Reichtum von Alberta ist gelegt.

1951 Anchorage etabliert sich mit der Eröffnung des internationalen Flughafens als Crossroads of the World. Während der 50er Jahre wächst die Bevölkerung um fast 60 Prozent.

1952 Whitehorse wird Hauptstadt der Yukon Territories.

1959 Präsident Eisenhower proklamiert am 3. Januar Alaska als 49. Staat der USA.

1962 Der Transkanada Highway, die Verbindung zwischen St. John's/Neufundland und Victoria/British Columbia, ist fertig.

Schwarzes Gold aus der Leitung

1957 hatte alles begonnen. Ölbohrungen am Swanson River auf der Kenai-Halbinsel in Alaska werden fündig. Sie wirken wie ein Signal auf die rohstoffhungrige Welt der 60er Jahre. 1968 wird ein großes Ölfeld nahe Prudhoe Bay am Arktischen Ozean, ca. 300 km östlich von Point Barrow, entdeckt.

Die Absicht, eine 800-Meilen-Pipeline mit einer parallel verlaufenden Versorgungsstraße Richtung Süden nach Alaska zu ziehen, trifft auf den erbitterten Widerstand der Konservativen und Naturschützer. Ende 1973 beschließt der US-Kongreß, den Bau einer Pipeline zu gestatten.

Das Alyeska-Konsortium beginnt 1974 mit dem Bau der Pipeline eine Route durchs Niemandsland. 350 Flüsse, darunter der mächtige Yukon River, sind zu überqueren. Berge stehen den Plänen entgegen: als höchste Erhebung der Dietrich-Paß mit 1600 m.

Innerhalb von 83 Tagen werden im Frühjahr 33 700 t Ausrüstung zum Zentraldepot am Yukon River gebracht. Die Kosten sind immens. Löhne im arktischen Klima erreichen schwindelnde Höhen. Auch die Baukosten: 25 Mio. Dollar allein für die 760 m lange Brücke über den Yukon River. Zur Spitzenzeit arbeiten 22 000 Männer und Frauen an der Pipeline. Jeder von ihnen versteht sich als *pipeliner,* als einer im Glied einer kühnen Crew des Nordens.

Der Permafrost, das Alltagsproblem der Arktis, stellt an Mannschaften und Material ungewöhnliche Anforderungen. Da die Pipeline mit fließendem Erdöl den ganzjährig gefrorenen Boden erwärmen und dadurch versinken würde, wird sie auf gewaltigen, über der Erde verlegten Stelzen gebaut. Ein gigantisches Rohrsystem (1,22 m im Durchmesser) zieht sich über 1288 km gen Süden. 39 Tage fließt das Öl von Prudhoe Bay bis Valdez. Der Ausstoß: 1,2 Mio. Barrel Erdöl pro Tag.

1964 Jetzt beginnt der systematische Abbau gigantischer Ölsandvorkommen bei Fort McMurray am Athabasca-Fluß. Die Bevölkerungszunahme des Ortes seitdem: 260 %.

Am 24. März erschüttert das stärkste Erdbeben seit Menschengedenken Alaska. 9,2 auf der Richter-Skala werden gemessen. Es gibt 131 Tote und 500 Millionen Dollar Sachschaden. Anchorage ist fast völlig zerstört. In Rekordzeit wird der Wiederaufbau betrieben.

1971 Der amerikanische Kongreß verabschiedet den ›Alaska Native Claims Settlement Act‹, in dem im wesentlichen die Rechte der Ureinwohner anerkannt werden. 900 Mio. Dollar und Landrechte für 17 600 000 ha werden an ›Native Corporations‹ übereignet. Sie arbeiten wie ›Kooperativen‹, die den Ureinwohnern der verschiedenen Regionen Alaskas gehören.

1977 Am 1. August erreicht das erste Barrel Erdöl aus der Prudhoe Bay, der arktischen Nordküste Alaskas, den Hafen Valdez im Süden des 49. US-Staats.

1982 Heimholung der kanadischen Verfassungsurkunde von London nach Ottawa. Letzte Vollmachten des britischen Parlaments erlöschen.

1986 Internationale Weltausstellung EXPO in Vancouver

1988 Olympische Winterspiele finden in Calgary und im nahegelegenen Kananaskis Valley statt.

Den Volksgruppen der Dene und Métis werden von der kanadischen Bundesregierung Landrechte in den Northwest Territories zugesichert. Sie erhalten außerdem eine Abfindung von 500 Mio. Dollar.

1989 Am 21. März läuft der Supertanker Exxon Valdez im Prince William Sound an der Südküste Alaskas auf ein Riff. Über 50 Mio. Liter Rohöl, fast ein Drittel der Ladung, laufen aus und verursachen eine riesige Umweltkatastrophe. Über 1000 km Küste der Kenai Peninsula sind mit klebrigem schwarzem Ölschlick bedeckt. 1 000 000 Seevögel, 150 Weißkopf-Seeadler und Tausende von Seeottern verenden. Mit Milliardenaufwand aber wenig Erfolg versucht man die Katastrophe einzudämmen und die größten Schäden zu beseitigen. Schlimmste Befürchtungen, daß ganze Küstenstriche auf Jahre verschmutzt sein würden, scheinen sich nur zum Teil zu bestätigen. Im Frühjahr 1990 stellt man fest, daß Bakterien und schwere Winterstürme mehr bewirkt haben als menschliche Anstrengungen.

Im Herbst 1991 verpflichtet sich die Exxon Corporation an die US-Bundesbehörden und den Bundesstaat Alaska eine Milliarde Dollar Schadenersatz zu zahlen. Der Ölgesellschaft drohen darüber hinaus Zivilklagen von Eskimos, Indianern, Fischern und Geschäftsleuten in einer Gesamthöhe von fast 60 Mrd. Dollar. Im August 1994 wird der Konzern zur Zahlung von rund 20 Mrd. Dollar verurteilt. Weitere Verfahren stehen noch aus.

1992 Ottawa verspricht den Inuit formale Besitztitel über 350 000 qkm Land im östlichen Teil der Northwest Territories und eine Abfindung von 580 Mio. Dollar. Das Gebiet wird 1999 unter dem Namen Nunavut die Selbstverwaltung erhalten. Der Name des westlichen Teils, der den Inuvialuit, Gwichin, Dene und Métis überlassen wird, steht noch nicht fest.

1993 Bei den kanadischen Bundeswahlen gewinnen die Separatisten in der Provinz Quebec zwei Drittel aller Mandate. Da die populistische Protestbewegung im Westen Kanadas, als entschiedene Gegner eines garantierten Sonderstatus für Quebec, ähnlich gut abschneiden, vertieft sich die Kluft zwischen Anglo- und Frankokanada.

1994 Am 1. Januar des Jahres tritt nach langen und kontroversen Verhandlungen der ›North American Free Trade Act‹ (NAFTA) in Kraft. Die USA, Kanada und Mexico bilden jetzt eine Handelsgemeinschaft, die der Europäischen Union gleichkommt.

1995 Provinzwahlen und ein Referendum entscheiden über die Unabhängigkeit der Provinz Quebec. Mit einer hauchdünnen Mehrheit von weniger als einem Prozent entscheiden sich die Quebecer für ein Verbleiben in der Föderation.

Ureinwohner heute – zwischen Tradition und Assimilation

Noch vor wenigen Jahrzehnten waren die einstigen Herren des Landes scheinbar zum Aussterben verurteilt: Die schlechte medizinische Versorgung in den Reservaten sorgte damals für eine hohe Sterblichkeitsquote, viele der jüngeren Stammesmitglieder wanderten in die Städte ab, vermischten sich mit der Gesamtbevölkerung und gaben ihre indianische Identität auf.

Doch inzwischen hat sich das Blatt gewendet: Heute leben mehr als 500 000 Angehörige der ›First Nations‹ in Kanada – eine Verdopplung innerhalb der letzten 25 Jahre! Dieser immense Zuwachs ist jedoch nicht allein auf die besseren Lebensbedingungen und die hohe Geburtenrate zurückzuführen, sondern neuerdings bekennen sich bei den Volkszählungen auch mehr und mehr Indianer wieder zu ihrer Herkunft. Und der wiedererwachte Stolz auf ihre Abstammung läßt sie auch auf der politischen Bühne aktiv werden.

Während die Ureinwohner im dichter besiedelten Osten Kanadas nur etwa ein Prozent der Bevölkerung ausmachen, stellen sie in British Columbia und Alberta mit jeweils rund 80 000 Menschen etwa 3 % und in den Prärieprovinzen Manitoba und Saskatchewan mit je 60 000 Menschen rund 6 % der jeweiligen Provinzbevölkerung. In den Northwest Territories machen Indianer und Inuit (Eskimos) sogar 60 % der Gesamtbevölkerung aus, im Yukon Territory und in Alaska sind es jeweils etwa 20 %.

Die Vorfahren der heutigen Stämme kamen einst während der Eiszeiten über die Beringstraße aus Sibirien nach Alaska. Dort allerdings stockte die Völkerwanderung, denn die gewaltigen Gletscher in den nördlichen Rocky Mountains blockierten den Weg. Nur in den wärmeren Phasen zwischen den Eiszeiten und schließlich nach dem Ende der letzten Eiszeit vor rund 12 000 Jahren konnten die Ur-Indianer weiter nach Süden vordringen und den Kontinent besiedeln. Die Inuit- und Aleutenstämme rückten erst später, zum Teil sogar erst vor etwa 1000 Jahren aus Sibirien nach.

Über die Jahrtausende bildeten sich im Westen des heutigen Kanada und in den Nordregionen mehrere Kulturkreise mit zahlreichen Stämmen heraus. Jede Volksgruppe paßte sich im Lauf der Zeit an ihr Siedlungsgebiet an, blieb aber durch ihre Mythologie und geistiges Kulturgut der Sprachfamilie verbunden, aus der sie ursprünglich stammte. So entstanden viele einzelne Stämme mit eigenen Traditionen, die sich bis zur Ankunft der Weißen das riesige Land teilten.

Im 16. Jh., als die ersten spanischen Seefahrer die Küste West-Kanadas erforschten, stellten sich die Kulturkreise etwa wie folgt dar: Entlang der Küsten Alaskas und entlang der gesamten Polarmeerküste Kanadas lebten Inuit, die sich auf Fischfang und auf die Jagd von Meeressäugetieren wie Robben und Walen spezialisiert hatten. In Süd-Alaska und an der gesamten Pazifikküste des heutigen British Columbia florierte die Kultur der Northwest Coast, die reichste und vielfältigste Kulturtradtion der gesamten Region. Hier – und nur hier – wurden Totempfähle geschnitzt, und mächtige, festansässige Stämme wie die Tlingit, die Nootka oder die Kwakiutl veranstalteten prächtige *Potlatch*-Feste und ausgefeilte Zeremonien.

Weiter im Landesinneren lag das Gebiet der athabaskisch-sprachigen Dene-Indianer der Northern Athapaskan-Kultur: In halbnomadischen Familiengruppen lebten die kleinen Stämme (Tutchone, Kutchin oder Slave zum Beispiel) als Jäger und Sammler vom Fischfang sowie der Karibu und Elchjagd. Ihnen ähnlich waren die salish-sprachigen Stämme der Plateau-Kultur im südlichen British Columbia, etwa die Shuswap oder Kootenay. Die Region jenseits der Rocky Mountains, also die heutigen Prärieprovinzen, teilten sich zwei Kulturgruppen: Im Norden und Osten lebten die Cree und Ojibwa der Northern Algonkian-Kultur,

die Indianer im Süden Albertas gehörten zur Plains-Kultur, die sich vorwiegend auf die Büffeljagd stützte. Diese Stämme, die Blackfoot und Assiniboine, waren es, die zusammen mit den Sioux und anderen Stämmen in den USA jene kriegerische Reiterkultur entwickelten, die in Hollywood-Western oft portraitiert wird. Allerdings geschah dies erst ab dem 17. Jh., da die Pferde erst von den Spaniern nach Nordamerika gebracht wurden.

Mit der Ankunft der ›Weißen‹ begann für die Urbevölkerung eine lange Leidenszeit. Vor allem die eingeschleppten Krankheiten dezimierten die Bevölkerung, ganze Dörfer starben in kürzester Zeit aus. Fairerweise muß man jedoch anerkennen, daß es den Stämmen Kanadas und Alaskas lange nicht so schlecht erging wie den Indianern in den USA. Weit weniger weiße Siedler kamen, um ihnen das Land streitig zu machen, die Trapper und Händler der Hudson's Bay Company wußten sehr wohl, daß sie auf die Hilfe der Indianer zum Überleben angewiesen waren, und sogar die Britische Krone bemühte sich um einen gerechten Umgang.

Die Stämme der Prärieprovinzen schlossen mit der kanadischen Regierung zwischen 1871 und 1906 zehn Verträge ab, in denen sie ihr Land abtraten. Dafür erhielten sie Reservate, Schulen und eine – bescheidene – finanzielle Unterstützung. Doch dabei wurden manche kleine Stammesgruppen schlicht vergessen, die sich bis heute um offizielle Anerkennung durch die kanadische Regierung bemühen. Auch die Rechte an Bodenschätzen in den Reservaten sind noch ungeklärt, und die Präriestämme erhoffen sich neue Einkünfte, wenn die Verhandlungen mit der Regierung erfolgreich verlaufen.

Mit Ausnahme einiger Stämme im Süden von British Columbia hat kein Stamm vertraglich Land an eine weiße Regierung abgetreten. Kanada und die USA hatten die riesige Nordregion als rohstoffloses, ödes und wertloses Territorium annektiert, unter sich aufgeteilt – und dann vergessen. Der Kontakt mit der Welt der Weißen, mit Händlern, Siedlern und Missionaren brachte über die Jahre verheerende Auswirkungen für die Indianer und Inuit mit sich. Sie verloren ihre kulturelle

Identität, versuchten ohne viel Erfolg in der Arbeitsökonomie der ›modernen‹ Staaten zu überleben. Viele flüchteten sich in den Alkohol oder begingen gar Selbstmord. Endlich, nach massiven Hungerkatastrophen in den 40er Jahren dieses Jahrhunderts, besann sich die kanadische Regierung. In den 50er und 60er Jahren führte man eine Gesundheitsfürsorge ein, wurden Häuser und Schulen gebaut und sogar Programme begon-

Blackfoot-Indianer

Indianer von der Westküste Kanadas

auch ihren Preis hatte: Sie liefen Gefahr, ihre Eigenständigkeit und kulturelle Identität zu verlieren und sich der weißen Gesellschaft zu assimilieren. Sie lebten in Häusern wie die Weißen, besaßen Fernsehen und Radio, aßen Fertiggerichte aus dem Supermarkt und flogen zum Einkaufen nach Edmonton oder Winnipeg.

Die Ölfunde in Nord-Alaska im Verlauf der 60er Jahre weckten das Interesse der Großindustrien an dieser Region. Auch im nördlichen Kanada fand man Bodenschätze – und plötzlich verwandelte sich der bis dahin ›wertlose‹ Norden in ein begehrtes Territorium. Nun kam Bewegung in die Frage der Landrechte, denn die Indianer und Inuit forderten eigenes Land und vor allem politische Selbstverwaltung und -verantwortung. Nach langen Verhandlungen erkannte die US-Regierung 1971 die Landrechte der Urbevölkerung an. Die alaskanischen Stämme erhielten als Kompensation 900 Mio. Dollar und 16 Mio. ha Land für das Abtreten ihrer Stammesgebiete. Das Geld wurde zweckgebunden verwendet, um regionale Treuhandgesellschaften zu gründen, an denen alle Inuit und Indianer des jeweiligen Gebietes Anteile erhielten. Diese noch heute existierenden *corporations* besitzen Industriefirmen, Hotels, Konservenfabriken und andere Unternehmen, sie beschäftigen vielfach auch Angehörige der Stämme und werden von solchen geleitet. Ein Experiment, das trotz mancher Rückschläge bis heute funktioniert.

In Kanada verlief die Entwicklung anders. Trotz ihrer Bevölkerungsmehrheit in den Northwest Territories waren Dene und Inuit lange Zeit politisch nicht repräsentiert, doch nun, angesichts der direkten Bedrohung ihrer Landrechte wachten sie auf: 1979 wählten sie erstmals eine Mehrheit ihrer Abgeordneten in den N.W.T. Council und nehmen seither direkt-

nen, die die politische Selbstverantwortung der Ureinwohner zum Ziel hatten. Auch die Regierung in Washington begann, sich um die Minderheiten im Norden Alaskas zu kümmern.

Tatsächlich verbesserten sich die Lebensbedingungen seither deutlich. Die Statistiken zeigen jedoch, daß die Inuit und Dene im Hinblick auf ihren Lebensstandard noch nicht völlig aufgeholt haben: So liegt ihre Lebenserwartung noch immer zehn Jahre unter der der weißen Bevölkerung Kanadas, Kindersterblichkeit und Selbstmordrate sind doppelt so hoch, die Arbeitslosenrate weist zweifach höhere Zahlen auf als die der Weißen, und nur 4 % aller Inuit haben einen High-School-Abschluß.

Bereits in den 60er Jahren wurde den Menschen allmählich bewußt, daß die verstärkte Unterstützung der Weißen

Inuit in Paulatuk, einem Ort an der nördlichen Eismeerküste Kanadas

ten Einfluß auf die politische Verwaltung des Territoriums. Im selben Jahr ging der erste Dene-Indianer als Abgeordneter ins Bundesparlament nach Ottawa, und – der wichtigste Schritt – die Regierung erkannte die angestammten Landrechte der Urbevölkerung offiziell an.

Daß die kanadische Regierung von diesem Zeitpunkt an auf den jährlichen Ministerkonferenzen ein Forum für die Landrechtsdiskussion der Ureinwohner einrichtete, zeigt das Bemühen, den ›ersten Kanadiern‹ gegenüber endlich eine faire Haltung einzunehmen. 1985 führte das zuständige Ministerium, das Department of Indian and Northern Affairs, unter allen Stämmen Kanadas eine Umfrage durch, mit der Aufforderung, Beschwerden und Anregungen mitzuteilen. Fünf Landrechtsexperten, darunter auch ein Indianer, sprachen mit 50 Inuit-Indianer- und Méti-Organisationen über deren Vorstellungen hinsichtlich der Zukunft ihrer Völker. Häuptling Gary Potts vom Teme-Augama-Anishnabai-Stamm bemerkte: »Dies ist das erste Mal seit 1763, daß die Regierung den Versuch unternimmt, die Stimmen der Ureinwohner Kanadas zu der Frage zu hören, wie Verträge abgeschlossen werden sollen«. Von da an begannen auch die Stämme in British Columbia auf individueller Basis mit Ottawa und der Provinzregierung in Victoria zu verhandeln.

Das ›Inuit Tapirisat‹ und die Dene der Nordwestterritorien gingen Schritt für Schritt über die bloßen Land- und Dollaransprüche hinaus. Sie riefen unter ihren Angehörigen die Vision wach, eigene, selbstverwaltete Gebiete zu erhalten, die im Laufe der Zeit zu eigenständigen Provinzen Kanadas werden könnten. Über die Jahre kristallisierte sich ein Konzept für die Landaufteilung im Norden her-

Harry Pollard, Indianerfotograf

»Bilder sind nicht vergeßlich«, sagte Harry Pollard. Er arbeitete sein Leben daran, diesen Satz unter Beweis zu stellen. Ihm und seiner Kamera verdankt deshalb die Nachwelt eine der eindrucksvollsten Sammlungen von Indianerporträts: rund 200 Fotos von Indianern der Blackfoot-, Blood-, Cree-, Sarcee- und Stoney-Stämme. Nicht ganz zu unrecht wird er deshalb häufig mit seinem viel berühmteren Kollegen Edward Curtis verglichen.

Pollard kam 1899 nach Calgary. Bei seinem Vater lernte er das fotografische Handwerk. Das war in den Tagen der Daguerreotypie. Zuerst machte er Bilder von Calgary, dann von Alberta und schließlich, nach und nach, auch von Indianercamps, eine für die damalige Zeit ungewöhnliche Sache. Da lief plötzlich ein Weißer mit einer monströsen Maschine herum und richtete sie auch noch auf Menschen. Kein Wunder, daß die Skepsis anfangs groß war. Viele Indianer sahen in der bilderproduzierenden *white man's mystery box* den Nachfolger des *big black gun* oder des *iron horse,* der Eisenbahn.

Um das Vertrauen der Indianer zu gewinnen, tauschte er Mehl, Stoffe, Tabak und Perlen gegen die Erlaubnis, Fotos machen zu dürfen. Mit der Zeit gewann er die Freundschaft der Indianer. Er wurde eingeladen, auch zu den Zeremonientänzen und Medizinmännern, ja er wurde sogar Ehrenhäuptling der Blackfoot.

Die treibende Motivation war sein ausgeprägtes Geschichtsbewußtsein: »Die Geschichte des kanadischen Westens stirbt. Die Oldtimer sterben, und bald wird die Geschichte nur noch Fiktion sein. Eines Tages werden die Schüler von Alberta etwas über ihr Land wissen wollen. Und was erzählen wir ihnen dann?«

Pollards Porträtkunst fängt oft den stoischen Ausdruck in den Gesichtern vieler Indianer ein – zweifellos Zeichen ihrer Verzweiflung und Frustration in dieser Zeit. Dennoch zeigen seine faszinierenden Fotos aber auch zum letzten Mal einen Abglanz der ursprünglichen Würde und Kultur der Prärie-Indianer.

Blackfoot-Indianer Rabbit Carrier (S. 36), Sarcee-Indianer Running Antelope (o. l.), Old Brass Treaty Indian (o. r.); Indianercamp um die Jahrhundertwende

aus: Die Inuit wollten ein eigenes Territorium im hohen Norden, das sie *Nunavut,* ›unser Land‹ tauften. Der von den Dene-Indianern in der Region um den Großen Sklavensee und entlang des Mackenzie-Tales geforderte eigene Staat sollte den Namen *Denendeh* tragen.

Zunächst konnten sich Inuit und Dene lange nicht über die Grenze zwischen den Regionen einigen, da beide Seiten Tuktoyaktuk und die Ölfördergebiete in der Beaufort Sea beanspruchten. Die Dene befinden sich nach wie vor in Ver-handlungen mit der Regierung, doch die Inuit erzielten 1992 den entscheidenden Durchbruch: Am 1. April 1999 wird ihr Territorium Nunavut Realität werden. Die Verträge mit der kanadischen Bundesregierung sehen vor, daß die Inuit zwei Mio. qkm Land vom Gebiet der Northwest Territories erhalten – das ist ein Fünftel der Fläche Kanadas! Schon bald werden also die Inuit das Geschick ihres Volkes und Landes selbst bestimmten. Die Karte Kanadas muß neu gezeichnet werden.

Kunst und Kunsthandwerk der Indianer und Inuit

von Katrina Hartje

»Reisende, die die Nordwestküste von Amerika besuchten, sahen oft Plastiken und Malereien, deren Proportionen ziemlich gut gelungen waren und deren Durchführung einen Geschmack und eine Vollkommenheit zeigte, wie man sie von solchen Barbaren nicht erwarten würde.«

Marchand, aus einem Schiffstagebuch von 1791

Kanadas Westküste

Die Kunst der Nordwestküste Nordamerikas überrascht den unbefangenen Beobachter mit ihrer Eleganz und Ausgeglichenheit. Die Indianerstämme, die zwischen Nord-Kalifornien und Süd-Alaska lebten – Kwakiutl, Tlingit, Haida, Tsimshian, Bella Coola, Nootka und Salish –, haben der einmaligen Umwelt dieser Region die Hochentwicklung ihrer Kunst zu danken.

Die Nordwestküste ist eine von der Natur begünstigte Region: Mildes Klima, Fische, Wild und Holz im Übermaß sowie üppiger Pflanzenwuchs sicherten den Indianern die Existenzgrundlage. Befreit vom täglichen Überlebenskampf, dem andere Indianer in Nordamerika ausgesetzt waren, hatten die Bewohner der Nordwestküste Zeit, sich aufwendigen Zeremonien zu widmen und dafür geschnitzte und bemalte Objekte zu schaffen. Manche Stammesmitglieder konnten sich auf die Dekoration von Gebrauchsgegenständen und zeremoniellen Objekten als Berufskünstler konzentrieren – eine seltene Ausnahme bei Jäger- und Sammlergesellschaften.

In den ausgezeichneten Museen von British Columbia, dem Zentrum der Nordwestküsten-Indianer, dem UBC Museum of Anthropology in Vancouver und dem Provincial Museum in Victoria, sind hauptsächlich Objekte zu sehen, die nach der ersten Kontaktaufnahme der Europäer entstanden sind: Juan Perez traf die Haida 1774 auf den Queen Charlotte Islands. Da Holz aufgrund des Waldreichtums als Material am häufigsten verwendet wurde, waren die meisten früheren Objekte schon verfallen. Die Bedeutung und Funktion vieler dieser alten Kunstwerke kann heute nur vermutet werden, weil die ersten europäischen Sammler sie nicht als Kunst betrachteten, sondern als Kuriositäten.

Mittlerweile hat die Forschung ergeben, daß die Kunst der Nordwestküste sowohl soziale als auch zeremonielle Funktionen hatte: Hauptziel war es, Prestige und Status verschiedener Familien- und Stammesmitglieder zu etablieren und aufrechtzuerhalten. Viele monumentale Objekte wie Totempfähle und Häuserdekorationen wurden hergestellt, um Beobachter mit der Herkunft, dem Reichtum und der gesellschaftlichen Position des Besitzers zu beeindrucken (s. Umschlagrückseite). Kleinere Gegenstände wie Kostüme, Holzbehälter, Utensilien und Waffen wurden zum gleichen Zweck dekoriert.

Die Kunst der Nordwestküste verwendet hochstilisierte Symbole für Tiere, Menschen und mythologische Figuren, die als Familienwappen dienten. Zu den wichtigsten Figuren gehören der Rabe, der Bär, der Wolf, der Adler und der Frosch. Jede Familiengruppe glaubte, daß sie von einer Figur mythischen Ursprungs abstammt; diese Wappen wurden vererbt oder getauscht. Die Figuren

wurden mit Hilfe dramatischer Tanzzeremonien dargestellt, und sie vereinten die mythische mit der Alltagswelt und garantierten die Kontinuität der Familiengruppe.

Obwohl jeder Stamm seine eigene Stilrichtung entwickelte, gelten allgemeine Kriterien für die Kunst der gesamten Region. Diese Kunst ist durch zweidimensionale Darstellung von Symbolen, die meist Familienwappen verwandt sind, charakterisiert. Als ihre Grundlage wird die Formlinie genannt. Sie ist eine durchgezogene, meist

Totempfahl im Stanley Park, Vancouver

›Potlatch‹ und Totempfähle

Das *potlatch* war unter den Stämmen der Nordwestküste eine der wichtigsten Zeremonien: ein Festritual, welches das gesellschaftliche Leben unter wirtschaftlichen und kulturellen Aspekten regelte. *Potlatch* bedeutet »verschenken« auf Chinook, der einstigen *lingua franca* unter den Indianern der Nordwestküste. Und tatsächlich galt es als Zeichen des Reichtums und der Macht, wenn Besitztümer vom Gastgeber während dieser oft mehrtägigen Zeremonie verschenkt oder gar zerstört wurden.

Ein *potlatch* konnte von einem Familienclan einberufen werden, um Initiationsriten zu feiern oder um gesellschaftlichen Verpflichtungen nachzukommen. Meistens feierte ein Häuptling die Übernahme eines neuen Familienwappens und die damit assoziierten Privilegien mit einem *potlatch*. Zu solchen Anlässen wurden dann auch Totempfähle errichtet und Häuser innen und außen vollständig mit Wappenzeichnungen und -schnitzereien dekoriert, um den Reichtum der Fami-

Totempfahl an einer Hausfassade im Ksan Indian Village bei Hazelton

lie öffentlich zu demonstrieren. Die eingeladenen Gäste gaben durch ihre Teilnahme an der Zeremonie den neuen

schwarze Linie, die die wichtigsten Züge und Formen der symbolischen Figuren umreißt. Sekundäre Merkmale werden in Rot angezeigt, und unwesentliche Formen werden blau oder grün bemalt oder offengelassen.

Die Formlinie ziert verschiedene Kunstobjekte wie Holzschnitzereien, gewebte Decken, Flechtwaren oder Bemalungen. Strikte Regeln der Komposition und Raumverteilung bestimmen diese hochentwickelte Kunst. Oft wurde die Wirklichkeit verzerrt, um eine dramatische visuelle Wirkung zu erzielen. Bei den bekannten Totempfählen mußten wegen der Proportionen des Pfahls die

Ansprüchen des Gastgebers ihre Zustimmung, und dafür bekamen sie Geschenke wie Schmuck, gewebte Decken, getrockneten Lachs oder Fischöl. Durch die Gaben wurde der Rang der Gastgeberfamilie noch weiter aufgewertet.

Den Totempfählen wurde dabei besondere Aufmerksamkeit gewidmet. Die auf ihnen dargestellten mythologischen Figuren stellten die Ahnengeschichte des jeweiligen Clans dar, mit dem familieneigenen Totemtier an der Spitze des Pfahls. Für den heutigen Betrachter ist die Symbolik mit ihren dahinter stehenden Sagen schwer zu enträtseln. Einzelne Figuren wie Rabe, Adler, Schwertwal und Bär sind dagegen an ihren charakteristischen Merkmalen deutlich zu erkennen.

1927 verbot die kanadische Regierung auf Betreiben der Missionare hin alle *potlatch*-Zeremonien. Mit Polizeigewalt wurden die als Familienschätze geehrten Zeremonienmasken konfisziert und viele Totempfähle ›gefällt‹. Die Teilnahme an diesen Festen wurde bei Androhung von Gefängnisstrafen untersagt. Als Grund gab die Regierung an, die Festlichkeiten wären zu verschwenderisch und würden häufig in gesetzwidrigem Verhalten enden. Tatsächlich haben *potlatch*-Zeremonien Familien in den Ruin getrieben, denn als geehrter Gast bei einem *potlatch* mußte man nach einer gewissen Zeit ein Dankfest geben. Und das sollte womöglich noch größer und schöner sein als das erste. Der zum Dank Eingeladene mußte dann natürlich seinerseits wieder zum nächsten Dankfest laden und erneut Geschenke verteilen. Ein Kreislauf, der sich manchmal zu tagelangen Freß- und Tanzgelagen aufschaukelte. Manchmal arbeitete ein ganzer Stamm ein Jahr lang nur auf solch ein Fest hin.

Eifrige Missionare wetterten schon im letzten Jahrhundert gegen die ›heidnischen Ausschreitungen‹ und verboten ihren Schäflein die Teilnahme, so daß schon damals der Niedergang der Nordwestküsten-Kultur seinen Anfang nahm. In ihrer Bevormundung übersah die Regierung allerdings die wichtige Rolle des *potlatch* für die Gesellschaftsordnung der Indianer an der Nordwestküste. Dieses Kulturverbot bedeutete auch gleichzeitig das Ende der kunsthandwerklichen Traditionen, da es nun keinen Sinn mehr gab, zeremonielle Gegenstände wie Masken und Totempfähle herzustellen.

Das Gesetz wurde zwar später nicht mehr angewandt, doch erst 1980 gab die kanadische Regierung die 1927 konfiszierten Masken zurück. Sie werden heute in den Kulturzentren der Indianer auf Quadra Island und in Alert Bay auf Vancouver Island aufbewahrt.

Figuren übereinandergestellt werden. Deshalb wechselte man große und kleine übereinandergehende Figuren. Um die ganze Breite des Baumstammes zu nutzen, wurden die Köpfe der Figuren überbetont. Als ein ganz besonderes Beispiel dieser Formlinienmuster sind die *Chilkat*-Decken des 19. Jh. anzusehen.

Die aus Zedernrinde und Wolle gewebten Decken kombinierten einen tiefen schwarz-gelben Rand mit komplizierten traditionellen Mustern und langen Fransen und waren wichtige Statussymbole der Häuptlinge.

Holzmasken waren ebenfalls wichtige zeremonielle Objekte, die für verschiedene Zwecke geschnitzt wurden. Sie dienten dazu, Häuptlinge und Urahnen mit hohem Status zu ehren, Mythen durch Tänze darzustellen oder den Schamanen bei ihren Heilungsriten zu helfen. Der Maskenträger übernahm dabei den Geist und die Macht der verschiedenen tierischen und halbmenschlichen Wesen.

Die Indianer der Nordwestküste waren seit jeher als geschickte Händler bekannt, so daß die Produktion von Kunstobjekten zum Tausch oder zum Verkauf kein neues Phänomen an der Nordwestküste ist. Schon vor dem ersten Kontakt zu weißen Händlern und Felljägern existierte ein aktives Tauschgeschäft zwischen verschiedenen Stämmen. Spezialisierten Künstlern des Stammes wurden Kunstobjekte in Auftrag gegeben.

Die früheren Objekte, die im späten 18. Jh. an Reisende aus Europa verkauft wurden, hatten vielleicht noch eine stammesgebundene Funktion. Aber bald entwickelten sich Kunstgegenstände, die ausschließlich zum Verkauf produziert wurden, z. B. die hochpolierten, schwarzen Schieferschnitzereien des Haida-Stammes.

Erstaunlicherweise hat die Qualität der Handarbeit nicht darunter gelitten, daß manche Objekte zum Verkauf und nicht für Stammeszwecke gedacht waren. Die hohen Ansprüche des individuellen Künstlers galten für ›Touristenkunst‹ ebenso wie für zeremonielle Kunst. Das Tauschgeschäft mit weißen Felljägern hat den Indianern der Nordwestküste neuen Reichtum gebracht; eine Zunahme der Zahl von *potlatches* und die Errichtung von Totempfählen im frühen 19. Jh. waren Zeichen dieses Wohlstands. Einige Autoren vermuten, daß die Nachfrage der weißen Händler die Herstellung von Kunst in dieser Region ausgeweitet und gefördert hat. Um 1850

übernahmen die Goldsucher, die Missionare und die europäischen Siedler die Kontrolle über die Region, und der traditionelle Lebensstil und die Kultur der Nordwestküsten-Indianer wurden existentiell gefährdet. Gleichzeitig mit der Ankunft dieser Fremden wurde die einheimische Bevölkerung durch Epidemien und Krankheit stark geschwächt.

Der Niedergang dauerte über 100 Jahre – bis zur Wiederbelebung der traditionellen Kunst der Nordwestküste nach dem Zweiten Weltkrieg. Die Stammesaktivitäten erleben seitdem eine Wiedergeburt, und verstärkt wird gesungen, getanzt, werden Feste und *potlatches* veranstaltet.

Verantwortlich für diese Renaissance war unter anderem der Süd-Kwakiutl-Indianer Mungo Martin (1881–1962). Martin erhielt von älteren Stammesmitgliedern eine Ausbildung in Holzschnitzerei und führte diese Tradition durch den Unterricht seiner Söhne und Neffen fort. Er besaß auch ein riesiges Repertoire von Liedern und Tänzen, das er an die nächste Generation weitergereicht hat. Seine wichtigste Aufgabe als Künstler war die Überwachung der Restaurierungsarbeiten im Provincial Museum in Victoria, British Columbia, wo er jahrelang als Berater angestellt war. Im Thunderbird Park neben dem Museum kann man heute die monumentalen Schnitzereien von Mungo Martin besichtigen.

Ein anderer einflußreicher Künstler der Region ist Bill Reid vom Stamm der Haida. Er wurde 1920 geboren und ist für seine Schmuckdesigns aus Edelmetall international bekannt. Er ist einer der ersten modernen Künstler, die die komplizierten und intellektuellen Prinzipien der traditionellen Kunst der Nordwestküste beherrschen.

In den 70er Jahren hat sich das Interesse der weißen Nordamerikaner für die

Kunst der Nordwestküste stark ausgebreitet, so daß es heute eine große Zahl von indianischen Künstlern gibt. Die große Erneuerung dieser Künstlergeneration ging einher mit der Aufnahme der Produktion von Siebdrucken. Sie sind besonders geeignet, die zweidimensionalen Designelemente der traditionellen Kunst auf ein neues Medium zu übertragen. Die Wurzeln liegen in der traditionellen Malerei, die durch die Formlinie und die schwarz-rot-blaue Farbgebung gekennzeichnet ist. Trotzdem beschränken sich die Künstler nicht auf das Kopieren der alten Vorlagen, sondern entwickeln eine gleichwertige, eigenständige Kunstform. Da sie nicht mehr streng an die Stammeskunst gebunden sind, erproben die jungen Künstler neue, individuelle Ausdrucksmöglichkeiten.

Tanz der Gitskan-Indianer

Mittlerweile sind die Graphiken der Nordwestküste Bestandteil öffentlicher und privater Sammlungen in der ganzen Welt. Einen internationalen Ruf als Siebdruckkünstler genießen Art Thompson, Robert Davidson, Bill Reid und die Mitglieder der Hunt-Familie, Nachfahren von Mungo Martin. Viele dieser Künstler sind auch begabte Holzschnitzer und gestalten Masken und andere Objekte aus Holz zum Verkauf und für Museen.

Die jetzige Situation ist eine Ermutigung für junge Künstler, sich weiter mit ihrer Kultur zu beschäftigen und die Formen von gestern weiter zu entwickeln. Besucher, die sich mit dem Gedanken tragen, eine solche Holzschnitzarbeit zu erwerben, müssen sich auf recht hohe Preise gefaßt machen. Die Qualität der angebotenen Kunstobjekte rechtfertigt die hohen Preise für diese einmaligen Handarbeiten. Masken werden nach traditionellem Muster mit natürlichen Materialien gefertigt, mit Kupferdekorationen, Adlerfedern, Muscheln, Tierfellen und menschlichen Haaren geschmückt. Holz-

nägel werden gegenüber Metallnägeln bevorzugt und alle Einzelteile tatsächlich von Hand angefertigt. Die Hunt-Familie wurde vor Jahren vom Völkerkundemuseum in Hamburg eingeladen, ihre Schnitzkunst vor Ort zu demonstrieren. Im Vergleich zu den Holzobjekten sind die Siebdrucke für jedermann erschwinglich.

Es ist ironisch, daß diese Künstler zur Inspiration schon ins Museum gehen müssen, um das echte Kunsthandwerk ihrer Vorfahren zu besichtigen. Deshalb bietet die moderne indianische Kunst der Nordwestküste eine neue Chance, auch wenn die Kontinuität leider über ein Jahrhundert unterbrochen wurde. Sie besteht darin, daß die Distanz zur Tradition gleichzeitig den Respekt fördert, während das intensive Studium der traditionellen Kultur durch die jungen Künstler, das jetzt notwendig wird, um all die Versäumnisse aufzuholen, das Engagement um so mehr verstärkt. Diese

Kombination von Engagement und fundiertem Wissen mit modernen Kunsttechniken darf man als ein positives Lebenszeichen der Kunst der Nordwestküste werten. Die Synthese moderner Stilrichtungen mit der mythischen Bedeutung und eleganten Ausgeglichenheit der traditionellen Kunst behält ihre Einmaligkeit.

Kanadas Norden

Northwest Territories und Yukon Territory

Auch das Kunsthandwerk der Dene und Inuit im Norden Kanadas hat seit einigen Jahrzehnten einen festen Sammler- und Liebhaberkreis. Die meisten der Objekte werden in Kooperativen hergestellt und verkauft. Sie sind dort wesentlich preisgünstiger als in den Galerien der großen Städte im Süden Kanadas. Alle authentischen Objekte sind mit einem Siegel versehen, das sie als eine Arbeit von einheimischen Künstlern ausweist. Man sollte auf dieses Zeichen achten, denn auch in den Läden des Nordens werden häufig echte Stücke mit Imitaten zusammen angeboten. Kunst und Kunsthandwerk ist ein wichtiger Erwerbszweig in den Northwest Territories – mit einem Umsatz von über zehn Millionen Dollar im Jahr.

Am bekanntesten sind **Kunst und Kunsthandwerk der Inuit,** vor allem ausdrucksstarke Specksteinskulpturen und wunderschöne Steindrucke, die in piktographischem Stil traditionelle, religiöse und auch moderne Szenen wiedergeben. Sie kommen überwiegend aus der östlichen Arktis, besonders aus Cape Dorset, Iqaluit, Pangnirtung und Holman Island. Manche der Skulpturen von bekannten Künstlern kosten Tausende, aber es gibt durchaus auch schöne Stücke, die erschwinglicher sind. Das gilt besonders für die Drucke. Fast jeder Ort in den Northwest Territories hat eine kunsthandwerkliche Tradition. Außer aus Speckstein werden Skulpturen und Schnitzereien auch aus Horn von Moschusochsen, Geweihen, Walknochen, Walroßzähnen und Narwal-Elfenbein gearbeitet, alles Materialien, die schon seit Tausenden von Jahren benutzt worden sind. Bevorzugte Objekte sind Modelle von Kajaks und Schlittengespannen sowie Schmuck und traditionelles Werkzeug. Hübsch sind auch die Inuit-Puppen, aus wunderbar weich gegerbter Tierhaut und mit winziger Glasperlenarbeit verziert. Daneben wird Kleidung auf herkömmliche Art hergestellt, wunderbar fein genähte Parkas und Fäustlinge aus Pelz und Tierhaut.

Sehr attraktiv ist auch das **Kunsthandwerk der Dene** im Südwesten der Northwest Territories und im Yukon Territory. Sie stellen vor allem Stickereien und traditionelle Indianerkleidung, besonders Mokassins, Handschuhe und Gürtel her, die unter großem Arbeitsaufwand mit Stachelschwein-*quills,* bunten Glasperlen und Elchhaar verziert wer-

Inuit-Künstler mit einer Speckstein-Skulptur

den (vgl. S. 240). In den Indianer-Kommunen am Liard und Mackenzie River werden künstlerisch hochwertige Puppen aus natürlichen Materialien, Modelle von Schneeschuhen und Hundeschlitten, Tanztrommeln und Körbchen aus Birkenrinde gefertigt.

Alaska

Typisch alaskanische Kunst und Mitbringsel gibt es überall in den touristisch erschlossenen Gebieten. Besonders das Kunsthandwerk der Urbevölkerung hat in den letzten Jahren durch die erhöhte Nachfrage eine Belebung erfahren. Die Athabasca-Indianer fertigen lederne Mokassins und Jacken, einfallsreich und farbenfroh mit Perlenstickerei verziert. Besondere Eskimospezialitäten sind Strickwaren aus der (teuren) Wolle der seltenen Moschusochsen sowie Ohrringe, Anhänger und anderer traditioneller Schmuck aus Walroßzähnen und Walbarten.

Die berühmten, aus Bergziegenwolle und Baumrinde gewebten *chilkat blankets* der Tlingit-Indianer kann man heute allerdings nur noch in Museen betrachten. Seit einigen Jahren stellen die Tlingit in *cultural workshops* wieder holzgeschnitzte und in den traditionellen Farben Schwarz und Rot bemalte Masken und Totempfähle her – original und kunstvoll gearbeitet, aber fast unbezahlbar.

Nicht nur Indianer und Eskimos fertigen Kunsthandwerk – auch die Weißen haben ihren Teil dazu beigetragen. Zum Beispiel die von Langeweile geplagten Walfänger im 19. Jh.: Während sie auf den Eisaufbruch im Polarmeer warteten, ritzten sie in den langen Winternächten mit spitzen Nadeln kleine Bilder in polierte Elfenbeinstücke ein und färbten sie

mit Tinte – *scrimshaw* heißen diese Miniaturkunstwerke aus Walroß- und Walknochen. Mit den Goldgräbern kam um die Jahrhundertwende Nuggetschmuck auf, der seither in immer neuer Verarbeitung als Anhänger, Armband, Uhrkette oder Ohrring zu finden ist. Traditionell amerikanische Handarbeiten wie Patchwork, Quilts und Schnitzereien werden vor allem im Winter von den weißen Alaskanern in den kleineren, abgelegenen Siedlungen angefertigt und werden auf den vielen ländlichen Jahrmärkten und Festivals angeboten.

Die Kunstgalerien zeigen vorwiegend Gemälde, Zeichnungen und Drucke moderner alaskanischer Künstler, deren Themen meist Natur, Menschen und Szenerie des ›Great Land‹ sind. Häufige Exponate sind auch die zeitlos-klassischen Skulpturen der Eskimotradition – Menschen und Tiere der Arktis – dargestellt in alaskanischer Jade, Walroß-Elfenbein oder Speckstein.

Ein preiswertes, original alaskanisches Reiseandenken, das zu einem nützlichen Gebrauchsgegenstand im heimatlichen Haushalt werden kann, ist das *ulu.* Dieses halbmondförmige, ursprünglich aus Stein hergestellte Messer der Eskimofrauen wurde im Norden des Landes jahrhundertelang zu allen Schneidearbeiten benutzt – vom Abhäuten der Karibus bis zum Schneiden des *muktuk,* der dicken Walhaut.

Bei der traditionellen Kunst aus dem Norden Alaskas bemerkt man im Vergleich zur Nordwestküste die begrenzte Verfügbarkeit von Materialien. Treibholz und andere Holzarten, Tierknochen und Elfenbein wurden zur Herstellung von Masken, Plastiken, kleinen zeremoniellen Objekten, Amuletten, Pfeifen und Waffen verwendet. Auf älteren Objekten sieht man in piktographischem Stil Motive aus dem Alltag wie Jagd und

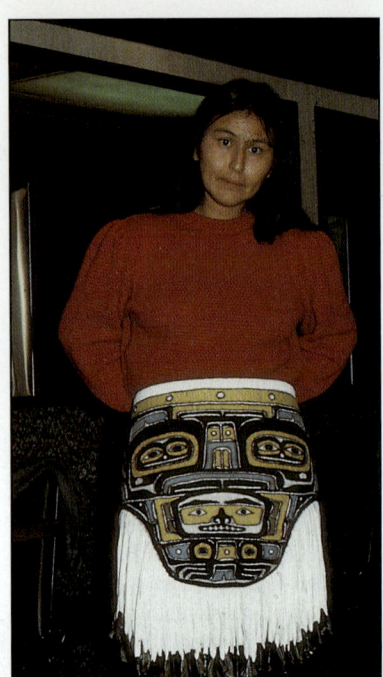

Berühmt sind die handgearbeiteten Chilkat-Decken der Tlingit-Indianer

Fischfang oder rituelle Tanzszenen. Die Tiergeister der Eskimos nehmen im Glaubensleben der Gruppe einen zentralen Platz ein und werden in schamanischen Tanzzeremonien durch Masken dargestellt.

Oft findet man konzentrische Holzkreise um das Gesicht der Tiermaske; sie repräsentieren die verschiedenen Ebenen des Eskimo-Universums, vom Weltraum bis zum Meer.

Drei nichttraditionelle Künstler, die in Alaska wohnen, sind zu erwähnen: Rie Munoz stellt naive, lustige Eskimoszenen als Aquarelle oder in anderen Medien dar; Fred Machetanz ist international als Landschaftsmaler bekannt und vermag die Weite und Unberührtheit der arktischen Landschaft auf faszinierende Weise einzufangen, ohne daß man das Gefühl für die Gefahren verliert, die diese Region birgt; Richard T. Wallen ist besonders durch seine meisterhaften Lithographien von Ureinwohnern und Szenen aus der Tierwelt bekannt.

Sport und Abenteuer

West-Kanada und Alaska sind wahre Paradiese für Naturfreunde, Sportbegeisterte und Abenteuerlustige.

Die bunte Palette der Wassersportarten reicht von tosenden Wildwasserfahrten, Kanutouren durch ursprüngliche Naturschutzgebiete und Kajaktrips in Gletscherbuchten über Segeltörns durch bezaubernde Inselreviere bis zum gemütlichen Urlaub mit dem Hausboot auf den großen Seen. An der Küste von British Columbia gibt es herrliche Badestrände und Gelegenheiten zum Windsurfen und Tauchen.

Die Möglichkeiten für Wanderer und Hiker sind ähnlich vielfältig, egal, ob er den geruhsamen Spaziergang in idyllischer Einsamkeit oder Überlebenstraining in der Wildnis des Nordens sucht.

Auf den Luftsportfan warten Ausflüge mit Buschpiloten, Ballonfahrten und Ikarus-Abenteuer mit dem Flugdrachen. Angler und Jäger werden nirgendwo erfolgreicher sein und mehr Material zum Geschichtenerzählen finden als hier. Ganz zu schweigen von den zahllosen schönen Plätzen für Reiterferien, vor allem in Alberta und British Columbia. Golf ist in Kanada zum Volkssport geworden. Überall im Lande gibt es wunderschöne Anlagen und in vielen Orten und allen größeren Städten auch öffentliche Plätze, deren Benutzung recht preiswert ist.

Wegen des breiten Spektrums der Aktivitäten und der riesigen Ausdehnung des in diesem Buch behandelten Gebietes, kann hier nur eine Auswahl unter den vielfältigen Freizeitmöglichkeiten getroffen werden. Detailliertes Material für die Vorbereitung von Expeditionen, Flußtouren, Ranchferien und längeren Wanderungen in die Wildnis gibt es bei den Verwaltungen der Provinz- und Nationalparks der einzelnen Provinzen. Adressen von Ausrüstern und Tourveranstaltern sind im gelben Serviceteil in den Rubriken »Praktische Tips von Ort zu Ort« und »Urlaubsaktivitäten« aufgeführt.

Hiking – Bergwandern – Wildnisabenteuer

Provinz- und Nationalparks – besonders in British Columbia und Alberta – bieten hervorragende Möglichkeiten für Wanderer und *backpacker*. British Columbia alleine verfügt über 3500 km Trails, die meisten gut gepflegt und markiert. In fast allen Parks gibt es auch eine Auswahl von leichten und kurzen Wanderungen, die für die ganze Familie geeignet sind und meistens zu landschaftlich besonders reizvollen Punkten führen. Diese Wanderungen lassen sich überall und ohne Vorbereitung mit einer Rundreise verbinden.

Längere und schwierigere Wanderungen, besonders solche in Wildnisgebiete, erfordern eine gute Kondition und die richtige Vorbereitung (s. S. 47). Zu den klassischen *hiking trails* der Region zählen: der West Coast Trail auf Vancouver Island (s. S. 145 ff.), der Alexander Mak-kenzie Trail (auf den Spuren des Entdeckers von Quesnel am Fraser River nach Bella Coola zum Pazifik), die alte Goldgräberroute über den Chilkoot-Paß von Skagway zum Yukon (s. S. 269 ff.) und der Trail über den Pangnirtung-Paß im Auyuittuq National Park auf Baffin Island.

Wer sich solche Wildnistrips zwar zutraut, sie aber gerne unter kompetenter Führung unternehmen möchte, ist bei Tourveranstaltern und *outfittern* gut aufgehoben. Sie stellen bis auf Schlafsack und persönliche Sachen auch die komplette Ausrüstung.

Viele hervorragende Wandermöglichkeiten und Exkursionen unter Anleitung findet man in den Rockies in Banff und Jasper. ›Alpine Guides‹ in Banff und ›Yamnuska Inc.‹ in Canmore (s. S. 420), Alberta, bieten mehrtägige Wanderungen und auch Kurse im Bergsteigen für Anfänger und Fortgeschrittene.

Aktive Kletterer finden die besten Reviere in den Bergketten der Purcell und Bugaboo Mountains in British Columbia. Hier bieten Formationen aus Granit, Quarz und Gneis bessere Möglichkeiten als die eigentlichen Rockies mit ihrem verwitterten Sedimentgestein. Dafür sind diese mit ihren zahlreichen Gletschergebieten hervorragend zum Eisklettern geeignet.

Die Bugaboos und Cariboo Mountains stellen beliebte Ziele für eine relativ neue Sportart dar: das *heli-hiking*. Dieses ›Bergerlebnis pur‹ wird von Jasper und Banff aus organisiert. Mit dem Hubschrauber fliegt man in entlegene Regionen der Hochgebirgswelt, wird dort abgesetzt und nach einer ein- bis mehrstündigen Wanderung wieder abgeholt und zum nächsten Gipfel geflogen – bis zu drei oder vier Berge lassen sich auf diese Weise an einem Tag bewältigen. Nicht ganz billig, aber im wahrsten Sinne des Wortes atemberaubend. Umweltschüt-

Tips für die Wildnis

U m an Exkursionen unter
Leitung erfahrener *guides* teil-
zunehmen, was auf die meisten der in diesem Buch erwähnten
zutrifft, braucht man kein *sourdough,*
also kein Wildnis- oder Nordland-
experte zu sein. Dennoch sind auch

*Trailwanderer auf dem Mount Thor im
Auyuittuq National Park, Baffin Island*

hier sorgfältige Planung und eine Mindestausrüstung notwendig.

Vor einer nicht geführten Tour sollte man sich über Terrain und Wetterbedingungen informieren und jemandem (am besten dem Parkranger) Angaben über Zahl der Teilnehmer, Ziel und voraussichtliche Rückkehr machen, so daß notfalls eine Suchaktion gestartet werden kann.

Überanstrengung ist unbedingt zu vermeiden (besonders in Notsituationen), da sie die Gefahr einer Unterkühlung verstärkt, die fast unbemerkt eintreten kann (besonders bei Temperaturen unter 10° C und feuchtem oder windigem Wetter). Müdigkeit kann bereits ein fortgeschrittenes Stadium ankündigen. Deshalb sind entsprechende Kleidung und Wetterschutz die wichtigste Vorsichtsmaßnahme. Bis zu 60 % der Körperwärme können über den ungeschützten Kopf verlorengehen, und nasse Kleidung beschleunigt den Verlust an Körperwärme rapide.

Handhabung von Karte und Kompaß sollte man vorher geübt haben und Ausrüstung auf Funktion und Vollzähligkeit prüfen. Kleine Gegenstände mit auffallender Farbe oder Klebeband markieren (ohne dies ist das Wiederfinden im Busch schwer möglich).

Campfeuer dürfen angezündet werden, wenn private oder öffentliche Bekanntmachungen dies nicht untersagen. Das ist zum Beispiel in heißen und trockenen Sommern der Fall, wenn die Waldbrandgefahr hoch ist. Immer aber muß der Platz für ein Feuer sehr sorgfältig ausgesucht werden: auf sandigem oder felsigem Grund und nicht in der Nähe von Unterholz oder Baumstümpfen. Schaufel oder Wasser müssen vorhanden sein, um das Feuer vollständig löschen zu können; **ein Feuer niemals ohne Aufsicht lassen!**

Ausrüstung

Folgende Liste nennt die für eine Wanderung in Wildnisgebieten unbedingt notwendigen Utensilien:
- bequemer, stabiler Rucksack
- Leichtzelt mit Moskitonetz
- Schlafsack (solche mit Kunstfaserfüllung sind bei Feuchtigkeit wesentlich wärmer als Daunenschlafsäcke)
- Schaumstoffunterlage (Isomatte) und Plastikfolie (1 x 2 m)
- warme Ersatzkleidung und Regenschutz
- Wander- oder Trekkingschuhe sowie schnell trocknende Turnschuhe zum Durchqueren von Bächen
- kleines Handbeil und Messer (am besten Schweizer Messer)
- Sturmfeuerzeug und wasserfeste Streichhölzer – *fire starter* oder einige Kerzen
- Überlebenskit: eine Isolationsdecke zum Unterlegen oder Abdecken, Messer, Alufolie zum Kochen, Signalspiegel, Angelhaken mit Perlonschnur, Trillerpfeife, wasserfeste Zündhölzer, Draht, Bouillonwürfel, Tee-, Salz- und Zuckerbeutel, Kerzen. Alles zusammen in einen Metallbehälter packen, den man auch zum Kochen benutzen kann.
- Erste-Hilfe-Kit (in wasserdichtem Behälter): Pflaster, Klebeband, Verbandsrollen, einige sterile Zellstoffstücke, Aspirin, Abführmittel, Jod, Sicherheitsnadeln, Vaseline, Nadel und Faden
- Plastikbeutel (für Kleidung, Nahrungsmittel usw.)
- Notsignal
- Kocher, Eßgeschirr
- Nahrungsmittel (wegen der Gewichtsersparnis eignen sich besonders dehydrierte Nahrungsmittel, auch kalorienreiche Snacks und Trockenfrüchte bieten sich an.)

Bären – und wie man ihnen nicht begegnet

In allen Gebirgsregionen überall im Norden West-Kanadas und in Alaska, außer in dichtbesiedelten Gebieten, gibt es Bären. Selbst wenn sie in den Parks manchmal einen recht zahmen und friedlichen Eindruck erwecken, muß eindringlich vor ihnen gewarnt werden. Grizzlies und Schwarzbären sind Raubtiere und unberechenbar dazu. Deshalb darf man sie **auf keinen Fall füttern** (es ist sogar verboten)! Vom Parkranger erhält man ein Informationsblatt über den »Umgang mit Bären«. Hier nur die wichtigsten Regeln:

Nahrungsmittel können in sogenannten bear pulls *vor Bären in Sicherheit gebracht werden*

Das Camp sauberhalten. Essensreste locken Bären an, daher sollten sie verbrannt oder vergraben werden. Auch das Geschirr ist nach Gebrauch sofort abzuwaschen. Nahrungsmittel nie im Zelt aufbewahren, sondern in geruchssicherer Verpackung in den Ästen eines Baumes aufhängen oder in den bärensicheren *caches* deponieren, die in den Parks oft auf den Campingplätzen bereitstehen. Man sollte auf keinen Fall sein Lager in der Nähe eines Bärenpfades (durch Kot oder Abdrücke zu erkennen) aufschlagen. Solche Wege verlaufen häufig an lachsreichen Gewässern entlang und durch Wäldchen mit Beerensträuchern.

Beim Wandern durch unübersichtliches Terrain sollte man sich durch Geräusche bemerkbar machen (laut sprechen, Trillerpfeife oder mit Steinchen gefüllte Dose benutzen), um dem Bären Gelegenheit zum Rückzug zu geben. Überraschte Tiere, besonders solche mit Jungen, sind besonders gefährlich. Bei einer plötzlichen Begegnung mit ›Meister Petz‹ auf keinen Fall panikartig die Flucht ergreifen, dies löst erst recht einen Verfolgungsreflex aus. Beruhigend anreden und sich langsam rückwärtsgehend aus der Gefahrenzone zu begeben, ist die einzig richtige Maßnahme. Grizzlies, so plump sie auch aussehen, sind selbst in unwegsamem Gelände fast so schnell wie ein Rennpferd. Weglaufen hat also keinen Zweck. Eher schon auf einen kräftigen Baum klettern, falls einer in der Nähe ist. Bei Schwarzbären würde dies allerdings wenig helfen, sie können nämlich im Gegensatz zu den Grizzlies klettern.

Übrigens: Elchbullen und -kühen, besonders solchen mit Kälbern, gebührt der gleiche Respekt.

zer kritisieren allerdings, daß mit zunehmenden Aktivitäten dieser Art auch die Umweltprobleme wachsen (z. B. Vordringen in Rückzugsgebiete für Tiere, hoher Energieverbrauch etc.).

In der Strathcona Lodge auf Vancouver Island werden Kurse im Wildnisverhalten mit Wanderungen im Strathcona Provicial Park und im Nootka Sound veranstaltet. Auch Grundkenntnisse im Klettern und Gletscherwandern werden vermittelt. Auf den Queen Charlotte Islands vor der Nordwestküste von British Columbia leiten Angehörige des Haida-Stammes Exkursionen in den urwüchsigen Regenwald zu alten indianischen Siedlungsstätten.

Im Yukon werden von Whitehorse aus Hiking-Touren in den Kluane National Park organisiert. Der Trail führt entlang der St. Elias Mountains, dem höchsten Küstengebirge der Welt – über 45 km spektakuläres Terrain von gewaltigen Dimensionen: arktische Gletscherlandschaft, ein weites Flußtal, Bergpässe und blühende Alpenwiesen.

Naturerlebnis auf dem Pferderücken: Trailritte und Guestranches

Vor allem Alberta und British Columbia haben eine große Auswahl an Reiterferien zu bieten, die interessantesten Angebote findet man im Sagebrush Country des zentralen Berglandes von British Columbia und am Fuße der Rocky Mountains in Alberta, wo weites Prärieland auf die Berge trifft. Dort gibt es *working ranches,* auf denen Pferde und Rinder gezüchtet werden, und wo der Gast besonders im Frühjahr und Herbst während des *round ups* noch echte Cowboy-Atmosphäre erleben kann – oder *guest ran-*

ches, die eher Resortcharakter haben und auch für einen Familienaufenthalt bestens geeignet sind. Je nach Komfort und Programm muß man hier im Durchschnitt mit 60–80 Dollar pro Person und Tag rechnen. Dafür sind in der Regel Mahlzeiten und häufig auch die Aktivitäten inbegriffen.

Auf jeden Fall wird ein buntes Programm geboten, Geruhsames und Abenteuerliches: Ausritte, Ponyreiten für die kleineren Gäste, Teilnahme an Rodeos und Mini-Rodeos, bei denen die Gäste mitmachen dürfen, Fahrten mit dem Kutschwagen, Ausflüge und Wanderungen in die Umgebung, und wenn ein See in der Nähe ist, auch Kanufahrten und Angeln – und auf einer *working ranch* gehört selbstverständlich auch das Zugucken bei den *chores,* den alltäglichen Arbeiten der Cowboys, dazu.

Die Hauptattraktion des Aufenthaltes stellen natürlich die Trailritte dar. Durch weites Weideland, dichte Wälder oder Hochgebirge – Traumlandschaften für Wandersleute und Pferdefreunde.

Solche Ausflüge hoch zu Roß lassen sich nicht nur von einer Ranch aus unternehmen. Ranchferien bieten aber die Möglichkeit, vor einem längeren und schwierigerem Ritt noch etwas Übung zu gewinnen. Zahlreiche Veranstalter in British Columbia und Alberta bieten *horsepacking,* d. h. längere Trailritte in Wildnisregionen an. Auf manchen Ritten wird jeden Tag ein neues Camp aufgeschlagen, auf anderen reitet man zu einem Basislager – meistens landschaftlich schön gelegen –, um von dort aus auf Tagesritten die Gegend zu erkunden. Übernachtet wird dann in den Hütten oder Zelten des Basislagers.

Reizvolle Trailritte, auch für Kinder geeignet, gibt es im Tonquin Valley und beim Lake Louise in den Alberta Rockies. In Manitoba sind im Riding Mountain Na-

Alles Glück dieser Erde ...
Trailritte in die Wildnis

Vor dem Ausritt gibt es ein kräftiges Frühstück: Riesenpfannkuchen mit gebratenem Schinken. Dann wird aufgesattelt, Schlafsäcke, Planen, Verpflegung kommen auf die Packtiere. Dabei müssen die *ranchhands* bei den meisten Teilnehmern mithelfen. Das Wesentliche wird erklärt, auf weitere besorgte Fragen heißt es beruhigend: keine Sorge, Reittechnik und nötiges Sitzfleisch erwirbt man auf dem Trail – außerdem sind die Pferde nicht nur trittsicher und wildniserfahren, sondern zahmer als ein Schaukelpferd. Vielleicht ein bißchen übertrieben, aber viel Reiterfahrung braucht man für solche Unternehmungen nicht.

Die Pferde folgen einem vom Wild getretenen Pfad durch Wiesen und duftende Wälder. Nach längerem Ritt macht sich die brennende Sonne bemerkbar, und man verspürt den kräftigen Geruch von Tier und Sattelzeug. Manchmal führt der Pfad atemberaubend schmal und direkt an steilen Abhängen entlang, die in tiefe Schluchten hinabfallen.

Auf einem Hochplateau werden an einem munter plätschernden Wildbach die Pferde getränkt, und in der Nähe soll auch das Camp aufgeschlagen werden. Bevor es dunkel wird, bauen wir aus Planen und Tannenzweigen die Unterkünfte. Sandwiches werden ausgepackt. Man hat den Hunger vorausgeahnt und Berge davon mitgenom-

men. Sie sind im Nu verschwunden. Nach einer Runde *tall stories,* von den beiden uns begleitenden Cowboys zum Besten gegeben, fallen wir todmüde auf das Lager aus Tannenzweigen – trotz unserer Befürchtungen ist es wunderbar weich. Das Lagerfeuer soll die ganze Nacht durch brennen – um Grizzlies fernzuhalten, sagt der Rancher und teilt die Wache ein.

Am nächsten Morgen werden auch die Langschläfer vom Geruch des brutzelnden Specks geweckt. In der großen Blechkanne wirft der Kaffee Blasen, und die Wärme des kräftig brennenden Feuers verscheucht die Nachtkälte aus den klammen Gliedern.

tional Park schöne Ausritte möglich. Im Yukon werden von Whitehorse aus Trailritte auf dem historischen Dalton Trail angeboten.

Paradies für Wassersportler

Mit zigtausend Kilometern Küstenlinie und Hunderttausenden von Seen und Flüssen bietet die in diesem Buch behandelte Region dem Wassersportler traumhaft viele Möglichkeiten. Schon für die ersten Entdecker stellten die Wasserwege meist die einzige Möglichkeit dar, das riesige Land zu erkunden und zu erschließen, und Kanus waren das geeignetste Transportmittel in der Wildnis. Mit ihnen bewältigten Mackenzie, Thompson und Fraser auf den wilden Flüssen des Westens die Reise zum Pazifik. Dieses Abenteuer läßt sich noch immer hautnah nacherleben (s. S. 100 ff.).

Kanu- und Kajakfahren

Auch heute noch erschließt sich der eigentliche Charakter, die unberührte Natur des Landes, am ehesten mit Kanu oder Kajak. Das lautlose Gleiten durch den Frühdunst eines Bergsees, die unmittelbare, dennoch gefahrlose Begegnung mit einem Elch oder Bären am Ufer, oder die aufregende Fahrt durch die Stromschnellen eines Flusses – Eindrücke, die man nicht mehr vergißt.

Beide, Kanu und Kajak, sind verhältnismäßig leicht zu bedienen und auch Anfänger jeden Alters lernen Grundkenntnisse und Technik schnell. Modernes Design hat das Gerät immer leichter werden lassen, so daß selbst körperlich weniger Kräftige damit keine Probleme haben. Am bekanntesten und wohl auch geeignetsten für Wasserwanderungen

ist das offene Kanadier-Kanu. Es kann leicht über Landstrecken getragen werden und ist so geräumig, daß der Platz für zwei Personen plus Ausrüstung und Verpflegung für mehrere Wochen reicht. Dabei ist es so stabil, daß man Seen, Flüsse und geschützte Küstengewässer ohne Gefahr damit befahren kann. Für längere Exkursionen in Küstengewässern werden besonders konstruierte See-Kajaks benutzt, mit denen man über flachste Stellen kommt und die auch bei stärkerem Wellengang sicher sind und für trockene Füße sorgen.

Auch für Unerfahrene besteht fast überall Gelegenheit zum Ausprobieren und Befahren von leichten Strecken. Längere Wildnistouren unternimmt man am besten in kleinen organisierten Gruppen. Dabei werden außer dem *guide* auch Kanu oder Kajak, Campingausrüstung, Kochutensilien und Verpflegung vom Ausrüster gestellt. Für weniger Erfahrene gibt es ausführliche Einweisungen vor und während der Tour. Juni bis August ist die beste Zeit für Kanu- und Kajaktouren, aber die Saison kann auch schon im März beginnen und erst im November schließen.

Besonders schöne Kanu-Reviere gibt es im Jasper und Banff National Park in Alberta, in British Columbia im **Bowron Lake Provincial Park** (S. 111) und im Wells Gray Provincial Park. Vor allem Bowron Lake ist das absolute Paradies der Kanuten. Hier bildet eine Kette von sechs Seen, verbunden durch Flüsse und kurze Portagen, eine 117 km lange Rundstrecke, die bis auf einen Kilometer wieder an den Ausgangspunkt zurückführt. Der Kurs verläuft durch eine ursprüngliche, abwechslungsreiche Berglandschaft mit zahlreichen Gelegenheiten zur Wildbeobach-

Kanuten auf dem Bowron Lake in British Columbia ▷

tung. Die 7- bis 10tägigen Touren werden von Chris Harris, einem Kenner der Region, veranstaltet und geführt.

Für Abenteuerlustige erscheint das Angebot an Exkursionen schier unerschöpflich: Auf dem Yukon River in der gleichnamigen Provinz neun Tage und 300 km auf den Spuren der Goldsucher durch spektakuläre Wildnis, vorbei an Flußbänken mit verfallenen Blockhütten, Indianersiedlungen und verlassenen Goldminen am Ufer, bis zum Dorado des Nordens, Dawson City. Oder in den Northwest Territories auf der Route der Prospektoren und Pioniere den sagenhaften Nahanni River hinunter, in Manitoba und Saskatchewan den Routen der Pelzhändler auf dem Churchill River zur Hudson Bay folgen oder Flußfahrten auf dem Chilkat River durch das Schutzgebiet der Weißkopf-Seeadler in Alaska.

Mit dem **See-Kajak** läßt sich die verwunschene Inselwelt der Queen Charlotte Islands (s. S. 123) entdecken, mit Regenwäldern, in denen gigantische Fichten und Riesenlebensbäume wachsen, Wasserfällen, die sich in Kaskaden ins Meer ergießen, Vogelkolonien, Haida-Ruinen und Indianersiedlungen, verwitterten Totempfählen am Ufer und spielenden Schwertwalen im Sund. Beliebt und bequem mit der »Lady Rose« (s. S. 152) zu erreichen, ist auch der Barkley Sound mit den Broken Group Islands an der Westküste von Vancouver Island.

Ebenso schöne Reviere warten in Alaska: in der Inselwelt der Inside Passage, zwischen Gletschern und blauschimmernden Eisbergen in der Glacier Bay, oder an den Ufern der grünen Insel Kodiak und der Katmai-Küste. Hier führt Tom Watson von »Wavetamer Kayaking« seine Paddler zu entlegenen Buchten und zerklüfteten Küsten mit Vogelparadiesen, Seeottern und lachsjagenden Braunbären am Ufer. Die lautlos dahingleitenden Kajaks stören das Wild nicht, ganz nah lassen sich die gewaltigen Tiere beobachten.

Wildwasserfahren

Ein Abenteuer ganz anderer Art bieten Wildwasser-Exkursionen. Mit den modernen doppelrumpfigen Gummiflößen lassen sich Flußstrecken erleben, die mit dem Kanu nicht befahrbar sind, Gegenden entdecken, die sonst nur schwer zugänglich wären und die nur wenige Menschen gesehen haben. Fast immer läßt sich Wild beobachten, und die kundigen *guides* geben Auskunft über Geologie, Vegetation und so manches Interessante an den Uferbänken. Von ihnen erfährt man auch die faszinierenden Legenden von Abenteurern, Entdeckern und Indianern, die den Fluß oder die Region bereist haben. Landschaft und Stimmungen wechseln oft dramatisch, mal treibt das Floß sanft dahin, dann jagt es zwischen steilen Felswänden durch einen Canyon, oder es geht zu wie auf einer Achterbahn.

Die Flüsse werden nach Schwierigkeitsstufen auf einer Skala von eins (ruhig) bis sechs (sehr gefährlich, praktisch nicht befahrbar) eingestuft. Jeder kann sich den Grad der Aufregung also selbst aussuchen. Dabei kommen verschiedene Arten von Wasserfahrzeugen zum Einsatz: Flöße mit starken Außenbordmotoren, die überwiegend auf den größeren Flüssen wie den Fraser oder den Thompson in British Columbia eingesetzt und solche, die nur durch Paddeln auf Kurs gehalten werden. Letztere gibt es auf allen Flüssen. Für die meisten Touren braucht man keine Erfahrung, die nötigen Instruktionen sind einfach und beschränken sich in der Regel darauf, wie man im Team paddelt und die Ruder in den etwas stärkeren Stromschnellen gebraucht.

Um den Charakter einer solchen Fahrt kennenzulernen, braucht man nicht unbedingt mehrere Tage oder gar Wochen in entlegene Gebiete zu fahren, denn auf vielen Wildwasserflüssen werden auch eintägige Trips angeboten. Eine feuchtfröhliche, aufregende Angelegenheit ist es allemal, und außer einem Extrasatz trockener Kleidung braucht man nichts dabeizuhaben.

British Columbia bietet mit über 40 Flüssen, auf denen Wildwassertouren angeboten werden, wohl die besten Möglichkeiten für diesen spritzigen Sport, aber Alberta, Yukon, die Northwest Territories und Alaska haben ebenfalls eine Reihe geeigneter Flußläufe zu bieten.

Zu den interessantesten Flüssen für Wildwasserfans gehören Athabasca und Bow River in Alberta, der Nahanni in den Northwest Territories und der Tatshenshini, der durch den Yukon nach Alaska fließt und als einer der zehn weltbesten gilt. Er fließt durch arktische Tundra, vorbei an mächtigen Bergen mit Gletschern, die oft bis in den Fluß reichen. In British Columbia sind es Chilko, Chilkotin, Nahatlatch, Thompson – und natürlich der mächtige Fraser River, der ›König‹ der Wildwasserflüsse (s. S. 100 ff.).

Hausbootferien

Viel geruhsamer, aber nicht minder reizvoll sind Hausbootferien auf British Columbias Seen. Ausgangspunkte sind Vernon, Kelowna und Penticton am Lake Okanagan und Sicamous am Shuswap Lake. Der Shuswap Lake bietet bei einer Wasserfläche von 310 qkm eine Küstenlinie von 1600 km und über 1000 km navigierbare Wasserwege sowie zahlreiche Provinzparks und Marinas. Die dicht bewaldeten Hänge reichen bis an den See, es gibt viele verschwiegene Buchten, Badestrände, Wasserski und Windsurfen und nicht zuletzt gute Angelmöglichkeiten. Sicamous gilt als ›Houseboat

Ein spritziges Vergnügen: Wildwasserfahrt auf dem Fraser River

Überwältigend ist ein Flug über den Mount McKinley, den höchsten Berg Nordamerikas

Capital of Canada«. Über 300 Boote von unterschiedlicher Größe (für zwei bis zwölf Personen) und Komfort können hier gechartert werden. Sie sehen aus wie auf zwei Schwimmern montierte Wohnwagen und haben vorn und hinten eine Veranda, dabei sind sie recht gemütlich und mit allem Notwendigen ausgestattet, manche auch mit Mikrowelle und *hot tub* (Zuber mit warmem Badewasser) an Deck. Eine Lizenz braucht man nicht – die Verleiher geben eine halbstündige kostenlose Einweisung, und die reicht gewöhnlich auch. Außerhalb der Hauptsaison ist es übrigens viel ruhiger auf dem See.

Segeln

British Columbias Küstengewässer bieten hervorragende Möglichkeiten für Sportsegler und solche, die es werden möchten. In den geschützten Wassern der Inside Passage, besonders um die idyllischen Gulf Islands, im Desolation Sound und entlang der Sunshine Coast liegen die schönsten Reviere. Hier können sowohl kleine Boote gemietet wie auch größere Jachten gechartert werden, entweder ein *bareboat,* wenn man selbst im Besitz eines Segelscheines ist, oder sonst mit skipper und gegebenenfalls Mannschaft. Von Cowichan Bay an der Ostküste von Vancouver Island werden halb- und ganztägige Segeltörns mit der klassischen 18-m-Jacht »Meriah«, Baujahr 1935, angeboten. Auch zweitägige Exkursionen in den Gulf Islands sind möglich. Die »Victoria Sailing Academy« bietet Segelkurse mit Lizenz an, man kann Boote mieten und verschiedene Törns für die Gewässer um Vancouver Island buchen.

Tauchen

In den letzten Jahren entdecken Tauchsportler zunehmend die ungeahnten Möglichkeiten der Küstengewässer von Südwest-British Columbia. Riesige Tangwälder, Schwämme, weiche Korallen, zahllose Seestern- und Fischarten, versunkene Schiffe und Riesenkraken sind die Attraktionen. Die besten Reviere sind in der Georgia Strait, an der Küste von Vancouver Island bei Nanaimo, Campbell River, Telegraph Cove und an der Sunshine Coast bei Powell River. Zwischen Oktober und März ist das Wasser am klarsten, mit Sichtweiten bis zu 30 m. In vielen Küstenorten gibt es *dive shops,* wo man auch Auskünfte über die nächsten Chartermöglichkeiten erhält.

West-Kanada und Alaska aus der Luft

In den Weiten des Nordens ist das Flugzeug das Hauptverkehrsmittel. Viele kleine Orte und die meisten Wildnis-Lodges, die Angeln, Jagen oder Abenteuer-Packages bieten, sind nur so zu erreichen. Das ist besonders im Yukon, in den Northwest Territories und in Alaska der Fall. Hier übernehmen die Buschpiloten die Rolle des Taxifahrers. Es ist erstaunlich, was in die robusten kleinen Maschinen alles hineingeht. Zwei oder drei *backpacker* mit voller Ausrüstung aufzunehmen, ist kein Problem. Selbst ein Kanu kann notfalls zwischen den Schwimmern verstaut werden. So kann man sich mit dem Wasserflugzeug irgendwo im Hinterland absetzen lassen, um in dem Gebiet ein oder zwei Wochen zu wandern, zu angeln oder mit dem Kanu weiterzureisen. An einem verabredeten Platz wird man dann wieder vom Piloten abgeholt. Gute Ausrüstung und Wildniserfahrung sind allerdings für so etwas unerläßlich. Mit den meisten Buschfliegern kann man solche Trips arrangieren und erhält von ihnen noch hilfreiche Informationen für das ausgewählte Gebiet. In fast allen Orten des Nordens stehen Buschpiloten für Charterflüge zur Verfügung.

Daneben werden in den großen Städten wie Edmonton, Calgary, Vancouver, Victoria, Anchorage und Fairbanks eine

Vielzahl von Rundflügen angeboten. Besonders reizvoll sind die über Vancouver und Anchorage. Absolute Höhepunkte stellen die Flüge über Hochgebirge und riesige Gletschergebiete dar, z. B. über den Kluane National Park im Yukon oder in Alaska: von Juneau, Haines oder Skagway zur Glacier Bay, von Valdez über den Columbia Glacier oder von Talkeetna zum Denali National Park, entlang der Nordflanke der Alaska Range mit dem mächtigen Mount McKinley. Geradezu atemberaubend ist der Flug mit Buschpiloten der Wrangell Mountain Air über die gewaltigen Bergketten des Wrangell/St. Elias National Parks mit schimmernden Gletscherfeldern, bizarren Felsgipfeln, *ghost towns* und verlassenen Bergwerken. Der Flug geht vom pittoresken ehemaligen Bergwerksort McCarthy aus, *pick-up* in Chitina ist möglich.

Ein Erlebnis ganz besonderer Art bietet Butch Toysen von Uyak Air auf Kodiak Island in Alaska. Er fliegt mit seinem kleinen Wasserflugzeug zu den einsamen Küsten der Katmai Peninsula, um dort seine Passagiere zu den großen Braunbären zu führen. Ein bißchen Nervenkitzel ist schon dabei, aber der Pilot ist mit den Verhaltensweisen der mächtigen Tiere gut vertraut. Schon der Flug über die Kodiak-Insel mit den tiefeingeschnittenen Fjorden, blitzenden Eisfeldern und sattgrünen Bergen ist die Reise wert (s. S. 319).

Drachenfliegen

Drachenflieger finden in British Columbia exzellente Möglichkeiten. In Golden wurde sogar mit einem 325 km weiten Flug ein Weltrekord aufgestellt. Zentren dieser Sportart in British Columbia sind die Kootenays, das Fraser und Okanagan Valley, die Region um Golden und Cache Creek, bei Victoria und in der Nähe der

Gulf Islands auf Vancouver Island, und sehr schön, mit phantastischem Panoramablick, auf dem Grouse Mountain bei Vancouver.

Ballonfliegen

Bei Anchorage in Alaska und bei Calgary und Edmonton in Alberta gehen sie in die Luft: die Heißluftballons. Das ruhige Gleiten in der winzigen Gondel unter dem imposanten Ballon, das Fauchen des Brenners, eine phantastische Aussicht und das Gefühl der Schwerelosigkeit – ein Erlebnis, das gar nicht so teuer ist. Nur früh aufstehen muß man, denn die kühle Morgenluft sollte genutzt werden, sie gibt den besten Auftrieb. Zahlreiche Veranstalter und Clubs in Anchorage, Edmonton und Calgary bieten Einzelfahrten und auch Lehrgänge an.

Jagen und Angeln

West-Kanada und Alaska grüßen allenthalben mit ›Petri Heil‹ an reißenden Flüssen, quirligen *creeks,* klaren Bergseen und brandenden Küstengewässern. Der arktische Grayling, Forellen und der sagenhafte Chinook-Lachs, der bis zu 30 kg schwer ist, gehen an die Angel.

Alle kanadischen Provinzen und Alaska sind auch ein – allerdings teures – Paradies für Jäger. Zum jagdbaren Wild gehören Schwarzbären und Grizzlies, Elche, Bisons und Karibus, Wapitis, Dallschafe und Bergziegen sowie Niederwild. Strikte Jagdgesetze und noch strengere Kontrollen sorgen dafür, daß der Wildbestand nicht gefährdet wird.

Die meisten Veranstalter von Exkursionen haben Sportangeln und oft auch

Bei Calgary, Edmonton oder Anchorage gehen sie in die Luft: die Heißluftballons

Jagdmöglichkeiten in ihrem Programm. Dabei können Wildnislodges den Charakter eines einfachen Camps oder auch den Komfort einer Ferienanlage (resort) haben. Meist sind sie nur per Boot oder Buschflugzeug zu erreichen. Da die Unterkunftsmöglichkeiten oft sehr begrenzt sind, empfiehlt sich eine rechtzeitige schriftliche Reservierung.

Jagen und Angeln sind durch Gesetze der jeweiligen Provinzen bzw. des Bundesstaates Alaska geregelt. Ausführliche Informationen und die notwendigen Erlaubnisscheine erhält man bei den zuständigen Behörden (s. S. 423). In National- und Provinzparks darf nicht gejagt werden. Jagdwaffen dürfen eingeführt, müssen aber beim Zoll deklariert werden. Zu beachten ist auch, daß zur Ausfuhr von Fellen und Jagdtrophäen Exportgenehmigungen notwendig sind. Die Einfuhr von Angelgeräten für den persönlichen Gebrauch ist ohne besondere Genehmigung möglich. Obwohl Angelscheine von den Provinzbehörden ausgestellt werden, ist für das Fischen in Nationalparks eine Sondergenehmigung erforderlich, die in jedem Nationalpark erhältlich ist und dann für sämtliche Nationalparks in Kanada gilt. Für Hochseeangeln sind separate Erlaubnisscheine erforderlich, die oft auch beim Ausrüster erhältlich sind. Angelausrüstung kann man in vielen Orten mieten oder kaufen.

In Alaska erhält man Angelscheine auch bei Veranstaltern, in Sportgeschäften und Lodges. Hier gilt der Angelschein auch in den Nationalparks. Jagen ist nur in Begleitung eines lizenzierten Führers erlaubt. Außer einer generellen Lizenzgebühr muß für den Abschuß von Großwild noch extra bezahlt werden. Informationen erteilt das Alaska Department of Fish and Game (Adresse s. S. 423 im gelben Serviceteil).

Wintersport: Die schönsten Skigebiete Kanadas

Die meisten europäischen Touristen kommen im Sommer nach West-Kanada. Doch gerade British Columbia und Alberta sind einen Winterurlaub wert. Hier in den kanadischen Rockies liegen einige der schönsten Skigebiete der Welt. Sie bieten dort selbst dem verwöhnten Skiläufer ein hervorragendes Programm: weitläufige Skiwandergebiete, rasante Abfahrten auf meterdickem federleichtem Tiefschnee und *hell-skiing,* das Nonplusultra für jeden passionierten Skiläufer. Dabei wird man in kleinen Gruppen mit dem Hubschrauber auf einsame Gip-

fel in Höhen von 1500 bis 4000 m gebracht, um dann durch unberührten Pulverschnee ins Tal zu schwingen. Bis zu einem Dutzend Starts sind durchaus möglich. Berechnet wird die Anzahl von Höhenmetern, die abgeflogen und abgefahren werden. Wie beim *heli-hiking* kritisieren auch hier Umweltschützer die mit dieser Art des Skisports verbundene Lärmbelästigung. Dennoch, durch Abgeschiedenheit und riesige Ausdehnung der Reviere halten sich diese Probleme derzeit in Grenzen.

Selbstverständlich gibt es überall Skikurse, man läuft Schlittschuh auf romantischen Bergseen, geht Eisfischen, unternimmt Schneemobiltouren auf den Gletschern oder Touren mit dem Motorschlitten, den kräftigen Schneeflitzern für unwegsames Gelände. Selbst Exkursionen mit dem Hundeschlitten sind möglich – nicht nur in Alaska.

Von November bis April reicht die Saison, nichts ist eng und überlaufen, kein Gedrängel vor den Liften, wie es in den Wintersportgebieten der europäischen Alpen häufig vorkommt. Dabei ist Ski-Urlaub in Kanada gar nicht so teuer und die Flüge sind im Winter auch billiger.

Die meisten Skigebiete sind bequem zu erreichen, einige liegen sogar in der Nähe großer Städte, so z. B. Grouse Mountain, Cypress Bowl und Mount Seymour praktisch direkt über Vancouver.

Weitere hervorragende Wintersportgebiete in British Columbia sind Whistler-Blackcomb, Big White und Mount Washington auf Vancouver Island.

Whistler-Blackcomb, in den Küstenbergen am malerischen Howe Sound, ist 120 km von Vancouver entfernt, und leicht per Auto, Bahn oder Bus zu erreichen. Diese Skiregion wird als die beste in Nordamerika angesehen. Sie ist schneesicher bei relativ milder Pazifikluft und bietet 180 Abfahrten aller Schwierigkeitsgrade mit Höhenunterschieden bis zu 1600 m. Hervorragende Loipen sind ebenfalls vorhanden. Die Saison dauert von Ende November bis Anfang Mai, auf dem nahen Gletscher, auf den ein Lift führt, sogar bis in den Sommer hinein. Mit Heli-Ski sind 100 weitere Gletscherabfahrten zu erreichen. Über 60 Restaurants, Bars und Nachtclubs sorgen für die richtige Stimmung.

Big White, in den Monashee Mountains bei Kelowna im Okanagan Valley, ist British Columbias höchstgelegener Ski-Resort. Bedingt durch die trockene Höhenluft gibt es hier den besten Pulverschnee. Bei einem Höhenunterschied von 625 m gibt es über 50 Abfahrten aller Schwierigkeitsstufen. Moderne Lifte sorgen für Komfort und kurze Wartezeiten. Nicht so international wie Whistler, dafür aber gemütlich mit Restaurants, Pubs und Country & Western Bar. Man ist besonders familienfreundlich: es gibt viele Programme für Kinder und Jugendliche, einen Kinderhort und ein *Youth Activity Center.*

Mount Washington auf Vancouver Island, vier Stunden von Vancouver oder Victoria entfernt, bietet über 10 m Schnee, ein alpines Dorf, fünf Lifte, 45 Abfahrten aller Schwierigkeitsgrade und 30 km gespurte Loipen, dazu kommen Hunderte mehr im angrenzenden Strathcona Provincial Park.

Langlaufenthusiasten finden in British Columbia ein weites Betätigungsfeld: über 1200 km gut gespurte Loipen und weitere 1500 km markierte Wege versprechen sportlichen Genuß. Die schönsten befinden sich nur zwei Stunden von Vancouver entfernt im Manning Provincial Park, darüber hinaus in Whistler und der Cariboo/Chilcotin Region.

Albertas Skigebiete liegen in den Rockies, wobei die beiden bekanntesten Zentren im Banff- und Jasper Nationalpark zu finden sind.

Banff/Lake Louise ist nicht nur eines der schönsten Skigebiete Nordamerikas, sondern auch das größte und älteste. Bereits 1926 gegründet, entwickelte es sich zum Mekka von Skiläufern aus aller Welt. Hier gibt es mehr als genug Abfahrten für Anfänger und Experten, bis zu 8 km lang, bei einem Höhenunterschied von bis zu 1000 m. Dazu eine Schneedecke von bis zu 10 m Höhe, mit einer dicken Schicht Pulverschnee obenauf. Après-Ski vom Feinsten, Baden in heißen Quellen inmitten verschneiter Landschaft, eine Vielzahl von sportlichen Aktivitäten zum Zuschauen und Mitmachen, erstklassige Restaurants und Bars sowie ein buntes Programm von Festivals, Theater und Konzerten.

Jasper, immer etwas im Schatten von Banff und Lake Louise, ist genauso attraktiv, nicht so mondän, dafür geruhsamer und preiswerter. Auch hier im Marmot Basin sind Schnee und Abfahrten hervorragend. Die längste mißt knapp 6 km, der Höhenunterschied beträgt 700 m. Das Resort gibt sich kinderfreundlich, und auf Unterhaltung braucht man auch nicht zu verzichten.

Im **Kananaskis Country** bei Calgary entstand für die Olympischen Winterspiele noch ein weiteres Skigebiet mit ausgezeichneten Abfahrten, Loipen und Serviceeinrichtungen.

Reisen in West-
kanada
und Alaska

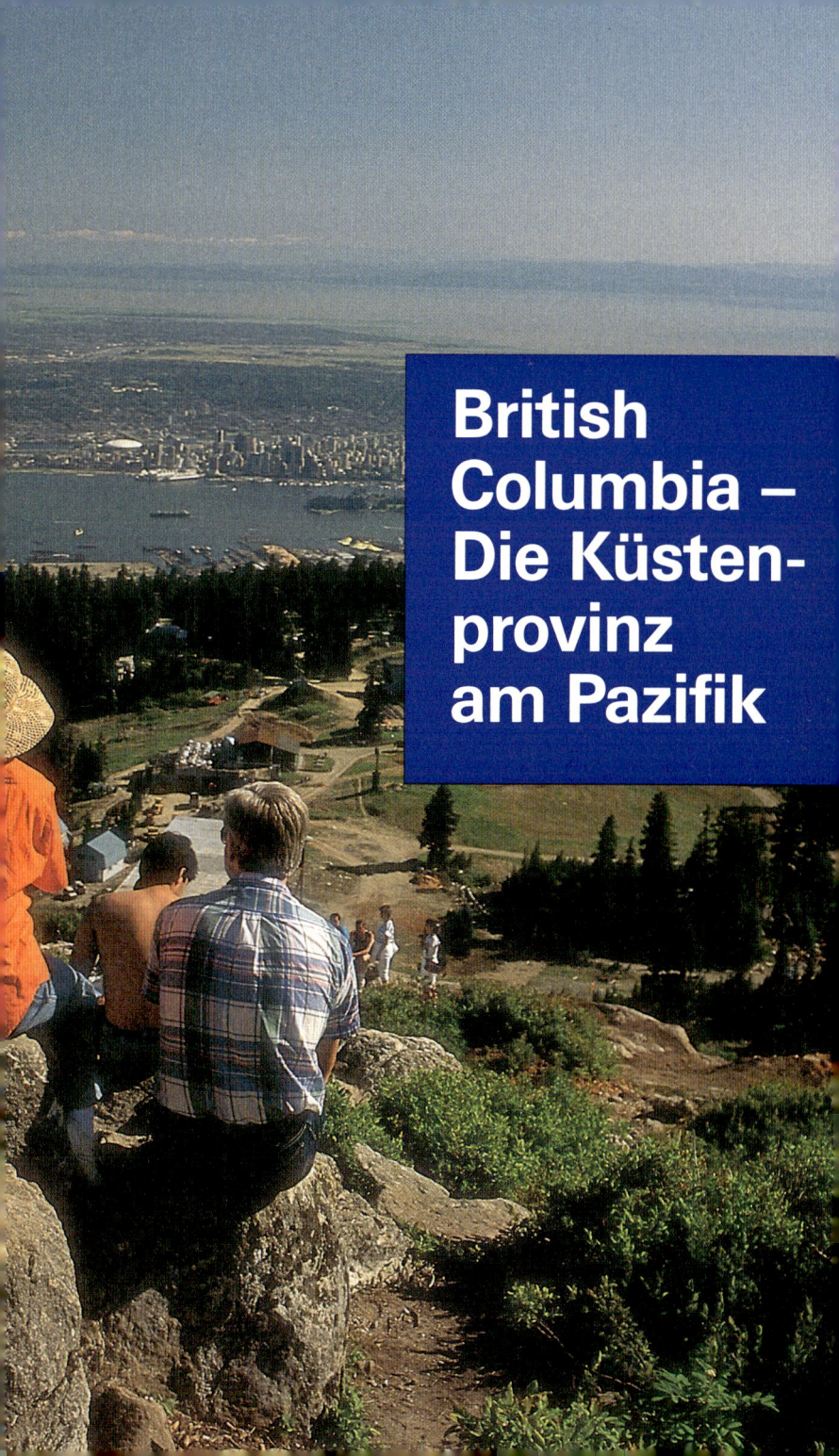

British Columbia – Die Küsten- provinz am Pazifik

British Columbia im Überblick

Name: Von Königin Victoria 1858 benannt
Größe: 952 263 qkm, somit Kanadas drittgrößte Provinz (knapp dreimal so groß wie die Bundesrepublik). Von Nord nach Süd sind es etwa 1200 km, von Ost nach West etwa 600 km.
Geographie: ausgedehntes Insel- und Fjordgebiet an der Küste; größte Insel im Südwesten ist Vancouver Island mit 32 000 qkm Fläche. Den Hauptteil der Provinz nimmt in nordsüdlicher Richtung ein Hochplateau mit Bergketten und Tälern ein. In der Peace River-Region im äußersten Nordosten befindet sich die einzige größere Ebene. Mehr als 75 % der Provinz liegen über 930 m hoch, mehr als die Hälfte 1280 m über dem Meeresspiegel. Wälder bedecken fast 60 %, Flüsse und Seen 2 % der Bodenfläche (18 000 qkm), 10 % werden als Acker- und Weideland genutzt. Die Provinz grenzt an vier amerikanische Bundesstaaten: Washington, Idaho, Montana im Süden und Alaska im Nordwesten. Im Norden schließt sich das Yukon Territory und im Osten Alberta an.
Höchster Berg: Mt. Fairweather, 4663 m
Längster Fluß: Fraser River, 1368 km
Klima: Beeinflußt durch Breitengrad, Bergketten und Entfernung zum Pazifik gibt es große Variationen bei Temperaturen, Sonnenscheindauer und Niederschlägen. Zum Beispiel liegt die durchschnittliche Niederschlagsmenge südlich von Vancouver unter 1100 mm und weniger als 50 km entfernt, nördlich der Stadt etwa bei 1900 mm. Generell ist das Küstenklima mild, Schnee gibt es nur wenig. Sonnige und warme Sommer, mit durchschnittlichen Höchsttemperaturen um 25° C, prägen die südliche Küstenregion. Dabei haben Victoria und die Südostküste von Vancouver Island wesentlich mehr Sonnenschein als Vancouver und das gegenüberliegende Festland. Im Landesinnern von Süd-British Columbia (Okanagan Valley) herrschen heiße Sommer mit geringen Niederschlägen vor, Teile dieser Region haben sogar Wüstencharakter. Im Südosten sind die Sommer ebenfalls warm, die Nächte jedoch kühler und die Winter schneereich. Zentral- und Nord-British Columbia weisen extreme Temperaturschwankungen auf, im Sommer steigt das Thermometer bis auf 28° C und sinkt im Winter bis unter –20° C. Dabei fallen in

*Symbol der Provinz British
Columbia: die Blüte des
Pacific Dogwood*

den nördlichen Regionen wenig Niederschläge, in Zentral-British Columbia fällt dagegen viel Regen und Schnee.

Flora und Fauna: In den feuchteren Küstenregionen finden sich mächtige Douglasien und Red Cedars, im trockeneren und höher gelegeneren Inneren des Landes erstrecken sich riesige Bestände von Kiefern, Fichten und Hemlocktannen, außerdem verschiedene Ahorn-Arten, Birken, Lärchen, Wacholder und Pappeln. In den Wüstengebieten von Zentral-British Columbia wachsen Kakteen und *sage brush*. In den Küstengewässern lassen sich Seelöwen, Buckelwale, Killerwale und Delphine beobachten und aus den Flüssen und Seen ziehen Sportangler Lachse, Forellen (Steelhead, Cutthroat, Regenbogenforelle), Arctic Grayling, Dolly Varden Char, Flußbarsche und Hechte. Lachse (Chinook, Coho, Pink, Chum, Sockeye), Heilbutt, Kabeljau und Hering sind für die Fischerei bedeutend. Weite, relativ unberührte Wildnisgebiete bieten Lebensraum für Grizzly, Braun- und Schwarzbär, Elch, Wapiti, Karibu, Rehwild, Bergziegen, Dickhornschafe, Wolf, Vielfraß, Fuchs, Biber, Nerz und Bisamratte.

Einwohnerzahl: etwa 3,4 Mio.

Hauptstadt: Victoria, ca. 75 000 Einwohner (Großraum ca. 290 000)

Größte Stadt: Vancouver, etwa 480 000 Einwohner (Großraum ca. 1,7 Mio.)

Zeitzone: Pacific Time (9 Stunden hinter MEZ); Mountain Time (8 Stunden hinter MEZ) in den Rockies und um Fort St. John

Industrie und Wirtschaft: Bergbau (Kupfer, Blei, Zink, Kohle und Silber); Erdgas- und Erdölförderung im Nordosten: Aluminiumproduktion in Kitimat. Wichtigste Industrie ist die Holzgewinnung mit Zentren entlang der Küste und um Prince George. Danach folgt die Tourismusindustrie mit zunehmender Bedeutung. Fischfang spielt eine geringere Rolle, etwa die Hälfte des Fanges sind Lachse.

Landwirtschaft: hoch spezialisiert durch Milchwirtschaft und Gemüseanbau im Fraser-Tal, Obstplantagen im Okanagan Valley, Getreideanbau im Peace River-Gebiet sowie Rinderzucht um Williams Lake und Kamloops. In British Columbia befinden sich einige der größten Ranches der Welt.

Provinzblume: Blüte des Pacific Dogwood

Provinzmotto: Splendor sine occasu – Schönheit ohne Ende

VANCOUVER:
KANADAS TOR ZUM PAZIFIK

■ (S. 385) Unter Kennern gilt Vancouver neben San Francisco als die schönste Stadt an der Westküste Amerikas. Vor dem Hintergrund der schneebedeckten Coast Mountains im Norden, eingerahmt von Fraser River und Pazifik, ist dieses Juwel mit seinen Stränden, Parks, Gärten und nahen, riesigen Wildnisgebieten *der* Anziehungspunkt West-Kanadas.

Die Stadt selbst hat etwa 500 000 Einwohner, im Großraum leben mehr als 1,7 Mio. Menschen, was Dreiviertel der Bevölkerung von British Columbia entspricht. Damit ist Vancouver die drittgrößte Stadt Kanadas. Das »Tor zum Pazifik« ist das wichtigste Verkehrs-, Kommunikations- und Handelszentrum der Provinz und Drehscheibe für den Eisenbahn-, Bus- und Flugverkehr. Im Hafen werden jährlich über 65 Mio. Tonnen Holzprodukte, Getreide, Kohle und andere Güter umgeschlagen. Durch die Kreuzfahrerschiffe, auf dem Weg durch die Inside Passage nach Alaska, machen fast eine halbe Million Passagiere in Vancouver Station. Das macht ihn zum belebtesten Pazifikhafen Amerikas und zu einem der größten der Welt. Als Westküsten-Metropole ersten Ranges etabliert hat sich Vancouver spätestens seit der Weltausstellung 1986 sowie den seit einigen Jahren stark intensivierten Wirtschaftsbeziehungen mit den ostasiatischen Staaten.

In diesem kosmopolitischen Zentrum mischen sich östliche und westliche Strömungen, denn Ostasien liegt näher als Europa. Vancouver ist Heimat für Menschen hundert verschiedener Nationalitäten, die das Gesicht der Stadt prägen. Die vielen ethnischen Kommunen in Chinatown, im benachbarten Klein-Japan, in der italienisch-portugiesischen Enklave an der East Side, in der griechischen Kolonie am West Broadway, in den jüdischen Synagogen und koscheren Lebensmittelläden an der Oak Street sowie im angrenzenden französischen Viertel sind ein sichtbarer Beweis dafür. Und um Main und 49th Street hat sich die wohl größte Sikh-Kommune außerhalb Indiens gebildet. In den letzten beiden Jahrzehnten kamen Einwanderer aus Indien, Pakistan und Südvietnam, und seit ein paar Jahren besonders viele Chinesen aus Hongkong. Es sind überwiegend wohlhabende Geschäftsleute mit ihren Familien, die aus Furcht vor der bevorstehenden Übernahme Hongkongs durch die Volksrepublik China jetzt lieber ihr Geld in Vancouver investieren. Als Folge davon explodieren die Immobilienpreise.

Vancouver wird oft als die ›kulinarische Weltstadt‹ gerühmt, mit der besten Auswahl von Spezialitätenrestaurants nördlich von San Francisco und westlich von Montreal. Im Großraum Vancouver gibt es über 3000 Restaurants. Auch kulturell hat sich die Stadt, die lange Zeit als etwas verschlafen galt, zu einem echten Mittelpunkt gemausert. Es gibt Dutzende erstklassiger Museen, Kunstgalerien und Theater. Was dort geboten wird, braucht internationale Vergleiche nicht zu scheuen – man kann praktisch jeden Abend ein anderes Stück sehen. 50 Diskotheken und über 100 Bars und Nightclubs sorgen für das nächtliche Entertainment. In der Saison gibt es Musikshows, Ballett, die Opera Association, das große Vancouver Folk Festival an der Jericho Beach, und in vielen Clubs treten die Top-Sänger und -Bands des Kontinents auf.

Auch die Filmindustrie hat sich hier in den letzten Jahren verstärkt angesiedelt und Vancouver den Ruf eines ›Hollywood North‹ eingebracht. Anfang der achtziger Jahre noch in der Größenordnung von etwa 20 Mio. Dollar Umsatz, beschäftigt die Filmwirtschaft von British Columbia heute über 4000 Mitarbeiter, die über 350 Mio. Dollar erwirtschaften. Viele der amerikanischen TV-Serien werden hier gedreht und Hollywoods Filmproduzenten schätzen die Vielseitigkeit von städtischer Architektur und Szenerie. Da ändert man einfach ein paar Namen und Straßenschilder, überklebt Autokennzeichen und die Kulisse paßt. So hat Vancouver schon als Double für New York, Hongkong, Boston, Detroit, München oder London gedient. Außerdem ist die Westküstenmetropole als Drehort wesentlich kostengünstiger als Hollywood. So vergeht kaum ein Tag, an dem nicht irgendwo in der Stadt eine Kamera läuft.

Fitneßfans und Naturliebhaber können eine reichhaltige Auswahl treffen. Reiten, Schwimmen, Tauchen, Golf auf zwei Dutzend Plätzen, Windsurfen im Hafen, Segeln in der Strait of Georgia, Wildwasserfahrten mit Kanu, Floß oder Kajak in den nahen Flüssen und Seen, Wandern, Bergsteigen und nicht zuletzt – Skilaufen das ganze Jahr über.

Zahlreiche Festivals und sportliche Wettbewerbe runden das Bild ab. Das Jahr beginnt mit dem berühmten Polarbär-Schwimmen in der English Bay oder dem Winterfestival im Whistler Mountain-Skigebiet. Im Frühjahr bringen viele landwirtschaftliche *fairs* mit buntem Programm Trubel in die Orte des Fraser Valley. Gastown erfreut sich am Aprilregen-Festival, und in den Sommer fallen das Cloverdale-Rodeo, das Fraser-River-Floßrennen, das Stevenson-Lachs-Festival, Coquitlams Francofete, Vancouvers Greek Days und das Sea Festival.

Das Klima ist das ganze Jahr über mild, im Winter schneit es kaum, dafür regnet es dann um so häufiger, so daß Vancouvers Wetter scherzhaft auch als *perma-grey*, also ›grau in grau‹ bezeichnet wird. Schneit es einmal heftiger, zeigt das Chaos auf den Straßen, wie wenig man auf solche Situationen vorbereitet ist. Für die mit Schnee reichlich gesegneten Landsleute östlich der Rocky Mountains ein Grund, sich darüber in den Medien lustig zu machen. Auch die Sommermonate haben ihre Regentage, sind aber mit durchschnittlich 250 Sonnenstunden weit angenehmer, als wir das von unseren Breiten gewohnt sind.

Ein Streifzug durch die Geschichte

Der erste weiße Entdecker, der seinen Fuß in die Region setzte, war Kapitän George Vancouver, als er 1792 in das Burrard Inlet segelte. Er scheint nicht sehr beeindruckt gewesen zu sein, denn er schrieb lakonisch in sein Logbuch, daß die Gegend mit dichten Tannenwäldern bedeckt sei. Grund genug, sie gleich wieder zu verlassen. Erst 70 Jahre später kamen die ersten Siedler und Holzfäller. Etwa zur gleichen Zeit stieß Simon Fraser auf dem Landweg von Osten zur Küste vor. Nach ihm wurde der Fraser River benannt, an dem Mitte des 19. Jh. Gold gefunden wurde.

Die eigentliche Gründung der Siedlung erfolgte 1867, nachdem John Deighton am Burrard Inlet mit dem Kanu an Land ruderte. Dabei hatte er seine indianische Frau und ein Faß Whiskey, unzweifelhaft sein wichtigster Besitz, denn damit eröffnete »der erste Unternehmer der Stadt« einen Saloon in der Wildnis. Seine Rechnung ging auf, der Zustrom der Holzfäller, Trapper und Goldsucher aus der Gegend war enorm. Nach ›Gassy‹ Jack, wie er wegen seiner Geschwätzigkeit hieß, benannte man auch die sich bald entwickelnde Siedlung. Gastown florierte, und 1871 zählte man hier 77 Holzfäller und Sägemühlenarbeiter, vier Schlachter, zwei Schuster, einen Lehrer, zwei Pfarrer, einen Polizisten und weitere 100 Arbeiter, von Schmiedearbeitern bis zu Baumeistern, Frauen und Kinder, Chinesen, Indianer und Prostituierte hatte man bei der Zählung nicht für wichtig genug befunden.

Zur Stadt entwickelte sich die Siedlung erst, nachdem 1886 die letzten Nägel in die Schwellen der Canadian Pacific Railway geschlagen wurden, die auf ihrem Weg quer durch das riesige Kanada die Westküste erreicht hatte. Durch die chinesischen Kulis, die als Arbeitskräfte beim Eisenbahnbau und in den Goldminen zu Zehntausenden in die Region kamen, wuchs die Stadt rasch. Um ihr etwas mehr Würde zu verleihen, nannte man sie zu Ehren des britischen Entdeckers ›Vancouver‹. Im April 1886 gab es die ersten Stadtwahlen, und die Lokalzeitung, der »Herald«, riet »rechtzeitig und so zahlreich wie möglich« zu wählen. Die Einwohner und auch die beiden Bürgermeisterkandidaten nahmen das wörtlich: Stimmen wurden gekauft, gehandelt und mehrfach abgegeben – die Zeiten ›Gassy‹ Jacks waren eben doch noch nicht ganz überwunden. Trotzdem bewies die neue Stadtverwaltung Weitsicht: Sie erklärte das 400 ha große Waldgebiet an der Mündung des Burrard Inlet zu einem Naturpark. Heute bezeichnen die Vancouveraner ihren Stanley Park als den größten Schatz der Stadt.

Allerdings wäre damals die Anschaffung einer Feuerlöschspritze dringlicher gewesen, denn einen Monat später zerstörte in weniger als einer Stunde ein großes Feuer über 1000 Gebäude, praktisch die gesamte Stadt.

Der Boom ging jedoch ungebrochen weiter, und innerhalb weniger Monate war Vancouver wieder aufgebaut, diesmal mit dauerhafteren Materialien wie Stein und Eisen. 1890 gab es bereits über 50 km gepflasterte Straßen und eine elektrische Straßenbahn. Die Hudson's Bay Company und Woodwards errichteten die ersten Kaufhäuser, und 1898 wurde die Stadt zum Ausgangspunkt für die Zehntausende, die es zu den sagenhaften Goldfeldern des Klondike zog. Das brachte Geld und Aufschwung, und zehn Jahre später zählte Vancouver bereits über 100 000 Einwohner.

Downtown zu Fuß

Downtown ist relativ klein und leicht zu Fuß oder mit dem Bus zu erschließen. Immer wieder eröffnen sich zwischen den goldschimmernden Fassaden der Bürohochhäuser bezaubernde Blicke auf Meer und Berge. Die Wolkenkratzer sind hier nicht so himmelhochragend wie in anderen amerikanischen Großstädten. Sie stammen zum großen Teil erst aus den letzten Jahren, und man hat bei der Planung darauf geachtet, das ansehnliche Stadtbild zu bewahren.

Das Zentrum des Einkaufs- und Geschäftslebens bilden der Robson Square und die Fußgängerzone der Granville Mall. Die Gestaltung des drei Straßenblocks zwischen Hornby and Howe Street umfassenden Robson Square mit seiner eigenwilligen futuristischen Architektur auf zwei Etagen setzt hier städtebauliche Akzente. Auf der hübsch mit Blumen, Bäumen und Wasserfällen angelegten Plaza finden im Sommer Konzerte statt und im Winter kann man hier Schlittschuh laufen. Das neue **Court House** [1], 1972 vom Architekten Arthur Erikson erbaut, fällt durch seine eigenwillig schräg abfallende Dachkonstruktion

aus Glas und Beton auf, und das alte restaurierte Justizgebäude (erbaut von Francis Rattenbury, der auch das Parlamentsgebäude in Victoria entworfen hat) beherbergt jetzt die **Vancouver Art Gallery** [2] mit Ausstellungen internationaler und kanadischer Künstler, darunter auch die umfangreiche Emily Carr-Sammlung. Gleich in der Nähe ist auch das traditonsreiche **Hotel Vancouver** [3] mit seinen grünschimmernden Kupferdächern, 1939 von der Canadian Pacific Railway eröffnet. Es ist bereits das dritte Hotel, das unter diesem Namen erbaut

Straßencafé an der Robson Street, im Hintergrund das Hotel Vancouver

Prospect Point ✳

Lions Gate Bridge

Seawall Promenade

Scenic Drive

Beaver Lake

Lake Trail

Stanley Park

Vancouver
Public Aquarium

14

Brockton
Pt. Trail

✳ Brockton P

Seawall Promenade

Deadman's
Island

Lost Lagoon

Coal Harbour

Lagoon Dr.

English Bay

Derman St.

Robson
Public Market **4**

Georgia St.

Robson St.

Vancouver
Travel Infocentre **6**

C

Nelson St.

Comox St.

Marine Building **5**

W. Hastings

Downtown

3

Harbour
Centre **8**

Broughton

Davie St.

Nelson Park

Hotel
Vancouver

2

Vancouver
Art Gallery

Burnaby St.

Thurlow St.

1 Court House

Beach Ave.

Sunset
Beach Park

Burrard St.

Hornby St.

Howe St.

Granville St.

Seymour St.

Richards St.

Robson St.

B.

Granville
Bridge

13 Granville
Public Market

Granville Island

Gambie
Bridge

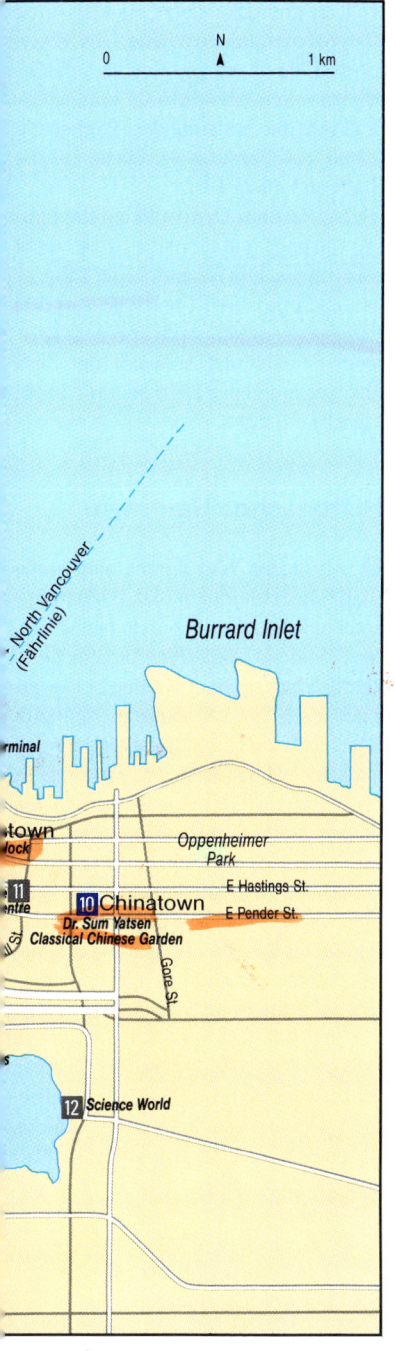

N
0 ▲ 1 km

Burrard Inlet

North Vancouver
(Fährlinie)

-rminal

-town
-lock

Oppenheimer Park

E Hastings St.

11

-ntre

10 Chinatown

E Pender St.

Dr. Sum Yatsen
Classical Chinese Garden

Gore St.

12 Science World

Downtown Vancouver

wurde. Das erste Hotel Vancouver, vier-
stöckig und noch ganz in Holzbauweise,
wurde schon 1887 errichtet, als die
Transkontinentale Eisenbahn die Stadt
erreichte. Seit dieser Zeit haben sich so
berühmte Persönlichkeiten wie Mark
Twain, Rudyard Kipling, Winston Churchill, Indira Gandhi und Königin Elisa-
beth ins Gästebuch eingetragen. In der
Lobby kann man ein großes naturgetreu-
es Modell von Captain Vancouvers Schiff
»HMS Discovery« bewundern.

Vom Robson Square schlendert man
in Richtung Stanley Park über die **Robson Street,** die von den Einwohnern
auch heute noch manchmal Robsonstra-
ße genannt wird. Der deutsche Name
stammt aus der Zeit, als noch bis vor 20
Jahren überwiegend deutsche Geschäfte und Restaurants das Straßenbild bestimmten. Heute ist sie Vancouvers beliebteste Flaniermeile mit einer bunten
Vielfalt von eleganten Boutiquen, Stra-
ßencafés, internationalen Restaurants
und *speciality shops.* Genauso kosmopo-
litisch ist auch das Publikum. In Straßen-
cafés genießt man das Flair, vielleicht bei
Gelati oder Strudel mit Kaffee und auf
den Gehwegen herrscht dichtes Gedränge – man will sehen und gesehen werden. Dabei hielt man hier in der Nähe des
Stanley Parks noch um die Jahrhundertwende Hühner und Pferde im Hof, und
erst in den 30er Jahren wurde die Straße
gepflastert. – Am Ende der Einkaufszone
sollte man dem **Robson Public Market**
4 einen Besuch abstatten. Der glas-
überdachte Markt mit vielen kleinen Deli-
katessen-, Blumen- und Kunsthandwerk-
geschäften ist dem Kristallpalast in London nachempfunden. Nirgendwo sonst
gibt es eine größere Auswahl an internationalen Leckerbissen.

Wenige hundert Meter weiter nördlich, am Fuß der Denman Street, gelangt man zum **Coal Harbour,** Vancouvers Jachthafen. Von hier aus veranstalten die Harbour Ferries Ltd. verschiedene Rundfahrten durchs Hafengebiet mit originalgetreu nachgebauten Raddampfern, wie sie früher auf dem Fraser River üblich waren. Lohnend sind auch verschiedene Tagestouren, etwa die durch den fjordähnlichen Indian Arm, nordöstlich der Innenstadt, mit seinen dichten Wäldern und Ausblicken auf schneebedeckte Berge. Manchmal sind Adler und Robben zu sehen, und der Kapitän erzählt spannend über Hafen und Umgebung.

Vom Robson Square führt die Burrard Street in Richtung Norden durch den eigentlichen Business District. Hier stehen die modernen Büropaläste mit ihren schimmernden Glasfassaden, aber auch Gebäude von historischem Reiz. Zum Beispiel das im Art déco-Stil 1930 fertiggestellte **Marine Building 5** an der Ecke Burrard Street und West Hastings Street. In die Fassade eingearbeitet sind schöne Terrakotta-Verzierungen, die Vancouvers Beziehung zu Handel und Meer symbolisieren. Die prächtige Fassade spiegelt sich in den Glasfronten der Hochhäuser gegenüber – ein faszinierender Effekt, der immer wieder die Fotografen begeistert (s. hintere Umschlagklappe).

Ein Häuserblock weiter befindet sich das **Vancouver Travel Info Centre 6**, wo man ausgezeichnetes Material über die Stadt erhält, und gleich nebenan der **Canada Place 7**. Mit seiner eigenwilligen teflon-beschichteten Dachkonstruktion ragt der Komplex wie ein riesiges Schiff mit geblähten weißen Segeln in den Hafen. Der deutschstämmige Architekt Ed Zeidler hat das Gebäude als Kanada-Pavillon für die Weltausstellung 1986 entworfen. Heute dient es als Kanadas wohl beeindruckendstes Handels- und Kongreßzentrum. Hier legen die Kreuzfahrtschiffe an, es gibt Restaurants, Geschäfte, ein großes IMAX-Filmtheater – und von der umlaufenden Promenade bieten sich herrliche Ausblicke auf die Stadt und den Hafen.

Das **Harbour Centre 8** an der Ecke von Hastings und Richards Street, nicht weit vom Canada Place entfernt, bietet einen noch besseren Überblick. Vom 167 m hohen Aussichtsdeck und dem rotierenden Restaurant schweift der Blick über das grandiose Panorama von Stadt, Meer und Bergen.

Historisches Gastown

9 Als in den 70er Jahren eine große Stadtautobahn durch das heruntergekommene Gastown mit dem benachbarten Chinatown, die beiden ältesten Bezirke der Stadt, gebaut werden sollte, besannen sich die Vancouveraner auf ihre Geschichte und gründeten eine Bürgerinitiative, die das Projekt zu Fall brachte. 1972 erklärte die Provinzregierung die beiden Viertel zu *historic areas* und stellte die Gebäude und Anlagen unter Denkmalschutz. Die düsteren, baufälligen Backsteingebäude und Lagerhäuser wurden liebevoll restauriert und die Straßen mit Blumen und Grün geschmückt. Heute ist Gastown mit seinen Pflasterstraßen und antiken Straßenlaternen, vielen kleinen Läden und Boutiquen, Galerien, Restaurants und Pubs längst zum beliebten Treffpunkt von Vancouvers Schickeria geworden. Wer nostalgisches Flair aus der Pionierzeit schätzt, ist hier gut aufgehoben.

›Gassy‹ Jack (s. S. 71) und seinem notorischen Whiskeyfaß hat man am **Maple Tree Square,** dem Platz, wo früher sein Hotel und Saloon standen, ein Denkmal gesetzt. Auch vor einem anderen Unikum und Wahrzeichen Gastowns, der Steam Clock, einer dampfbetriebenen Uhr, die viertelstündlich den ›Westminster‹-Glockenschlag auf Dampfpfeifen produziert, steht meist eine Gruppe von Bewunderern.

Farbenfrohes Chinatown: Vancouvers Chinesenviertel

Eine Uhr unter Dampf: die Steamclock in Gastown

10 Die Altstadt lebt davon: vom Charme Chinatowns. Längst ist das Viertel nicht mehr das Ghetto, das es im 19. Jh. einmal war und in das Weiße sich kaum hineinwagten. Außerdem leben die meisten der mehr als 100 000 Chinesen über die ganze Stadt verstreut. Vancouvers Chinatown ist mehr ein quirliges Geschäftsviertel als ein Wohngebiet, allerdings von beachtlicher Größe, die in Nordamerika nur noch von San Franciscos Chinesenviertel übertroffen wird. In den großen Kaufhäusern kann man fernöstliche Luxuswaren genauso wie einen kompletten Hausrat asiatischen Stils erwerben. Attraktiver sind jedoch die zahllosen kleinen Läden und Geschäfte mit exotischen Köstlichkeiten, Antiquitäten, Schnitzereien, Tuschezeichnungen, farbenprächtigen Papierdrachen, bunten Seidenstoffen, Porzellanfiguren und fremdartigen Gewändern.

Das Zentrum von Chinatown erstreckt sich über drei Straßenblocks entlang der Pender Street von Carrall bis Gore Street. Hier sind auch die interessantesten Gebäude des Viertels zu finden. Das Haus No. 1 East Pender beherbergt die »Chinese Times«, die älteste Zeitung Chinatowns, und No. 8 West Pender, das Sam Kee Building, ist Vancouvers schmalstes Gebäude – mit 1,80 m Breite vielleicht sogar das schmalste der Welt. Das geschäftige Treiben wirkt hier am farbig-

sten und authentischsten: chinesische Mütter beim Einkauf, beladen mit Einkaufstüten und Taschen, eine Schar mandeläugiger Kinder im Schlepptau, die sich jauchzend mit bunten Papiertigern vergnügen; alte Frauen mit braunen runzligen Gesichtern in verblichenen Kattunkleidern; ein würdevoll schreitender chinesischer Geistlicher, ganz in feierlichem Schwarz gekleidet; und eine zahnlose Alte mit kegelförmigem Hut als Sonnenschutz und schwer bepackt mit leeren Gemüsekisten, die über die Straße schlurft. Aus manchen Läden dringt ein würziger, undefinierbarer Duft, und in den Ohren mischt sich ein Stimmengewirr aus englischen und chinesischen Lauten. Junge Mädchen in neuester westlicher Mode, aber mit unverkennbarem fernöstlichem Charme, flirten mit lässig-coolen Typen in Jeans, die eine Harley Davidson bewundern. Wie Abziehbilder gleichen sie den chinesischen Popstars und Macho-Helden der Kung-Fu-Filme auf den grellbunten Kinoplakaten mit den chinesischen Schriftzeichen. Und durch das dichte Gedränge der Einkaufenden oder Schwatzenden

Ein so reichhaltiges Angebot an Gemüse- und Fruchtsorten findet man nur in Chinatown

eilen chinesische Geschäftsleute vom *dim sum,* dem traditionellen Lunch, zurück in die Büros der Banken und Importfirmen.

Die ersten beiden Straßenblocks sind voller Kuriositäten und Spezialitätenläden, wo es an Rattanmöbeln, Bambuskörben und -hüten, chinesischem Koch- und Eßgeschirr, Büchern und Schallplatten, reich bestickter Seidenkleidung, Jadeschmuck, Elfenbeinschnitzereien, lakkiertem Porzellan und Räucherstäbchen alles gibt, was man auch in Hongkong, China oder Taiwan kaufen könnte. Faszinierend ist auch ein Besuch in einer chinesischen Apotheke, die für alle Krankheiten und Gebrechen ein Heilmittel hat, das nur Chinesen bekannt ist. Nachdem der Kunde sein Problem mit dem Kräuterspezialisten erörtert hat, werden die getrockneten Kräuter oder vielleicht eine Rezeptur aus Ginseng, Tees, getrockneten Seepferdchen und zerstoßenen Geweihstangen auf der altehrwürdigen Schalenwaage genau ausgewogen. Dann wird der Preis durch flink hin und her geschobene Perlen auf einem Abakus, dem alten chinesischen Rechengerät, ermittelt.

Im östlichen Teil Chinatowns sind vor allem die Lebensmittelgeschäfte, Bäckereien, Gemüseläden, Fleisch- und Fischhändler vertreten. Bis auf die Straße reichen die Auslagen: Dutzende von Gemüse- und Fruchtsorten, die man außerhalb Chinatowns vergeblich sucht. Da mischt sich das helle Grün der Wassermelonen mit dem dunklen des *bok choy* (einer Art Chinakohl), leuchtend rote Fische auf Eis, lange Reihen von fettig glänzenden, rötlichbraunen Grill-Enten und ein kunterbuntes Durcheinander von Schalen mit Delikatessen von Seefisch mit grünen Zwiebeln und Ingwer bis zu Knoblauchkrabben in schwarzer Bohnensoße.

Restaurants gibt es in allen Preislagen. Manchmal fällt es nicht ganz leicht, mit der Speisekarte zurechtzukommen, die oft den Umfang einer mittleren Broschüre hat. Der weniger erfahrene Feinschmecker, der nicht das Glück hat, in kundiger Begleitung zu sein, bleibt dann lieber bei *wonton* und *chicken chow mein,* einer Pekingente oder einem Mongolischen Feuertopf. Vor dem gleichen Problem steht man mittags beim kantonesischen *dim-sum*-Lunch, der ein Ritual und eine Mahlzeit zugleich ist. Hier kann man unter einigen Dutzend zum Teil recht merkwürdig aussehenden Spezialitäten auswählen, die in kleinen Schalen auf einem Wagen an den Tisch gefahren werden. Für vieles, was geboten wird, muß man erst einmal den richtigen Geschmack entwickeln, für geschmorte Hühnerkrallen zum Beispiel. Lecker sind Gerichte wie Rippchen in schwarzer Bohnensoße, Häppchen vom Schwein, Shrimps in Reisgebäck oder Abalonen in Austernsoße. Für den, der original chinesisch essen will, gilt die Faustregel: Sind unter den Gästen überwiegend Chinesen, kann man sicher sein, daß einem hier die amerikanischen ›Chinaspezialitäten‹ erspart bleiben. Die meisten Restaurants servieren kantonesische Gerichte, aber auch einige die schärfer gewürzte nordchinesische Küche.

Lohnend ist ein Gang durch die stilleren Seitengassen und Hinterhöfe Chinatowns. Gefährlich ist es nicht, zumindest am Tage braucht man keine Sorge zu haben. Abseits vom Betrieb der Ladenstraßen werden hier die Waren angeliefert. Oder man kann einen Blick in eine Werkstatt oder ein Lager werfen, vielleicht auch zusehen, wie aus einem großen Drachentopf, eben aus China importiert, die ›faulen Eier‹ aus der Tonerde gepackt und mit flinken Händen gesäubert werden. Oder man hört das Klicken von Mah-Jong-Steinchen aus einem Hausflur. Nachts bietet der Bummel durch die belebten Straßen Chinatowns mit ihren bunten Lichtreklamen eine Fundgrube für gute Nachtaufnahmen.

Anläßlich der Expo 1986 entstand auf einem alten Parkplatz an der Carrall Street der **Dr. Sun Yatsen Classical Chinese Garden** angelegt in der Tradition der Ming-Dynastie von 52 Gärtnern aus Suchou. Klassisch-streng getrimmte Zypressen und Kiefern, Arrangements aus seltenen Taihu-Felsen, jadegrüne Teiche, zierliche Pavillons mit Terrakotta-Dächern bilden hier eine stille Oase im lärmenden Trubel. Gleich nebenan an der Pender Street gelangt man durch das China Expo Gate, einem farbenfrohen Pagodentor, zum **Chinese Cultural Centre** **11**. Hier erhält man Informationen über Geschichte, Wirtschaft und Kultur Chinatowns. Man kann auch mal in eine Klasse hineinschauen, wo sich der Nachwuchs mit Kantonesisch oder Mandarin abplagt, Schriftzeichen pinselt oder sich in Tänzen und den uralten Kampfsportarten übt. Der vitalen chinesischen Kommune, die stolz auf ihre Tradition ist und mit Begeisterung ihre Feste feiert, merkt man heute nicht mehr an, daß sie einmal aus der Notwendigkeit des Zusammenhaltes gegenüber einer feindlichen Umwelt gegründet wurde. Damals verweigerte man den Chinesen, die als Kulis für die Schwerstarbeit beim Eisenbahnbau, in den Goldminen, den Wäschereien oder als Dienstpersonal zu Zehntausenden ins Land geholt wurden, die Staatsbürgerschaft. Sie wurden mit Sondersteuern belegt und strikten Arbeitsbeschränkungen unterworfen. Zudem galten sie als Heiden und unerwünschte Elemente, die in einem Viertel der Spielhöllen, Opiumhöhlen und Geheimgesellschaften lebten. Erst nach dem Zweiten Weltkrieg verschwanden die Vorurteile. 1949 erhielt die chinesische Minderheit das Wahlrecht, 1967 wurden besondere Einwanderungsbeschränkungen, die nur für Chinesen galten, aufgehoben. In den 70er Jahren schließlich wurden die Chinatowns in Vancouver und Victoria als besonders schutzwürdig erklärt und auch Maßnahmen zur Verbesserung und Erhaltung ihrer Infrastruktur und der Gebäudesubstanz getroffen.

Am False Creek und auf Granville Island

Im Südosten von Downtown, auf dem alten Expo-Gelände am Ende des False Creek, liegt wie ein riesiger schimmernder Golfball **Science World** 12, eine 15 Stockwerke hohe Edelstahlkugel, die zu einem Wahrzeichen der Stadt geworden ist. Hier wird »Wissenschaft zum Anfassen« geboten. Die hautpsächlich für Kinder gedachten Ausstellungen in den Licht- und Soundstudios laden zum Experimentieren ein. Etwas besonderes für alle Altersstufen sind die atemberaubenden Omnimax-Filmvorführungen mit 3-D-Effekt. Science World ist als einziges Gebäude von der ehmaligen Expo-

Ausstellung übriggeblieben. Die anderen Pavillons wurden abgerissen, und das Gelände an einen Investor aus Hongkong verkauft, der hier in den nächsten Jahren mit Milliardenaufwand ein neues Stadtviertel errichten lassen will.

Das **B. C. Stadium** mit seiner vier Hektar großen Zeltkuppel aus teflonbeschichtetem Fiberglas, die durch den Luftdruck von 16 mächtigen Ventilatoren in Position gehalten wird, gilt als das größte seiner Art. 60 000 Plätze stehen für die Spiele der B. C. Lions Football-Mannschaft oder für Konzerte und Ausstellungen zur Verfügung. Auf geführten Besichtigungstouren wird das technische Wunderwerk erklärt.

Auf **Granville Island,** einer künstlichen Halbinsel im False Creek Inlet, entstand unter der Granville Street Bridge aus einem Industrieslum mit heruntergekommenen Docks, Fabriken und Lagerhäusern eine äußerst lebendige, farbenfrohe Mischung aus Arbeit, Einkaufen, Erholung und Kultur. Ein Musterprojekt behutsamer Stadtsanierung und Restaurierung. Die alten Hallen wurden stabili-

Granville Public Market auf Granville Island

siert und mit einem farbenfrohen Anstrich versehen. Um die alte Lagerhausatmosphäre zu erhalten, hat man alte Einrichtungen wie Kräne, Stützbalken, Fenster und Türen wo immer möglich in das neue Design einbezogen. So entstand auf der 115 ha großen Insel eine kunterbunte Vielfalt von Firmen, Hausbooten, ausgefallenen Läden, Theatern, kleinen Cafés und Spezialitätenrestaurants. In den alten Lagerhallen wurden Studios, Galerien und Kunsthandwerkstätten eingerichtet. Durch ein paar übriggebliebene Jachtausrüster ist auch das maritime Ambiente noch zu spüren. Im **Granville Public Market** 13 wird Einkaufen zum Erlebnis. Neben Bergen von frischem Obst verlocken leckere Meeresfrüchte: Langusten, Krabben, Muscheln, Hummer, lebendig oder gekocht. In den schmalen Straßen herrscht lebhaftes Treiben, und hin und wieder bilden sich Menschentrauben um Straßenmusikanten und Gaukler.

Stanley Park:
Wildnis in der Großstadt

Nur Minuten vom geschäftigen Treiben der Innenstadt entfernt liegt, auf einer Halbinsel, umrahmt vom Nordufer der English Bay und dem Burrard Inlet, der über 400 ha große Stanley Park, einst Jagd- und Lebensraum für die Squamish-Indianer. Das grüne Herz der Stadt mit ursprünglichen Wäldern von riesigen Douglasfichten und Hemlocktannen, mit Seen, schönen Stränden und verschwiegenen Wander- und Fahrradwegen ist der größte Stadtpark in Nordamerika. Um die Halbinsel herum führt eine 12 km lange Uferstraße, der **Scenic Drive.** Der Name besteht zu Recht, denn immer wieder bieten sich herrliche Ausblicke: über den Jachthafen mit der Skyline der Stadt, über das Inlet, gesprenkelt mit Schiffen und Booten, bis hin zu den – im Winter schneebedeckten – Bergen im Norden.

Mit dem Auto ist der Parkeingang über die Georgia Street zu erreichen. Die Rundfahrt führt am Burrard Jacht- und Ruderklub vorbei zum Gelände des Royal Vancouver Jachtclubs, wo dicht an dicht die tanzenden Masten der eleganten Jachten liegen, hinter denen die Silhouette der Stadt über das Wasser schimmert. Vor der Küste liegt Deadman's Island, auf dem der Sage nach 200 Krieger der Squamish-Indianer ihr Leben im Tausch für ihre von einem feindlichen Stamm gefangengehaltenen Frauen und Kinder gaben. Bei **Brockton Point** steht eine Gruppe von farbenprächtig bemalten Totempfählen, und beim Leuchtturm schweift der Blick über die Meerenge der First Narrows mit den ein- und auslaufenden Schiffen. Am Prospect Point, an der Spitze der Halbinsel, in der Nähe der **Lions Gate Bridge,** über die der Highway 99 nach Nord-Vancouver führt, windet sich der Scenic Drive durch dichten Wald mit riesigen Tannen und Zedern. Hier vergißt man die Gegenwart der Millionenstadt. An der Westseite liegen die Strände der English Bay, wo im Sommer lebhafter Badebetrieb herrscht. Bei der **Lost Lagoon,** in der es ganz in der Nähe auch Fahrräder zu mieten gibt, lassen sich Kanadagänse und zahlreiche andere Vogelarten dieses idyllischen Vogelschutzgebietes beobachten. Viele Wanderwege, die zum Teil schon von den Squamish angelegt wurden, durchkreuzen den Park. Besonders reizvoll sind der Cathedral Trail, an dem uralte riesige Bäume stehen, und der Lake Trail, der zum lauschigen, mit weißen, roten und gelben Wasserlilien bedeckten Beaver Lake führt, an dem auch Trompeterschwäne nisten. Mehr Betrieb herrscht an der English Bay am Ausgang des Parks, wo Tennis, Rasenbowling oder Golf gespielt wird. Sportgeräte können gemietet werden. Kurse im Bogenschießen werden vom Park Board veranstaltet, und Rugby, Kricket oder Feldhockey wird in der Nähe des Brockton Point gespielt. Der kleine **Kinderzoo** mit Streicheltieren gehört zu den meistbesuchten Attraktionen des Parks. Etwas für jedermann bietet das **Aquarium** , das eher ein Ozeanarium und noch dazu Kanadas größtes ist. Am beliebtesten sind die Vorführungen mit Delphinen und Killerwalen, die hier ihre Kunststücke zeigen. Den Tag im Stanley Park beschließt man abends am besten mit einem eleganten Diner in bezaubernder Umgebung im Ferguson Point Tea House. Herrliche Sonnenuntergänge gibt es gratis.

Entlang der English Bay bis zur Strait of Georgia: Strände – Museen – Gärten

Die weitgeschwungene Bucht mit ihren breiten Sandstränden ist nicht nur bei Vancouvers Sonnenanbetern, Joggern und Windsurfern ein heißer Tip – auf der Promenade am **Sunset Beach** flaniert man gern, kauft an den nostalgischen Karren der Popcornverkäufer einen frisch gerösteten Snack oder genießt den fantastischen Sonnenuntergang. Weiter im Westen der Bay werden die Strände dann einsamer. Wäre nicht immer wieder der schöne Blick auf die Skyline, ließe

sich die Nähe der Millionenstadt nur ahnen.

Auf der Burrard-Brücke über den False Creek gelangt man zum Vanier Park. Hier sind auch die Stadtarchive, das **H. R. MacMillan Planetarium** , wo außer Galaxy-Reisen auch eine Lasershow mit Rockmusik geboten wird, das **Vancouver Museum** ②, in dem die Geschichte der Region von prähistorischer Zeit bis zur Moderne dargestellt wird, und die Vancouver Academy of Music. Gleich nebenan liegt das **Maritime Museum** ③ mit Schiffsmodellen, Uniformen und anderen Dingen, die Vancouvers Beziehung zu den Weltmeeren zeigen. Eindrucksvoll: die Besichtigung des restaurierten Schoners »St. Roch«, der Geschichte gemacht hat, als er während des Zweiten Weltkriegs als erstes Schiff die Nordwestpassage zwischen Atlantik und Pazifik in beiden Richtungen durchfuhr. Der angrenzende **Kitsilano Beach Park,** auch Kits genannt, ist einer der Lieblingsstrände der Vancouveraner. Hier sorgen besonders die Universitätsstudenten für Trubel. Im Sommer kann man hier auch einen geheizten Meerwasserpool besuchen. Weiter westlich, am Ende der Point Grey Road, liegt der Pioneer Park. Hier steht das älteste Gebäude der Stadt. Der **Hastings Mill Store** ④, 1865 errichtet, war der Mittelpunkt der kleinen Holzfällersiedlung am Burrard Inlet und praktisch das einzige Gebäude, das vom großen Feuer von 1868 verschont blieb. 1929 bewahrten es geschichtsbewußte Bürger vor dem Abriß und ließen es im Pioneer Park aufstellen und als Museum einrichten. Gleich nebenan liegt der **Jericho Park** mit idyllischen Wanderwegen. Vom Strand bietet sich ein Blick auf Vancouver, der an die berühmte Bucht von Copacabana erinnert. Weiter westlich reihen sich noch weitere schöne Strände, Locarno Beach und Spanish Banks sind Treffpunkte für die Sonnenhungri-

gen und Windsurfer. An der Wreck Beach, südlich von Point Grey, kann auf Kleidung verzichtet werden.

Vom Spanish Banks Park führt der Marine Drive um die Halbinsel. Am westlichsten Zipfel liegt das **Museum of Anthropology** 5 der Universität von British Columbia. Der Besuch lohnt sich nur an grauen Regentagen. Mit einer architektonischen Meisterleistung hat Architekt Arthur Erickson hier Glas und Beton in die Landschaft integriert. Das Museum, umgeben von einem weitläufigen Park mit rieisigen alten Bäumen, Totempfählen und indianischen Langhäusern, besitzt eine hervorragende Sammlung von Kunst- und Gebrauchsgegenständen der Westküstenindianer. Hier erfährt man alles über die Kultur der Tlingit, Haida, Kwakiutl, Nootka, Tshimshian, Bella Coola und Salish. So vielfältig und fantasieanregend wie ihre Namen sind auch die Gegenstände: eindrucksvolle Totempfähle, schön geschnitzte Truhen, Dekkenbalken, Zeremonienobjekte, riesige, buntbemalte Figuren und Masken. Auch

Skulpturen von zeitgenössischen indianischen Künstlern wie Bill Reid sind hier zu finden.

Wer nach langen Museumsstudien frische Luft schnappen möchte, dem bieten die wunderschönen Gärten auf dem riesigen Gelände der Universität ausreichend Gelegenheit dazu. Besonders hübsch: die **Nitobe Memorial Gardens** mit ihren traditionell japanischen Anlagen und dem Teehaus. Dann gibt es noch den Asian Garden mit der größten Sammlung asiatischer Gewächse in Nordamerika, den Physick Garden als ein Beispiel medizinischer Kräuterweisheit im 16. Jh. und den B. C. Native Garden mit schönen Wanderwegen durch eine typische Westküsten-Landschaft.

Gartenliebhaber sollten sich auch den etwa 12 km östlich, an der 33rd Avenue und Cambie Street gelegenen **Queen Elizabeth Park** nicht entgehen lassen. Der über 50 ha große Park auf dem 152 m hohen Little Mountain bietet nicht nur schöne Rasen- und Blumenanlagen mit idyllischen Fleckchen zum Verweilen –

Vancouver: Entlang der English Bay

)Raven‹-Skulptur von Bill Reid, Museum of Anthropology

allein der Blick auf die Skyline der Downtown vor dem Hintergrund der Küstenberge lohnt den Besuch. Und sollte Vancouver wieder einmal im berüchtigten *perma grey* versunken sein, dann kann man sich schließlich mit dem Besuch des **Bloedel Conservatory** 6 auf dem Gipfel des Little Mountain trösten. Rund ein halbes Tausend verschiedene tropische Gewächse und exotische Blumen, zwischen denen bunte Vögel umherschwirren, lassen hier das feucht-graue Westküstenwetter vergessen.

Ausflüge in die Umgebung von Vancouver

North Vancouver und Grouse Mountain

Zu den ein oder zwei Besichtigungstagen in der Stadt lohnt es sich, einige Ausflüge in die nähere Umgebung einzuplanen. Es ist verblüffend, wie schnell man von der Metropole nach draußen in ursprüngliche Natur gelangt.

Ein erster hübscher Ausflug, auch ohne Auto, führt zum Beispiel nach Nord-Vancouver. Mit dem *Sea Bus,* einer wie ein futuristischer Katamaran aussehenden Personenfähre, gelangt man vom **Fährterminal** 1 am Fuß der Granville Street in nur 20 Min. zum Lonsdale Quay am gegenüberliegenden Ufer des Burrard Inlet. Das geht schnell und preiswert, man vermeidet die verstopften Brücken – und einen herrlichen Blick auf die Skyline von Vancouver gibt's gratis dazu.

Der **Lonsdale Quay Market** 2 in North Vancouver, wo die Fähre anlegt, ist zwar nicht ganz so populär wie der Markt auf Granville Island, aber doch ein beliebtes Revier zum Bummeln und schicken

Einkaufen mit Blick über den Hafen. Von hier kann man mit dem Stadtbus zum Lynn Canyon Park am Fuße des Mount Seymour fahren. Ruhige Wanderwege mit Blick auf Klippen und Wasserfälle durchziehen das Naturschutzgebiet, und eine 80 m hohe Hängebrücke schwingt sich über die atemberaubende Schlucht des Lynn Creek, in dem man auch baden kann. Das **Lynn Canyon Ecology Centre** 3 im Park präsentiert sehenswerte Ausstellungen und Filme über den Umweltschutz in dieser Region.

Für die weiteren Touren in die Umgebung leiht man am besten einen Wagen, denn mit öffentlichen Verkehrsmitteln sind die Sehenswürdigkeiten oft nur recht mühsam zu erreichen. Bleiben wir zunächst in North Vancouver, das übrigens auch eines der beliebtesten – und teuersten – Wohngebiete der Metropole ist. Je höher die Lage, desto exklusiver. An den Berghängen am Nordufer des Burrard Inlet bietet sich von den herr-

Übersichtskarte Vancouver und Umgebung ▷

Lions Bay

Britannia Beach

Little River

Horseshoe Bay

Nanaimo

B.C. Terminals

Cypress Prov. Park

Capilano Lake

Grouse Mountain **5**

4 Capilano Salmon Hatchery

WEST VANCOUVER

Capilano River and Nat. P.

Capilano Creek

Mosquito Creek

Lynn Creek

Seymour R.

Capilano Suspension Bridge

NORTH VANCOUVER DISTRIC

Capilano Rd.

Lynn Valley Rd.

Lynn Canyon Park

3 Lynn Canyon Suspension Bridge & Ecology Centre

Marine Dr.

Lions Gate Bridge

NORTH VANCOUVER CITY

Mt. Seymour Pkwy.

Burrard Inlet

Stanley Park

Sea Bus

Lonsdale Quay Market

2 Dollarton Hwy.

1

Burrard Inlet

English Bay

GASTOWN CHINATOWN

Hastings St.

Museum of Anthropology

NW Marine Dr.

Commercial St.

Lougheed Hwy.

Universität

10. Ave.

Broadway

7

Canada Way

12. Ave.

Grandview Hwy.

SW Marine Dr.

VANCOUVER

Dunbar St.

Granville St.

Oak St.

Kingsway

Queen Elizabeth Park

49. Ave.

Main St.

Knight St.

99A

Central Park

1A

99

Marine Way

North Arm Fraser River

Vancouver International Airport

Grant McConachie Way

Moray Channel

99

WE

91 Westminster Hwy.

RICHMOND

Annacis Channel

River Road

DELTA

Ladner Trunk Rd.

N

0   4 km

0   50 km

N

Redonda I.
Whaletown

Campbell
River

Refuge Cove

Lund

Powell
Lake

Princess Louisa Park

Pemberton

Courtenay

9

Powell River

Jervis
Inlet

Squamish R.

8 Whistler

Little River

Saltery Bay
Prov. Park

Saltery Bay

Daisy Lake

Texada
Island

Earls
Cove

Skookumchuk
Narrows

Madeira Park

Cheakamus R.

Garibaldi Lake

Lasqueti I.

Porpoise Bay P.P.

Sechelt

Alice
Lake

Mt. Garibaldi
(2675 m)

Garibaldi
Prov. Park

7

Half Moon Bay

Langdale

Gam-
bier I.

Squamish

Howe Sound

Shannon Falls

Parksville

Gibsons

Britannia Beach

6

Nanaimo

Strait

Gabriola I.

Horseshoe Bay

Mt. Seymour Park

**PORT
MOODY**

7A

Vancouver Island

of

West/North
Vancouver

Pitt
Lake

COQUITLAM

Vancouver

Georgia

Surrey

Duncan

Abbottsford

Chilliwack

Fraser River

Transkanada Hwy.

King George Hwy.

Fraser Hwy.

1

Fort Langley **10**

1A

SURREY

**LANGLEY
TOWNSHIP**

10

10

schaftlichen Villen buchstäblich ein ›Millionen-Dollar-Blick‹ über die City von Vancouver.

Durch den Stanley Park und über die Lions Gate Bridge gelangt man nach wenigen Kilometern zum Capilano Park, eines der beliebtesten Naherholungsgebiete Vancouvers. Sobald der Highway 1 erreicht ist, folgt man der Capilano Road. Die Hinweisschilder zur **Capilano Suspension Bridge** sind kaum zu verfehlen. Die schwankende Hängebrücke aus Holz, Seilen und Drähten, die sich auf 140 m Länge über die fast 80 m tiefe Schlucht des Capilano River spannt, ist der Höhepunkt des Parkbesuches – aber nur etwas für Schwindelfreie. Als zusätzliche Attraktion werden hier während des Sommers Totempfähle geschnitzt. Zwar herrscht am Eingang des Parks rings um den riesigen Souvenirladen kräftiger Touristenrummel, aber auf der anderen Seite der Brücke wird es auf den Wanderwegen entlang der Schlucht schnell ruhiger.

Daß sogar im Stadtgebiet Vancouvers noch Lachse in den Flüssen aufsteigen, läßt sich etwas weiter bergan entlang der Capilano Road erleben. Dort liegt am Ufer des Capilano River die sehr sehenswerte **Capilano Salmon Hatchery** 4 , die älteste Fischzuchtanstalt der Provinz. Lehrreiche Displays informieren über den Lebenszyklus der Lachse, und zwischen Juli und Oktober kommen hier die Coho- und Chinook- Lachse aus dem Pazifik an ihren Geburtsort zurück, um zu laichen. Dann läßt sich beobachten, wie sich die Tiere die Fischleitern hinaufkämpfen. Noch weiter schwimmen brauchen – und können – sie nicht, denn gleich oberhalb der Hatchery versperrt ein Damm das Tal, der den Fluß zum Capilano Lake aufstaut, einem Trinkwasserspeicher für Vancouver (s. auch Richtig reisen – Thema, S. 292 f.).

Noch ein paar Kilometer weiter nördlich erreicht man (auch mit dem Bus) die Station der Skytram, einer Gondelbahn, die zum **Grouse Mountain** 5 hinaufführt. Die Acht-Minuten-Fahrt auf den 1200 m hohen Stadtberg der Vancouveraner führt zum wohl schönsten Panorama über das breite Delta des Fraser River und die Stadt. Von hier oben wirkt die meerumschlungene Lage der Metropole besonders imposant: die mit weißen Segeln getupfte English Bay, das tief ins Land reichende Burrard Inlet, in dem wie ein grüner Klecks der Stanley Park liegt, dahinter die breite Ebene des

Ein Vergnügen für Schwindelfreie – die Capilano Suspension Bridge

Deltas, das bis weit nach Süden in den US-Staat Washington reicht. Ein atemberaubender Blick. Weit am westlichen Horizont sind sogar die Bergspitzen von Vancouver Island zu erkennen (s. Abb. S. 66/67).

Zwischen Dezember und Mai ist der Grouse Mountain übrigens ein beliebtes Skigebiet. Dann wedeln die Vancouveraner mit Blick auf die – meist grüne – City, während ihre Nachbarn unten vielleicht beim Golfen sind. Freizeitwert vom Feinsten. Im Sommer kann man vom Gipfel aus den Drachenfliegern zuschauen, die wie große bunte Vögel über der Stadt kreisen.

Von Horseshoe Bay zum Garibaldi Park und Whistler Mountain

Von Horseshoe Bay, Vancouvers nördlichem Fährhafen, folgt der Highway 99 dem Ufer des Howe Sound durch eine beeindruckende Küstenlandschaft mit steilen Klippen und dichten Wäldern. Die Straße, zu der parallel auch die Schienen des Ausflugszuges »Royal Hudson« verlaufen, mußte streckenweise aus den massiven Granitfelsen gesprengt werden. Wie Schwalbennester kleben Häuser an den Berghängen und unten auf dem schimmernden Sund ragen die Bay-Inseln heraus, zwischen denen Fährschiffe und Holzfrachter durchs Wasser pflügen.

Bei Britannia Beach, wo bis 1930 das größte Kupferbergwerk des British Empire betrieben wurde, kann das **B. C. Museum of Mining** **6** besichtigt werden. Das Bergwerksmuseum in einem großen, etwas heruntergekommenen weißen Gebäude bietet Ausstellungen zum Anfassen, original funktionierende Maschinen und eine schöne Sammlung historischer

Fotos. Einige Kilometer weiter führt ein Pfad zu den Shannon Falls, die in tosenden Kaskaden 335 m die Felswand herabstürzen. Gleich nahebei passiert der Highway den Stawamus Chief Mountain, für die Indianer »der Ort, wo die Winde geboren werden«. Die nackten, hoch aufragenden Felswände sind eine Attraktion für Bergsteiger.

Das Sägewerksstädtchen **Squamish,** rund 70 km nördlich von Vancouver, lohnt einen Aufenthalt eigentlich nur am ersten Samstag im August, wenn der Loggers Sports Day veranstaltet wird. Dann kommen viele Ausflügler, vor allem Vancouveraner, die sich die urigen Wettkämpfe der Holzfäller von Squamish nicht entgehen lassen wollen. Beim Wettsägen und Holzhacken geraten die bärenstarken Männer mächtig ins Schwitzen, und lustig wird es, wenn sie ihre Geschicklichkeit beim Balancieren auf den im Wasser rollenden Baumstämmen beweisen müssen. Den Rest des Jahres ist der ruhige Ort vor allem Ausgangspunkt für Touren in den riesigen, 195 000 ha großen **Garibaldi Provincial Park** **7** (S. 362), eine verblüffend stille Bergwildnis vor der Haustüre Vancouvers. Wanderer finden hoch in den Bergen idyllische Wiesen mit Alpenblumen und weite, rosa und weiße Heideflächen, schimmernde Gletscherseen und urzeitliche Höhlen aus Lavaschlacke. Am schönsten ist wohl der 9 km lange Trail von Rubble Creek zum Garibaldi Lake. Im Alice Park, direkt am Garibaldi, bestehen gute Möglichkeiten zum Campen, Baden, Windsurfen, Kanufahren, Angeln und Wandern.

Nach **Whistler** **8** (S. 393), das bereits rund 600 m hoch in den Coast Mountains liegt, ist es von Squamish noch eine knappe Stunde Fahrt. Im Winter herrscht in diesem modernen Ferienort Hochbetrieb, und das riesige, bis auf

Ein Bonbon für Eisenbahnfans

Für den Eisenbahnfan bietet sich eine besonders denkwürdige Reisemöglichkeit nach Squamish: die sechsstündige Exkursion mit dem »Royal Hudson«, einem Zug, der von einer schmuck herausgeputzten alten Dampflok gezogen wird. Die Bahnlinie verläuft am Howe Sound entlang durch mehrere Tunnel, der Blick auf den Fjord ist fantastisch, und im Luxuswagen »Resolution« spürt man noch die nostalgische Atmosphäre der guten alten Eisenbahnzeit. Die Vancouveraner lieben ihren *steam train:* Wenn er durch West-Vancouver rumpelt und seine Dampfpfeife schrillt, winkt man von den Balkonen und freut sich über dieses lebendige Stück Eisenbahngeschichte. Eine Bürgerinitiative erreichte sogar, daß das Pfeifen des »Royal Hudson« von einem »Anti-Lärm-Gesetz« ausgenommen wurde.

fast 2500 m Höhe reichende Skigebiet am Mount Whistler und Mount Blackcomb wird zum Mekka der Skiläufer aus aller Welt. Es gibt Hänge für Anfänger genauso wie schwere Rennabfahrten mit dem längsten vertikalen Gefälle Nordamerikas. Die Langläufer dürfen schöne, gut gespurte Loipen erwarten. Whistler ist das größte und modernste Skigebiet ganz Kanadas, auch wenn der Schnee bedingt durch die Nähe zum Meer hier etwas schwerer und feuchter ist als der staubtrockene Pulverschnee der Rokkies. Doch von Mitte November bis Ende Mai herrschen beste Bedingungen auf den Pisten. Auch im Sommer lohnt sich die Fahrt mit dem Lift vom Dorf auf die Gipfel, wo Cafés, herrliche Ausblicke und Wanderpfade warten. Sehr beliebt sind die Trails im Hochland vor allem auch bei den Mountainbike-Fans, und im Tal können sich die Golfer an zwei Meisterschaftsplätzen versuchen.

Der Ausflug nach Whistler läßt sich auch in eine drei- bis viertägige Rundreise von ca. 600 km einbinden, die über Lillooet, Lytton und Hope auf dem Transkanada Highway durch den wildromantischen Fraser Canyon und durchs Fraser Valley nach Vancouver zurückführt. Die Tour ist allerdings nur im Sommer zu empfehlen, weil die verbindende ›Nugget Route‹ von Pemberton (ca. 40 km nördlich von Whistler) nach Lillooet im Winter häufig gesperrt wird.

Zur Sonnenküste: Von Vancouver nach Powell River

Die Westküste Kanadas wird gerne auch als Regenküste bezeichnet – nicht umsonst gedeihen hier die Douglasien, *Cedars* und Farne üppiger als sonstwo. Doch es gibt Ausnahmen im *perma-grey* der vom Pazifik hereinziehenden Wolken. Vancouvers ›Sonnenküste‹, ein 150 km langer Küstenstreifen an der Strait of Georgia von West-Vancouver bis nach Powell River, macht ihrem Namen Ehre. Die Region liegt im Regenschatten der Bergketten von Vancouver Island und bietet mit 2300 Stunden Sonnenschein pro Jahr fast Mittelmeerklima. Die kleinen Küstenorte und geschützten Buchten werden durch den Highway 101 verbunden. Den Howe Sound und das Jervis Inlet überquert man mit den Auto-

fähren. Es sind überwiegend Wassersportler und Angler, die im Sommer diesen Küstenstrich bevölkern. Boote und Ausrüstung verschiedenster Art können in den zahlreichen Marinas entlang der Küste gemietet werden. Aber auch ein Tagesausflug ohne sportliche Aktivitäten lohnt sich.

Die Reise beginnt mit einer 35minütigen Fährfahrt vom Horseshoe Bay Terminal zum kleinen Ort Langdale. Kurz darauf erreicht man Gibsons Landing, Schauplatz der TV-Serie »The Beachcombers«. Etwas weiter, bei Sechelt, lockt der **Porpoise Bay Provincial Park** mit schönen Bade-, Camping- und Picknickmöglichkeiten. Auf den ruhigen Pfaden am Strand findet man hübsche Muscheln, bunte, von den Wellen rundgeschliffene Steine und bizarre Treibholzstückchen. Wer Lust hat, unternimmt mit dem Wasserflugzeug und per Schiff Ausflugstouren in die weitgehend unberührte Berglandschaft im Hinterland. Im Laden des Sechelt Arts Council an der Wharf Road findet der Besucher Arbeiten aus Keramik, Ton und Leder, Bilder und Holzschnitzereien von örtlichen Künstlern.

Doch auch unter Wasser haben die Fjorde der Sunshine Coast einiges zu bieten: Die meist extrem klare Sicht und die reiche Meeresflora und -fauna vor der Küste machen diese Region zum Dorado der Taucher und Unterwasserfotografen. Neben bizarren Krabben und Fischen wie dem stacheligen *Irish Lord,* der sich mit seiner rotbunten Tarnfarbe zwischen den Seeanemonen und den Kugeln der Seeigel versteckt, sieht man bis zu 2 m lange Wolfsaale und Riesentintenfische, die bis zu 75 kg schwer werden. Farbenprächtige Mollusken, Seesterne in Rot, Gelb und Blau, die zarten Schleier orangefarbener Quallen, und ganze Teppiche leuchtendroter *Strawberry-Anemo-*

nen bieten Fotomotive, die sonst nur den Sporttauchern in tropischen Gewässern vorbehalten sind.

Turwanek Point an der Porpoise Bay zum Beispiel ist ein beliebtes Ziel. Bei Merry Island, südlich der Half Moon Bay, sind drei gesunkene Schiffswracks zu erforschen. Wer sich nicht in die Fluten stürzen möchte, kann sich an der idyllischen Half Moon Bay erholen – in wohltuender Stille, die nur ab und zu durch das Tuckern eines Fischerbootes unterbrochen wird.

Weiter nach Norden: Zwischen Half Moon Bay und Madeira Park lassen sich vom Ufer aus gelegentlich Killerwale beobachten. Mehrere Familiengruppen dieser eleganten ›Räuber der Meere‹ leben ganzjährig in den geschützten Gewässern der Strait of Georgia. Bei Earls Cove führt ein 4 km langer Weg zu den Skookumchuk Narrows, einer Meerenge, die sich bei jeder Ebbe und Flut in ein schäumendes Wildwasser verwandelt. In Earls Cove muß man wieder auf die Fähre. Rund 50 Min. dauert die Überfahrt nach Saltery Bay, und schon alleine die spektakuläre Fjordlandschaft des Jervis Inlet ist den Ausflug wert. Der **Saltery Bay Provincial Park** nahe dem Fährhafen zählt zu den schönsten Schutzgebieten der Sunshine Coast und wartet auf mit Campingplätzen, idyllischen Badestränden und guten Tauch- und Schnorchelmöglichkeiten. Bis Powell River verläuft der Highway 101 danach überwiegend durch Wald, der nur an wenigen Stellen den Blick auf die Küste freigibt.

Powell River 9 (S. 374) selbst ist als typische *lumber town* wenig attraktiv. MacMillan Bloedel betreibt hier einen der größten Holz- und Papierindustrie-Komplexe der Welt (Führungen). Doch es gibt durchaus auch sehenswerte natürliche Attraktionen in der Umgebung: das Cranberry Lake Vogelschutzgebiet etwa oder die halbstündige Wanderung auf den Mount Valentine mit einem herrlichen Panoramablick über die Strait of Georgia und die Malaspina Strait. Auch als Basis für Tauch- und Kanusportler ist Powell River sehr beliebt. Über eine weitere Fährverbindung nach Little River/Courtenay auf Vancouver Island kann man die Tour entlang der Sunshine Coast zu einer Rundfahrt ausbauen und über Vancouver Island wieder nach Süden zurückkehren.

30 km nördlich von Powell River endet der Highway 101, der in Mexiko beginnt und damit eine der längsten – und schönsten – Küstenstraßen der Welt ist. Das kleine Fischerdörfchen Lund am Ende der Straße ist der Ausgangspunkt für den 8000 ha großen **Desolation Sound Marine Park,** eines der besten Tauch- und Wassersportreviere in Kanada. Bootstouren und Tauchgänge in das Unterwasserschutzgebiet werden von Powell River aus arrangiert.

Fort Langley – erste ›Hauptstadt‹ British Columbias

Begrenzt durch die steilen Berge im Norden dehnt sich Vancouver in den letzten Jahren immer weiter nach Osten hin aus. Die ehemals kleinen Farmorte am Fraser River entwickeln sich immer mehr zu wuchernden Vorstädten. Doch zumindest eine Attraktion, ein historisches Kleinod, lohnt den Abstecher nach Osten. Weniger als eine Stunde braucht man von der City nach **Fort Langley** 10 (S. 361) auf dem Transkanada Highway am Südufer des Fraser River oder über den Highway 7 nördlich vom Fluß. Wählt man die zweite Route, setzt man beim Ort Albion mit der Fähre wieder zum Südufer über.

An einem Seitenarm des Fraser River liegt dort der Fort Langley National Histo-

›Pelzhändler‹ im originalgetreu eingerichteten Laden

ric Park. 1827 wurde an dieser Stelle von der Hudson's Bay Company ein hölzernes Palisadenfort errichtet, um den Handel mit den Indianern am Fraser River und auf Vancouver Island zu kontrollieren. Dieser erste Stützpunkt der Pelzhändler am Unterlauf des Fraser wurde bald zur wichtigsten Siedlung auf dem Festland und spielte eine tragende Rolle in der Erschließung von British Columbia. Nach den Pelzhändlern, die hinter den Palisaden Schutz suchten, kamen Ingenieure und Arbeiter der Kolonialverwaltung, um das gebirgige Innere des Landes zu erschließen und später die Goldsucher auf dem Weg zu den Goldfeldern am oberen Fraser River. Das Pökeln von Lachs und Verarbeiten von landwirtschaftlichen Produkten der Langley Farm wurde zum florierenden Geschäft. In Fort Langley wurde schließlich 1858 British Columbia zur Kronkolonie erklärt und die Siedlung faktisch die Hauptstadt der Region.

Soviel Provinzgeschichte verdient es, erhalten zu werden, und so ist heute auf dem Gelände ein historisches Dorf erstanden. Das einzige übriggebliebene Gebäude des alten Forts, früher die Werkstatt des Faßmachers, ist jetzt originalgetreu als ›Hudson's Bay Company Store‹ eingerichtet. Alle anderen Gebäude sind aus alten Materialien rekonstruiert und mit Relikten der Pelzhändlerzeit ausgestattet. Besonders stimmungsvoll wird ein Besuch des Forts durch das *Living history program:* Das Personal des Parks ist zeitgenössisch als Pelzhändler verkleidet und ›arbeitet‹ in den Lagern und Werkstätten wie vor 150 Jahren. Kleidung, Werkzeug und Materialien – alles ist echt und paßt genau ins Bild. Da sieht man im *store* den bärtigen *trader* hinter seinen Pelzen. In der Mitte des Raums steht der bauchige eiserne Holzofen, alte Flinten, Hacken, Fallen, Äxte, Sägen und andere Werkzeuge hängen an der Wand; getrocknete Lachse, Mehl, Bohnen, Salz und anderer Proviant ist in Säcken und Kisten gestapelt, und in den Regalen liegen Geschirr und Kleinigkeiten, die für das Leben – oder Überleben – in der Wildnis notwendig waren. In den anderen Gebäuden arbeiten Küfer und Zimmerleute. Starke Männer packen Pelze in Ballen. Auf offenen Feuern wird gekocht und im Lehmofen gebacken. Mit etwas Glück läßt sich der Besuch in der Vergangenheit noch mit einem deftigen Trapper-Imbiß abschließen: duftendes Brot, frisch aus dem Lehmofen.

Große British Columbia-Rundreise:
Kreuz und quer durchs Hinterland

von Karl Teuschl

Endlich raus aus der Stadt! Vancouver ist zwar mit Sicherheit die schönste Stadt des Westens, aber eigentlich ist man ja nach Kanada gekommen, um Wälder und Wildnis, Nationalparks und unberührte Berglandschaften zu erleben. Und dazu ist Vancouver ein ideales Sprungbrett.

Für die Routenplanung sollten zuvor einige Punkte beachtet werden: Wieviel Zeit steht zur Verfügung, wieviele Kilometer will man täglich im Schnitt zurücklegen? Wer zum erstenmal den Westen Kanadas besucht, wird vor allem die Highlights kennenlernen und vielleicht noch einige Tage in abgelegener Wildnis zubringen wollen. Da es nicht allzu viele große Verbindungsstraßen in British

Columbia gibt, engt sich die Routenplanung schnell ein. Unbedingt mit einbeziehen sollte man – auch wenn die Region schon im benachbarten Alberta liegt – eine Fahrt auf dem Icefields Parkway durch die berühmten Nationalparks Banff und Jasper (ausführliche Routenbeschreibung s. Kapitel S. 165 ff.).

Eine gute Einstiegstour von etwa drei Wochen Dauer und 2500 km Länge stellt zum Beispiel die folgende Rundfahrt dar: Von Vancouver auf dem Transkanada Highway den Fraser River stromaufwärts, dann auf dem Highway 97 weiter nach Norden in das Zentrum der Provinz bis Prince George; von da nach Osten bis Jasper und später nach Süden durch die Nationalparks der Rocky

Blick auf das Tal des Fraser River

Mountains, um dann über Banff, Golden, Revelstoke und das Okanagan-Tal wieder nach Vancouver zurückzukehren. Natürlich ist die Route auch in umgekehrter Richtung zu bereisen, doch im Gegenuhrzeigersinn zu fahren hat den Vorteil, daß man gegen Ende der Reise gut einige Badetage im sonnigen Okanagan Valley einlegen kann.

Dazu gleich noch ein warnendes Wort: Nehmen Sie sich nicht zuviel vor – für die Entfernungen auf den Highways braucht man oft länger als vermutet. In drei Wochen läßt sich die genannte Route inklusive einiger Wandertage in den Nationalparks und kleineren Abstechern gut bereisen. Alternativ dazu kann man die Strecke etwas abkürzen, indem man über Kamloops auf dem Highway 5 direkt nach Norden in die Rocky Mountains fährt, und auf diese Weise in zwei Wochen den Südteil von British Columbia mit den großen Nationalparks kennenlernen. Wenn mehr Zeit zur Verfügung steht oder man schon zum zweiten Mal in Kanada ist, lohnen sich auch längere Abstecher, etwa auf dem Yellowhead Highway (Hwy. 16) zum Pazifik, auf dem Cassiar Highway (Hwy. 37) in den einsamen Nordwesten der Provinz, ein Ausflug zu den sagenumwobenen Queen Charlotte Islands, oder zu den spektakulären Wasserfällen des Wells Gray Provincial Parks, oder ein Ranchaufenthalt im Cariboo Country, eine Kanutour im Bowron Lake Provincial Park, eine Wildniswanderung, oder oder oder ...

Von Vancouver durchs Fraser Valley

Vancouver – Hope – Yale – Lytton (260 km)

Zunächst kämpft sich der Transkanada Highway noch als Stadtautobahn durch den dichten Verkehr der weit nach Osten ausgedehnten Vorstädte Vancouvers. Auf der rostrot gestrichenen Port Mann Bridge schwingt er sich über den Fraser River. Bis hierhin, 30 km ins Landesinnere, erstrecken sich die Hafenanlagen Vancouvers, und die riesigen Holzflöße im Fluß warten auf ihre Verladung nach den fernen Häfen Asiens. Wuchernden Krakenarmen gleich schiebt sich die Metropole immer weiter ins Umland. Besonders in den letzten 15 Jahren ist Vancouver enorm gewachsen, doch mittlerweile kann sich die Stadt nur noch in östlicher Richtung ausdehnen, denn im Norden setzen die Coast Mountains und im Süden die US-Grenze dem Wachstum ein Ende. Einstige Vorposten der Zivilisation wie etwa **Fort Langley** (s. S. 92) sind heute bereits fast völlig ins Stadtgebiet integriert.

Wo sich die Vororte noch nicht ausbreiten, ist die breite Talsohle des Fraser Valley intensiv genutztes Farmgebiet. Milchprodukte und Gemüse aus dem Fraser-Tal sind weithin berühmt. Und je weiter man nach Osten kommt, desto mehr tritt auch die ländliche Struktur in den Vordergrund: sattgrünes Weideland und sauber gepflegte Felder, zwischen denen rote Farmhäuser mit großen Silos stehen. Bei **Abbotsford** befindet sich unmittelbar am Highway ein Informationsbüro, in dem man sich noch mit Landkarten und Tips für die Weiterreise versorgen kann. Hinter dem Landwirtschaftszentrum Abbotsford, das übrigens für seine Luftfahrtshow am zweiten Augustwochenende jeden Jahres bekannt ist, werden die Siedlungen am Südufer bald spärlicher, die dichtbewaldeten Berge der Coast Range rücken näher zusammen. Nun führt der Highway 1 näher am Fluß entlang, der sich braun und breit zum Delta wälzt. Vor 150 Jahren kamen königliche Vermesser in das zweieinhalb Millionen Hektar große Tal – die ersten Vorläufer der Zivilisation. Ende der 50er Jahre begann die Zeit, von der man sich am Fraser heute noch Geschichten erzählt: der Goldrausch am Fluß und in den Cariboo-Bergen. Schaufelraddampfer waren bald das wichtigste Verkehrsmittel am Unterlauf. Legendäre Kapitäne wie William Irving transportieren von Victoria oder New Westminster Ausrüstungsgegenstände, Whiskey und hoffnungsvolle Goldsucher den Fluß hinauf bis Hope oder Yale – und Säcke voll Nuggets sowie enttäuschte Bergarbeiter wieder zurück.

Die Ära der Dampfschiffe ging erst um 1885 mit dem Bau der transkanadischen Bahnlinie zu Ende, deren Schienen parallel zum Highway führen. Korrekt müßte es allerdings umgekehrt lauten, denn die Bahn existierte bereits viel früher als die erst 1962 fertiggestellte Straße. Endlos lange Güterzüge stampfen unter dem tiefen Wummern der Dieselloks vorüber: Weizen und Kohle auf dem Weg zum Hafen in Vancouver. In der Gegenrichtung rollen Waggons mit japanischen und koreanischen Autos. Wer schon zu Anfang der Reise eine Pause einlegen möchte, kann bei Chilliwack auf die Nordseite des Fraser überwechseln und einen Abstecher nach **Harrison Hot Springs** unternehmen. Der Ferienort am Südufer des Harrison Lake ist ein beliebtes Ausflugsziel der Vancouveraner, doch werktags ist es meist recht ruhig, man kann die heißen Quellen genießen und auf den Wegen des **Sasquatch Provincial Park** wandern.

Je weiter man nun im Fraser-Tal nach Osten kommt, desto üppiger grünen die Wälder. Die steilen Berghänge stellen sich den vom Pazifik hereinziehenden Wolken entgegen – das sorgt für reichlich Niederschläge. Sobald man einige Schritte abseits der Straße, etwa von

einem der zahlreichen Campingplätze bei Hope ins Unterholz eindringt, fühlt man sich allein inmitten ursprünglicher Wildnis, umgeben von hohen, saftigen Farnen und meterdicken Douglastannen.

Es würde nicht verwundern, wenn der Mann, nach dem diese Baumart benannt wurde, mit seiner Botanisiertrommel plötzlich zwischen den Stämmen auftauchen würde. David Douglas, ein junger britischer Botaniker, legte auf seinen Expeditionen von 1825 bis 1827 über 10 000 km durch die Wildnis des Nordwestens zurück, sammelte dabei unablässig Proben der verschiedensten Pflanzen und sandte sie nach England. Er entdeckte allein 215 neue Nutzpflanzen, die auch in Europa angebaut werden konnten, darunter auch den nach ihm benannten Baum, den er als »eines der beeindruckendsten und wahrlich anmutigsten Geschöpfe in der Natur« beschrieb. Sehr nützlich würde der Baum für den Menschen sein, notierte Douglas weiter. Er sollte recht behalten. Dank hoher Qualität und großer Bestände ist die Douglasie heute die wichtigste Nutzholzart Nordamerikas.

Hope ■, das frühere Fort der Hudson's Bay Company, erlebte 1856 über Nacht einen Boom, als hier das erste Gold in British Columbia gefunden wurde. Seine verkehrsgünstige Lage ersparte ihm später mit Schiffsverkehr, Eisenbahn und schließlich Straße das Schicksal einer Geisterstadt. Heute ist es eine typische Kleinstadt am Highway, die sich mit Holzfassaden an der Hauptstraße noch einem Hauch von Old West bewahrt hat. Das kleine Hope Museum an der Ecke Hudson/Water Street illustriert die Pioniergeschichte des Örtchens, und eine Wanderung lohnt sich zu den Othello Quintette Tunnels hoch im Coquihalla Canyon. Diese fünf Bahntunnels wurden 1914 für die Kettle Valley Railroad aus

Simon Fraser – Ein Schotte auf Entdeckungsreise in British Columbia

Für die Indianer und die frühen Entdecker stellte der Flußabschnitt um Hell's Gate ein nahezu unüberwindliches Hindernis auf dem Fraser River dar. Mit Kanus hier durchzukommen war ein tödliches Unterfangen, und den Klippen am Ufer zu folgen nur mit alpinistischen Hilfsmitteln möglich. Simon Fraser, Schotte und Angestellter der Northwest Company, war der erste Weiße, der dem später nach ihm benannten Fluß von den Rocky Mountains bis zur Mündung ins Meer folgte. Begleitet von 23 Männern brach er mit vier Kanus im Mai 1808 vom Handelsposten Fort George, dem heutigen Prince George auf, um den Fluß zu erforschen. Neue Pelzgebiete sollten sie entdecken, den vordringenden amerikanischen Händlern von Norden her entgegentreten, und den Columbia befahren, dessen Mündung in den Pazifik man kannte. Erst als Simon Fraser das Salzwasser erreichte, 300 km nördlich des Columbia, dämmerte es ihm: Dies war ein völlig anderer Fluß, ein weiterer, riesiger Strom im Nordwesten!

Beim heutigen Lytton empfingen den Entdecker Indianer, die aus weitem Umkreis gekommen waren, um den ersten Weißen zu sehen. Zwölfhundert Hände hat er, laut seinem Tagebuch, an jenem Tag geschüttelt. Anschließend gab es indianische Spezialitäten beim Festmahl: Lachs und gerösteten Hund.

Das erste Stück durch den Canyon konnten die Pioniere noch auf dem Wasser zurücklegen, aber dann sah sogar der sture Schotte ein, daß es so nicht weiterging. Sie ließen ihre Kanus zurück und vertrauten sich den indianischen Pfaden an, die wie ein Spinnennetz aus Leitern, Seilen, eingekerbten Stämmen und schmalen Felskaren in die steilen Wände eingearbeitet waren. Über sich ein grauverhangener, unheildrohender Himmel, hundert Meter unter sich die tosenden Stromschnellen des Fraser: So hangelte sich die Expedition den Canyon entlang, bis sie nach tagelangen Mühen mit ihren 40-kg-Rucksäcken das Tiefland erreichten. Und wenige Wochen später kehrten sie auf derselben Route zurück.

dem Granit der Coast Mountains gesprengt. Als 1959 die Bahnlinie stillgelegt wurde, funktionierte man die Trasse zum Wanderweg um.

Noch in Hope überquert der Transkanada Highway den Fraser River und folgt ihm dann nach Norden in die Küstenberge. Die mit Douglasien, Hemlock-

tannen und *Western Cedars* (Riesenlebensbäume) dicht bewaldeten, steilen
Hänge rücken immer dichter zusammen
– der Südeingang des **Fraser Canyon** ist
erreicht. Hier herrscht häufig noch feuchtes, vom Pazifik beeinflußtes Niesel-
wetter und Nebelfetzen verdecken die
Bergspitzen. Doch keine Angst: Die Wet-
terscheide naht. Im Laufe der nächsten
100 km dringt man in eine neue Klimazo-
ne vor – es wird warm und trocken, und
bald schon kann man die meiste Zeit bei
offenem Fenster fahren. Man spürt den
Übergang vom Fraser-Tiefland mit seinem Meeresklima zum fast wüstenhaft
trockenen Inlandplateau. Der undurch-
dringliche Coastal Forest lockert auf und
verschwindet schließlich ganz. Kiefern
und *sagebrush,* jenes typisch amerikanische Wüstengewächs, bestimmen bald
das Bild der Pflanzenwelt.

Yale **2** (S. 396), nur wenige Kilometer nördlich von Hope, bildete früher den
Endpunkt der Flußschiffahrt auf dem Fraser. Während der 70er Jahre des letzten
Jh. begann hier die berühmte Cariboo-
Wagenstraße, die auf Stelzen und aus
Holzbohlen gefährlich an den Felswänden des Canyons ›klebte‹. Nach dem Bau
der Eisenbahnlinie verlor der kleine Ort
an Bedeutung und nur ein paar alte Gebäude und einige Gedenktafeln erinnern
an seine Glanzzeit.

Der Highway verläßt nun das Flußufer,
klettert nach oben und verläuft hoch
über dem immer enger werdenden Tal,
bis schließlich **Hell's Gate** **3**, (S. 364),
das ›Höllentor‹, erreicht ist. Der Fraser
entwässert ein Gebiet von 230 000 qkm
(das entspricht etwa zwei Drittel der
Fläche Deutschlands) und diese Was-
sermenge muß hier eine kaum 40 m
schmale Öffnung passieren. Während

Karte zur British Columbia-Rundreise

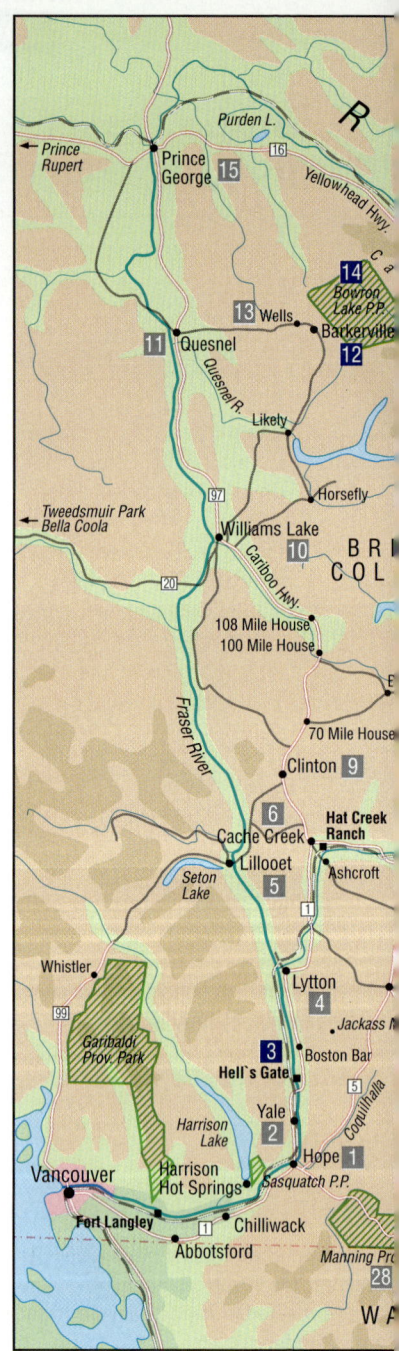

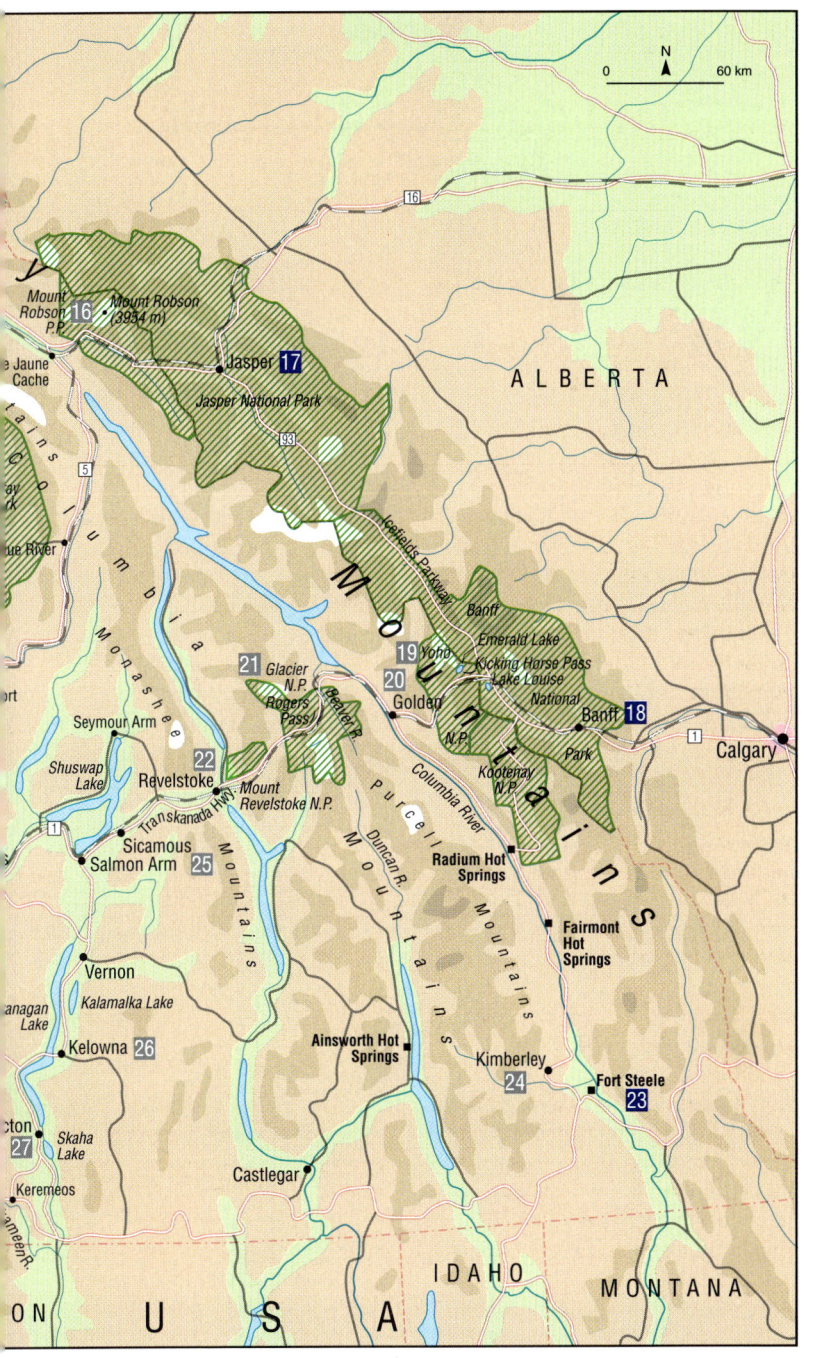

N

0   60 km

Mount
Robson
P.P.   16

Mount Robson
(3954 m)

e Jaune
Cache

ains Columbia

Jasper   17

Jasper National Park

A L B E R T A

16

93

5

ue River

Monashee

Icefields Parkway

Banff

Emerald Lake

M
o
u
n
t
a
i
n
s

Kicking Horse Pass
Lake Louise

ort

21 Glacier
N.P.
Rogers
Pass

19 Yoho
N.P.

20

Golden

National

Banff   18

1

Calgary

Seymour Arm

Beaver R.

Shuswap
Lake

22

Revelstoke

Mount
Revelstoke N.P.

Park

Kootenay
N.P.

Purcell

Columbia River

Transkanada Hwy.

1

Sicamous

Salmon Arm   25

M
o
u
n
t
a
i
n
s

Duncan R.

Radium Hot
Springs

M
o
u
n
t
a
i
n
s

Fairmont
Hot
Springs

Vernon

Kalamalka Lake

anagan
Lake

Kelowna   26

Ainsworth Hot
Springs

Kimberley

24

Fort Steele

23

cton   27

Skaha
Lake

Keremeos

Castlegar

I D A H O

M O N T A N A

amen R.

O N

U S A

Mit dem Floß durch den Fraser Canyon

Morgens um 8.30 Uhr trifft man sich in Yale beim Outfitter »Fraser River Raft Expeditions«. Ein Flußabenteuer besonderer Art wartet auf uns: zwei Tage wollen wir mit einem Gummifloß den Thompson River von Spences Bridge bis zur Mündung in den Fraser bei Lytton, und dann auf dem mächtigen Fraser bis nach Yale fahren. 130 Flußkilometer mit Stromschnellen, die beeindruckende Namen tragen: »Hexenküche«, »Rachen des Todes«, »Grünes Monster«, »Bärenklaue« und natürlich *Hell's Gate,* das Tor des Teufels. Insgesamt sind über 40 Stromschnellen zu überwinden.

Das über zehn Meter lange Gummifloß liegt schon auf dem Trailer, die zehn Teilnehmer verstauen ihre Sachen und klettern in den Minibus. Bootsführer Darwin muß während der Fahrt nach Spences Bridge besorgte Fragen nach dem Schwierigkeitsgrad der *rapids* und der Sicherheit der Ausrüstung beantworten: »Für den Fraser benutzen wir die großen Flöße, zehn Meter und länger. Die haben dann auch zwei zusätzliche Gummi-Pontons. Und jeder Schwimmer hat vier separate Luftkammern. Absolut sicher – unsinkbar, seht ihr.« Wir glauben es ihm. »Außerdem sind die Flöße mit einem 40 PS starken Motor ausgerüstet. Den brauchen wir, um durch die großen Wasserwirbel und die Riesenwellen zu kommen. Wir haben schon sechs Meter hohe Wellen gehabt. Paddelboote sind da nicht mehr erlaubt. Der Fraser ist dafür zu mächtig – während der Schneeschmelze kann er sogar ein Volumen von über 9000 m^3 Wasser in der Sekunde erreichen. Wir dürfen den Fraser aber nur bis zu 6000 m^3 pro Sekunde befahren. Unsere Guides müssen eine Lizenz haben und in Wildwasser-Rettungstechniken ausgebildet sein.« Alle sind sichtlich beeindruckt.

Dann wird das Floß bei Spences Bridge ins Wasser gelassen und mit Ausrüstung und Proviant beladen, schön verpackt in wasserdichte Blechkisten und Plastiksäcke. Unsere persönliche Ausrüstung besteht aus schnelltrocknender Kleidung, Turnschuhen, Badehose, wasserdichtem Überzeug, Sonnenbrille, Sonnenschutz und einem kompletten Satz Kleidung zum Wechseln. Alles andere wird vom Ausrüster gestellt. Bootsführer Darwin informiert uns noch einmal eingehend über mögliche Gefahren und gibt Instruktionen, was zu tun ist, wenn das Floß kentert, jemand über Bord geht, wie man eine defensive Schwimmposition einnimmt, wie man im Notfall das Paddel gebraucht und die Rettungsleine zu fangen ist. Die wichtigste Regel: In den Stromschnellen an die Gurte klammern – so fest wie möglich. Jetzt wird das unerläßliche Kleidungsstück angelegt: die knallroten Schwimmwesten – und los geht's.

Die ersten Stromschnellen sind harmlos, das Floß tanzt auf und ab und es gibt ein paar Wasserspritzer, in der Hitze eine willkommene Abkühlung. Nicht besonders aufregend, aber so läßt sich die Landschaft genießen. Das Wasser des Thompson River ist klar und blau. Wir fahren durch eine Landschaft von beeindruckender Kargheit: von Wind und Wetter zerfurchte Berge, steile Sandstein- und Granitklippen in schönen Grau-, Weiß- und Orangetönen führen bis ans Ufer, die trockene, heiße Luft ist gefüllt mit dem kräftigen Aroma des *sage brush*. Dies ist Rancher- und Indianerland. Gelegentlich sind hoch oben in den Klippen die Kletterkunststücke der Bighornschafe zu bewundern. Bei Goldpan wird ein Sandstrand angesteuert, um Mittagspause zu machen. Es gibt leckere Sandwiches, Käse, Pickles, Früchte, Cookies und kühle Getränke.

Wieder auf dem Fluß, steigt allmählich die Spannung: die erste richtige Stromschnelle, der *Frog*, ist erreicht. Ein Fels, der tatsächlich aussieht wie ein Riesenfrosch, teilt hier den Fluß. Links und rechts schäumen mächtige Wasserwirbel. Wir müssen durch zwei bis drei Meter hohe Wellen. »Festhalten«, brüllt der Bootsführer. Das Floß bäumt sich auf, um dann in ein Tal von Donner und Gischt zu stürzen. Ein Schwall eiskaltes Wasser begräbt uns. Einige harte Schläge, das Floß schüttelt sich – wir sind durch und das Floß gleitet sanft dahin. Gerade lang genug zum Ausruhen, bevor es wieder losgeht. *Witches Kitchen, Devil's Cauldron, Cutting Board,* eine Stromschnelle nach der anderen läßt das Floß wie eine Nußschale tanzen. Dann folgt *Jaws of Death,* eine der größten *rapids* auf dem Thompson. Ein passender Name. Wieder ein Teufelsritt, der uns kräftig

durchschüttelt – Sturzseen brechen über uns herein. Zwei Stunden aufregender Wildwasserfahrt sind wie im Fluge vergangen. Wir haben Lytton erreicht. Hier stoßen die klaren Wasser des Thompson zu den trüben Fluten des Fraser. Schon nach wenigen hundert Metern hat der gewaltige Fluß den Thompson geschluckt – das Wasser ist nur noch braun. In Lytton werden die beiden Extraschwimmer angebracht, da für die Fahrt auf dem Fraser eine größere Stabilität nötig ist.

Wir erreichen den Fraser Canyon, das Flußbett verengt sich dramatisch, bis zu hundert Meter hoch ragen die steilen Felswände aus dem Wasser. Hoch oben, unsichtbar für uns, verläuft der Highway. Ab und an gleiten wir unter Eisenbahnbrücken hindurch. Die beiden kanadischen Eisenbahngesellschaften Pacific und National Railway haben ihre Gleise durch den Canyon verlegt.

Gelegentlich sieht man an den Ufern des Canyons Spuren der alten Goldgräberstraße zu den Cariboos und Reste der Steindämme, die damals von chinesischen Bauarbeitern unter ständiger Lebensgefahr errichtet wurden. Im Vergleich mit den wilden Attacken des Thompson erscheint uns der Fraser eher sanft. »Das wird morgen anders, dann kommen die *biggies*«, versichert Darwin, der Bootsführer. Das Floß treibt an wunderbar geschnittenen Felsformationen vorbei. In der Sonne glänzen moosbedeckte Steine an den Uferbänken – wie riesige Smaragde ragen sie aus dem Wasser.

Am frühen Abend ist die Mündung des Nahatlatch River erreicht. Auf einem Plateau, hoch über dem felsigen Ufer wird das Camp aufgeschlagen. Die Zelte sind schnell aufgebaut, es bleibt noch Zeit, im kristallklaren Wasser des Nahatlatch zu plantschen und Volleyball zu spielen. Darwin und seine Helfer bereiten das Abendessen zu. Bald duftet es verlockend. Es gibt *shrimp dip* mit Cracker als Vorspeise, knackigen Salat, gebackene Kartoffeln, Fleischspießchen und Lachsfilet vom Holzkohlengrill, dazu kalifornischen Wein – auf einer Kreuzfahrt könnte man nicht besser speisen. Am flackernden Campfeuer gibt Darwin bei einigen Drinks seine Flußabenteuer zum besten und erzählt Stories aus der wildbewegten Geschichte des Fraser Canyon.

Der Morgen beginnt mit einem herzhaften Frühstück: gebratener Schinken mit Spiegeleiern und *bannock,* das in der Pfanne gebackene Brot der Pioniere, dazu einen großen Becher Kaffee, heiß und duftend. Wir sind gestärkt für die ganz großen Stromschnellen. Zunächst geben uns *Whirlpool, Skuzzy Rock* und *China Bar* einen angemessenen Vorgeschmack, dann ist es soweit: *Hell's Gate,* die mächtigste Stromschnelle des Fraser kommt in Sicht. Vor der Enge steht eine riesige Welle. Es scheint unmöglich, dort durchzukommen. Steil richtet sich das Floß auf, wird hoch emporgeschleudert, droht umzukippen – und richtet sich wieder auf. Wassermassen brechen über uns herein. Ohrenbetäubendes Rauschen übertönt die Schreie des Bootsführers, jeder weiß es auch so: »Festhalten, mit aller Kraft.« Im Hexenkessel der schäumenden Strudel wird das Floß hin- und hergeschüttelt. Der Bootsführer läßt den Außenbordmotor mit voller Kraft arbeiten – nur so kann er sicher zwischen Felsen und Strudeln hindurchsteuern. Den riesigen *whirlpool* zur Linken gilt es zu vermeiden – er würde den Bug des Floßes glatt verschlucken, um es dann wie mit

einer Riesenfaust auf den Kopf zu stellen und kentern zu lassen. Sich solche Gedanken auszumalen bleibt gar keine Zeit – kaum hat man richtig Luft geholt, ist das »Höllentor« auch schon passiert.

Unterhalb von *Hell's Gate* wird auf eine Sandbank Mittagspause gemacht. Einige besonders optimistische Naturen holen Waschpfannen hervor, um ihr Glück zu versuchen – vielleicht ist gerade hier das Gold noch nicht gefunden worden. Die anderen wandern den schmalen *creek* entlang zu einem Felsenbecken, in das sich aus zehn Metern Höhe ein Wasserfall ergießt.

Der Sprung in das sprudelnde Wasser
ist herrlich erfrischend.

Ruhig treibt das Floß dahin. Auf
dem Wasser tanzen Millionen Reflexe,
dichtbewaldete dunkelgrüne Wände
gleiten vorüber, ab und zu wird ein einsames Anglercamp passiert. Hoch über
der Schlucht kreist ein Weißkopfadler.
Rund zwei Dutzend horsten im Fraser
Canyon. Manchmal sind an den Uferbänken aus Stangen gebaute Gestelle
zu sehen, an denen in Streifen
geschnittene Lachse im Wind trocknen
– die traditionelle Art der Indianer,
Lachse zu konservieren. An einer Bie-
gung des Flusses beobachten wir

einen Schwarzbären beim ›Angeln‹. Bis
zum Bauch im Wasser, versucht er seinen Anteil der stromaufwärts ziehenden Lachse zu ergattern. *Sailor Bar*
beschert noch einmal Wildwasser-
vergnügen: eine ›Achterbahn‹ von vier
oder fünf großen Wellen hintereinan-
der. Im stilleren Uferwasser wird mit
Motorkraft zurückgefahren, um das
Vergnügen zu wiederholen. Ein Riesenspaß! Danach machen wir es uns auf
unserem überdimensionalen Gummi-
kissen bequem und lassen uns in der
warmen Sonne trocknen. Bald darauf
ist Yale am Ende des Fraser Canyons
erreicht. (Kurt J. Ohlhoff)

der Schneeschmelze steigt der Fluß um durchschnittlich 20 m auf eine Wassertiefe von 35 m an, und die reißende Strömung erreicht eine Geschwindigkeit von 6 m/Sek.

Das Naturschauspiel des **Hell's Gate** ist heute auf zwar kostspieligere, aber dafür um so risikolosere Art und Weise zu genießen, als es Simon Fraser vergönnt war. Eine Gondelbahn schwebt die 153 m vom Highway hinunter zum Flußufer. Da der Fraser einer der wichtigsten Lachsflüsse im Nordwesten British Columbias ist, kann man im Restaurant unten vor grandioser Kulisse stilecht Lachs essen. Auf der Aussichtsplattform sieht man im Sommer und Herbst die lebenden Exemplare, wie sie sich über die Betonstufen der Lachsleitern stromaufwärts winden. Und das Informationszentrum zeigt recht anschaulich den Lebenszyklus und die Wanderungen dieser Fischgattung. Rund zwei Mio. Lachse

Gondelbahn über den Fraser Canyon

müssen jährlich diese gefährliche Schmalstelle durchschwimmen, um zu ihren Laichgewässern im Oberlauf des Fraser zu gelangen.

Fünf sternförmig angeordnete weiße Blütenblätter an einem grünbelaubten Zweig – so blüht in den Wäldern der Coast Range der wildwachsende Dogwood-Baum, der im Mai/Juni über und über mit weißen oder rötlichen Blütentupfern besetzt ist. Handtellergroß im Relief eingeschnitten, ziert die Blüte als offizielles Symbol der Provinz British Columbia zahlreiche Gedenktafeln im Land. Zum Beispiel an einem **Aussichtspunkt** 30 km nördlich von Boston Bar gegenüber dem Jackass Mountain. Der Highway 1 schlängelt sich hoch über dem Flußtal, und die Tafel erinnert an die Mühen Tausender von Maultieren, die schwerbeladen auf ihrem Weg zu den Cariboo-Goldfeldern über die schmalen Pfade des Canyons getrieben wurden.

Vorbei an alten Indianerfriedhöfen folgt der Highway der Ostwand des Fraser Canyon zum Dörfchen **Lytton** 4 (S. 372), 1858 während der Goldrauschzeit benannt nach dem britischen Kolonialminister und Schriftsteller Sir Edward Bulwer-Lytton, der durch sein Buch »Die letzten Tage von Pompeji« bekannt wurde. Der winzige Ort mit einigen Tankstellen und Motels ist heute ein Zentrum der Wildwasserfahrer, die sich mit Schlauchbooten und Kajaks in die Fluten des Fraser und des hier einmündenden Thompson River stürzen. Ein feucht-spritziges Vergnügen, das besonders im Hochsommer zu empfehlen ist. Tagestouren sind meist auch noch kurzfristig hier zu buchen (s. S. 100).

Der Transkanada Highway 1 verläßt nun den Fraser und folgt dem gewundenen Tal des Thompson River über Spences Bridge nach Norden bis Cache Creek (Beginn des Cariboo Highway).

Abstecher über Lillooet nach Cache Creek

(150 km)

Doch zuerst lohnt sich noch ein Abstecher auf dem Highway 12, der entlang eindrucksvoller Klippen am Fraser nach **Lillooet** 5 (S. 372) verläuft. Die Gegend um den 1800-Seelen-Ort ist ideales Ferienland, denn im Sommer darf man hier im Regenschatten der Coast Range getrost mit sonnigem, heißem Wetter rechnen. Gerade mal 260 mm Niederschlag pro Jahr fällt hier. Auf guten Schotterstraßen kann man das Hinterland mit seinen langgestreckten Seen erforschen, schön zum Baden ist etwa der **Seton Lake.** Das kleine Lillooet Historic Museum an der Main Street im alten Bau der früheren anglikanischen Kirche zeigt Goldrauschgeschichte und erläutert den Bau der Eisenbahn. Von Lillooet führt der Highway 99 nach Osten zum Highway 97, auf dem man nach 11 km in südlicher Richtung nach **Cache Creek** 6 (S. 350) gelangt. Kurz vor dem Ort passiert man die sehenswerte **Hat Creek Ranch,** eine alte Postkutschen- und Versorgungsstation an der Cariboo Road. Im meist braun verdorrten Buschland eines weiten Tales liegt das zum Museum restaurierte *roadhouse* der Ranch. Kinder können mit der Kutsche über das Ranchgelände fahren, Erwachsene dürfen auch hoch zu Roß die Umgebung erkunden.

Ab Cache Creek kann man entweder der vorgeschlagenen Rundreise über den Cariboo Highway Richtung Norden folgen oder zuvor in ein oder zwei Zusatztagen die Region um Kamloops und den Wells Gray Provincial Park besuchen. Anschließend fährt man entweder zum Highway 97 zurück oder folgt dem Highway 5, der in nördlicher Richtung parallel zum Thompson River in die Rocky Mountains führt.

Variante: Über Kamloops zum Wells Gray Provincial Park oder weiter in die Rocky Mountains

Die 80 km lange Strecke von Cache Creek bis Kamloops führt an braunen Hügeln und Rinderweiden vorbei und bietet immer wieder einen Ausblick auf den unten im Tal weiß schäumenden Fraser River. Am Ortseingang erzählt ein *Stop-of-Interest*-Schild mit seiner weißen Dogwood-Blüte am Aussichtspunkt hoch über **Kamloops** 7 (S. 368) von der Pioniergeschichte: 1812 als Fort Kamloops an einer verkehrsgünstigen Stelle gegründet, wuchs der Ort mit den Pelzhändlern, Goldgräbern und schließlich den Ranchern zu einer wohlhabenden Stadt. Heute bildet die Stadt mit 67 000 Einwohnern den größten Ballungsraum im Herzen der Provinz, eine moderne Oase in der Wildnis, umgeben von blühenden Farmen, Ranches und Obstplantagen. Nachts strahlen die Neonlichter der Stadt durch das ganze Tal, und an der modernen Victoria Street kann man die schicke Mode aus Vancouver erstehen. Kurz, Kamloops ist ›the Big City‹ für die Cowboys, wenn sie von den abgelegenen Ranches zur Rinderauktion oder zu den übers ganze Jahr verstreuten großen Rodeos hierher kommen.

An die ersten Bewohner der Region erinnert der 1993 neu eröffnete Secwepemc Native Heritage Park, ein Museum, das die traditionelle Lebensweise der Salish-Indianer ausführlich illustriert. Im Freigelände ist sogar der lebensgroße Nachbau eines typischen Winterdorfes der Indianer zu sehen, und regelmäßig werden Tänze und Kunsthandwerk des Stammes vorgeführt.

Hinter Kamloops, weiter nach Norden auf dem ursprünglichen Yellowhead

Highway 5, der alten Goldgräberroute nach Kamloops, wird es schnell wieder ruhig. Ursprüngliche Wildnis erlebt man besonders gut, wenn man von Clearwater aus in den **Wells-Gray-Provincial Park** 🎱 (S. 392) fährt. Wanderwege durch die gut 5200 qkm große Bergwelt, oft mit typischen Vulkankegeln und erstarrten Lavaströmen, bieten dem Naturfreund jede Möglichkeit: vom zweistündigen Spaziergang bis zur mehrwöchigen Expedition. Die Ranger im Informationszentrum am Parkeingang geben detaillierte Ratschläge zur Routenwahl und Ausrüstung. Auf keinen Fall sollte man die großen Wasserfälle verpassen, für die der Park berühmt ist. Der eindrucksvollste ist der 135 m hohe Helmcken Fall, der auch mit dem Auto gut zu erreichen ist. Auf dem langgestreckten Clearwater Lake am Ende der Straße in den Park werden Bootsrundfahrten angeboten – oder noch besser: Man mietet sich ein Kanu und erkundet die Seenkette im Herzen des Parks auf eigene Faust.

Um wieder auf die Cariboo Road zu gelangen, fährt man den Highway 5 über Clearwater zurück bis Little Fort und biegt dort auf den Highway 24 ab, der durch das *back country* über Bridge Lake zu der legendären Straße zurückführt.

Wer die Rundreise abkürzen und so schneller in die Rocky Mountains kommen möchte, folgt dem Highway 5 den North Thompson River stromaufwärts bis Tête Jaune Cache und dann dem Yellowhead Highway (Hwy. 16) weiter nach Jasper. Die kleinen Orte **Blue River** und **Valemount** entlang der Route sind übrigens wegen ihrer ausgezeichneten Tiefschneeabfahrten in den Cariboo-Bergen auch in Europa als Paradies für *heli-skiing* bekannt. Im Sommer kann man sich per Hubschrauber zum *heli-hiking* zu den alpinen Wiesen im Hochland bringen lassen – und das ist auch praktisch die einzige Art, hier in die Wildnis vorzudringen, denn angelegte Wanderwege gibt es fast keine.

Auf der Cariboo Road nach Barkerville und weiter bis Prince George

Cache Creek – Williams Lake – Quesnel – Barkerville – Prince George (600 km)

Highway 97, *The Cariboo Road!* Im Namen der legendären Straße schwingt heute noch etwas mit von der Zielstrebigkeit und der fiebernden Erwartung Zigtausender Goldsucher, die von der Küste kommend auf dem schnellsten Weg den Oberlauf des Fraser erreichen wollten, um ihre *claims* abzustecken. Sie war die erste Wagenstrecke im Westen Kanadas, die zu Beginn der 60er Jahre des letzten Jahrhunderts von den *Royal Engineers* angelegt wurde. Die Militäringenieure der britischen Krone vermaßen die steilen Wände des Fraser Canyon und legten die beste Route für die Straße zu den Goldfeldern in den Cariboo Mountains fest. Dann wurde eine Schotterpiste bis nach Barkerville, dem Hauptort der Goldberge, gebaut, vorwiegend von billigen chinesischen Arbeitern.

Das Land entlang der Strecke hat sich seit den Goldtagen kaum verändert: die gleichen sandigen, spärlich bewachsenen Hügel, über die sich schon die Goldgräber auf ihrem 400 km langen Trail mühten. Lange Maultier-Packzüge mit Proviant und Ausrüstung für die Camps zogen hier entlang, die Postkutschen der *BX Stage Coach* preschten vorüber, deren Wagenlenker für ihre Waghalsigkeit und ihr Repertoire an Flüchen bekannt waren.

Hier ritt auch der berühmt-berüchtigte Richter Begbie, *the hanging judge,* dessen Galgenbaum in Lillooet immer noch steht. Seine Vorstellung vom Gesetz war höchst eigenwillig. Häufig urteilte er nach seiner Intuition, und doch ist es nicht zuletzt auf ihn zurückzuführen, daß während der Goldrauschzeit in British Columbia Recht und Gesetz herrschten und daß die vielen US-amerikanischen Abenteurer die Königin Victoria respektierten. Wen Richter Begbie für schuldig hielt, der hatte es nicht leicht, auch wenn die Jury anders dachte. Als diese einmal einen Mann freisprach, der des Raubmords angeklagt war, da funkelten Begbies eiskalte Augen unter der riesigen Perücke:»Gefangener, Sie können gehen! Aber ich hoffe inständig, daß Ihr nächstes Opfer ein Mitglied dieser Jury ist!«

Die erste Cariboo Road begann 1861 in Lillooet. Bis hierher kamen die Goldsucher auf verschiedenen Routen über die Coast Mountains, um dann auf der befestigten Straße nach Barkerville weiterzuziehen. Von Lillooet aus wurden die Meilen gezählt, nach denen viele moderne Orte entlang der Route benannt wurden: 70 Mile House, 100 Mile House usw. Denn je nach Schwierigkeit des Terrains legte man alle 15 bis 25 km ein *roadhouse* an, wo die Reisenden essen und übernachten konnten und die Postkutsche die Pferde wechselte. Nur wenige sind noch so gut erhalten wie etwa die Hat Creek Ranch bei Cache Creek (s. S. 105), aber entlang der ganzen Strecke bis Barkerville findet man immer wieder verfallene Überreste.

Die zweite Cariboo Road startete in Yale, nachdem 1863 ein Pfad entlang des Fraser River ausgebaut wurde. Als schließlich 1886 die Eisenbahn durch das Tal fertiggestellt wurde, verlegte man den Anfangspunkt wieder weiter nach Norden und die Versorgungswagen für die Pioniere zogen von der Bahnstation in **Ashcroft** aus nach Norden. Ashcroft, heute ein verschlafenes, staubiges Städtchen abseits des Highway, wurde allerdings beim Bau des Transkanada Highway links liegengelassen, und so beginnt der offizielle heutige Cariboo Highway 97 im nahen Cache Creek.

In schneller Folge reihen sich auf der Fahrt nach Norden die kleinen Pionierorte. Erster Stopp: **Clinton** **9** (S. 354), das bei Meile 47 an der alten Cariboo Road entstand. Ein typisches Westernörtchen, wie es im Ranchland von Zentral-British Columbia viele gibt – mit einer *main street,* an der sich hübsch restaurierte Westernfassaden reihen, und ein paar Seitenstraßen mit moderneren Wohnhäusern. Typisch sind auch die Läden, die alles anbieten, was die Ranches der Umgebung so brauchen. Vom großkarierten Holzfällerhemd bis zum Maschendraht, vom Steakgewürz bis zur aktuellen Information über die holprigen Seitenstraßen ins Hinterland ist hier alles zu haben.

Im *coffeeshop* an der Hauptstraße wird noch Pionierkost in Pioniermengen serviert: saftige Steaks und Ribs am Abend, mächtige Omeletts mit Schinken und Käse und dazu *hash browns,* eine Art Kartoffelpuffer, zum Frühstück. Im Cariboo Country glaubt man noch nicht an die amerikanische Ideologie des *fastfood.* Wer richtig arbeitet und richtig feiert, der soll auch kräftig essen. Morgens stärken sich hier oft auch die Drachenflieger, die danach zum **Lime Mountain** vor der Stadt aufbrechen. Dort sind die Aufwinde ideal, und einige der *hanggliders* sind sogar schon von hier bis ins 200 km entfernte Okanagan Valley geflogen. Jedes Jahr im Mai finden am Lime Mountain die westkanadischen Meisterschaften im Drachenfliegen statt.

Im Zuge der kanadischen Selbstfindung und des immer stärker aufkommen-

Goldsucher heute

den Geschichtsbedürfnisses entstanden in den letzten 20 Jahren in fast allen kleinen Orten in British Columbia sogenannte *Historical* oder *Pioneer Societies,* die örtliche Museen aufbauten und historische Gebäude restaurierten. Auch in Clinton steht ein Historical Museum an der Hauptstraße und gewährt geschichtsträchtige Einblicke in das Leben der Indianer und Goldgräber sowie Geologie und Botanik der Region. Die Sammlungen sind stilecht untergebracht im alten Schul- und Gerichtsgebäude von 1890, in dem einst noch Richter Begbie Justitia sprechen ließ.

Typisches Ranchland begleitet den Highway 97 nordwärts nach Williams Lake. Hin und wieder tauchen alte Holzzäune auf: *post and rail, snake rail* oder *Russell fence* heißen die erfinderischen Konstruktionen, die oft ohne jeden Nagel auskommen – denn Metallnägel waren teuer zur Pionierzeit. In malerischen

Schlangenlinien ziehen sich die teilweise schon recht verwitterten Zäune durch die *sage brush*- Steppe. *Bunchgrass,* die fast einen Meter hohe einheimische Grasart, ist heute meist vom *sage brush* verdrängt – ein Zeichen für Überweidung.

Dazwischen immer wieder kleine Orte in der Meilenchronologie der Cariboo Road: 100 Mile House, 150 Mile House. Bei 108 Mile wartet wieder ein Blick in die Geschichte: In der **108 Mile Heritage Site** wurde die ursprüngliche Ranch zu einem kleinen Museumsdorf restauriert. Mit riesiger Scheune im Blockhausstil, Ausstellungen und sogar einer kleinen Galerie mit Kunsthandwerk.

Keine Reise entlang des Cariboo Highways wäre komplett ohne einen Abstecher in das riesige *back country.* Ein Netz von geschotterten Seitenstraßen führt nach Westen hinaus in die Region der Großranches und nach Osten zur Seenplatte um den Highway 24. Viele der Ranches nehmen auch Besucher auf, in mehreren Provinzparks läßt es sich herrlich campen und angeln, und man kann auch zwischendurch mal auf einer der Ranches Ausritte unternehmen. *Trailriding* steht dann auf einem Willkommensschild am Eingang der Ranch. Eine ideale Region, um ein paar sonnige Tage zu verbummeln.

Williams Lake

10 (S. 394) Wirtschaftliches Herz des Bezirkes ist Williams Lake (10 000 Einwohner), eine moderne Stadt mit Forstindustrien und großen Ausrüstungsläden für die Bergwerke und Ranches im Umland. Auch hier wartet wieder ein Pioniermuseum, das **Williams Lake Museum** mit historischen Fotografien und Gerätschaften der Goldgräber. Interessanter noch ist aber das **Scout Island Nature Centre** am Westufer des Sees mit Ausstellungen und Lehrpfaden, die die Pflanzen und Tiere der Region vorstellen.

Das Ereignis schlechthin in Williams Lake findet jeweils am Canada Day, dem 1. Juli, statt: die **Williams Lake Stampede.** Seit den 20er Jahren richtet die Stadt dieses Rodeo aus, das sich mittlerweile zum größten in der ganzen Provinz gemausert hat. Auf den Stampede Grounds an der Kreuzung der Highways 97 und 20 trifft sich dann die Elite der Rodeoreiter – manche kommen sogar von Australien, um sich hier zu messen und Preise davonzutragen.

Über der Arena der ›Cowtown‹, so der offizielle Beiname des Ortes, steigt dann der Staub auf: Da werden Kälber mit dem Lasso gefangen, Bullen geritten und im *bucking contest* schließlich wild buckelnde Broncos bestiegen. Sieger ist, wer sich die festgesetzte Zeit über im Sattel hält und dazu noch die beste Haltung zeigt. Urig geht es immer noch zu, aber nicht mehr ganz so rauhbeinig wie in den frühen Tagen der Stampede. Damals mußten die Cowboys – meistens Indianer – beim *mountain race* vom Berg oberhalb der Stadt pfeilgerade herunterreiten. Später wurde das Rennen abgeschafft, weil sich zu viele Reiter und Pferde Hals und Beine brachen.

Auch von Williams Lake aus führen Straßen ins Hinterland: nach Nordosten zu den alten Goldgräberorten **Likely** und **Horsefly** etwa, die gut auf einer Tagestour zu erkunden sind. Mehr Zeit braucht man für einen Abstecher nach Westen: Der heute fast durchgängig geteerte Highway 20 ist die einzige Straße im zentralen Teil der Provinz, die bis zum Pazifik führt – 456 einsame Kilometer durch Ranchland, unberührte Waldgebiete und die grandiose Bergwildnis der Coast Mountains. Weit im Westen, kurz bevor

die Straße bei Bella Coola das Meer erreicht, überquert man am Heckman- Paß (1524 m) die Coast Range. Hier bietet sich die einzige Möglichkeit, zumindest einen kleinen Teil des **Tweedsmuir Park** motorisiert kennenzulernen. Ansonsten kann man die herrliche Natur des mit einer Million Hektar größten Provinzparks nur beim Berg- und Kanuwandern oder per Flugzeug erschließen. Doch es gibt sogar einen angelegten Fernwanderweg, den Alexander Mackenzie Heritage Trail. Er folgt auf gut 300 km Länge der historischen Route, der schon die Pelzhändler 1793 folgten.

Die Geschichte Alexander Mackenzies und der ersten Durchquerung Kanadas wird im modernen, sehr umfangreichen Quesnel Museum im gleichnamigen Ort erzählt. Das 8000 Einwohner zählende **Quesnel** 11 (S. 377) liegt etwa 120 km nördlich von Williams Lake am Zusammenfluß von Fraser und Quesnel River. Hier lagerten die Goldgräber, ehe sie zu den Goldhügeln der nahen Cariboo Mountains aufbrachen. Heute lebt die Stadt vor allem von der Holzindustrie: qualmende Sägewerke allerorten. Am Nordende der Stadt kann man vom Aussichtsturm des Forest Industry Lookout einen Überblick über eine der riesigen Sägemühlen gewinnen.

Barkerville

Kurz hinter Quesnel zweigt der Highway 26 nach Osten ab und schlängelt sich gut 90 km weit in die grünen Hügel – das letzte Stück Weg nach **Barkerville** 12 (S. 349), dem sagenhaften Eldorado von British Columbia. Gleich zu Anfang passiert man Cottonwood House, ein sehr stimmungsvolles, restauriertes *roadhouse* aus den Goldgräbertagen. Zeitgenössisch kostümierte Führer erläu-

Im historischen Barkerville wird die Goldrausch-Ära wieder lebendig

tern im Sommer das Tagwerk in der Station, als hier die Postkutschen verkehrten und sich Tausende von Abenteurern aufhielten.

Schon im Jahre 1858, nach den ersten Funden am Unterlauf des Fraser, strömten etwa 25 000 Goldsucher ins Land. Viele von ihnen kamen übrigens aus Kalifornien, wo der Boom des Jahres 1849 in der Sierra Nevada langsam nachließ, und die Abenteurer nach neuen Bonanzas suchten. Einmal am Fraser River, zogen die Schürfer nach und nach weiter gen Norden: Das Gold mußte ja

von weiter oben, aus dem Oberlauf des Flusses kommen. Lange Monate fand man nichts, bis die ersten schließlich jene Bergkette erreichten, die als **Cariboo Mountains** berühmt werden sollte.

Obwohl einige der Männer bereits im Spätherbst 1860 am Antler Creek, etwa 20 km vom heutigen Barkerville entfernt, die ersten Nuggets entdeckten, zog eine Gruppe von ihnen weiter, unter ihnen William Dietz, bekannt als »Dutch Bill«. Er wurde im Canyon eines kleinen Bachs fündig, den sie nach ihm Williams Creek tauften. Die Erde rückte zunächst, als die Männer in drei und vier Metern Tiefe gruben, nur wenig von dem gelben Metall heraus. Erst als einer von ihnen etwas tiefer buddelte, fand er eine Menge des ersehnten Goldes. Noch im selben Sommer schwärmten Hunderte Goldsucher über die Hänge der Schlucht, und jeder Zentimeter des 10 km langen Tales wurde besetzt.

Im Sommer 1862 kam Billy Barker, der heute berühmte Seemann aus Cornwall, der in Victoria von seinem Schiff desertiert war, mit einigen Freunden an den Ort, der später seinen Namen tragen sollte. Da an der Talsohle des Canyon bereits alles abgesteckt war, nahmen sie sich einen *claim* weiter unterhalb. Lange mußten sie graben und fanden nur Kies und Geröll. Doch in einer Schachttiefe von 16 m stieß Billy Barker schließlich auf Gold – für 1000 Dollar pro Quadratfuß! Sein Stückchen Land brachte ihm Nuggets und Goldstaub im Wert von 600 000 Dollar ein – ein Vermögen, das Billy allerdings schnell wieder verjubelte. Er starb ohne einen Cent 1894 in Victoria und wurde in einem Armengrab beerdigt.

Doch Billy Barkers Fund löste den größten Gold-Boom British Columbias aus und ließ den nach ihm benannten Ort aufblühen. Um 1870 war Barkerville – Jahre bevor Vancouver überhaupt gegründet wurde – die größte Stadt westlich von Chicago und nördlich von San Francisco. Opern und Melodramen mit internationalen Schauspielern wurden im eigens errichteten Theatre Royal aufgeführt, in den Saloons schlürften die Besitzer der reichen Claims französischen Champagner.

Aber das Glück dauerte nicht lange. Schon 1875 hatten die meisten Goldgräber das Gebiet wieder verlassen, und um die Jahrhundertwende war Barkerville eine verfallende, fast verlassene Geisterstadt. Erst als 1958 die Provinzregierung den Ort zum Barkerville National Historic Park erklärte, ging es wieder bergauf. Heute sind fast 100 Gebäude restauriert oder wieder aufgebaut – originalgetreu bis zu den Wasserfässern auf den Dächern, mit denen einst die Brände bekämpft wurden.

Kostümierte ›Bewohner‹ bevölkern das Museumsdorf, arbeiten in den Läden, hämmern in den Werkstätten und drucken die Zeitung wie anno 1870. Ein Stück bachaufwärts residiert im **Richfield Courthouse** Richter Begbie, verkörpert von einem Schauspieler. Auch im **Theatre Royal** herrscht wieder Bühnenleben: Eine Schauspielertruppe inszeniert mit Liebe zum historischen Detail Melodramen der Goldgräbertage.

Ehe man von Barkerville wieder die Rückfahrt über den Highway 26 antritt und die Cariboo Mountains verläßt, lohnt es noch, die Umgebung zu erkunden: **Wells** 13 (S. 392) etwa, ein modernes Goldgräberstädtchen, das in einem neuen Boom während der 30er Jahre dieses Jahrhunderts entstand und im Gegensatz zu Barkerville auch noch bewohnt ist.

Eine gut befestigte Schotterstraße führt von Wells tief ins Herz der Cariboo Mountains zum **Bowron Lake Provincial Park** 14 (S. 350). Größte und beliebteste Attraktion dieses mehr als 120 000 ha großen Wildnisparks ist ein 116 km langer Kanutrail. Ein herrliches Stück Natur für eine Woche in der kanadischen Waldeinsamkeit: Man paddelt über eine Kette von langgestreckten Seen (die sich erfreulicherweise zu einem Kreis schließen), zeltet auf herrlich gelegenen *wilderness campgrounds* und kann oft Elche und Schwarzbären an den Ufern beobachten. Mehrere Ausrüster am Eingang des Parks vermieten Kanus und Ausrüstung.

Weiter nach Norden! Von Quesnel verläuft der Highway 97 durch leicht hügeliges Gelände. Die Wälder werden, je nördlicher man kommt, wieder dichter. Die Straße folgt jetzt wieder dem Tal des Fraser River, der hin und wieder durch lichte Laubwälder hindurch schimmert.

Fast exakt im geographischen Zentrum der Provinz erreicht man schließlich

Paradies für Kanufahrer: die Seenkette im Bowron Lake Provincial Park

Prince George 15 (S. 375), mit rund 70 000 Einwohnern der wichtigste Ort im Norden British Columbias. 1807 gründete Simon Fraser hier an der Mündung des Nechako River in den Fraser River einen Pelzhändlerstützpunkt, den er nach dem englischen Monarchen Fort George benannte. Die Siedlung wurde bald zum Verkehrsknotenpunkt für das Binnenland westlich der Rockies, besonders als 1906 die Grand Trunk Pacific Railroad gebaut wurde und eine Verbindung nach Westen zum Pazifik schuf.

Heute lebt die um die Jahrhundertwende in Prince George umbenannte Stadt vorwiegend von der Holzindustrie. Kein Wunder, denn ringsum erstreckt sich der größte Forstbezirk von British Columbia, und alljährlich werden Millionen Kubikmeter Holz in den Sägewerken und Zellulosefabriken verarbeitet. Das Visitor Centre arrangiert Führungen durch die riesigen Holzbetriebe. Wer sich für die Geschichte der Region interessiert, kann im Fort George Regional Museum stöbern oder im Prince George Railway Museum die Tage der Dampfeisenbahnen nacherleben.

Hinweis: Von Prince George bietet sich die Fahrt auf dem Yellowhead Highway in westlicher Richtung nach Prince Rupert zur Pazifikküste an. Von dort besteht die Möglichkeit, mit der Fähre nach Port Hardy auf Vancouver Island überzusetzen oder Richtung Norden durch die Inselwelt der *Inside Passage* nach Alaska zu ›schippern‹. Die Route bis Prince Rupert wird im Anschluß an die Rundreise beschrieben, s. S. 119.

Von den Rocky Mountains zum Okanagan-Tal

Prince George – Tête Jaune Cache – Jasper (380 km); Jasper – Lake Louise – Golden – Revelstoke – Salmon Arm – Kelowna (450 km); Kelowna – Penticton – Vancouver (460 km)

Die Fahrt auf dem Yellowhead Highway nach Osten, von Prince George bis Tête Jaune Cache, führt durch einen völlig unbesiedelten und bis auf Straße und Eisenbahnlinie auch unerschlossenen Landstrich von Zentral-British Columbia. Kaum ein Haus ist auf der fast 300 km langen Strecke zu sehen. Sogar die sonst so häufigen Provinzparks mit ihren idyllischen Campgrounds mitten in der Wildnis sind dünn gesät. Trotzdem, ein hübsches Fleckchen für die Nacht läßt sich überall finden.

Das Camperleben in den staatlichen Parks im Norden der Provinz ist denkbar unkompliziert: Nehmen wir etwa den **Purden Lake Provincial Park,** etwa 60 km östlich von Prince George am Highway 16. Ein kleiner, warmer Badesee liegt neben einem weitläufigen staatlichen Campingplatz. Jeder Stellplatz für den Camper hat eine Feuerstelle, Holz liegt bereit. Beim Einchecken sucht man sich einen freien Platz, notiert Namen, Autokennzeichen und Platznummer auf einem am Eingang deponierten Formularumschlag, den man mit der geforderten Gebühr in den Safeschlitz wirft. Fertig. Man vertraut auf die Ehrlichkeit des Besuchers.

Hier draußen in der Wildnis, fernab jeder modernen Siedlung, kann man die Mühen der ersten Pioniere im Westen Kanadas hautnah nachvollziehen. Kein Weg, kein Steg führt durch die dichten Wälder. Sobald man ein paar Schritte vom Campingplatz ins Unterholz geht, heißt es über umgestürzte Bäume klettern, sich den Weg durch dichtes Gebüsch bahnen und ungebärdige Bäche überqueren.

Im August 1862 driftete eine Gruppe der *overlanders* auf ihrem Weg in die Cariboos den Teil des Fraser hinunter, durch den heute der Highway 16 führt. Diese Pioniere der Goldgräberzeit kamen von England über Ost-Kanada quer durch den Kontinent bis Fort Edmonton und schlugen sich von da bis zum Oberlauf des Fraser durch. In Tête Jaune Cache teilten sie sich auf und versuchten, in kleinen Gruppen Barkerville zu erreichen. Wenige schafften es und auch nur unter großen Mühen – und kamen dann zu spät für einen guten Claim. So schrieb ein Mitglied der Expedition:»Im Rückblick kann ich sagen, daß das wohl unnützeste Gerät, das ich dabeihatte, meine Goldwaschpfanne war.«

Nach der Kreuzung mit dem Highway 5 (dem ehemaligen Seitenarm des Yellowhead Highway) beim Winzlingsort Tête Jaune Cache rücken die Talwände enger zusammen. Bald kommen die Schneegipfel der Rocky Mountains in Sicht und das erste Schutzgebiet der Berge beginnt – der 2200 qkm große **Mount Robson Provincial Park** 16 (S. 372). Auf dem kleinen Parkplatz vier km östlich der Kreuzung kündigt ein Schild die **Rearguard Falls** an. Ein kurzer Pfad führt hinab zum Aussichtspunkt über die tosenden Wasserfälle: Der gesamte Fraser River fällt hier in einer Stufe gut zehn Meter ab. Der Katarakt stellt für die Lachse die äußerste Grenze ihrer Laichwanderung am Fraser dar – gut 1000 km entfernt von der Mündung des Flusses in den Pazifik.

Zurück am Highway sind es noch einige Minuten Fahrt, dann steht er unvermittelt über dem Tal, ragt hoch über die umliegenden Berge auf: **Mount Robson,** mit 3954 m der höchste Berg der kanadischen Rockies. Der massige Bergstock liegt ganz am Westrand der Gebirgskette und bekommt daher die volle Wucht der vom Pazifik hereinziehenden Wettersysteme ab. An zwei von drei Tagen ist der Gipfel von Wolken umhüllt, und nicht selten sieht man auch im Hochsommer frischen Schnee oben glitzern. Am Fuß des Berges führen vom Visitor Center gute Wanderwege durch die im Sommer üppig blühenden Wiesen, eine herrliche, zweitägige Wanderung bietet sich auf dem 22 km langen Berg Lake Trail entlang des Robson River zum Berg Lake an, in den der Robson-Gletscher mündet.

Weiter zum **Yellowhead-Paß,** der die Grenze zwischen British Columbia und Alberta markiert. Die politische Grenze wie auch die Zeitgrenze zwischen Pacific Time und Mountain Time verlaufen am Grat der Rockies entlang, die auf ganzer Länge in Kanada nur auf drei Pässen zu überqueren sind, wobei der Yellowhead Highway über den nördlichsten verläuft. Die Straße folgt einer alten Handelsroute der Indianer, die einst hier vor allem Leder und Büffelfelle aus den Prärien mit den Stämmen westlich der Berge handelten.

Oben am Paß beginnt der berühmte Jasper National Park – ein Kapitel für sich (s. S. 165 ff.). Besonders die Panoramastraße von **Jasper** 17 (S. 366) nach Lake Louise im Banff National Park, der spektakuläre **Icefields Parkway,** verdient als die Gletscherstraße der kanadischen Rockies die Reise. Jeder neue Anblick könnte aus einem Wandkalender stammen. Vor allem im Hochsommer ist der Highway 93 sehr beliebt und auch entsprechend dicht befahren. Es lohnt sich, einige Tage für Wanderungen, einen Lodgeaufenthalt oder eine Wanderung einzuplanen – die meisten amerikanischen Besucher bestaunen die Nationalparks nur von den Aussichtspunkten am Highway. Im Hinterland wird es schnell ruhiger und man kann das Bergpanorama ungestört genießen.

Nach einigen Abstechern, etwa zum Örtchen **Banff** 18 (S. 348) oder hinaus in die Prärie zur Olympiastadt Calgary, kehrt man vom Banff Park wieder nach Westen zurück, um die Tour zu einem Kreis zu schließen. Von Lake Louise führt der Transkanada Highway zurück über die Grenze nach British Columbia und folgt dem Tal des Kicking Horse River durch den Yoho National Park bis Golden. Tief hat sich der Fluß nach der Eiszeit in das weiche Sedimentgestein der Rockies eingegraben. Die steilen Berghänge dieses Tales waren vor gut hundert Jahren eine der schwierigsten Stellen beim Bau der transkontinentalen Eisenbahn. Unterhalb des 1643 m hohen Kicking Horse-Passes mußten sogar Spiraltunnels verlegt werden, um die Steigung zu überwinden. Vom Aussichtspunkt hoch über dem Tal kann man die heutigen Züge beobachten. Schwerbeladen stampfen sie mit oft fünf oder sechs Lokomotiven voneweg und mehr als 100 Waggons dahinter die Steigung hinauf.

Der 1313 qkm große **Yoho National Park** 19 (S. 397) ist bei weitem nicht so berühmt wie seine Schwestern Banff und Jasper nebenan, was den Vorteil hat, daß man die Bergwelt meist noch etwas

Karibus am Yellowhead Highway,
Jasper National Park

ruhiger erleben kann. Bei einer Wanderung zu den seltsamen von Wind und Wetter erodierten Steinsäulen der *hoodoos* etwa oder beim Spaziergang um den grün schimmernden Emerald Lake. Am Ende der steilen Stichstraße in das Yoho Valley gibt es noch eine besondere Attraktion: 384 m stürzen die Wassermassen der **Takakkaw Falls** eine senkrechte Bergwand herab – der zweithöchste Wasserfall Kanadas. *Yoho* bedeutet in der Sprache der Cree-Indianer ›Erstaunen, Verwunderung‹ – was die grandiose Bergwelt mühelos rechtfertigt.

Beiderseits des Hwy. 93 schließt sich im Süden der 1406 qkm große **Kootenay National Park** an. Er ist landschaftlich äußerst vielseitig: Gletscher, Bergwälder und -wiesen, rote Sandsteinklippen, Trockengebiete, in denen auch Kakteen wachsen, und heiße Quellen bei Radium Hot Springs.

Im Städtchen **Golden** 20 (S. 363) trifft der Transkanada Highway erstmals auf den mächtigen Columbia River, der hier zunächst den Gebirgsstock der Columbia Mountains in nördlicher Richtung umfließen muß, bevor er dann weiter westlich nach Süden in die USA strömt und schließlich nach 2000 km im Staat Oregon in den Pazifik mündet. Viele der 3700 Einwohner von Golden sind in der Holzindustrie tätig. An den Hängen erkennt man die Spuren der Motorsägen – riesige Kahlschläge, die zwar wieder aufgeforstet werden, aber doch in den ersten Jahren recht häßliche Schneisen in die Bergwälder schlagen.

Seit einigen Jahren macht Golden sich auch als touristisches Zentrum einen Namen. Bergsteiger und Wildniswanderer brechen von hier in die Rockies, die Purcell und die Columbia Mountains auf, einige herrlich gelegene

Mountain Lodges bieten Natururlaub, und auf den Flüssen ringsum werden Schlauchboottouren veranstaltet.

Von Golden schwingt sich der Transkanada Highway über die Purcell Mountains ins Tal des Beaver River. Es folgt der **Glacier National Park** 21 (S. 362), einer der wildesten Landstriche im kanadischen Westen. Über 400 Gletscher, ein rauhes, unerbittliches Klima und die zerklüfteten Zinnen der Selkirk-Berge verwehrten einst sogar den Indianern jeden Zugang in die seit jeher unbesiedelte Hochgebirgslandschaft.

1885 wurde die Eisenbahnlinie über den 1327 m hohen Rogers-Paß fertiggestellt, doch erst 1962 folgte die Straße! Ein Denkmal auf Paßhöhe erinnert vor der dramatischen Felskulisse der Sir Donald Range an die Fertigstellung des Transkanada Highway.

Gewaltige Niederschlagsmengen, vorwiegend als Schnee, führen noch heute im Winter zur periodischen Schließung der großen Ost-West-Verbindung Kanadas. Ein ausgeklügeltes Lawinenwarnsystem soll, wie der Film im Rogers Pass Information Centre eindrucksvoll zeigt, die Reisenden schützen. Wenn kritische Werte gemessen werden, schießt man mit einer Howitzer-Kanone der kanadischen Armee die Schneemassen ab. Jetzt im Sommer sind von alldem nur die breiten Lawinenschneisen an den steilen Berghängen zu sehen.

Am Westhang der Selkirks steigt der Highway 1 hinab ins enge Tal des Illecillewaet River, der nach dem indianischen Wort für »fließendes Wasser« benannt ist. Hier am Westhang der Berge beginnt eine neue Vegetationszone – der Regenwald des Interior. Riesige *Red Cedars* und Douglasien verdunkeln den feuchten Waldboden, im Unterholz wächst fast ein Meter hoher *Skunk Cabbage,* eine Araceen-Art. Ein Lehrpfad am Giant-Cedars-Picknickplatz im Mount Revelstoke National Park erlaubt einen Einblick in die grüne Umwelt. Ohne den Brettersteig wäre da kein Vorwärtskommen. Die scharfen Stacheln des übermannshohen *Devils Club* mit seinen ausladenden Blättern jagen einem leichte Schauer über den Rücken.

Der kleine Ort **Revelstoke** 22 (S. 378) an der Mündung des Illecillewaet in den Columbia River, der hier schon auf dem Weg nach Süden ist, lebt wie Golden von der Holzgewinnung und ist eine wichtige Bahnstation für den Güterumschlag. Auch hier wartet wieder ein kleines historisches Museum mit Pioniergeschichte auf, und das neue Revelstoke Railway Museum widmet sich der gut hundertjährigen Bahngeschichte des Städtchens. Schönste Attraktion aber ist der **Mount Revelstoke National Park** vor der Haustür: Eine 26 km lange Schotterstraße führt zu den prächtigen Blumenwiesen am Gipfel des Mount Revelstoke hoch über dem Columbia Valley. Durch eine örtliche Bürgerinitiative wurde 1914 ein Areal von 260 qkm um den Mount Revelstoke zum Nationalpark erklärt. Man baute die Serpentinenstraße den Berghang hinauf, die der damalige Prince of Wales im Jahre 1927 eröffnete. Neun Monate im Jahr liegt oben auf 1938 m Höhe Schnee, und den Erdhörnchen bleiben nur drei Monate Zeit, neue Wintervorräte einzulagern.

Während der Südosten der Provinz touristisch bisher noch recht unentdeckt blieb, hat sich die Region südwestlich von Revelstoke in den letzten Jahrzehnten dank ihres milden, sonnigen Klimas und der vielfältigen Freizeitmöglichkeiten zum wichtigsten Feriengebiet West-Kanadas entwickelt. Die warmen Seen des Okanagan Valley und der riesigen Shuswap-Seenplatte verleiten zum Wassersport in allen Variationen. Von **Sica**

Ausflug in den Südosten von British Columbia

S owohl von Golden wie auch von Revelstoke aus kann man einen Abstecher in den Südosten British Columbias unternehmen. Es ist keine besonders berühmte und spektakuläre Region dieser Provinz – nur langgestreckte Seen und endlose, noch weitgehend unberührte Bergketten warten dort. Dazwischen einige fruchtbare Farmtäler und kleine historische Bergwerksorte. Dennoch, wer einige Zusatztage hat, wird die Fahrt nach Süden nicht bereuen: Es ist ein stilles, ruhiges Ferienland mit großen Provinzparks, schönen Campingplätzen und kleinen Motels in den Orten. Und es gibt durchaus einige sehr lohnende Attraktionen: das Museumdorf **Fort Steele** 23 (S. 362) zum Beispiel, die heißen Quellen der **Ainsworth Hot Springs** oder das verrückte **Kimberley** 24 (S. 370), wo ein ganzer Ort sich als ›bayrisches Dorf‹ gestylt hat. Golfer finden im Tal des Columbia bei Radium Hot Springs und Fairmont Hot Springs hervorragende Plätze für ihren Sport.

mous 25 (S. 380) aus kann man eine Kreuzfahrt unternehmen oder mit der Fähre bis Seymour Arm am anderen Ende des **Shuswap Lake** gelangen. Auch Hausboote sind hier zu mieten – recht verblüffend für das Binnenland West-Kanadas. Solch ein Urlaub auf dem Wasser eignet sich bestens, die 1000 km lange Uferlinie des Shuswap Lake zu erforschen.

Kurz vor Salmon Arm biegt der Highway 97 b nach Süden hin ins **Okanagan Valley** ab. Das langgestreckte Tal verdient seinen Beinamen ›Obstgarten Kanadas‹ zu recht. Schon nach kurzer Zeit tauchen die ersten Farmen und Plantagen am Straßenrand auf. Bis nach Penticton, ganz im Süden des Tales, folgen immer wieder reichlich mit frischem Obst, Honig, eiskaltem Apfelsaft und anderen Leckereien bestückte Stände. Nach Süden hin wird es entlang des Highway 97 fortlaufend trockener und wärmer. Rings um das Landwirtschaftszentrum **Vernon** am Nordende des gut 100 km langen Okanagan-Sees dehnen sich große Obstgärten und blühende Farmen aus. Am Westrand des Städtchens ist die **O'Keefe Ranch** zu besichtigen, die 1867 als eine der ersten Ranches in West-Kanada gegründet wurde. Vorüber am malerischen Coldstream Valley und dem Kalamalka Lake geht es weiter nach Süden.

Kelowna 26 (S. 369) ist mit fast 80 000 Einwohnern der größte Ort im Okanagan Valley. Motels und moderne Shopping Center begleiten den Highway 97, der quer durch die Stadt führt. Lange Strände säumen die Seeufer und auf

Revelstoke

117

Am Sun Oak Beach in der Nähe von Penticon

dem Wasser kreuzen schnittige Segeljachten. Kelowna ist zwar nach wie vor ein wichtiger Farmort, entwickelte sich in den letzten Jahren aber auch verstärkt zum beliebten Ruhesitz der Kanadier. Große neue Ferienhotels am Seeufer kurbeln den Badetourismus an.

Durch Apfel- und Pfirsichplantagen – sogar Weingärten gibt es – geht es weiter nach **Penticton** 27 (S. 373). Der schnellwachsende Ort liegt auf einer Landenge zwischen dem Südende des Okanagan Lake und dem Skaha Lake. Hier locken wieder Wassersportmöglichkeiten in Hülle und Fülle: Wasserskifahren, Windsurfen, Schwimmen am Sandstrand des Skaha-Sees. Segeln kann man von einer der beiden Marinas aus oder am Fuße der Main Street beim Parasailing in die Luft gehen.

Gleich südlich von Penticton zweigt der Highway 3 a vom Highway 97 ab und führt durch kiefernbestandene Hügel nach Westen. Hier endet das Seengebiet

und im Tal von Keremeos stehen auch die letzten Plantagen und Obststände. Einen Stopp verdient die restaurierte **Keremeos Grist Mill,** eine idyllisch gelegene alte Mühle, die heute als Museum der Pionierzeit dient.

Der Highway 3 führt nun weiter nach Westen. Zunächst schlängelt er sich entlang des Similkameen-Flusses zum alten Bergwerksort Princeton, dann klettert er hinauf in die Küstenberge, der letzten Barriere vor dem Fraser Valley. Wem der Abschied von der Wildnis schwerfällt, der kann hier oben in der weitgehend unberührten Berglandschaft um den Allison Pass noch einmal in die grüne Einsamkeit eintauchen: Im **Manning Provincial Park** 28 (S. 372) lädt ein gut ausgebautes Wegenetz zum Wandern ein, und mit etwas Glück läuft noch ein Schwarzbär über den Weg oder kommt abends am Campingplatz zu Besuch. Perfekte Naturidylle – gerademal zwei Fahrstunden von Vancouver entfernt.

Auf dem Yellowhead Highway von Prince George zum Pazifik

Prince George – Hazelton – Prince Rupert (750 km)

Egal, in welche Richtung man von Prince George aus fährt – nach Westen zum Pazifik, gen Norden in Richtung Alaska Highway oder nach Osten in die Rockies –, es wird schnell einsam. Die Highways mäandern durch endlose Wälder, vorüber an kleinen Seen und unberührten Flußtälern. Sie sind die Lebensadern der wenigen Siedlungen im Nordland – nur entlang der Korridore, die sie durch die Wildnis schlagen, konnten moderne Siedlungen und Farmen entstehen.

Ganz besonders trifft dies für den Yellowhead Highway zu, den nördlicheren ›Bruder‹ des Transkanada Highway. Erst im Laufe der 70er Jahre dieses Jahrhunderts fertiggestellt, stellt er die einzige große Querverbindung durch West-Kanada neben dem Highway 1 dar. Er führt – immer parallel zur Grand Trunk Pacific Railroad – von Winnipeg in Manitoba durch die Prärien nach Edmonton, weiter durch den Jasper National Park und über Prince George durch das Herz von British Columbia bis nach Prince Rupert am Pazifik, eine Entfernung von nahezu 3000 km. Benannt wurde die Fernstraße nach einem gewissen Pierre Hatsination, einem irokesischen Trapper der Hudson's Bay Company, dessen blondes Haar ihm den Spitznamen *tête jaune,* ›gelber Kopf‹, eintrug. Und solch ein Kopf ziert heute die Straßenschilder am Highway 16.

730 km sind es von Prince George nach Prince Rupert, auf gut geteerter, breiter Straße. Eine Woche sollte man sich mindestens Zeit nehmen, denn wenn auch die meisten Siedlungen am Wege nur einfache Farmstädtchen sind, so gilt es doch allerlei historische Attrak-tionen und herrliche Naturschönheiten zu bewundern. In Prince Rupert heißt es dann umkehren – oder man verlädt sein Fahrzeug auf das große Fährschiff der ›BC Ferries‹ und schippert durch die legendäre Inside Passage südwärts nach Vancouver Island; alternativ kann man die Reise auch nach Norden fortsetzen – entweder über den Cassiar Highway oder mit der Alaska Ferry die Küste entlang; Routenkarte s. S. 123.

Bereits hundert Kilometer westlich von **Prince George** **1** (S. 375) lohnt sich ein erster Abstecher ins Hinterland. Bei Vanderhoof zweigt der Highway 27 nach Norden zum Stuart Lake ab. Am Südufer des gut 80 km langen Sees errichtete Simon Fraser im Jahre 1806 den ersten Stützpunkt der Pelzhändler im heutigen British Columbia. »New Caledonia« benannte er die Region, und zu Zeiten der Hudson's Bay Company wurde sein **Fort St. James** **2** (S. 362) zum wichtigsten Posten der Pelzgesellschaft im gesamten Westen. Aus dem weiten Hinterland brachten die Trapper ihre Pelze hierher und tauschten sie gegen frische Ausrüstung und Proviant ein. Vom Fort aus wurden dann jeweils im Frühjahr die in große Ballen gepreßten Felle per Kanu oder mittels Packpferden zur Küste transportiert.

Bis zum Beginn dieses Jahrhunderts ging das so, Fort St. James war die ›Hauptstadt‹ des nördlichen Interior. Doch Eisenbahn und Straße ließen in diesem Jahrhundert den Handelsposten links liegen. Neue Orte wie Prince George und Prince Rupert wuchsen heran und Fort St. James geriet in Vergessenheit, die hölzernen Palisaden und Gebäude verfielen. Erst in den letzten Jahren kehrte wieder Leben ein: Die Provinzregierung erklärte die Überreste des Forts zum Fort St. James National Historic Park. Die Anlagen des Pelzhandelspostens wurden restauriert und in ein Freiluftmuseum umgewandelt. Im Sommer lassen junge Leute für die Besucher hier die Geschichte wieder lebendig werden – mit Begeisterung und viel Liebe zum historischen Detail. Im Lagerhaus werden Pelzballen gepreßt, im ›Männerhaus‹ erholen sich Trapper von den Strapazen der Wildnis, und am Seeufer werden Kanus geschnitzt. Das angeschlossene Visitor Center erklärt mittels Ausstellungen die Handelswege und Hintergründe des Pelzhandels im letzten Jahrhundert. Ein höchst lehrreicher und stimmungsvoller Ausflug in die Geschichte.

Wieder auf dem Highway 16 folgen bei der Weiterfahrt nach Westen langgestreckte Seen und große Waldgebiete. Im Hinterland gibt es hier zahlreiche Angel-*lodges,* die teilweise nur per Wasserflugzeug zu erreichen sind – ein Mekka für Petrijünger. In weiten Abständen säumen winzige Pionierorte die Strecke: Fraser Lake, Burns Lake, Houston. Etwas größer ist **Smithers** 3 (S. 381), wo sich in einem breiten fruchtbaren Tal auch zahlreiche Schweizer und deutsche Siedler niedergelassen haben.

Eine Fahrstunde weiter beginnt am Ortsrand der Coast Mountains die Region von **Hazelton** 4 (S. 364), seit Urzeiten ein wichtiges Siedlungsgebiet der Indianer. Der kleine Ort liegt an der Mündung des Bulkley River in den breiten, wilden Skeena River, den wichtigsten Fluß des Nordwestens. Auf fast 300 km Länge schlägt er eine Bresche in die steinerne Barriere der Küstenberge, und so konnten die Indianer von der Küste her kommend das Tal besiedeln. Es waren Tsimshian-Stämme, also Indianer des Nordwestküsten-Kulturkreises, die vor-

Indianer fangen nach traditioneller Methode Lachs im Skeena River

wiegend vom Lachsfang lebten. Da der Skeena einer der wichtigsten Lachsflüsse West-Kanadas ist, war auch ihre Lebensgrundlage gesichert.

Schon bei **Moricetown** am Bulkley River kann man im Hochsommer oft Indianer sehen, die nach ihrer traditionellen Fangmethode mit langen, hakenbewehrten Stangen Lachse aus dem Wasser ziehen. Die Stelle ist ideal dafür, da der Bulkley sich hier durch eine schmale Schlucht zwängt und die Fische die Stromschnellen nur mit Mühe überwinden können.

Weit mehr indianische Kultur wartet ein Stück weiter: Rings um Hazelton leben rund 1500 Gitksan-Indianer in mehreren kleinen Reservatsdörfern. Vielfach sind in den Siedlungen wie Kitwanga, Kitwancool und Kispiox noch alte Totempfähle erhalten geblieben, die am Dorfplatz oder entlang der Wohnstraßen von der uralten Schnitztradition des Stammes zeugen. Bei Old Hazelton steht direkt am Ufer des Skeena River das **'Ksan Indian Village,** ein rekonstruiertes indianisches Dorf mit typischen Plankenhäusern und zahlreichen Totempfählen. 'Ksan ist jedoch nicht nur ein Museumsdorf für weiße Besucher, sondern auch ein wichtiges Kulturzentrum der Gitksan und eine renommierte Schnitzschule, in der junge indianische Künstler in der Handwerkskunst ihrer Vorfahren ausgebildet werden. Im Sommer finden am Freitagabend traditionelle Tanzvorführungen statt.

Abstecher: Auf dem Cassiar Highway nach Stewart

Bei Kitwanga zweigt der Cassier Highway nach Norden ab: eine 730 km lange, teilweise geschotterte Wildnisstraße, die bei Watson Lake im Yukon Territory

Totempfahl im 'Ksan Indian Village

an den Alaska Highway anschließt. In den letzten Jahren wurde diese Straße als Alternativroute zum Alaska Highway immer beliebter. Auch wenn man nicht bis ganz nach Norden vorstoßen möchte, lohnt sich aber ein etwa zweitägiger Abstecher auf dem Cassiar Highway: bis Medziadin Junction und dann hinaus zur Küste nach Stewart. Die gut 200 km lange (durchgehend geteerte) Strecke führt vorüber am weißblau strahlenden **Bear Glacier,** einem der schönsten Gletscher der Coast Mountains.

Wenig später erreicht man den alten Bergwerksort **Stewart** 5 (S. 382), der um 1900 als Erzhafen an der Spitze des 145 km langen Portland Canal entstand. Die stark vergletscherten Berge ringsum sind reich an Bodenschätzen wie Gold, Kupfer und Silber, und bis heute leben die meisten der 1500 Einwohner von den umliegenden Bergwerken. Der Portland Canal bildet die Grenze zu Alaska, und gleich an der Nordseite des Fjordes liegt das winzige Städtchen **Hyder,** das mit nur 90 Einwohnern heute fast eine Geisterstadt ist. Aber nur fast, denn in Hyder gelten bereits alaskanische Gesetze, das heißt eine Sperrstunde für die Bars ist unbekannt. So trifft man abends die Bevölkerung von Stewart vorwiegend im malerisch verwitterten Hyder.

Touristische Attraktionen sind in Stewart dünn gesät: Das kleine Stewart Historic Museum zeigt Regionalgeschichte, einige der Goldbergwerke können besichtigt werden. Doch die eigentliche Attraktion ist die Natur ringsum: Im Fish Creek, einige Kilometer außerhalb von Hyder, laichen im August die Lachse – und an den Ufern warten Weißkopfadler und Bären auf die leckeren Delikatessen. Eine rund 50 km lange Schotterpiste führt außerdem von Hyder hoch hinauf in die Coast Mountains zu spektakulären Aussichtspunkten über die Bergwelt und den riesigen Salmon Glacier. Von Hazelton aus folgt der Yellowhead Highway dem Tal des Skeena River zum Pazifik. »Wasser aus den Wolken« bedeutet der Flußname in der Sprache der Indianer. Warum, das wird man bald herausfinden, denn die Westflanke der Küstenberge ist eines der regenreichsten Gebiete Kanadas. Der Sägewerksort Terrace, von dem aus eine Stichstraße zum gewaltigen Aluminiumwerk von Kitimat führt, ist noch relativ trocken, doch die Wahrscheinlichkeit spricht dafür, daß das Klima auf den nächsten Kilometern feuchter wird. Dichter Küstenwald grünt üppig an den steilen Hängen des Flußtales, im Unterholz wuchern Farne und viele Beerenarten.

Gut zwei Kilometer Breite mißt der Skeena River in seinem Unterlauf, und noch 40 km landeinwärts sind die Gezeitenunterschiede spürbar. Die Sandbänke am Ufer werden im Sommer von An-

glern bevölkert, die versuchen, einen der kapitalen Königslachse an den Haken zu bekommen. Die Chancen stehen gar nicht schlecht.

Schließlich ist **Prince Rupert** 6 (S. 376) erreicht und damit auch das Ende des Highway. Die moderne Hafenstadt mit etwa 25 000 Einwohnern wurde als Endstation der Grand Trunk Pacific Railway 1906 gegründet und hat sich seither zum wichtigsten Fischerei- und Verladehafen der Nordwestküste entwik-

Queen Charlotte Islands

kelt. Wirtschaftserzeugnisse wie Weizen und Kohle werden hier auf Ozeanfrachter verladen und nach Asien verschifft. Zahllose Fischkutter haben Prince Rupert als Heimathafen gewählt, gehen vor der Küste auf Fang, vor allem nach Heilbutt. Die einst riesigen Lachsschwärme wurden bereits während der ersten Hälfte dieses Jahrhunderts durch Überfi-

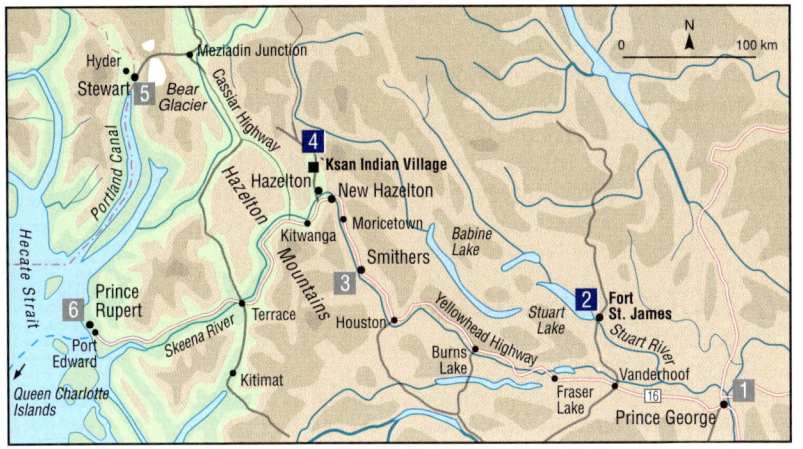

Routenkarte: Von Prince George zum Pazifik

schung gnadenlos dezimiert. Dank streng regulierter Fangquoten erholen sich die Bestände allmählich, so daß wieder gefischt werden darf (s. auch Richtig reisen – Thema S. 292 f.).

Einen höchst interessanten Blick in die Boomzeit der Lachsfänger erlaubt das **North Pacific Cannery Village and Fishing Museum** im nahegelegenen Port Edward. Eine riesige Konservenfabrik aus der Zeit um die Jahrhundertwende und ein ganzes Arbeiterdorf blieben hier erhalten und zeigen die Lebens- und Arbeitsbedingungen der Chinesen, Japaner und Indianer, die hier einst schufteten. Ebenfalls sehenswert ist das **Museum of Northern British Columbia** in der Innenstadt von Prince Rupert, das die Siedlungsgeschichte der Nordwestküste nachzeichnet. Ringsum und verstreut im Stadtgebiet sind auch zahlreiche moderne Totempfähle zu bewundern. Und falls man Glück hat und tatsächlich die Sonne scheint in Prince Rupert, lohnt sich eine Gondelfahrt auf den Gipfel des Mount Hays zu einem herrlichen Panoramablick über die Stadt und die fjordumschlungenen Berge.

Ausflug zu den Queen Charlotte Islands

Auch die Regenküste hat also ihre Reize, und wer sie noch genauer kennenlernen möchte, sollte einen Abstecher auf die Queen Charlotte Islands **7** (S. 376) einplanen. Dort wartet eine wilde, ursprüngliche Welt von Regenwäldern und Seelöwenkolonien, von zerklüfteten Küsten und uralten, geheimnisvoll überwucherten indianischen Dörfern. Seit Urzeiten sind die Inseln das Reich der Haida-Indianer, die mit ihren großen Kanus einst sogar auf Walfang gingen.

Der Archipel von etwa 150 Inseln liegt gut 150 km von der Küste entfernt im Nordpazifik und ist mit der ›BC‹-Fähre von Prince Rupert aus zu erreichen. Die große Nordinsel Graham Island wird vom Hauptort Queen Charlotte City aus von einigen Straße durchzogen, die Südinsel Moresby Island ist noch weitgehend unerschlossen. Erst vor wenigen Jahren wurde nach einem langen Kampf der Naturschützer gegen die Holzindustrie im Südteil von Moresby Island ein neuer Nationalpark eingerichtet, der die einzigartigen Regenwälder der Region nun dauerhaft schützt.

Der **South Moresby National Park** ist nur mittels mehrtägiger Bootstouren oder Wildniswanderungen zu erkunden. Sehr beliebt sind auch Kajakfahrten entlang der spektakulären Küsten. Alles nicht sehr komfortabel, und mit Nebel und Regen muß man leben – die Natur des Nordens gibt ihre Schätze nicht leicht preis. Doch wer sich in diese Wildnis vorwagt und die richtige Ausrüstung mitbringt, wird mit unvergleichlichen Naturerlebnissen belohnt.

VANCOUVER ISLAND

Wie ein großer Wellenbrecher liegt Vancouver Island vor Kanadas Südwestküste. Über 450 km lang und bis zu 140 km breit ist die Insel, mit ihren 32 000 qkm die größte im westlichen Amerika. Landschaftlich hat Vancouver Island für jeden Geschmack etwas zu bieten – besonders für Wanderer, Jäger, Angler und Wassersportler. Es gibt mehrere National- und Provinzparks, die den Wildnisliebhabern und Entdeckernaturen grandiose Naturerlebnisse vermitteln. Am beeindruckendsten sind der Strathcona Provincial Park im Inneren der Insel mit seiner alpinen Bergwelt und der großartige Pacific Rim National Park mit dem legendären West Coast Trail an der rauhen Südwest-Küste. Welche Urlaubspläne man auch für Vancouver Island geschmiedet hat, ein paar Tage sollte man auch für Victoria einplanen. Die elegante und bezaubernde Hauptstadt von British Columbia mit ihren historischen Gebäuden und blumengeschmückten Promenaden ist der ideale Ausgangspunkt für Ausflüge und Entdeckungsreisen auf der Insel.

Mehrere Bergketten sorgen für das recht unterschiedliche Klima der Insel. Im sonnigen Victoria an der Südspitze fallen nur etwa 750 mm Niederschläge, gerade genug für seine prächtigen Gärten (Vancouver hat die doppelte Regenmenge). An der Westküste und im Norden ist es allerdings erheblich feuchter. Im Juli liegt die Durchschnittstemperatur an der Ostküste bei 18° C und im Januar bei 5° C.

Riesige Waldgebiete haben auf Vancouver Island seit hundert Jahren die Holzwirtschaft zum bedeutendsten Industriezweig werden lassen, dabei ist man allerdings äußerst profitorientiert vorgegangen. Kahlschläge über weite Regionen zeugen vom Raubbau an der Natur und sind in den letzten Jahren zum Gegenstand erbitterter Auseinandersetzungen zwischen Umweltschützern, Politikern und Vertretern der Holzindustrie geworden. Wichtige Erwerbszweige sind außerdem Fischerei, Bergbau und natürlich der Tourismus.

In den zahlreichen Gewässern der Insel tummeln sich verschiedene Forellenarten, und das Salzwasserangeln nach Coho- und Chinook-Lachs an der Ostküste ist ergiebig. Angellizenzen gibt es in den meisten Sportgeschäften. Hirsch und Schwarzbär gehören zum jagdbaren Wild im Inneren der Insel.

Historisch erschien Vancouver Island auf der Landkarte, als im späten 18. Jh. die russischen Entdecker Chirikoff und Bering, die Spanier Galiano und Valdez und der Brite George Vancouver das Küstengebiet, das später British Columbia heißen sollte, erforschten. Am gründlichsten ging 1792 Kapitän Vancouver auf seinen Forschungsreisen vor. Er kartographierte die Strait of Georgia und bewies, daß Vancouver Island tatsächlich eine Insel und nicht ein Teil des Festlandes ist. Als Basis für seine Expedition diente ihm Friendly Cove am Nootka Sound an der Westküste. 1843 begann dann mit der Errichtung von Fort Victoria die Besiedlung der Insel.

Mit dem Auto erreicht man Vancouver Island über die Südroute von **Tsawwassen** (30 km südlich von Vancouver) nach **Swartz Bay** (27 km nördlich von Victoria) oder über die Nordroute von **Horseshoe Bay** (15 km nördlich von Vancouver) nach **Departure Bay** bei Nanaimo (etwa 110 km nördlich von Victoria). Es existieren noch weitere Fährverbindungen, aber auf den obengenannten Routen verkehren die Schiffe in der Hauptsaison stündlich, so daß die Wartezeiten nicht zu lang werden. Am schönsten ist die Strecke mit dem Schiff durch die Gulf Islands auf der Südroute. Schneller, aber teurer, fliegt man von Vancouver nach Victoria. Die Hauptverkehrsader der Insel bildet der Transkanada Highway, der entlang der Ostküste bis Nanaimo verläuft, durch die Fähre mit dem Festland verbunden über Vancouver quer durch Kanada führt und schließlich nach 8000 km in St. John's, Neufundland, endet. Ab Nanaimo ist es dann der Highway 19, der die Städte und Siedlungen an der Ostküste verbindet.

Victoria: Beef und Pudding am Ozean

■ (S. 389) Am besten, man erschließt sich Victoria zu Fuß, die Altstadt, den malerischen Hafen mit den eleganten Jachten und der blumengeschmückten Promenade, den idyllischen Beacon Hill Park und die meisten Sehenswürdigkeiten. Alles liegt leicht erreichbar beieinander.

Als eine Beamten-, Pensionärs- und Touristenstadt wirkt Victoria ein bißchen verträumt – wenn nicht gerade ein Kreuzfahrtschiff angelegt hat, und Hunderte von Passagieren durch die Stadt schwärmen. Von der Internationalität und quirligen Betriebsamkeit der Metropole Vancouver ist hier jedenfalls nichts zu spüren. Dabei ist Victoria Sitz der Provinzregierung, und mit etwa 280 000 Einwohnern im Großraum eine Stadt von passabler Größe. Gut die Hälfte der Inselbevölkerung lebt hier.

Ihr Ursprung begann mit der Gründung des Forts Victoria, das 1843 von James Douglas für die Hudson's Bay Company errichtet wurde. Wenig später entstand unter Führung von Robert Mackenzie eine kleine Siedlung von schottischen Farmern. Weniger als hundert Menschen lebten hier noch im Jahre 1854. Es gab ein paar Dutzend Häuser, eine Sägemühle, Dreschmaschine, Getreidemühle, Bäckerei, Schmiede, einen Schiffsausrüster und einen *general store*. Mit dem Goldrausch in der Cariboo-Region folgte 1858 eine turbulente Zeit, in der das Gesetz nicht viel galt. Das Städtchen diente der Versorgung und Vergnügung der Goldgräber, die Bars und Bordelle unsicher machten. Ruhe und Ordnung kehrten später wieder ein. 1868, zwei Jahre nachdem British Columbia britische Kronkolonie wurde, erhielt Victoria den Status einer Provinzhauptstadt.

Seitdem hat die Stadt immer wieder Reisende und Dichter fasziniert. Rudyard

Kipling schrieb 1908 eine Lobeshymne über dieses Stück England im Pazifik: »Um sich Victoria wirklich vorstellen zu können, nehme man all das, was das Auge am meisten an Bournemouth, Torquay, der Insel Wight, dem glücklichen Hongkong-Tal, dem Sorrent und der Camps Bay bewundert; dazu die Eindrücke und Erinnerungen von Thousand Islands, und dann arrangiere man das Ganze um die Bucht von Neapel mit ein bißchen Himalaya im Hintergrund.«

Nicht nur der Name Victoria erinnert an das britische Kolonialreich – man ist auch stolz auf den Ruf, englischer als England zu sein. Zumindest ist man in Nordamerika davon überzeugt. Und in der Tat, leuchtendrote Doppeldeckerbusse, prächtige Häuser in Tudor-Architektur, das ehrwürdige Parlamentsgebäude aus massivem grauem Stein, die supergepflegten Rasenflächen und Gärten haben durchaus etwas Englisches an sich.

Wie ein großes, efeuumranktes Schloß thront das 1908 erbaute **Empress Hotel** 1 über dem Hafen. Dort trifft man sich im eleganten Foyer oder im Palm Court unter der Art Déco-Glaskuppel zum *afternoon tea,* oder man ißt Currygerichte nach original englischem Kolonialrezept im Bengal Room.

Dieses Ambiente wird noch verstärkt, wenn man durch den alten Stadtkern schlendert mit seinen kleinen Läden, die oft noch polierte Holztresen und bleigefaßte Schaufenster haben. Hier bieten korrekt angezogene *clerks* englische Schokoladen, Tee, Tweed, Porzellan, irisches Leinen oder schottische Wolle an. Beim »Tobacconist's« wird selbstverständlich zum Anzünden der feinen Zigarren die Gasflamme benutzt. Natürlich stehen hier exquisite Pfeifentabake zur Auswahl, die ganz nach individuellem Geschmack gemischt werden. Zum englischen Flair passen auch die Pubs und

Ob im ehrwürdigen Empress-Hotel oder anderswo, britisches Flair ist in Victoria allgegenwärtig

Restaurants, in denen es allerdings mehr als nur Roastbeef und Yorkshire-Pudding gibt. Die kulinarische Palette präsentiert sich durchaus international: *Coq au Vin, Escargots, Osso Buco, Tempura, Crêpes* und Meeresfrüchte aus dem Pazifik stellen nur eine kleine Auswahl aus dem weitgefächerten Angebot dar.

Allerdings ist der ›English Look‹ mehr auf eine *public relations*-Maßnahme der Stadtväter zurückzuführen, die 1918 das Image ihrer in einer wirtschaftlichen Misere steckenden Stadt etwas aufpolieren wollten. Man baute im Tudor-Stil und pflegt seit Jahrzehnten mit Hingabe englische Traditionen – die Besucher lieben es.

›Old Town‹, das alte Victoria, war das westliche Hauptquartier der Hudson's Bay Company. Die Stadt hat ihre Geschichte wiederentdeckt, und heute ist eine große Anzahl der Gebäude aus dem vorigen Jahrhundert im traditionellen Stil restauriert worden. Zum Beispiel der **Bastion Square.** An der Wharf Street, wo das ursprüngliche Fort errichtet wurde, stehen heute die renovierten Gebäude aus der Boomzeit des 19. Jh. Anstelle der alten Lagerhäuser, Büros, Bars und Hafenhotels findet der Besucher heute Restaurants, Geschäfte und Kunstgalerien. Im **Maritime Museum** 2 war einmal das Provinzgericht untergebracht. Der alte Gerichtssaal aus dem Jahre 1889, in dem einst der *hanging judge,* Matthew Begbie, seine berüchtigten »Tod-durch-den-Strang-Urteile« fällte, ist original erhalten und diente sogar einmal als Kulisse für einen Hollywood-Western. Ansonsten gibt es die stummen Zeugen aus dem maritimen Bereich zu sehen: Schiffsmodelle, Ausrüstungsgegenstände aus der Seglerzeit, Uniformen und ein 13 m langes Indianerkanu, das im vorigen Jahrhundert ausgegraben und 1901, mit drei kurzen Masten

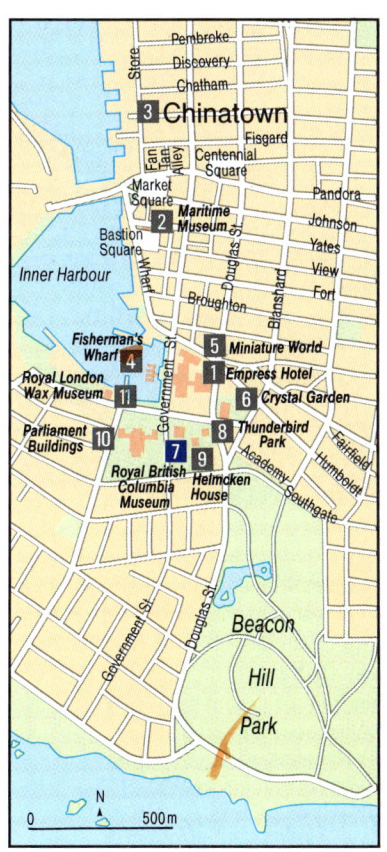

Downtown Victoria

ausgestattet, nach England gesegelt wurde.

Ein anderes Beispiel für erfolgreiche Stadterneuerung ist der **Market Square** ein paar Straßen weiter zwischen Johnson, Pandora und Store Street: schön restaurierte Fassaden historischer Gebäude mit einem hübschen Innenhof, umgeben von mehreren Ebenen mit vielen Spezialitäten-Lädchen und leckeren Restaurants. Auch Harbour Square, Trounce Alley und Centennial Square besitzen Restaurants, Geschäfte und Boutiquen, die einen Bummel lohnen.

Chinagate, Tor zum chinesischen Viertel

Einen Straßenblock weiter, an der Government und Fisgard Street, gelangt man durch das mit zwei Marmorlöwen und farbenprächtigen Keramikfliesen aus Taiwan gestalteten Glückstor nach **Chinatown** 🈁 . Eine bunte Mischung von fernöstlicher Kunst, kuriosen Andenken- und Gebrauchsartikel-Läden, Kräuter-Apotheken, Lebensmittelgeschäften, Restaurants und orientalischen Gerüchen erwartet den Besucher. Als Mitte des vorigen Jahrhunderts chinesische Kulis nach Victoria kamen, entstand hier Kanadas erstes Chinesenviertel, damals das größte in Nordamerika. Hier findet man außer zahlreichen architektonisch interessanten Gebäuden aus dem 19. Jh. auch die vielleicht schmalste Straße Kanadas, die **Fan Tan Alley,** damals berüchtigt für ihre finsteren Schlupfwinkel, Opiumhöhlen und Spielhöllen – heute schmuck restauriert mit Studios, Galerien und Boutiquen.

Den geographischen und atmosphärischen Mittelpunkt der Stadt bildet der Innere Hafen mit **Fisherman's Wharf** 4 am Südende, in dem bis zu 400 Boote liegen und wo man oft frischen Fisch direkt von den einlaufenden Kuttern kaufen kann. Als Kulisse dienen die blumengeschmückte Promenade sowie ihre beiden Wahrzeichen, das Empress Hotel und das Parlamentsgebäude. Die Bänke rund um den Hafen eignen sich hervorragend zur Mittagspause mit maritimem Panorama: ankernde Jachten, Hausboote und Fischerkähne, startende und landende Wasserflugzeuge, einlaufende Fähren, von denen Besucher strömen.

Mit einem Bummel um den Hafen läßt sich auch ein Besuch der interessantesten Sehenswürdigkeiten verbinden. Im Nordflügel des Empress Hotel an der Humboldt Street gibt es in der **Miniature World** 5 ein Paradies für Kinder und Modellbauer. Dargestellt werden Szenen aus dem mittelalterlichen London, aus Dickens-Romanen, Zirkus- und Fantasiewelten, Puppenhäuser aus dem vorigen Jahrhundert und ein filigranes Modell der Transkanada-Eisenbahn, deren 8000 km Schienenstrecke auf 35 m reduziert wurde. An der gleichen Straße, kann man im **Crystal Garden** 6 , einem glasüberdachten botanischen Garten hinter dem Empress Hotel an der Douglas Street, außer tropischen Pflanzen auch seltene Vögel und Schmetterlinge bewundern. Ein Restaurant und eine Shopping Mall schließen sich dem Komplex an.

Viel mehr Zeit sollte man sich aber für das hervorragende **Royal British Columbia Museum** 7 nehmen. Außer faszinierenden Streifzügen durch die Geschichte von British Columbia und durch die Kultur der Sooke-, Cowichan-, Kwakiutl- und Haida-Indianer sind absolut lebensechte Dioramen von Regenwald, Felsenküste und Wattenmeer zu bestaunen. Im Museum ist eine komplette Pflasterstraße mit historischen Fassaden nachgebaut und in einer Replik von Kapitän Vancouvers Schiff »Discovery« kann man sich einen Eindruck von den Lebensbedingungen an Bord verschaffen. Hinter dem Museum liegt der **Thunderbird Park** 8 mit seiner repräsentativen Sammlung von Totempfählen der Westküsten-Indianer. Im Plankenhaus der Kwakiutl werden im Sommer authentische Indianertänze aufgeführt und man kann in der Werkstatt Totempfahl-Schnitzern bei der Arbeit zusehen. Auf dem Gelände steht auch das 1852 gebaute, authentisch eingerichtete **Helmcken House** 9, eines der ältesten Gebäude in der Provinz. Zum Museumskomplex zwischen Belleville, Douglas und Government Street gehören noch eine große Bibliothek und ein reichhaltiges Archiv, das zu den besten Nordamerikas gehört.

Die **Parliament Buildings** 10, Sitz des Provinzparlaments, dominieren die Südseite des Hafens. Der pompöse Bau ist 1898 von Francis Rattenbury, Victorias bekanntestem Baumeister, in einer Mischung von viktorianischen, romanischen und Renaissance-Stilelementen

vollendet worden. Auf der kupfergedeckten großen Kuppel thront eine vergoldete Statue des ›Nationalhelden‹ der Provinz, Captain George Vancouver. Nachts werden die Konturen des Gebäudes durch funkelnde Lichterketten hervorgehoben. Besichtigungstouren sind möglich. Gleich gegenüber, im ehemaligen Schiffsterminal der Canadian Pacific Railway, einem ebenfalls von Rattenbury entworfenen Gebäude, das wegen seiner griechischen Säulen auch scherzhaft »Neptuns Tempel« genannt wird, ist das **Royal London Wax Museum** 11 untergebracht. Ganz wie in London sind hier die Berühmtheiten der Welt zu sehen.

Nur einen Block weiter liegt der **Beacon Hill Park,** ein Gärtnerkunststück von Rang. Er erstreckt sich bis hinunter an den Strand der Juan de Fuca Strait. Seine Vogelwelt und die üppigen Blumenanlagen machen ihn zum beliebtesten Ausflugsziel für Einheimische und Besucher.

Sammelsurium der Kulturen

Victorias Feste

Victoria feiert gern. Es gibt über zwei Dutzend Veranstaltungen und Festivals das Jahr über: Jazz, Folk und Klassik sind ebenso vertreten wie Sportwettkämpfe und Kulturdarbietungen der indianischen Ureinwohner. Ende Mai häufen sich die Aktivitäten. Während der Victorian Days steht die Stadt kopf: mit Tanz auf den Straßen, Folklore und historischen Kostümen. Gleich darauf folgt noch so ein ganz großes Ereignis: die Swiftsure-Segelregatta. Jedes Jahr sind Rekordteilnehmerzahlen zu vermelden. Diese Regatta, die über eine Strecke von 220 km auf den offenen Pazifik führt, gilt als eine der schwierigsten in Nordamerika. Die Teilnehmer kommen aus dem gesamten pazifischen Nordwesten und ankern vor dem Wochenendrennen ihre Jachten im Hafen. Dann strömt die Bevölkerung Victorias in Scharen herbei, es gibt Openair-Konzerte, und die gelegentlich abgefeuerten Raketen signalisieren Hochstimmung.

Aufs Labour Day Weekend im Herbst fällt das andere große maritime Volksfest für die Liebhaber klassischer Jachten. Beim Annual Classic Boat Festival versammeln sich in Victoria die ›Traumboote‹ und Oldtimer der Gewässer des pazifischen Nordwestens. Im Inneren Hafen, gegenüber vom Empress Hotel, liegen dann etwa 150 schwimmende Ausstellungsstücke mit viel poliertem Edelholz, schimmerndem Messing, Galionsfiguren und andern Insignien nautischer Nostalgie. Am Donnerstag vor dem langen Wochenende treffen die ersten Schiffe ein. Höhepunkt ist der Sonntag, wenn die Armada unter vollen Segeln den Hafen verläßt, um die Regatta zu beginnen: ein farbenfrohes Bild, das nicht nur die Herzen alter ›Seebären‹ höher schlagen läßt. Teilnehmer, Zuschauer, Entertainer und selbst Schiffskatzen und -hunde bilden ein buntes Gemenge am Ufer, Seemannsgarn wird gesponnen und die Skipper zeigen voller Stolz ihre Boote. Zuschauer dürfen nicht nur vom Dock aus zusehen, sie haben auch oft die Gelegenheit, sich dieses Schauspiel einmal an Bord anzusehen.

Victorias Umgebung

Wem Victorias Gärten, Stadtparks und sattgrüne Golfplätze noch nicht genug Natur bieten, der hat gleich vor den Toren der Stadt eine große Auswahl. Zu den beliebtesten Ausflugszielen von Einheimischen und Besuchern gehören die wundervoll gepflegten **Butchard Gardens**, etwas 20 km nördlich der Stadt gelegen. Hier hat Jenny Butchard 1904 aus dem Steinbruch ihres Ehemannes ein 20 ha großes Paradies für Gartenfreunde geschaffen. Blumen blühen das ganze Jahr über und im Sommer schwelgt man in einem Rausch von Farben.

Auf dem Wege zu den Butchard Gardens kann man am Elk Lake Station machen, dort wandern oder schwimmen, oder über den Royal Oak Drive zum **Mount Douglas Park** fahren. Vom Gipfel des Mount Douglas bietet sich an schönen Tagen ein herrlicher Rundblick über Victoria und die tiefblaue Meeresenge mit dem grünen Inselgewirr bis zu den schneebedeckten Spitzen des Mount Baker im Osten und der Olympic Mountains im Süden.

In Richtung Westen sind schon nach weniger als einer Stunde Fahrt über den Transkanada Highway Naturschutz- und Wildnisgebiete erreichbar. Im **Thetis Lake Park** gibt es einsame Wanderwege und Gelegenheit zum Kanufahren und Angeln. Der **Goldstream Provincial Park** bietet die besten Campingmöglichkeiten in der Umgebung von Victoria. Einige der Pfade des dichtbewaldeten Parks sind ehemalige Goldsucher-*Trails,* angelegt 1863 während eines kurzen Goldrausches. Am Goldstream River fingen früher die Salish-Indianer Lachse, und noch heute ziehen Anfang November Schwärme von *Coho*- und *Chum*-Lachsen den Goldstream hinauf, um zu laichen. Im Park gibt es 600-Jahre alte Douglasien und Riesenlebensbäume und im Mai blühen hier besonders schön die *Dogwood*-Bäume.

Über den Highway 1A gelangt man, vorbei am Esquimalt Harbour, zum Highway 14, der in westlicher Richtung die Orte Sooke, Jordan River und Port Renfrew verbindet. Etwa 35 km von Victoria entfernt, vom Highway 14 an der Gillespie Road links abbiegend, gelangt man zum **East Sooke Park,** einem 1400 ha großen Wildnisgebiet mit etlichen mehr oder minder gut markierten Wanderwegen. Obwohl nicht unbedingt der leichteste, ist der Beach Trail entlang der Küste der beliebteste. Die von der Brandung um-

Victorias Umgebung

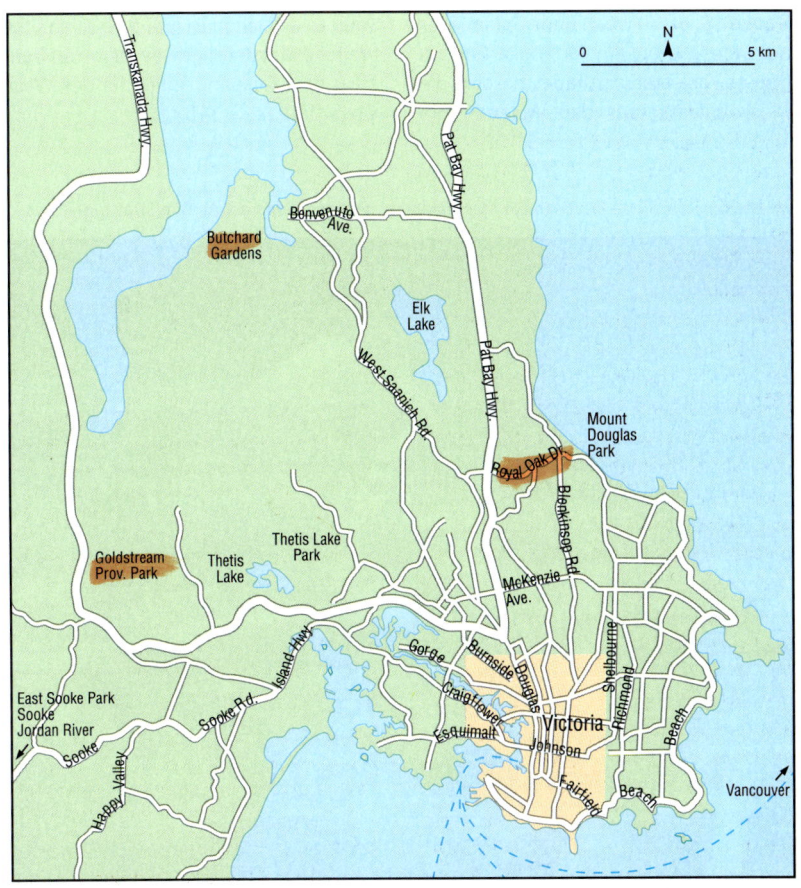

spülten schwarz schimmernden Felsmonolithen, bizarre, windgepeitschte Kiefern, darüber gelegentlich ein Weißkopfadler, schaffen eine Atmosphäre, die Lichtjahre von Victorias Stadtidylle entfernt scheint.

Jahrhundertelang lebten hier die Salish-Indianer vom Lachsfang, Muscheln, Beeren und Vögeln. Durch Stammeskriege stark dezimiert, waren nur noch wenige Familien ansässig, als 1849 die ersten weißen Siedler kamen. Der Leech River-Goldrausch von 1864 brachte einen Bevölkerungsboom und mit ihm auch eine Straße, ein Postamt und die Schule.

Mehr Betrieb ist auf der Straße nach **Sooke** (S. 382), wenn Ende Juli im kleinen Holzfällerort am All Sooke Day ein großes Volksfest stattfindet, bei dem die Muskelmänner aus den Wäldern ihre Kraft demonstrieren. Nach den Wettkämpfen findet am Abend ein Lachs-Barbecue statt, dessen Duft bis nach Victoria zu spüren sein muß: So viele Besucher aus der Stadt finden sich dann dort ein. Sehenswert ist das kleine Pioniermuseum, man kann gut essen gehen oder eine Walbeobachtungs-Exkursion unternehmen.

Von Sooke nach Jordan River sind es noch einmal 30 km. In der Nähe dieser kleinen *logging town* erstreckt sich mit **China Beach** einer der schönsten und einsamsten Strände von British Columbia, der allerdings nur durch eine halbstündige Wanderung durch den Regenwald zu erreichen ist. Ein paar Kilometer weiter endet der Highway 14 in Port Renfrew, dem Ausgangspunkt für den West Coast Trail (s. S. 145 f.).

Im Holzfällerort Sooke erproben die Muskelmänner der Umgebung am All Sook Day *ihre Kräfte*

Inselfahrten: Von Victoria nach Cape Scott und zu den Regenwäldern an der Westküste

Von Victoria nach Parksville

Victoria – Cowichan Bay – Duncan – Chemainus – Ladysmith – Nanaimo – Parksville (155 km)

Von Victoria führt der Transkanada Highway zunächst zur Malahat Ridge. Von der 350 m über dem Meeresspiegel gelegenen Paßhöhe genießt man einen herrlichen Ausblick über die Saanich Peninsula und die im schimmernden Wasser der Strait of Georgia schwimmenden Gulf Islands. Bei schönem Wetter kann man die fernen Berge auf dem Festland und selbst die Schneekappe des über 150 km entfernten Mount Baker im Bundesstaat Washington erkennen.

Schnell geht es auf dem vierspurigen Highway voran. Nach 20 km ist das Cowichan Valley erreicht, Heimat der Cowichans, einem Stamm der Salish-Küstenindianer, die in diesem idyllischen Tal mit seiner geschützten Bucht schon seit Jahrhunderten leben – früher überwiegend vom Lachsfang, heute vom Verkauf der handgestrickten *Cowichan Sweaters* und anderem Kunsthandwerk. Der 3400 Einwohner zählende Ort **Cowichan Bay** 1 (S. 355) liegt etwas abseits vom Highway 1 an der Cowichan Bay Road. Die landschaftlich hübsche Alternativstrecke zweigt nördlich vom Mill Bay bei km 45,5 zur Küste ab. Nach etwa 8 km führt sie dann wieder an den Highway 1. Der malerische Fischerort mit seinen auf Stelzen in die Bucht gebauten Holzhäusern und den bunten Hausbooten lohnt den kleinen Abstecher. Es gibt ein paar Läden, wo örtliches Kunsthandwerk verkauft wird, und die Restaurants bieten neben leckeren Meeresfrüchten auch einen wunderschönen Blick über Bucht und Hafen.

Einen Besuch lohnt auch das Cowichan Bay Maritime Centre, unterhalten von der Wooden Boat Society and School, einer gemeinnützigen Einrichtung, die sich der Geschichte und Kunst des Bootsbaus verschrieben hat. Neben attraktiven Ausstellungen, u. a. zur Meeresökologie zeigt das Zentrum, wie mit traditionellen Techniken seetüchtige Holzboote gebaut werden. Besucher können an den in verschiedenen Schwierigkeitsstufen angebotenen Kursen teilnehmen. Auch Bootscharter, Hochseeangeln und Exkursionen sind möglich. Beim Bummel durch den Ort gibt es viel zu sehen und zu fotografieren: Fischer, die ihren Fang ausladen, Boote werden ausgerüstet und repariert, oder auch nur Möwen, die sich um Fische streiten. Alles wirkt irgendwie gemütlich und gar nicht touristisch – noch zieht der Reiseverkehr auf dem großen Highway an dieser Idylle vorbei.

Wieder auf dem Highway angelangt sieht man an der **Whippletree Junction** eine Ansammlung von bunten rustikalen Gebäuden. Hier hat man auf einem Platz direkt neben der Straße 14 historische Gebäude, darunter viele aus Duncans altem Chinatown, wieder aufgebaut. Jetzt sind in ihnen Restaurants und Souvenirshops, aber auch einige Antiquitätenläden mit durchaus interessantem Angebot untergebracht.

Bald darauf ist **Duncan** 2 (S. 357), die »Stadt der Totempfähle«, erreicht. Vielleicht wollte man den Erfolg, den

Übersichtskarte Vancouver Island ▷

↑ Prince Rupert

Calvert
Island

Smith
Sound

Queen Charlotte Strait

Scott Channel

Cape
Scott P.P.

Cape
Scott

Holberg

11 Port Hardy

Port
McNeill

10 Alert Bay

Telegraph Cove

Port Alice

Nimpkish Lake

19

Kyuquot

Sullivan Bay

Broughton I.

Simoon Sound

Gilford I.

Kingcome
Inlet

Thompso
Sound

Port Nevill

Sayw

19

Woss

Schoen
Lake Park

Woss Lake

Zeballos

Tahsis

Gold River

Muchalat Inlet

Vancouver Island

Friendly
Cove

Nootka

Nootka Sound

Flores I.

6 Tof

7

Pazifischer Ozean

N

0   40 km

Whistler

Quadra I.

River

Lund

Powell River

Egmont

Courtenay

Comox

Texada Island

101

Port Mellon

Squamish

Sechelt

North Vancouver

le
e

ntral
Lake

ark

19

Qualicum Beach

Parksville

Horseshoe Bay

Strait of Georgia

Vancouver

1A

Lantzville

Departure Bay

Sprout Lake

4

4

Port Alberni

4

3 Nanaimo

99

Tsawwassen

Albernl Inlet

Mount Arrow Smith
(1817m)

Ladysmith

Chemainus

Kildonan

Lake
Cowichan

Duncan

Wipple Tree
Junction

Swartz Bay

Broken
Islands
Group

et

Bamfield

Cowichan Lake

2

1 Cowichan Bay

Sidney

Nitinat Lake

Mill Bay

1

Pacific Rim N.P.

Barkley Sound

West Coast Trail

Port Renfrew

Malahat

17

Saanich
Peninsula

14

Sooke

Victoria

Jordan River

Juan de Fuca Strait

das benachbarte Chemainus mit seinen Wandmalereien hatte, in Duncan wiederholen – also gab man bei den einheimischen Cowichan-Schnitzern Totempfähle in Auftrag. So sind seit 1985 über 40 Totems am Highway und im Stadtgebiet aufgestellt worden.

Das Native Heritage Center des Cowichan-Stammes auf einem fünf Hektar großen Gelände am Ufer des Cowichan River vermittelt einen guten Eindruck von Volkstum und Legenden, Kunst- und Kunsthandwerk der Westküsten-Indianer. Man kann miterleben, wie nach traditioneller Art gewebt und geschnitzt wird, und im *carving shed* fliegen die Späne, wenn hier ein neuer Totempfahl entsteht. Tänze und andere kulturelle Darbietungen runden das Programm ab. Dazu kann man dann noch leckeren Lachs probieren – auf indianische Art geräuchert schmeckt er besonders gut. Im *craft shop* des Kulturzentrums werden neben den üblichen Andenken auch Kunsthandwerk von Museumsqualität angeboten.

Zur Zeit, als die ersten weißen Siedler ins Cowichan Valley kamen, lebten dort etwa 60 000 Cowichan-Indianer in 213

Dörfern. Heute ist der Cowichan-Clan mit 2500 Mitgliedern der größte Stamm in British Columbia. Die neun Reservate mit sechs der ursprünglichen Dörfer umschließen fast 2500 ha Land in der Umgebung von Duncan. Der Stammesrat mit 12 Mitgliedern und einem gewählten Häuptling leitet die Geschicke der Cowichan.

Im British Columbia Forest Museum läßt sich die Geschichte der Holzindustrie an der Westküste eindrucksvoll nachvollziehen. Außer umfangreichen Ausstellungen zur Technologie der Holzverarbeitung gibt es ein authentisches altes *logging camp* mit Vorführungen in der Sägemühle und der alten Schmiede. Hautnah spürt man, unter welch rauhen Bedingungen die Holzfäller früher leben und arbeiten mußten. Die verschiedenen Attraktionen des 40 ha großen Forstmuseums sind durch eine Fahrt mit einem alten Schmalspur-Dampfzug, schon allein ein lohnendes Ereignis, miteinander verbunden.

Wenige Kilometer hinter Duncan führt der Highway 1 durchs Chemainus Valley, eines der ältesten europäischen

Wandmalerei in Chemainus

Siedlungsgebiete an der Westküste. Schon 1862 eröffnete hier eine kleine Sägemühle den Betrieb. Seither hat Holzwirtschaft die ökonomischen Geschicke der Region bestimmt.

Auf einer Nebenstraße, der Route 1A, gelangt man zum kleinen Ort **Chemainus.** Als Anfang der 80er Jahre mit der Schließung des riesigen Sägewerks, damals eines der größten der Welt, auch der wichtigste Arbeitgeber des Ortes verschwand, hat das Holzfällerstädtchen sich etwas Besonderes einfallen lassen, um der Wirtschaftskrise zu entgehen: Es lud Künstler aus ganz Kanada ein, die die Geschichte und Tradition der Region auf zahlreichen großflächigen Wandmalereien darstellten. Lebensnah bis ins kleinste Detail sieht man Holzfäller beim Fällen einer riesigen Fichte, eine alte Dampflokomotive, die ihre Fracht über eine Brücke zieht, Portraits indianischer Häuptlinge, die Holzbarone der Region, chinesische Kulis bei ihrer schweren Arbeit, malerische Szenen aus dem Dorfleben und eine 33 m lange Collage der Küste von Chemainus mit dem Segelschiff, das die ersten Siedler brachte. Über die Jahre kamen immer neue *murals* dazu. Über 30 Wandmalereien schmücken heute fast jede größere Wandfläche in Chemainus. Und über 300 000 Besucher kommen jährlich in die wohl größte Freilichtgalerie des Nordwestens.

Ladysmith, an einem Berghang über dem Hafen gelegen, ist um die Jahrhundertwende gegründet worden. Viele der alten Gebäude sind schön restauriert worden, so daß sich ein Bummel durch den historischen Kern des Ortes lohnt. Besonders hübsch: das Black Nugget Museum im ehemaligen Jones Hotel mit einer umfangreichen Sammlung von Antiquitäten und Memorabilien des 19. Jh.

Ein paar Kilometer vor Nanaimo sind im Petroglyph Provincial Park über 1000 Jahre alte, in den Sandstein gestemmte Indianerzeichnungen zu bewundern.

Mit 65 000 Einwohnern ist **Nanaimo** **3** (S. 373) die zweitgrößte Stadt auf Vancouver Island und wichtigster Hafen der Insel. Von hier werden Fisch, Holz und landwirtschaftliche Produkte verschifft. Bei den Angelsportlern ist die Stadt für ausgezeichnetes Lachsfischen bekannt. Nach der Entdeckung von großen Kohlevorkommen entstand der Ort 1851 auf einem Platz, den die Indianer *snenymo*, ›mächtiges Volk‹, nannten. Nanaimo hat eine attraktive Uferpromenade und zahlreiche Parks mit hübschen Picknickplätzchen. Viele der historischen Gebäude sind liebevoll restauriert worden. Die alte Bastion am Hafen wurde 1952 von der Hudson's Bay Company errichtet, um möglichen Indianerüberfällen zu trotzen. Im Sommer zieht hier die ›Wache‹ in historischen Kostümen auf, um mit der alten Kanone den Mittagssalut zu feuern. Am Fisherman's Wharf kann man frische Meeresfrüchte kaufen oder sie in einem der Restaurants gleich probieren. Aktivitäten wie Segeln, Tennis und Golf ergänzen das reichhaltige kulturelle Angebot. Von hier starten die ›B.C.‹-Autofähren über die Strait of Georgia zum 50 km entfernten Festland nach Tsawassen und Horseshoe Bay. Jedes Jahr am vierten Sonntag im Juli befahren zahlreiche motorisierte Badewannen diese Strecke. Das »verrückteste Rennen der Welt« sorgt dann landesweit für Schlagzeilen und lockt unzählige Besucher an.

Von Nanaimo geht es dann auf dem Highway 19 weiter. Bei Lantzville beginnt das *beach country* mit seinen weiten Badeständen, Nanoose Bay ist ein Treffpunkt der Segler und Windsurfer. Bei den populären Badeorten Parksville und Qualicum Beach findet man die schönsten Badestrände der Insel – auch für Familien mit kleinen Kindern bestens geeignet. *Beachcombing* und das Bauen von Sandburgen sind bei Ebbe beliebte Freizeitvergnügen. Höhepunkt der Saison bilden denn auch die alljährlichen im Juli stattfindenden *International Sandcastle Competitions* in Parksville. Den Siegern winken Preisgelder von mehreren Tausend Dollar.

Durchs Alberni Valley zum Pacific Rim National Park

Parksville – Port Alberni – Tofino
(210 km)

Von Parksville verläuft der Highway 4 quer durch das Innere der Insel zum Pacific Rim National Park an der Westküste von Vancouver Island. Bis nach Long Beach und den Orten Tofino und Ucluelet sind es 160 km. Unterwegs hat man Gelegenheit, im Urwald von **Cathedral Grove** im MacMillan Park unter den mächtigen, 800 Jahre alten Douglasien und Red Cedars ein Picknick zu machen.

Port Alberni 4 (S. 374) ist nach weniger als einer Stunde Fahrt erreicht. Der 18 000 Einwohner zählende Ort lebt von der Forstindustrie. Durch das Alberni Inlet mit dem Ozean verbunden, dient der Hafen auch als Basis für Fischerboote und Sportangler. Die Stadt ist berühmt für ihren Lachsreichtum – über 3000 Tonnen werden hier jedes Jahr von rund 500 Tausend Booten an Land gezogen.

Das landschaftlich reizvolle Alberni Valley hat in den letzten Jahren für zu-

Strandhäuser bei Tofino

nehmende Tourismuszahlen gesorgt. In dieser Region gibt es Hunderte von Seen und Wassersport-, Wander- und Angelmöglichkeiten. Besonders gut zum Schwimmen und Kanufahren eignet sich der Sproat Lake. Touren zu den **Della Falls,** die mit 500 m zu den höchsten der Welt gehören, lohnen sich ebenso wie eine Halbtagswanderung zum schneebedeckten **Mount Arrowsmith.** Man durchstreift dorthin Heideflächen, bekommt seltene Alpenblumen zu Gesicht und kann einzigartige Ausblicke über Täler, Berge und das Meer genießen.

Ucluelet **5** (S. 384) und **Tofino** **6** (S. 383) sind pittoreske Fischerdörfer mit Restaurants, die sich auf leckere Meeresfrüchte spezialisiert haben. Beide Orte fungieren als Basis für Unternehmungen im Pacific Rim National Park und werden in den Hauptreisemonaten stark frequentiert, so daß sich eine frühzeitige Reservierung empfiehlt.

Pacific Rim National Park

7 (S. 373) Dieser Nationalpark stellt zweifelsohne die Hauptattraktion an der Westküste dar. Er besteht aus drei Abschnitten: **Long Beach,** mit 20 km langem, sanft abfallendem feinem Sandstrand (mit dem Auto leicht zu erreichen), einsamen Buchten und Regenwald, der **Broken Islands Group,** einem Gewirr von über 100 Inseln, von denen viele dicht bewaldet, manche nur winzige Felsskulpturen sind, ein Paradies für Kajaksportler, das nur mit dem Schiff zu erreichen ist, und dem **West Coast Trail,** der über 77 km durch Wildnis, Regenwald, Sümpfe, über Flüsse und zerklüftete Strandlandschaften führt (ausführliche Trailbeschreibung s. S. 145).

Vor wenigen Jahrzehnten hatte der Sand von Long Beach noch nicht seine goldbraune Färbung. Durch die Mischung mit dem Kalk der zermahlenen Muscheln war er fast weiß. Mittlerweile werden die Muscheln schneller aufgesammelt, als sie angeschwemmt werden. Parkranger schätzen, daß ca. 7 t jährlich von den 300 000 Besuchern des Strands mit nach Hause genommen werden. Die abgeschiedenen Buchten weisen noch die ursprüngliche weiße Färbung auf. Außer Baden und Surfen – Long Beach ist der einzige Surfstrand in British Columbia – locken viele reizvolle Trails. Mit etwas Glück kann man hier beobachten, wie sich Grauwale der Küste nähern, bei Radar Beach und Grice Bay leben Seehunde und Otter, und im Frühsommer finden sich Hunderte von Stellar-Seelöwen bei den vor der Küste liegenden Sea Lion Rocks ein.

Von Tofino aus werden auch Walbeobachtungs-Touren angeboten. Sollte dabei kein Wal gesichtet werden, darf man die Exkursion kostenlos wiederholen. Doch allein die Fahrt entlang der zerklüfteten Küste lohnt sich. Wer nicht nur beobachten, sondern auch angeln möchte, findet im Pacific Rim National Park Gelegenheit dazu. Eine Vielzahl von Seefischen, vom Hai bis zur Flunder, wird hier gefangen, und die Fischerboote gehören zur Parkszene. In den flachen Gewässern, gleich unter der Wattenzone, bietet eine spektakuläre und farbenprächtige Tierwelt ein Paradies für Taucher – allerdings nicht für Unerfahrene, denn es gibt gefährliche Strömungen. Strandläufer finden die verschiedensten Muscheln, Seesterne, Korallen und große Glaskugeln, die sich von den Netzen japanischer Fischer gelöst haben.

Auf jeden Fall sollte man den gut einen Kilometer langen Rundweg auf dem Rain Forest Trail nicht auslassen, der etwa 9 km nördlich der Tofino-Ucluelet-Wegegabelung verläuft. In diesem ur-

*Streckenweise führen die Trails und Wander-
wege durch urweltlichen Regenwald*

weltlichen Regenwald wachsen mächtige, 800 Jahre alte Riesenlebensbäume
(Red Cedars) und Tannen, die unzählige
rauhe Winterstürme ›abgewettert‹ haben. Von den Zweigen wuchern als hän-
gende Gärten Farne und Moose herab,
aus denen ständig Wassertropfen fallen.
Mit den falschen Azaleen, Salmonbee-
ren und roten Heidelbeeren, die wie ein
dichter Teppich den Boden bedecken, bilden sie ein Mosaik satter Grünschattierungen. Der enge Trail windet sich auch
am Tage durch grünes Dämmerlicht und
führt an gigantischen Baumstümpfen
mit weit ausfächernden Wurzelenden und
umgestürzten, fast verrotteten Riesenle-
bensbäumen vorbei, aus denen schon
wieder kräftige Bäume wachsen. Kaum,
daß einmal ein Knistern der Zweige oder
der Ruf eines Vogels die tiefe Stille
durchbricht.

Von Parksville nach
Campbell River (120 km)

Von Parksville erreicht man nach einer
guten Stunde Fahrt das **Comox Valley**.
Hier hat man etwa die Mitte der Strecke
Victoria – Cape Scott erreicht. Das Tal mit
seinen schneebedeckten Bergketten im
Westen ist das wohl schönste Feriengebiet der Insel für alle Jahreszeiten. Praktisch alle Freizeitaktivitäten sind mög-
lich: Wandern, Reiten, Campen, Jagen,
Angeln, Tauchen, Schwimmen, Golf und
auch Skilaufen in den beiden größten
Skigebieten auf Vancouver Island, dem
Forbidden Plateau und Mount Washington.

Courtenay ist das städtische Zentrum des Tals. Hier herrscht Sommer und
Winter Saison und kulturell wird viel geboten: Theater, Konzerte, Galerien und
Festivals. Für junge Leute besonders interessant ist das Courtenay Youth Music
Centre, bekannt als Kanadas Sommer-
treffpunkt von Musikern aus der ganzen
Welt. In Courtenay ist die Endstation der
Esquimalt & Nanaimo Railroad, die täglich nach Victoria fährt. Etwas nördlich
von Comox, in Little River, legt die Fähre
nach Powell River ab. Reisende brauchen
also nicht den ganzen Weg nach Nanaimo zu fahren, um aufs Festland zu gelangen.

Fischfang bestimmt das tägliche Leben in **Campbell River** 8 (S. 353), einer
Stadt mit 25 000 Einwohnern, die sich
im Sommer in ein Mekka der Lachsfischer und Angelsportler aus der ganzen Welt verwandelt. Höhepunkt: das
Salmon Festival im Juli. In der Saison
sind deshalb die Preise auch für bescheidene Hotelzimmer relativ hoch. Gute

Ausflugsmöglichkeiten bestehen zu den Quadra- und Cortes-Inseln, auf denen man kanufahren, wandern, fischen oder Muscheln und Austern sammeln kann. Mit der Fähre gelangt man in zehn Minuten nach **Quadra Island.** Hier gibt es wildromantische Küstentrails, alte Totempfähle, Petroglyphen, ein exzellentes Indianermuseum, und häufig lassen sich auch Wale, Seelöwen und Otter beobachten. Das Kwakiutl Museum beherbergt eine berühmte Sammlung alter *Potlatch*-Utensilien, Tanzkostüme und Zeremonien-Masken.

Von Campbell River zum Strathcona Provincial Park und nach Gold River (90 km)

Von Campbell River führt der Highway 28 zur Westseite von Vancouver Island, Endpunkt ist der kleine Holzfällerort Gold River am Muchalat Inlet. Die 100 km lange Strecke führt durch den **Strathcona Provincial Park** 9 (S. 382), ein 1,5 Mio. ha großes Wildnisgebiet mit dem fast 2200 m hohen Golden Hinde als Mittelpunkt. Die Fahrt durch das Parkgebiet ist außerordentlich reizvoll: rauhe Hochgebirgslandschaft mit dichten Wäldern von mächtigen Douglas-Tannen, tiefe Schluchten und rauschende *creeks,* stille Seen mit verstreuten Inseln, die scheinbar noch nie betreten worden sind – ganz so, wie man sich die kanadische Wildnis vorstellt. Oberhalb der Baumgrenze wachsen Heide, Lupinen, Phlox und Moose. Selbst bei schlechtem Wetter übt diese Landschaft eine starke Anziehungskraft aus; tiefhängende Nebelschwaden wabern zwischen den großen Bäumen, Himmel und Erde scheinen zu verschmelzen und schaffen eine fast unwirkliche Stimmung. Hier leben Elche und Vielfraße, die man allerdings kaum zu Gesicht bekommt. Eher begegnet man schon den Schwarzbären, die gern die Nahrungsvorräte unvorsichtiger Camper durchstöbern.

Kurz bevor man in das Parkgebiet fährt, biegt die Straße nach links ab und verläuft 30 km am Ostufer des Buttle Lake entlang. Hier gibt es mehrere Campingplätze, die neben den üblichen Einrichtungen auch über Rampen zum Wassern von Booten verfügen.

In **Gold River** selbst ist nicht viel los, aber wenige Kilometer hinter dem Ort kann man von der Station am Sund mit dem Motorschiff »Uchuck III« das Muchalat Inlet hinunter in den Nootka Sound fahren. Ein historisches Gewässer, in dem Kapitän Cook kreuzte und seine Basis für weitere Expeditionen errichtete. Die Fähre sorgt für den Berufsverkehr zwischen den kleinen Siedlungen Nootka, Friendly Cove, Tahsis und Zeballos. In der Meerenge springen die Lach-

Wale an der Nordwestküste

British Columbia

142

Die Westküste Kanadas, besonders in den Küstengewässern um Vancouver Island, bietet je nach Jahreszeit gute Möglichkeiten, die faszinierenden Meeressäuger zu beobachten. Am häufigsten sind Grauwale *(Gray Whale)* und Schwertwale *(Killer Whale* oder *Orca),* aber auch Bukkelwale *(Humpback Whale),* Zwergwale *(Minke Whale)* und Schweinswale *(Harbor Porpoise)* bekommt man gelegentlich zu sehen, seltener dagegen Blauwale *(Blue Whale),* Finnwale *(Fin Whale)* und Pottwale *(Sperm Whale).*

Überwiegend sind es Grauwale, deren Wanderungen im Frühjahr und Herbst an der Westküste der Insel vorbeiführen. Jedes Jahr im Februar beginnen die mächtigen Säuger zu Tausenden ihren großen Treck von der Halbinsel Baja California zu den Futtergründen in der Beringsee und der Arktik. Nach einigen Monaten Aufenthalt machen sie sich im September auf die 16 000 km lange Rückreise, um im Winter in den warmen mexikanischen Gewässern ihre Jungen zur Welt zu bringen. Bei einer Tragzeit von elf bis zwölf Monaten gebären die Kühe alle ein bis drei Jahre. Den Gesamtbestand der seit 1946 geschützten Tiere vor der Westküste Nordamerikas schätzt man auf 16 500. Außerdem gibt es noch eine kleine Population vor der asiatischen Küste.

Wenn die große Herde der Wale sich Ende März bis Anfang April Vancouver Island nähert, bietet sich ihnen zum erstenmal seit dem letzten Sommer in der Arktik Gelegenheit zur Nahrungsaufnahme. Bei **Long Beach** kommen die Grauwale besonders nah an die Küste heran. Dazu verführt sie ein dünner, langer Wurm *(Onuphis elegans!),* der hier in Massen in der sandigen Wickaninnish Bay zu finden ist und den Hauptbestandteil ihrer Nahrung ausmacht. Für die *whale watchers* eine ausgezeichnete Chance, Dutzende der bis zu 14 m langen und 35 t schweren Geschöpfe in Aktion zu erleben. Mit etwas Geduld und Glück sieht man ihre eleganten Sprünge, mit denen sie sich ganz aus dem Wasser herauskatapultieren, um mit einem donnernden Aufklatschen wieder in die Meerestiefe abzutauchen. Als beste Aussichtspunkte gelten die Felsen bei Schooner Cove, Quisitis Point und Wya Point. Dort kommen die Meeressäuger oft bis auf 100 m ans Ufer heran. Etwa 40–50 Grauwale leben das ganze Jahr über in ihren Futtergründen bei der Wickaninnish und Florencia Bay und bei Schooner Cove.

Von Ende April bis Anfang Juni ziehen die Grauwale dann an den *Queen Charlotte Islands* vorbei. Die Inseln sind vom Festland aus mit der Fähre oder dem Flugzeug zu erreichen.

Im Naturschutzgebiet von **Robson Bight,** in der Johnstone Strait im Nordwesten von Vancouver Island, kann man im Sommer Schwert- und Zwergwale beobachten. Die Schwertwale kommen hier häufig in großer Zahl ganz nah ans Ufer, um sich an den Sandbänken zu scheuern. Ein beeindruckendes Erlebnis, einer Schule dieser Spezies beim übermütigen Spiel zuzuschauen: Immer wieder tauchen die stromlinienförmigen schwarzweißen Gesellen aus dem Wasser auf – in gleichmäßigem Auf und Ab, manchmal aber auch mit elegantem Überschlag weit aus dem Wasser herausspringend.Besonders neugierige Tiere umkreisen das Boot, manchmal so nah, daß man die Rückenfinne greifen könnte. Durch ein Unterwassermikrophon kann man ihrer ›Unterhaltung‹ lauschen. Sie verständigen sich durch ein ganzes Instrumentarium von sonderbaren Sing- und Pfeiftönen. Dabei spricht jede Schule ihren eigenen ›Dialekt‹.

Schwertwale, auch Orcas genannt, gehören zur Familie der Delphine. Sie bevölkern alle Weltmeere und ziehen in Schulen (feste Gruppen von Männchen, Weibchen und Jungen) von 5–20 Tieren umher. Die Reisegeschwindigkeit der 7–10 m langen und bis zu 8 t schweren Tiere liegt bei 5–8 km/h, sie können jedoch eine Geschwindigkeit von über 50 km/h erreichen. Gemeinsam machen sie Jagd auf Fische, aber auch auf Meeressäugetiere wie Seehunde und Seelöwen. Selbst große Wale werden gelegentlich angegriffen. Diese Jagdweise wurde bereits von den Seeleuten des 18. Jh. beobachtet, die ihnen deshalb den Namen Killer- oder Mörderwal gaben. Menschen gegenüber verhalten sie sich aber durchaus freundlich. Die etwas kleineren Weibchen gebären bei einer Tragzeit von 14 Monaten im Durchschnitt alle zehn Jahre ein Kalb. Der Gesamtbestand der Schwertwale ist nicht bekannt, scheint jedoch nicht gefährdet zu sein.

Von **Telegraph Cove** aus werden Bootstouren zur Robson Bight unter naturkundlicher Leitung angeboten. Dabei erfährt man alles Wissenswerte über diese faszinierenden Meeressäuger. Auch geführte Kajakfahrten sind möglich.

Wale nahezu aller Arten kann man an der Westküste von Vancouver Island beobachten

se, vor den hohen Bergketten schwebt ab und zu ein Weißkopfadler und kleine Schlepper ziehen riesige Flöße von Holzstämmen. Im kleinen Indianerdorf **Friendly Cove** wird Kunsthandwerk betrieben.

Will man nicht auf den Fahrplan der »Uchuck III« angewiesen sein, kann man auch ein Wasserflugzeug chartern, um nach Friendly Cove oder zu den anderen Orten zu gelangen. Um ein Drittel billiger fliegt man als Passagier auf der regulären Postroute, die von der winzigen Air Nootka betrieben wird. Schlafstätte, Büro und Wetterstation mit dem Funkgerät des Piloten sind in einem Wohnwagen in der Nähe des Inlets untergebracht. Von dort klappert er Montag bis Freitag zweimal am Tag die kleinen Orte zwischen Kyoquot und dem Nootka Sound ab. Je nach Bedarf sind bis zu zehn Starts und Landungen möglich – alles mit dem Wasserflugzeug. Zwischendurch übernimmt der Pilot noch Charterflüge.

Als Abkürzung für die Fahrt von Gold River zur Nordspitze nach Port Hardy bietet sich eine 75 km lange Schotterstraße *(logging road)* an, die von der Forstwirtschaft unterhalten wird. Bei Woss trifft sie auf den Highway 19. Von dort sind es noch ca. 100 km bis nach Port Hardy.

Von Campbell River nach Cape Scott (300 km)

Nördlich von Campbell River führt der Highway durch einsame Waldregionen, nur vereinzelt gibt es Häuser und Rastplätze. Bis zum 200 km entfernten Port McNeill (2600 Einwohner) passiert man nur die beiden Orte Sayward (1200 Einwohner) und Woss. Ab und zu begegnen mächtigen *logging trucks* – und r mit Mühe ausweichen. Jetzt h auch deutlich die problema-

tische Seite der Holzindustrie, die fast ein Viertel aller Arbeitsplätze in British Columbia stellt. Häßliche Kahlschläge wechseln ab mit Neuanpflanzungen und jüngeren Waldbeständen. Ganze Berghänge liegen kahl vor uns, nur noch die Baumstümpfe ragen aus dem Boden, die ursprünglichen Wälder mit den Riesenbäumen sind verschwunden. Da bieten die großen Tafeln, auf denen die Holzindustrie mitteilt, wann abgeholzt und wann wieder aufgeforstet wurde, nur einen schwachen Trost.

Bei km 442,5, etwa 10 km vor Port McNeill, zweigt eine Straße ab nach **Telegraph Cove,** einer Siedlung mit nur zwei Dutzend Bewohnern. Ungleich mehr kommen im Frühjahr und Sommer in das verschlafene Nest. Dann nämlich lassen sich hier, in der Robson Bight Ecological Reserve in der Johnson Strait, die Schwertwale in ihrer natürlichen Umgebung am besten beobachten. Auch der Ort selbst ist sehenswert: viele der Häuser und Hütten stehen malerisch auf Stelzen im Wasser, verbunden durch einen Brettersteg.

Bei **Port McNeill** werden Besichtigungstouren von Holzfällercamps und Sägewerken angeboten. Auf jeden Fall lohnt sich ein Abstecher mit der Fähre nach **Alert Bay** **10** (S. 346), einer Indianersiedlung auf Cormorant Island in der Queen Charlotte Strait. Alle Sehenswürdigkeiten der Insel sind gut zu Fuß erreichbar. 100 Jahre alte Häuser an der Uferstraße, ausdrucksstarke bemalte Totempfähle auf dem Nimpkish Indianer-Friedhof, das Alert Bay Museum, und vor allem das U'Mista Cultural Centre mit einem traditionellen Kwakiutl Big House, einer *Potlatch*-Zeremonien-Sammlung und anderen hervorragenden Beispielen für Kunst und Handwerk der Kwakiutl-Indianer von prähistorischer bis zur modernen Zeit. Im Center werden auch In-

dianerkinder in ihrer ursprünglichen Kultur, Sprache, Gesang und Tänzen unterrichtet.
Port Hardy 🔟 (S. 374) lebt hauptsächlich von der Holzwirtschaft und vom Fischfang. Von hier aus legt auch die Fähre nach Prince Rupert ab. Im örtlichen Tourismusbüro an der Market Street erhält man die notwendigen Detailkarten und Informationen über die *logging roads* der Umgebung. Auf einer dieser Forststraßen gelangt man über Holberg nach 60 km zum **Cape Scott Provincial Park,** einem 150 qkm großen, wilden Terrain an der äußersten Nordspitze der Insel, wo bis zum Erscheinen des weißen Mannes die Jagdgründe der Kwakiutl-Indianer lagen. Von der Parkgrenze führt eine etwa achtstündige Wanderung zum Cape Scott Lighthouse. Das abgeschiedene Gebiet, häufig von tagelangen orkanartigen Regenstürmen heimgesucht, mit

Niederschlägen von über 5000 mm im Jahr, eignet sich allerdings mehr für einen ›Survival-Trip‹ als für eine vergnügliche Wandertour. Die wenigen provisorisch in die Wildnis geschlagenen Pfade sind streckenweise wieder zugewachsen und das Vorwärtskommen im Dickicht ist nur durch die tunnelartigen Schwarzbärwechsel möglich. Die Strände sind oft glitschig und durch starke Gezeitenunterschiede nicht ungefährlich. Freilich: Elch, Wolf, Puma, Schwarzbär, Rotwild, Biber, Nerz und Waschbären fühlen sich hier wohl und ungestört. Den Forellen in den Flüssen geht es nicht anders. Zwischen Juni und September kommen die Lachsschwärme, und vor der Küste sind Grau- und Schwertwale, Seelöwen und Delphine zu Hause. Tausende von Kanadagänsen machen hier jährlich auf ihrer Wanderung Station, um sich am wilden Reis zu laben.

Kribbeln in der Magengegend –
Auf dem West Coast Trail

Traum eines jeden Hiking-Enthusiasten ist der West Coast Trail. Er führt durch eine ursprüngliche Landschaft mit einigen der letzten, noch verbliebenen Regenwäldern und bietet damit ein Naturerlebnis, wie es sonst nur schwer zu finden ist. Für viele bedeutet der West Coast Trail eine Herausforderung, um auf diesem Weg die eigenen Grenzen kennenzulernen.
   Die Geschichte des Trails beginnt traurig. Seit 1880 sind an seiner Küste über 20 Schiffe an den Felsbänken zerschellt. Nicht zu Unrecht spricht man deshalb vom ›Friedhof des Pazifiks‹. Schon 1890 begann man mit der Arbeit

an einem provisorischen Pfad durch den Urwald, um gestrandeten Seeleuten schneller Hilfe bringen zu können. Nachdem 1906 in einem schweren Januarsturm der Dampfer »Valencia« in der Nähe des Pachena Point auf Grund lief und fast die gesamte Besatzung ums Leben kam, entschloß man sich, den Pfad, der bis dahin wenig mehr als ein Wildwechsel war, zu einem brauchbaren Rettungstrail auszubauen. Alles mußte mit primitiven Werkzeugen und mit dem Material, das der Wald lieferte, gebaut werden – über 20 Brücken, zahlreiche Hütten mit Notausrüstung und Proviant sowie eine Telefonleitung. Bis in die 50er Jahre wa-

ren die *linemen* der Telefongesellschaft und das Leuchtturmpersonal die einzigen weißen Bewohner der Gegend. Als die Schiffe sicherer und die Rettungsmethoden modernisiert wurden, versank der Trail langsam wieder im Urwald. Um der gestiegenen Wanderlust entgegenzukommen, entschloß sich die Provinzregierung 1969, den West Coast Trail zu restaurieren und in den Pacific Rim National Park einzugliedern. Seither hat »Parks Canada« immer mehr Verbesserungen an den rund 50 Brücken, Leitern und Geländern der gefährlichsten Punkte durchgeführt, so daß in den letzten Jahren eine Spur von Komfort in die Wildnis gedrungen ist. Das schließt jedoch Härtetests nach wie vor nicht aus. Morastige Wegstrecken, Auswaschungen, steile Abhänge, schlüpfrige Felsen und Baumstämme, reißende Gewässer, starke Brandung und Gezeiten machen das Wandern recht mühsam. Und ein Verirren auf den Seitenpfaden oder plötzlich hereinbrechende Dunkelheit dürfen für den erfahrenen Wanderer kein Grund zur Panik sein.

Auf dem Highway 14 gelangen wir per Anhalter oder mit Bus von Victoria zum etwa 100 km entfernten Ort Port Renfrew am San Juan Inlet, eine *logging town,* die von der Holzwirtschaft und vom Fischfang lebt. Hier werden Ausrüstung und Vorräte (die für 8 Tage reichen müssen) ein letztes Mal auf Vollständigkeit und Funktion überprüft, denn auf dem 72 km langen Trail besteht keine Gelegenheit mehr dazu. Vor uns liegen acht Tage auf einem Trail von Port Renfrew bis nach Bamfield – durch dichte Urwälder mit mächtigen Douglasfichten, die teilweise älter als tausend Jahre sind, und

Oft führt der Weg über steile Leitern und Klettersteige

über wilde und einsame Küstenstriche. Flüsse und reißende Wasserläufe zu überqueren, erfordert Geschicklichkeit, denn es geht oft über schlüpfrige Baumstämme und provisorische Holzbrücken. Um steile Hänge, moorigen Grund und wucherndes Unterholz zu überwinden, braucht man Kondition. An größeren Tierarten gibt es Elch, Rotwild, Bär und Puma. Allerdings sind sie selten zu sehen, da die dichten Waldgebiete guten Schutz gewähren. Wer sich auskennt, kann seinen Proviant durch verschiedene Beeren- und Pilzarten ergänzen. Angler kommen voll auf ihre Kosten, ob sie nun Seefisch von der Küste oder Forellen aus Bächen und Seen bevorzugen. Sockeye- und Chum-Lachse springen das ganze Jahr über am Cheewhat River. Muscheln gibt es reichlich, sie können allerdings im Sommer giftig sein, auch wenn keine Schilder darauf hinweisen. Ist beim Probieren mit der Zungenspitze ein leichtes Brennen zu spüren, Hände weg!

Einige Kilometer hinter Port Renfrew treffen wir nach dem Überqueren einer schmalen Brücke und einer weiten sandigen Bucht auf das erste Hindernis: die Mündung des Gordon River mit seinen kalten und schnellen Wassern. Der Versuch, hier durchzuwaten, ist aussichtslos, und für ein paar Dollar bringt uns ein Pacheenaht-Indianer mit seinem Boot ans andere Ufer. Von hier nach Thrasher Cove, unserem Tagesziel, führt der Trail die nächsten 6 km durch Wälder mit morastigen Abschnitten und über alte Holzbrücken und Baumstämme; zeitweilig bieten sich herrliche Ausblicke auf das San Juan Inlet bis hin zur amerikanischen Küste mit den Olympic Mountains. Nach vierstündiger Wanderung stehen wir vor einem tiefen Einschnitt. Unten rauscht über moosbewachsene Steine ein Bach. Sehr vorsichtig und mit einem leichten Kribbeln in der Magengegend

passieren wir die steilen Uferhänge auf 10 m hoch gelegenen Baumstämmen.

Am Log Jam Creek gibt es frisches Wasser, und die Feldflaschen werden wieder aufgefüllt. Weiter geht es nach **Thrasher Cove** über mehrere Leitern mit rutschigen Sprossen abwärts. Die sandige Bucht mit viel Treibholz fürs Feuer ist ein guter Platz für das Nachtlager. Nach der siebenstündigen Wanderung schmekken die Spaghetti mit Salami besonders gut. Satt und müde suchen wir uns noch einen Platz an der Sonne: Wir beobachten, wie der große blutrote Ball in der Juan de Fuca-Straße versinkt. Dann geht es in die Schlafsäcke.

Noch vor Sonnenaufgang brechen wir auf nach Camper Creek, direkt am Wasser entlang. Das geht nur bei Ebbe; andernfalls kommt nur der Trail durch den Wald in Frage.

Am Strand ragen die knorrigen Formen angeschwemmter Baumstämme aus dem Morgendunst, man hört das eintönige Rauschen der Brandung. Auf den glattgewachsenen und schlüpfrigen Felsen kommen wir erstaunlich gut voran. In der Baumspitze einer großen Rottanne am Ufer nistet ungestört ein Weißkopfseeadler. Hinter Owen Point hat das Meer eine Kraterlandschaft mit vielen natürlichen Becken auf dem Felsenschelf gewaschen, in denen es von mannigfaltigem Meeresgetier wimmelt. Bei Thrisle Creek zwingt uns eine tiefe Meeresspalte, den Haupttrail über der Küste zu benutzen, der hier wegen eines riesigen Gewirrs umgestürzter Bäume »The Blow Down« genannt wird. Zum Camper Creek geht es wieder über Leitern die Steilküste hinunter zur Flußmündung. Über den Fluß sind Seile gespannt, an denen kleine Gondeln hängen. In ihnen kann man sich durch einen raffinierten Mechanismus selbst von einem Ufer ans andere ziehen. Aber wir trauen uns nicht. Und da

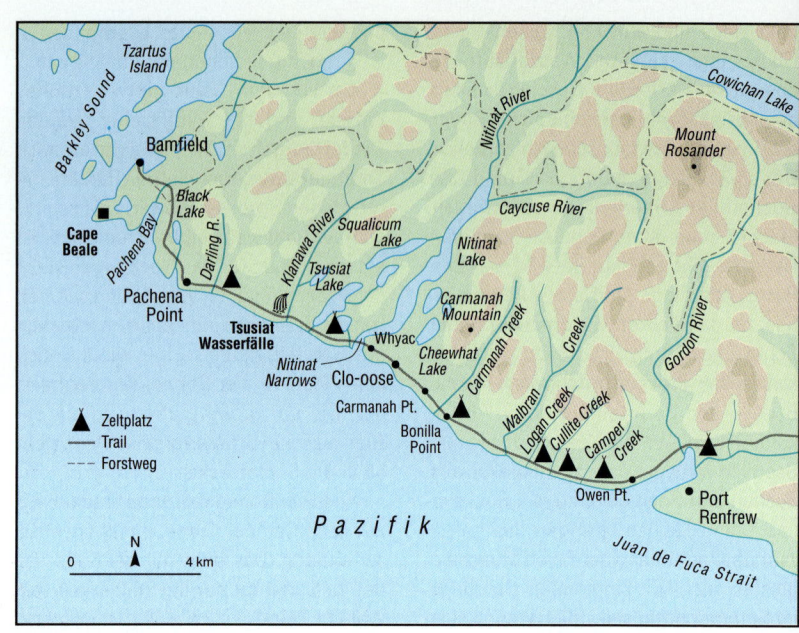

West Coast Trail

der **Camper Creek** nicht allzuviel Wasser führt, waten wir lieber hindurch. Am Ufer suchen wir uns gleich einen Zeltplatz.

Da wir am nächsten Tag wieder am Wasser entlanglaufen wollen, überprüfen wir anhand der Gezeitentabelle, ob ausreichend Zeit bei Niedrigwasser für die etwa 2 km bis Sandstone Creek zur Verfügung stehen. Eine Stunde vor Sonnenaufgang wandern wir schon auf dem Sandsteinschelf. Es geht schneller voran als auf dem Trail, obwohl wir durch einige Einschnitte waten müssen. Bei Sandstone Creek ragen die Felsen wie eine Barriere bis ins tiefe Wasser. Um wieder auf den Trail zu gelangen, steigen wir über die moosbewachsenen Felsen das Bachbett hinauf. Schließlich klettern wir über einen kleinen Wasserfall, wobei wir uns an einem gespannten Kabel festhalten. Von Cullite Cove bis zum Logan

Creek geht es über einen Holzsteg durch ein 1 km langes Sumpfgebiet mit einer seltenen Pflanzenwelt. Über die malerische kleine Holzbrücke am Logan Creek erreichen wir den Strand, ein guter Platz zum Rasten oder fürs Nachtlager. Wir campen am **Walbran Creek.** Ein natürliches Becken im Bachbett eignet sich hervorragend zum Schwimmen.

Auch über den Walbran Creek spannt sich eine Seilbahn mit Gondeln. Mit gegenseitiger Hilfe klappt das Überqueren des Flusses wider Erwarten gut. Der schwierigste Teil des West Coast Trails liegt hinter uns. Die nächsten drei Tagesabschnitte zum Carmanah Creek, nach Cloose und zu den Tsusiat-Fällen sind die landschaftlich schönsten und abwechslungsreichsten der ganzen Strecke: Dichte Waldgebiete mit idyllischen Bächen und kleinen Wasserfällen kennzeichnen das Terrain, dazwischen Pfade, die zu pittoresken Buchten hinunterführen, weite ebene Sandstrände mit seltsamen Treibholzansammlungen, ausgewaschene Höhlen in der Steilküste, romantische Felsformationen und die satten Grün- und Braunschattierungen des Schelfs mit seinem faszinierenden Meeresgetier.

Etwa ein Kilometer westlich der Bay of Cribs tauchen bei Ebbe Überreste des Dampfers »Santa Rita« auf, der hier 1923 auf Grund lief. Der Trail führt durch mehrere Indianerreservate. Am Cheewhat River, über den eine schöne Hängebrücke führt, erinnern sandige Felder, ein paar Obstbäume und ein alter Friedhof an eine frühere Siedlung und den fruchtlosen Versuch, hier Landwirtschaft zu betreiben. Die nicht weit entfernte Indianersiedlung **Clo-oose** an der kleinen sandigen Bucht, umgeben von steilen Felsen, ist jetzt eine Geisterstadt: Grabsteine, verwilderte Gärten und verlassene Häuser mit zerbrochenen Fensterscheiben, durch die der Wind saust. Auch wenn der Verfall offenkundig ist, gehört das Gebiet den Indianern, und dies sollte man unbedingt respektieren. Das bedeutet: Nichts verändern und keine ›Souvenirs‹ mitnehmen!

Um 1890 kamen die ersten Missionare und weißen Siedler in das Indianerdorf, dessen Einwohner sich dann später durch ihren Heldenmut bei der Rettung von Schiffbrüchigen auszeichneten. Die Schließung der Fischverarbeitung am Nitinat Lake und schließlich die Stillegung der Versorgungslinie durch den Küstendampfer »Maquinna« in den 50er Jahren bestimmten den Niedergang der einsamen Ortschaft. Viele ließen die Einrichtung in den Häusern. Der Abtransport war zu beschwerlich.

Von Clo-oose folgt der Haupttrail den steilen Klippen mit großartigen Ausblicken auf das Meer, besonders bei Sonnenuntergang. Wir schlagen unser Camp gleich hinter Clo-oose an einer sandigen Bucht auf. Alte Felszeichnungen der Indianer und ein großer Anker auf dem Schelf – letztes Überbleibsel eines gestrandeten Schiffes. Bei **Whyac,** wenige Kilometer weiter, führt der Trail abermals durch Indianergebiet. Die historische Siedlung, eine der ältesten an der Westküste Nordamerikas, ist die Heimat der einst für ihre Grausamkeit bekannten Nitinat-Indianer. Heute sind die noch verbliebenen Familien gastfreundlich, betreiben Fischfang und verkaufen frische Krabben und andere Meeresfrüchte. Leider ist in den letzten Jahren durch die zunehmende Benutzung des Trails diese Gastfreundschaft arg strapaziert worden. Da sich Fälle von Vandalismus häuften, müssen *hiker* jetzt auf dem Trail bleiben, ein Besuch des Ortes ist nur mit Erlaubnis möglich. Die Nationalparkverwaltung hat einen Vertrag mit dem Stamm abgeschlossen, so daß während der Sommermonate ständig jemand anwesend ist, um Wanderer gegen geringes Entgelt mit dem Boot über die **Nitinat Narrows** zur anderen Seite des Trails zu bringen. Diese so idyllisch wirkende Meerenge gehört zu den landschaftlich spektakulärsten, aber auch zu den gefährlichsten Punkten an der Westküste. Schon viele haben hier ihren Leichtsinn mit dem Leben bezahlt.

Besonders tückisch ist die Meerenge, wenn die abfließenden Wasser des Nitinat Lake, eines Gezeitensees, auf die ansteigende Flut vom Pazifik treffen. Es bilden sich in den *narrows* gewaltige stehende Wellen und Mahlströme – wehe dem Boot, das sich dann in der Meerenge befindet! Wirklich gefahrlos ist die Überfahrt nur während der kurzen Zeit, wenn die Flut ihren höchsten Stand erreicht hat. Ein Indianer aus Whyac bringt uns mit seinem Kanu trotz rascher Strö-

Informationen für Trail-Wanderer

Der West Coast Trail ist in den letzten Jahren zunehmend populärer geworden. Wanderer aus aller Welt wollen diesen ›Klassiker‹ erlebt haben. So ist es nicht verwunderlich, daß der Canadian Park Service seit 1992 ein striktes Quotensystem eingeführt hat (nur 52 Wanderer pro Tag und Richtung sind auf dem Trail erlaubt). Ursprüngliche Atmosphäre und ökologisches Gleichgewicht sollen bewahrt bleiben. Man muß also rechtzeitig für die Saison vom 1. Mai bis 1. Oktober beim Park Service reservieren (die Reservierung ist jedoch nicht vor dem 1. März möglich). Außerhalb der Saison ist der Trail nicht zu empfehlen. Das Wetter ist dann zu schlecht, eine regelmäßige Überwachung des Trail findet nicht mehr statt und eventuell erforderliche Rettungseinsätze müssen selbst bezahlt werden. Hat man nicht reserviert, kann man sich in eine Warteliste eintragen lassen. Man erhält eine Nummer als Bestätigung, die bis spätestens 12 Uhr am Vortag der Trailwanderung im West Coast Trail Information Centre in Port Renfrew oder Bramfield abgeholt werden muß. Ausführliche **Informationen:** Pacific Rim National Park Headquarters, Box 280, Ucluelet, B.C. V0R 3A0 (✆ 250/726-7721, 726-4212).

Von Victoria ist ein Bustransfer mit dem Unternehmen *West Coast Trail Connector* zum Ausgangspunkt des Trails in Port Renfrew möglich. Die Abfahrt erfolgt von der Jugendherberge, wo man auch Gepäck zurücklassen kann.

Reservierungen sollten 3–4 Tage im voraus getroffen werden (✆ 250-475-2010). Zwischen Port Alberni und Bamfield gibt es eine Fährverbindung durch die »Lady Rose«. Informationen über Preise und Abfahrtzeiten: Alberni Marine Transportation (✆ 1-800-663-7192). Nach Bamfield führt auch eine unbefestigte *logging road,* die aber nicht zu empfehlen ist.

Voraussetzung für den Trail sind gute Kondition und eine entsprechende Ausrüstung. Dazu gehören Proviant für 8 Tage, Trailbeschreibung, Kartenmaterial, Kompaß und Gezeitentabelle, ein kompletter Satz Kochutensilien, Angelausrüstung, Taschenlampen (mit Ersatzbatterien), Sturmfeuerzeug, eine kleine Axt, ein 20 m langes Seil (Nylon) und ein Erste-Hilfe-Kit (s. auch S. 48). Auf keinen Fall Regenschutz vergessen! Obwohl man sich die nötige Ausrüstung komplett auch in Sportgeschäften in Vancouver oder Victoria leihen kann, ist dies wegen der relativ hohen Kosten weniger zu empfehlen (Ausrüstung komplett, einschließlich Schlechtwetterkleidung für zwei Wochen ca. 250–350 Dollar). Schlafsack und *backpack* sollte man ohnehin schon von zu Hause mitbringen. Das richtige **Kartenmaterial,** »West Coast Trail, Port Renfrew-Bamfield«, erhält man bei Maps B.C., 1802 Douglas Street, Victoria (✆ 250/387-1441). Ein hervorragender und unentbehrlicher Trailführer ist »The West Coast Trail« von Tim Leadem, herausgegeben vom Sierra Club of Western Canada.

mung und schon deutlich sichtbaren Wirbeln sicher ans andere Ufer.

Der Trail nach Tsusiat Falls verläuft bis auf wenige Unterbrechungen am Strand entlang. Die Meerhöhlen von Tsuquadra- und Tsusiat Point sind beeindruckende Höhepunkte der Wanderung. Wir errei- chen die **Tsusiat-Fälle,** wo sich die schäumenden Wassermassen des Tsu- siat River über eine steile, breite Fels- wand auf den Strand stürzen, um dort auf die anrollenden Brecher des Pazifik zu treffen. Ein prächtiges Panorama: die Meeresbrandung mit dem blendenden Weiß der Fälle und dahinter der Urwald.

Nach einem kühlen Bad in der Nach- mittagssonne wandern wir noch den Fluß entlang, über Felsbrocken und um- gestürzte Bäume, zum Little Tsusiat-See mit seinen vielen Wasserlilien – und ha- ben sogar noch Anglerglück! Abends werden die Forellen in Folie gewickelt und in der Glut des Lagerfeuers gebak- ken – ein wahrer Festschmaus nach ent- behrungsreichen Wandertagen.

Von den Tsusiat-Fällen bis zum Klawa- na River verläuft der Trail ausschließlich durch Waldgebiete. Der Strand ist einige Male nur über unwegsames Terrain und steil abfallenden Klippen zu erreichen. Den breit daherfließenden Klawana über- queren wir mühsam in Gondeln. Am **Michigan Creek** liegen noch die Überre- ste des Schoners »Michigan«, der hier 1893 unterging. Dort schlagen wir unser letztes Nachtlager auf. Der Rest der Strecke ist bis auf die zahlreichen, tief eingeschnittenen Wasserläufe leicht zu wandern. Auf den Flat Rocks, in der Nähe des Pachena Point und seines Leucht- turms, befindet sich eine Seelöwenkolo- nie. Besonders im Frühjahr wimmelt es dort von Seelöwen. Mittags erreichen wir Camp Ross am Ende des Trails. Noch ein paar Kilometer auf der Straße, und im Hafen von Bamfield gehen wir an Bord der »Lady Rose«, die uns nach Port Alberni bringen wird (s. S. 152). Von dort geht es mit dem Bus nach Victoria zu- rück.

Wanderer auf dem West Coast Trail

Mit der »Lady Rose« nach Bamfield

Ein Trip ganz besonderer Art bietet die Fahrt mit der legendären »M. V. Lady Rose« von Port Alberni durch das Inlet und den Barkley Sound. Die robuste Lady ist ein 32 m lange Frachter, der auch etliche Dutzend Passagiere aufnehmen kann. 1937 in Schottland gebaut, wurde er im gleichen Jahr auf lange Reise zur kanadischen Westküste geschickt. Seit 1960 befördert er Fracht und Passagiere zwischen den Fischerdörfern und Holzfällercamps im Südwesten von Vancouver Island. Die Fahrt mit dem nostalgischen kleinen Schiff ist ein besonderes Erlebnis. Man schaut zu, was den Anrainern am Sund so alles geliefert wird – vom Sofa bis zum Dieselmotor, für Bamfield sind Bananen, Gemüse und Getränke bestimmt und für eine Gruppe Wassersportler, die die Broken Islands Group im Barkley Sound erkunden wollen, hat man ein Dutzend bunte See-Kajaks an Bord genommen. Unter Deck bruzzeln in der Kombüse Pfannkuchen, Speck und Spiegeleier. Der Kapitän hat nichts dagegen, wenn Passagiere ihn auf der kleinen Kommandobrücke besuchen und gibt bereitwillig Auskunft auf alle Fragen.

Um 8 Uhr oder so ungefähr, d. h. sobald die Ladung verstaut ist, verläßt die »Lady Rose« das Argyle Street Dock in Port Alberni. Tuckernd dreht der Frachter, und dann geht es fast genau in südlicher Richtung das Alberni Inlet hinunter. 25 Meilen lang – 100 Faden tief, und eine halbe Meile bis zwei Meilen breit ist der von Bergwänden umsäumte Fjord. Dieser von Gletschern geschürfte Paß verbindet Port Alberni mit den großen Häfen der Welt. Zwanzig Minuten nach dem Auslaufen wird Coos Creek Flats passiert. Dort, hinter einer kleinen Bucht, sitzt ein Adler auf einem Baumstumpf. Sein Stammplatz, wie der Kapitän sagt. Manchmal sind auch Schwarzbären und Rehwild am Ufer zu sehen.

Je nach Bedarf macht der Dampfer Station – oft ist es nur ein einzelnes Holzhaus am Ufer, oder ein Hausboot mit schwimmendem Steg. In Kildonan am Uchucklesit Inlet holen Bewohner

Kartons mit Lebensmitteln ab, die Holzfällercamps von Snug Cove und Silber
Creek erhalten Nachschub, Fisch- und
Muschelfarmen werden angelaufen, im
Barkley Sound Resort in Congreve Bay
wird Wäsche geliefert, oder man
stoppt für Passagiere oder Lebensmittel bei einem Ferienlager auf Tzartus
Island.

Dann, von der Dünung sanft
geschaukelt, pflügen wir westwärts in
Richtung **Bamfield** am Barkley Sound.
Am West Dock wird entladen. Dort ist
dann auch Zeit für einen einstündigen
Landgang, Zeit genug, den *store* zu
besuchen oder zum Bradys Beach zu
wandern. Ein Plankenweg windet sich
am Wasser entlang, vorbei an malerischen Holzhäusern, die manchmal auf
Stelzen stehen. In der Zwischenzeit
fährt die »Lady Rose« zum East Dock.

Hier nimmt sie die erschöpften Wande-
rer auf, die den West Coast Trail hinter
sich haben, und von Bord gehen die
Unternehmungslustigen, die diesem
Abenteuer noch entgegenfiebern. Auf
der Rückfahrt wird manchmal noch ein
Abstecher zur Austernfarm im Useless
Inlet gemacht. Am späten Nachmittag,
zwischen fünf und sechs Uhr, ist dann
Port Alberni erreicht.

Von Juni bis September fährt die
»Lady Rose« abwechselnd Bamfield
oder Ucluelet an, den Rest des Jahres
nur Bamfield. Auf der Ucluelet-Tour
kann man in Bamfield für vier Stunden
von Bord gehen, oder weiter durch die
Broken Islands Group fahren, wo Camper und Kajaksportler abgesetzt und
aufgenommen werden. Kanus und
Kajaks können in Port Alberni direkt
am Schiff gemietet werden.

Alberta – Hochgebirge und weite Prärien

Alberta im Überblick

Name: benannt nach Prinzessin Louise Caroline Alberta, Tochter der Königin Victoria; postalische Abkürzung: AB
Größe: 661 185 qkm (zum Vergleich: BRD 358 000 qkm)
Geographie: Alberta ist die viertgrößte und landschaftlich vielfältigste Provinz Kanadas. Endlose Wildnis mit riesigen Nadelwäldern nimmt mehr als 50% des nördlichen Teils ein; in Zentral-Alberta dominiert eine hügelige Parklandschaft mit fruchtbaren Ackerböden. Südlich des 52. Breitengrades erstrecken sich weite Prärien, im Südwesten bilden die Rocky Mountains die natürliche Grenze zu British Columbia. In diesem Gebirgsmassiv befindet sich auch das mächtige Columbia Icefield, das drei große Flußsysteme speist (Columbia, Saskatchewan und Athabasca River).
Höchster Berg: Mt. Columbia (3747 m)
Tiefster Punkt: Slave River im Nordosten (209 m)
Klima: Das trockene und sonnige Süd-Alberta weist die meisten Sonnenstunden ganz Kanadas auf, mit einem Tageshöchstmittel von 24 °C im Juli und Wärmeperioden mit über 30 °C. Zentral- und Nord-Alberta haben moderates Klima, die Winter sind trocken und kalt.
Flora und Fauna: Bedingt durch geringe Niederschläge und sehr warme Sommer herrscht im Südosten eine Prärielandschaft vor. Die ausgedehnten Wälder im Norden der Provinz bestehen größtenteils aus einer Mischung von Nadelhölzern wie Weißfichten und Kiefern sowie Espen, Pappeln und Papierbirken. In den Berglagen und in der Taiga im Nordosten dominieren Nadelbäume, in Höhen oberhalb der Baumgrenze beginnt die Tundra. Die Prärielgebiete sind Lebensraum für Gabelantilopen und Kojoten, auch die größte freilebende Bisonherde Nordamerikas ist

Edmonton: Albertas Sprungbrett zum Norden

von Dieter Kreutzkamp

■ (S. 358) Kanada-Kenner wissen es seit hundert Jahren: Edmonton ist *Gateway to the North* – Sprungbrett ins Abenteuer. Spätestens seit dem Klondike-Goldrausch wußte es die Welt. Wie eine Spinne im Netz wirkt Kanadas *Oil Capital* auf der Karte, die Fäden hält sie fest in der Hand: Nach Westen und Osten verläuft der Yellowhead Highway (nördliche Parallelroute des Transkanada Highway), Highway 2 führt in südlicher Richtung nach Calgary. Für den Norden Kanadas ist Edmonton die Ausgangsbasis schlechthin, wo mächtige Ströme wie Peace, Athabasca und Yukon River zu Kanuabenteuern einladen. Süd- und Nord-Alberta sind durch ein rechtwinkliges Netzwerk bestens ausgebauter Stra-

hier heimisch. In den Waldgebieten leben zahlreiche Elche, Bären, Hirsche, Bergschafe und -ziegen sowie Karibus.

Einwohnerzahl: über 2,5 Mio., davon sind ca. 60 000 Ureinwohner (Indianer)
Hauptstadt: Edmonton, ca. 860 000 Einwohner
Zweitgrößte Stadt: Calgary, ca. 730 000 Einwohner
Zeitzone: Mountain Time (MEZ minus 8 Stunden)
Industrie und Wirtschaft: Raffinerien, petrochemische Produkte, Industriegüter
und Dienstleistungsgewerbe, Leder und Felle. Kanadas Ölzentrum mit großen Vor-
kommen bei Edmonton und Calgary und die Athabasca-Teersände gehören zu den
größten Ölfeldern der Welt. Wegen des Ölreichtums kann die Provinz auf das Erhe-
ben von Mehrwertsteuer verzichten. Die zweitgrößte Einnahmequelle stellt die
Land- und Forstwirtschaft dar: Getreideanbau (überwiegend Weizen), Fleisch-
und Lebensmittelproduktion sowie Viehzucht, Holz- und Papierherstellung.
Provinzblume: Wild Rose *(Rosa acicularis)*

ßen verbunden, das nördlich von Edmonton endet. Hier beginnen einige der berühmten Nordlandstraßen (Alaska Highway und Yellowhead Highway). Seit dem
Bau des Alaska Highway gilt Edmonton
auch als Ausgangspunkt für Exkursionen
in die ›Eisbox Amerikas‹.

Man wird also gar nicht umhinkom-
men, Edmonton einen Besuch abzustat-
ten. Gut so, man hätte sonst viel ver-
säumt. Den Blick auf den North Saskatchewan River zum Beispiel, der sich, als
wolle er jede Seite Edmontons genau betrachten, gemächlich durch die Stadt

mäandert. Man tut gut daran, sich an
ihm ein Beispiel zu nehmen. Dem mächtigen Strom verdankt Edmonton seine Existenz. Wieder einmal waren es Pelzhändler der Hudson's Bay Company, die den
Reichtum des Westens, aber auch die
Handelsmöglichkeiten mit den USA er-
kannten und 1795 an seinem Ufer Fort
Edmonton erbauten. Noch heute kann
man ihren Fährten folgen, sei es im Rahmen einer Paddeltour auf dem North Saskatchewan River Richtung Rocky Mountains oder auf den Spuren des Trappers
Tête Jaune in den Jasper National Park,

Im Spätsommer findet im Gallagher Park das Edmonton Folk Music Festival statt

von dem viele behaupten, er sei der schönere, wildere der beiden berühmten Nationalparks Banff und Jasper – auf jeden Fall ist er der stillere. Die ›Edmontonains‹ sind mächtig stolz darauf, eines der grandiosesten Wildnisgebiete der Welt vor ihrer ›Haustür‹ zu haben. Schließlich ist Jasper nur 300 km entfernt – ein Katzensprung für kanadische Verhältnisse . . .

Edmontons Einwohner, jung (im nationalen Vergleich eine der jüngsten Stadtbevölkerungen) und dynamisch wie die Stadt selbst, haben sich auf ihre touristische Schlüsselposition eingestellt. Eine große Mietwagenflotte steht Besuchern zur Verfügung und generell findet man hier preiswertere Unterkünfte als in Calgary. Überhaupt kann Edmonton mit den niedrigsten Lebenshaltungskosten aller kanadischen Großstädte aufwarten. 1892 lebten gerade mal 700 Menschen im Fort Edmonton. Zählt man

die Bevölkerung der angrenzenden Ortschaften von *Greater* Edmonton hinzu, kommt man auf etwa 860 000 Einwohner – nur 100 Jahre später! Tendenz steigend. Somit steht Edmonton an fünfter Stelle der Metropolen Kanadas und ist damit seinem Rivalen Calgary eine Nasenlänge voraus. Pokerten die beiden Städte noch bis vor Jahren um Macht und Ansehen im Ölgeschäft, so scheint es, als wolle heute die eine die andere durch immer brillantere, futuristischere Architektur ausstechen.

Es lohnt sich, auf einer der zehn Brücken auf die Südseite des Saskatchewan River zu fahren und das Bild der ständig höher strebenden Skyline mit den reflektierenden Fassaden in Bronze, Blau, Grün und Gold auf sich wirken zu lassen. Man spürt, daß hier Geld im Spiel ist. Mehr als 80% aller Ölpumpen Albertas nicken behäbig im Einzugsbereich Edmontons und ›schlürfen‹ dabei wertvolles Öl aus dem Prärieboden und gut die Hälfte der bedeutendsten Ölfelder Albertas liegt in einem 150-Kilometer-Radius um die City. So hat denn auch die erdöl-, kohleverarbeitende und petrochemische Industrie mit fast 40% einen hohen Anteil an der industriellen Produktion.

Dennoch ist Edmonton eine erfrischend grüne Stadt mit einem zumeist freundlichen, tiefblauen Himmel, den es einem stabilen kontinentalen Klima verdankt. Mittleren sommerlichen Höchsttemperaturen an der 17°C-Marke steht im Winter ein Temperaturmittel von –15°C gegenüber. Im Juni laden 17 Stunden Tageslicht zum Bummel durch die 460 (!) Stadtparks ein. Den Höhepunkt stellt zweifellos die kultivierte Wildnis längs des North Saskatchewan River dar, vom Hermitage Park im Nordwesten bis Kinsmen Park unterhalb der High Level Bridge. 74 000 ha Grünland und 25 km *nature trails* machen Edmontons grüne Lunge zum größten städtischen Parkland Nordamerikas.

Man könnte Edmonton mit der Nabe eines Rades vergleichen, um das sich das Leben eines riesigen Hinterlandes dreht. Um nicht zu vergessen – Alberta reicht vom US-Bundesstaat Montana bis hoch zum Athabasca Lake. Dazwischen liegen mächtige Ströme, große Seen, unendliche Wälder, weite Getreidefelder und Grasflächen, auf denen Albertas Stolz, die großen Rinderherden weiden. Hier sind Cowboys noch immer richtige Cowboys. Im Sommer kann man sie auf den Dorf- und Kleinstadt-Rodeos erleben, wenn sie mit achtspännigen *chuck wagon* über den Parcours jagen, mit Bullen ringen oder wildgewordene *broncos* reiten. Hier wird man den Puls Albertas spüren, etwas verstaubt, aber hautnah zwischen Cowboys und -girls.

Zugegeben, vor Jahren sah man sie auch noch häufiger in der City, mit mächtigen Galonenhüten, blitzenden Gürtelschlössern und hochhackigen Boots. Die kraftstrotzende Pioniermentalität lebt heute auf andere Weise fort. Zum Beispiel auf dem Eis, wenn die Hockey Champs der ›Edmonton Oilers‹ zwischen Oktober und April das Northland Coliseum fast zum Kochen bringen. Ähnliches gilt für die ›Edmonton Eskimos‹. Zwischen Juni und November spielen die Stars am Football-Himmel vor 61 000 Zuschauern, während das Baseball-Team der ›Edmonton Trappers‹ zwischen April und August im John Ducey Park ›den richtigen Schlag besorgt‹.

Mag Calgary ruhig mit seiner weltberühmten Stampede glänzen, in Edmonton finden mit dem Canadian Finals Rodeo und den Klondike Days zwei große kanadische Wildwest-Ereignisse statt. Ende Juli geht es während der **Klondike Days** zehn Tage lang drunter und drüber. Der Klang von Bands, Fiedlern und Honky-Tonk-Pianos erfüllt die Luft. Postkutschen, begleitet von wild dreinblickenden Reitern, rollen die kilometerlange Jasper Avenue entlang. Für wenige Tage verstecken sich moderne Fassaden hinter Attrappen im Stil vergangener Jahrhunderte. Von Ochsen gezogene Planwagen rumpeln durch die Straßen. Beschrieben als Nordamerikas größte Party, durchlebt Edmonton noch einmal den Goldrausch, der, traut man der Legende, aus einer friedlichen Kleinstadt des Jahres 1897 eine explodierende *boom town* machte, durch die Tausende von Glücksrittern den Weg am Klondike fanden. Fast scheint es, als sei der Klondike zum Nebenfluß des North Saskatchewan River geworden und Dawson City, das Dorado am Yukon, nicht Tausende von Kilometern entfernt.

Doch die Fakten, die Edmonton mit dem *gold rush* in Verbindung bringen, sind eher spärlich. Kaum 1500 Gold-

Eine komfortable Kunstwelt:
Edmonton Mall

Keine Frage, sie ist auf Anhieb die Nummer eins in Edmonton geworden – die attraktive Edmonton Mall, die weltweit ihresgleichen sucht. Hier wird, was neueste Konsum- und Freizeitarchitektur angeht, wahrlich nicht gekleckert. Hunderte von Geschäften, Boutiquen, Freizeitangebote, Kinos, Restaurants – alles ist großzügig ausgelegt und von überwältigender Üppigkeit. Viele Gags und Gimmicks sorgen für permanente Unterhaltung: von der skurrilen Mobile-Uhr, in der Holzkugeln rollen, springen, fallen und auf diese Weise Gongs und Xylophone zum Klingen bringen über zweistöckige Vogelkäfige voll bunter, seltener Vögel bis zur Springbrunnenallee, deren Fontänen sich im Takt der Musik verändern.

Vom Eisstadion ist es nicht weit bis zur künstlichen Lagune, in der die Delphine ihre Show abziehen, eine Nachbildung von Kolumbus' »Santa Maria« in voller Größe zu bewundern ist und Miniatur-U-Boote zu Rundfahrten einladen. Hier hat Disneyland Pate gestanden. Besonders bei allem, was Kinderherzen höher schlagen läßt: von der Superachterbahn mit doppeltem Looping über Kettenkarussell, Geisterhöhle, Autoscooter bis zum schönen, alten Karussell mit Holzpferdchen, auf denen man reiten kann – eine Luxus-

ausführung der orgelpfeifenbestückten Kirmesknüller der 50er Jahre.

Einsame Spitze aber sind die nassen Späße, die man im Hallenbad der Mall treiben kann – ein Schwimmbad mit Pfiff, das mit wogenden Wellen, riesigem *hot tub* und einem ganzen Dutzend kirchturmhoher Rutschbahnen für jedes Quentchen Mut aufwartet. Und wer sich den freien Fall aus 20 m Höhe ins Bremsbecken nicht zutraut, kann's auch gemütlicher angehen, z.B. auf der ›Genußrutsche‹, die die Höhenunterschiede von Absprung und Aufplatschen in engen Röhren und offenen Rinnen mit weit ausholenden Kurven sanft bewältigt.

Auch das Fantasyland Hotel and Resort ist andes als ein normales Hotel, versteht sich. Hier kann man sich in ›Themen-Zimmern‹ in eine andere Welt versetzen lassen: Hollywood-Traumsuiten, Gemächer aus einem römischen Palast, ja sogar Betten auf einer Ladefläche von *pick up-trucks* – der Phantasie sind wirklich keine Grenzen gesetzt. Gerade das richtige für den kalten Winter in Edmonton. Die Geschäftsleitung behauptet, daß manche Besucher anreisen, um in der Edmonton Mall eine komplette Urlaubswoche zu verbringen.

(K. J. Ohlhoff)

Einkaufs- und Vergnügungstempel der Superlative: die Edmonton Mall

sucher waren es, die sich 1898 von Edmonton zur *Bonanza* am Klondike quälten. Weniger als die Hälfte erreichte das Ziel.

Edmontons Superlative sollen noch um einen weiteren ergänzt werden: ›Canada's Festival City‹ nennen die Einwohner liebevoll ihre Stadt. Die ethnische Vielfalt prägt das kulturelle Angebot. 22% der Bevölkerung sind britischer Abstammung, Deutsche und Ukrainer stellen mit je 7% die nächststärksten Bevölkerungsgruppen. Den Rest bilden

50 weitere Nationen. Jede hat Straßenbild, Architektur, Speisekarten (was bei einem lohnenden Restaurantbummel nachzuprüfen wäre) und das kulturelle Leben bereichert. So waren es die vier im Iran geborenen Ghermezian-Brüder, die mit der **West Edmonton Mall** **1** den größten Shopping- und Vergnügungskomplex auf unserem Globus schufen.

Im Juli und August meldet sich die kosmopolitische Gesellschaft beim Edmonton Heritage Festival im Hawrelak Park zu Wort. Aus mehr als 50 Pavillons

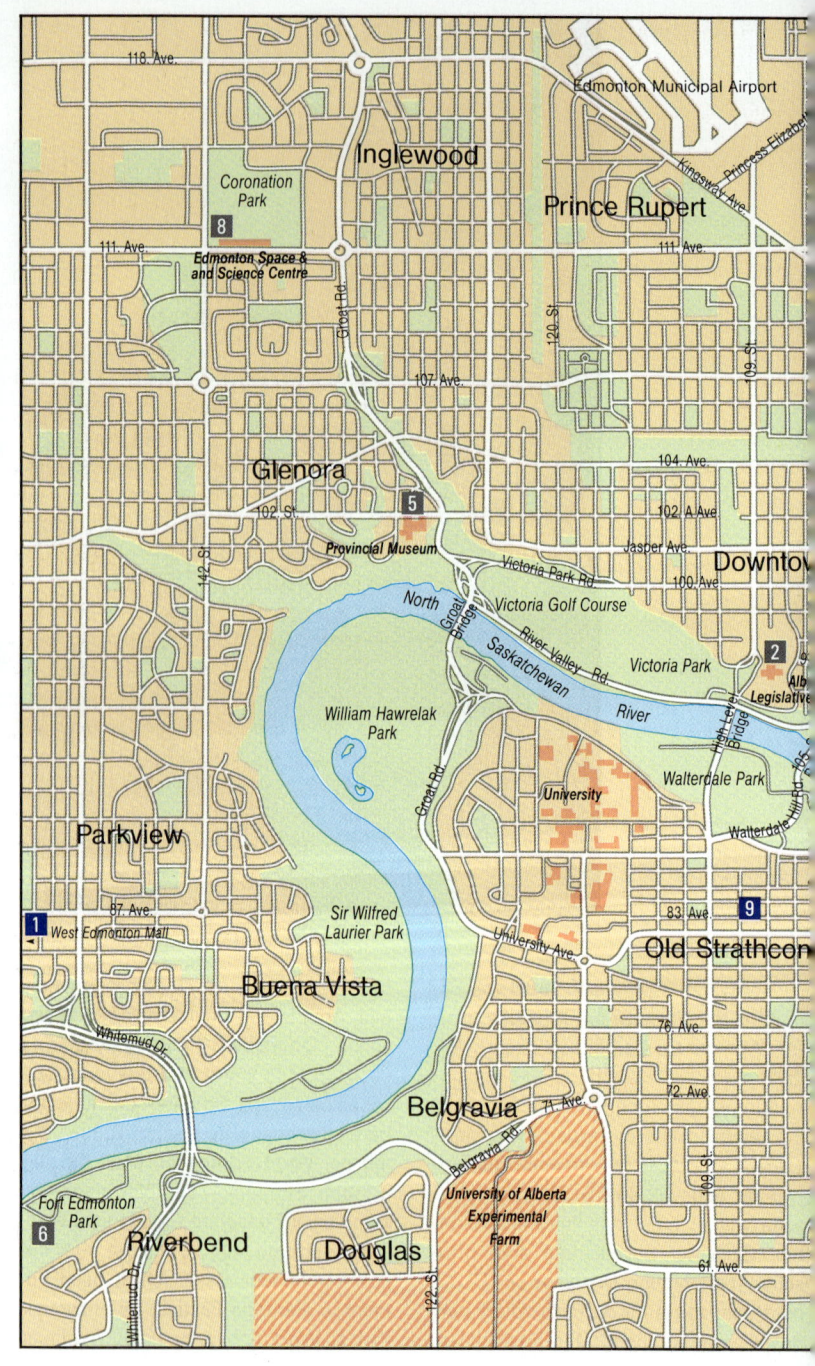

118 Ave.

Edmonton Municipal Airport

Inglewood

Coronation Park

Prince Rupert

111 Ave.

8

Edmonton Space & and Science Centre

Kingsway Ave.

Princess Elizabeth

120 St.

109 St.

107 Ave.

104 Ave.

Glenora

102 St.

5

102 A Ave.

Jasper Ave.

Downtow

Provincial Museum

Victoria Park Rd.

100 Ave.

142 St.

North

Groat Bridge

Victoria Golf Course

River Valley Rd.

Saskatchewan

Victoria Park

2

Alb Legislative

William Hawrelak Park

Groat Rd.

River

High Level Bridge

99 St.

University

Walterdale Park

Parkview

Walterdale Hill Rd.

Walterdale

87 Ave.

83 Ave.

9

1

West Edmonton Mall

Sir Wilfred Laurier Park

Old Strathcon

Buena Vista

University Ave.

76 Ave.

Whitemud Dr.

72 Ave.

Belgravia

74 Ave.

109 St.

Belgravia Rd.

Fort Edmonton Park

University of Alberta Experimental Farm

6

Riverbend

Douglas

122 St.

Whitemud Dr.

61 Ave.

On the map: Elk Island P.P. (Hwy. 16), Richmond Rd., 82. St., 112. Ave., Stadium Rd., Jasper Ave., Dawson Bridge, Edmonton Art Gallery 4, 103. A Ave., 102. Ave., 101. A Ave., 100. Ave., Kinagate, Hotel MacDonald 3, New Level Bridge, James Donald Bridge, 98. Ave., Muttart Conservatory 7, Connors Rd., 85. St., Strathcona's Market, Whyte Ave. (82. Ave.), Richmond Park, 76. St., 63. Ave., N, 0 1 km

Edmonton

dringen Klänge und Düfte der Küchen ebenso vieler Nationalitäten. Sommer ist nun mal Festivalzeit: Während des Du-Maurier Jazz City-Festivals spielen Kanadas beste Jazz-Musiker auf. Vier Tage lang erklingt im Spätsommer im Gallagher Park das Edmonton Folk Music Festival (s. Abb. S. 158).

Stadtbesichtigung

Das Auto sollte man getrost auf einem öffentlichen Parkplatz abstellen und Downtown Edmonton zu Fuß erobern.

Zwischen 109th St. und 97th Ave., dort, wo die High Level Bridge den Fluß überspannt, steht Albertas **Legislative Building** 2, das Parlamentsgebäude der Provinz. Oberhalb des alten Fort Edmonton errichtet, wurde es 1912 fertiggestellt. Auch wenn das Gebäude mit romanischer Kuppel und bombastischem Äußerem manchen Provinzler anziehen mag, so ist es doch ein anderes Bauwerk, das die Aufmerksamkeit auf sich lenkt: **Hotel MacDonald** 3, das älteste Luxushotel der Stadt. Die *grande dame* der Downtown-Hotels wurde 1991 nach längerer Umbauzeit und einem 28-Millionen-Dollar-›*Facelift*‹ wiedereröffnet.

Ein guter Ausgangspunkt, um Edmonton auf eigene Faust kennenzulernen, ist der Sir Winston Churchill Square im Herzen der City. Hier lohnt zunächst die **Edmonton Art Gallery** 4 mit exzellenten Sammlungen Kanadischer Kunst einen Besuch. Weitere Attraktionen befinden sich gleich in der Nähe wie etwa das **China Gate** (102nd Ave./97th St.), der Eingang zu Chinatown. Das Kontrastprogramm bietet nebenan die 1992 eröffnete **Edmonton City Hall,** eine achtstöckige gläserne Pyramide. Beeindruckend ist der bläulich schimmernde ManuLife Place, ein 36-stöckiger Wolkenkratzer. Moderne Architektur besticht auch beim Canada Place, dem Sitz der Bundesbehörden. Den spektakulärsten Blick auf die Stadt hat man vom La Ronde Restaurant, hoch oben auf dem Holiday Inn Crown Plaza.

Und immer wieder trifft man beim Stadtbummel auf den Fluß, der Edmonton in zwei Hälften trennt und auf diese Weise die Strenge der aufstrebenden Hochhauszeilen etwas mildert.

Unvollständig bliebe ein Besuch Edmontos ohne den Besuch des **Provincial Museums** 5 , Ecke 102nd Ave./ 120th St., in dem die kanadische Tierwelt mitsamt ihren ›natürlichen Lebensräumen‹ täuschend ähnlich nachgestellt wird. Adler füttern Junge im Nest, und wachsam

äugt ein äsender Elch aus dem Herbstwald. Man entdeckt handgearbeitete Birkenrindenkanus neben Ausstellungen über Geschichte und Lebensgewohnheiten der Indianer. Für diesen Exkurs ist das Auto erforderlich, genauso wie für den Besuch von **Fort Edmonton Park** 6 . Im originalgetreu rekonstruierten Fort und *Trading Post* wird die abenteuerliche Vergangenheit noch einmal lebendig: Händler in alten Trachten schleppen Pelzbündel und ein Typ wie Casey Johnes brettert mit seiner fauchenden Dampflok über das Gelände (Kamera und genügend Filme mitnehmen). Frühaufstehern serviert man hier ein *pioneer breakfast* im Jasper House Hotel in der 1885th St. Ein Besuch der 1905th St. ist ein Schritt zurück in jene Zeit, als Edmonton die Hauptstadt Albertas wurde (1905).

Im Fort Edmonton Park

Unter den markanten und fotogenen vier Glaspyramiden des **Muttart Conservatory** 7 (96thA St.) gibt es 700 Pflanzenarten aus aller Welt zu bestaunen und im **Edmonton Space & Science Centre** 8 (142nd St.) kann man den ›Sprung ins nächste Jahrhundert‹ wagen. Vielleicht wird man abends in **Old Strathcona** 9 mit seinen schönen alten Backsteingebäuden sitzen und in einem der gemütlichen Restaurants in der Vergangenheit schwelgen: 1891 hatte die Eisenbahntrasse hier die Südseite des North Saskatchewan River erreicht. 1912 beschlossen die 7200 Einwohner Strathconas, sich mit ihrer Schwesterstadt zu vereinen. Das Viertel hat sich nun auf seinen Charme von gestern besonnen. Touristisches Zentrum ist die Whyte Avenue (82nd Ave.) mit hübschen Fassaden und dem farbenfrohen Farmersmarket. In Old Strathcona befindet sich auch das **Modell & Toy Museum** 10, faszinierend nicht nur für Kinder und Modellbauer.

Städte sind oft die Schlüssel zur Region. Für Edmonton und das menschenarme Hinterland gilt das ganz besonders. Der zünftigste Einstieg in Landschaft und Tierwelt der Prärien erfolgt schon 45 km vor den Toren der City. **Elk Island National Park** heißt das 195 qkm große Wildnisgebiet am Yellowhead Highway, in dem ähnliche Bilder fortleben wie sie sich Trappern und Schwarzfuß-Indianern vor 200 Jahren boten. Damals grasten noch 60 Mio. (!) Büffel in den Prärien. Ende des 19. Jh. hatten Buffalo Bill und Zeitgenossen sie auf ein paar Hundert dezimiert. 500 Bisons leben im Elk Island National Park. Forscher und Tierschützer der Region trugen dazu bei, daß heute wieder rund 100 000 ›Könige der Prärie‹ die weiten Graslandschaften West-Kanadas bevölkern.

Traumstraße der Rocky Mountains: Auf dem Icefields Parkway von Jasper nach Banff

Türkisfarbene Gletscherseen, dramatische Felsgipfel und tiefgrüne Berghänge, Wapitihirsche, Bergziegen und Grizzlybären am Straßenrand: der Highway 93, der die beiden Nationalparks Banff und Jasper verbindet, gilt unbestritten als die schönste Panoramaroute West-Kanadas. Als ›Gletscherstraße der kanadischen Rockies‹ führt er mitten durch das Herz des Felsengebirges, immer an dessen Hauptgrat entlang.

Ob im Rahmen einer Rundreise durch British Columbia (s. S. 114 f.) oder als krönender Höhepunkt einer Alberta-Reise – eine Fahrt über den Icefields Parkway darf in keiner Routenplanung für West-Kanada fehlen, auch wenn der Highway im Hochsommer zur beliebten Reisestrecke (fast) aller Besucher wird, mit Kolonnen von Wohnmobilen, teilweise stark überfüllten Aussichtspunkten und kleinen Verkehrsstaus bei jedem Bären, der friedlich am Straßenrand grast. Um dem zu entgehen, bricht man am besten früh morgens, mit Picknickutensilien versorgt, zu der 285 km langen Fahrt von Jasper nach Banff auf. Unterwegs kann man auf zwei- oder dreistündigen Wanderungen schnell in die stille Natur gelangen und abseits des Trubels die unberührte Bergwildnis so richtig genießen. Die reine Fahrstrecke kann theoretisch

Schwarzbären

an einem Tag bewältigt werden, doch wäre es angesichts der unzähligen landschaftlichen Höhepunkte schade, die Region im Schnelldurchgang ›abzuhaken‹. In welcher Richtung die Strecke befahren wird, ist im Prinzip gleich. Von Norden nach Süden zu reisen hat jedoch den Vorteil, daß die attraktivsten Panoramen dann rechter Hand liegen, man also die einzelnen Aussichtspunke ansteuern kann, ohne die Fahrbahn queren zu müssen.

Jasper National Park

Jasper Townsite **1** (S. 366), am Nordende der Route, hat etwa 4000 Einwohner, die hauptsächlich für die beiden großen Arbeitgeber der Region arbeiten – für den Tourismus und die Canadian National Railroad. Und obwohl hier im Sommer ebenfalls lebhafter Betrieb herrscht, ist der Ort im Gegensatz zum mondäneren Banff eher ruhig und bestens für einen preiswerteren Familienurlaub geeignet. Auch die Bergwelt rings um den Ort wirkt noch grandioser und ursprünglicher als die des weiter südlich gelegenen Banff-Nationalparks. Während Banff von der Nähe zu Calgary profitiert, ist Jasper bequem vom 370 km entfernten Edmonton zu erreichen: auf dem Yellowhead

Highway (Hwy. 16) mit dem Auto oder viermal täglich mit dem Greyhound-Bus. Und seit die VIA-Rail den regulären Betrieb auf der Südroute über Banff eingestellt hat, führt heute die einzige Eisenbahnverbindung quer durch Kanada über Edmonton und Jasper nach Vancouver.

Jasper ist eine vergleichsweise junge Stadt. Erst 1911, als der Schienenstrang der Grand Trunk Pacific Railroad von Edmonton nach Prince Rupert durch das Athabasca-Tal zum Yellowhead-Paß verlegt wurde, begann sich der Ort zu entwickeln – zunächst noch unter dem Namen »Fitzhugh«, benannt nach dem Vizepräsidenten der Eisenbahngesellschaft. Die Anfänge sind allerdings viel früher zu suchen: Der Trapper William Henry, mit der Thompson-Expedition in die Region gekommen, ließ sich bereits 1811 in der Nähe der heutigen Jasper Townsite nieder. Die erste europäische Siedlung in den Rockies, »Henry House« genannt, wurde schnell zur willkommenen Raststätte für die Pelzhändler der North West Company auf ihrem beschwerlichen Weg über den Athabasca-Paß.

1813 baute dann der Pelzhändler Jasper Hawes am Ufer des Brûle Lake am Osteingang des heutigen Parks als weiteren Stützpunkt für die Handelsbrigaden der North West Company das »Jasper House« und später ein provisorisches Hotel für Reisende. Nach der Gründung des Nationalparks im Jahre 1907 und dem Bau einer zweiten Eisenbahnlinie, der Canadian Northern, die die ersten Touristen in die Region brachte, erhielten Ort und Nationalparks 1913 offiziell die Bezeichnung Jasper.

Das heutige Städtchen selbst hat zwar kaum Sehenswürdigkeiten zu bie-

Jasper und Banff National Park/
Icefields Parkway

Mt. Robson (3954 m)

Fraser River

Yellowhead Hwy.

16

Hinton

Edmonton

Brûle Lake

Jasper Lake

Pocahontas

Miette River

Miette Hot Springs

3

Pyramid Lake

Jasper

Lac Beauvert

Yellowhead Pass (1131)

Patricia Lake

The Whistlers (2464 m)

1

Jasper

Medicine Lake

ALBERTA

Amethyst Lakes

Angel Glacier

Mt. Edith Cavell (3363 m)

93A

Athabasca Falls

2

Maligne Lake

National Park

Mt. Kerkeslin (2956 m)

Sunwapta Falls (2035 m)

Brazeau Icefield

Continental Divide

Mt. Brazeau (3470 m)

Sunwapta Peak (3315 m)

Bighorn

93

Brazeau Lake

Athabasca Glacier

Mt. Columbia (3747 m)

4

Columbia Icefield

Sunwapta Pass (2035 m)

Parks Canada Icefield Centre

Wildland

David Thompson Hwy.

North Saskatchewan

11

Saskatchewan River Crossing

Glacier Lake

Mystya Canyon

Recreation

Mystya River

Peyto Lake

5

Bow Lake

Banff

Area

Yoho

Hector Lake

Glacier National Park

7

Kicking Horse Pass (1647 m)

National

National Park

Plain-of-the Six Glaciers

6

Lake Louise

Park

Columbia River

Moraine Lake

Castle Mountain

Kootenay National Park

Cascade Mountains

Stoney Mountain

Bow River

93

Banff

8

Lake Minnewanka

Sulphur Mountain

Kananaskis

BRITISH COLUMBIA

Canmore

Transkanada Hwy.

1

Calgary

ten, eignet sich jedoch hervorragend als Ausgangspunkt für Tagesausflüge und Wanderungen in die grandiose Bergwelt ringsum. Im Park Information Centre, gegenüber vom Bahnhof, erhält man detaillierte Informationen und umfangreiches Material über den Nationalpark, über Campingmöglichkeiten und *hiking trails*. Am Connaught Drive, der Hauptstraße von Jasper, befinden sich die meisten Restaurants und Geschäfte.

Den besten Überblick auf die Umgebung erhält man vom **Whistlers Mountain**, ein paar Kilometer südlich des Ortes. Mit der Jasper Tramway geht es fast 1000 m steil bergauf. Von der Bergstation in 2285 m Höhe bietet sich ein herrlicher Blick über Jasper und die Täler von Athabasca und Miette River mit zahlreichen Seen und Bergketten. An klaren Tagen ist im Nordwesten sogar der 80 km entfernte gletscherbedeckte Gipfel des Mount Robson zu sehen – mit 3954 m der höchste Berg der kanadischen Rockies. Die spektakuläre Aussicht läßt sich entweder gemütlich vom Restaurant aus genießen oder während der einstündigen Wanderung zum 2664 m hohen Gipfelpunkt des Whistlers. Unterwegs gewinnt man einen guten Einblick in das alpine Ökosystem und kann Erdhörnchen, Raben und Murmeltiere beobachten. Die pfeifenden Gesellen haben dem Berg seinen Namen gegeben.

Ausflüge in die Umgebung von Jasper

Nördlich von Jasper führt die 5 km lange Pyramid Lake Road zu zwei der größten und schönsten Seen in der Umgebung des Ortes: Patricia und Pyramid Lake, stille Waldseen mit guten Möglichkeiten zum Wandern, Kanufahren, Segeln, Windsurfen, Angeln und Trailreiten.

Wie in Banff gibt es auch im Jasper National Park ein ehrwürdiges großes *Railroad Hotel,* die **Jasper Park Lodge** am idyllischen Lac Beauvert. Die erste Lodge, damals die gößte Blockhütte der Welt, wurde 1922 von der neu gegründete Canadian National Railway erbaut. Sie brannte 1952 ab und wurde durch das heutige luxuriöse Resort-Hotel ersetzt. Auch wenn man hier nicht übernachten will, lohnt sich ein Besuch, vielleicht verbunden mit einem guten Dinner bei schöner Aussicht.

Bemerkenswert ist der Wildreichtum der Region: Stattliche Wapitihirsche plündern so manches Mal die Blumenrabatten an Jaspers Hauptstraße, und auch die Bighorn-Schafe am Ortsausgang kümmern sich wenig um die motorisierten Touristen. Auf Fahrten und Wanderungen in der Umgebung sind häufig Elche und Schwarzbären zu beobachten, und in den entlegeneren Bergregionen leben auch Grizzlies. So ist es keine übertriebene Vorsicht, wenn die Parkverwaltung durch Schilder und Broschüren immer wieder darauf hinweist, daß man sich im *Bear Country* befindet und diese Tatsache entsprechend respektieren sollte. Das bedeutet, vor allem beim Campen keine Nahrungsmittel und Abfälle offen liegen zu lassen, sondern in den extra dafür aufgestellten bärensicheren Behältern oder in freier Natur auf Bäumen zu deponieren (s. S. 50). Für Autofahrer gilt die Mahnung, jederzeit mit Wild auf der Fahrbahn zu rechnen und entsprechend vorsichtig zu fahren. Die zahlreichen Wildunfälle im Jasper-Nationalpark unterstreichen die Berechtigung solcher Ratschläge.

Besondere Vorsicht empfiehlt sich denn auch auf der 50 km langen Straße zum Maligne Lake, wo man vor allem in den Morgen- und Abendstunden mit Sicherheit Wild begegnen wird. Eine ausgezeichnete Gelegenheit zum Fotografieren – sogar vom Auto aus lassen sich einmalige Aufnahmen von Elchen und Bären machen. Auch an landschaftlichen Attraktionen hat der Weg zum See einiges zu bieten, daher sollte man sich für diesen Ausflug genügend Zeit nehmen.

Bereits wenige Kilometer außerhalb von Jasper beginnt eine Art geologisches ›Wunderland‹, der **Maligne Canyon,** den der Maligne River (1846 vom Jesuitenmissionar Pater de Smet benannt, der den Fluß nur unter großen Schwierigkeiten überqueren konnte) im Laufe der letzten 11000 Jahre bis zu 55 m tief in die Kalksteinfelsen geschliffen hat. An manchen Stellen ist der Canyon so schmal, daß Eichhörnchen ihn mühelos überspringen können. Die Luft ist kühl und feucht, uralte Douglas-Fichten klammern sich an die bemoosten Felsen über der Schlucht. Der am Canyonrand entlang führende Trail (Hinweisschilder) ist an mehreren Stellen von der Maligne Road aus zugänglich. Der kürzeste Rundweg dauert weniger als eine halbe Stunde, man kann der Schlucht aber auch zwei Stunden lang folgen.

Eine geologische Besonderheit ist auch der **Medicine Lake.** Sein Wasser und das des Maligne River verschwinden alljährlich im Herbst in einem Höhlensystem des verkarsteten Untergrundes. Erst im 17 km entfernten Maligne Canyon taucht es wieder auf. Vom Herbst bis zum Frühjahr durchziehen nur dünne Rinnsale den ausgetrockneten Seeboden, bis dann im Sommer das starke Schmelzwasser der Gletscher den See auffüllt und auch der Maligne River wieder munter durch sein Bett strömt. Die Höhlen und Kanäle des unterirdischen Flusses können ein Wasservolumen von fast 60 m^3/Sek. befördern. Das Karstsystem des Maligne ist einzigartig und gilt als das größte dieser Art in der Welt – einer der Hauptgründe, weshalb der Jasper Park von der UNESCO zur World Heritage Site erklärt wurde.

Am Ende des Tals ist dann auch das Ziel dieses Ausflugs erreicht – **Maligne**

Größter See der kanadischen Rockies: der Maligne Lake

Lake **2**. Wohl nur Lake Louise dient so oft als Fotomotiv wie dieses Juwel des Jasper National Parks. 1875 trafen die ersten weißen Pioniere auf den See, ohne ihm viel Beachtung zu schenken. Erst im Jahre 1908 entdeckte die Fotografin und Schriftstellerin Mary Schäfer den Bergsee neu und machte ihn durch ihre Aufnahmen bekannt.

Mit 22 km Länge, einer durchschnittlichen Breite von einem Kilometer und einer Tiefe von bis zu 96 m ist der Maligne Lake der größte See der kanadischen Rockies. Gespeist wird er von den Schmelzwassern der Brazeau Icefields. Neben seiner sprichwörtlichen Schönheit ist der See auch als ein Angelgewässer für ›Rekordforellen‹ bekannt. Weithin leuchtet das rote Dach des historischen Bootshauses, wo Kanus gemietet werden können, und Ausflugsschiffe bringen den Besucher zur ›Postkarteninsel‹ **Spirit Island** (s. Titelbild) und bis ans Ende des von schneebedeckten Dreitausendern umrahmten Sees. Zwei Stunden dauert die eindrucksvolle Rundfahrt mit dem Boot. Ein etwa 3 km langer Wanderweg führt am Seeufer entlang.

Wie in vielen anderen Regionen der Rockies gibt es auch im Jasper Nationalpark heiße Quellen. Ab Jasper folgt der Highway 16 in nordöstlicher Richtung dem hier bereits breit mäandernden Athabasca River, der sich nach einigen Kilometern zum Jasper Lake weitet. Bei Pocohontas, einem ehemaligen Minenort, der bis 1921 vom Kohlebergbau lebte, bildet der Athabasca kleine Seen, an deren Ufern oft Biber und besonders im Frühjahr und Herbst viele der 200 im Jasper National Park vorkommenden Vogelarten zu beobachten sind. Hier zweigt die Straße nach **Miette Hot Springs** **3** ab. Die Mineralquellen von Miette sind mit 54°C nicht nur die heißesten der Rockies, sie sprudeln auch am kräftig-

sten. Schon die Indianer, Siedler und Trapper wußten ihre wohltuende Wirkung zu schätzen. Erst die Bergarbeiter von Pocohontas bahnten jedoch 1910 einen Weg zur Quelle und bauten dort einen kleinen Pool. Heute führt eine bequeme Straße dorthin. Ein Chalet mit Restaurant sorgt für den nötigen Komfort.

Ein schöner Tagesausflug ist die Rundfahrt über den Highway 93 und 93A zu den Athabasca Falls, knapp 30 km südlich von Jasper Townsite. Vom 93A lohnt ein 15 km Abstecher zum Cavell Lake, in dem sich das bläulich schimmernde Eis des Angel Glacier und der **Mount Edith Cavell** spiegeln. Der 3363 m hohe Berg wurde nach einer englischen Krankenschwester benannt, die im Zweiten Weltkrieg Kriegsgefangenen zur Flucht verhalf und von deutschen Soldaten erschossen wurde. Ein kurzer Pfad führt über eine Moräne zu einem Aussichtspunkt, der einen herrlichen Blick über Tal und Bergmassiv bietet. Das schönste Fotolicht herrscht abends oder ganz früh am Morgen. Hier beginnt auch einer der beliebtesten Trails des Jasper Backcountry – eine 42 km lange Rundstrecke zum tiefgrünen, idyllischen Tonquin Valley mit den **Amethyst Lakes.** Wer sie nicht zu Fuß erwandern möchte, kann die Landschaft auch auf dem Pferderücken erleben, denn Outfitter veranstalten hier mehrtägige Trailritte.

Kurz bevor der Highway 93A auf den Highway 93 trifft, sind die **Athabasca Falls** erreicht. 12 m tief donnern die Wasser des Athabasca River über Quarzgestein in einen kurzen engen Canyon. Auf einem Lehrpfad gelangt man, durch Geländer geschützt, dicht an die Fälle heran, auf Tafeln wird die Entstehungsgeschichte erklärt. Sprühnebel sorgen für einen Regenbogen, und die immer feuchte Luft für einen dichten grünen Bewuchs des Canyons mit Moosen, Flechten, Wildblumen und schattenliebenden Büschen. Östlich der Fälle ragt der Mount Kerkeslin auf, dessen Name in der Sprache der Indianer Vielfraß bedeutet.

Wir befinden uns hier schon auf dem **Icefields Parkway**, wie der 230 km lange Teil des Highway 93 zwischen Jasper und Lake Louise genannt wird. Sicherlich eine der schönsten Bergstraßen der Welt, führt sie entlang der kontinentalen Wasserscheide mitten durch das Herz der kanadischen Rockies, vorbei an zahlreichen Gletschern, rauschenden Wasserfällen, leuchtenden Seen, grandiosen Bergketten, durch weite Flußtäler und tiefgrüne Fichtenwälder. Indianer und Trapper benutzten schon Anfang des 19. Jh. diese Route, die sie den ›Wundertrail‹ nannten.

Der heutige Highway 93 entstand im Rahmen einer Arbeitsbeschaffungsmaßnahme während der Wirtschaftskrise der 30er Jahre. 1940 rollten die ersten Autos über den Parkway, der 1961 in seiner jetzigen Form ausgebaut wurde. Heute befahren jährlich über eine Million Menschen die Strecke zwischen Jasper und Lake Louise. Dennoch, mit Ausnahme der Hauptreisezeit im Juli/August ist von zu großer Verkehrsdichte kaum etwas zu spüren.

Nach etwa 25 km tauchen die malerischen **Sunwapta Falls** auf. Von hier ab führt der *Parkway* durch das weite von Gletschern geformte Tal des Sunwapta River. Nach weiteren 50 km nähert man sich dem Höhepunkt der Fahrt, dem **Columbia Icefield 4**, dem der Mount Columbia, mit 3747 m zweithöchster Berg der kanadischen Rockies, seinen Namen verlieh. Es ist das größte Eisfeld der Rocky Mountains. In 3000 m Höhe bedeckt die über 360 m dicke und 325 qkm große Eisfläche die Berge und Täler an der kontinentalen Wasserscheide *(continental divide)*. Acht Gletscher ha-

ben hier ihren Ursprung und ihr Schmelzwasser speist drei von Kanadas großen Flußsystemen, die in drei Meeren münden: im Westen fließt der Columbia River zum Pazifik, im Norden der Athabasca zum Eismeer und im Osten der North Saskatchewan River über die Hudson Bay zum Atlantik. Mehr als zehn Meter Schnee pro Jahr sorgen für den nötigen Nachschub. Drei der Gletscher sind vom Icefields Parkway aus sichtbar: Stutfield, Dome und Athabasca. Einen Vorgeschmack auf das riesige Eisfeld vermittelt der Blick auf das ›Amphitheater‹ des Stutfield-Gletschers.

Am leichtesten zugänglich ist der mächtige **Athabasca Glacier.** Bis auf 1,5 km reicht er an den Highway heran. Im Columbia Icefield Chalet gibt es Unterkünfte, ein Restaurant und eine Tankstelle. Im **Parks Canada Icefield Centre** werden Diashows gezeigt und man erhält Informationen und Broschüren über das Eisfeld und die Gletscher. Auf der gegenüberliegenden Seite des Highway führt eine Straße zum Parkplatz am Sunwapta Lake, von hier läuft man über das Geröll der Endmoräne ein paar Minuten bis zum Fuß des Gletschers. Hinweisschilder entlang der Straße zeigen den jeweiligen Stand des Gletschers in den vergangenen Jahrzehnten an. Noch vor 100 Jahren hätte man den Highway durch den Gletscher bauen müssen. Zur Zeit zieht er sich jedes Jahr einige Meter zurück. Man kann auch über das Eis laufen, aber hier auf dem schmuddelig grauen Ausläufer des Gletschers ist das nicht besonders attraktiv. Entweder sollte man an einer der mehrstündigen geführten **Gletscherwanderungen** teilnehmen oder aber mit *snow coach tours* eine Exkursion auf den Gletscher unternehmen. Diese äußerst geländegängigen, 20 t schweren Spezialfahrzeuge können mit ihren überdimensionalen Reifen auch auf Eis

Spezialfahrzeuge (snow-coaches) *bringen Besucher in die Gletscherwelt der Rocky Mountains*

Steigungen bis zu 32 Grad bewältigen. Sie fahren mehrere Kilometer weit auf den Gletscher, wo die Passagiere aussteigen und die grandiose Eislandschaft des Athabasca Glacier hautnah erleben können. Die blendendweiße, zerklüftete Schneefläche ist unterbrochen von hellblau schimmernden Eisspalten und munter sprudelnden Schmelzwasserbächen, die manchmal gurgelnd in die Tiefe einer ›Gletschermühle‹ verschwinden. Fast jeder Besucher taucht einmal die Hände in den Gletscherbach und probiert das Wasser vom Dach der Rocky Mountains.

Banff National Park

Gleich nach dem Athabasca Glacier folgt der 2035 m hohe **Sunwapta-Paß.** Er markiert die Grenze zum Banff National Park und die Wasserscheide zwischen Sunwapta und North Saskatchewan River. Nahezu auf Paßhöhe führt vom Parker Ridge Trailhead ein drei Kilometer langer Rundweg durch Fichtenwald, bizarres Krummholz und alpine Tundra zu einem Bergkamm mit einem überwältigenden Ausblick auf den Saskatchewan Glacier, aus dessen Schmelzwasser auch der gleichnamige Fluß entsteht. Auch wenn man auf dem Icefields Parkway keine Wanderungen geplant hat, diese sollte man auf keinen Fall verpassen. Von Mitte Juni bis Mitte Juli blühen zahlreiche Bergblumen: alpine Heide, Immergrün, Schneeröschen – und in auffallendem Farbkontrast das Blau des Enzian und Vergißmeinnicht mit den dichten rosa Blütenpolstern des Campion-Mooses. Die Parker Ridge ist auch einer der besten Plätze, um Bergziegen aus der Nähe zu beobachten. Warm anziehen sollte man sich auf jeden Fall, denn hier oben weht meist ein böiger Wind und durch die Nähe des Eisfeldes ist es hier bis zu 10 Grad kälter als im Tal.

Am **Saskatchewan River Crossing,** 55 km südlich vom Sunwapta-Paß, wird der North Saskatchewan überquert, der sich hier in einem breiten Tal den Weg nach Osten durch die *Front Range* der Rockies bahnt. Hier zweigt der David Thompson Highway ab, der dem Fluß in Richtung Osten nach Rocky Mountain House folgt. Von der Paßhöhe bis hierher hat der Icefields Parkway bereits 700 Höhenmeter verloren, und da durch das breite Saskatchewan-Tal vom Osten her wärmere und trockene Luft strömt, gleicht die Landschaft hier eher den *foothills* als einem alpinen Hochgebirge. Bevor die Brücke über den Saskatchewan River gebaut wurde, war die Durchquerung des Flusses immer ein kritischer Moment für die Pferdekarawanen auf dem Weg von Lake Louise nach Norden. So manche Expedition mußte hier abgebrochen werden, weil die Vorräte verlorengingen.

Vom **Howse River-Aussichtspunkt** öffnet sich ein beeindruckender Panoramablick über das weite Tal des North Saskatchewan und die Täler seiner Zuflüsse, des Mistaya und Howse River. Ein paar Kilometer weiter führt von einem *turnout* ein kurzer Weg hinab zu einer Fußgängerbrücke über den **Mistaya Canyon.** Hier hat sich der Fluß in Jahrtausenden tief in den Kalksteinfels eingegraben und durch mitgeführte Steine und Felsbrocken Treppen, Bögen, Kessel und Höhlen aus dem Fels geschliffen.

Am Bow Summit, mit 2069 m der höchste Paß des Icefields Parkway, führt eine kurze Straße zum **Peyto Lake Viewpoint.** Hier bietet sich ein atemberaubender Panoramablick über den in intensivem Türkis leuchtenden ›Bilderbuch‹-See und das Tal des Mistaya River. Ein steiler Pfad führt zum 240 m tiefer gelegenen See hinunter. Der **Peyto Lake 5**, bis zum Juni mit Eis bedeckt, ist ein Gletschersee, der durch die im Schmelzwasser enthaltenen Sedimente seine typische Farbe erhält. Die extrem feinen Gesteinspartikel reflektieren besonders

das blaugrüne Farbspektrum. Deshalb ist der See bei Beginn des Sommers noch tiefblau, um dann mit zunehmendem Sedimentanteil eine seiner berühmten Grünschattierungen anzunehmen. Seinen Namen erhielt der See nach ›Wild‹ Bill Peyto, einem der ersten Bergführer und späteren Ranger des Parks.

Bei **Lake Louise Village,** wenige Kilometer hinter der Einmündung des Highway 93 in den Transkanada Highway, endet der Icefields Parkway nach insgesamt 230 km. Der kleine Ort besitzt ein paar Geschäfte und Hotels sowie eine Bahnstation. Eine Gondelbahn führt hinauf zur 2034 m hoch gelegenen Bergstation des Mount Whitehorn (2669 m). Die Fahrt dauert fast 20 Minuten. Oben gibt es neben üblichem Restaurant und Souvenirshop alpine Wiesen und selbstverständlich auch Panoramablicke auf schneebedeckte Berge und den Lake Louise in der Ferne. Im Winter gilt der Berg als eines der größten und schönsten Skigebiete Kanadas.

Die Hauptattraktion dieser Region ist natürlich **Lake Louise 6** mit dem mächtigen Victoria-Gletscher. Der blaugrün schimmernde See, von einer malerischen Bergkulisse umrahmt, ist wohl der meistbesuchte der Rocky Mountains. Tom Wilson, ein Arbeiter der Canadian Pacific Railroad, war der erste Europäer, der diese ›Perle der Rockies‹ zu Gesicht bekam. Am Seeufer thront inmitten schöner Blumenanlagen das trutzige Château Lake Louise mit Übernachtungsmöglichkeiten für über 1000 Gäste, ursprünglich 1890 von der Canadian Pacific Railroad gebaut und nach einem Feuer 1924 wieder neu errichtet. Man kann Kanus mieten, und ein Netz von gut markierten Wanderpfaden erschließt die Berglandschaft ringsum. Besonders reizvoll sind die Wanderungen zum Lake Agnes (3,5 km) und zum Plain of the Six Glaciers

Lake Louise am Fuße des mächtigen Victoria-Gletschers

(5,5 km), einem Bergplateau mit subalpiner Vegetation und schöner Aussicht auf sechs Gletscher. Gelegentlich hört man das Geräusch von Gletscherabbrüchen und ins Tal polternden Felsbrocken. Beide Wanderungen beginnen mit einem Spaziergang entlang des rechten Seeufers und an ihren Endpunkten wartet jeweils ein *teahouse,* wo man gemütlich rasten und das mitgebrachte Lunch verzehren kann.

Ein weiterer schöner Ausflug führt über eine 12 km lange Stichstraße zum **Moraine Lake** im ›Tal der zehn Gipfel‹. Der stille, milchigblaue Gletschersee, umrahmt von den wildgezackten, schneebedeckten Felsgipfeln der Wenkchemna Peaks, wurde erst wenige Jahre vor der Jahrhundertwende entdeckt. See und Berge, die über zwanzig Jahre lang die Rückseite der kanadischen 20-Dollar-Note zierten, sind landschaftlich genauso attraktiv wie Lake Louise, nur nicht so überlaufen. Vom Moraine Lake aus lassen sich Wandertouren unternehmen, Kanus können gemietet werden, und für Unterkunft und Verpflegung sorgt die Moraine Lake Lodge.

Von Lake Louise lohnt sich ein landschaftlich äußerst reizvoller Abstecher zum nahen **Yoho National Park** 7 (S. 397), der über den Transkanada Highway schnell zu erreichen ist. Schon nach wenigen Kilometern westwärts überquert man den Kicking Horse Pass. Hier beginnt die Provinz British Columbia und – direkt an den Banff Park angrenzend – auch der 1300 qkm große Yoho-Nationalpark an der Westflanke der Rocky Mountains. Ein noch relativ wenig erschlossenes Schutzgebiet, das Banff mit grandiosen Hochgebirgslandschaften, reißenden Flüssen, tosenden Wasserfällen und stillen Seen in nichts nachsteht. Vom Transkanada Highway, der einzigen Straße durch den Park, führen kurze Stichstraßen zu Aussichtspunkten und den Hauptattraktionen. Höhepunkte sind das Yoho Valley, die 384 m hohen Takakkaw Falls und der leuchtendgrüne Emerald Lake. *Yoho* bedeutet in der Sprache der Cree-Indianer ›Erstaunen‹, ›Verwunderung‹ – was die grandiose Bergwelt mühelos rechtfertigt.

Vor der knapp 60 km langen Fahrt von Lake Louise nach Banff muß man sich entscheiden: Entweder nimmt man den schnelleren Transkanada Highway westlich vom Bow River mit besonders schöner Aussicht auf den Fluß und dem imposanten Castle Mountain – oder man trödelt gemütlich auf dem Bow Valley Parkway südwärts, einer idyllischen, weniger befahrenen Nebenstrecke östlich des Flusses, mit guten Möglichkeiten zum Wandern, Angeln und Wild beobachten. Beide Strecken sind etwa gleich lang und landschaftlich reizvoll.

Banff und die Upper Hot Springs

Hübsch gelegen im Tal des Bow River und umgeben von den schroffen Gipfeln der Cascade und Stoney Mountains im Norden, dem Tunnel Mountain im Osten und dem bewaldeten Sulphur Mountain im Süden, ist Banff 8 (S. 348) das touristische Zentrum des Nationalparks. Der Ort hat heute über 5000 Einwohner, eine Zahl, die durch den Besucherstrom im Sommer leicht auf über 35000 anwachsen kann. An der breiten **Banff Avenue,** wo die meisten Geschäfte, Restaurants und Hotels zu finden sind, herrscht dann dichtes Gedränge. Neben den üblichen Souvenirs und Touristenkitsch präsentieren die Schaufenster teuren Schmuck und exklusive Mode ebenso wie Ausrüstungen für Bergwanderer, Mountainbiker und Angler.

Viele *backpacker* benutzen den Ort als Ausgangspunkt für Aktivitäten in der Umgebung, und abends trifft man sich in der Disko. Im Verhältnis zu seiner Größe hat Banff ein erstaunlich reges Nachtleben. Auffallend sind die vielen japanischen Touristen, die den Ort in den letzten Jahren mehr und mehr erobert haben. In vielen Geschäften und Restaurants gibt es bereits japanische Schilder und Speisekarten, und die Einheimischen beschweren sich schon mal, daß die Hälfte der Stadt in japanischem Besitz ist. Dennoch, bei allem Trubel lohnt sich ein Aufenthalt von wenigstens ein paar Tagen, denn die herrliche Bergwelt rings um das Städtchen macht vieles wieder wett. Neben guten Hotels finden sich auch gemütliche Restaurants und Cafés, wie zum Beispiel der Fine Grind Coffee Shop an der Cariboo Street.

Moraine Lake im ›Tal der zehn Gipfel‹ ▷

Auch kulturell hat Banff einiges zu bieten. Im **Banff Centre and School of Fine Arts** finden das ganze Jahr über Ausstellungen und Veranstaltungen statt, die ihre Höhepunkte während des sommerlangen Banff Festival of the Arts finden. Dann lockt ein buntes Programm die Besucher aus aller Welt: Kunstausstellungen und Workshops, Literaturlesungen, Oper, Musicals, Theater, Ballett, klassische Musik und Jazzkonzerte – für jeden Geschmack und Anspruch etwas. In der Galerie des **Whyte Museum of the Canadian Rockies** werden – mit thematischem Schwerpunkt auf den Rocky Mountains – Arbeiten von örtlichen und nationalen Künstlern gezeigt und Vorträge und Lesungen gehalten. Ein umfangreiches Archiv enthält Memorabilien, Dokumente und Fotos zur Geschichte von Banff und der Region, wechselnde Ausstellungen greifen einzelne Aspekte der Rocky Mountains auf. Interessant sind auch die Manuskripte und Tonbandaufzeichnungen von zahlreichen Pionieren und Outfittern aus den Anfangsjahren des Banff National Parks.

Das Luxton Museum am südlichen Ufer des Bow River beschäftigt sich mit dem Leben der Prärie-Indianer. Gebäude und Exponate sind das Lebenswerk von Norman Luxton, einem Redakteur, Zeitungsverleger und frühen Promoter des Tourismus, der die Banff Indian Days organisierte und den Banff Winter Carnival ins Leben rief. Luxton hatte sich durch seine Aufrichtigkeit und Hilfsbereitschaft den Respekt und das Vertrauen der Stoney-Indianer erworben. 1952 eröffnete er mit den Sammlungen aus seiner schließlich sechzigjährigen Freundschaft mit den Stoneys das kleine Indianermuseum in einem rekonstruierten *trading post* am Bow River.

Im Ortszentrum, an der Banff Avenue, gibt es zwei kleine naturgschichtliche Museen. Das schon etwas angestaubte **Banff Park Museum** ist Westkanadas ältestes Naturkundemuseum. Hier sind praktisch alle Säugetiere und Vögel des Banff National Parks untergebracht – ausgestopft natürlich. Auch wenn man sonst nichts für präparierte Tiere übrig hat, gewinnt man hier doch wertvolle Einsichten für die spätere Naturbeobachtung in freier Wildbahn. Die Trophäen stammen übrigens aus der Anfangszeit des Parks, als das Jagen in der Region noch erlaubt war. Das historische Gebäude des Museums, 1903 erbaut und innen ganz mit Douglasien-Holz eingerichtet, steht unter Denkmalschutz. Im **Natural History Museum** erläutern Displays das Höhlensystem der Region, einschließlich der Castlegar-Höhle unter dem Columbia Icefield. Außerdem sind noch Dinosaurierschädel und diverse fossile Exponate zu sehen.

Im **Parks Canada Infocentre** (224th Banff Avenue) gibt es hervorragendes Karten- und Informationsmaterial über Banff und den Nationalpark: Sehenswürdigkeiten, die besten Wander- und Fahrradwege, Campingplätze, aktuelle Wettervorhersagen – und man weiß auch wann und wo in letzter Zeit Bären gesichtet wurden. Denn die gibt es natürlich auch im Banff-Nationalpark – wenn auch nicht so häufig wie in Jasper.

Den Namen Banff erhielt ›Siding 29‹, wie der kleine Eisenbahnposten zuvor schlicht genannt wurde, übrigens in Erinnerung an das schottische Banffshire, Geburtsort von Sir George Stephen – erster Präsident der Canadian Pacific Railway. Bei den Straßen hat man sich an die heimische Tierwelt gehalten: Bis auf die Banff Avenue und einige andere heißen sie Caribou, Moose, Wolf, Beaver . . .

Westlich der Stadt führt eine zehn Kilometer lange Straße parallel zum Transkanada Highway zu den **Vermillion**

Lakes. Die drei Seen liegen in einem Überschwemmungsgebiet des Bow River und sind ein Wild- und Vogelparadies. Fischadler und *Bald Eagles* (Weißkopf-seeadler) horsten hier, und auf dem Fenland Trail, einem idyllischen anderthalb Kilometer langen Rundweg, sieht man Biber, Wapiti und manchmal auch Elche. Eine kleine Herde *Wood Bison* kann man im **Buffalo Paddock,** einem umzäunten Schutzgebiet nördlich des Transkanada Highway, beobachten.

Den besten Überblick über das 1384 m hoch gelegene Banff und das Bow Valley bekommt man vom 2285 m hohen Gipfel des **Sulphur Mountain.** Acht Minuten lang hat man während der Fahrt mit der Sulphur Mountain Gondola zur Bergstation Zeit, den herrlichen ›360°-Panoramablick‹ zu genießen. Oben angelangt, kann man dann in Kanadas höchstem Restaurant dinieren oder sich auf dem ein Kilometer langen Summit Ridge Trail und dem ebenfalls kurzen Vista Trail zum nahen Samson Peak die Beine vertreten. Von hier überblickt man die gesamte Stadt mit dem Bow Valley, bis zu den Ausläufern des **Lake Minnewanka,** dem größten See des Parks, der 1941 zu seiner jetzigen Größe aufgestaut wurde, ein beliebtes Ausflugsziel, vor allem für Wanderer und Angler. Besonders letztere finden hier die rechten Fischgründe – vor einigen Jahren wurde ein 30pfündiger Seesaibling *(lake trout)* aus dem kühlen Wasser geholt. Am Nordufer führt ein 27 km langer Trail entlang, auf dem man häufig äußerst zutraulichen Bighorn-Schafen begegnet. Wer nicht wandern möchte, kann den See auch auf einer anderthalbstündigen Bootstour genießen.

Doch zurück zum **Sulphur Mountain,** denn hier betritt man geschichtsträchtiges Terrain. An seiner Flanke wurden vor gut hundert Jahren die Schwefelquellen entdeckt, die zur Gründung des damals

noch kleinen Nationalparks führten und den Kurort Banff bald weltberühmt machten. Im Cave and Basin Centennial Centre am Fuße des Berges ist die historische Höhle der *hot springs* zu besichtigen. Zur Jahrhundertfeier 1987 hat man das alte Badehaus neben dem Schwimmbecken wieder rekonstruiert. Drinnen erläutern Ausstellungen die Geologie der Rockies und die Auswirkungen des warmen Schwefelwassers auf Flora und Fauna der Region. Insgesamt sprudeln acht heiße Quellen in der Umgebung von Banff, fünf davon am Sulphur Mountain, darunter auch die mit 42° C wärmsten, die **Upper Hot Springs** nahe der Talstation der Gondola.

Die Indianer kannten die heilsame Wirkung der Quellen schon lange. Aber es bedurfte erst eines Zufalls, um die Cave and Basin Hot Springs, wie sie später genannt wurden, zu entdecken. An einem Novembertag des Jahres 1883 nutzten die Eisenbahnarbeiter Frank McCabe, Thomas McCardell und sein Bruder William ihre Freizeit dazu, um nach Gold und Silber zu schürfen. Nuggets fanden sie nicht, aber sie stießen zuerst auf das Quellbecken und danach auch auf die Höhle. Über einen umgestürzten Baumstamm kletterten sie hinein, um ein warmes Bad zu nehmen. In den Pioniertagen des Westens bedeutete heißes Wasser im Überfluß echten Luxus. Die Hobby-Prospektoren hatten flüssiges Gold gefunden. Mangelndes Verhandlungsgeschick brachte sie jedoch um die Früchte ihrer Entdeckung, sie wurden schließlich von der Regierung mit ein paar Tausend Dollar abgefunden. Erfolgreicher waren die Eisenbahnmagnaten Sanford Fleming und Cornelius van Horne. Auf ihren Vorschlag hin wurde im November 1885 ein 26 qkm großes Schutzgebiet um die Hot Springs errichtet – mit besonderen Erschließungsrechten für die Canadian Pacific Railway. 1887 wurde das Gebiet zum Rocky Mountains Park erweitert.

Um der eben erst fertiggestellten transkontinentalen Eisenbahn wirtschaftlichen Auftrieb zu verschaffen, suchte man das Potential der heißen Quellen und der einmaligen Landschaft zu nutzen. »Wenn wir die Landschaft nicht exportieren können, dann müssen wir eben die Touristen importieren« – mit diesem Motto leitete Eisenbahndirektor van Horne die Werbekampagne für den neugegründeten Kurort ein. 1888 wurde das von der CPR gebaute **Banff Springs Hotel** eröffnet. Der massige, schloßartige Bau mit seinen Türmen und Erkern, hoch über dem Bow River gelegen, war damals mit 250 Zimmern das größte Hotel der Welt. Sogar die heißen Schwefelquellen holte man sich ins Haus – durch Röhren von den zwei Kilometer entfernten Upper Hot Springs. 5000 Gäste kamen schon im ersten Jahr. Von 1925 bis 1928 wurde das Hotel erweitert und renoviert – mit einem Aufwand und Luxus ohnegleichen. Seit seiner Eröffnung sind die Großen dieser Welt hier zu Gast gewesen, haben Könige und Präsidenten, Showstars und Industrielle hier genächtigt. Heute geht es demokratischer zu, sind japanische Touristen und Pauschalreisende dazugekommen. Es tut dem Flair des Hauses keinen Abbruch.

Mitte der 1890er Jahre reisten dann die ersten Bergtouristen aus Europa und Amerika an, um die Gipfel der Rockies zu bezwingen. Als die Canadian Pacific Railway um die Jahrhundertwende schließlich sogar Bergführer aus der Schweiz nach Banff und Lake Louise holte und damit das Bergsteigen sicherer machte, entwickelte sich der Klettertourismus zum großen Geschäft.

Banff, das um die Jahrhundertwende bereits acht große Hotels hatte, wurde international immer bekannter, und schon damals herrschte fast ebenso viel Trubel wie heute. Walter D. Wilcox, einer der ersten Bergtouristen und Erstbezwinger zahlreicher Berge der Region, schreibt in seinem 1897 erschienenen Buch ›Camping in the Canadian Rockies‹: »In Banff angekommen, erwartet den Reisenden eine Reihe von Kutschenführern und Hotelangestellten, die aus vollem Halse Namen und Vorzüge ihrer verschiedenen Hotels preisen. Nach der tagelangen Reise durch die endlose menschenleere Prärie erinnert der Chor der rivalisierenden Stimmen gewissermaßen an eine Eisenbahnstation in einer großen Metropole. Während der Sommersaison verdoppelt sich die Bevölkerung von Banff durch eine große Invasion von Touristen aus fernen Regionen. Überlandreisende aus Indien, China, Ceylon und England, den verschiedenen Ländern Europas und aus den kanadischen Dominien und vor allem den Vereinigten Staaten bilden den größten Teil dieser kosmopolitischen Gesellschaft.«

Aus dem 26 qkm kleinen Schutzgebiet der Hot Springs von 1887 entstand der heutige Banff National Park mit 6641 qkm – Teil eines zusammenhängenden Gebietes von vier Nationalparks mit einer Gesamtfläche von 20160 qkm. Dem ältesten Nationalpark Kanadas sind inzwischen 35 weitere nationale Schutzgebiete hinzugefügt worden. Über drei Millionen Besucher kommen jedes Jahr nach Banff. So sehr der Ort auch dem touristischen Rummel verfallen sein mag – ringsum in der wilden Natur des Parks hat sich nur wenig verändert. Im Bergwandern, Trailreiten, Kanufahren und Angeln finden die ursprünglichen Fortbewegungsarten ihre komfortable und beliebte Fortsetzung.

Blick auf Banff Townsite

Alberta

182

Die Entstehung der Rocky Mountains

Über mehrere hundert Millionen Jahre bedeckte ein urzeitliches Meer einen großen Teil des westlichen Nordamerika. Prähistorische Flüsse transportierten Sedimente heran, die sich unter dem Druck der nachfolgenden Ablagerungen zu Gesteinsschichten verdichteten (die häufigsten sind Quarzit, Schiefer, Kalk- und Sandstein). Jede Schichtstufe ist charakteristisch für eine bestimmte Zeitperiode.

Durch die Verschiebung der pazifischen Platte unter die nordamerikanische Kontinentalplatte hoben sich diese Gesteinsschichten vor rund 100 bis 65 Mio. Jahren und wurden scheinbar nach Osten gedrückt. Große Gesteinseinheiten wurden verfaltet oder schoben sich übereinander, teilweise über eine Entfernung von 50 bis 60 km. Unter gewaltigem Druck hoben sich die Schichtstufen zu den für die Rocky Mountains typischen, parallel verlaufenden Bergketten. So sind heute mehrere hundert Millionen Jahre alte Gesteinsschichten an den Berghängen der Rocky Mountains zu erkennen.

synklinal   *antiklinal*

Zum Teil bildeten sich sogenannte *synklinale* (muldenförmige) und *antiklinale* (bogenförmige) Strukturen, die unterschiedlich schnell erodieren. Synklinale Berge weisen durch die hohe Komprimierung bei der Verformung an ihrer Basis festere, weniger erodierende Gesteinsschichten auf; bei antiklinalen ist das Gestein der Kuppe gedehnt, damit geschwächt und der Erosion viel schneller preisgegeben.

Wind und Wetter und die großen Eiszeiten mit ihren mächtigen Glet-

schern schufen dann das Bild der Rockies, wie wir es heute sehen. Die Gletscher frästen tiefe, U-förmige Täler aus, schleiften Hänge ab und ließen Moränenhügel und Seen zurück. Reißende Flüsse zerschnitten Felsen und gruben V-förmige Täler. Die verbliebenen Gletscher der letzten Eiszeit sind das Ursprungsgebiet der vier großen Ströme: Columbia, Fraser, Athabasca und Saskatchewan River.

Die Rocky Mountains in Süd-Alberta

Manhattan in der Prärie: Calgary

■ (S. 351) Nach tagelanger Fahrt durch die Weite des Westens wird die Landschaft hügeliger. Plötzlich fällt der Blick auf schimmernde Türme. Glasflächen glänzen orangefarben im Sonnenlicht. Eine Fata Morgana: Wolkenkratzer in der Prärie, die Hochhäuser der Stadt Calgary, die Energiemetropole und eine der wachstumsstärksten Städte Kanadas. Etwa 730 000 Einwohner zählt sie heute. Bis vor wenigen Jahren hatte die Stadt noch eine relativ homogene Bevölkerungsstruktur. Zwar waren mit dem Eisenbahnbau bereits Chinesen und um die Jahrhundertwende Italiener, Deutsche und Osteuropäer in die Stadt gekommen, aber Calgarys Einwohner waren überwiegend britischer Herkunft. Das änderte sich dann in den 60er und 70er Jahren, als verstärkt Einwanderer aus Indien, Pakistan, Sri Lanka, Bangladesh, Vietnam und Südamerika kamen und der Stadt ihr kosmopolitisches Gepräge gaben. Calgary ist eine ausgesprochen ›junge‹ Stadt, das Durchschnittsalter seiner Bewohner liegt mit 30 Jahren weit unter dem kanadischen Durchschnitt von 46 Jahren.

Der Slogan ›Go West‹, um das Glück zu machen, hat immer noch Gültigkeit – hauptsächlich für Techniker und Spezialisten. Ein neues Mekka für Ingenieure, Wirtschaftsberater, Rechtsanwälte, Geologen und Computerspezialisten. Dennoch, Calgary hat nie sein Western-Image verloren. Immer noch träumt die Stadt von Öl, Geld und Rindern. Ihre rauhe Schale zeigen die Calgarians schon durch ihre Kleidung. Zum Cowboylook gehören Designer-Jeans, Cowboy-Shirt mit Perlmuttdruckknöpfen und V-Einsatz vorn und hinten. Und der Gürtel muß mit einem großen, verzierten Gürtelschloß versehen sein. Dazu der weiße *Stetson*-Hut und Cowboystiefel, versteht sich. Eine elegantere Version ist der sogenannte *frontier suit,* der mehr dem traditionellen Anzug ähnelt – gerade das Richtige für den *executive* (Chef), der bei einer Vorstandssitzung seine Autorität unterstreichen will. Auch im Konzert und Theater sind *stetson* und Cowboystiefel durchaus nicht fehl am Platz.

Die Männergesellschaft pflegt auch der ›Ranchmen's Club‹, der schon 1891 von den Viehbaronen und Ranchern gegründet wurde. Früher hatten hier Frauen nur am Neujahrstag Zutritt. Trotz der Regeländerung ist er auch heute überwiegend ein Club für Rancher und Geschäftsleute. Dasselbe gilt für den ›Calgary Petroleum Club‹, wo die Männer ebenfalls unter sich sind. In dem unscheinbaren Gebäude an der 6th Avenue versammelt sich Macht und Geld der Ölindustrie. Innen herrscht eine aufwendig maskuline Atmosphäre mit bronzenen Cowboyskulpturen, wuchtigen Möbeln, Messing, Glas, Marmor und transportablen Kaminen. In ihrem Umkreis treffen sich die Ölmagnaten und die Lieblinge der Medien zum Lunch.

Calgary ist zur Hauptstadt der kanadischen Ölindustrie und Hochfinanz geworden. Von rund 700 Öl- und Erdgasgesellschaften des Landes haben fast 600 hier ihr Hauptquartier, und an die 1000 Zulieferfirmen und Dienstleistungsbetriebe, die mit der Ölindustrie verbunden sind, haben hier ihren Sitz. Außer allen kanadischen Banken sind über 60 aus-

Tradition und Moderne:
Rodeo mit Volksfest im Stampede Park
vor der Skyline von Calgary

ländische vertreten. Darüber hinaus ist die Stadt durch die riesigen Ranches der Umgebung ein Zentrum für die fleischverarbeitende Industrie. Am schnellsten wachsen die High-Tech- Industrie mit 700 Firmen und über 25 000 Beschäftigten sowie die Tourismusindustrie mit ca. 2400 Firmen und fast 50 000 Beschäftigten. In der letzten Zeit entdeckte die Filmindustrie Calgary als bevorzugten Drehort. Letzter Höhepunkt war die Produktion des Films »Superman III«, der für 35 Mio. Dollar ausschließlich in der Stadt und Umgebung gedreht wurde.

Die wirtschaftliche Entwicklung in den 60er und 70er Jahren veranlaßte eine Baulust ohnegleichen. Ein Büropalast nach dem anderen schoß aus dem Boden. Entsprechend hektisch verlief der Bevölkerungszuwachs: Noch um die Jahrhundertwende hatte die Stadt nur 4000 Einwohner, 1982 waren es 623 000 und 1994 zählte man über 725 000 Calgarians.

In den 80er Jahren brachen mit dem weltweiten Ölpreisverfall auch für Calgary schwierige Zeiten an. Da kam der Zuschlag für die Ausrichtung der Olympischen Winterspiele 1988 gerade richtig. Er brachte einen neuen Aufschwung und machte die Stadt auch international bekannt.

Die *rush hour* beginnt im Vergleich zu anderen kanadischen Städten besonders früh, und in den meisten Büros setzt schon um 7 Uhr morgens Hektik ein. Durch den dreistündigen Zeitunterschied bedingt, öffnet dann nämlich die Börse in Toronto. Der ›goldene Freitag‹, an dem die meisten Ölfirmen ihren Beschäftigten zweimal im Monat nachmittags freigeben, bewirkt dann ebenfalls ein Verkehrschaos.

Der typische ›Calgary Lunch‹ ist nichts für schwache Mägen. Zum kräftigen Steak gehört nämlich ein kaltes *Red Eye,* eine eigenartige Mischung aus Bier und Tomatensaft, oder ein *Bloody Caesar* aus Wodka, Tomatensaft und scharfen Gewürzen. Als Kur für einen *hangover* nach einem ausgedehnten Barbesuch bewähren sich die Drinks bestens.

Man sagt den Calgarians nach, daß sie auf Reisen kaum Steaks oder Roastbeef essen, denn sie meinen, nirgendwo auf der Welt wären sie mit der heimatlichen Qualität vergleichbar. Nun, der Feinschmecker muß sich nicht auf dieses Standardmenü beschränken. Es gibt zahlreiche exzellente Restaurants und die ethnischen Zuwanderer haben für kulinarische Vielfalt gesorgt. Selbst Fisch und Meeresfrüchte sind frisch: Sie werden von den beiden kanadischen Küsten täglich eingeflogen.

Durch den Ölreichtum der Provinz und das enorme Kapital, das sich in Calgary zusammenballt sowie ein ausgeprägtes Mäzenatentum, gibt es eine Vielzahl von hervorragenden kulturellen Einrichtungen: Museen, Kunstgalerien, Theater, Oper und Symphonieorchester erfüllen höchste Ansprüche, und das Entertainment in den zahlreichen Bars und Nachtclubs wird immer internationaler.

Calgarys Downtown zu Fuß

Ein beliebter Treffpunkt der Calgarians ist die **Stephen Avenue Mall,** eine quirlige Fußgängerzone, die sich über drei Straßenblocks auf der 8th Ave. in Downtown erstreckt. Umgeben von schimmernden Wolkenkratzern stehen an diesem Straßenzug, eher bescheiden wirkend, die ältesten Gebäude der Stadt, ganz im Baustil der Jahrhundertwende mit Sandsteinfassaden, aufgesetzten Giebeln und bogenförmigen Fenstern. Auf der Einkaufsstraße herrscht immer buntes Treiben: Straßenmusikanten und

Die Stephen Avenue Mall ist die beliebteste Einkaufsstraße in Calgary

manchmal auch Gaukler werben um die Aufmerksamkeit der Passanten, Eis- und Snackverkäufer machen gute Geschäfte und auf den Bänken verbringen viele Angestellte der Downtown-Büros ihre Mittagspause. Auch wenn kein Bedarf an Cowboystiefeln oder *stetsons* besteht, sollte man doch einmal in einen der traditionsreichen *western stores* hineinschauen. Etwa bei Riley & McCormick, Calgarys ältestem *Western outfitter.* Hier gibt es alles, was das Cowboyherz begehrt: Sättel, handgearbeitete Gürtel, Jeans, Berge von *stetsons* für alle Anlässe und an den Wänden endlose Reihen von Stiefeln in allen Farben und Lederqualitäten. Man kann zuschauen wie ein Rodeoreiter beraten wird und findet vielleicht auch ein Western-Souvenir, das in den Koffer paßt.

Am Ostende der Stephen Avenue mündet die Fußgängerzone in die **Olympic Plaza 1** . Hier trafen sich während der Olympischen Winterspiele allabend-

lich Zehntausende, um der Siegerehrung und dem Feuerwerk zuzuschauen und spontane Straßenfeste zu feiern. Zusammen mit der anschließenden Municipal Plaza bildet der große Platz das Herz der Stadt. Zierlich wirkt das Sandsteingebäude des alten Rathauses mit seinem Uhrturm und den roten Ziegeldächern vor dem blau schimmernden treppenförmigen Glaspalast des neuen **Municipal Building,** wo Calgarys 1700 Stadtangestellte arbeiten. Im **Calgary Tourist Information Center** an der Südseite des Platzes versorgen freundliche Mitarbeiter den Besucher mit Broschüren und Karten und wissen auf fast jede Frage eine Antwort. Ein paar Schritte weiter, an der 8th Ave. liegt das **Centre for the Performing Arts,** Calgarys moderner Theater- und Konzertkomplex. Hier finden die Aufführungen des Calgary Ballet, des Philharmonic Orchestra, der Calgary Opera, des Alberta Theatre Project und des Theatre Calgary statt.

Gleich nebenan, Ecke 9th Ave. und 1st Street E., ist das **Glenbow Museum** 2 , ein einzigartiges Kunst- und Kulturzentrum des kanadischen Westens. Der achtstöckige Bau beherbergt Ausstellungen von internationalem Rang. Vor allem die umfangreichen Sammlungen über die Geschichte des Westens und seiner Besiedelung gehören zu den besten Kanadas. Man erfährt, wie die Indianer zur Zeit der großen Büffelherden lebten und wird über die Entstehung und Entwicklung der Ölindustrie ebenso wie über den Aufbau der Hutterer-Kolonien in Alberta informiert. Dem Museum angeschlossen sind ein hervorragendes Archiv mit einer umfangreichen Sammlung historischer Fotos sowie Dokumente und eine Bibliothek. Das Museum ist ein gutes Beispiel für die Spendierfreudigkeit von Calgarys Hochfinanz: Sowohl das Gebäude wie auch der größte Teil der Sammlungen wurden der Stadt vom Ölmagnaten Eric Harvie vermacht.

Gegenüber ragt der **Calgary Tower** 192 m hoch in den blauen Präriehimmel.

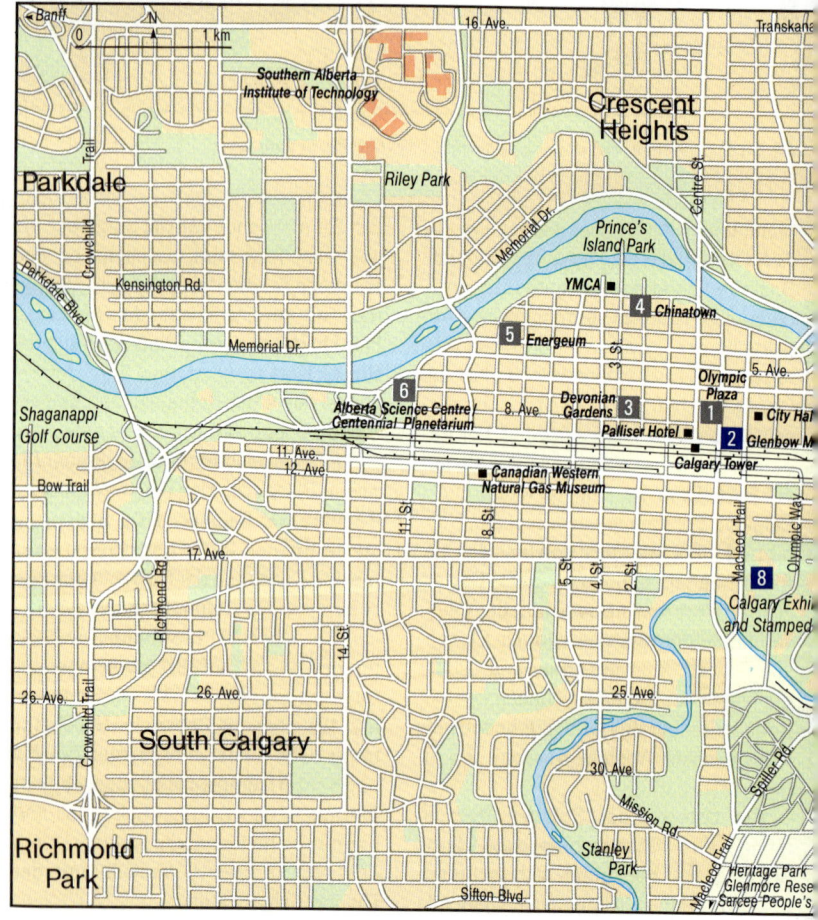

Vom rotierenden Restaurant und Aussichtsdeck reicht der Blick von den Wolkenkratzern der Downtown über das Stadtpanorama mit seinen vielen Parks im Süden bis zu der weiten Prärielandschaft im Osten und den schneebedeckten Gipfeln der Rocky Mountains im Westen. Calgarys historisches **Palliser Hotel,** ein paar Schritte westlich vom Tower, wurde 1914 im Jahr der ersten Ölfunde im Turner Valley, knapp 40 Jahre nach Gründung der Stadt, gebaut. Das Hotel stand im Zentrum des Ölbooms,

hier feierte man rauschende Feste, hier wurden Vermögen gemacht – und verloren. Noch über Jahrzehnte dominierte das zwölfstöckige Sandsteingebäude mit seinen drei massiven Flügeln das Bild der Downtown.

Bürgersteige, die viereinhalb bis sechs Meter hoch liegen, würden in jeder Stadt als Unikum gelten. Die Calgarians haben sich an das System dieser *sky walks* gewöhnt. Mit über 30 verglasten Brücken verbindet der sogenannte **Plus 15 Skywalk** auf einer Gesamtlänge von 4,5 km viele Downtowngebäude, Malls und Shoppingcenter. In den kalten Wintern und bei schlechtem Wetter braucht man also praktisch gar nicht nach draußen, um Einkäufe zu erledigen oder zum Lunch zu gehen. Mit dem *skyway* verbunden sind auch die **Devonian Gardens** **3** im 4. Stock des Toronto Dominion Square am Westende der Stephen Avenue. Ganzjährig bilden hier an die 20 000 üppig wuchernde Pflanzen, Pools und kleine Wasserfälle ein 10 000 qm großes subtropisches Paradies.

Einige Straßenzüge nördlich der Stephen Avenue Mall gelangt man auf der Center Street zur **Chinatown** **4** . Seitdem hier vor ein paar Jahren Kanadas größtes Chinese Cultural Centre errichtet wurde, ist das kleine Chinesenviertel der Stadt um eine erstklassige Attraktion reicher. Mittelpunkt des Kulturzentrums ist die sechsstöckige große Halle mit der auf goldverzierten Säulen ruhenden, mit prächtigen Mosaikfliesen gestalteten Kuppel. Vorbild war der ›Tempel des Himmels‹ in Peking. Im Gebäude sind neben Versammlungsräumen, Geschäften und einer Bibliothek auch eine Kunstgalerie und ein Restaurant untergebracht. Ausstellungen, Festivals und andere Ver-

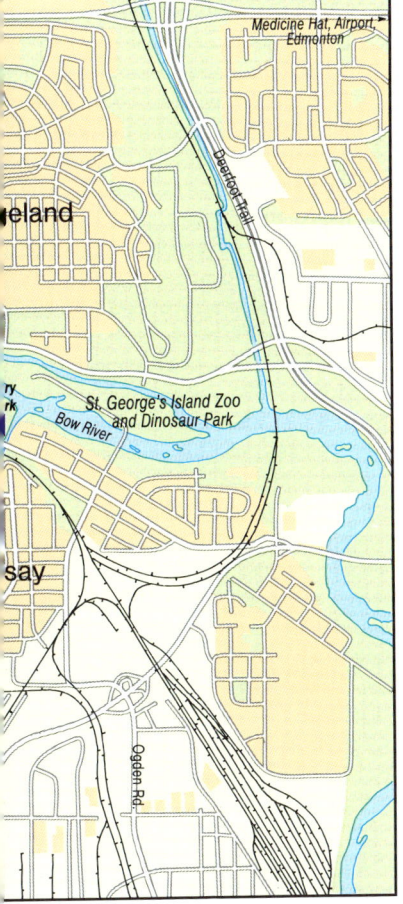

Medicine Hat, Airport, Edmonton

Deerfoot Trail

eland

St. George's Island Zoo and Dinosaur Park

Bow River

say

Ogden Rd.

anstaltungen der chinesischen Kommune finden das ganze Jahr über statt.

Für Wissensdurstige und Technikbegeisterte lohnt sich eine Tour zum westlichen Teil der Downtown. Um Öl, Erdgas, Teersände, Kohle und Wasserkraft dreht sich alles im **Energeum** 5 in der Lobby des Energy Resources Building (6405th Avenue S.W.). Ausstellungen, Displays, Modelle, Computerspiele, auch zum Anfassen, vermitteln tieferes Verständnis über die Quellen des Reichtums der Provinz. Auch im **Alberta Science Centre/ Centennial Planetarium** 6 (701–11th St. W.) wird der ganzen Familie Technik zum Anfassen geboten. Außer täglichen ›Sternenreisen‹ sorgen Lasershows, Hologramme und optische Täuschungen für Unterhaltung.

Östlich der Downtown, wo Bow und Elbow River zusammenfließen, ist auf dem Gelände des ursprünglichen Polizeipostens der **Fort Calgary Historic Park** 7 entstanden. Rekonstruierte Blockhütten und ein Interpretive Centre mit Ausstellungen sowie audio-visuellen Präsentationen vermitteln einen Eindruck von Calgarys abenteuerlicher Gründungszeit. Gegenüber dem Fort, auf der anderen Seite des Elbow River, kann man im **Dean House Historic Site & Restaurant,** dem restaurierten Wohnhaus des ehemaligen Kommandeurs von Fort Calgary, Lunch, Tea oder Dinner einnehmen. Abends sogar mit Unterhaltung – dann werden zum Essen Krimi-Komödien aufgeführt.

Ausflüge innerhalb der Stadt und ihrer Umgebung

Auf dem MacLeod Trail (Highway 2) geht es in Richtung Süden. Ein paar Kilometer außerhalb Downtowns liegt der **Calgary Exhibition and Stampede Park** 8 mit dem Olympic Saddle Dome. Die bekannteste Veranstaltung des Parks ist sicherlich die Calgary Stampede, aber auch sonst finden vor der großen Tribüne das ganze Jahr über Pferde- und Trabrennen statt. Das sattelförmige Stadion, 1988 zur Winterolympiade gebaut, ist schnell zum Wahrzeichen der Stadt geworden. Hier finden außer den Spielen der Basketball- und Eishockeyprofis auch große Rockkonzerte statt. Im *Round-up Center* des Parks ist die Grain Academy untergebracht. Die Ausstellung, zu der auch funktionierende Modelle von Eisenbahn und Getreidespeicher gehören, befaßt sich mit der Geschichte des Weizenanbaus und der Farmökonomie der Provinz.

Im **Heritage Park,** Kanadas größtem Freilichtmuseum, wird auf einem 25 ha großen Areal das Leben im kanadischen Westen vom Ende des 19. Jh. bis etwa 1914 gezeigt. Es gibt eine Siedlung mit alten Blockhütten, in denen das karge Leben der frühen *homesteader* dargestellt wird, einen Hudson's-Bay-Handelsposten, einen Tipi, wie es von den Indianern im Winter benutzt wurde, die Hütte eines Landvermessers – alles originalgetreu eingerichtet. Ein Bummel entlang der Main Street eines kleinen Präriestädtchens versetzt den Besucher in die Zeit um die Jahrhundertwende. Und die Western-Town mit den ›falschen Fassaden‹ ist sogar echt – man hat historische Gebäude aus ganz West-Kanada zusammengetragen, sie hier wieder aufgebaut und detailgetreu mit originalen Einrichtungsgegenständen ausgestattet. Aus der Dorfbäckerei weht der Duft von frisch gebackenem Brot und im Wainwright Hotel gibt es deftige Pionierkost. Höhepunkte sind eine Fahrt mit einem schnaufenden Dampfzug und die Kreuzfahrt mit dem alten Schaufelraddampfer ›S.S. Moyie‹ auf dem Glenmore Reservoir.

Originalgetreu eingerichtete Schmiede im Heritage Park

Ein paar Kilometer weiter südlich des Glenmore Reservoir, am westlichen Ende der Anderson Road, beginnt das Reservat der Sarcee-Indianer. Im **Sarcee People's Museum** informiert eine kleine Ausstellung über diesen vor 100 Jahren zugewanderten Stamm, der trotz seiner kulturellen Verschiedenheit mit den hier ansässigen kriegerischen Blackfoot in Frieden lebte.

Am Transkanada Highway, knapp 20 km von der Innenstadt entfernt, liegt der **Canada Olympic Park.** Hier fanden 1988 die olympischen Wettbewerbe der Bobfahrer, Rodler und Skispringer statt. In der ›Ehrenhalle‹ erinnern Fotos und Displays an die Sportler vergangener Olympischer Winterspiele. Die Einrichtungen des Geländes können besichtigt werden, und im Winter darf man auch die Bobbahn ausprobieren. Ein paar Kilometer weiter am Highway 1 wartet dann richtiger Familienspaß. Als einer der größten Vergnügungsparks in Kanada bietet der **Calaway Park** neben Super-

Achterbahnen und Rutschen, Musikveranstaltungen und Ballspielen auch einen Streichelzoo und Programme für die Kleinsten der Familie.

Calgary hat Hunderte von Parks und Grünflächen. Es gibt zahlreiche Golf-, Tennis- und Picknickplätze, und segeln kann man auf dem Glenmore Lake. Mehr als 200 km Fahrradwege durchziehen alle Gebiete der Stadt. Im **Riley Park** nördlich der Downtown bietet sich ein farbenprächtiges Bild, wenn Dutzende von Heißluftballons aufsteigen und über der Stadt schweben. Ein wahrhaft erhebendes Erlebnis – und gar nicht so teuer.

Durch seine zentrale Lage ist die Stadt idealer Ausgangspunkt für Ausflüge in die landschaftlich und geologisch faszinierende Umgebung. Im Westen, knapp zwei Autostunden entfernt, erheben sich die Bergketten der Rocky Mountains mit dem Banff National Park, einer der schönsten Bergregionen der Welt mit romantischen Wäldern, Gletscherbächen und schimmernden Seen. Im Winter ist dort Skilaufen Trumpf. Südlich von Banff, am Highway 40, liegt der Kananaskis Provincial Park, ein großes alpines Erholungs- und Freizeitgebiet, wo 1988 die alpinen Disziplinen der Olympischen Winterspiele stattfanden.

Im Nordosten, knapp drei Autostunden entfernt, liegen die Drumheller Badlands, eine beeindruckende, urweltliche Landschaft mit Fossilien und Dinosaurierskeletten. Auf dem Highway 2 in Richtung Süden fährt man durch verschlafene Farmkommunen und riesige Ranches und erreicht nach wenigen Stunden das große Naturschutzgebiet des Waterton Lakes National Park an der Grenze zu Montana, an den sich der Glacier National Park mit seiner gewaltigen Gletscherlandschaft anschließt (s. S. 208 ff.).

Die Sommer in Calgary sind warm und trocken, tiefblauer Himmel und Sonnen-

Chinook – Wettermacher aus den Rocky Mountains

Eine klimatische Besonderheit der Südwestregion Albertas sind die Chinook-Winde, die für extreme Temperaturschwankungen sorgen, wie sie sonst kaum woanders zu finden sind. So ist am 27. Januar 1962 in Pincher Creek innerhalb einer Stunde ein Temperaturanstieg von −29° C auf +3° C gemessen worden. Das eigentliche Phänomen besteht jedoch darin, daß sich die pazifischen Luftmassen auf ihrem Weg über die Rockies zuerst abkühlen, sich dann aber durch die Fallgeschwindigkeit und den Feuchtigkeitsverlust noch auf das Doppelte der ursprünglichen Temperatur erwärmen. Die Chinook-Winde machen sich hauptsächlich im Winterhalbjahr bemerkbar. Besonders nach extremen Kältewellen klärt der Himmel schlagartig auf, und im Westen ist der typische Chinook-Wolkenbogen am Himmel zu sehen. Die dann herrschenden Frühlingstemperaturen lassen nicht selten Blumen sprießen und Bäume grünen – und das mitten im Januar oder Februar.

Kaum verwunderlich, daß dieses Phänomen Gegenstand vieler Legenden und *big tales* im ›Chinook Country‹ ist, wie die Region gern genannt wird. Jeden Winter hört man in Calgary die Geschichte vom Farmer, der mit seinem Schlittengespann auf dem Heimweg vom Chinook überrascht wird. Kaum, daß er im Westen den Wolkenbogen des bevorstehenden Wettergeschehens gesehen hat, treibt er seine Pferde mit der Peitsche an, um mit viel Mühe die vorderen Kufen seines Schlittens auf dem Schnee zu halten, während die hinteren schon im Matsch schleifen und das Ersatzpferd hinter dem Schlitten bereits den Staub aufwirbelt. Die Indianer erzählen die Sage von einem schönen Mädchen namens *Chinook,* das sich zu weit von seinem Stamm entfernt in den Rockies verlaufen hatte und trotz langen Suchens von den tapferen Kriegern nicht mehr gefunden wurde. Als eines Tages der warme, sanfte Wind von Westen blies, hielten sie ihn für den Atem der schönen Squaw.

schein die Regel. Im Winter muß man allerdings auf das andere Extrem des Prärieklimas gefaßt sein: Temperaturen unter −40° C. Bei solchen Minusgraden bringt dann nur der legendäre ›Chinook‹ die ersehnte Erleichterung. Wenn dieser warme, trockene Wind kräftig von den Rocky Mountains herunterbläst, sind Temperaturanstiege von 20–30° C keine Seltenheit. Dabei kann eine Schneedecke von 50 cm Höhe regelrecht über Nacht verschwinden.

Cowboys und Rodeos:
Die Calgary Stampede

In jedem Juli steht Calgary für zehn Tage kopf. Dann findet hier die Stampede statt, die »größte Schau der Welt«, wie die Calgarians mit texanischer Bescheidenheit ihr Mammut-Rodeo nennen: eine Mischung von Wildwestspektakel, Viehmarkt und Volksfest. Dann lebt in der supermodernen Stadt die ›Cowtown‹-Ära von vor hundert Jahren wieder auf. Mehr als sonst sieht man die Leute in hochhackigen Cowboystiefeln, steifen Stetsonhüten, engen Jeans und Westernshirts von oft so exklusivem Design, daß man für den Preis eines Hemdes einen echten Cowboy von Kopf bis Fuß einkleiden könnte.

Während der Stampede befreit sich die schnellebige Stadt von ihren Alltagszwängen. Selbst Banken legen sich ein Ranch-Ambiente zu. Sie drapieren ihre Schalterhalle, bis sie wie ein Pferdekorral aussieht. Natürlich geht man im Western-Look ins Büro, und die Geschäfte führen *Stampede specials*. In Einkaufszentren, auf den Straßen und Plätzen in Downtown und in den Vororten wird von den *chuckwagons* (Küchenwagen), die auf den *Stampede grounds* die Rennen fahren, frühmorgens kostenlos ein herzhaftes *Flapjacks*-Frühstück (kleine dicke Pfannkuchen mit Sirup nach Westernart) mit gebratenem Speck, Kaffee und Orangensaft serviert. Bunter Trubel herrscht, es gibt Musik und *square dance,* und in den Bars schlagen die Wellen hoch. Die oft gehörte freundliche Begrüßung »Howdy Pardner« wird Losungswort. Bankiers, Hausfrauen, Rechtsanwälte, Politiker, Arbeiter, Börsenmakler fehlen hier ebensowenig wie echte Cowboys mit silberner Gürtelschnalle und wettergebleichten Hüten, dazwischen die ›Newcomer‹ unter den Stampede-Cowboys, leicht zu erkennen durch ihren nagelneuen Western-Outfit. Berühmt sind die großen *Stampede breakfasts,* die auf einigen Ranches in der Umgebung stattfinden und zu denen bis zu 3000 Leute eingeladen werden.

Seit 1922 ist die Stampede ein alljährliches Ereignis. Damals wurde auch das *chuckwagon*-Rennen in das Programm aufgenommen. Es erinnerte an die Wagenrennen, die Cowboys manchmal im offenen Ranchland veranstalteten, aber auch an die Zeit der Landnahme im Westen, als die Siedler ihre Gespanne vorwärtspeitschten, um das beste Stück Land zu erwischen. Weadick behauptet, es wäre oft geübte Praxis, daß Cowboys nach dem *round up* auf der Prärie in konkurrierenden Teams mit ihren *chuckwagons* über die letzte halbe Meile bis zur nächsten Stadt ein Wettrennen veranstalteten, um dort als erste ihren Durst zu löschen. Die letzte Crew mußte den Whiskey bezahlen.

Heute ist die Stampede eine Reiter- und Western-Schau der Superlative. Über 200 festangestellte und 1500 freiwillige Mitarbeiter wirken bei der Planung und Durchführung mit, und über eine Million Zuschauer, davon einige Hunderttausend von außerhalb, sind alljährlich dabei. Es winken Preisgelder von insgesamt fast einer Million Dollar, die höchste Summe in der Geschichte des Rodeosports. Gut 300 der zähesten Cowboy-Profis versuchen die wildesten Bullen und Pferde zu bezwingen, um nach zahlreichen Ausscheidungskämpfen die Endrunde der letzten vier in den fünf Hauptdisziplinen zu erreichen, die zugleich für die Nordamerikanische Meisterschaft gewertet werden. Im *saddle bronc, bareback bronc, bull riding, steer wrestling* und *calf roping* erhält der Sieger dann jeweils 50 000 Dollar Prämie, das begehrte silberne Gürtelschloß und eine Trophäe in Form einer Skulptur, die die jeweilige Disziplin darstellt.

Beim *saddle bronc*-Reiten, dieser klassischen Rodeodisziplin, muß der Cowboy sich acht Sekunden lang auf einem bockenden Mustang bewähren, der in dieser Zeit 8 bis 13 Luftsprünge macht. Das Wildpferd ist zwar gesattelt, aber Halt findet der Reiter nur an einem Strick, der mit dem Halfter verbunden ist. Verliert der Reiter einen Steigbügel oder berührt er mit dem freischwingenden Arm Pferd oder Ausrüstung, wird er disqualifiziert. Beim *bareback bronc* gelten gleiche Bedingungen, nur geht es noch wilder zu, wenn sich die *chute*, das Tor des Korrals, öffnet und der Reiter wie auf einer rasenden Furie in die Arena geschossen kommt. Einen Sattel gibt es dabei nicht. Der einzige Halt des Cowboys ist das *riggin*, ein Lederriemen, der dicht hinter den Vorderbeinen um den Pferdeleib geschnallt ist. Bei dieser jüngsten Rodeodisziplin wird die Wildheit des Pferdes besonders hoch gewertet. Beim ersten Sprung des Mustangs aus der *chute* müssen sich die ungeschärften Sporen des Cowboys über den Schultern des Pferdes befinden, bevor dieses wieder mit den Hufen den Boden berührt.

Das gefährlichste Ereignis, dem Zehntausende auf den Rängen entgegenfiebern, ist das *bull riding*. Was für ein Bild: So ein drahtiger, fast schmächtig wirkender Cowboy auf einer 1000 kg schweren Muskelmasse! Vor dem Ritt schlingt der Reiter in der engen *chute* ein Seil um das Tier. Dies ist der einzige Halt für den festen Griff der handschuhgeschützten Hand. Schon während der Streß-Sekunden vor dem Öffnen des Gatters besteht die Gefahr, daß der Bulle die Beine des Cowboys an die Wände quetscht. Er muß also jederzeit darauf vorbereitet sein, blitzschnell die Hand aus dem Seil zu lösen und sich in Sicherheit zu bringen. Der Cowboy signalisiert mit einem Kopfnicken seine Bereitschaft, das Horn ertönt: Stier und Reiter explodieren in die Arena. Die Sekunden ziehen sich auf

Gefährlichste Disziplin auf der Stampede ist das bull riding

Den Höhepunkt des Mammut-Rodeos bilden am Abend die chuckwagon-*Rennen*

dem bockenden Tier endlos lange hin, bis schließlich das erlösende Signal ertönt. Der Reiter hat die volle Distanz geschafft. Sein Ritt gilt. Aber seine Kraft reicht nicht mehr. Im nächsten Augenblick fliegt er in hohem Bogen in den Staub. Sofort nimmt sich der schnaubende Bulle den verhaßten Reiter vor. Dies ist der Moment für die beiden Clowns. Sie haben bisher in der Arena herumgealbert und den Bullen gereizt. Hinter ihren spaßigen Masken stecken äußerst mutige Männer, die das wütende Tier vom abgeworfenen Reiter ablenken, damit dieser sich in Sicherheit bringen kann.

Nervenkitzelnde, aber auch komische Momente erlebt man gewöhnlich beim *steer wrestling*, wobei ein junger Stier mit bloßen Händen zu Boden geworfen werden muß. Der *steer wrestler* arbeitet mit einem Partner, dem *hazer*, zusammen, der neben dem freigelassenen Jungstier reitet, um ihn in eine möglichst gerade Richtung laufen zu lassen. Der *wrestler* springt dann in einem genau abgepaßten Moment aus vollem Ritt vom

Pferd, um den Stier bei den Hörnern zu packen. Unter Einsatz seines Körpergewichtes, mit viel Kraft und Geschicklichkeit zwingt er den Stier zu Boden, bis er flach auf der Seite liegt. Die Zeit entscheidet. Nur wer das Ganze in wenigen Sekunden schafft, hat Chancen. Die Sache ist auch nicht ungefährlich: Die Hörner des Stiers oder die Hufe der galoppierenden Pferde haben schon manchen Cowboy verletzt. Spaßig wird es erst, wenn sich der Cowboy verschätzt, den Stier verpaßt und geradewegs in den Staub hechtet.

Cowboy-Können ist auch beim *calf roping* gefragt. Auf rasant angaloppierendem Pferd und mit gekonntem Lassowurf wird das Kalb eingefangen und mit einem Strick an den Beinen so gefesselt, daß es sich innerhalb von sechs Sekunden nicht wieder befreien kann.

Zwischen diesen klassischen Nummern gibt es viele Einlagen. Das *buffalo riding*, bei dem Prärie-Indianer auf buckelnden Büffeln ihre Reiterkünste zeigen. Das *barrel racing* ist eine Spezialität für die Cowgirls, die auf einem mit Fässern markierten Kurs um die Wette reiten. Komik ist beim *wild cow milking* Trumpf: Zweimannteams versuchen dabei, möglichst schnell ein paar Tropfen Milch von widerborstigen Kühen in eine Flasche zu melken.

Allabendlicher Höhepunkt der wilden Spiele sind die *chuckwagon races*. 36 Teams kämpfen um den Siegertitel und 340 000 Dollar Prämien. Am Schluß der Stampede wird die Weltmeisterschaft zwischen den vier übriggebliebenen Teams entschieden. Jeweils vier Planwagengespanne gehen auf den Rundkurs, von jeweils vier Vollblütern gezogen und von vier *outriders* (Außenreiter) begleitet. Mit einem Gewehrschuß rasen sie los: 32 Pferde und vier Chuckwagons, jeweils mit einem *cookstove* (Kochherd) beladen. Die Außenreiter kämpfen im gefährlichen Gedränge der Jagd um die besten Positionen, und aus dem Lautsprecher dröhnt die erregte Stimme des Kommentators.

Nach den Rennen herrscht in der Arena noch viel Trubel: Bands, internationale Sänger und örtliche Talente heizen die Stimmung an und ein prächtiges Feuerwerk erleuchtet den Himmel über der Stadt. Zweifelsohne ist die Calgary Stampede zuallererst einmal eine Show für hochbezahlte Profis, mit Riesenaufwand perfekt organisiert, ein Geschäft – bis hin zu den teuren Werbeslogans auf den Planen der *chuckwagons*. Aber hinter dem Spektakel steckt noch mehr. Allein die große Zahl der freiwilligen Helfer zeigt die Verbundenheit der Region mit dieser Veranstaltung, die durch ihre enorme Publizitätswirkung Millionen Menschen die Mythen des Westens lebendig hält. Die Begeisterung, die man während der Stampede rundherum spürt, ist nicht minder echt als die Cowboys, die dort unten in der Arena ihr Handwerk in höchster Präzision vorführen.

Bei aller Wettkampfstärke spürt man die Kameradschaft im Kreis der Rodeoreiter auch vor dem Wettkampf. Da beim Rodeo zwischen dem Zweiten und dem Sieger oft nur ein Quentchen Glück liegt – das aber bei der Calgary Stampede die Differenz zwischen ein paar Tausend und über 50 000 Dollar ausmacht, wird vor der Entscheidung die Siegprämie meist geteilt.

Wem es weniger auf sportliche Höchstleistungen ankommt, sondern mehr auf das gesamte Drum und Dran, der sollte lieber eins der vielen Country-Rodeos in den kleinen Kommunen auf dem Lande besuchen. Da die Spitzenprofis schließlich nicht von der Stampede oder einigen anderen großen Rodeos in den USA leben können, sind auch immer einige von ihnen bei den Country-Rodeos dabei. Hier kann der Besucher auch mal hinter die Kulissen gucken, zu den Ställen gehen, wo die Pferde gestriegelt werden und wo die Cowboys rauchend und diskutierend auf den Balken der *bucking chutes* den engen Korrälen mit wild buckelnden Pferden und Stieren, sitzen.

Faszinierend sind die Rodeos in den Indianerreservaten, die oft mit einem großen *Pow Wow* verbunden sind. Indianer der verschiedenen Stämme – Blood, Sarcee, Blackfoot, Peagan, Stoney und Crow – reisen mit Kind und Kegel von weither an und leben während der Zeit der Aktivitäten in ihren mitgebrachten Tipis, die viele Familien für solche Zwecke noch haben und von denen die schönsten prämiert werden. Außer den Reiterwettkämpfen gibt es Wettbewerbe in den traditionellen Tänzen wie *chicken dance, owl dance, men's and women's buckskin* und den *rabbit dance* – alle mit ursprünglichen Gesängen, Trommelrhythmen und mit Tänzern in vollem, farbenprächtigem Federschmuck.

Rundreise durch Süd-Alberta – Im Land der Schwarzfuß-Indianer und Dinosaurier

Süd-Alberta ist ein Urlaubsgebiet, das kaum Wünsche offen läßt. Landschaftlich präsentiert sich die Region äußerst vielfältig: sattgrünes Farmland, sanftes, hügeliges Prärieland, Canyons und bizarre Sandsteinformationen in den Badlands, und im Westen die grandiose Bergwelt der Rocky Mountains. Dies ist auch ›Cowboy Country‹, das Land der großen Ranches. Hier werden noch riesige Rinderherden getrieben – wie einst im Wilden Westen. Die Menschen in den verschlafenen Provinznestern tragen Jeans und karierte Hemden und sind von einer besonders herzlichen Freundlichkeit. Liegen die Orte an der Bahnlinie, ist ihr Antlitz oft durch die großen, bis zu 70 m hohen, bunt angestrichenen Getreidespeicher, den ›Kathedralen des Westens‹, geprägt. In vielen kleinen Städten gibt es Pioniermuseen, in denen die Westerntradition wieder lebendig wird und im ›Tal der Dinosaurier‹ kann man einen Blick in prähistorische Zeiten werfen. Calgary ist ein idealer Ausgangspunkt für Rundreisen in dieser Region.

Die ›Badlands‹ von Drumheller

Nach etwa 30 km auf dem Transkanada Highway in Richtung Osten geht es auf dem Highway 9 weiter nach Norden. In der Nähe des kleinen Örtchens Beiseker fährt man an einer Kolonie der Hutterischen Brüder vorbei. Schnurgerade führt die Straße durch die Weizen- und Rapsfelder, die sich im Wechsel von sattem Grün und leuchtendem Gelb endlos bis zum Horizont erstrecken. Nach einer

guten Stunde Fahrt sieht man vor Drumheller dann plötzlich links den 150 m tiefen Horseshoe Canyon. Stark verwitterte Felsformationen kontrastieren das Grün der umliegenden Prärielandschaft. Dies ist aber nur ein Vorgeschmack auf das große, sonnendurchglühte ›Tal der Dinosaurier‹ an den Ufern des Red Deer River, in dessen Mittelpunkt der Ort **Drumheller** liegt.

Vor 70 Mio. Jahren erstreckten sich rund um das heutige Drumheller an den Ufern eines riesigen Binnenmeeres tropische Regenwälder, Sümpfe und Marschen. Zu dieser Zeit gab es die Rocky Mountains im Westen noch gar nicht. Ausbrüche großer Vulkane im Südwesten ließen Ascheregen niedergehen. Gegen Ende der Dinosaurierzeit türmten sich dann die Bergketten der Rocky Mountains auf. Flüsse brachten Schlamm und Gesteinsablagerungen aus den Bergen in die jetzige Drumheller Region. Millionen Jahre später ließen dann Klimaveränderungen das Land unter einer dicken Eisschicht verschwinden.

Das Ende der letzten Eiszeit vor etwa 13 000 Jahren brachte Schmelzwasserströme und Gletscheraktivitäten, und die Erosion von Wind und Wetter in Tausenden von Jahren formte schließlich das Tal, so wie es heute der Besucher antrifft. Die farbenprächtigen Felsschichten der Talwände bestehen aus Sand, Sedimenten, Schlamm, vulkanischer Asche und Pflanzen, die in Millionen Jahren komprimiert wurden und die fossilen Reste von Dinosauriern und anderen prähistorischen Lebensformen einschlossen.

Die versteinerten Überreste der urzeitlichen Riesenechsen waren es auch, die

Three Hills

Bleriot Ferry
Campground

Bleriot Ferry

Orkney Hill
Viewpoint

[837]

[838]

[575]

Horsethief
Canyon

[575]

Dinosaur Trail

Dinosaur Trail

The Little
Church

Royal Tyrrell
Museum

Midland
Provincial Park

McMullen
Island

Stettler,
Edmonton

Homestead
Antique Museum

[55]

Drumheller

[576]

[9]

Horseshoe Canyon,
Calgary

East Coulee Drive

Rosedale

The Last
Chance Saloon

Rosedale
Suspension Bridge

Wayne

[56] Wayne Drive

(Hoodoo Drive)

Hoodoos

[10]

East Coulee

Atlas
Coal Mine

0   5 km

zuerst das Interesse an der Region er-
weckten, die bis dahin nur als *bad lands*
galt, eine semi-aride Landschaft ohne
jeglichen Sinn und Nutzen. 1884 entdeckte der kanadische Geologe Joseph
B. Tyrrell auf der Suche nach Kohle den
Kopf eines versteinerten Sauriers. Weitere Funde im Tal des Red Deer River folgten Skelette und Schädel von über drei-
ßig verschiedenen Saurierarten. Viele davon sind heute Stolz der Museen in New
York, Chicago, London und anderen Metropolen. Prachtstücke bietet vor allem
das Royal Tyrrel Museum of Paleontolo-
gie (s. unten).

Das heute 8000 Einwohner zählende
Drumheller **1** (S. 357) wurde 1910 gegründet, doch bereits 1902 trafen die ersten Siedler ein. Kohlefunde brachten
Wohlstand in die Region – in wenigen
Jahren wurden über 40 Bergwerke eröffnet. Nach dem Zweiten Weltkrieg endete
der Boom, Öl und Erdgas verdrängten die
Kohle. Heute wird das ›schwarze Gold‹
im Umkreis von 50 km aus über 3000
Quellen gefördert.

Drumheller ist Ausgangspunkt für
den **Dinosaurier Trail,** einer etwa 50 km
langen Rundstrecke durch das urweltliche Tal des Red Deer River. Man sollte
sich für die Fahrt einige Stunden Zeit
nehmen – ein Besuch des Tyrrell Museums eingeschlossen, ist auch ein ganzer
Tag nicht zuviel. Am Anfang des Trails
konfrontiert das **Homestead Antique
Museum** zunächst mit wesentlicher jün-
gerer Zeit. Das Mini-Museum zeigt Gegenstände aus dem Alltag der Pioniere
und Siedler, klassische Automobile, Re-
likte aus der Indianerzeit, Militaria, Werkzeuge aus dem Kohlebergbau und eine
umfangreiche Waffensammlung.

*Die Umgebung von Drumheller mit dem
Dinosaurier Trail*

Blick über den Horsethief Canyon

Bald folgt **McMullen Island** im Midland Provincial Park, eine grüne Oase in der heißen Semi-Wüste der *badlands*. Hier, an einem toten Seitenarm des Red Deer River, wachsen im fruchtbaren Schwemmland Balsapappeln, Weiden, Dogwood- und Rosenbüsche, unter denen Rehwild, Kaninchen und zahlreiche Vogelarten Schutz finden.

Etwa 10 km westlich von Drumheller bietet das **Royal Tyrrell Museum of Paleontology** einen exzellenten Einblick in Geologie und Paläontologie der Region. Das 1985 gegründete Museum zeigt einige Dutzend vollständige Skelette von Dinosauriern, darunter das seltene komplette Skelett eines Tyrannosaurus Rex, das 10 m lange Skelett des Edmontosaurus mit seinem riesigen ›Entenkopf‹, den 400 kg schweren Schädel eines Pachyrhinosauriers oder das Skelett eines Eiszeitbisons, in dessen Schädel noch die Speerspitze eines prähistorischen Jägers steckt. Durch Panoramascheiben

kann man beobachten, wie Wissenschaftler an Fundstücken arbeiten. Neben Vorträgen und anderen Veranstaltungen ermöglicht das Museum durch spezielle Exkursionen auch die Teilnahme bei Ausgrabungsarbeiten.

Zum Museum gehört ein Gewächshaus mit Pflanzen, die einen zigmillionen Jahre alten Stammbaum haben und so oder ähnlich auch zu Dinosaurierzeiten wuchsen. Seit seiner Eröffnung im Jahre 1985 sind über vier Mio. Besucher in das auch architektonisch interessante Gebäude gekommen. Von einer Anhöhe hat man einen schönen Blick über die großzügigen modernen Anlagen, die sich harmonisch in die Landschaft fügen.

Gleich hinter dem Royal Tyrrell Museum taucht eine malerische Winzlingskirche auf. Der weiße Holzbau wird jährlich von Tausenden besucht, aber nur sechs Personen passen gleichzeitig hinein.

Beim **Horsethief Canyon** schweift der Blick über ein weites Tal, mit fossilen

Austernbänken und von Wind und Erosion geschaffenen steilen Hügeln, die in der grellen Sonne glänzen. Mitten in der Prärie sieht das Land hier aus, als ob die Erde eingestürzt wäre – eine trostlose, windverwehte Einöde – genau der richtige Drehort für Filme, die eine prähistorische Kulisse erfordern. Am Anfang des Jahrhunderts war dies ein ideales Versteck für die Pferdediebe *(horse-thiefs)* der Umgebung.

Bald darauf, 27 km nordwestlich von Drumheller, ist der Scheitelpunkt des Dinosaur Trail erreicht. Hier führt die Straße hinunter zum Ufer des Red Deer River.

Von quietschenden Stahlseilen gezogen, geht es mit einer alten Fähre, wie sie in den Pioniertagen gebräuchlich war, über den Fluß. Die **Bleriot Ferry**, 1913 gebaut, ist eine der letzten Kabelfähren Albertas. Bis zu acht Autos können damit befördert werden.

Auf der anderen Seite gelangt man dann auf dem Südzweig des Dinosaurier Trail (Route 837) wieder zurück nach Drumheller. Gleich bei der Anlegestelle gibt es einen kleinen Campingplatz (ohne Service-Einrichtungen). Nördlich davon erstreckt sich ein reiches Fundgebiet von Fossilien, der ›Friedhof der Dinosau-

Rundreise durch Süd-Alberta

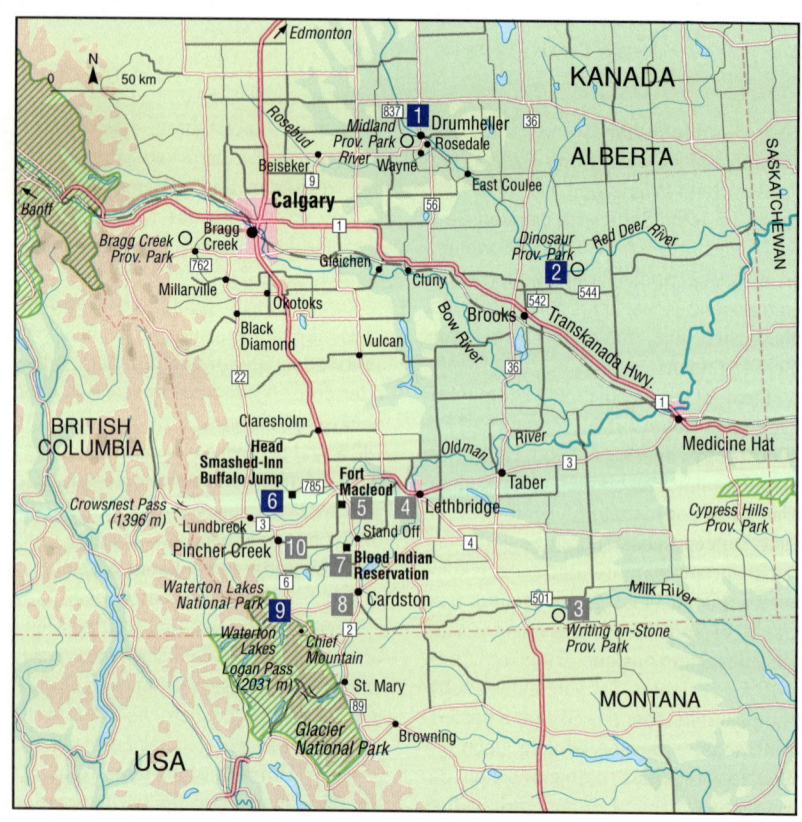

Bei East Coulee schuf die Erosion bizarre Felsformationen, die sogenannten hoodoos

rier‹. Nach etwa 10 km hat man beim **Or-kney Hill Viewpoint** einen großartigen Panoramablick über den Red Deer River mit den umgebenden *badlands*. In der Nähe des Aussichtspunktes befinden sich die Überreste eines prähistorischen *buffalo jumps*. Hier trieben Indianer auf der Jagd früher die Büffelherden über die Klippen in den Tod.

Südlich von Drumheller führt der Highway 10 auf dem Hoodoo Trail zum 25 km entfernten Ort East Coulee. In der Region wurde früher Kohlebergbau betrieben und hin und wieder bekommt man noch Überreste aus dieser Zeit zu sehen. Im kleinen Bergwerksort Rose-dale führt eine Hängebrücke über den Red Deer River. Früher wurde sie von Bergleuten benutzt, heute hat man von ihr einen schönen Blick über das Flußtal. Von hier aus lohnt sich der kleine Abste-cher (etwa 10 km) auf der Route 10 X nach **Wayne** mit seinem historischen **Rosedeer Hotel** und dem ›Last Chance

Saloon‹ – immer noch in Betrieb. Hier gibt es auch einen Campingplatz und ge-legentlich sind in der Gegend auch Film Crews tätig.

Auf der Fahrt nach East Coulee kommt man durch das Tal der **Hoodoos,** den eigenartigen pilzförmigen Türmen, die Wind und Wetter aus dem Sandstein-felsen geschliffen haben. Die Erosion schreitet schnell voran – Geologen schät-zen, daß in kaum 100 Jahren nur noch wenige überdauert haben werden. Schwarzfuß- und Cree-Indianer hielten sie für versteinerte Riesen, die nachts le-bendig wurden und Felsbrocken auf Ru-hestörer warfen.

In **East Coulee** erinnern ein kleines Museum und die ›Atlas Mine‹ an die ge-schäftige Zeit des Kohlebergbaus zu Be-ginn des Jahrhunderts, als hier Tausende lebten und arbeiteten. Heute ist der Ort fast eine *ghost town*. Die verwitterten Ge-bäude der ›Atlas Mine‹ sind restauriert und können besichtigt werden.

Durch das Land der Blackfoot: Zum Dinosaur Provincial Park und nach Fort MacLeod

In südlicher Richtung geht es ab Cambria auf dem Highway 56 bis zum Transkanada Highway ins Land der Schwarzfuß-Indianer. Von der einst so stolzen Kultur der Prärie-Indianer ist wenig übriggeblieben. Bei den kleinen Orten Gleichen und Cluny leben sie im Reservat in verstreut liegenden, eher armseligen Häusern.

Im September 1877 versammelten sich die Stämme der Blackfoot Nation bei Blackfoot Crossing am Bow River, wenige Kilometer südlich von Cluny – über 4000 Indianer mit 15 000 Pferden und Ponys unter Führung des großen Häuptlings Crowfoot. Er und die Häuptlinge Old Sun, Red Crow, Bull Head, Medicine Calf, Many Spotted Horses, Sitting On An Eagle Trail und andere unterzeichneten mit einem »X« den *Treaty No. 7*, der ihnen von einer Handvoll Weißer präsentiert wurde. Damit übergaben sie dem weißen Mann 50 000 Quadratmeilen Land in der Hoffnung, daß damit ihre Zukunft gesichert werde. Ein Trugschluß, denn schon wenige Monate danach starben Hunderte der Schwarzfuß-Indianer den Hungertod.

Auf dem Friedhof des Reservats liegen hinter Reihen von neuen Gräbern die älteren: Jim Big Eye, Haughton Running Rabbit, Annie Yellow Old Woman, Benedict Prairie Chicken. Bei Cluny, 8 km südlich vom Transkanada Highway, findet man auf einer Anhöhe inmitten wilder Prärieblumen die Grabstätte von Chief Crowfoot mit einem aus Felsbrocken gemauerten Denkmal. Ganz in der Nähe stand auch sein letztes Tipi. Den kleinen Abstecher ins Indianerreservat kann man mit einer Kabelfährenfahrt über den Bow River verbinden und so wieder zum Transkanada Highway zurückkehren.

Etwa 60 km östlich auf dem Transkanada liegt die Stadt Brooks, Ausgangspunkt zum **Dinosaur Provincial Park** 🔢 (S. 357), den man nach weiteren 50 km auf Nebenstraßen (542, 544) in nordöstlicher Richtung erreicht. Der Park ist ein natürliches Museum, fast 10 000 ha groß. Der Blick über diesen Abschnitt der Badlands beeindruckt noch mehr als der bei Drumheller (120 km flußaufwärts gelegen): Man steht plötzlich vor dem 12 km breiten Tal des Red Deer River und einem Panorama aus einer anderen Welt – mit surrealen Effekten. Lange und tiefe Erosionsrillen in den Felswänden, steil geformte Felsnadeln und -kegel in Verbindung mit den horizontalen Linien der verschiedenen Schichten aus Ton, Sandstein und eisenhaltiger Erde ergeben ein Puzzle voller Schattierungen von Pastell-, Grau-, Braun- und Grüntönen, besonders schön im Licht der späten Nachmittagssonne. Obwohl die Erosion rasch fortschreitet, und die Lebensbedingungen für Tiere und Pflanzen erheblich erschwert, leben dennoch Antilopen, Biber, Kojoten und Luchse in diesem sonnendurchglühten Tal, dessen einzige baumbewachsene Grünzone die Ufer des Flusses säumt. Das war vor 70 Mio. Jahren anders. Damals ließ das feuchtwarme Klima Palmen, Feigenbäume, Redwoods und Magnolien wachsen. Krokodile und Haie schwammen in den Zuflüssen des Bear-Paw-Meeres, und in den Niederungen streiften Saurier der verschiedensten Arten umher.

Heute ist das Gebiet des Dinosaur Provincial Parks, in dem das Royal Tyrell Museum eine Außenstelle unterhält, die größte prähistorische Fundstätte der Welt. 1979 wurde er von der UNESCO zur World Heritage Site erklärt. Rund 150 vollständige Skelette von über 30 verschiedenen Arten sind hier gefunden worden. Es gibt Lehrpfade, zu denen man eine Begleitbroschüre erhält, und die Parkranger geben Auskunft über alles, was den Park und die Geschichte der Region betrifft. Das Ausgrabungscamp ist von Mai bis Oktober geöffnet und bietet Ausstellungen und Möglichkeiten, bei Arbeiten an Fossilienfunden zuzuschauen. Der Dinosaurierpark wird auch gern als Ausgangs- oder Endpunkt für Kanutouren auf dem Red Deer River genutzt. Ein Campingplatz unter schattigen Bäumen ermöglicht einen mehrtägigen Aufenthalt in dieser bizarren Welt. In der Nähe kann die Siedlerhütte von Albertas legendärem schwarzen Cowboy John Ware besichtigt werden, und auf dem Cottonwood Trail lassen sich über 130 Vogelarten beobachten.

Immer wieder werden bei Wanderungen in den Badlands entlang des Red Deer River neue Lager von fossilen Knochen entdeckt, die Wasser und Erosion freigelegt haben. Man sollte aber daran denken, daß in Alberta das Sammeln von prähistorischen Fundstücken streng verboten ist!

Von Brooks gelangt man auf dem Highway 36 nach 110 km zum Städtchen Taber. Will man nicht gleich auf dem Highway 3 nach Lethbridge abbiegen, empfiehlt sich die Weiterfahrt über die Highways 4 und 501 zum **Writing-on Stone Provincial Park** 3 (S. 396) an der Südgrenze von Alberta. Der Provinzpark am Milk River ist ein geologisches Wunderland mit vielen bizarren Sandsteinformationen, Säulen, Türmen und natürlichen Brükken. In die Sandsteinwände haben Indianer aus prähistorischer Zeit Piktogramme und Motive von Büffeln, Bären und schildtragenden Kriegern geritzt – die größte Konzentration von Felszeichnungen dieser Art in der nordamerikanischen Ebene.

Lethbridge 4 (S. 371) ist eine lebendige Universitätsstadt und mit über 60 000 Einwohnern Mittelpunkt der Südwestregion Albertas. Auf den breiten Straßen trifft man Farmer und Cowboys beim Einkaufen, genauso wie Indianer und altertümlich gekleidete Hutterer. Die Stadt war schon in den 60er Jahren des vorigen Jahrhunderts ein Handelszentrum. Es waren rauhe Zeiten damals, als hier Pelze und Büffelhäute gegen Whiskey getauscht wurden. Die Invasion gesetzloser Whiskeyhändler und Desperados von Fort Benton in Montana in der Zeit von 1869 bis 1874 führte zur Errichtung von über 40 sogenannter ›Whiskey-Forts‹ in Südalberta. Im Gebiet des heutigen Lethbridge stand das größte und auch das berüchtigtste: Fort Whoop-Up. Bei Siedlern und Indianern häuften sich die Klagen über Ausschreitungen und

Dinosaurier-Skelett im
Dinosaur Provincial Park

rücksichtslose Handelspraktiken der Whiskeyhändler, die man als ernste Bedrohung für Kanadas junge Westprovinzen empfand. Kein Wunder, daß die North-West Mounted Police im Fort Whoop-Up zuerst aufräumten, als sie zu Beginn der 70er Jahre in die Region kam, um für Recht und Ordnung zu sorgen. Nach und nach wurden alle Whiskey-Forts geräumt und der Verkauf von Alkohol an die Indianer verboten.

Am Westrand der Stadt, im Oldman River Valley, liegt der **Indian Battle Park**. Er erhielt seinen Namen nach der letzten großen Indianerschlacht in Kanada, die hier 1870 zwischen den Cree- und den Blackfeet-Indianern stattfand. Im Park ist ein rötlicher Felsbrocken zu sehen, den die Indianer als heiligen ›Medizinstein‹ verehrten und auf dem sie ihre Opfergaben niederlegten. Die Attraktion des Parks stellt natürlich das wiederaufgebaute **Fort Whoop-Up** dar. Durch Ausstellungen, Darbietungen und Führungen wird Albertas frühere Geschichte hier wieder lebendig. Lohnend ist auch ein Besuch im Sir Alexander Galt Museum mit seiner umfangreichen Sammlung aus der Pionierzeit bis zur jüngeren Geschichte der Stadt. Vom Museum hat man einen schönen Blick über das Tal des Oldman River.

Der Stolz der Stadt sind die **Nikka Yuko Japanese Gardens,** einer der größten japanischen Gärten Nordamerikas und eine gelungene Mischung von traditioneller asiatischer Gartenkunst mit kanadischer Prärieumgebung. Ein idyllisches Fleckchen zum Spazierengehen. Errichtet wurden sie als Freundschaftssymbol und auch wohl zur Erinnerung an die schlechte Behandlung, die Westkanadas japanische Bürger im Zweiten Weltkrieg erdulden mußten.

Lethbrigde auf dem Highway 3 in westlicher Richtung verlassend, folgt

man den Spuren der Nordwest Mounted Police, die im Spätherbst 1874 nach der Einnahme von Fort Whoop-Up nun auf der Suche nach einem Winterlager war. Ihr Méti-Scout Jerry Potts fand den richtigen Platz auf einer Insel im Oldman River. Hier wurde das erste Fort MacLeod errichtet. Wegen einer Überschwemmung verlegte man es neun Jahre später auf höher gelegenes Terrain.

So ist das Städtchen **Fort MacLeod** 5 (S. 361) Süd-Albertas älteste Siedlung und durchaus einen Aufenthalt wert. Viele der ursprünglichen Sandsteinhäuser an der Main Street sind erhalten geblieben, so daß die Provinzregierung das Zentrum der Stadt zum *historic area* erklärt hat. Im Gebäude der »MacLeod Gazette«, eine der ältesten Zeitungen Albertas, lassen sich in alten Ausgaben bis zum Jahr 1882 die abenteuerlichen Ereignisse des Westens zurückverfolgen und im 1912 erbauten Empress Theatre, einst eine gut besuchte *Vaudeville*-Bühne, werden heute wieder historische Musicals aufgeführt.

Am Stadtrand ist hinter Palisaden eine Replika des historischen Fort Mac Leod als Museum wieder aufgebaut worden, mit faszinierenden Gegenständen und Dokumenten aus der Gründerzeit: Polizeiwaffen und Uniformen aus dem ursprünglichen Fort, die Schmiede, eine Kapelle, der medizinische Behandlungsraum mit dem alten fußbetriebenen Zahnbohrer und ein Originaldokument mit einem heute sicher amüsanten Inhalt, nämlich die alte Hausordnung des MacLeod Hotels: »Alle Gäste müssen um 6 Uhr morgens aufstehen. Dies ist erforderlich, weil die Bettlaken als Tischtücher gebraucht werden. Tätlichkeiten gegenüber dem Koch sind verboten. Gäste, die hier umgebracht werden, dürfen nicht im Haus bleiben.« Auf dem Gelände des Museums steht auch das originale

Richtig Reisen
Tip

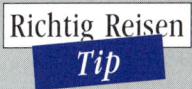

Leben wie die Cowboys

Eine echte *working ranch*, mit *cattle drive, branding* und allen typischen Ranch-Aktivitäten findet man bei Granum im Südwesten von Alberta. Auf hügeligem Weideland am Fuße der Rockies züchten Keith und LeAnne Lane Rinder und Pferde. Für ein paar Gäste ist immer Platz. Hier gibt es die besten Steaks der Rocky Mountains, man kann soviel reiten wie man möchte, und die Rancher-Familie veranstaltet nach Wunsch Trailritte in die Berge, oder als besonderen Leckerbissen, zum historischen Head-Smashed-In-Buffalo-Jump (s. S. 206). Mit der ganz in der Nähe liegenden Hutterer-Kolonie unterhalten die Lanes gutnachbarliche Beziehungen und können dort auch einen Besuch vermitteln.

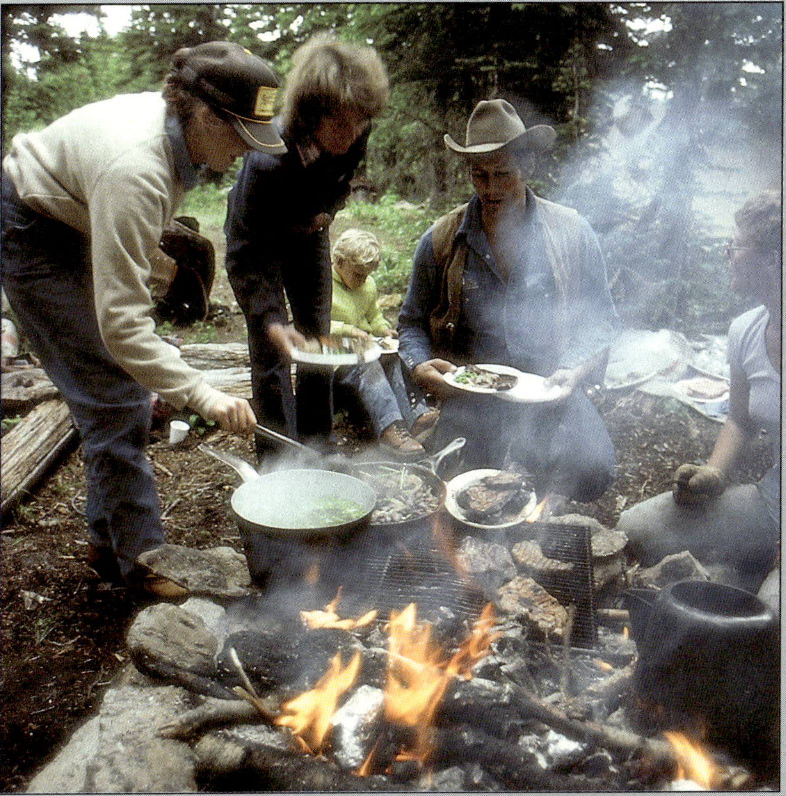

Blockhaus von Fred Kanouse, Pelzhändler aus dem 19. Jh. und Weggefährte des legendären Kootenai Brown. Die tägliche Reiterparade von Studenten in den historischen scharlachroten Uniformen der Royal Canadian Mounted Police ist im Sommer immer ein Publikumsmagnet. Nur 20 km westlich von Fort MacLeod, auf der Landstraße 785 zu erreichen, liegt der **Head-Smashed-In Buffalo Jump** 6, einer der ältesten und am besten erhaltenen Jagdplätze der Indianer in Nordamerika und eine kulturhistorische Stätte ersten Ranges, die von der UNESCO zur World Heritage Site erklärt wurde. Schon vor über 5500 Jahren trieben hier Indianer Büffelherden über die Klippen der Porcupine Hills, um ihre Fleischvorräte für den Winter zu sichern. In der *kill site* unterhalb des Abhangs, wo die Indianer die verletzten Tiere schlachteten, hat man bis zu einer Tiefe von 10 m Überreste, Knochen und Pfeilspitzen von aufeinanderfolgenden *jumps* gefunden.

Heute hat man hier ein hervorragendes, auch architektonisch einfühlsam gestaltetes Interpretive Centre in die sanft wellige Prärie gebaut, direkt neben den Abhang, wo sich die Büffel zu Tode stürzten. Auf mehreren Ebenen wird die Lebensweise der prähistorischen Prärie-Indianer und die der späteren Blackfoot-Indianer vor und nach der Verdrängung durch den ›weißen Mann‹ erklärt. Im unteren Teil des Museums gewinnt man einen Überblick in die Arbeit der Archäologen, die die ausgefeilte Jagdtechnik erklären, durch die eine verhältnismäßig kleine Gruppe von Indianern, die ja noch nicht im Besitz von Pferden waren, riesige Büffelherden über die Klippen treiben konnte.

Vor Ankunft des weißen Mannes lebten über 60 Mio. Büffel auf den Prärien Nordamerikas. Sie bildeten die Lebensgrundlage der indianischen Völker dieser Region, wodurch ihr Bestand in keiner Weise gefährdet war. Fell, Fleisch, Sehnen und Knochen, alles wurde verwertet. Auch in die Region der Porcupine Hills kamen die wandernden Herden der Büffel. Mit Büffelhäuten getarnte Jäger lockten die Leitkühe einer vorbeiziehenden Herde in die Nähe des *jumps*, dort versuchten weitere Indianer die Herde zur *stampede* (Flucht) zu bringen, bis sie sich blindlings über den Abgrund stürzten. Auf der Ebene unterhalb der Klippen wurden die Büffel geschlachtet und zerlegt, im nahen Camp trocknete man das Fleisch und verarbeitete die Häute.

Der Name des Jagdplatzes führt auf eine 150 Jahre alte indianische Legende zurück. Damals postierte sich ein junger Blackfoot-Krieger direkt unter einem vorspringenden Felsüberhang, um von diesem ›Logenplatz‹ aus dem *jump* zuzusehen. Wie ein Mann hinter einem Wasserfall beobachtete er den Sturz der Büffel über die Klippen. Die Jagd an diesem Tage war außerordentlich gut und die aufeinanderfallenden Körper der Büffel häuften sich, so daß er bald zwischen ihnen und den Felsen gefangen war. Als die Indianer mit dem Schlachten der Tiere begannen, fanden sie den jungen Krieger mit zerschmettertem Schädel. Seither heißt der Ort »Head-Smashed-In Buffalo Jump«.

Bei Stand Off, etwa auf halber Strecke zwischen Fost MacLeod und dem Ort Cardston, führt der Highway 2 durch die **Blood Indian Reservation** 7. Schon früher war Stand Off ein wichtiger Handelsposten für die Blood-Indianer, die der Blackfoot Confederacy angehören. Ihr Reservat ist mit über 1000 qkm das größte in Kanada. In den über das ganze Gebiet verstreuten Häusern und Siedlerstellen leben etwa 7500 Indianer von Viehzucht, Weizenanbau und in den letzten Jahren auch von den Einkünften aus

Festlich gekleidete Teilnehmer bei einem pow wow *in Stand Off*

den *pow wows*, den farbenprächtigen Tanzfesten, die in den Sommermonaten stattfinden, kommen Tausende von Indianern aus West-Kanada und den nördlichen US-Staaten. Auch weiße Gäste sind dazu herzlich willkommen. Das größte dieser Indianerfeste findet Mitte Juli in Stand Off statt: bei den Stand Off Indian Days and Pow Wow gibt es dann außer den Tanzwettbewerben indianische Spiele, Ausstellungen von Kunsthandwerk und ein großes Rodeo.

In Stand Off kann man in einer Galerie die Arbeiten von Gerald Tail Feathers, einem Maler und Illustrator aus dem Stamme der Blood, bewundern. Bevor er ins Reservat zurückkehrte, arbeitete er als Maler und Grafiker für große Kaufhäuser, Ölfirmen und New Yorker Werbeagenturen.

An einem alten Indianerfriedhof vorbei führt die Straße dann weiter nach **Cardston** 8 (S. 354), das als erste Mormonensiedlung in Alberta 1887 von Charles Ora Card, dem Schwiegersohn

Erdgas und Öl, das auf ihrem Land gefördert wird und einen gewissen Wohlstand in das Reservat gebracht hat. In den Produktionsstätten der stammeseigenen Kenai Industries werden Fertighäuser hergestellt. Nach Voranmeldung kann man das Werk besichtigen. In den nahe gelegenen Belly Buttes-Hügeln feiern die Blood-Indianer in jedem Herbst ihr Erntedankfest mit dem *Sun Dance*. Zwischen farbenfrohen, mit alten Symbolen bemalten Tipis wird dann Tag und Nacht getanzt. Die Tänze beruhen auf uralten Traditionen, aber die grausamen Tapferkeitsriten fehlen, die früher beim Sun Dance ausgeübt wurden und die damals für die jungen Männer unumgänglich waren, um als geachtete Krieger in den Stamm aufgenommen zu werden. Zu

des Sektenführers Brigham Young, gegründet wurde. Heute steht hier Kanadas einziger Mormonentempel, ganz aus weißem Granit gebaut. Betreten werden darf er allerdings nur von gläubigen Mormonen. Dafür kann man sich aber die erste Heimstätte von Ora Card ansehen, eine Blockhütte, die heute als Museum dient.

1993 hat Cardston eine neue Attraktion dazubekommen: im **Remington-Alberta Carriage Centre** kann sich der Besucher in die Zeit zurückversetzen, als Pferd und Wagen die einzigen Transportmittel waren. Neben Ausstellungen alter Kutschen und Fuhrwerke ist auch ein Besuch in der authentischen Hufschmiede, der Sattlerei, und beim Pferde- und Kutschenverkäufer inbegriffen. Abgerundet wird die Reise ins 19 Jh. dann mit einer Kutschfahrt im eleganten Landauer.

In der Nähe von Cardston befindet sich eine der etwa 40 Kolonien der Hutterischen Brüder in Alberta, die gemäß ihren jahrhundertealten Traditionen leben, ihr Land gemeinschaftlich bewirtschaften und immer noch den alten hochdeutschen Dialekt sprechen. Die ganz in Schwarz gekleideten Hutterer haben nichts dagegen, wenn man sie in ihrer florierenden Kolonie mit den adretten weißen Holzhäusern besucht. Die ersten Hutterer in Süd-Alberta kamen 1918 aus den USA, um hier landwirtschaftliche Kommunen aufzubauen.

Im Waterton Lakes National Park

9 (S. 392) Auf dem Highway 5 dauert die Fahrt von Cardston zum Waterton Lakes National Park weniger als eine Stunde. Mit 525 qkm eines der kleineren Naturschutzgebiete Kanadas, ist der Park dennoch einmalig im System der Nationalparks, weil sich hier auf relativ engem Raum völlig verschiedene Landschaftszonen mit entsprechender Flora und Fauna begegnen. Nach der sanfthügeligen Prärie vollzieht sich abrupt der Wechsel zum Hochgebirge. Die majestätischen Berggipfel schimmern in roten, grünen, weißen, blaugrünen, braunen und violetten Schattierungen, eine Farbpalette hervorgerufen durch die verschiedenen, im Felsgestein enthaltenen Mineralien.

Als weitere geologische Besonderheit weist der Park das älteste, über 1,5 Mrd. Jahre alte Sedimentgestein in Nordamerika auf. Durch massive Erdbewegungen vor 65 Mio. Jahren schoben sich riesige Massen des uralten Gesteins über das viel jüngere. Gletscheraktivitäten haben danach die vielen tiefen Seen, Täler und Wasserläufe geschaffen.

Weitsichtige Männer wie John ›Kootenay‹ Brown in Kanada und George Bird Grinnell in den USA betrieben 1895 die Gründung des Waterton Lakes National Park und 1910 die des wesentlich größeren **Glacier National Park** im angrenzenden Montana. Beide Parks bilden eine geographische Einheit mit gleicher Flora und Fauna. Man sollte sich für dieses grandiose Gebiet schon einige Tage Zeit nehmen und möglichst auch den amerikanischen Teil in seine Entdeckungsreisen einbeziehen. Die Rundfahrt durch das Parkgebiet zum amerikanischen Parkeingang bei St. Mary, über den Logan-Paß und die Highways 2, 89 und 17 (vielleicht mit einem Abstecher nach Browning im großen US-amerikanischen Reservat der Blackfoot) läßt sich an einem Tag bewältigen. Sie führt durch eine beeindruckende Gebirgs- und Gletscherlandschaft, über die *continental di-*

Kurz hinter dem Eingang zum Waterton Lakes National Park lebt eine Herde Präriebisons

vide, die Wasserscheide des amerikanischen Kontinents, vorbei an zahlreichen Gletscherseen und über mehrere Pässe mit fantastischen Ausblicken.

Auch etliche kleinere Autotouren sind möglich. Gleich hinter dem Eingang zum Park auf der kanadischen Seite führt eine Straßenschleife durch die **Bison Paddocks**, wo eine kleine Herde Präriebisons auf dem hügeligen Steppenland weidet. Nach etwa fünf Kilometern, vorbei am Lower Waterton Lake, verläuft rechts die 15 km lange, schmale Red Rock Canyon Road am Blakiston Creek entlang, um schließlich am **Red Rock Canyon** zu enden (s. Abb. S. 8). An dieser Straße ist fast immer Wild zu beobachten. Besonders Bergschafe kommen in Gruppen bis ans geparkte Auto. An der Straße liegt ein Campingplatz, und zahlreiche Hiking Trails führen ins *back country*. Vor allem der etwa ein Kilometer lange Pfad entlang der Schlucht des Blakiston Creek mit tiefgrünen Tannen auf leuchtendroten Gesteinsformationen und kristallklaren Pools bietet viele prächtige Fotomotive. Durch das Tal des Blakiston zogen schon die Kootenay-Indianer aus den Bergen British Columbias zu den Prärien, um dort Büffel zu jagen.

Auf den Park-Highway zurückgekehrt, ist man dann nach wenigen Kilometern im **Waterton Village** am Upper Waterton Lake. Kurz vor dem Ort liegt auf einer Anhöhe das 1927 errichtete, schloßähnliche Prince of Wales-Hotel, sicherlich eines der schönsten Gebäude Albertas. Auch wenn man dort nicht übernachten will, sollte man einmal durch die schöne große Lobby gehen, um dann den herrlichen Panoramablick zu genießen: weit über den tiefblauen See mit den Häusern des Dorfes an seinem Ufer bis zu den majestätischen Berggipfeln Montanas. Direkt im Ort gibt es einen hübschen Wasserfall zu bewundern: **Cameron Falls**.

Indian Paint Brush

Waterton verfügt auch über einen schönen 18-Loch-Golfplatz und ein beheiztes Schwimmbad. Man kann Tennis spielen, Wasserski laufen, Pferde für eine Reittour in die Berge mieten, mit dem Boot fahren oder auf dem Waterton-See eine zweistündige Kreuzfahrt unternehmen. Mehrere Campingplätze sind komfortabel eingerichtet, während die zahlreichen kleineren Zeltplätze an den Trails mehr für den *hiker,* der der Zivilisation entfliehen möchte, geeignet sind. Jagen darf man im Waterton- und Glacier-Nationalpark natürlich nicht, aber dafür angeln. Ein *permit* (Erlaubnis) gibt es bei den Rangerstationen.

Der Akamina Parkway folgt von Waterton einem Bergfluß zum malerischen **Cameron Lake.** Die 16 km lange Straße passiert Albertas erste Ölquelle, die 1902 gebohrt wurde, aber nicht lange in Betrieb war. ›Kootenay‹ Brown tauschte das ölige Sumpfloch von den Blood-Indianern gegen ein Pferd. Er merkte bald, daß sich mit der übelriechenden schwarzen Flüssigkeit, die er vom Morast abschöpfte, ein gutes Geschäft machen ließ. Nach dieser Entdeckung am Ende der 90er Jahre des letzten Jahrhunderts gründete man sogar eine Ölgesellschaft, die aber bald einging, da sich die Förderung nicht mehr lohnte. Am Cameron Lake kann man ein Kanu mieten und damit sogar einen Ausflug in die USA unternehmen – der See liegt direkt an der amerikanischen Grenze.

Richtig lernt man den Waterton/Glacier Park erst auf den unzähligen *hiking trails* abseits der Straßen kennen. Allein auf der kanadischen Seite winden sie sich über 180 km durch die Berge und Täler des *back country,* und auf der amerikanischen Seite sind es über 1200 km Wanderwege.

Auf den Prärien an der Ostseite des Parks wachsen rote und weiße Geranien, Astern, Indian Paintbrush und köstliche Beeren. Die Bergregionen überziehen dichte, farbige Teppiche aus Alpenblumen und Gletscherlilien, und an den Hängen wachsen die kerzenförmigen weißen Stauden des Bärengrases. In den kühlen Wäldern wuchern riesige Pilze,

Elche sieht man oft am Straßenrand

Grizzly

und von den Bäumen baumelt das ›Squaw hair‹ – eine Parasitenpflanze mit langen schwarzen Strähnen.

Zur reichhaltigen Tierwelt des Parks gehören Bighorn-Schafe, Bergziegen, Elche, Wapitihirsche, Biber, Schwarzbären, der seltene Berglöwe und das größte Raubtier des amerikanischen Kontinents, der Grizzly. Zu sehen bekommt man Bären oder Pumas allerdings kaum. Eher entdeckt man schon mal einen Biberdamm, mit dem die fleißigen Nager einen kleinen Bergbach zu einem Teich gestaut haben. Mit einem pistolenschußähnlichen Knall, hervorgerufen durch einen Schlag mit seinem breiten Schwanz auf die Wasseroberfläche, erschreckt der Biber den unvorbereiteten Eindringling und warnt seine Artgenossen. Unterwegs im Park läßt sich manchmal eine unfreiwillige Wartepause nicht vermeiden, wenn eine Herde Bighorn-Schafe die Straße kreuzt. Sie lassen sich durch eifriges Fotografieren nicht stören. Sie wissen halt, dies ist ihr Territorium.

Waterton/Glacier ist aber nicht nur ein Tip für Wildnisliebhaber. Außer den schwierigen *back country trails* gibt es auch viele Pfade, die leicht zu erwandern sind. Der Park verbindet beides: unberührte Wildnis und die Annehmlichkeiten der Zivilisation, mit guten Hotels, Lodges und Restaurants.

Von Pincher Creek zum Crowsnest Pass und durchs Turner Valley zurück nach Calgary

Auf dem Highway 6 geht es in nördlicher Richtung zum Rancher-Städtchen **Pincher Creek** 🔟 (S. 374). Im Kootenai Brown Museum wird die Geschichte der frühen Pioniere und des alten Westens erzählt. Hier steht auch die Blockhütte von ›Kootenay Brown‹, dem ersten Weißen in der Waterton Lakes Region. Er war Armeeoffizier der Engländer, Pony Express-Reiter, Abenteurer und Trapper, mit einer Indianerin verheiratet – und er war auch einer der ersten Naturschützer. Die Gründung vom Waterton Lakes National Park geht zurück auf die Gespräche, die Kootenay Brown in seiner Hütte mit dem einflußreichen Rancher F. W. Godall führte. Der schrieb einen Brief an die kanadische Regierung, die daraufhin bereits 1895 den Kern des Gebietes zum Naturschutzgebiet erklärte und Kootenay als Parkranger bestellte.

Nach ein paar Kilometern ist der Highway 3 erreicht. Er führt auf den nächsten 60 km durch die Bergregion des **Crowsnest Pass,** bekannt geworden durch große Naturkatastrophen und Abenteuerlegenden. Am 29. April 1903 brach hier

vom Turtle Mountain eine gigantische Kalksteinmasse aus dem Berg: über 1000 m breit, 450 m hoch und 150 m dick. Das Ganze donnerte zu Tal und begrub das kleine Städtchen Frank unter sich. Noch heute sieht man die große weiße Spalte des ›Frank Slide‹ im Bergmassiv.

Auf dem Highway 22 geht es dann zurück nach Calgary. Die Straße führt durch hügeliges Weideland der Porcupine Hills mit freiem Blick auf die endlose Weite der Prärie im Osten, während im Westen die rauhen Bergketten der Rocky Mountains zum Greifen nahe scheinen. Dies ist das Gebiet der großen Ranches. Die Cowboys der ›Bar U Ranch‹ am Pekisco Creek, zu denen auch der berüchtigte Sundance Kid gehörte, trieben in ihren besten Zeiten über 30 000 Rinder und die Percival Ranch hatte mehr als 15 000 Longhorns auf der *range.* Bei Maycroft in den Porcupine Hills versammeln die Rancher der North Fork Livestock Association im Frühjahr ihre Viehherden, um sie in die Täler der Rocky Mountains zu treiben. Wenn dann im Herbst die tausendköpfigen muhenden und blökenden Rinderherden mit den Cowboys aus dem schmalen Tal, genannt *The Gap,* wieder in die Ebene der Poverty Flats strömen, scheint der Wilde Westen wiederauferstanden zu sein.

Von Black Diamond bis Millarville durchzieht der Highway 22 das **Turner Valley,** in dem Albertas erstes großes Ölfeld entdeckt wurde. Zwischen 1926 und 1947 kamen aus diesem Tal 90 % der kanadischen Ölproduktion. Schon 1913 machte eine schwefeliger Geruch William Stewart Heron neugierig: Er entdeckte Erdgas am Sheep Creek. Um Investoren zu überzeugen, entzündete er ganz einfach das aus einer Erdspalte strömende Gas und briet Eier und Speck darauf: ein Frühstück, das Geschichte

Ölförderanlage in Süd-Alberta

gemacht hat. Ein wilder *rush* setzte ein, und fast 500 Ölfirmen wurden gegründet. Bevor die Pipeline nach Calgary gebaut wurde, brachte man das Rohöl mit sechsspännigen Pferdewagen zum 27 km entfernten Okotoks. Da es für Erdgas noch keinen Markt gab, fackelte man es einfach ab. *Hell's Half Acre* nannte man das Tal, weil die zahllosen Gasfackeln die Nacht zum Tage machten. Es war so hell, daß nachts Kaninchenjagden veranstaltet wurden.

Bei der Millarville-Tankstelle zweigt eine Straße nach Osten ab, auf der es nach 8 km eine originelle Kirche zu besichtigen gibt: die **Christ Church,** eine der ältesten Kirchen in Alberta, 1895 im Blockhüttenstil erbaut. Ihre Besonderheit: Die Baumstämme sind senkrecht angeordnet. Zurück in westlicher Richtung, gelangt man über die Landstraße 762 durch ein Indianerreservat nach **Bragg Creek.** Hier feiern die Sarcee-Indianer im Sommer eines der größten *pow wow* der Region mit traditionellen Tänzen und einem Rodeo. Nach einer knappen Stunde Fahrt auf dem Highway 8 ist man wieder in Calgary.

Herbstlich gefärbte Tundralandschaft bei Churchill, Manitoba ▷

Manitoba und Saskatchewan: Kanadas Prärieprovinzen

DIE KORNKAMMER KANADAS

von Rainer W. Hamberger

Auf der Reise durch den Westen Kanadas, von Winnipeg in Manitoba bis nach Saskatchewan und Alberta, hat der Reisende oft das Gefühl, durch ein einziges, riesiges Getreidefeld zu fahren. Hier wird das kanadische Getreide erzeugt, das zum Großteil in alle Welt exportiert wird.

Als gegen Ende des letzten Jahrhunderts die Eisenbahn durch den Süden der Prärieprovinzen fertiggestellt war, kamen auch Einwanderer aus der Ukraine, die hier ähnliche Klima- und Bodenverhältnisse vorfanden wie in ihrer alten Heimat. Bereits in der zweiten Generation nach der Landnahme hatten sie große Prärieflächen in West-Kanada erfolgreich unter den Pflug genommen. Durch anhaltende Anwerbung von Einwanderern und Landarbeitern entwickelte sich in unserem Jahrhundert zwischen dem Südwestrand des Kanadischen Schildes am Lake Winnipeg und den *foothills* der Rocky Mountains in Alberta eines der größten Getreideanbaugebiete der Welt.

Dennoch ist es nicht das Land, in dem Milch und Honig fließen. Die Provinzen Manitoba und Saskatchewan gehören zwar zu den sonnenreichsten Zonen Kanadas, aber der über die baumlosen Ebenen des Südens heranbrausende Wind erschwert vielerorts die Bewirtschaftung. Um den Boden vor der Erosion zu schützen, nutzt man teils altbewährte, teils moderne Techniken, die gemeinsam mit Wissenschaftlern erarbeitet wurden, die ihre Erfahrungen aus wind- und dürreanfälligen Ländern Afrikas oder Australien nach Kanada brachten. So entdeckt man hin und wieder in Schwarzbrache ruhende Feldstreifen. Auch werden oft die Stoppelfelder nach der Ernte nicht umgepflügt. Einerseits sollen die Stoppeln helfen, den Wind zu bremsen, andererseits halten sie in schneearmen Wintern die im Frühjahr dringend benötigte Feuchtigkeit auf dem Acker.

Auch die kurze Zeitspanne der eigentlichen Vegetationsperiode bringt die Farmer unter Druck. Erst Mitte Mai kann begonnen werden, die großen Flächen zu bearbeiten. In einem Arbeitsgang werden die Stoppeln umgepflügt und gleichzeitig Saat und Dünger in die frischen Furchen verteilt. Nachdem jedoch in der Regel Flächen von zehn Quadratkilometern oder mehr kultiviert werden müssen, verschlingt dieser Vorgang enorm viel Zeit, die dann für die eigentliche Wachstumsperiode fehlt. Mitte September kann es bereits zum ersten Mal schneien. Obwohl dieser Herbstschnee schnell taut und es sich noch einmal erwärmt, leidet die Qualität des Getreides, wenn es erst einmal richtig naß geworden ist, bevor die riesigen *combines* (Mähdrescher) die Ernte einbringen. Daher muß alles getan werden, die Saat im Frühjahr so rasch wie möglich in die feinkörnige Erde zu bringen. Schwere Traktoren mit oft zehn Meter breiten Sämaschinen im Schlepptau bearbeiten die großen Flächen nicht nur tagsüber im Schichtdienst. Plötzliche Kälteeinbrüche können dennoch den Ablauf gefährden. Nach sehr schneereichen Wintern muß zudem gewartet werden, bis das Schmelzwasser sich über dem noch gefrorenen Boden verlaufen hat. Ist der *spring run off* (Schneeschmelze) zu stark, gibt es zwar genügend Wasser, doch dann wird auch das Erdreich weggeschwemmt.

Manitoba im Überblick

Name: In der Sprache der Ojibwa-Indianer das Wort für ›Großer Geist‹ *(Manitou); postalische Abkürzung: MB*

Größe: 650 100 qkm, davon etwa 15 % Seen und Flüsse

Geographie: Der größte Teil der recht flachen Provinz liegt zwischen 150 m und 300 m über dem Meeresspiegel. Südlich des Lake Winnipeg erstreckt sich bis zur US-Grenze fruchtbares Farmland. In diesem Gebiet, das etwa 40 % der Gesamtfläche ausmacht, lebt der weitaus größte Teil der Bevölkerung. Die nördlichen Regionen Manitobas sind wild und ursprünglich, mit ausgedehnten Wäldern, Hunderten von Seen und Flüssen sowie arktischer Tundra an der Grenze zu den Northwest Territories. Alle Flüsse münden in die Hudson Bay.

Höchster Berg: Baldy Mountain, 831 m

Klima: Kontinental mit warmen Sommern und sehr kalten Wintern (Durchschnittstemperaturen in Winnipeg im Juli 26° C, im Januar –13° C.) Der Norden liegt im Einflußbereich der arktischen Kaltluft mit kühleren Sommern und Höchsttemperaturen von ca. 19 °C im Juli; in den Nächten ist es deutlich kühler.

Flora und Fauna: Landwirtschaftlich genutzte Gebiete gibt es nur südlich des 53. Breitengrades. Nördlich davon erstrecken sich ausgedehnte Wälder mit Fichten, Kiefern, Balsampappeln, Espen und Papierbirken. In den nördlichen Breiten sind Karibus, Elche, Hirsche, Rotwild, Biber und Füchse zu Hause.

Einwohner: knapp über eine Million, davon ca. 60 000 Ureinwohner

Hauptstadt: Winnipeg, 650 000 Einwohner, einzige Großstadt der Provinz

Zeitzone: Central Time (MEZ minus 7 Std.)

Industrie und Wirtschaft: Landwirtschaft (ein Drittel der Produktion ist Weizen), Bergbau (Nickel, Kupfer, Zink und Gold), Produktion von Industriegütern und Lebensmittelverarbeitung, Süßwasserfischerei

Provinzblume: Präriekrokus

Bei der sommerlichen Fahrt durch gelbe, wogende Felder denkt man kaum an die Probleme des Farmbetriebs. Doch nur knallharte Kalkulation in Verbindung mit Krediten und technischen Kunstgriffen ermöglicht einen rentablen Betrieb. Für die Mehrheit der Reisenden bleiben vor allem die optischen Eindrücke. Auf welcher der drei Hauptstrecken man auch immer die Prärien durchquert, die bunten, hölzernen Getreidesilos entlang der Eisenbahnlinien als weithin sichtbare Wahrzeichen der kanadischen Prärien und äußeren Symbole eines soliden, aber schwer erarbeiteten Wohlstandes, begleiten die Reise.

Manitoba – Kanadas zentrale Provinz

In der sogenannten Prärieprovinz trifft man aufgrund verschiedener Klimaeinflüsse auf erstaunlich unterschiedliche Landschaften. Während der Südwesten an der Grenze zu Saskatchewan und Nord-Dakota mit großer Sommerhitze bis über 40°C steppenhaft trocken ist, steht der Nordosten an der Hudson Bay bereits unter dem Einfluß der nahen Arktis. Dort finden sich auf Permafrostboden sogar Eskimosiedlungen. Dazwischen erfährt der Reisende fließende Übergänge zwischen landwirtschaftlich genutzten Zonen, bewaldeten Mittelgebirgen, weiten, lieblichen Flußtälern und wüstenartigen Steppengebieten, in denen Kakteen wachsen und seltene Schlangen vorkommen. Der flächenmäßig größte Teil der Provinz gehört zum Kanadischen Schild, einem alten Felsplateau, das sich rund um die Hudson Bay bis Labrador erstreckt. Er besteht hauptsächlich aus Granit und Gneis und gehört zu den ältesten Gesteinen der Erde. Geologen stellten fest, daß sich diese riesige Platte bereits vor 2 Mrd. Jahren bildete. Urwälder und unwegsame Landschaften kennzeichnen diese fast unbesiedelte Region. Manitoba, mit etwas mehr als eine Million Einwohner, zeigt auch die größte ethnologische Vielfalt aller kanadischen Provinzen mit fast fünfzig Volksgruppen unterschiedlicher Herkunft.

Winnipeg – Kontraste in der Ebene

1 (S. 394) Kommt man aus der östlich gelegenen Nachbarprovinz Ontario nach Manitoba, erkennt man im tischebenen Grasland die Silhouette Winnipegs bereits aus über 50 km Entfernung. Die Bürotürme der kleinen ›City‹ inmitten der weiträumigen Stadt (knapp 650 000 Einwohner) ragen hoch in den Präriehimmel. Obwohl Wasser hier knapp ist, muß es dennoch gebändigt werden. Der aus Süden kommende Red River und der aus Saskatchewan heranfließende Assiniboine River vereinigen sich nahe der Stadtmitte. Um verheerende Frühjahrsfluten nach der Schneeschmelze zu verhindern, die früher häufig auftraten, wurde das gesamte Stadtgebiet mit einem ringförmigen Kanal umgeben, dem Red River Floodway, der die Wassermassen bändigt.

Zu den Besonderheiten der Hauptstadt Manitobas gehört auch der riesige

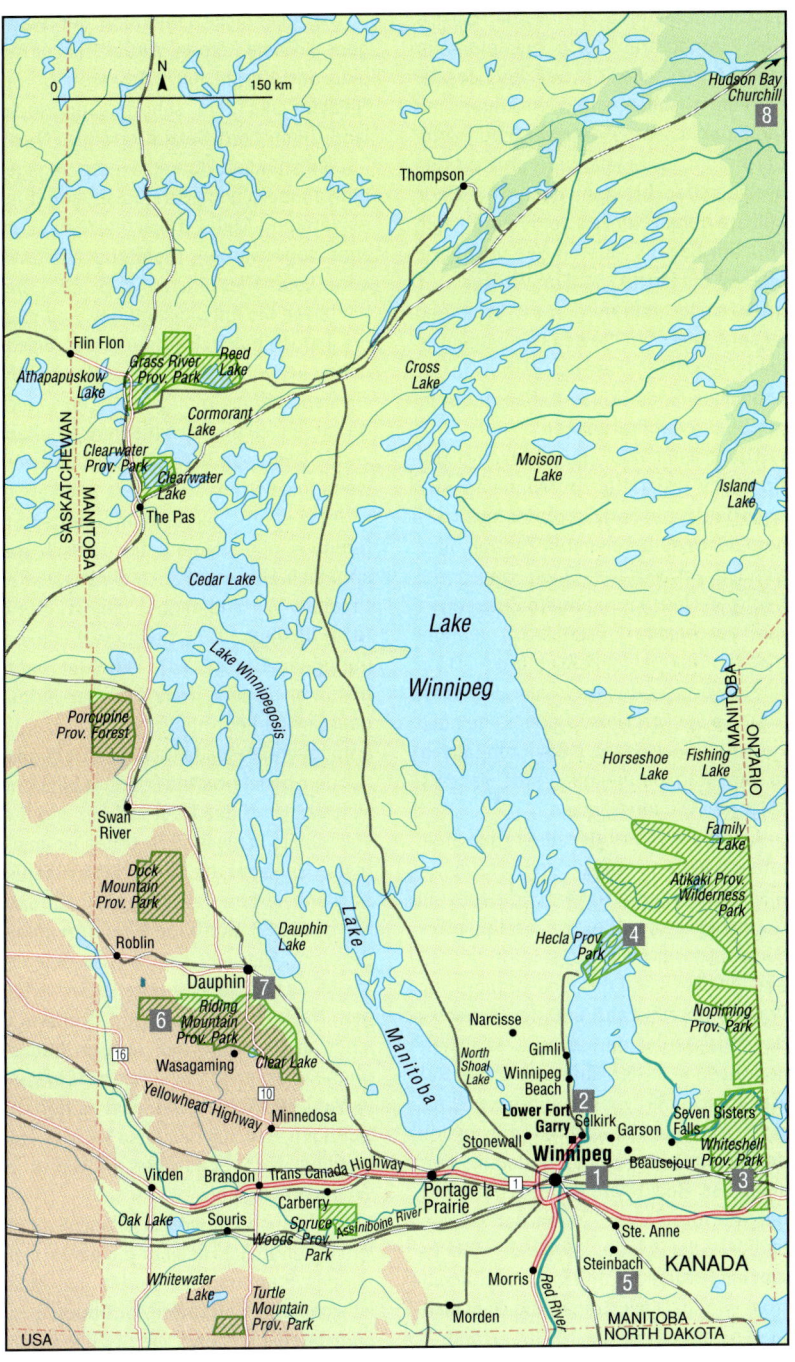

N

0   150 km

Hudson Bay
Churchill
8

Thompson

Flin Flon

Athapapuskow
Lake

Grass River
Prov. Park

Reed
Lake

Cross
Lake

SASKATCHEWAN

MANITOBA

Cormorant
Lake

Clearwater
Prov. Park

Clearwater
Lake

The Pas

Cedar Lake

Moison
Lake

Island
Lake

Lake

Winnipeg

Porcupine
Prov. Forest

Lake Winnipegosis

Horseshoe
Lake

Fishing
Lake

MANITOBA

ONTARIO

Swan
River

Family
Lake

Duck
Mountain
Prov. Park

Lake

Atikaki Prov.
Wilderness
Park

Roblin

Dauphin
Lake

Winnipeg

Manitoba

Hecla Prov.
Park

4

Dauphin
7

Riding
Mountain
Prov. Park

6

Clear Lake

Nopiming
Prov. Park

16

Wasagaming

Narcisse

10

Minnedosa

North
Shoal
Lake

Gimli

Winnipeg
Beach

Seven Sisters
Falls

Lower Fort
Garry

2

Selkirk

Virden   Brandon   Trans Canada Highway

Garson

Beausejour

Whiteshell
Prov. Park

Yellowhead Highway

Stonewall

Winnipeg

1

3

Oak Lake   Souris

Carberry

Assiniboine River

Portage la
Prairie

1

Spruce
Woods Prov.
Park

Ste. Anne

KANADA

Whitewater
Lake

Turtle
Mountain
Prov. Park

Morris

Steinbach

Red River

5

USA

Morden

Morden

MANITOBA
NORTH DAKOTA

Verschiebebahnhof. Hier werden die gro-ßen Getreidetransporte zusammenge-stellt, die das reife Korn aus den Silos der Farmen in schier endlosen Zügen, mit mehreren Lokomotiven vor und hinter der Fracht, in tagelanger Fahrt zu den Verladehäfen bringen: nach Port Chur-chill im hohen Norden der Provinz, nach Thunder Bay am Oberen See in Ontario oder an die Pazifikküste im Westen. Auf-grund seiner zentralen Lage ist Winnipeg zu einer Drehscheibe des Lastwagenver-kehrs geworden. Fast die Hälfte aller ka-nadischen Speditionen haben daher ih-ren Sitz in der Präriestadt.

Die Pelzhändler der Hudson's Bay Company gründeten in Winnipeg ehe-mals das Upper Fort Garry, das sich zu ei-nem der bedeutendensten Zentren ihres Handels entwickelte. Doch wegen der häufigen Überflutungen am Zusammen-fluß der beiden Flüsse (s. o.) verlegte man die Station schließlich etwa 30 km flußabwärts an den Red River und nann-te sie Lower Fort Garry. Auch heute noch verwaltet die Hudson's Bay Company ih-re ganz Kanada umspannende Handels-kette von Winnipeg aus.

Lower Fort Gary, der älteste aus Stein erbaute Pelzhandelsposten in Nordame-rika ist noch gut erhalten und heute ein National Historic Site, wo kostümiertes Personal in original ausgestatteten Ge-bäuden die Rollen des Gouverneurs von Prince Rupert's Land und der Hudson's Bay-Pelzhändler darstellen. Das ›leben-de Museum‹ in der Nähe des Ortes **Sel-kirk** ☑ (S. 379) vor den Toren der Groß-stadt Winnipeg, ist eine Hauptattraktion der Region. Im August findet im Fort auch das Red River Rendezvous statt, das die turbulenten Zeiten der Trapper und Händler wieder aufleben läßt. Es gibt ein Restaurant und im Besucherzen-trum wird in Diavorträgen die Geschich-te des Pelzhandels im 19. Jh. erzählt.

Die eigentliche Gründung der Stadt geht auf eine Kolonie zurück, die zu Be-ginn des 19. Jh. nach Anwerbung von Siedlern aus dem schottischen Hoch-land durch Lord Selkirk erfolgte. Nicht nur die ständige Überschwemmungsge-fahr, sondern auch Streitigkeiten mit In-dianern und Métis, die schließlich auch zum sogenannten Manitoba-Aufstand unter Louis Riel führten (s. S. 232), be-hinderten die Entwicklung der Siedlung. Als jedoch nach Eröffnung der Eisen-bahnlinie von Osten her viele franzö-sischsprachige Immigranten aus Que-bec anreisten und sich hier niederließen, wurde Winnipeg 1874 als Stadt und Ver-waltungszentrum Manitobas anerkannt.

Auch heute noch wird im Stadtteil St. Boniface überwiegend französisch ge-sprochen. Hier steht auch die älteste Ka-thedrale West-Kanadas, die **St. Boni-face Basilica.** Das heißt, was davon übriggeblieben ist. 1818 errichtet, nach mehreren Feuern immer wieder aufge-baut, umschließt heute nur noch die ur-sprüngliche Fassade das neue Gebäude. Auf dem benachbarten Friedhof befindet sich das Grab des Méti-Helden und Re-volutionärs Louis Riel. Nebenan ist im äl-testen Gebäude der Stadt, dem früheren Konvent (erbaut zwischen 1846 und 1851), das **St. Boniface Museum** unter-gebracht. Hier läßt sich die Geschichte der Métis und der Frankokanadier verfol-gen. Nach Quebec und New Brunswick leben in Manitoba die meisten franko-phonen Bürger im Verhältnis zur Einwoh-nerzahl der Provinz. Dabei ist zu berück-sichtigen, daß von den etwa 1,2 Mio. Ein-wohnern Manitobas über die Hälfte in Winnipeg wohnen.

Ein Besuch Winnipegs läßt sich vor al-lem in kultureller Hinsicht mit einem viel-fältigen Programm verbinden. Ein Muß ist sicher das **Parlamentsgebäude** in ei-nem gepflegten Park im Stadtzentrum.

Winnipeg, Blick auf das Parlamentsgebäude

Auf der Kuppel thront der weithin sichtbare ›Golden Boy‹. Mit einer Weizengarbe in der Hand symbolisiert er die Fruchtbarkeit der Prärieprovinz. An der Main Street liegt das **Museum of Man and Nature,** das die Geschichte Manitobas und seiner Bewohner auf hervorragende Weise darstellt. Die geographischen Zonen der Provinz, ihre Pflanzen- und Tierwelt sowie das Phänomen des Nordlichts, der *aurora borealis,* werden anschaulich dokumentiert. In einer gesonderten Abteilung kann das im Maßstab 1:1 naturgetreu nachgebaute Segelschiff ›Nonsuch‹ besichtigt werden. Das Schiff segelte im Jahr 1668 von England aus in die Hudson Bay und brachte eine wertvolle Ladung Pelze zurück – Anlaß für die Gründung der Hudson's Bay Company.

Unweit davon befindet sich das **Ukrainian Cultural Centre,** das bedeutendste Museum ukrainischer Kultur außerhalb der Ukraine. Am Südrand der Stadt werden im pyramidenförmigen Glaspalast der **Royal Canadian Mint** kanadische und auch ausländische Münzen geprägt.

Die **Winnipeg Art Gallery** im Stadtzentrum zeigt zeitgenössische Kunst und vor allem Unikate aus der Bildhauerkunst der Inuit im Norden Manitobas. Hier befindet sich die weltgrößte Sammlung von Kunst und Kunsthandwerk der Ureinwohner.

Während des Sommers verkehren auf dem Red River nostalgische Ausflugsdampfer. Unter Mitarbeit von Tausenden freiwilliger Helfer findet jedes Jahr im August das zweiwöchige **Folklorama** statt. Hier zeigt sich die ethnische Vielfalt der Volksgruppen Manitobas. Ein farbenfrohes Festival für Auge, Ohr und Gaumen. Doch am berühmtesten sind wohl das ausgezeichnete Winnipeg Symphony Orchestra und das Royal Winnipeg Ballet, das bereits in den meisten Ländern der Erde aufgetreten ist.

Die Vielfalt der Kulturen zeigt sich natürlich auch in den Speisekarten der exotischen Restaurants, wo von indischen bis ukrainischen Leckerbissen so ziemlich alle Gerichte der Welt angeboten werden. **The Forks,** am Zusammenfluß von Red und Assiniboine River, ist Winnipegs Vorzeigeprojekt zur Stadterneuerung: Mit schönen Parkanlagen und Wanderwegen am Flußufer, einer Vielfalt von kulturellen Veranstaltungen und der gelungenen Mischung aus Einkaufen, Essen und Vergnügen. Im **Forks Public Market** wird auf lebhafte Weise Winnipegs ethnisches Mosaik reflektiert. Hier gibt es historische Ausstellungen, ja sogar ein archäologisches Ausgrabungsprogramm, an dem auch Besucher teilnehmen können. Wer sich lieber frischen Wind um die Nase wehen lassen möchte, kann Kanus oder Segelboote mieten.

Winnipeg ist eine ausgesprochen einkaufsfreundliche Stadt – auch im Winter. Shopping Malls, Geschäfte und Restaurants im Zentrum sind durch Tunnels und Glasbrücken verbunden, so daß es für die Passanten auch bei Kälte und schlechtem Wetter nicht an Komfort mangelt.

Im Museumsdorf von Steinbach

Sehenswertes in der Provinz

Im Osten Manitobas, direkt an der Grenze zu Ontario, liegt der **Whiteshell Provincial Park** ▣ (S. 394). Der 2600 qkm große Park, ein Mosaik aus Fels, Wald und Wasser, bietet ursprüngliche Wildnis und komfortables Freizeitvergnügen zugleich. Hier locken ein Anglerparadies mit über 200 Seen, einer der besten Golfplätze und der größte Segelclub der Provinz.

Einige sehenswerte Vogelschutzgebiete mit herrlichen Dünen und Badestrände mit vielfältigem Freizeitangebot findet man nördlich von Winnipeg, am Südzipfel des Lake Winnipeg, und besonders im **Hecla Island Provincial Park** ▣ (S. 364), einer Insel, die über einen Damm zu erreichen ist. Durch das Sumpfland der Grassy Narrows Marsh,

im Sommer Heimat von über 50 000 Wasservögeln, führt ein bequemer Plankenweg – man kann nach Herzenslust beobachten und fotografieren. Früher siedelten auf der Insel isländische Fischer. Im Hecla Village stehen pittoreske alte Häuser und das alte Dock erinnert an die Zeit, als Fischfang eine große Rolle spielte. Heute legen Fischerboote nur noch selten an.

Südöstlich von Winnipeg, über Highway 1 und 12 zu erreichen, liegt **Steinbach** ▣ (S. 382), ein mennonitisches Siedlungsgebiet mit ursprünglichen Farmhäusern. In der alten Tracht ihrer Vorväter bestellen Mennoniten die Felder und gehen traditionellem Handwerk nach. Rund um Steinbach finden sich eine ganze Reihe kleiner Dörfer mit deutschen Namen wie Rosenthal und Blumenort.

Der Transkanada Highway ist sicher die meistbefahrene Strecke Manitobas. Obwohl ihn viele nur zur Durchfahrt benutzen, befinden sich unweit davon verlockende Ziele, die einen Abstecher lohnen. Auf dem Weg nach Westen führt die vierspurige Straße bei Carberry durch eine mit Buschwerk und einzelnen Tannen bewachsene wüstenartige Dünenlandschaft. Südlich vom Highway 1 gelangt man dann in den **Spruce Woods Provincial Park,** wo der Assiniboine River eine weite Schleife zieht. Von hier führt ein Trail in das eigentliche Dünengebiet, die **Spirit Sands.** Hier gibt es riesige, bis 30 m hohe Sanddünen mit Herden von Wapitihirschen, die sonst nur in den Rocky Mountains heimisch sind. Die verbreiteten Sandvorkommen in dieser Region sind Reste von Schwemmsänden, die das Mündungsdelta nach den Eiszeiten im Lake Agassiz ablagerte. Dieses ›Binnenmeer‹ nahm damals das Schmelzwasser einer riesigen Region auf. Lake Winnipeg und Lake Manitoba, die beiden größten Seen der Provinz, sind heute Reste dieser eiszeitlichen Gewässer.

Nach einer weiteren Stunde Fahrt gelangt man nach **Brandon.** Mitten im *farm country* gelegen nennt sich Brandon selbst *The Wheat City,* die ›Weizenstadt‹. Tatsächlich kommen Farmer aus allen Himmelsrichtungen hierher, um ihre Maschinen warten zu lassen, Saatgut zu kaufen und um etwas Kultur zu tanken, denn im dünn besiedelten Manitoba bietet selbst eine Kleinstadt wie Brandon mit knapp 40 000 Einwohnern Abwechslung genug. Die Stadt hat nicht nur eine Universität, Museen und eine Kunstgalerie, es finden auch Konzerte und Theateraufführungen statt. Den größten Zulauf haben jedoch Rodeos und die Eishockeyspiele im Keystone Centre.

Von Brandon aus führt der Highway 10 direkt nach Norden in die Gebiete der Provinz, in denen man echte Abenteuerferien erleben kann. Reiten, Angeln und eine Kanutour auf der historischen Route der *voyageurs* sind hier möglich. Dabei bieten sich ausgezeichnete Gelegenhei-

ten, Elche, Schwarzbären und Woodland-Karibus zu fotografieren.

Allmählich ändert sich die Landschaft. Die großflächigen Felder werden mehr und mehr durch Hügel und kleine Baumgruppen aufgelockert. Tümpel mit zahlreichen Wasservögeln bereichern das Landschaftsbild. Schließlich ist man nach etwa 100 km am Rande des 3000 qkm großen **Riding Mountain National Park** 6 (S. 378) angelangt. In diesem knapp 800 m hohen Mittelgebirge fallen mehr Niederschläge, so daß die Hügelketten mit dichtem Wald überzogen sind. Wasagaming, nahe am Südeingang des Parks, bietet zahlreiche Freizeitaktivitäten. Hier können am Strand des Clear Lake Paddel-, Motor- und Segelboote gemietet werden. Der glasklare See ist für seinen Fischreichtum bekannt. Unterkünfte stehen in verschiedenen Preisklassen zur Verfügung.

In der Nähe des Lake Audy weiden auf einem 530 ha großen Präriegebiet wilde Buffalos, die man während einer Fahrt durch das riesige Freigehege meist gut beobachten kann. Nach Regenfällen sind die Grasflächen von duftenden Blüten übersät und auf den Rohrkolben der Schilfflächen singen *Blackbirds* (Amseln), die uns überall im kanadischen Westen begegnen. Mit etwas Glück bekommt man auch Schwarzbären oder Elche zu sehen.

Nördlich vom Nationalpark liegt das Farmerstädtchen **Dauphin** 7 (S. 355). Im nahe gelegenen Ukrainian Village findet jedes Jahr im August das National Ukrainian Festival statt – mit bunter Folklore und kulinarischen Leckerbissen der osteuropäischen Einwanderer.

Der Highway 10 führt in ein weiteres Bergland, die **Duck Mountains.** Wie die Riding Mountains und die weiter im Norden gelegenen Porcupine Mountains sind sie Teil des sogenannten Manitoba

Eisbären an der Hudson Bay

An der stürmischen Westküste der Hudson Bay zwischen Churchill, Manitoba und der Mündung des Nelson River verbringen jedes Jahr etwa 600 Eisbären den Sommer. Im Juli, wenn am Ende des arktischen Frühlings das Eis der Hudson Bay aufreißt und zu schmelzen beginnt, verlassen die Bären ihre Jagdgründe am Rand des Eises und ziehen aufs Festland und die küstennahe Tundra. Ende November, wenn es wieder kalt ist und das Eis trägt, wandern sie wieder hinaus ans offene Wasser vor der Küste, um ihrer Lieblingsbeschäftigung, der Robbenjagd, nachzugehen. Nur die trächtigen Weibchen bleiben in der Tundra zurück, um ihre Jungen zu gebären. Sie kommen erst im März zusammen mit ihrem Nachwuchs aufs Eis.

Mitte Oktober, wenn die Kälte einsetzt, Schnee fällt und die ersten Winterstürme über die Tundra fegen, sammeln sich die Bären und beginnen auf der Suche nach tragfähigem Eis an der Küste entlang nach Norden zu wandern. Churchill, früher Trapperstation, heute Getreidehafen und genau auf dieser uralten Wanderroute erbaut, wird dann zur ›Eisbärenhauptstadt‹ der Welt. Seit Jahrtausenden gewohnt, hier an der Flußmündung zu warten, bis die Bay zufriert, lassen die Bären sich von den Menschen nicht stören. Die lockenden Gerüche der Stadt und die fette Beute versprechenden Abfallkübel und Müllhalden sind eine weitere Attraktion für hungrige Bären.

Lange glich Churchill zu dieser Zeit einer belagerten Stadt; erst in den letzten Jahren, seitdem der Müll verbrannt wird und allzu neugierige Bären gefangen und im Flugzeug nordwärts verfrachtet werden, ist es sicherer geworden.

Escarpments, einer Kette von Moränenwällen aus der Eiszeit, die sich bis zu 800 m über den Meeresspiegel erheben und als bewaldete Mittelgebirge von vielen Seen durchsetzt sind. Sie erstrecken sich von den Rocky Mountains bis zur Hudson Bay.

Auf der Fahrt nach Norden wird die Besiedlung merklich dünner. Stundenlang säumen einsame Wälder die Straße. An jeder Tankstelle wird man freundlich begrüßt und muß sogleich über Herkunft und Fahrtziel berichten. Gutgemeinte Ratschläge und die neue Bekanntschaft mit dem Tankwart werden oftmals noch mit einer gemeinsamen Kaffeepause besiegelt. Im Nebenzimmer der Tankstellenstation, die mit ihrem kleinen Laden auch als Kommunikationszentrum für einen größeren Umkreis dient, sitzen Truckfahrer und Einheimische zusammen und tauschen Neuigkeiten aus. Wer keine abgegriffene Baseballkappe trägt, kann nur ein Fremder sein.

Die Gegend um Churchill bietet von Mitte Oktober bis Mitte November eine einmalige Möglichkeit, Eisbären in ihrer natürlichen Umgebung zu beobachten. Einzige Alternative dazu ist die Pirschfahrt auf dem Eis der Arktis, was wohl nur den wenigsten offenstehen wird.

Die Bären von Churchill zu sehen – etwa hundert halten sich in unmittelbarer Nähe der Stadt auf – ist einfacher. Geländegängige Fahrzeuge, die *tundra buggies,* bringen den Besucher zu den Eisbären hinaus in die Tundra und an die Küste.

(Wolfgang R. Weber)

Der hohe Norden Manitobas bleibt nur wenigen Reisenden vorbehalten. Dort geben sich auf rekordverdächtigen Gewässern die Angler ein Stelldichein. Allerdings sind die Seen mit den größten Fischen – Hechte oder Saiblinge von bis zu 20 kg – meist nur mit dem Wasserflugzeug zu erreichen. Überraschenderweise liegen aber an ihren Ufern sehr komfortable Unterkünfte.

Lediglich im Oktober gibt es in **Churchill** 8 (S. 354) am Ufer der Hudson Bay noch eine Hochsaison, wenn nämlich die Eisbären am Stadtrand vorbeiziehen. Während des Sommers verkehren Bootstouren von Churchill aus zu den Überresten des alten Fort Prince of Wales, das 1731 von der Hudson's Bay Company erbaut wurde.

Neben dem Transkanada Highway führen jedoch noch zwei weitere, nicht minder interessante Strecken ins benachbarte Saskatchewan und weiter nach Alberta. Von Minnedosa aus zweigt

Schier endlos erscheinen die Weizenfelder in den Prärieprovinzen Manitoba und Saskatchewan

der nach einer alten Legende auch Yellowhead Highway genannte Highway 16 nach Westen ab. Er führt auf einer Länge von über 3000 km über Edmonton bis nach Prince Rupert am Pazifik. Von der Bergwerksstadt Flin Flon aus verläuft die Northern Wood and Water Route durch die Taiga nach Westen. Sie führt durch die nördliche Einsamkeit von Manitoba und Saskatchewan, an vielen Seen und Mooren vorbei, bis zum Lesser Slave Lake in Alberta.

Saskatchewan –
Riesige Felder und ein unwegsamer Norden

Wäre sie nicht landwirtschaftlich so intensiv genutzt, könnte man diese einsame Prärieprovinz mit den besiedelten Weiten Australiens vergleichen. Der Landschaftsgürtel zwischen dem 49. Breitengrad, der Grenze zu den USA und etwa dem 54. Breitengrad, der die südliche Grenze der Nadelwaldzone markiert, gleicht aus der Luft einem riesigen Schachbrett. Lediglich einige Seen und Flußtäler, der aus Alberta kommende South Saskatchewan River, der Lake Diefenbaker und das Qu'Appelle Valley lokkern die geometrischen Strukturen etwas auf.

Zu Zeiten der ersten Einwanderungswellen gegen Ende des 19. Jh. wurde das jungfräuliche Land einfach in Quadratmeilen (= 2,56 qkm) vermessen, die oftmals zum Preis von einem Dollar verkauft wurden. Dabei muß natürlich bedacht werden, daß die Siedler mitten im Niemandsland die Eisenbahn verließen und größte Not hatten, mit Hilfe ihrer bescheidenen Habe und wenigen Werkzeugen ein Quartier herzustellen, in dem sie den ersten Winter überleben konnten. Viele Neueinwanderer hatten keine andere Wahl, als sich Erdgrubenhäuser zu graben, die notdürftig mit dem wenigen Holz, das sich finden ließ, abgedeckt werden konnten. Vor allem das extreme Klima machte ihnen zu schaffen: Große Hitze im Sommer und die gefürchteten Blizzards im Winter – mehrere Tage anhaltende Schneestürme und Temperaturen von unter –30° C machen ein Verlassen jeglicher Schutzzonen unmöglich. Für den europäischen Besucher, der in seinem angenehm klimatisierten Wohnmobil die flimmernden Prärien durchquert – Temperaturen von über 40° C im

Schatten sind keine Seltenheit –, liest sich dies eher wie eine Legende. Dennoch tritt man immer wieder ältere Menschen, die bereitwillig von diesen Zeiten berichten. Die Nachfahren dieser Pioniere heute – wie auch in Manitoba – ein Mosaik ethnischer Volksgruppen. Die Gesamtbevölkerung beträgt etwas über eine Million, wobei heute jeder fünfte Einwohner deutsche Vorfahren hat. Die beiden größten Städte der Provinz sind Saskatoon und die Hauptstadt Regina mit jeweils ca. 180 000 Einwohnern.

Unterwegs passiert man hin und wieder verlassene und baufällige *homesteads* (Siedlerstätten), durch deren zerborstene Fenster der Steppenwind pfeift. Sie sind meist Zeugen der *Dirty Thirties,* als während der Dreißiger Jahre der gesamte Mittlere Westen zwischen Mexiko und der kanadischen Taiga von einer verheerenden Dürre heimgesucht wurde. Seit 1941 geht die Anzahl der Farmen ständig zurück und hat sich bereits halbiert. Dabei liegt die durchschnittliche Größe eines Betriebes bei 330 ha, etwa dem zwanzigfachen des in Deutschland üblichen.

Regina – Kulturelles Zentrum von Saskatchewan

1 (S. 377) Die Geschichte der Provinzhauptstadt Regina beginnt erst 1882, als im Zuge der Erschließung des Westens hier eine kleine Pioniersiedlung entstand. Doch bereits neun Jahre zuvor wurde in der Region die berittene Polizeitruppe der North West Mounted Police eingesetzt, aus der die heutige Bundespolizei RCMP (Royal Canadian Mounted Police)

Saskatchewan im Überblick

Name: aus der Cree-Sprache, in der Saskatchewan River *kisiskatchewan* (schnell fließender Fluß) heißt; postalische Abkürzung: SK

Größe: 625900 qkm

Geographie: Das nördliche Drittel der Provinz liegt im Bereich des rund drei Milliarden Jahre alten Kanadischen Schilds, in dessen Granitgestein zahllose Seen, Flüsse und Sümpfe eingebettet sind. Im Süden erstrecken sich die flachen, fruchtbaren Ebenen, nur durch Hügelketten und Flußtäler unterbrochen.

Höchste Erhebung: in den Cypress Hills (1392 m)

Klima: Extremes Kontinentalklima mit warmen Sommern und bitterkalten Wintern im Norden (Durchschnittstemperaturen im Juli 14° C, im Januar -31° C), im Süden sind die Sommer heiß und erreichen oft Temperaturen von 35° C (mit 45° C hält Saskatchewan sogar den Hitzerekord Kanadas.) Durch die kühlen Nächte ergibt sich ein Tagesmittelwert von nur 18° C im Juli. Der Durchschnittswert im Januar beträgt –18° C; Tiefsttemperaturen von –45° C sind möglich.

Flora und Fauna: Mischwald mit Weiß- und Schwarzfichten, Kiefern, amerikanischen Lärchen und Birken bedeckt den Norden und erreicht an seiner Südgrenze Nutzholzstandard. Präriegras und Buschwald dehnen sich im Südwesten aus. Grayling, Hecht, Pickerel und Forelle sind in den nördlich gelegenen Seen beheimatet. Die flachen Gewässer im zentralen Westteil ziehen zahlreiche Wasservögel an. Elche, Hirsche und Rehe findet man hauptsächlich im Norden und Gabelantilopen im Süden.

Einwohner: knapp über eine Million, davon ca. 60 000 Ureinwohner

Hauptstadt: Regina, 180 000 Einwohner, einzige weitere große Stadt ist Saskatoon, 185 000 Einwohner

Zeitzone: Central Time (MEZ minus 7 Std.) im nordwestlichen Teil der Provinz Mountain Time (MEZ minus 8 Std.); im Sommer hat jedoch die Region der Central Time keine Sommerzeit, so daß dann der Übergang zwischen den Zeitzonen an der Grenze zu Manitoba liegt.

Industrie und Wirtschaft: Dienstleistungsindustrie, Öl und Erdgas, Bergbau (Uran, Kohle, Kupfer und Zink sowie die größten Pottasche-Vorkommen der Welt); Landwirtschaft (die Provinz produziert etwa 60 % des kanadischen Weizens), Viehzucht und Forstwirtschaft.

Provinzblume: Western Red Lillie

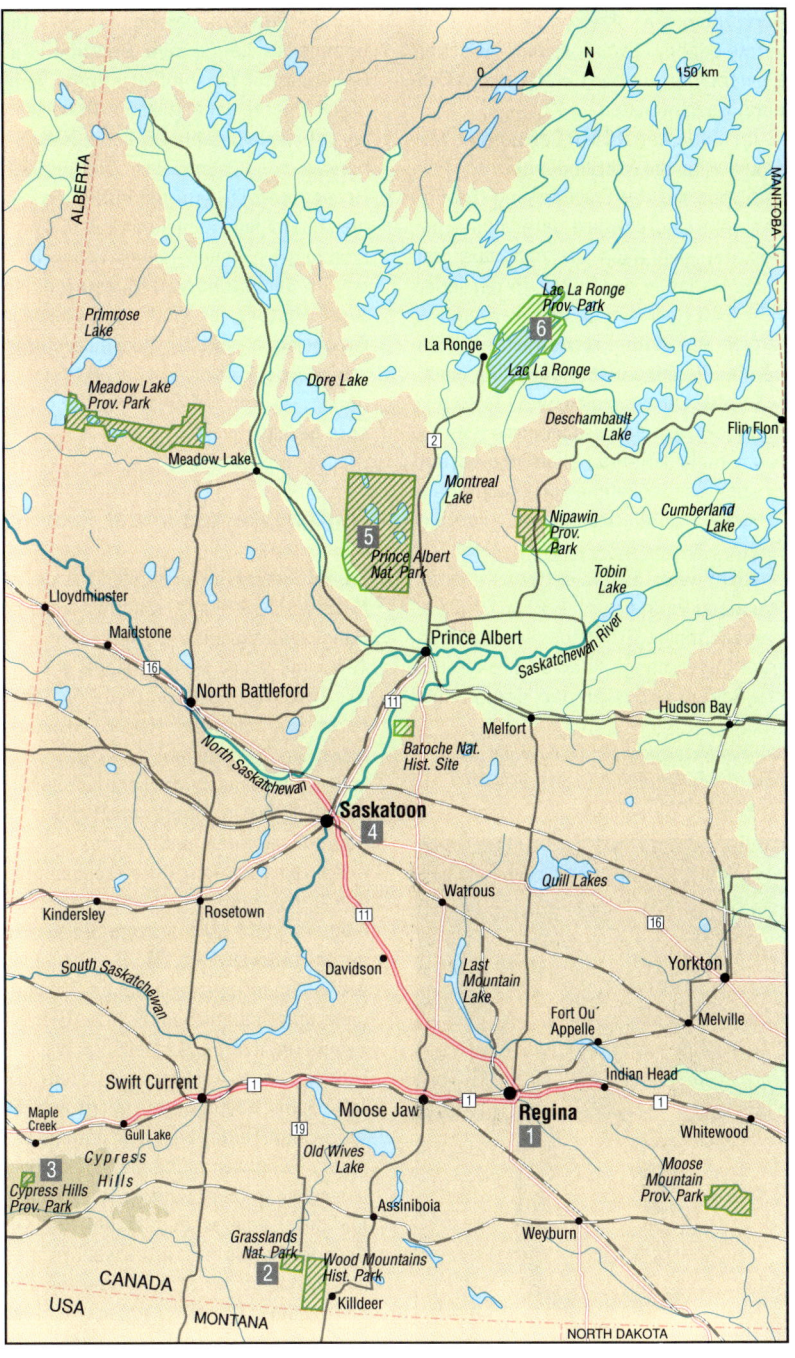

N

0   150 km

ALBERTA

MANITOBA

Primrose
Lake

Meadow Lake
Prov. Park

Dore Lake

La Ronge

Lac La Ronge
Prov. Park

6

Lac La Ronge

Deschambault
Lake

Flin Flon

Meadow Lake

2

Montreal
Lake

Nipawin
Prov.
Park

Cumberland
Lake

Lloydminster

5

Prince Albert
Nat. Park

Tobin
Lake

Maidstone

16

North Battleford

North Saskatchewan

Prince Albert

Saskatchewan River

Hudson Bay

11

Melfort

Batoche Nat.
Hist. Site

Saskatoon

4

Kindersley

Rosetown

Watrous

Quill Lakes

16

South Saskatchewan

11

Davidson

Last
Mountain
Lake

Yorkton

Fort Qu´
Appelle

Melville

Swift Current

1

Moose Jaw

Indian Head

Regina

1

Whitewood

1

Maple
Creek

Gull Lake

Cypress
Hills

19

Old Wives
Lake

1

Moose
Mountain
Prov. Park

3

Cypress Hills
Prov. Park

Assiniboia

Weyburn

Grasslands
Nat. Park

Wood Mountains
Hist. Park

2

CANADA

USA

MONTANA

Killdeer

NORTH DAKOTA

hervorging. Sie sollte damals bei den unvermeidlichen Zwistigkeiten zwischen Einwanderergruppen die öffentliche Ordnung gewährleisten.

Im modernen **RCMP Centennial-Museum** wird die Verbundenheit der Polizeitruppe mit der Erschließung der Prärien sehr eindrucksvoll dargestellt. Hier befindet sich auch die nationale Trainingsakademie der RCMP, in der jedes Jahr 600 Rekruten gedrillt werden. Die täglich auf dem Exerzierplatz stattfindenden Paraden bieten durch die leuchtendroten Uniformen ein prächtiges Bild und locken große Zuschauermengen an. Noch mehr kommen allerdings zu den Spielen der Saskatchewan Roughriders, Kanadas wohl beliebtestes Football Team.

Nicht weit davon entfernt sind im **Wascana Park,** der mit 930 ha Größe eine beachtliche Grünfläche im Stadtzentrum bildet, einige interessante öffentliche Bauten zu besichtigen, darunter der

Um den Nachwuchs für die Royal Canadian Mounted Police muß man sich rechtzeitig kümmern

Sitz der Provinzregierung, das 1912 fertiggestellte **Legislative Building.** Das Gebäude mit der großen Kuppel vereinigt Elemente der englischen Renaissance mit dem Baustil von Louis XVI. Sehenswert ist auch das **Diefenbaker Homestead,** in dem die Vorfahren des gleichnamigen ehemaligen kanadischen Premiers ein bescheidenes Leben führten. Im **Saskatchewan Museum of Natural History,** ebenfalls im Wascana Park gelegen, wird vor allem die Naturgeschichte der Prärien, von der Zeit der Saurier bis zu den indianischen Ureinwohnern gezeigt.

Sehenswertes in der Provinz

Saskatchewan ist erstaunlich reich an Naturschutzgebieten und historischen Sehenswürdigkeiten. Es gibt über 200 *Parks* mit einer Gesamtfläche von 1,9 Mio. ha. Dazu gehören zwei Nationalparks und mehrere National Historic Sites. Im Südwesten der Provinz bekommt man einen Vorgeschmack auf die *badlands,* die in Alberta noch größeren Raum einnehmen (s. S. 197 ff.).

An der Südgrenze der Provinz, über den Transkanada und Highway 19 zu erreichen, steht seit kurzem im **Grasslands National Park** 2 (S. 363) eines der wenigen naturbelassenen Präriegebiete unter staatlichem Schutz. Hier bekommt man eine Vorstellung, wie die Landschaft vor Ankunft der Pioniere aussah. Dabei beeindrucken nicht nur die ›wogenden‹ Hügel, wenn der ständig wehende Wind den blühenden Halmen einen seidigen Glanz verleiht. Im östlichen Teil des Gebietes dominieren die **Killdeer Badlands** mit grotesken Formen und Farben einer stark erodierten Erdoberfläche. Kojoten, Adler, Klapperschlangen und Antilopen haben hier ein

Im Prince Albert National Park weiden heute noch wilde Bisons

ungestörtes Refugium. Schon in der Vorzeit war diese Region den Menschen bekannt. Es finden sich prähistorische Ausgrabungen und Klippen *(buffalo jumps),* über die die Indianer Bisonherden trieben, um leichter Jagdbeute zu machen (s. S. 206).

Im **Cypress Hills Provincial Park** 3 (S. 354) im äußersten Südwesten finden wir mit fast 1400 m die höchsten Erhebungen Saskatchewans, die nicht von Eiszeitgletschern bedeckt waren. Auffallend ist die mannigfaltige Vegetation mit einer Vielzahl von Orchideen sowie einer Mischung von Wald und Hügeln, wie sie sonst nur den Vorbergen der Rocky Mountains zu eigen ist. Ganz in der Nähe liegt der **Fort Walsh National Historic Park,** ein ehemaliger Posten der North West Mounted Police und eine restau-

rierte Handelsstation aus dem Jahre 1872.

Über den gut ausgebauten Highway 11 gelangt man vom Transkanada Highway schnell nach **Saskatoon** 4 (S. 379) (benannt nach einer schmackhaften kanadischen Wildbeere). Die Stadt entwickelt sich mehr und mehr zum eigentlichen Wirtschafts- und Wissenschaftszentrum der Provinz. Am Yellowhead Highway gelegen, profitiert sie vom Durchgangsverkehr nach Edmonton und Alaska. Gleichzeitig entstehen hier zur Verarbeitung der Pottasche-Vorkommen moderne Industrien, die neue Arbeitsplätze schaffen. Besonders für wissenschaftlich Interessierte zu empfehlen, sind die Besichtigungstouren an der University of Saskatchewan mit ihrer Agricultural Research Station, wo wis-

Blockhaus von ›Grey Owl‹, einem englischen Aussteiger der 30er Jahre

senschaftliche Untersuchungen über die Verbesserung der Ernteerträge durchgeführt werden. Sehenswert ist auch der **Wanuskewin Heritage Park,** 3 km nördlich von Saskatoon. Hier erfährt man viel über 6000 Jahre indianische Geschichte. Im Tal gibt es 19 archäologische Grabungsstätten von großer Bedeutung. Das Interpretive Centre zeigt Ausstellungen, Modelle und kulturelle Darbietungen.

Fährt man weiter nach Norden, ändert sich die Landschaft ähnlich wie in den benachbarten Provinzen Manitoba und Alberta. Eiszeitliche Ablagerungen oder der felsige Untergrund des Kanadischen Schildes erschweren die landwirtschaftliche Nutzung zusehends, und mehr und mehr beherrschen Wälder und Seen das Landschaftsbild.

Zwischen Saskatoon und Prince Albert liegt etwas abseits vom Highway 11 der **Batoche National Historic Park.** Hier wird die dramatische Geschichte des Méti-Revolutionärs Louis Riel in einem ausgezeichneten Museum wieder lebendig. An dieser Stelle mußte sich 1885 der Anführer des bewaffneten Aufstandes von Indianern und Mestizen gegen die kanadische Regierung schließlich ergeben. Er wurde zum Tode verurteilt und noch im November desselben Jahres gehängt.

Auf dem Highway gelangt man zur letzten Stadt vor der ›Wildnis‹: Prince Albert, Tor zum benachbarten **Prince Albert National Park** 5 (S. 375). Dieser riesige Nationalpark bietet unberührte Wildnis und komfortable Urlaubsmöglichkeiten zugleich. Die touristische Infrastruktur des von Wald und Seen geprägten Mittelgebirges erinnert stark an den Riding Mountain National Park in Manitoba. Über 388 000 ha Land erstrecken sich ausgedehnte Laub- und Nadelwälder, 20 % dieser Fläche sind von Wasser bedeckt – über 1500 Seen liegen innerhalb des Naturschutzgebietes. In den Flußtälern weiden auch heute noch wilde Bisons.

Beliebt sind die Wanderungen zum Blockhaus des legendären ›Grey Owl‹. In der kleinen Hütte an einem Seeufer setzte der Engländer Archibald Belaney während der 30er Jahre seine romantischen Jugendträume in die Tat um, nahm einen indianischen Namen an, und lebte im Einklang mit der Natur der nördlichen Wälder. In einer Zeit, als noch niemand an alternative Bewegungen und ökologische Erkenntnisse dachte, wurde er als berühmter Referent und Autor zu einer bekannten Persönlichkeit.

Weiter führt der noch geteerte Highway 2 in den **Lac la Ronge Provincial Park** 6 (S. 371), wo kapitale Hechte und Saiblinge gefangen werden können. Hier sind wir bereits weit in die nördliche Waldlandschaft des Kanadischen Schildes vorgedrungen. Nur noch wenige Schotterstraßen führen als Stichstraßen zu Holzfällercamps, kleinen Bergwerken und fischreichen Seen.

Über den Highway 55 gelangt man dann über den Meadow Lake Provincial Park bis zur Provinz Alberta. Die Strecke

Weißkopfseeadler

führt durch eine für Kanada so typische Einsamkeit, in der auch heute noch der heisere Schrei des Weißkopfseeadlers und nachts der klagende Ruf der *loon* (Eistaucher) über den Wassern zu hören ist.

Auyuittuq National Park auf Baffin Island, Northwest Territories ▷

Die Northwest Territories – Kanadas hoher Norden

Northwest Territories im Überblick

Größe: knapp 3 380 000 qkm (10 mal größer als die BRD)

Geographie: Die Northwest Territories erstrecken sich von 60° bis 83° n. Br., das Nordende von Ellesmere Island nähert sich dem Nordpol bis auf 800 km. Die Provinz erstreckt sich von Baffin Island im äußersten Osten Kanadas (61° w. L.) über 75 Längengrade bis zum Yukon Territory. Im Westen bilden die Mackenzie-, Selwyn- und Richardson-Berge eine natürliche Grenze, im Osten erheben sich die mit Gletschern überzogenen Gebirge der Baffin-, Bylot-, Devon- und Ellesmere-Inseln. Eingebettet in eine Verlängerung der Prärieebenen Zentralkanadas, fließt der Makkenzie parallel zu den westlichen Bergen ins Nordpolarmeer. Nach Osten erstreckt sich die unberührte Wildnis des Kanadischen Schildes bis zur Hudson Bay. Am Ende der letzten Eiszeit, vor 10 000 Jahren, hinterließen die Gletscher unzählige Seen, Moränenhügel, Findlinge und die tief eingeschnittenen Fjorde an der Küste. Die Baumgrenze verläuft diagonal durchs Land, von Inuvik im Nordwesten bis zur Westküste der Hudson Bay, etwa auf der Höhe des 60. Breitengrades. Ein anderes Überbleibsel aus der Eiszeit ist eine Schicht ständig gefrorenen Bodens. Permafrost beginnt ca. 30 cm unter der im Sommer aufgetauten Erdoberfläche und reicht zum Teil wenige, oft aber auch Hunderte von Metern in die Tiefe. Voraussetzung für Dauerfrostboden ist eine mittlere Jahrestemperatur von −5° C oder darunter.

Als höchstes Gebirge durchzieht die United States Range (2926 m) Ellesmere Island im hohen Norden. Längster Fluß ist der Mackenzie mit 1800 km Länge, größte Insel Baffin Island (mit über 500 000 qkm die fünftgrößte der Welt), größter See ist der Great Bear Lake (mit 31 400 qkm der neuntgrößte der Erde). Auf dem Gebiet der Northwest Territories erstrecken sich 9,2 % der Süßwasserfläche der Welt.

Klima: Hauptsächlich Kontinentalklima, das bedeutet überwiegend trockene, warme Sommer (durchschnittlich +6° bis +14° C, im südlichen Teil sind Sommertage mit +20° bis +25° C keine Seltenheit) und kalte Winter (meist −20° bis −30° C, auch bis zu -50° C sind möglich). Im Osten dauern die Perioden warmen Sommerwetters weniger lang als im Westen und die Niederschläge fallen etwas häufi-

Das Gebiet der Northwest Territories nimmt fast ein Drittel der Gesamtfläche Kanadas ein. Die 3,3 Mio. qkm große Landmasse erstreckt sich vom 60. Breitengrad, der Grenze zu British Columbia, Alberta und den Prärieprovinzen bis fast zum Nordpol und vom Yukon bis nach Grönland im Osten – über 3200 km Ausdehnung in beiden Richtungen. Dabei besiedeln nur 63000 Menschen das riesige Land – kaum mehr als die Sportstadien in großen Städten fassen. Das nur 1700 km lange Straßennetz umfaßt einen Teil des Dempster Highway vom Yukon nach Inuvik, und ein paar Schotterstraßen, die in der äußersten Südwestekke am Great Slave Lake einige kleinere Orte und die Hauptstadt Yellowknife verger. Charakteristisch für die arktischen Gebiete sind kühle und windige Sommer und sehr kalte Winter. (Höchste und niedrigste registrierte Temperaturen wurden mit +35° C und −54° C, in Fort Smith an der Südgrenze (!) der Territories registriert).

Flora und Fauna: Etwa eine halbe Million qkm der Gesamtfläche sind bewaldet. Es überwiegen Weißfichten, Pappeln und Birken. Nördlich der Baumgrenze kommen außer heidekrautähnlichen Büschen nur noch Moose, Flechten, Gräser und Kräuter vor. Wichtigstes Landtier ist das Karibu, große Herden der nordamerikanischen Rentiere bilden die Hauptnahrungsquelle der indigenen Bevölkerung. Unter vielen anderen Landsäugetieren kommen Elch, Bergschaf, Grizzly, Schwarzbär, Wolf und Stachelschwein vor. Im Wood Buffalo Park grasen über 5000 Bisons; im hohen Norden leben Moschusochsen, Eisbären und Polarfüchse, in den Wäldern Fuchs, Marder, Nerz, Moschusratte, Biber und Luchs, die wegen ihrer Felle auch gejagt werden. In den Flüssen und Seen tummeln sich Forelle, Hecht, Weißfisch und Arctic Char, in den Küstengewässern gibt es Belugawale, Walrosse und Seehunde.

Einwohner: ca. 63 000, darunter etwa 30 000 Inuit (Eskimos) und 15 000 Dene (Indianer).

Hauptstadt: Yellowknife, 16500 Einwohner

Zeitzone: Eastern, Central und Mountain Standard Time.

Industrie und Wirtschaft: Bergbau (Blei, Zink, Gold, Wolfram), Öl/Erdgas, Holzwirtschaft, Fischfang, Pelzhandel und Tourismus

binden. Von hier führt der Liard Highway nach Fort Nelson in British Columbia und der Mackenzie Highway nach Grimshaw in Alberta. Der Rest des Landes hat keine Straßenverbindung. Kein Wunder, daß das Flugzeug Verkehrsmittel Nr. 1 ist. Die meisten der 30 Orte des Territoriums sind per Linienflug (meist jedoch nur einmal pro Woche und abhängig vom Wetter) erreichbar. Kleine Charterflugzeuge gibt es überall, genauso selbstverständlich wie Taxis in der Stadt. Die Versorgung aus der Luft bedeutet aber auch, daß das Reisen und Leben im Norden teuer ist.

Dennoch lohnt sich ein Besuch der Northwest Territories. Wer dem ›Ruf des Nordens‹ folgt, erlebt überwältigen-

Paulatuk, ein Inuit-Dorf am Eismeer

de Landschaften, die sich seit den Tagen der ersten Entdecker und Forscher kaum verändert haben, eine großartige Tierwelt und Menschen, fremdartig und doch beeindruckend gastfreundlich.

Im Westen liegt die wilde Bergwelt der Mackenzie Mountains mit schäumenden Wildwassern, Heimat von Schwarzbär, Luchs und Dallschafen. Hier strömt der Mackenzie River gen Norden – der historische Wasserweg zur Arktik. Im Süden erstrecken sich dunkle Fichtenwälder mit glitzernden Seen und Flüssen, das Revier von Elch und Biber. Nördlich der Baumgrenze erstreckt sich die weite Tundra, im Winter windumtost und unwirtlich, im Sommer dagegen erstaunlich sanft mit explodierenden Farben im Herbst. Urweltliche Moschusochsen und die Tausende zählenden Karibu-Herden ziehen übers Land. Im Norden erscheinen die Bergketten der hohen Arktik wie gigantische Festungen mit schimmernden Eiskappen. Narwale, Belugas und Seehunde finden reichlich Nahrung in den polaren Gewässern und Polarbären jagen an den Rändern des ewigen Eises.

Die wenigen über das weite Land verstreuten Siedlungen mindern kaum das Gefühl von Weite, Einsamkeit und schier endloser Wildnis. Die Menschen dieser Region sehen sich als Teil der Natur, und viele sind noch immer als Jäger, Fischer und Trapper von ihr abhängig. Die Bevölkerung setzt sich aus fünf größeren Gruppen zusammen, den Dene, Métis, Inuit, Inuvialuit und einer kleineren Gruppe Euro-Kanadiern. Neun offizielle Sprachen werden gesprochen, aber die meisten Bewohner sprechen auch Englisch oder verstehen es zumindest (s. S. 31 ff.).

Die Vorfahren der Dene kamen vor 20 000–30 000 Jahren über die Beringstraße und verbreiteten sich über das Gebiet der nördlichen Wälder, die sie auf Schneeschuhen mit Spieß und Bogen durchstreiften, um Karibus, Schwarzbären, Wildenten, Gänse und anderes Kleinwild zu jagen. Hundeschlitten benutzten sie erst nach der Ankunft der Europäer.

Die weißen Pelzhändler, Voyageure und Pioniere heirateten einheimische Frauen – ihre Nachkommen wurden ›Métis‹ genannt. Inzwischen haben die Métis aus dem Erbe ihrer weißen wie auch der indianischen Vorfahren eine ganz eigene unverwechselbare Kultur entwickelt.

Den Lebensraum der Inuit bilden die Küsten und Inseln des nördlichen Eismeeres. Sie kamen ebenfalls über die Beringstraße – aber relativ spät, erst vor etwa 5000 Jahren. Die heutigen Inuit sind Nachkommen eines als *Thule* bezeichneten Volkes. Früher – und häufig auch heute noch – als *Eskimo* bezeichnet, nennen sie sich selbst *Inuit,* was ganz einfach ›Mensch‹ bedeutet. Sie jagen Wale, Seehunde und auch Karibus.

Erst in den letzten Jahrzehnten des 18. Jh. kamen die *Inuvialuit* in das Mackenzie River-Delta. Sie lebten ursprünglich in Alaska und verdrängten die Mackenzie Inuit, die durch die von weißen Walfängern eingeschleppten Krankheiten bereits dezimiert waren.

Dazu gesellte sich ein buntes Gemisch von ›Neuankömmlingen‹ aus anderen kanadischen Provinzen und auch Einwanderer aus Europa. Die ersten Weißen trafen schon im 16. Jh. ein – immer wieder trotzten sie mit ihren zerbrechlichen hölzernen Schiffen den gewaltigen Eismassen und ließen sich auf der Suche nach der legendären Nordwestpassage zum Pazifik von keiner noch so großen Gefahr und Unbill abschrecken. Der Engländer Martin Frobisher versuchte es 1576 bis 1578 dreimal. Er schaffte es ›nur‹ bis zur Baffin Bay. Henry Hudson entdeckte 1610 die später nach ihm benannte Hudson Bay. Erst in der Zeit von 1903–1906 durchfuhr der Norweger Roald Amundsen mit einem kleinen Forschungsschiff die Nordwestpassage in ihrer ganzen Länge, nachdem die Existenz der legendären Schiffahrtsroute Mitte des 19. Jh. von einer englischen Expeditionsmannschaft belegt worden war. 1789 gelang dem Engländer Samuel Hearne als erstem Weißen die Durchquerung der Northwest Territories. Im Auftrag der Hudson's Bay Company sollte er neue Pelzgründe, Kupfervorkom-

Eskimo-Junge

men und natürlich auch die Verbindung zum Pazifik entdecken. Nach zweimaligem Scheitern erreichte er schließlich in einer anderthalbjährigen Expedition unter mörderischen Bedingungen von Fort Prince of Wales an der Hudson Bay über den Coppermine River das Polarmeer. Auch der Schotte Alexander Mackenzie suchte im Auftrag der Northwest Company eine befahrbare Route zum Pazifik. Er startete von Fort Chipewyan am Athabaska-See in Richtung Norden. Außer ihm saßen in dem zehn Meter langen Kanu vier frankokanadische Paddler und ein Deutscher namens Johann Steinbruck. Nach der Fahrt durch den Großen Sklavensee erreicht er über den nach ihm benannten Fluß das Nordpolarmeer.

Die jahrhundertelange Suche nach der Nordwestpassage öffnete die Arktis für Walfänger, Pelzhändler und Missionare. In der zweiten Hälfte unseres Jahrhunderts sind dann Abenteurer, Prospektoren, Ingenieure, Buschpiloten und Geschäftsleute an ihre Stelle getreten. So hat die moderne Zeit auch vor den Northwest Territories nicht Halt gemacht. Vieles hat sich in den letzten Jahren geändert und alte Lebensweisen verschwinden zunehmend. Mehr und mehr ersetzen Kleinunternehmertum und Jobs in Öl- und Erdgasindustrie, Bergbau, Verwaltung und Tourismus das Fallenstellen. Der Tourismus gewinnt zunehmend an Bedeutung. Vor 15 Jahren kamen 600 Besucher jährlich – heute sind es über 30 000. Auch politisch verändert sich einiges. Man pocht auf alte Rechte und Landansprüche werden überall im Norden neu verhandelt. Dene und Métis haben von der Bundesregierung in Ottawa Landrechte über ein eigenes Gebiet, ›Denendeh‹, erhalten, und auch den Inuit ist im Norden ihr Territorium ›Nunavut‹ zugesprochen worden.

Dennoch, alte Kultur und Traditionen sind noch vorhanden. Zwar wird vielerorts schon das Schneemobil zur Jagd benutzt und über Satellit hat auch das Fernsehen inzwischen seinen Einzug gehalten – doch viele der Dene, Métis, Inuvaluit und Inuit sind für ihren Lebensunterhalt auf Jagd und Fischfang angewiesen und benutzen auch noch traditionelle Techniken zur Herstellung von Kleidung und Gebrauchsartikeln und zum Konservieren und Zubereiten ihrer Nahrung. Die außergewöhnlichen handwerklichen Fähigkeiten haben durch den wachsenden Tourismus sogar zusätzlichen Auftrieb erhalten. So werden bei den Dene kunstvoll verzierte Mokassins und Kleidung aus gegerbtem Karibu-Leder und Körbchen aus Birkenrinde hergestellt; in der östlichen Arktik findet man geschnitzte Figuren, Puppen und Modelle von Kajaks und Werkzeugen. Weltberühmt sind die Specksteinskulpturen der Inuit von der Baffin Bay.

Kanadas hoher Norden

Yellowknife – Am Großen Sklavensee

1 (S. 396) Die Hauptstadt der Northwest Territories am Great Slave Lake ist einer der wenigen Orte, die im Norden mit dem Auto erreichbar sind. Faszinierend ist die 1500 km lange Fahrt auf dem Mackenzie Highway von Edmonton, bei der zwei große Flüsse mit der Fähre überquert werden. Dennoch bevorzugen die meisten Besucher die Anreise per Flug-

Northwest-Territories

zeug – von Calgary, Edmonton, Iqaluit oder auch Montreal. Yellowknife (ca. 16000 Einwohner) vereint die Kontraste einer schnellwachsenden Stadt mit modernen Hotels, Shopping Centre, Bürohochhäusern und regem Straßenverkehr mit einer noch immer spürbaren *frontier*-Atmosphäre, wo Hundeschlitten, Kajaks und Kanus genauso selbstverständlich sind wie Motorschlitten und Lastwagen. Hier befindet sich auch das Hauptquartier für die meisten Ausrüster und Flugcharterer. Auf dem Großen Sklavensee kann man Bootstouren unternehmen und in einigen der etwa 30 Restaurants arktische Spezialitäten wie Steaks vom Karibu und Moschusochsen probieren.

Die ersten weißen Siedler kamen erst 1934 nach Yellowknife, nachdem am Seeufer Gold gefunden wurde. Anfang der 40er Jahre waren die ersten Quellen des begehrten Edelmetalls bereits erschöpft und Yellowknife eine Geisterstadt. Der 1945 einsetzende zweite Goldrausch hielt länger an. Die Stadt blieb auf der Landkarte bestehen und hat heute noch zwei prosperierende Goldminen, Cominco und Giant Yellowknife.

Das **Prince auf Wales Heritage Centre,** erst 1979 eingeweiht, dient als Schaufenster des Nordens und ist auch architektonisch interessant. In Ausstellungen, Dioramen und Multimedia Shows erfährt man alles über die abenteuer-

liche Geschichte des Nordens, seiner Bewohner und seiner Tierwelt. Hauptthema ist das Überleben in einer unwirtlichen Umwelt.

Auf einem Hügel über den Schuppen und Hütten von *Old town,* dem Überbleibsel der Siedlung aus Zeiten der ersten Goldfunde, steht das **Bush Pilots Monument,** von dem man einen guten Blick auf die Stadt und den See hat. Das Denkmal wurde zu Ehren der Buschpiloten errichtet, die wesentlich zur Erschließung des Landes beigetragen haben.

Auf dem Highway 3 gelangt man nach 100 km zu den Orten Rae und Edzo am Nordarm des Great Slave Lake. **Fort Rae** ist die größte Indianersiedlung in den Northwest Territories. Neben den Häusern auf den Uferfelsen stehen Motorschlitten, auf Trockengestellen ist Fisch ausgebreitet, Schlittenhunde sind angepflockt und begrüßen den Besucher mit lautem Gebell. Neben dem Ort befindet sich ein traditioneller Friedhof. Die Fahrt zum 200 km entfernten Fort Providence führt durch das **Mackenzie Bison Sanctuary,** ein Schutzgebiet für eine große Herde reinblütiger *Wood Bison.* In Fort Providence locken gute Angelmöglichkeiten – Boote können gemietet werden.

Hay River 2 (S. 364) am Südufer des Great Slave Lake, ist mit 5000 Ein-

wohnern ein geschäftiger Fischereihafen. Im Sommer legen hier die großen Frachtkähne an, die den Nachschub in die Siedlungen des Nordens bringen. Ausgrabungen in der Nähe belegen, daß die Dene hier schon vor mehreren Tausend Jahren gesiedelt haben. Die Stadt hat mehrere Hotels und Restaurants. 50 km südlich lohnt sich ein Besuch der Alexandra Falls. Hier stürzen sich die Wasser des Hay River in die Tiefe.

Der Highway 5 führt in den **Wood Buffalo National Park** 🟦3 (S. 396) an der Südgrenze der Provinz. In der subarktischen Wildnis im Peace- und Athabasca River-Delta leben 3500 Bisons, die größ-

te noch frei lebende Herde Amerikas. Außerdem gibt es Biber, Bisamratten und 200 verschiedene Vogelarten. Touren in den Nationalpark werden von **Forth Smith** 🟦4 (S. 361) aus arrangiert.

Fort Simpson und Nahanni National Park

Fort Simpson 🟦5 (S. 361) 630 km von Yellowknife entfernt, am Zusammenfluß des Mackenzie und des Liard River, ist der nördlichste Punkt des Mackenzie Highway. 1804 als *Fort of the Forks* erbaut, wurde es später zu Ehren des Hudson's Bay Company-Gouverneurs George Simpson umbenannt. Das Gebiet ist die Heimat der Slavey Dene. Viele der Männer betätigen sich noch als Jäger und Trapper. Im örtlichen *store* kann man das attraktive Kunsthandwerk der Dene-Frauen bewundern. Besonders schön: Körbchen, verziert mit den gefärbten *quills* der Stachelschweine.

Im Ort können Sightseeing-Flüge und Exkursionen in den **Nahanni National Park** 🟦6 (S. 373), organisiert werden, ein rund 5000 qkm großes Wildnisareal von überwältigender landschaftlicher Schönheit. Das Parkgebiet erstreckt sich zu beiden Seiten eines etwa 320 km langen Abschnitts des South Nahanni River mit tiefen Schluchten, steil aufragenden Bergen, Wildwassern, heißen Quellen und Sinter-Terrassen. Sogar Orchideen wachsen hier. Im Zentrum des Parks liegen die tosenden **Virginia Falls,** 98 m tief stürzen sich die Wasser des South Nahanni River in die Tiefe. Ein Traumziel für Wildnisfanatiker und Wildwasserfahrer.

Von Fort Simpson fährt man auf der Schotterstraße des Liard Highway nach

Die Virginia Falls im Nahanni National Park

Fort Liard. Eine Strecke von 285 km – von dort sind es dann noch einmal 229 km bis Fort Nelson in British Columbia. Fort Liard wird von den Notherners schon als ›tropisch‹ angesehen, so grün und üppig präsentieren sich hier Bäume und Gärten. Im Durchschnitt ist denn auch das Klima wesentlich wärmer als in den meisten Orten des Nordens.

Die westliche Arktik

Dicht an der Grenze zum Yukon Territory liegt **Fort McPherson,** ein alter Handelsposten an der Uferbank des Peel River. Danach kommt **Arctic Red River,** ein malerischer kleiner Ort der Gwich'in-Dene-Indianer inmitten grüner Hügel, abseits vom Dempster Highway und nur mit einer Fähre zu erreichen.

Inuvik 7 (S. 365) ist der westlichste Ort der Northwest Territories. Hier endet, 200 km über dem Polarkreis, Amerikas nördlichster Highway, der Dempster, und hier mündet auch der Mackenzie River in Kanadas größtem Flußdelta in das Eismeer (s. Kapitel »Dempster Highway: Mit dem Auto zum Eismeer«, S. 274 ff.)

Von Inuvik sind Exkursionen mit Boot oder Flugzeug möglich: Beeindruckend ist der Flug über das riesige Delta nach Aklavik am Rande der Baumgrenze und nach Tuktoyaktuk und Paulatuk, zwei traditionellen Inuvialuit-Dörfern. Das kleine Dorf Sachs Harbour auf Banks Island wurde durch die Suche nach der Nordwestpassage bekannt. Auf Banks Island gibt es den nördlichsten navigierbaren Fluß Kanadas, den Thompsen River, und einen neuen Nationalpark. Der **Aulavik National Park** bietet gute Möglichkeiten für Kanu- oder Floßexkursionen und ist ein Paradies für Naturfotografen. Im Frühjahr sorgen Inuvialuit-Führer mit Hundeschlittenteams dafür, daß Polar-

bären und Moschusochsen dicht genug vor die Kamera kommen, und im Sommer kann man riesige Schwärme von Wildgänsen und Seevögeln beobachten.

Wohl deshalb konnte hier eine der ältesten permanenten Siedlungsstätten der Northwest Territories nachgewiesen werden. Archäologische Ausgrabungen am nahen Fisherman Lake haben 9000 Jahre alte indianische Gegenstände ans Tageslicht gebracht.

Die mittlere Arktik-Küste

Ein weites Tundragebiet mit Seen, die bis Mitte Juli vom Eis bedeckt sind, und unzählige Inseln werden unter diesem Begriff zusammengefaßt. Im Sommer färbt ein unendlicher Teppich von winzigen Blüten die Tundra bunt. Hier ist die Heimat der zigtausendköpfigen Karibu-Herden, die Tausende von Kilometern über das Land ziehen. Weit verstreut liegen die wenigen kleinen Inuit-Siedlungen, fast immer dort, wo gute Möglichkeiten für Jagd und Fischfang bestehen. Auch Angler und Jäger aus allen Teilen der Welt zieht es in diese Region.

In **Coppermine,** an der Mündung des gleichnamigen Flusses in den Coronation Gulf, existieren schon seit Urzeiten Inuit-Siedlungen. Ein Trail führt am Coppermine River entlang zu den Bloody Falls, benannt nach dem Massaker, das die indianischen Chippewayan-Führer des Entdeckers Samuel Hearne hier an den friedlichen Inuit verübten. Touren zu den Wasserfällen oder entlang der landschaftlich außerordentlich reizvollen Küste können im Ort arrangiert werden.

Mit über 1000 Einwohnern ist **Cambridge Bay** auf Victoria Island einer der größeren Orte des hohen Nordens und Transport- und Verwaltungsmittelpunkt der Region. Sehenswert ist die malerische Steinkirche. Interessant ist auch ein Besuch der kooperativen Fischverarbeitungsanlage, die hier in den Sommermonaten 50 000 kg Arctic Char (Eismeersaibling), den delikatesten Fisch des Nordens, verarbeitet. In Cambridge Bay lassen sich auch traditionell angefertigte Parkas und Kunsthandwerk erwerben. Am Bathurst Inlet liegt **Umingmaktok,** auf Inuktitut der »Ort der vielen Moschusochsen«, die einzige Inuit-Siedlung ohne weiße Einwohner. Der althergebrachte Lebensstil mit Fischen und Jagen hat hier überdauert. Ein Dorado für Naturfotografen, denn außer Moschusochsen kann man Karibus, Grizzlies, Seehunde und über 80 Vogelarten fotografieren. Umingmaktok ist nur mit dem Charterflugzeug ab Yellowknife oder Cambridge Bay zu erreichen.

Baffin Island und der äußerste Norden

Eisberge und riesige Eisschollen, Gletscher, die sich zum Meer winden, Polar-bären, Wale und Walrosse und die Kultur der Inuit – wohl kaum eine andere Region kommt unseren Vorstellungen von der ›wirklichen‹ Arktik so nah. Baffin symbolisiert auch den jahrhundertelangen Traum von Generationen furchtloser Entdeckernaturen, denn hier liegt der Eingang zur legendären Nordwestpassage. Es ist wohl auch eine der zu recht bekanntesten Regionen der Northwest Territories. Möglichkeiten für Aktivurlauber gibt es genug: Im Frühjahr Fahrten mit dem traditionellen Hundeschlittengespann, Ausflüge mit Motorschlitten oder Skiwanderungen in die Fjorde bis an den Rand des schwimmenden Eises; im Sommer Hiking, Kanutouren auf den Flüssen, Exkursionen mit Booten entlang der Küste. Hauptattraktion ist natürlich der Treck durch den Auyuittuq National Park.

Iqaluit 8 (S. 365), früher Frobisher Bay genannt, an der Ostküste von Baffin Island, ist mit einer Bevölkerung von über 2500 Einwohnern der größte Ort der Insel, Verwaltungssitz der Regierung und ›Verkehrsknotenpunkt‹. Im Ort gibt

Am Pangnirtung-Paß auf Baffin Island

es mehrere Hotels und Restaurants. Ausführliche Informationen erhält man im »Unikkaarviit«, dem örtlichen Visitor Centre, wo auch die 14 Orte der Region in Ausstellungen und Displays vorgestellt werden. Hervorragende arktische Kunst und kunsthandwerkliche Exponate sind im Nunuuta Museum zu sehen. Eine 20minütige Bootsfahrt führt zu einer historischen Siedlungsstätte der Thule, die hier vor 2600 Jahren lebten. Iqaluit ist im Linienverkehr von Montreal, Ottawa und Edmonton via Yellowknife zu erreichen. Von Iqaluit gibt es regelmäßige Flugverbindungen zu den anderen Orten auf Baffin. Eine Reihe von örtlichen Veranstaltern arrangieren Charter und Touren.

Der 21500 qkm große **Auyuittuq National Park** 9 (S. 348) ist elementare Wildnis: mächtige Berge, Gletscher und himmelhohe senkrechte Felswände, riesige Geröllhalden und Wiesen voller arktischer Blumen. Das Inuit-Wort bedeutet ›das Land, das niemals auftaut‹. Ein passender Name für Kanadas letztes Überbleibsel der jüngsten Eiszeit. Die Gletscher der Penny Ice Cap, über 2000 m hoch, bedecken über 3500 qkm des Parks. Häufig besucht ist das Tal des Weasel River, das hinaufführt zum Pangnirtung Pass, von dem sich ein grandioses Panorama bietet. Gelegentlich lassen sich Polarbären, Walrosse, Belugawale und Narwale mit ihrem bis zu drei Meter langen Horn beobachten. Von Mai bis Juni hat man hier 24 Stunden Tageslicht. Die Anreise erfolgt mit dem Flugzeug über Iqaluit nach **Pangnirtung.** Hier ist auch das Park Office. Den Weitertransport zum Park vermittelt der lokale Park Warden. Beste Zeit für den Besuch ist Ende Juni bis Anfang August. In Pangnirtung, 2300 km von Yellowknife entfernt, leben etwa 900 Inuit, vom Fischfang, von der Jagd auf Karibu, Walroß

und Seehund und auch vom Verkauf ihrer begehrten kunsthandwerklichen Arbeiten. In einer zweistündigen Exkursion mit dem Boot läßt sich der **Kekerten Historic Park** erreichen. Hier findet man die Steinfundamente einer alten Walfangstation aus der Mitte des vorigen Jahrhunderts und Überreste von Erdhäusern der Inuit.

Cape Dorset 10 (S. 353), eine Inuit-Siedlung mit 700 Einwohnern am Südwestzipfel von Baffin Island, ist international als ›Künstlerdorf in der Arktik‹ berühmt für die dort angefertigten, wunderschön geschnitzten Specksteinfiguren und die künstlerisch hochwertigen Lithographien und Drucke. Die Inuit-Künstler haben sich in der West Baffin Eskimo Co-Operative zusammengeschlossen, die den Verkauf der Kunstwerke übernommen hat und der größte Arbeitgeber des Ortes ist. Bei Cape Dorset fanden Archäologen Überreste einer prähistorischen Zivilisation, die sie ›Dorset-Kultur‹ nannten. Mit Hundeschlitten oder Boot kann man die Grabungsstätten erreichen.

Für die Unternehmungslustigsten unter den Nordlandreisenden bietet sich **Resolute** 11 (S. 378) auf Cornwallis Island an. Von hier aus arrangiert ein Outfitter Touren zum Magnetischen Nordpol in der Nähe von Bathurst Island, zum Ellesmere National Park oder gar zum Nordpol.

Als Zwischenstation eignet sich **Grise Fjord,** der nördlichste Ort Amerikas. Die Inuit-Siedlung mit nur 100 Seelen, landschaftlich außerordentlich schön zwischen Meer und mächtigen Bergen gelegen, gilt als der faszinierendste Ort der Northwest Territories. Auf der anderen Seite des Fjords findet man uralte Steinhütten, Zeltringe und Fischwehre, und noch heute leben die Dorfbewohner von der traditionellen Jagd. Einheimische

Trekking auf Ellesmere Island, nur 800 km vom Nordpol entfernt

Führer bringen den Gast auf die riesigen Eisflöße, um Polarbären oder Vögel zu beobachten.

Der **Ellesmere National Park** 12 (S. 360) liegt hoch im Norden der arktischen Insel Ellesmere, nur etwa 800 km vom Nordpol entfernt. Kanadas jüngster Nationalpark umfaßt 40 000 qkm unerschlossene Wildnis. Ein Besuch ist ein beeindruckendes, einmaliges Erlebnis: blendend weiße Gletscher zwischen Geröllhügeln und Felsen in den verschiedensten Schattierungen von Gelb, Braun und Schwarz, Eisberge in den Fjorden und ein großer Binnensee, der Lake Hazen. Das Gebiet um den See ist eine polare Wüste, windig und trocken. Hier gibt es eine beträchtliche Anzahl Schneehasen, die oft in Kolonien von Hunderten von Tieren anzutreffen sind. Außerdem kann man Peary-Karibus, Moschusochsen und Wölfe beobachten.

Auch heute noch schwingen die Cancan-Girls in ›Diamond Tooth's Gerties Gambling Hall & Saloon‹ in Dawson City ihre Beine ▷

Yukon Territory – Auf den Spuren der Goldsucher

Yukon Territory im Überblick

Name: von dem athabaskischen Wort *you-kon,* ›großes oder klares Wasser‹, postalische Abkürzung: YT

Größe: 483 450 qkm (im Vergleich: Bundesrepublik ca. 358 000 qkm)

Geographie: Das Yukon Territory ist ein von vielen Mittelgebirgen und Hügelketten durchzogenes Hochplateau, das im Südwesten von stark vergletschertem Hochgebirge (St. Elias Mountains) begrenzt wird. Im Osten bilden die Mackenzie Mountains den Übergang zu den Northwest Territories, und im Norden erheben sich die schon zu Schuttkegeln reduzierten uralten Richardson Mountains. Nahezu das gesamte Territorium gehört zum Entwässerungsgebiet des Yukon-Flusses; bis auf die Gebirgsregionen und die arktische Küste herrscht dichte Bewaldung vor. Menschliche Ansiedlungen und wirtschaftliche Erschließung sind nur entlang des Alaska und Klondike Highway anzutreffen.

Höchster Berg: Mt. Logan, 5971 m, gleichzeitig höchster Berg Kanadas

Längster Fluß: Yukon, über 3000 km lang (einschließlich Alaska)

Klima: ausgeprägtes, sehr trockenes Kontinentalklima mit warmen Sommern (Tageshöchsttemperaturen im Juli durchschnittlich 20° C, Höchstwerte um 30°C sind keine Seltenheit) und extrem kalten Windern (durchschnittlich – 23° C, bis zu –50° C sind möglich). Der Kälterekord Kanadas wurde mit –63° C im Yukon Territory gemessen.

Flora und Fauna: Subarktischer Wald bedeckt die südliche Hälfte des Territoriums, während Morast und Tundra den Norden beherrschen. In der kurzen Vegetationsperiode (nur drei Monate im Jahr sind frostfrei) entwickeln sich Wildblumen in großer Zahl und Vielfalt. Häufige Tierarten sind Elch, Karibu, Bär und Biber.

Einwohner: 31 000, davon etwa 6000 Indianer; Bevölkerungsdichte: 0,05 Einwohner/qkm

Hauptstadt: Whitehorse, 22 500 Einwohner

Zeitzone: Pacific Time (MEZ minus 9 Stunden)

Industrie und Wirtschaft: Bergbau (Blei, Zink, Eisen und Kohle), Tourismus

Provinzblume: Fireweed *(Epilobium angustifolium),* eine Weidenröschenart, die man während des Sommers überall blühen sieht.

Das Yukon Territory im äußersten Nordwesten Kanadas ist heute touristisch recht gut erschlossen. Komfortable Lodges und gut ausgebaute Highways machen die Reise in den Norden einfach. In den Supermärkten der Orte gibt es – etwas teurer zwar – alle Genüsse, die auch der Süden Kanadas zu bieten hat. Doch dies ist nur eine Seite des gewaltigen Landes: Rechts und links der (wenigen) Highways dehnt sich wie seit Urzeiten ein einsames Wald- und Tundragebiet, und beim abendlichen Lagerfeuer an einem der stillen Seen kommt auch heute noch mühelos ›Jack-London-Stimmung‹ auf. Im Hinterland warten namenlose Bergketten auf Wildniswanderer und völlig unberührte Flüsse auf Kanuten und Schlauchbootfahrer.

Über Jahrzehnte war der 1942 erbaute, legendäre Alaska Highway die einzige Landverbindung ins Yukon Territory, eine abenteuerliche Rüttelpiste ins Nordland. Zwar ist der Highway heute geteert, aber er führt noch immer durch menschenleere Wildnisregionen, und nur alle 30 bis 50 km verspricht eine Lodge am Highway den Komfort der Zivilisation. Als Alternativroute hinzugekommen ist der Cassiar Highway, der von Hazelton im Nordwesten British Columbias entlang der Coast Mountains 733 km nordwärts bis nach Watson Lake im Yukon Territory führt und dort an den Alaska Highway anschließt. So kann man heute eine Rundfahrt ins Yukon Territory gut von Edmonton aus planen: Über den Alaska Highway nach Norden und über den Cassiar Highway wieder zurück (s. unten). Noch schöner, aber nur nach langer Vorausbuchung machbar, ist eine Hin- oder Rückfahrt mit der Alaska Ferry durch die Inside Passage Alaskas von Prince Rupert nach Skagway – die alte Route der Goldgräber auf ihrem Weg nach Dawson City. Man kann jedoch auch von Edmonton nach Whitehorse fliegen und dort einen Leihwagen nehmen.

Bester Ausgangspunkt für die Reise ist Edmonton in Alberta, hier gibt es gute

Herbststimmung am Alaska Highway

Der Alaska Highway –
Geschichte einer Legende

Januar 1940, Zweiter Weltkrieg: 72 000 Menschen leben zu diesem Zeitpunkt in Alaska. Über Nacht rückt das Land, bis dahin ein kaum beachtetes nördliches »Anhängsel«, in den Blickpunkt nationaler Interessen. Die Sowjetunion, Nachbar jenseits der Beringsee, baut wenige Kilometer vor der Westküste einen Militärflughafen, und die Bedrohung durch die Japaner nimmt zu. Die Soldaten des Tenno erobern wenig später sogar zwei Inseln der äußeren Aleuten. Alaska mit seinen 1 518 800 qkm ist zu diesem Zeitpunkt militärisch nahezu ungeschützt.

Am 2. Februar 1942 beschließen die amerikanische und die kanadische Regierung den Bau einer Militärstraße mit Routenführung durch die kanadischen Provinzen Alberta, British Columbia und die Yukon Territories. Zwölf Tage später, am 14. 2. 1942, erfolgt der erste Spatenstich. Alles in allem werden in diesem Jahr 11 000 Männer am sogenannten »Alcan Highway« arbeiten. »Alcan«, die Bezeichnung steht für Alaska und Kanada. Erst nach Freigabe für nichtmilitärische Zwecke wird sich die Bezeichnung »Alaska Highway« durchsetzen.

Dawson Creek, Meile Null des Highways: Es wimmelt jetzt von Soldaten in dem früher verschlafenen Ort. Die Route soll dem alten Winterpfad der Indianer und Trapper nach Norden folgen. Namen, die bisher kaum einer kennt, erscheinen auf Militärkarten: Fort St. John, Fort Nelson. Zur gleichen Zeit startet ein Gegentrupp mit dem Bau in Alaska – 1200 Meilen entfernt.

März 1942: Noch liegen die Temperaturen bei –20 °C. Nur langsam kommt der Frühling, aber mit ihm auch Myriaden stechender Moskitos. Trotz allem, an manchen Tagen werden bis zu sieben Kilometer der Straße in die Wildnis hineingeschlagen. Der beginnende Nordlandsommer ermöglicht es den Männern, rund um die Uhr zu arbeiten. Für die Ingenieure entsteht ein neues Problem. Wie baut man eine Straße auf permanent gefrorenem Boden und *muskeg,* dem tiefen Moos des Nordens? Das Unternehmen fordert seinen Tribut. Maschinen halten den Dauerbelastungen nicht stand, Soldaten verunglücken in großer Zahl. Am 14. Mai 1942 ertrinken elf Mann im Charlie Lake.

Nach Monaten extremer Härte, am 24. September 1942, treffen sich die Regimenter von Norden und Süden am Contact Creek. Eine Pionierstraße ist geschaffen, mehr als 1500 Meilen lang, in einer Rekordzeit von acht Monaten und zwölf Tagen.

(Dieter Kreutzkamp)

Auto- und Campervermietungen, und in den Supermärkten kann man sich preiswert mit Vorräten für die lange Tour eindecken. Über Grande Prairie in Nord-Alberta geht es dann nach Dawson Creek, dem Ausgangspunkt des Alaska Highway, und über den Yellowhead Highway kehrt man vom Cassiar Highway kommend über den Jasper National Park wieder nach Edmonton zurück.

Zwei bis drei Wochen sollte man sich schon Zeit nehmen für eine Fahrt ins Yukon Territory und zu den sagenhaften Goldfeldern am Klondike – mehr noch, wenn man nach Alaska weiterfahren möchte. Die beschriebenen Routen führen zu historischen Pionierorten, über einsame Highways und durch wilde Urlandschaften. Um die grandiose Natur des Nordens in ihrer Ursprünglichkeit zu erleben, sollte man auch einige Tage – abseits der großen Highways – in der Wildnis einplanen: vielleicht mit einer geführten Wanderung oder Kanutour, einem Aufenthalt in einer abgelegenen Wildnislodge oder einer Schlauchbootfahrt auf den tosenden Gletscherflüssen des Kluane National Park.

Auf zum Yukon!

Auf dem Alaska Highway von Dawson Creek nach Whitehorse

Dawson Creek – Fort St. John – Fort Nelson – Watson Lake – Teslin – Whitehorse (1475 km)

In **Dawson Creek** 🔢 (S. 356) im nördlichen British Columbia beginnt am Milepost ›0‹ der legendäre Alaska Highway. Dawson Creek, das noch vor 20 Jahren nur ein einsamer Außenposten der Zivilisation war, hat in den letzten Jahren kräftig zugelegt und ist heute eine geschäftige Stadt mit 67 000 Einwohnern. Ringsum blühen im Sommer knallgelbe Rapsfelder bis zum flachen Horizont, Sägewerke und Sperrholzfabriken verarbeiten das Fichtenholz aus den Wäldern des Hinterlandes. Und nicht zuletzt hat auch der Erdgas-Boom der 80er Jahre für Arbeitsplätze gesorgt.

Sehenswert ist neben dem berühmten ›0‹-Meilenstein im Ortszentrum der **Northern Alberta Railway Park.** Hier ist in einer restaurierten Eisenbahnstation ein Museum mit Erinnerungsstücken aus den letzten 70 Jahren Bahngeschichte untergebracht, und einen historischen Getreidespeicher hat man in eine faszinierende Galerie verwandelt, in der Kunst und Kunsthandwerk örtlicher Künstler zu bewundern und auch zu erwerben ist. Im Park steht auch das Tourismusbüro der Stadt. Das **Walter Wright Pioneer Village** mit authentisch eingerichteter Kirche, Schmiede, General Store und Trapper Cabin spiegelt das Leben der ersten Pioniere der Region wider.

Dann beginnt die lange Fahrt nach Norden. Doch von einem mühevollen Weg und staubiger Schotterpiste kann nicht mehr die Rede sein – die alte Alaska Road ist hier längst zu einem perfekt geteerten, sofasanften Highway ausgebaut. Der kurvige alte Highway wurde in British Columbia weitgehend durch eine neue Straße ersetzt. Nur bei km 28 kann man noch auf einer kurzen Stichstraße den alten Militärhighway von 1942 ein

Stück weit fahren und auch noch die einzige erhaltene originale Holzbrücke bewundern, die **Kiskatinaw River Bridge.**

Rund 50 km weiter liegt **Fort St. John,** 14 000 Einwohner, eine der ältesten nicht-indianischen Siedlungen in British Columbia und heute Zentrum der Öl- und Erdgasindustrie. Schon 1794 entstand an den schlammigen Bänken des Peace River die Pelzhandelsstation Rocky Mountain Fort. 1793 machte Alexander Mackenzie auf seiner Entdeckungsreise zum Pazifik hier Station. Das kleine Museum im Centennial Park informiert über die Pionierzeit.

Von Fort St. John bis Fort Nelson führt der Highway durch einsame Waldstrecken, klettert am Trutch Mountain über die nördlichen Ausläufer der Rocky Mountains, und nur alle 30 oder 40 km sorgen eine kleine Lodge, ein kleiner Waldsee oder ein kreuzender Elch für Abwechslung. Bei Kilometer 764,7 kommt die Abzweigung zum **Liard River Hot**

Springs Provincial Park. Mitten in der Wildnis sprudelt hier heißes Quellwasser aus dem Boden – eine willkommene Badegelegenheit schon damals für die Indianer und Trapper. Seitdem hat man einen hölzernen Plankenweg durch den Sumpf um die Quellen gelegt und Badehäuschen gebaut. Die Quellbecken selbst aber sind nach wie vor naturbelassen und ein herrliches Planschvergnügen.

Bei **Watson Lake** ▣ (S. 392) (km 1021) ist man bereits im Yukon Territory. Ein einfacher GI legte beim Bau des Highways den Grundstein für die Popularität von Watson Lake. Vom Heimweh geplagt, nagelte er das Ortsschild seiner Heimatgemeinde an einen Baum. In mehr als 40 Jahren entstand daraus der größte und verrückteste Schilderwald auf Erden: ein Meer von bunten Tafeln, vom Highway aus nicht zu übersehen. Irgendwo dazwischen gibt es auch das Schild: »Mitführen und Laufenlassen von Hun-

Anreise zum Yukon Territory

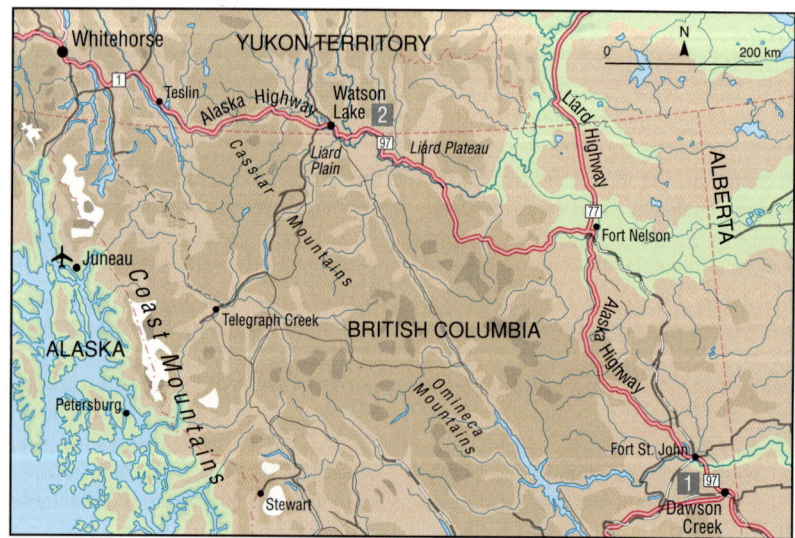

Schilderwald bei Watson Lake

den verboten. Stadt Augsburg, Gartenamt.«

Von den 480 Einwohnern des Ortes **Teslin** sind die meisten Indianer, die großteils noch von Fischfang und Fallenstellen leben. Der fast 140 km lange Teslin Lake, dem der Highway am Nordufer folgt, bietet ausgezeichnete Angelmöglichkeiten. Weiter nördlich überquert der Highway eine Hügelkette und führt dann am Ufer des flachen, lichtblauen Marsh Lake entlang, der bereits zum Flußsystem des Yukon gehört. Wenig später ist Whitehorse erreicht.

Rundreisen im Yukon – mit ›Stippvisiten‹ in Alaska

Whitehorse

1 (S. 393) In Whitehorse, seit 1953 Hauptstadt des Yukon Territory, leben über zwei Drittel aller Bewohner des Territoriums. Mit 22 000 Einwohnern ist die Stadt, in der 250 Tage im Jahr Frost herrscht, die größte im nördlichen Kanada. Ihre Geschichte reicht zurück bis ins Frühjahr 1898, als Zehntausende Goldsucher über den Chilkoot und den White Pass kamen, um vom Lake Lindeman oder Lake Bennet mit Booten den Yukon River hinunter nach Dawson zu fahren. Die White Horse Rapids im Miles Canyon, die gefährlichsten Stromschnellen des Yukon, drohten zum Massengrab der unerfahrenen Bootsführer zu werden. Deshalb richtete man eine acht Kilometer lange Pferdebahn als Umgehung des

Canyons ein. Wo die Boote wieder beladen wurden, erstreckte sich bald eine riesige Zeltstadt, aus der sich schnell die Stadt Whitehorse entwickelte.

Als im Jahr 1900 die White Pass & Yukon Railroad das aufblühende Städtchen erreichte, wurden hier Fracht und Passagiere auf die Schaufelraddampfer gebracht, die die Reise nach Dawson auf dem Fluß fortsetzten. Im Zweiten Weltkrieg kam dann noch einmal ein Boom, als die Stadt während der Bauarbeiten am Alcan Highway zum Knotenpunkt wurde. Dawson City, zuvor die Hauptstadt des Territory, verlor immer mehr an Bedeutung, und Whitehorse entwickelte sich nach dem Zweiten Weltkrieg zur Metropole des Nordens.

Am Ufer des Yukon in der Nähe der Robert-Campbell-Brücke liegt auf einer Sandbank die »**S. S. Klondike.**« Der schön restaurierte Schaufelraddampfer beförderte von 1937 bis 1955 Fracht und Passagiere auf dem Yukon von Whitehorse nach Dawson City. Anderthalb Tage dauerte damals die Reise flußabwärts, viereinhalb Tage flußaufwärts. In den fünfziger Jahren wurden dann alle Yukon-Dampfer aus dem Verkehr gezogen, weil die inzwischen gebauten Brücken für die Schiffe zu niedrig waren. 1966 wurde die »S. S. Klondike« zum National Historic Site erklärt und an ihren jetzigen Platz gebracht, restauriert und originalgetreu eingerichtet – einschließlich der Zeitschriften aus dem Jahr 1937.

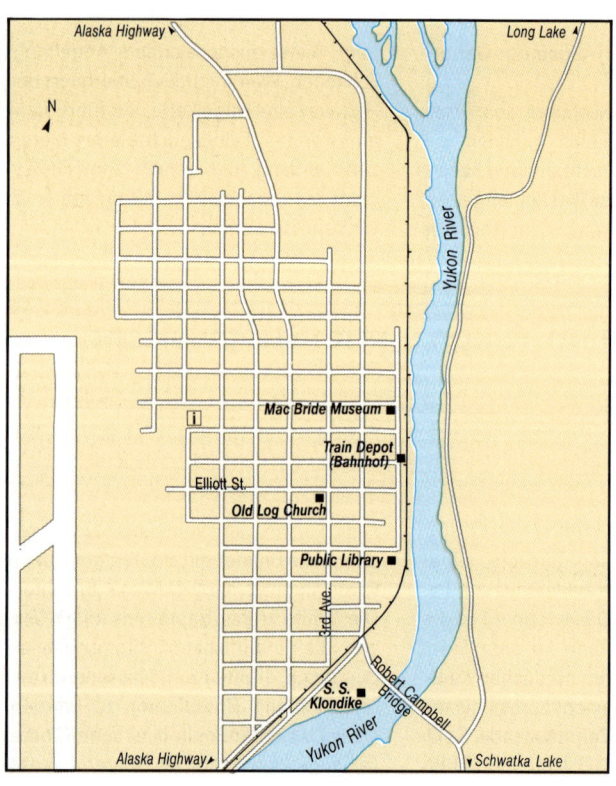

Whitehorse

Rundreisen im Yukon

Die einstündige Dampferfahrt sollte man nicht versäumen.

Weitere Erinnerungen an die Pionierzeit warten im **MacBride Museum** in der Innenstadt. Displays und Hunderte von Fotos vermitteln einen faszinierenden Einblick in die Jahre des großen Goldfiebers. Wer sich eingehender über die Geschichte des Yukon informieren möchte, findet in der **Whitehorse Public Library** und vor allem in den Yukon Archives eine Fülle von Fotos, Dokumenten, Zeitschriften und Büchern, die zum Teil bis auf das Jahr 1846 zurückgehen.

In der **Old Log Church** aus dem Jahr 1900 an der 3rd Ave. und Elliott Street kann man sich über die Missionierungsgeschichte im Nordland informieren. Die Atmosphäre der turbulenten Goldrausch-Jahre wird in der Vaudeville-Show der »Frantic Follies« mit Sketches von Robert Service wieder lebendig. Seit fast 30 Jahren findet die beliebte Show im Westmark Whitehorse Hotel statt.

Lohnend sind auch die zweieinhalbstündigen Bootstouren auf dem Yukon River. Flußabwärts fährt man mit der »MV Youcon Kat«, beginnend vom Dock gegenüber vom MacBride Museum. Vom Dock des Schwatka Lake führt eine Tour flußaufwärts durch den landschaftlich reizvollen **Miles Canyon.** Und am Südufer des Yukon River kann man im Sommer in einer Fischleiter die Lachse beobachten, die stromaufwärts zu ihren Laichgebieten schwimmen.

Auf dem Klondike Highway von Whitehorse nach Dawson City

Whitehorse – Takhini Hot Springs – Lake Laberge – Carmacks – Minto – Pelly Crossing – Steward Crossing – Dawson City (540 km)

Von Whitehorse führt der Klondike Highway (Hwy. 2) im Tal des Yukon durch riesige Waldgebiete nach Norden. 20 km nördlich von Whitehorse lohnt ein kurzer Abstecher zu den **Takhini Hot Springs** **2** (S. 383), wo heißes Quellwasser ein Badebecken füllt und man nebenan gut campen kann. Von dort verläuft der Highway entlang des **Lake Laberge,** einem See im Flußsystem des Yukon. Der langgestreckte, oft vom Wind aufgewühlte See inspirierte den Dichter Robert Service, den Barden des Klondike, zu seiner

berühmten Ballade »Die Verbrennung des Sam McGee«.

Kurz nach Carmacks erreicht man die **Five Finger Rapids,** wo zur Goldgräberzeit so mancher Raddampfer zerschellte. Pilzsucher können im Gebiet um **Minto,** dem historischen Landeplatz der Damp-

fer, leicht eine Abendmahlzeit finden – hier gibt es einen schönen Campingplatz am Yukon-Ufer. Der nächste Ort ist **Pelly Crossing,** eine kleine Siedlung der Selkirk-Indianer. Hier kann man noch einmal tanken und Vorräte ergänzen. Bis Dawson City sind es dann noch 260 km.

Bei Steward Crossing zweigt der Yukon Highway (Hwy. 11) nach Mayo (500 Einwohner) und Keno City ab. Die ersten 55 km des Highway, der durch die enormen Silberfunde in der Region um Keno auch *Silver Trail* genannt wird, sind geteert, die letzten 60 km ab Mayo nur noch Schotterstraße. Der Bergwerksort **Keno** war 1920 eine turbulente *boom town.* Heute hat der Ort nur noch 50 Einwohner, ein Hotel mit Bar, einen *coffee shop* und einen Campingplatz. Im kleinen Keno Mining Museum wird die Bergwerksgeschichte der Region dargestellt.

Noch einige Hügelketten, noch mehr Wälder, dann erreicht man das Tal des **Klondike River** – und stößt auch bald auf die ersten Schutthalden aus der Goldgräberzeit. Breite Kiesbänke säumen die Ufer des Flusses, an dem vor fast 100 Jahren die Abenteurer jeden Stein umdrehten, um ihre Träume vom schnellen Reichtum zu erfüllen. Noch heute sieht man am Bonanza Creek moderne Goldsucher mit schwerem Gerät ihre *claims* ausbeuten. Dawson City – einst als ›Paris des Nordens‹ bezeichnet – ist erreicht.

Dawson City:
Gold und rauhe Männer
von Wolfgang R. Weber

3 (S. 355)Joseph Ladue lebte schon seit 16 Jahren im Yukon, als er von einem großen Goldfund am Rabbit Creek hörte. Doch statt mit den anderen hinter dem Gold herzujagen, kaufte er das kleine Stück flaches Land am Zusammenfluß von Klondike und Yukon, ließ es vermessen und in Parzellen aufteilen und begann

Blick auf Dawson City – am Zusammenfluß von Yukon und Klondike River

Goldrausch im Yukon

Die Geschichte von Dawson City beginnt am 16. August 1896. Vier Männer, Jim Mason und George Carmack mit ihren indianischen Freunden Dawson Charlie und Patsy, dem Neffen Dawson Charlies, campierten am Rabbit Creek, einem Seitenbach des Klondike River. Vor wenigen Tagen hatten sie Robert Henderson getroffen, der ihnen etwas von Gold in den Bächen der Gegend erzählte. Daher waren sie, statt wie geplant Lachse zu fischen, über die Berge gestiegen und hatten sich Hendersons *claim* angesehen, ohne jedoch selber einen *claim* abzustecken. Auf dem Rückweg rasteten sie am Rabbit Creek. George Carmack fiel auf, daß das Wasser des Bachs über gerifffeltes Felsgestein lief, und mehr aus Gewohnheit als aus Absicht sah er sich den Boden des Bachs etwas näher an. Irgend etwas erregte seine Aufmerk-samkeit. »Ich bückte mich, langte hin und hielt ein Nugget, ungefähr in der Größe eines 10-Cent-Stücks, in meiner Hand«, erzählte er später. »Ich steckte es zwischen meine Zähne, biß darauf, so wie ein Zeitungsjunge, der einen *quarter* auf der Straße gefunden hat. Ich hielt es zwischen Daumen und Zeigefinger hoch in die Luft und schaute mich nach meinen zwei Begleitern um und rief: ›Hey. Ihr! Gold! Bringt Pfanne und Schaufel, schnell!‹ Ich nahm die Schaufel und grub etwas von dem verwitterten Felsgestein auf. Als ich die ebenen Bruchstücke umdrehte, konnte ich das rohe Gold in dicken Lagen zwischen den verwitterten Felsstücken liegen sehen, wie Käse in einem Sandwich.«

George Washington Carmack, der Entdecker des Goldes, war ein seltsamer Typ: mehr Elchjäger als Goldsucher, mehr an Silberlachsen interes-

Grundstücke zu verkaufen. Auf dieser einstigen Elchweide, einem schlammigen Stück Uferland, entstand innerhalb eines Sommers aus Holzhäusern und Zelten Dawson City. 1897 lebten hier 5000 Leute aus allen Ecken dieser Welt. 1898, als der Hauptschwall der Goldsucher eintraf, stieg die Bevölkerung auf rund 30 000 an. Dawson City war die größte kanadische Stadt westlich von Winnipeg. Joseph Ladue hatte sich seine eigene ›Goldmine‹ geschaffen. Es dauerte nicht lange, und er besaß auch richtige Goldminen, eine Dampfschifflinie auf dem Yukon und Sägewerke.

Während der nächsten hektischen Jahre Ende des vorigen Jahrhunderts war Dawson City Kanadas äußerste Grenze der Zivilisation. Vermögen wurden gemacht und verloren. Doch bereits zur Jahrhundertwende ging es abwärts mit der Goldgräberstadt. Große Firmen kauften die einzelnen *claims* auf, um sie in großem Stil auszubeuten. Die Meute der

siert als am Gold. Er war 1885 in den Norden gekommen und hatte sich schnell an das Indianerleben gewöhnt. Er verbrachte die meiste Zeit mit Jagen und Fischen und baute sich eine Hütte nahe den Five Finger Rapids, wo er mit seiner indianischen Frau lebte und gelegentlich Gedichte schrieb. Doch jetzt verbrachten er und seine Begleiter den Rest des Tages damit, überall im Kies des Bachs nach dem glänzenden Metall zu suchen. Wo auch immer sie gruben, fanden sie Gold! Ihre *claims* waren schnell abgesteckt, und binnen zwei Jahren waren aus den Vieren am Rabbit Creek 30 000 fieberhaft in der Erde wühlende Goldsucher am neu benannten Bonanza Creek geworden.

Jim Mason wurde unter seinem Spitznamen Skookum Jim genauso wie Dawson Charlie und George Carmack als Entdecker der Goldfelder des Klondike-Gebiets berühmt. Weil Dawson Charlie aus Tagish stammte, hieß er bald Tagish Charlie und ging unter diesem Namen auch in die Geschichte von Dawson City ein. Nur Patsy ging bei der Geschichte leer aus. Weil er noch nicht volljährig war, durfte er keinen *claim* abstecken und wurde auch nie richtig bekannt.

Dawson City, nur 150 Meilen südlich des Polarkreises gelegen, hieß schnell »das Paris des Nordens«: mit Hotels, Theatern, Tanzhallen und Bars, Kirchen und Hospitälern Seite an Seite mit Blockhütten und Lagerhäusern. Die Bevölkerung bestand aus einem bunten Gemisch von Goldgräbern, Ärzten, Tanzmädchen, Pfarrern und so schillernden Persönlichkeiten wie Diamond Tooth Gertie, Klondike Kate oder auch Jack London. Jeden Sommer kamen Raddampfer Tausende von Meilen den Yukon heraufgefahren und brachten französischen Wein, Bücher, Kleider nach der neuesten Mode, Pianos und Goldgräberausrüstungen. Über allem hing das Geräusch von Barpianos, Rouletterädern, Kirchenglocken und Schiffssirenen.

Wer wirklich das Gold fand, ist nicht klar. Carmack behauptete, er sei der Finder, aber Skookum Jim und Tagish Charlie behaupteten, Skookum Jim habe das Gold gefunden, als er einen Kochtopf im Rabbit Creek reinigen wollte, während Carmack schlafend unter einer Birke lag. Fest steht nur, daß an diesem Abend des 16. August 1896 vier Männer einen der größten Goldfunde der Geschichte machten.

Goldsucher zog weiter nach Alaska, als neue Funde in der Gegend von Fairbanks und bei Nome an der Beringsee die Hoffnungen auf schnellen Reichtum wieder aufleben ließen.

1906 wühlten bereits vier große Schaufelradbagger im Grund der Täler am Klondike, um noch mehr Gold auszuwaschen. Die wenigen tausend Personen, die noch in der Gegend lebten, arbeiteten fast alle für die großen Minengesellschaften. Um 1940 war Dawson ein Dorf mit weniger als 1000 Einwohnern. 1953 wurde auch die Regierung des Territoriums nach Whitehorse verlegt.

Dawson City verfiel, das Unkraut wuchs hoch zwischen den verrotteten hölzernen Bürgersteigen. Weiden- und Birkenbüsche drangen in die Stadt, verwischten ihre einstigen Grenzen und versteckten unter ihrem Grün die rostenden Überreste der glorreichen Zeit. Hoch oben vom Midnight Dome, dem Berg über der Stadt, ist das Schachbrettmuster der Straßen noch gut zu erkennen. Da ganz Dawson zum historischen Nationalpark erklärt wurde, versucht man die alte Goldgräber-Atmosphäre so gut wie möglich zu erhalten. Erst durch den Tourismus ist der Ort in den letzten Jahren wieder gewachsen. Etwa 1900 Einwohner leben zur Zeit ganzjährig in Dawson. Neue Häuser entstehen, alte Gebäude werden instandgesetzt. Einige Bauten aus der Goldrauschzeit wurden von der kanadischen Regierung restauriert und dienen heute als Museen, Geschäfte oder Wohnhäuser. Im kurzen Sommer schwillt die Bevölkerung für einige Monate an, wenn die Saisonarbeiter aus dem Süden kommen, um die vielen Besucher zu versorgen – besonders, wenn am dritten Montag im August während der

Discovery Days jener 16. August gefeiert wird, an dem der spektakulärste Goldfund des Jahrhunderts gemacht wurde.

Vieles hat sich geändert am Klondike, aber noch heute gibt es Goldgräber, die die Täler durchwühlen und Tonnen von Schlamm und Geröll auswaschen, um einige Gramm Gold zu gewinnen. Der Yukon ist allerdings nicht mehr die große Verkehrsader. Auf dem Fluß ist es still geworden, Dampfschiffe verkehren nicht mehr. Der Verkehr rollt heute über die Highways, die in den 50er Jahren gebaut wurden. Nur am Samstagabend, wenn die modernen Goldsucher von ihren claims in die Stadt hereinkommen, ist alles noch wie damals: In den Saloons geht es hoch her, im Casino von ›Diamond Tooth Gertie's‹ wird gepokert, auf

Dawson City

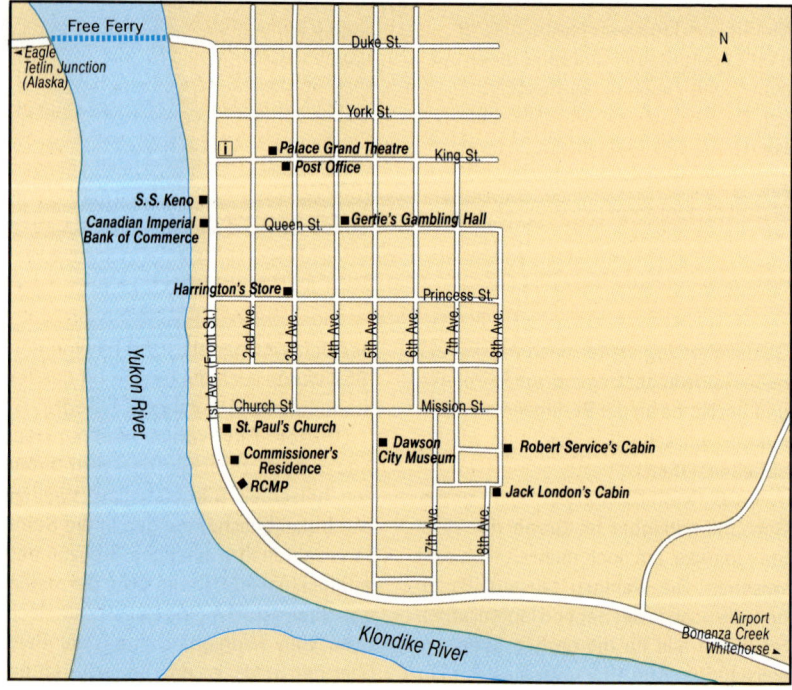

Laden in Dawson City

der Bühne schwingen die Cancan-Girls ihre Beine.

Der heutige Reisende betritt die Stadt quasi durch die Hintertür (vorne ist das Flußufer). Der Klondike Highway führt ihn auf den letzten Kilometern mitten durch die hohen Schotterhügel, die die überdimensionalen, schwimmenden Goldwaschanlagen im Tal des Klondike River hinterließen. Wo Klondike und Yukon sich vereinigen, biegt die Straße zum Yukon-Ufer ab und geht in die Front Street über. Hier erinnern der Steinbau der Canadian Imperial Bank of Commerce und der hoch auf dem Trockenen sitzende Raddampfer »S. S. Keno«, ein typischer Yukon-Schaufelraddampfer aus der Zeit nach der Jahrhundertwende, noch an die glorreichen Tage.

Hölzerne Gehsteige begleiten die unbefestigten Straßen und führen den Besucher immer tiefer hinein in ein lebendes Museum. Dawson City ist lebendige Geschichte, keine sterile Geisterstadt oder synthetische Vergangenheitsbewältigung. Neben leeren, von Unkraut überwucherten Parzellen, auf denen alte Maschinen und Gerümpel herumliegen, sinken die hölzernen Gebäude mit ihren im harschen Klima ergrauten hölzernen Fassaden langsam in den Dauerfrostboden. Durch leer gähnende Fenster- und Türöffnungen blitzt das Blau des Himmels. Wände in grotesker Schieflage tragen verblichene Schilder, auf denen Waren und Dienstleistungen längst vergangener Zeit angepriesen werden.

Doch es rührt sich auch Leben in Dawson City: Hinter den bunten Fassaden der originalgetreu restaurierten Häuser finden sich Geschäfte und Hotels, Werkstätten und Kneipen, ein Theater und nicht zuletzt **Gertie's**, das einzige legale Spielkasino Kanadas. Das **Palace Grand Theatre** wurde an der King Street originalgetreu rekonstruiert, so wie es Arizona Charley Meadows 1899 erbaut hatte. Auf der Bühne erinnert im Sommer jeden Abend die Show der ›Gaslight Follies‹ an die große Zeit der Stadt.

Schräg gegenüber vom Palace Grand, an der Ecke von King Street und 3rd Avenue, steht das 1902 erbaute **Postamt,** das auch heute noch in Betrieb ist. Das Postgebäude und die alte **Commissioner's Residenz** sind hervorragende Beispiele für Kanadas viktorianische Architektur der Jahrhundertwende.

Aber nicht nur von außen gibt es etwas zu sehen: Im **Harrington's Store** an der Ecke 3rd Avenue/Princess Street illustriert eine Fotoausstellung die frühen Tage der Stadt. Die beste Sammlung zur Geschichte des Goldrausches aber zeigt das Dawson City Museum im alten Gebäude der Territorialregierung. Dia-Shows und historische Filmaufnahmen aus den Goldgräbertagen runden die reichhaltigen Ausstellungen ab. Nebenan im Minto-Park stehen alte Lokomotiven der Eisenbahnlinie, die für wenige kurze Jahre Dawson und die Goldfelder verband.

Am Ortsrand erinnert die Robert Service's Cabin an den berühmten Dichter Robert Service, im Norden noch immer als ›Barde des Yukon‹ verehrt. Im Sommer werden hier auch Dichterlesungen veranstaltet. Gleich nebenan ist die rekonstruierte Hütte des noch berühmteren Jack London, wo ebenfalls aus den Werken des Goldrauschautors gelesen wird.

Die historischen Schauplätze der Goldgräberzeit liegen etwas außerhalb von Dawson und können in einem halbtägigen Ausflug besucht werden. Nur wenige Kilometer stromaufwärts am Klondike River zweigt eine Schotterstraße, die Bonanza Creek Road, nach Süden hin ab und folgt dem Verlauf des berühmten **Bonanza Creek.** Riesige Schotterhalden, die *tailings,* säumen das schmale Rinnsal kilometerweit ins Hinterland. Hier und dort sieht man noch heute moderne Goldgräber, die sich mit Baggern oder Hochdruck-Wasserstrahlen in die Berghänge buddeln, um an die Nuggets zu kommen. Es lohnt sich offenbar immer noch – besonders, wenn der Goldpreis über 400 Dollar pro Unze steigt, nimmt die Aktivität der Buddler um Dawson immer kräftig zu.

Mehrere kleine Unternehmen entlang der Straße wie etwa der **Claim 33** bieten Goldwaschen für Besucher an. Der Erfolg ist garantiert, krummer Rücken inklusive. Etwas weiter liegt die riesige, heute zum Museum restaurierte »Gold Dredge No. 4«, einer der gewaltigen Schaufelradbagger, die nach der Jahrhundertwende im großen Stil die Bachtäler am Klondike durchwühlten, um auch noch jedes kleine Fitzelchen Gold herauszuwaschen. Gleich ein Stück weiter erreicht man dann den **Discovery Claim,** den ältesten *claim* der Region, wo einst George Carmack und seine Freunde das erste Gold entdeckten.

Alle Wege in Dawson führen früher oder später zu Gertie's, denn **Diamond Tooth Gertie's Gambling Hall and Saloon** ist das einzige legale Spielkasino Kanadas. Während auf der Bühne Can-can-Girls die Röcke schwingen und ein einsamer Klavierspieler für Untermalung sorgt, drängen sich an den Roulette- und Blackjack-Tischen stoppelbärtige *placer miner* neben Indianern und Touristen. Gertie's ist der informelle Treff- und Sammelpunkt der ganzen Gegend. Über das Klappern der Roulettekugeln, die gedämpft klingenden Ansagen der Blackjack-Dealer und das Geklimpere des Pianisten tönt von den Tischen der Bar von Zeit zu Zeit ein dröhnendes Lachen: Dort stecken die Oldtimer die Köpfe zusammen und erzählen sich die schauerlichsten Geschichten. Ob wahr oder nicht, wen kümmert's schon.

Auf dem Top-of-the-World Highway nach Tok in Alaska
(280 km)

Nach ein paar Tagen des Schwelgens in historischer Atmosphäre verläßt man Dawson mit der staatlichen Fähre, die hier die Brücke ersetzt, über den Yukon River nach Westen.

Der Top-of-the-World Highway bis zur alaskanischen Grenze ist eine der einsamsten und beeindruckendsten Strecken des kanadischen Nordens – durch Tundra- und Taigaregionen windet sich die Straße die windzerzausten Bergkuppen entlang. Bis zum fernen Horizont dehnen sich grüne Hügelzüge ohne die geringsten Zeichen menschlicher Zivilisation. Gut 100 km geht das so, ehe die – nur im Sommer vom 15. Mai – 15. Sept., 9–21 Uhr (Pacific Time), geöffnete – Grenze zu Alaska auftaucht: zwei einsame Grenzerhäuschen, um die nur einige pfeifende Murmeltiere den Zöllnern Gesellschaft leisten.

Einige Kilometer hinter der Grenze steht das erste Haus in Alaska: die **Boundary Lodge** mit einer Tankstelle und einem urigen Saloon. 20 km weiter zweigt der Taylor Highway nach Norden hin ab. Der rund 100 km lange Abstecher nach **Eagle**, einem weltverlassenen historischen Pionierstädtchen der Goldsucher und Trapper am Yukon-Ufer, lohnt sich. Wildniskanuten können von hier zu einer Tour auf dem Yukon durch das Yukon-Charley Rivers National Preserve aufbrechen; wer es bequemer möchte, kann mit der »Yukon Queen« auf dem Fluß von Eagle nach Dawson fahren.

In südlicher Richtung folgt der Taylor Highway dem Fortymile River, einem der Goldflüsse Alaskas. Was noch heute deutlich zu sehen ist, denn der Highway passiert mehrere Camps moderner Goldgräber, die mit Bulldozern und anderem schwerem Gerät die Sandbänke am Ufer durchwühlen. Auch der Fortymile ist ein bei Kanufahrern beliebter Fluß, der sogar von der US-Regierung zum Wild and Scenic River erklärt wurde.

Der einzige Ort entlang der Strecke ist **Chicken,** eine alte Goldgräber- und Trappersiedlung, die durch Ann Purdys Buch »Tisha« bekannt wurde, in dem die Autorin ihr Leben als Lehrerin im damals noch völlig von der Außenwelt abgeschnittenen Wildnisnest Chicken beschreibt. Noch mehr Wälder, noch mehr Hügelketten, dann ist schließlich **Tetlin Junction** erreicht und damit der Alaska Highway. Auch wenn man hier wieder nach Süden weiterfährt, lohnt sich ein kurzer Abstecher – nun auf Teer – bis **Tok** 4 (S. 384), der Schlittenhunde-Hauptstadt Alaskas. Dort herrscht wieder Zivilisation mit Motels, Souvenirläden und Luxuscampingplätzen.

Von Tok nach Whitehorse
(630 km)

Durch das Gebiet der Tetlin Indian Reservation führt der hier gut ausgebaute Alaska Highway im breiten Flußbett des Tanana River nach Süden. Bei **Port Alcan** ist die kanadische Grenze erreicht. Beiderseits der Grenzmarkierung sieht man eine breite, schnurgerade Schneise durch die lichten Nadelwälder laufen: Auf sechs Meter Breite und fast 1000 km Länge schlugen hier Vermessungstrupps zwischen 1904 und 1920 eine Bresche in die Wildnis, um die internationale Grenze zu markieren. Immer entlang des 141. Längengrades vom Polarmeer im Norden bis tief hinein in die Wrangell-St. Elias Mountains.

Hinter der Grenze ist der Alaska Highway wieder schlechter zu befahren. Er ist zwar immer noch geteert, schmiegt sich aber in zahllosen Kurven an die Hügel und bremst jeden forschen Fahrer durch große Schlaglöcher ab. Die mächtigen Gletscherströme des White und Donjek River werden überquert.

Blick über die fast 6000 m hohe
Bergkette der St. Elias Mountains ▷

Ab **Burwash Landing** verläuft die Straße auf gut 60 km Länge entlang des Kluane Lake, des größten Sees im Yukon Territory. Zur Rechten bilden die mächtigen, fast 6000 m aufragenden, **St. Elias Mountains** mit ihren eisbedeckten Gipfeln eine beeindruckende Kulisse. Hier beginnt der **Kluane National Park** 5 (S. 370), ein völlig unerschlossenes, 13 600 qkm großes Wildnisgebiet. In diesem größten Gletscherareal außerhalb der Arktis ist der Mount Logan mit 5959 m der höchste Berg Kanadas. 1980 wurde diese Hochgebirgsregion zusammen mit dem angrenzenden Wrangell-St. Elias National Park (s. S. 309 ff.) in Alaska von der UNESCO zur World Heritage Site erklärt. Der Kluane Lake fungiert als Stützpunkt einiger Wildnis-Outfitter, die hier Angel-, Rafting-, Kanu- und Backpacking Trips arrangieren. Am Südende des Sees zweigt eine Straße zur Geisterstadt Silver City ab.

In **Haines Junction** 6 (S. 363) empfiehlt sich ein Besuch im Visitor Center des Kluane National Park und sich die ausgezeichnete Diashow über die Hochgebirgsregionen des Parks anzusehen. Wer Zeit hat und wunderbare Stille in unberührter Natur genießen möchte, kann noch einen Abstrecher zum Aishihik oder zum Kusawa Lake unternehmen. 90 km vor Whitehorse folgt dann noch ein völkerkundlicher und fotografischer ›Leckerbissen‹: Ein Indianerfriedhof mit farbig bemalten *spirit houses* bei **Champagne.** In den auf den Gräbern errichteten ›Geisterhäuschen‹ sollen die Seelen der Verstorbenen eine Bleibe finden. Die Indianer wollen nicht, daß der Friedhof selbst betreten wird, was auf jeden Fall respektiert werden muß.

Whitehorse – Skagway – Haines
(580 km einschließlich Fährfahrt)

Für diese landschaftlich besonders abwechslungsreiche Rundfahrt durch den Südteil des Yukon-Territoriums und ein kleines Stückchen Alaska braucht man

Der Alaska Highway führt dicht am Kluane National Park vorbei

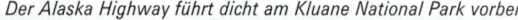

etwa 4–5 Tage. 20 km südlich von Whitehorse biegt der Klondike Highway Nr. 2 vom Alaska Highway ab. Dichte Wälder mit türkis schimmernden Seen wie dem **Emerald Lake** säumen die Strecke.

Parallel zur historischen White Pass & Yukon-Schmalspurbahn fährt man nach **Carcross** am Lake Bennett (s. S. 340). Das historische Städtchen erhielt erst 1978 Straßenanschluß an die Außenwelt, hat aber seinen verschlafenen Charakter bis heute nicht verloren, wie das alte Hotel, der General Store oder der Wildwest-Bahnhof, in dem heute das Tourismusbüro untergebracht ist, beweisen. Sehr zu empfehlen ist von hier ein Abstecher in das 150 km entfernte **Atlin,** das bereits südlich der Grenze in British Columbia liegt. Der alte Goldgräberort steht am Westufer des kristallklaren, von schneebedeckten Gipfeln umrahmten Atlin Lake inmitten unberührter Bergwildnis. Zwar wird in der Umgebung noch immer nach Gold geschürft, aber das 500-Seelen-Nest ist heute vor allem ein Refugium für Zivilisationsmüde und Künstler. Im Sommer treffen sie sich im **Atlin Centre for the Arts.** Hier erhält man detaillierte Informationen über die Region.

Weiter auf dem Klondike Highway, durch alte Bergbaugebiete, erreicht man am 1003 m hohen **White Pass** Alaska und folgt dem Tal des Skagway River in karger Felslandschaft mit gewaltigen Wasserfällen nach **Skagway** **7** (S. 381). Das historische Städtchen war zur Jahrhundertwende der wichtigste Hafen der Goldgräber, die zum Klondike wollten. Der Friedhof am Stadtrand und die restaurierten Häuser am Broadway, wie z. B. das mit 20 000 Aststückchen verzierte Gebäude der ›Arctic Brotherhood‹, erinnern an die Pionierzeit.

Von Skagway muß man dann mit einer Fähre des Alaska Marine Highway nach **Haines** **8** (S. 363) übersetzen (Linienverkehr alle 1–2 Tage, eine Reservierung ist meist nicht nötig). Von beiden Orten aus ist ein Sightseeing-Flug zur nahegelegenen Glacier Bay möglich. Haines und Skagway bieten sich auch als Anlaufpunkte im Rahmen einer Fährfahrt durch die Inside Passage an (Beschreibung s. S. 231 ff.).

Ab Haines folgt man dem Chilkat River, dem berühmten Winterplatz der Weißkopfseeadler (bis zu 3500 wurden hier an einem Tag gesichtet!), in die Küstenberge und gelangt über den **Dezadeash Lake** an der Grenze zum Kluane National Park nach Haines Junction. Bis Whitehorse sind es dann noch 160 km.

Auf den Spuren der Goldgräber: Über den Chilkoot-Paß zum Yukon

von Wolfgang R. Weber

»Der Dampfer Portland, auf dem Weg von St. Michael, Alaska, nach Seattle, lief heute morgen mit einer Tonne Gold an Bord im Hafen ein.« (17. Juli 1897)

Diese Schlagzeile auf der Titelseite des »Seattle Intelligencer« löste den größten Goldrausch in der Geschichte Nordamerikas aus. Tausende hörten und lasen die Berichte vom Gold im Rabbit Creek irgendwo im Norden Kanadas, ließen alles stehen und liegen und machten sich auf den Weg nach Norden. Sie kamen zu Fuß und zu Pferd über Land, drangen mit Dampfschiffen über die Bering-Straße den Yukon hinauf an den Klondike vor, oder reisten gar von Europa aus über den Panamakanal an.

Die kürzeste und populärste Route aber führte von Seattle aus per Schiff durch die heute legendäre Inside Passage nach Skagway und dann über die Berge zum Lake Bennett oder Lake Lindeman. Von dort waren es noch 600 Meilen über die Seen und den Yukon hinunter bis nach Dawson City und den sagenhaften Goldfeldern am Klondike River. Zwei Wege führten über die Berge: von Skagway über den White Paß zum Lake Bennett, genannt »des reichen Mannes Route«, weil der Weg für Packtiere begehbar war, und ein alter Handelspfad der Chilkat-Indianer, von Dyea über den Chilkoot-Paß zum Lake Lindeman. Die große Masse der Goldsucher bevorzugte diesen Weg, weil er kürzer war.

Unter den 25 000 Menschen – ganz überwiegend Männer –, die im Winter 1897/98 über den Chilkoot gingen, war auch ein einundzwanzigjähriger Kalifornier, der später seine Erlebnisse am Chilkoot (»Alaska-Kid«) und im Yukon (»Lockruf des Goldes«) aufschrieb: Jack London. Schon im Sommer '98 verließ er den Yukon wieder. Sein *claim,* Nr. 54 am Henderson Creek, enthielt kein Gold!

Der Trail, über den London und so viele andere Abenteurer zogen und über den Charlie Chaplin seinen Berühmten Film »Gold« drehte, ist heute einer der schönsten und beliebtesten Wanderpfade des Nordens. Zum Glück muß man heute die Tour nicht wie die Goldsucher im Winter unternehmen, um rechtzeitig zum Eisaufbruch im Yukon Territory zu sein. Und als Gepäck reicht ein Rucksack mit Zelt und Verpflegung – und nicht Ausrüstung für ein ganzes Jahr. So reduziert sich der gut dreimonatige Treck der alten Goldgräber auf eine anstrengende, aber großartige Wandertour von vier Tagen. Gutes Informations- und Kartenmaterial über die Route erhält man im Visitor Center des **Klondike Gold Rush National Historic Park** in Skagway. Die Strecke

Dem ›Lockruf des Goldes‹ folgten Tausende durch Eis und Schnee über den Chilkoot-Paß

über den Paß wurde nämlich mittlerweile unter Denkmalschutz gestellt, und die Park Ranger sorgen dafür, daß die Wanderer gut vorbereitet losziehen und der historische Boden unversehrt bleibt.

Startpunkt ist **Dyea**: Pfostenstümpfe, die sich eine halbe Meile schnurgerade vom Schwemmland des Taya River ins Watt des Lynn-Kanals hinausziehen, vereinzelte Andeutungen von Fundamenten und ein Friedhof im Wald: mehr ist nicht geblieben. Dyea, das Tor zum Chilkoot, hatte sich 1897 innerhalb weniger Wochen von einem indianischen Handelsposten zu einer der größten Städte in Alaska gemausert; 1899, nach Eröffnung der White-Paß- Eisenbahn, geriet es schnell in Vergessenheit und seine Holzhäuser dienten nur noch als Brennholzquelle für die Bewohner des benachbarten Skagway.

Der Trail beginnt an der Straßenbrükke über den Taya River und steigt auf den ersten 500 m steil an. Er führt durch üppigen Regenwald, der für diesen Küstenstrich am Westhang der Berge typisch ist. Nach zweieinhalb Kilometern stößt man auf einen alten Holzfällerweg, der zur Old Sawmill Site, den Resten einer Sägemühle aus den vierziger Jahren, führt. Nach weiteren zwei Kilometern endet der Waldweg bei Finnegan's Point und geht in einen Pfad über, der in kräfteraubendem Auf- und Abstieg tiefer in den Wald aus Sitka- und Hemlocktannen hineinführt. Zwischen Granitblöcken hindurch geht es über Wurzeln und Steine hinab zum Ufer des Taya River. Es folgt spärlich bewachsenes Geröll eines alten Bachbettes neben sumpfigen Stellen, Farn und *Devil's Club,* einem äußerst

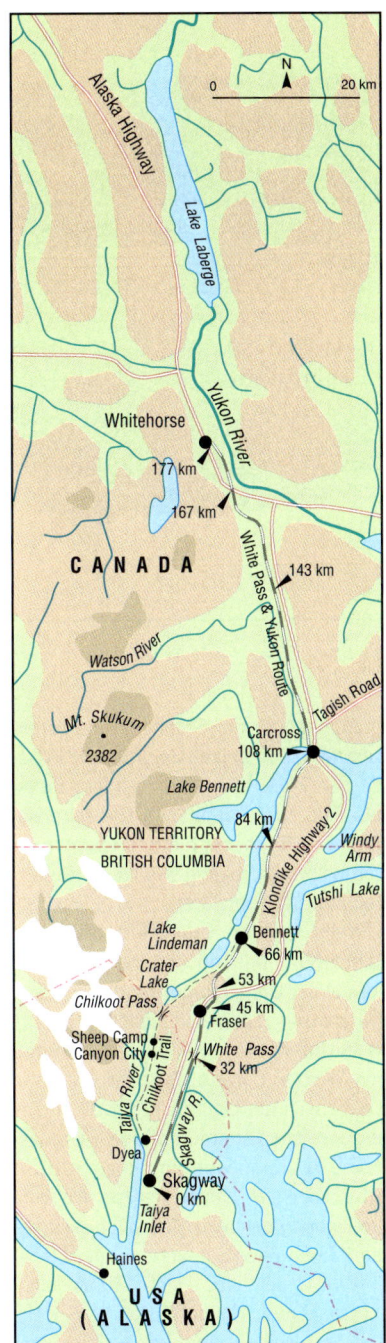

Route der White Pass & Yukon-Eisenbahn mit dem Chilkoot Trail

Die Überquerung des Chilkoot-Passes ist noch immer ein Abenteuer, aber keine Strapaze mehr

unangenehm mit Stacheln übersäten Gestrüpp. Von Zeit zu Zeit gibt die Wildnis den Blick frei auf die andere Seite des Tals, wo weißblaues Gletschereis tief den Berghang hinunterreicht und Schmelzwasserbäche wie weiße Girlanden den Berg verzieren.

Nahe **Canyon City** steht die erste Schutzhütte entlang des Trails, ein willkommener Unterschlupf für durchnäßte Wanderer und zugleich Nachrichtenbörse für Informationen über den Zustand des Weges. Canyon City war vor dem Goldrausch ein Lagerplatz für die Indianer und Prospektoren auf dem Weg ins Innere des Kontinents. Im Sommer 1897 entwickelte sich binnen weniger Wochen am Eingang der zwei Meilen langen und nur 20 m breiten Schlucht des Taya eine große Ansiedlung. Heute führt eine schwankende Hängebrücke aus Holz und Stahlseilen über den Fluß zu den

Resten verfallender Blockhütten. Teile eines Kochherds, rostende Kaminrohre und die Ruinen eines Dampfkessels finden sich zwischen Büschen und spärlichen jungen Bäumen.

Nicht weit hinter der Canyon-City-Brücke beginnt der steile Anstieg zum Canyonrand. Dichter Wald, bemooste Granitfelsen und Reste einer Telegraphenleitung begleiten den Wanderer zum **Pleasant Camp,** dem (feuchten) Lagerplatz am oberen Rand des Canyons. Blauer Himmel und Sonnenschein sind auf der Westseite der Berge im Sommer eine Ausnahme.

Bei **Sheep Camp,** einem weiteren Lagerplatz mit Schutzhütte, beginnt der lange Anstieg. Zwölf bis achtzehn Grad Steigung auf den ersten drei Meilen, dann fünfundzwanzig Grad. Immer wieder muß der mit eiskaltem Schmelzwasser gefüllte Taya durchquert werden. Die

Verschnaufpause folgt in einem kleinen Tal zu Füßen des Passes, das als *The Scales,* die Waage, bekannt wurde. Hier rasteten auch die Goldsucher und ihre indianischen Träger und wogen ihre Lasten, bevor sie die ›Goldene Treppe‹, die letzte zermürbende 45-Grad-Steigung hinauf zur Paßhöhe, in Angriff nahmen.

Knochenreste liegen herum, rostende Wasserkessel, morsche Schuhe und Fetzen von Stoff, Stahlseile und Maschinenteile, Reste von Geschirr, Schaufelblätter und verrottendes Holz. Viele Enttäuschte standen damals hier, blickten hinauf und verkauften voller Verzweiflung ihre Habe, die sie in wochenlanger Schinderei bis hierher geschleppt hatten. Andere ließen einfach alles liegen und gingen, ohne einen Blick zurückzuwerfen, hinunter an die Küste, um in die Zivilisation zurückzukehren.

An den *Scales* beginnt der letzte, der steilste und anstrengendste Anstieg hinauf zur Paßhöhe. Im Winter 1897/98 bedeckten Eis und Schnee die Geröllhalde. Auf über 1200 Eisstufen quälte sich damals eine endlose Kette schwerbepackter Gestalten den Hang hinauf. »Eine Kette von Verdammten«, schrieb Jack London. Für jeden einzelnen zwanzig-, dreißigmal dieselbe Qual, bis er die vorgeschriebene Tonne Ausrüstung und Lebensmittel endlich zur Paßhöhe geschafft hatte. Der Weg ist gesäumt von Requisiten dieses allgemeinen Wahnsinns, der sich Goldrausch nannte: Stahlseile, Schaufelblätter, Lagerblöcke, Blechdosen und oben, auf einer Hangkante, die Reste einer alten Winde. Erst sieht es so aus, als sei hier die Paßhöhe erreicht, aber es ist nur ein Absatz, hinter dem ein letzter geröllübersäter Steilhang hinauf zur Grenzlinie zwischen Himmel und Berg führt. Ein Steinobelisk erinnert an die *stampeders,* die den »Vorraum zur Hölle«, wie ihn Jack London nannte, be-

zwangen. Auf den Felsen darüber liegt eine Anzahl zerlegter Boote aus Holz und Stoff, die Goldrausch-Version unserer heutigen Faltboote. Nach einem letzten Blick zurück nach Alaska, zum Lynn-Kanal und den Küstenbergen mit ihren Gletschern, geht es über ein Schneefeld hinunter zum Crater Lake. Hier, wo die trockene Luft des Yukon die von Westen über den Paß ziehenden Wolken auflöst, scheint sogar häufig die Sonne.

Der Weg vom Crater Lake hinunter zum Canyon vor dem Long Lake verläuft bequem durch Heide, Moos und blühende Wildblumen zum nächsten Camp, das ganz treffend »Happy Camp« genannt wird. Noch drei anstrengende Meilen den Schotter im Canyon bis hinab zum Camp am Deep Lake, dann wird der Pfad bequemer: hinüber zum Canyon, wo der Moose Creek als Wasserfall den See verläßt, von dort zwischen Fichten hinunter zu den Rangerhütten am **Lake Lindeman** und weiter auf den Bergrücken über dem See. Die letzten zehn Kilometer führen gemütlich durch Wald und Blaubeergebüsch, vorbei an kleinen Seen und einer verfallenen Blockhütte zu einer hölzernen Kirche am Ende des **Lake Bennett.**

Von hier fällt dann der Blick auf den ersten Außenposten der Zivilisation: die **Bennett Station** der »White Pass and Yukon Route«-Eisenbahn (s. S. 340). Viele Wanderer nehmen den Zug von hier zurück nach Skagway. Alternativ kann man sich auch in Bennett mit einem Motorboot abholen lassen, oder von Lake Lindeman nach Log Cabin (an der Straße nach Skagway) gehen, um von dort per Bus oder Anhalter weiterzukommen. Vier Tage Wildniswanderung gehen zu Ende – die Goldgräber von einst mußten noch einige Wochen auf dem eisigen Yukon flußabwärts paddeln, um an ihr Traumziel zu gelangen.

Mit dem Auto zum Eismeer:
Auf dem Dempster von Dawson nach Inuvik

(1500 km hin und zurück)

Von Wolfgang R. Weber

Der 1978 fertiggestellte **Dempster Highway** ist die große Wildnisstraße der kanadischen Arktis. Mit Ausnahme des Dalton Highway in Alaska, der 1974 als Servicestraße für den Bau der Alyeska Pipeline gebaut wurde, führt der Dempster als einzige Straße Nordamerikas über den Polarkreis hinaus bis zur Nordküste des Kontinents. Er ist ein Highway in die Einsamkeit: Über die gesamte Länge beginnt die Wildnis direkt am Wegesrand. Auf knapp 750 km Länge liegen nur ein einziges Hotel und zwei winzige Indiansiedlungen entlang der gesamten Strecke. Sonst gibt es nur Wälder mit dünnen, vom eisigen Winter verkrüppelten Bäumen, karge Tundra und grandiose Panoramablicke bis zum fernen Horizont.

Der Dempster Highway folgt im wesentlichen einem jahrhundertealten Handelsweg der Kutchin-Indianer und dem alten Dawson-McPherson Trail. Auf dieser Route zogen von 1904 bis 1921 die Hundeschlittenpatrouillen der Northwest Mounted Police von Dawson City über McPherson bis hinauf zur Walfangstation auf Herschel Island an der Eismeerküste des Yukon Territory, um den Kontakt mit den isolierten Trappern, Indianern und Prospektoren aufrechtzuerhalten und ihnen alle paar Monate einmal Post zu bringen. Die Straße trägt den Namen jenes berühmten Corporal Dempster, der mehr Schlittenreisen auf diesem Trail machte als jeder andere *mountie*.

Als 1954 die Ölexploration begann, folgten die von Raupenschleppern gezogenen Schlittenzüge mit schwerem Bohrgerät dieser Route. 1958 wurden dann die ersten 116 km des Dempster als ›Straße zu den Bodenschätzen‹ über die Ogilvie Mountains gebaut. Dann wurde es wieder ruhig in der Region. Erst in den 70er Jahren, zur Zeit der großen Öl- und Gasfunde in Nordalaska, kam neuer Schwung in das Projekt einer Versorgungsstraße in das Mackenzie-Delta und zu den neuen Explorationsvorhaben in der Beaufort Sea. 1978 wurde der Highway schließlich bis Inuvik fertiggestellt.

Vor dem Bau der Straße war das gesamte nördliche Yukon Territory und das Mackenzie-Delta eine völlig unerschlossene und nahezu unerreichbare Region: Gewaltige Sümpfe, menschenfeindliche, fast vegetationslose Bergzüge und unüberbrückbare Flüsse machten jedes Reisen zur extremen Expedition. Hinzu kamen Tagestemperaturen von +35°C im Sommer, begleitet von Myriaden und Moskitos, und Winternächte, in denen das Thermometer auf −45°C sank. Und daran hat sich bis heute nichts geändert. So ist die Straße auch heute noch ein Wildniserlebnis, eine spektakuläre Nordlandroute für Naturfreunde.

Das breite Schotterband des Dempster nimmt seinen Anfang etwas östlich von Dawson City an der Südflanke der Ogilvie Mountains. Zuerst folgt der Highway dem Tal des North Klondike River durch dichten Fichtenwald, aufgelockert durch einzelne Stände von Espen und Birken, die im Herbst in sattem Gelb

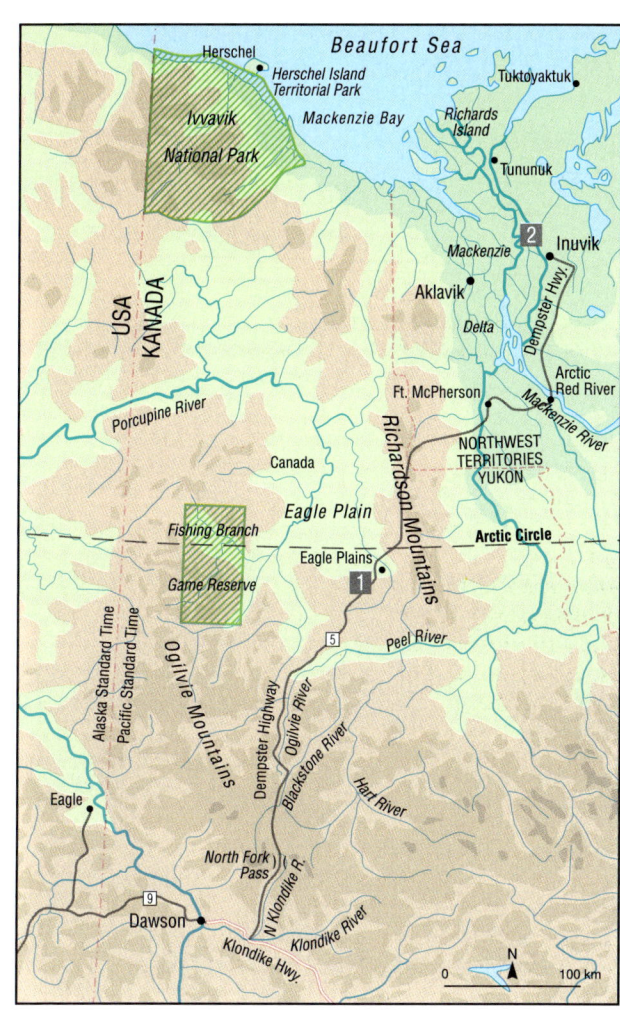

Map labels:

Beaufort Sea

Herschel

Herschel Island
Territorial Park

Tuktoyaktuk

Ivvavik

Mackenzie Bay

Richards Island

National Park

Tununuk

Mackenzie

2 Inuvik

USA
KANADA

Aklavik

Dempster Hwy.

Delta

Porcupine River

Mackenzie River

Ft. McPherson

Arctic Red River

Canada

NORTHWEST TERRITORIES
YUKON

Eagle Plain

Richardson Mountains

Fishing Branch

Arctic Circle

Game Reserve

Eagle Plains

1

Ogilvie Mountains

5

Peel River

Alaska Standard Time
Pacific Standard Time

Dempster Highway

Ogilvie River

Blackstone River

Hart River

Eagle

North Fork Pass

N. Klondike R.

Klondike River

9

Dawson

Klondike Hwy.

N

0   100 km

Auf dem Dempster Highway von Dawson nach Inuvik

leuchten. Schnell läßt man die Schutthalden der Goldgräber von Dawson hinter sich, Einsamkeit umfängt die Straße. Nur am Wolf Creek, bei km 51, steht eine kleine Trapperhütte mit *cache,* einem für den Norden typischen Vorratslager auf hohen Pfählen – off limits (unerreichbar) für Raubwild.

Bei km 72 liegt der kleine **Tombstone Mountain Campground,** einer der wenigen Campingplätze entlang der Strecke. Hier ist schon fast die Waldgrenze erreicht, die Straße steigt nun hinauf zum North Fork-Paß, der Wasserscheide zwischen Pazifik und Eismeer. Vom Paß aus reicht der Blick über das Tal des oberen North Klondike hinauf zum **Tombstone Mountain.** Der keilförmige Grabstein-Berg war früher ein wichtiger Orientierungspunkt für die Prospektoren und

Trapper, die sich in die südlichen Ogilvie Mountains wagten.

Nördlich des Passes verläuft die Straße zwischen kahlen Bergen, deren steile Flanken mit riesigen Geröllhalden überzogen sind. Bei km 87 senkt sie sich schließlich in das von Adlern, Falken und vielen anderen Vogelarten bewohnte Tundragebiet des **Blackstone-Hochlandes.** Am Cache Creek beginnen die nördlichen Ogilvies: abgerundete Berge und Hügel aus stark verwittertem Kalkstein und Schiefer – riesige graue, unbewachsene Schotterhaufen über bewaldeten Tälern. Bei km 170 färben Schwefel- und andere Mineralquellen die Bäche dunkel. Diese Mineralienvorkommen werden von Dallschafen und anderem Wild besucht.

Die Straße folgt jetzt dem Ogilvie River. Die riesigen Geröllkegel am Wegesrand tragen Kronen, Türme und Zinnen aus bizarr erodierten Felsen. Die zwischen km 210 und 240 entlang des Ogilvie River reichlich wachsenden Beeren locken im August Grizzlies an, und oft finden sich ihre Spuren in den Schlamm- und Sandbänken des Flusses. Bei km 240 verläßt die Straße den Fluß, und der Anstieg ins Hochplateau der Eagle Plains beginnt.

Ab km 268 verläuft die Straße auf dem Kamm einer Hügelkette. Nach Süden schweift der Blick über das weite Tal des Ogilvie River zur Kette der nördlichen Ogilvie Mountains. Besonders im Herbst, wenn der erste Schnee die Bergkegel weiß überzieht und das Tal im bunten Herbstlaub von Weide, Birke und *Bearberry* erglüht, bietet sich von hier ein unvergeßliches Panorama.

Bei den Richardson Mountains überquert der Dempster Highway den Polarkreis

Die **Eagle Plains Lodge** ■ (S. 358) (km 365) markiert die Hälfte des Wegs nach Inuvik. Auch wer hier nicht essen oder übernachten möchte, sollte sich die Lodge von innen ansehen. An den Wänden hängen sehenswerte alte Fotos aus der Zeit der *mountie*-Patrouillen und der Schlittenzüge während der frühen Exploration.

Km 403: der **Polarkreis.** Hier beginnt das Reich der Mitternachtssonne und der langen, dunklen Wintertage. Der Dempster folgt über eine weite Strecke den Hügeln am Westrand der Richardson Mountains. Diese Landschaft von schlichter Schönheit besticht durch ihre klare Linien: Weite Tundratäler, umgeben von den Kuppen der Berge und Hügel aus Geröll und Kies, begleiten die einsame Straße. Permafrost und stetiger Wind erzeugen ein arktisches Mikroklima, in dem Bäume nur an den geschützten

Fort McPherson, ein ehemaliger Handelsposten der Hudson's Bay Company

Ufern der tief eingeschnittenen Bäche existieren können.

Zwischen Polarkreis und Rock River (km 433) kreuzt die Wanderroute einer Karibuherde den Dempster. Vom Parkplatz bei km 465 – die Grenze zu den Northwest Territories – fällt der Blick noch einmal zurück auf die vom schwarzen Schotterband durchschnittene Ebene und die südlichen Richardson-Berge, bevor die Straße mit einer jähen Wendung nach Osten in den Tälern verschwindet. Nun beginnt der Abstieg in das Mackenzie-Delta. Gut 160 km breit erstreckt sich das Tiefland an der Mündung des gewaltigen Stromes in das Polarmeer, ein Labyrinth von Seen und Sümpfen, durch das der träge fließende Mackenzie weite Schleifen zieht.

Von der Fähre über den Peel River (km 545), einem der großen Nebenflüsse des Mackenzie, sind es noch 11 km bis **Fort McPherson** – einem alten Handels-

posten der Hudson's Bay Company, aus dem über die Jahre eine kleine Siedlung der Dene-Indianer entstand. Auf den nächsten 70 km windet sich die Straße durch sumpfigen Fichtenwald nach **Arctic Red River** zur Fähre über den Mackenzie River. Die malerisch auf dem Steilufer gelegene Siedlung, deren weißgestrichene Kirche weit über den Fluß leuchtet, ist nur mit der Fähre zugänglich. Die etwa hundert Einwohner, hauptsächlich Indianer, leben überwiegend vom Jagen, Fischen und Fallenstellen.

Nochmals 130 km durch monotones Flachland und sumpfigen Krüppelwald, dessen Bäume selten höher als einige Meter werden, dann ist **Inuvik** 2 (S. 365, s. auch S. 244) erreicht, ›der Platz der Menschen‹ in der Eskimosprache. 1954 wurde die Stadt quasi aus der Retorte an den Rand des Mackenzie-Deltas gestellt, um einen Ersatz für die jedes Jahr von Frühjahrshochwasser überflute-

Das gigantische Flußdelta des Mackenzie River aus der Luft

Die Iglukirche von Inuvik

te Siedlung Aklavik mitten im Delta zu schaffen. Die moderne Stadt dient als Verwaltungs- und Versorgungszentrum für das Mackenzie-Delta und die Öl- bzw. Gasexploration in der Beaufort-See. Der harsche Kontrast zur ursprünglichen Natur wirkt wie ein Symbol: für die Folgen des plötzlichen Ansturms einer erschließungswütigen Industriegesellschaft auf ein Land, das seit Anbeginn der Zeit nur von den Kräften der Natur regiert wurde.

Dennoch, das so pionierhaft roh in die Wildnis gesetzte Inuvik hat auch seine Vorzüge: Die bunt gestrichenen Häuser, die der Stadt den Spitznamen Ostereierstadt eingetragen haben, setzten bunte Farbklekse in die einförmig grüne Land-

schaft. Die tatsächlich wie ein Schneehaus aussehende Igloo Church lohnt einen Besuch wegen ihrer von der Inuit-Künstlerin Mona Thrasher gemalten Kreuzwegbilder. Und von Inuvik aus kann man sehr eindrucksvolle Sightseeing-Flüge über das Mackenzie-Delta unternehmen. Zu buchen sind hier auch Tagesexkursionen nach **Aklavik,** einer traditionellen Indianersiedlung im Delta, oder nach **Tuktoyaktuk,** einem Inuit-Dorf am Eismeer. Besonders zu empfehlen ist die Tour nach **Herschel Island,** wo eine verlassene Walfangstation besichtigt werden kann. Dann geht es die einsamen 750 km wieder zurück durch die arktische Weite.

Malerische Fjordlandschaft an der Küste Südost-Alaskas bei Sitka ▷

Alaska (USA)

Alaska im Überblick

Name: Entdecker und Pelzhändler prägten den Namen des 49. Staates der USA im 18. Jh. Vom russischen Zaren von Sibirien gesandt, trafen sie zuerst auf die Bewohner der Aleuten-Inselkette, die das nordöstlich gelegene gewaltige Festlandsgebiet *alyeska* oder *alakschak* nannten – ›großes, weites Land‹. Auch die modernen amerikanischen Beinamen beziehen sich auf diese Bedeutung: *The Great Land* oder *The Last Frontier,* also die letzte (noch zu erobernde) Wildnis.

Abkürzung: AK

Größe: 1 518 800 qkm, größter Staat der USA (viermal so groß wie die BRD)

Geographie: Das riesige Land mit einer Küstenlinie von 53 000 km Länge wird aufgrund der Unterschiede in Topographie, Klima, Vegetation sowie Wirtschafts- und Bevölkerungsstruktur in fünf Großregionen eingeteilt:

Südost-Alaska: Entlang des 800 km langen Küstenstreifens an der Grenze zu British Columbia erstreckt sich eine dichtbewaldete Fjord- und Insellandschaft, die im Norden stark vergletschert ist. Die Bevölkerung der ca. 20 Siedlungen ernährt sich vorwiegend von Fischfang und der Holzindustrie. Nur Skagway, Haines und Hyder sind an das Straßennetz angeschlossen.

Süd-Alaska: Küstengebirge, Meeresbuchten, Gletscher und Wälder prägen das Bild der Region, die von der Yakutat-Bucht im Osten bis zu den ersten Bergen der Aleutenkette und von der Kenai-Halbinsel im Süden bis zur Alaska Range reicht; zwei Drittel der Bevölkerung Alaskas leben im Großraum Anchorage von Ölindustrie, Tourismus und Landwirtschaft (im Matanuska-Tal).

Aleutenkette: Von der Alaska-Halbinsel aus erstrecken sich die mehr als 200 Aleuten-Inseln in einem 1600 km langen Bogen über den Nordpazifik. Wegen des unfreundlichen, neblig-kalten und oft stürmischen Wetters und der Umsiedlung der Ureinwohner durch die Weißen sind die meisten Inseln heute unbesiedelt und dienen als Stützpunkte für den Fischfang und das Militär.

Zentral-Alaska: Das Tal des Yukon mit seinen Nebenflüssen zwischen der Alaska Range im Süden und der Brooks Range im Norden ist ein wenig erschlossenes Gebiet, in dem Taiga-Vegetation und aufgelockerte Wälder

dominieren; neben einigen Siedlungen in der Wildnis bilden Fairbanks, das
›Hauptquartier des Nordens‹, sowie Delta Junction (Landwirtschaft) die Bevöl-
kerungszentren.

Arktisches- und westliches Alaska: In der Region zwischen Brooks Range,
arktischem Meer und dem hügeligen Küstengebiet entlang der Beringstraße
leben nur wenige tausend Menschen (vorwiegend Eskimos). In diesem nahezu
unerschlossenen weiten Tundragebiet konzentriert sich die Bevölkerung auf
die Städtchen Barrow, Kotzebue und Nome. Arbeitsplätze bei der Regierung
und im Tourismussektor sind neben Fischfang und der Jagd wichtige Erwerbs-
quellen. Die einzige Straße der Region (nur z.T. für die Öffentlichkeit freigegeben) führt von Fairbanks zu den Ölfeldern der Prudhoe Bay.

Insgesamt sind 4,9 % der Landesfläche Alaskas mit Eis bedeckt, wobei der größte
Gletscher, der Malaspina Glacier, bereits 7600 qkm einnimmt. Der Wrangell-
St. Elias National Park ist mit 49 850 qkm der größte der USA.

Höchster Berg: Mount McKinley (6194 m)

Längster Fluß: Yukon River, 3000 km (davon 2250 km in Alaska)

Klima: In Südost- und Süd-Alaska feuchtes, gemäßigtes Meeresklima mit Durchschnittstemperaturen um 18° C im Juli, −4° C im Januar; in Zentral- und Nord-Alaska ausgeprägtes, trockenes Kontinentalklima mit sehr warmen Sommern (durchschnittlich 23° C, Höchstwerte bis 32° C) und extrem kalten Wintern (durchschnittlich −19° C, Höchstwerte bis zu −60° C). Von Zentral- bis Nord-Alaska
macht sich die geographische Lage durch eine Tageslichtdauer von 20 bis
24 Stunden im Hochsommer (Mitternachtssonne) und entsprechend langer Dunkelheit im Winter bemerkbar.

Flora und Fauna: Fast die Hälfte Alaskas ist mit Tundra-Vegetation bedeckt, die
hauptsächlich aus kleinen Pflanzen wie Moosen, Flechten, alpinen Blumen und
Sumpfgräsern sowie einigen Büschen besteht. Tundra erstreckt sich über den
größten Teil West-Alaskas, das gesamte arktische Alaska sowie über die hohen
Berglagen. Fast ein Drittel des Staatsgebietes ist bewaldet. Im Südosten und in
Südzentral-Alaska dehnen sich riesige Wälder mit Hemlocktannen und Sitka-
Fichten aus, im Landesinnern findet man hauptsächlich verschiedene Kiefern, Bir-
ken, Espen und Lärchen.

Alaska beherbergt eine überaus vielfältige Tierwelt. Im Süden gibt es zahlreiche Schwarz- und Braunbären. Große Herden von Elchen, Rentieren und Karibus
sowie Moschusochsen, Bergschafe und -ziegen haben hier ihr Refugium, im arktischen Alaska leben Eisbären und Polarfüchse. Angler schätzen den Fischreichtum
(Forellen, Lachse und Grayling) der unzähligen glasklaren Flüsse; Krustentiere,
Heilbutt, Hering und Kabeljau, werden in den Küstengewässern gefangen, die
auch Lebensraum von Pollack, Seeottern, Seelöwen und Walen sind.

Einwohner: 580 000, davon etwa 120 000 Eskimos, Indianer und Aleuten; Bevölkerungsdichte: 0,4 Einw./qkm (zum Vergleich: BRD 240 Einw./qkm)

Hauptstadt: Juneau, 30 000 Einwohner

Größte Stadt: Anchorage, 250 000 Einwohner

Zeitzonen: geographisch vier Zeitzonen: Bering, Alaska, Yukon und Pazifik; offiziell aber seit 1983 nur noch zwei Zonen: Alaska-Zeit auf vier kleinen Aleuten-inseln und Yukon-Zeit im gesamten übrigen Alaska (MEZ minus 10 Std.)
Industrie und Wirtschaft: Öl- und Erdgasförderung, Tourismus, Forstwirtschaft und Fischerei
Staatsmotto: North to the Future (Nordwärts in die Zukunft)
Staatsblume: Vergißmeinnicht (sehr symbolträchtig, da Alaska nach dem Ankauf 1867 von der US-Regierung jahrzehntelang völlig vernachlässigt wurde und erst 1959 ein eigener Staat werden durfte).
Staatsbaum: *Sitka spruce* (Sitka-Fichte)
Staatsvogel: *Willow ptarmigan* (Schneehuhn)
Staatsflagge: Sternbild des Großen Bären mit Polarstern auf blauem Grund

›North to the Future‹ – Auf Alaskas Highways

von Karl Teuschl

Amerikas größter und zweitjüngster Bundesstaat – nur Hawaii wurde noch später in die Union aufgenommen – ist gut viermal so groß wie Deutschland. Ein gewaltiges Land mit 6000 m hohen Bergketten, breiten Wildnisflüssen und einsamen Küsten am Pazifik, an der Beringsee und am Polarmeer. Nur ein gutes Dutzend Highways erschließen einen Teil dieser immensen Landfläche – ein weit gespanntes, löchriges Netz von Teer- und Schotterstraßen, das vor allem die Städte Anchorage und Fairbanks im Süden Alaskas umspannt. Große Teile des Landes wie etwa die windumtoste Inselkette der Aleuten, die Beringseeküste oder auch das Fjord- und Insellabyrinth des Südostens sind nur per Flugzeug oder Schiff zugänglich.

Wer per Flugzeug ankommt, ist wahrscheinlich zuerst einmal enttäuscht: Was da unter den Triebwerken des Jets auftaucht, sieht aus wie eine ganz normale Großstadt. Nur die steil aufragenden, gletscherbedeckten Berge im Hintergrund lassen erahnen, daß man in Alaska landet. Wer mit dem Wohnmobil oder Mietwagen von Kanada her anreist, hat es da schon besser – 2400 km Alaska Highway stimmen auf das bevorstehende Naturerlebnis des ›Great Land‹ ein. Noch schöner ist die Anreise per Fährschiff durch die grüne Inselwelt der *Inside Passage* im Südosten.

Einmal angekommen, ist die Routenauswahl leicht: Es gibt nur drei große Durchgangsstraßen, die in einem Dreieck Anchorage mit Tok bzw. Delta Junction und Fairbanks verbinden. Ein Rundkurs, in den man sich von Anchorage oder, wenn man zu Lande anreist, auch von Tok aus einklinken kann. Hinzu kommen einige lohnende Stichstraßen in die Wildnis oder an die Küste, zum Beispiel nach Valdez und zum Prince William Sound. Nicht verpassen sollte man einen Ausflug auf die gut erschlossene Kenai-Halbinsel südlich von Anchorage – hier wartet ein Bilderbuch-Alaska mit herrlichen Bergseen, Eisgipfeln und Fjordküsten. Für die Rundfahrt inklusive dem Abstecher auf die Kenai-Halbinsel sollte man sich rund zwei Wochen Zeit lassen, mit einigen Wanderungen oder Bootstouren sind drei Wochen sinnvoll.

Für Alaska gilt übrigens wie im Yukon Territory: Man sieht und erlebt viel von den Highways aus, aber das ursprüngliche, wilde Alaska zeigt sich erst im Hinterland. Von Anchorage und Fairbanks aus werden Exkursionen zu den Eskimo-Orten Nome, Kotzebue und Prudhoe Bay angeboten, zum Tierparadies der Pribiloff-Inseln, zu der für ihre riesigen Braunbären berühmten Insel Kodiak und zum Katmai National Park. Ebenso schön ist ein Aufenthalt in einer Wildnislodge oder ein Flugabstecher in den Busch. Air-Taxis, meist Wasserflugzeuge, gehören in Alaska zum Alltag, und viele der Buschpiloten haben ihre eigenen besonderen Plätzchen – oft ein einsames Camp in der Wildnis, wo einem der See vor der Haustüre ganz alleine gehört.

Anchorage – die Metropole Alaskas

1 (S. 346) *Crossroads of the World* – ›Knotenpunkt der Welt‹: So nennt es sich gerne, das frühere Eisenbahnercamp an der Mündung des Sheep Creek ins Cook Inlet. Der Name stammt noch aus den 70er Jahren, als Anchorage für die internationalen Fluglinien ein wichtiger Tankstopp auf der Polroute nach Fernost war. Modernere Flugzeuge mit größerer Reichweite und neue Flugrouten von Europa über Rußland nach Japan ließen die Bedeutung von Anchorage seither wieder verblassen. Doch der Ölboom Alaskas und die stetig wachsende Rolle der Stadt als touristischer Ausgangspunkt für eine der letzten Wildnisregionen unserer Erde haben Anchorage fest auf der Landkarte verankert. Und seit dem Ende des Kalten Krieges ist die Stadt nun auch Drehscheibe für den neuen Flugverkehr nach Sibirien.

Das Flugzeug ist in Alaska wichtigstes Transportmittel

Manley
Hot Springs

Chena
Hot Spring

Yukon River

Fox

Fairbanks **9**

Chena River

North
Pole

Nenana

Tanana River

USA

ALASKA

Healy

Nenana R.

Delta
Junction

4

Denali National Park
and
Preserve **10**

Denali
National Park

Richardson

Denali Highway **8**

Mt. McKinley
6194m

Denali
State Park

George Parks Highway

Highway

Alaska Range

Glennallen

3 **11**

6

Talkeetna

Susitna River

Glenn Highway

Palmer

Matanuska River

Wasilla

Matanuska
Glacier

Ft. Richardson

12

Eklutna

Chugach State
Park

Columbia
Glacier

Anchorage **1**

Crow
Creek
Mine

Mt. Alyeska

Girdwood

Whittier

7

Valde

Turnagain Arm

Portage

Marine Highway System

Kenai

4

Tern Lake
Junction

9

Prince William
Sound

Soldotna

Sterling

Kenai Lake

Highway

1

Kenai Peninsula

Seward
2

Ninilchik

Cook Inlet

Homer **5**

Harding
Icefield

Kachemak Bay

Kenai Mountains

Kenai Fjords
National Park **3**

Seldovia

Katmai,
Aleuten

Kodiak
Island

Gulf

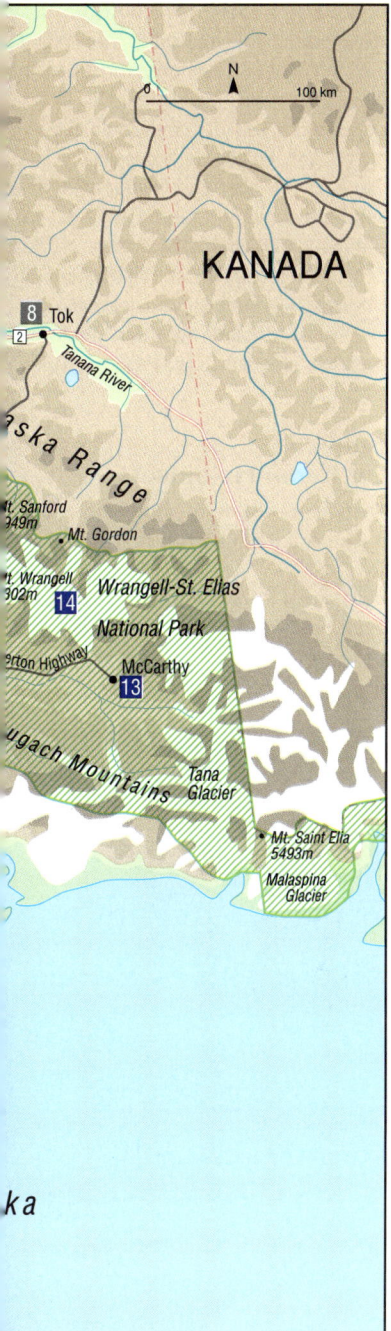

Anchorage ist eine typisch amerikanische Metropole und mit knapp 250 000 Einwohnern die einzige echte Großstadt in Alaska. Ihre Gründung verdankt sie den Goldfunden in Fairbanks kurz nach der Jahrhundertwende, als die US-Regierung den Bau einer Eisenbahnlinie von Seward auf der Kenai-Halbinsel nach Fairbanks beschloß. Am Ufer des Cook Inlet an der Südküste Alaskas wurde damals ein Bahnarbeitercamp errichtet, das sich über die Jahre zur wichtigsten Stadt des Nordens mauserte. Nahezu jeder zweite Einwohner Alaskas lebt heute im Stadtgebiet von Anchorage. Wenn man den Großraum der Stadt hinzurechnet, sind es sogar fast zwei Drittel der Gesamtbevölkerung von 550 000.

Mit seinen ausufernden Vorstädten und der betriebsamen Innenstadt verkörpert Anchorage das Alaska des ›weißen Mannes‹. Es ist ein Tentakel, den die amerikanische Massenkultur nach Norden vorgestreckt hat – mit *fastfood* und *rush hour*. Viele Bewohner der Stadt leben in *mobile homes* oder Wohnwagen. So können sie schneller umziehen, wenn ein Job sie in eine andere Gegend ruft. Immerhin gibt es in Alaska Arbeitsplätze – mehr und besser bezahlte als unten in den *lower 48*. Die brauchen die Alaskaner auch, denn die Lebensunterhaltungskosten sind enorm hoch – Mieten, Lebensmittel, Kleidung, fast alles kostet um ein Drittel mehr als im US-Durchschnitt.

Doch trotz aller amerikanischer Einflüsse ist Anchorage unverkennbar ein Teil Alaskas. Die grandiose Natur beginnt vor der Haustür. Direkt am Stadtrand ragen die wilden, gletscherbedeckten Chugach Mountains auf, mit herrlichen

Rundreise –
Auf Alaskas Highways

Erholungsgebieten. In so manchem Vorgarten knabbert im Winter ein Elch an den Ziersträuchern, und im Sommer kann man nur 500 m vom Rathaus entfernt die Lachse beim Laichen beobachten.

Auch die Attraktionen der Stadt verdienen einen Besuch, ehe man ins Hinterland aufbricht: Das **Alaska Public Lands Informations Center** an der 4th Ave. zeigt Ausstellungen über die Naturparks sowie die Flora und Fauna Alaskas, und das Personal hilft mit nützlichen Tips zu Wanderungen und Exkursionen weiter. Ebenfalls eine gute Einstimmung auf die Tour ist ein Besuch im **Anchorage Museum of History and Art** an der 7th Ave. West, das Sammlungen zur Kultur der Urbevölkerung sowie zu moderner alaskanischer Kunst beherbergt. Und das **Alaska Experience Theatre** an der 6th Ave. zeigt auf einer Riesenleinwand beeindruckende Filme über das Erdbeben von 1964 und über Regionen Alaskas, die man als Besucher sonst kaum zu sehen bekommt.

Ganz im Südwesten der Stadt, nahe beim Internationalen Flughafen, liegt noch eine weitere Attraktion: Lake Hood, der größte **Wasserflughafen** der Welt. Hier und auf dem angrenzenden Lake Spenard starten und landen an Sommerwochenenden täglich mehr als 800 Maschinen. Die Haltung eines eigenen Flugzeugs ist in Alaska kaum teurer als die eines großen Wagens, und so setzen sich viele Städter am Wochenende hinter den Steuerknüppel ihres *floatplane* und fliegen hinaus an einen der unberührten Seen. Das Alaska Aviation Heritage Museum am Ufer des Lake Hood illustriert die Geschichte der Buschpiloten.

Keine Zäune oder Schranken trennen Straße, Rollbahn, Startbahn, See und Parkplätze für Flugzeuge und Autos voneinander. Ab und zu kommt ein Schild: FLUGZEUGE KREUZEN oder VORSICHT!

FLUGZEUGE HABEN VORFAHRT! Das ist Alaska: unkompliziert, zupackend und mit einem gesunden Vertrauen in die Vernunft der Menschen. Die alteingesessenen Alaskaner belächeln die Probleme und Fehler der *cheechakos* aus den *lower 48* oder *Continental USA*, beides Bezeichnungen für die anderen, zusammenhängenden US-Staaten im Süden, in denen das Leben hektischer und eingeengter verläuft. Als *cheechako* gilt ein Neuzugewanderter, der noch so ziemlich alles falsch macht.

Abstecher zur Kenai-Halbinsel

Anchorage – Seward – Homer – Anchorage (hin und zurück 870 km)

Bevor man Anchorage auf großer Entdeckungsfahrt nach Norden verläßt, soll-

Am Portage-Gletscher

te man einen Abstecher auf die abwechslungsreiche Kenai-Halbinsel im Süden der Stadt nicht versäumen. Meer, Wälder, Berge und Gletscher bestimmen das Landschaftsbild. Hier erlebt man Alaska, wie man es aus Filmen und Bildbänden kennt – und das bei angenehmen Sommertemperaturen zwischen 20°C und 25°C.

Von Anchorage aus führt der **Seward Highway** in südöstlicher Richtung gut 70 km an einer flachen Meeresbucht entlang. Den Namen »Turnagain Arm« erhielt dieser Fjord im Jahre 1794 von Captain Cook aufgrund eines Naturphänomens, das mit etwas Geduld auch heute zu beobachten ist. Die Länge und Trichterform des Meeresarms sowie der ungewöhnliche Gezeitenhub, der über 10 m erreichen kann, führen dazu, daß das bei Ebbe abfließende Wasser noch in der Bucht von der Flut überrollt wird und da-

bei eine Flutwelle bis zu zwei Meter Höhe entsteht – das Wasser kehrt sozusagen um.

Dunkles Wasser mit immer wechselnden Schlickbänken und schneebedeckte Bergkuppen, am Fuße von Wäldern umsäumt, bestimmen die Eindrücke entlang der gewundenen Küstenstraße. Gleich zu Anfang passiert man das **Potter Point State Game Refuge,** wo ein Brettersteig den Hobby-Ornithologen das Beobachten der Vogelwelt in diesem Marschgebiet erleichtert.

Dann kurvt der Highway an den steilen Berghängen am Fjord entlang. Im hinteren Teil der Bucht werden in Seitentälern die ersten Gletscher sichtbar. Etwa 60 km von Anchorage entfernt zweigt eine kurze Stichstraße nach **Girdwood** und zum Mount Alyeska ab, einem der wenigen Skigebiete Alaskas. In den letzten Jahren wurden Lifte und Pisten hier

Reisen mit der Alaska-Fähre

Für die Planung von Rundreisen in Süd-Alaska lohnt es sich, das Streckennetz der Alaska-Fähren mit einzubeziehen. Auf preiswerte Weise lassen sich so die Eindrücke von individuell gestalteten Autotouren mit einer Kreuzfahrt durch die Inselwelt des Golfes von Alaska verbinden. Nur sollte man für den Sommer rechtzeitig reservieren (am besten 6–8 Monate im voraus). Dennoch hat man auch vor Ort häufig Erfolg mit kurzfristigen Reservierungen, da immer wieder Buchungen rückgängig gemacht oder nicht wahrgenommen werden.

Wie in Südost-Alaska sind auch in Süd-Zentralalaska und Südwest-Alaska alle wichtigen Orte an der Küste durch Fähren miteinander verbunden (zwischen beiden Systemen gibt es allerdings keine Verbindung). Nahezu tägliche Verbindung besteht zwischen Valdez und Cordova; viermal pro Woche zwischen Cordova/Valdez und Whittier, mit Anschluß an die Alaska Railroad von Whittier nach Portage (Autos werden auf die Eisenbahn verladen). Ein- bis zweimal wöchentlich verkehrt ein Schiff zwischen Seward, Homer, Seldovia, Kodiak und Port Lions, im Sommer zusätzlich einmal pro Monat von Homer über Kodiak nach Chignik, Sandpoint, King Cove, Cold Bay und Dutch Harbor – also den nächstgelegenen Inselorten der Aleuten-Kette. **Reservierungen, Fahrpläne und Preise:** Alaska Ferry System, P.O. Box 166, Homer, AK 99603, ☎ 907/235-8449, 1-800-382-9229, Fax 001-907-235-6907

kräftig ausgebaut; einerseits, weil man versucht, hier einmal eine Winterolympiade auszurichten, und andererseits, weil neuerdings die Japaner entdeckt haben, wie gut man in Alaska Skilaufen kann. Ein Abstecher lohnt sich aber auch im Sommer, denn mit einem Sessellift kann man auf den Berg fahren und von dort den Blick auf die Gletscherwelt um den Turnagain Arm genießen. Wer möchte, kann sogar auf einem Gletscher Skifahren. Unten im Tal lohnt sich ein Besuch der **Crow Creek Mine,** ein restauriertes Goldgräbercamp von 1898.

Am östlichen Ende des Turnagain Arm zweigt im alten Ort Portage, der beim Erdbeben 1964 fast völlig zerstört wurde, eine Stichstraße zur **Portage Glacier Recreation Area** ab, dem ersten und vielleicht schönsten Ziel der Tour auf die Kenai-Halbinsel. Zu Anfang der neun Kilometer langen Seitenstraße bietet sich der Blick auf einen herrlichen, blau-weiß strahlenden Hängegletscher, dann folgen die Einfahrten zu mehreren Busch-Campingplätzen des Forest Service (schön gelegen am Portage River, leider auch mit vielen Moskitos), und am Ende der Straße öffnet sich unvermittelt ein grandioses Panorama auf den von Eisbergen übersäten **Portage Lake.**

Die malerische Komposition von Eisbergen, glitzerndem Seewasser und dem breit aus den Bergen strömenden Gletscher macht den See zu einem der schönsten Alaskas. Das Begich Boggs Visitor Center am Seeufer zeigt einen hervorragenden Film über die Wunderwelt des Gletschereises, die Ranger helfen mit Tips für Wanderwege weiter und bieten mehrmals am Tag geführte Wanderungen an. Wer den in den See kalbenden Gletscher hautnah erleben möchte, kann mit dem Ausflugsschiff »MV Ptarmigan« eine kleine Kreuzfahrt auf dem eisigen See unternehmen. Auch wenn

man nicht länger auf der Halbinsel bleiben möchte, ein Tagesabstecher von Anchorage zum Portage Lake gehört zu jeder Alaska-Tour.

Bei Portage, am Anfang der Seitenstraße zum See, liegt übrigens der Verladebahnhof der Alaska Railroad, die von hier durch einen langen Tunnel unter den Bergen nach Whittier am **Prince William Sound** (s. S. 297 f.) fährt. Bootstouren in der spektakulären Meeresbucht, in die zahlreiche Gletscher münden, kann man auch kurzfristig in Anchorage buchen, eine Fahrt mit der Autofähre des Alaska Marine Highway von Whittier nach Valdez sollten Sie bereits vorab von Europa aus reservieren.

Für die weitere Fahrt nach Süden, nach Seward oder hinaus bis Homer, sollte man drei bis vier Tage einplanen. Ab Portage verläuft die Straße auf der Kenai-Halbinsel im Landesinnern durch dicht bewaldete, tief eingeschnittene Täler nach Süden bis zur **Tern Lake Junction.** Wenn man sich links hält, erreicht man auf der Alaska Route 9 nach 25 km den langgestreckten Kenai Lake, der seine milchig-hellgrüne Färbung durch das zufließende Gletscherwasser erhält. Parallel zur alten Bahnlinie geht es dann entlang dem Seeufer weiter südwärts.

Der kleine Fischerhafen **Seward** ▋2▐ (S. 379) ist der Endpunkt von Straße und Eisenbahnlinie. Alexander Baranof, russischer Pelzhändler und Gouverneur Alaskas, fand hier am Auferstehungssonntag 1791 Schutz vor einem Sturm und benannte die Bucht nach diesem Feiertag Resurrection Bay. Als Verladehafen der Eisenbahnlinie wuchs Seward dann in diesem Jahrhundert zur Stadt heran. Von hier wird Kohle nach Korea verschifft und Lachs nach Japan.

Die Fischerei ist ein wichtiger Wirtschaftszweig der Region. Alljährlich im August sammeln sich Hunderttausende

Wanderer der Meere
Die wunderbare Reise der Pazifik-Lachse

Seit Urzeiten kennt der Mensch die exakt vorhersagbaren und doch so mysteriösen Wanderungen der Lachse. Für die Indianer der Nordwest-Küste bedeuteten sie die wichtigste Nahrungsquelle, die ihnen letztlich auch die notwendige Muße bescherte, eine so reiche Kultur entwickeln zu können.

An der Westküste Nordamerikas kommen fünf Lachsarten vor, die ja nach Region von den Fischern mit unterschiedlichen Namen belegt werden. Berühmteste und größte Art sind die Königslachse, oft auch *Spring Salmon* oder *Chinook Salmon* genannt, die ein Gewicht von über 60 kg erreichen und bis zu sieben Jahre alt werden können. Etwas kleiner und ›nur‹ bis zu 20 kg schwer werden *Sockey*-Lachs und Silberlachs, letzterer wird oft auch als *Coho Salmon* bezeichnet und wegen seines festen roten Fleisches besonders geschätzt. Die kleinsten in der Familie sind der *Pink Salmon* und der *Chum Salmon,* die nur etwa fünf bis zehn Pfund schwer und nur zwei bis drei Jahre alt werden.

Der geheimnisvolle Lebenszyklus der Lachse steht seit Jahrtausenden fest: Im Sommer oder Herbst laichen die Muttertiere, jedes Weibchen legt bis zu 8000 Eier im klaren, schnellfließenden Wasser eines Baches tief im Hinterland Kanadas oder Alaskas. Aus roten, halbzentimeterdicken Eiern entwickeln sich während des folgenden Winters winzige Fischlein, die ihr erstes Lebensjahr noch in ihrem Geburtsbach vebringen, ehe sie im nächsten Frühjahr als ›Fingerlinge‹ mit der Strömung in den Ozean schwimmen. Je nach Art leben sie dann ein bis fünf Jahre im Meer, werden erwachsen, fressen sich dick und rund und ziehen als Wanderer der Meere durch den ganzen Nordpazifik bis hinauf zu den Aleuten. Dann, von einem übermächtigen Instinkt getrieben, kehren sie im Sommer oder Herbst an die Mündung ›ihres‹ Flusses zurück und schwimmen mit unglaublicher Präzision wieder genau an jene Stelle tief im Landesinneren, an der sie geboren wurden. Dort laichen sie und sterben. Der Kreis schließt sich.

Bis heute sind die Wanderungen der Lachse und vor allem ihr phänomenaler Orientierungssinn noch nicht völlig erforscht. Fest steht, daß sie ihr Geburtsgewässer am ›Geschmack‹ des Wassers erkennen. Unter Hunderten von Seitenbächen etwa am Fraser oder am Yukon River erkennen sie exakt, welche Abzweigung sie bei ihrer Rückwanderung nehmen müssen. Je nachdem, in welchem Wasser sie geboren werden und wo sie ihre ersten Lebensmonate verbringen, setzt sich in ihrem Gehirn ein genauer ›Geschmacks-

abdruck‹ dieses Gewässers fest. Eine Erkenntnis, die übrigens heute auch in Lachszuchtanlagen genutzt wird, denn so kann man auch wieder Tiere in Gewässern ansiedeln, aus denen sie durch Überfischung oder Naturkatastrophen verschwunden waren.

Während ihres gesamten Wanderlebens dienen die gewaltigen Lachsschwärme als Nahrung für Mensch und Tier. Wasservögel fressen die Jungfische, Seelöwen und Killerwale die erwachsenen Tiere. Und wenn die Lachse dann in großer Zahl in ihre Laichflüsse zurückkehren, ist der Tisch reich gedeckt für Weißkopfseeadler und Bären. Selbst noch die verwesenden Körper der Fische dienen anderen Wassertieren als Nahrungsquelle.

Auch wenn im Durchschnitt nur ein Pärchen aus 4000 Eiern seinen Geburtsbach erreicht, blieb das Gleichgewicht der Natur dennoch über Jahrtausende erhalten. Auch der Lachsfang der Indianer änderte daran nichts.

Doch grenzenlose Ausbeutung im Verlaufe von nur 150 Jahren weißer Zivilisation dezimierte den Bestand auf ein bedrohliches Maß. Zur zwangsläufigen Überfischung kamen noch weitere menschliche Eingriffe in die Natur hinzu, die sich für die Lachsbestände katastrophal auswirkten. Zum Beispiel dann, wenn bei Straßen- oder Gleisbauarbeiten infolge Sprengungen Schutt in die Flüsse gelangt und die Strömungsgeschwindigkeit erhöht, was den Lachsen das Weiterschwimmen fast unmöglich macht.

Nach jahrelangem Raubbau wird heute der Lachsfang in Kanada und Alaska strikt reguliert. Staatliche Biologen überwachen genau, wann wieviele Lachse in einen Fluß schwimmen. Erst wenn genügend Fische ihren Zug an den Oberlauf angetreten haben, so daß der Bestand gesichert ist, dürfen die Fischer an der Flußmündung ihre Netze auslegen. Zudem verstärken zahlreiche Zuchtanstalten die natürliche Reproduktion, und man versucht, gefährdete Bestände wieder hochzupäppeln. Glücklicherweise ist trotz des Raubbaus die Natur noch nicht zerstört – und bis heute steigen in rund 1300 Flüssen und Bächen in British Columbia die Lachse auf.

Einige der *salmon runs* sind sogar zu Touristenattraktionen geworden. So etwa der berühmte Adams River Run, der etwa alle vier Jahre im Oktober nahe Kamloops in British Columbia stattfindet, nächstes Mal 1999: Mehr als eine Million feurigrote Sockeye-Lachse drängeln sich dann im seichten Wasser des Adams River, so daß man fast trockenen Fußes auf den Leibern der Lachse übers Wasser gehen könnte. Ein spektakuläres Naturschauspiel – wie seit Urzeiten.

(Karl Teuschl)

von Pink- und Silberlachsen in der Bucht, um dann in die angrenzenden Flüsse und Bäche aufzusteigen – zum Laichen und Sterben. Die kommerziellen Fischer holen sich ihren Teil, aber auch die Sportangler kommen nicht zu kurz. Seit nunmehr gut 40 Jahren findet Mitte des Monats im Salzwasser der Bay das Silver Salmon Derby statt, bei dem fast 50 000 US-Dollar Preisgelder zu gewinnen sind. Wer nicht Angeln will, kann am 4. Juli beim Mount Marathon Race mitmachen (oder zusehen), einem wilden Wettlauf auf den 921 m hohen Berg über der Stadt.

Aus touristischer Sicht ist Seward vor allem als Ausgangspunkt für Touren in den **Kenai Fjords National Park** **3** (S. 369) von Bedeutung. Das gut 2600 qkm große Schutzgebiet umfaßt die spektakulären Fjorde, Gletscher und Bergzüge an der Südseite der Kenai-Halbinsel. Das **Harding Icefield** bedeckt auf einer Fläche von 1800 qkm die Bergketten und sendet seine Gletscher hinunter ins Meer, wo Robben, Wale und Seeotter eine geschützte Heimat finden. Von Seward aus werden sehr empfehlenswerte Bootsausflüge und Flightseeing-Exkursionen in den Park angeboten, und das Visitor Center des Parks am Hafen von Seward zeigt eine interessante Diashow über die kaum zugänglichen Gletscherregionen des Schutzgebietes. Der einzige Landzugang in den Park liegt etwas nördlich von Seward am Ende der Exit Glacier Road: Von hier schlängelt sich ein gut 1 km langer Wanderweg zum weißblau strahlenden Exit Glacier, und längere Trails führen tiefer in die Parkwildnis hinein bis zum Harding Icefield.

Auf dem Rückweg von Seward biegt man an der **Tern Lake Junction** auf die Alaska Route 1, den Sterling Highway, nach Westen ab. Der zentrale Teil der Kenai-Halbinsel, den man nun erreicht, gilt

Der Kenai River ist ein Paradies für Lachs-Angler

als hervorragendes Jagd- und Angelrevier. Im für Angler legendären **Kenai River** an der Westseite der Halbinsel kämpfen sich Königslachse, die hier bis zu 40 kg Gewicht haben, stromaufwärts zu ihren Laichgründen. Im Sommer sieht man auf der Fahrt entlang des Ufers allerorten die Petrijünger im seichten Wasser stehen und auf den großen Fang hoffen – den sie sich allerdings manchmal mit den Bären teilen müssen.

Soldotna und Kenai am Cook Inlet sind alte russische Siedlungsräume. Ausgemusterte Soldaten des Zaren erhielten hier Land zu Anfang des letzten Jahrhunderts zugewiesen und versuchten – ohne großen Erfolg –, Hafer und Kartoffeln anzubauen.

Kenai **4** (S. 369) 1791 gegründet, ist die zweitälteste weiße Siedlung Alaskas. Gleich am Ortseingang steht das moderne Kenai Visitors and Cultural Center, dessen Museum auch die russische Geschichte der Region behandelt. Etwas weiter, am Steilufer über dem Kenai River, liegt das rekonstruierte Fort Kenai, das 1869 von den ersten amerikanischen Truppen in Alaska gegründet wurde. Gleich gegenüber grüßt die malerische **russisch-orthodoxe Kirche,** die – lange nach der ersten Missionsgründung 1795 – im Jahre 1896 erbaut wurde. Zur russischen Zeit war Kenai eine der wichtigsten Missionsstationen: Die Missionare hatten außer der Bekehrung der ›Eingeborenen‹ noch andere wichtige Aufgaben. Sie unterhielten Schulen und mußten auf Anordnung des Bischofs hin die Bevölkerung impfen. Um 1850 umfaßte das Gebiet der Pfarrei die gesamte Kenai-Halbinsel und die Westseite des Cook Inlet. Zwei Jahre benötigte damals der Missionar Pater Nikolai, um per Boot alle Schäflein seiner Gemeinde zu besuchen.

Später, als die Amerikaner Alaska übernahmen, wurde es schwieriger für die russische Gemeinde. Andere, amerikanische Missionare kamen ins Land, und für einige Zeit gab es nicht einmal mehr einen Popen. Außerdem war es auf dem Höhepunkt des Kalten Krieges in den 50er und 60er Jahren nicht besonders vorteilhaft, einer russischen Kirche anzugehören. Seit 1969 amtiert wieder ein orthodoxer Priester in Kenai, die Kirche wurde restauriert und die Gemeinde wächst allmählich wieder an. Etwa 130 Pfarreimitglieder, die meisten mit zumindest etwas russischem Blut, zählt die Kirche inzwischen wieder.

Die 6000 Einwohner Kenais leben heute von Fischerei und Tourismus, hauptsächlich aber vom Öl, denn bereits in den 50er Jahren wurde im Cook Inlet das erste Erdöl und später auch Erdgas entdeckt. Nicht soviel wie an der Prudhoe Bay im Norden, aber genug, um einen kleinen Boom auszulösen. Von 15 Ölbohrinseln wird heute das Öl zu den Tankerterminals bei Kenai geleitet.

Hinter **Soldotna** führt die Route 1 fast die ganze 125 km lange Strecke bis Homer am Meer entlang. An den Stränden, z. B. am **Clam Gulch,** findet man außer schmackhaften Muscheln oft auch Kohlestückchen, die von den Wellen aus den offenliegenden Flözen der Steilküste gebrochen werden. Bei **Ninilchick,** ebenfalls eine russische Gründung, steht über dem kleinen Ort wieder eine hübsche weiße Kirche mit Zwiebeltürmchen.

Bei **Homer** **5** (S. 365), in der südwestlichen Ecke der Kenai-Halbinsel, endet schließlich die Straße. Das Fischerstädtchen ist unter den Bewohnern von Anchorage als Wochenendziel beliebt. Während die Väter draußen in der Bucht Heilbutt fischen, der als Winterverpflegung in der Tiefkühltruhe landet, sammeln die Kinder am Strand Muscheln, die an Ort und Stelle in den Kochtopf wandern.

Der Ort des Geschehens ist in Homer der **Homer Spit,** eine langgestreckte Kiesbank, die weit in die Kachemak Bay hinausreicht. Fischrestaurants, Bars und einfache Campingplätze locken die Besucher an, vor den kleinen Piers des Spit drängeln sich die Charterboote der Heilbuttfischer, ringsum ragen die schneebedeckten Gipfel der Kenai Mountains auf.

Ein oder zwei Tage Aufenthalt lohnen sich in der malerischen Szenerie von Homer. Das naturkundliche **Pratt Museum** vermittelt das Rüstzeug für Ausflüge in die Umgebung. Man kann an der East End Road einen Ausflug entlang der Kachemak Bay unternehmen oder mit der Fähre für einen Tag zum historischen Fischerhafen **Seldovia** fahren, der auf der Südseite der Bucht liegt. Von Homer aus werden auch Flugexkursionen zur fast völlig unbesiedelten Westküste des Cook Inlet organisiert, wo an den Lachsflüssen die Braunbären im Sommer zum Fischen kommen.

Von Anchorage nach Valdez

Anchorage – Glennallen – Valdez
(485 km)

Seeotter tummeln sich im Prince William Sound

Zurück von der Kenai-Halbinsel geht es quer durch Anchorage weiter ins Landesinnere. Man verläßt die Stadt auf dem **Glenn Highway,** der Alaska-Route 1, nach Osten in Richtung Palmer. Nach etwa elf Kilometern taucht linker Hand **Fort Richardson** auf, ein Stützpunkt der US-Armee. Am Haupteingang erhält man nach Vorlage eines Ausweispapiers einen Passierschein und kann auf dem Militärgelände im Gebäude 600 eine großartige Kollektion von 250 Tierpräparaten sehen, die alle alaskanischen Tierarten umfaßt. Sie wurden dem Museum von Soldaten geschenkt, die in militärischen Sperrgebieten frei jagen dürfen. Eine gute Gelegenheit, all jene Tiere kennenzulernen, die einem begegnen können, vom Vielfraß bis zum Grizzly.

Nach etwa 30 km erreicht man auf der gut ausgebauten Schnellstraße das Indianerdorf **Eklutna,** das auf eine russische Mission zurückgeht. Neben der alten Missionskirche – komplett mit Ikonostase – steht heute ein modernes Gotteshaus. Dahinter liegt der russisch-orthodoxe Indianerfriedhof mit buntbemalten und mit Schnitzereien verzierten Grabhäuschen, die von den Indianern in den traditionellen Familienfarben und -mustern angefertigt werden.

Etwa 20 km jenseits der Gletscherflüsse Matanuska und Knik liegt das Zentrum der Matanuska-Susitna (Mat-Su)-Landwirtschaftsregion. Das heute 3000 Einwohner zählende **Palmer** wurde 1916 als Bahnstation gegründet und war seinerzeit Ausgangspunkt für die Erschließung des fruchtbaren Tals. Die alten *sourdoughs* – so werden seit den Goldrauschzeiten erfahrene Alaskaner genannt, weil sie auf ihren Streifzügen durch die Wäl-

der immer etwas Sauerteig bei sich trugen, um Teig für ihr Brot ansetzen zu können – erinnern sich noch an die ersten Tage des *farming* im Matanuska-Tal: Während der Wirtschaftskrise der 30er Jahre siedelte die amerikanische Regierung Farmer hier an, die ihre Höfe verloren hatten. Die Bauernkolonie war damals nicht besonders erfolgreich, doch heute hat sich das Matsu-Tal dank neuer Anbaumethoden zur wichtigsten Farmregion Alaskas entwickelt. 80 bis 110 frostfreie Tage können die Bauern pro Jahr erwarten, aber sie haben es in sich, denn die Sonne scheint fast 24 Stunden täglich. So wachsen vor allem Kohlköpfe, Karotten, Salat und anderes Gemüse in kürzester Zeit in riesigen Dimensionen heran. Ein 30 oder 40 Pfund schwerer Kohlkopf ist keine Seltenheit.

Von Palmer aus folgt der Glenn Highway dem Tal des Matanuska River nach Osten. Bald rücken die Küstenberge rechter Hand näher an die Straße heran, und die ersten Gletscher kommen in Sicht. Zum **Matanuska Glacier,** der in einer gut 6 km breiten, leuchtendweißen Front aus den Bergen strömt, kann man sogar auf einer Privatstraße durch das Glacier Park Resort heranfahren.

300 km von Anchorage entfernt, erreicht man den rund 1000 Einwohner

zählenden Ort **Glennallen** 6 (S. 363), der sich über mehrere Kilometer am Highway entlangzieht. Benannt wurde das Straßendorf nach den beiden Entdeckern Captain Edwin Glenn und Lieutenant Henry Allen, die im Auftrag der US-Regierung in den 80er Jahren des letzten Jahrhunderts Expeditionen in diesem Gebiet durchführten. Lt. Allen kletterte übrigens in späteren Jahren die Karriereleiter hoch und wurde nach dem Ersten Weltkrieg Oberbefehlshaber der amerikanischen Besatzungstruppen in Deutschland.

Glennallen ist der Sitz mehrerer *fly-in guides,* die Abenteuerlustige zum Jagen und Fischen in die umliegende Wildnis führen. Zudem ist es der beste Ausgangspunkt für Touren und Expeditionen in den 1981 geschaffenen, größten Nationalpark der USA, den **Wrangell-St. Elias Park** (Beschreibung s. S. 309 ff.). Bereits bei der Anfahrt nach Glennallen sieht man Mount Drum (3661 m), Mount Wrangell (4302 m) und Mount Sanfort (4949 m) östlich des Ortes aufragen. Im Wrangell-St. Elias National Park erhebt sich weiter östlich an der kanadischen Grenze mit 5492 m auch der zweithöchste Berg Alaskas, der Mount Saint Elias.

In Glennallen erreicht man den aus Fairbanks kommenden Richardson Highway (Alaska Route 4), der von hier parallel zur berühmten Alyeska Pipeline nach Süden zum Hafen Valdez führt. Hier und dort sieht man die meist auf Stelzen gebaute silbrigglänzende Pipeline im Wald neben der Straße aufblitzen (s. S. 29). Zumeist aber schweift der Blick über das weite Flußtal des Copper River und die spektakulären Schneegipfel dahinter.

Südlich des Örtchens Copper Center verläßt der Richardson Highway das Flußtal und klettert hinauf in die Chugach Mountains. Ehe man weiter in die Berge fährt, lohnt sich ein Abstecher (nicht für große Wohnmobile zu empfehlen) auf dem 94 km langen **Edgerton Highway,** der entlang des Chitina River tief in die Wrangell Mountains bis zum alten Bergwerksort **McCarthy** führt (Beschreibung s. S. 309). Das letzte Stück des Richardson Highway ist eine der schönsten Bergstrecken entlang der Route: In breiter Front strömt der **Worthington Glacier** direkt neben der Straße herab ins Tal, im engen **Keystone Canyon** schäumen zahllose Wasserfälle die steilen Felswände herab. Dann öffnet sich das breite, von schroffen Gipfeln überragte Tal von Valdez.

Valdez und der Prince William Sound

Das 3800 Einwohner zählende **Valdez** 7 (S. 384) ist seit der Jahrhundertwende einer der wichtigsten Häfen Alaskas. Hunderte von Abenteurern landeten hier 1897 auf dem Weg zu den Goldfeldern des Klondike; viele kamen auf dem Marsch über die Gletscher der Chugach-Berge ums Leben. Die Stadt ist aber nicht wegen ihrer Goldgräbergeschichte bekannt, sondern vor allem als Endpunkt der Alyeska Pipeline, die über 1280 km das Rohöl vom *north slope,* der Nordküste Alaskas, zum riesigen Tankerterminal am Ostufer der Bucht von Valdez bringt.

Hier im Prince William Sound, wenige Kilometer vor Valdez, war es auch, wo im Frühjahr 1989 der Supertanker »Exxon Valdez« auf Grund lief und die bislang größte Ölkatastrophe Amerikas verursachte. Gut 40 Mio. Liter Rohöl strömten in den Sund und verseuchten Meer und Küste mit einer klebrigen, schwarzen Ölschicht. Fast 2000 km Küste im Prince William Sound und auf der Kenai-Halbinsel wurden verschmutzt, Hunderttausende von Wasservögeln, Seeottern, Rob-

Valdez, Stadt am Fuße der Chugach Mountains und Endpunkt der Alaska Pipeline

ben und Weißkopfseeadlern starben. Die Ölgesellschaft Exxon gab sich schuldbewußt, zahlte Milliarden an den Staat Alaska und an die Stadt Valdez, und die – nun arbeitslosen – Lachsfischer der Region wurden als Putzer verpflichtet. Mit Hochdruckstrahlen heißen Wassers reinigte man die Felsen und Strände an der Küste und schamponierte den Seeottern das Öl aus dem Pelz. Der Aufschrei in der Öffentlichkeit war groß – aber mittlerweile ist wieder alles beim alten. Die Bewohner von Valdez haben von den Aufräumarbeiten kräftig profitiert, und heute läuft der Tankerbetrieb wieder, als sei nichts gewesen, obwohl die Angelegenheit für Exxon noch nicht ausgestanden ist. 1994 wurde die Ölgesellschaft zu etlichen Mrd. Dollar Schadenersatz verurteilt, und über weitere Forderungen wird noch verhandelt.

Verblüffenderweise hat sich die Natur viel schneller erholt, als man zunächst befürchtet hatte: Das Wasser ist wieder sauber und die Lachse sind zurückgekehrt. Otter schwimmen in der Bucht und Weißkopfseeadler nisten wieder in den Bäumen am Ufer. Und an den Stränden, die nicht gereinigt wurden, hat sich die Gezeitenflora viel schneller regeneriert als an den gesäuberten. Wellen und Wetter haben das Öl weggewaschen. Die langfristigen Schäden sind allerdings noch nicht absehbar, denn es wird Jahrzehnte dauern, bis sich der auf den Meeresgrund abgesunkene Ölschlick zersetzt hat. Und man weiß auch noch nicht, wie sich die Ölpest auf lange Sicht auf das Reproduktionsvermögen der Tierwelt auswirkt.

Business as usual also in Valdez, und die in grandiose Fjordlandschaft eingebettete, oft als ›Switzerland Alaskas‹ bezeichnete Stadt verdient durchaus den Besuch. Das **Valdez Museum** zeigt die Geschichte der Region von den Tagen der Goldgräber zum großen Erdbeben im Jahr 1964, das den alten Ort völlig zerstörte, bis hin zu den Aufräumarbeiten nach der Ölkatastrophe. Der riesige Tankerterminal der Pipeline ist übrigens auch zu besichtigen.

Die Krönung eines Besuchs in Valdez aber ist ein Ausflug in die Wunderwelt des **Prince William Sound:** dichtbewaldete, tiefeingeschnittene Fjorde mit kleinen malerischen Buchten, in denen Weißkopfseeadler fischen, zahllose kleine Inseln, vor deren Ufer Seeotter zwischen Fischerbooten spielen, und von den steil aufragenden Bergen herabfließende Gletscher, die in die glitzernden Wasser der Seitenfjorde münden. Mehrere Veranstalter bieten Bootstouren in den Sund an.

In der fast 40000 qkm großen Meeresbucht treiben Eisschollen, auf denen sich die Robben sonnen. Manchmal begleiten Tümmler das Boot, und vielleicht taucht sogar ein Buckelwal oder ein Schwertwal zwischen den Eisbergen auf. Hauptattraktion der Sightseeing-Fahrten aber ist der **Columbia-Gletscher:** In fast 10 km breiter Front wälzt sich die gewaltige Eiszunge aus dem Bergmassiv des Mount Einstein und taucht ins Meer. Mit gut 1100 qkm Oberfläche und über 60 km Länge stellt der nach der New Yorker Universität benannte Gletscher eine der größten Eismassen Alaskas dar. Je nach Wasserstand brechen immer wieder riesige Eisberge unter donnerndem Krachen aus der 80 m hohen Stirnseite und bringen das Boot zum Schaukeln. Ein unvergeßliches Erlebnis.

Durch das Landesinnere:
Von Valdez nach Fairbanks

Valdez – (Tok) – Delta Junction – Fairbanks (585 km)

Zurück von Valdez folgt man ab Glennallen dem **Richardson Highway** etwa 250 km nach Norden bis Delta Junction. Der Umweg auf dem Glenn Highway nach **Tok** 🎱 (S. 384), gut 220 km von Glennallen am Ostrande des Bundesstaates gelegen, lohnt sich vor allem für Hundefans: In Tok beschäftigt sich jeder dritte Einwohner mit Hundezucht oder -rennen. Fast jeden Abend werden während des Sommers Vorführungen der Hundeschlittenfahrer gegeben. Das große Alaska Public Lands Information Center und das Tok Visitor Center nebenan helfen mit Landkarten, Broschüren und Tips allen Besuchern, die über den Alaska Highway angereist sind und in Tok erstmals Station machen (s. auch S. 265).

Doch zurück zum Richardson Highway: Er führt das Tal des Gulkana River stromaufwärts, und klettert dann hinauf in die **Alaska Range,** die höchste Bergkette Nordamerikas. In Paxson zweigt der Denali Highway nach Westen ab und folgt der Südseite der Berge. Wer nur begrenzt Zeit zur Verfügung hat, kann auf dieser (ungeteerten) Abkürzung in einem halben Tag den **Denali National Park** (s. S. 303 ff.) erreichen und dabei unberührte Wildnis und Einsamkeit erleben. Elche und Bären halten sich häufig entlang der Straße auf, und wenn man einen Moment unaufmerksam ist, verpaßt man die einzigen vier Häuser auf der 200 km langen Strecke.

Auf der Nordseite des Isabel-Passes in der Alaska Range beginnt Zentral-Alaska, das im wesentlichen das gewaltige Einzugsgebiet des Yukon River umfaßt. Abgeschirmt durch die zwei hohen Bergketten im Süden, herrscht hier extremes, trocken-sonniges Kontinentalklima. Sommertemperaturen von über 30°C sind keine Seltenheit, dafür kann im Winter das Thermometer bis unter −50°C absinken, mehrere Wochen mit Temperaturen von −30°C sind die Regel. Im Tal des Tanana River hat die US-Army

Mit Schwimmern, Skiern und Propellern: Buschpiloten in Alaska

Wasserflugzeuge, Air-Taxis und kleine Frachtflieger gehören in Alaska zum täglichen Leben wie Fahrräder, Autos und Lastwagen ins Straßenbild einer deutschen Stadt. Seit der alaskanische Luftfahrtpionier Ben Eielson 1924 zum ersten Mal mit einem Doppeldecker von Fairbanks zum Goldgräbercamp McGrath flog, sind die Piloten des Nordens untrennbar mit der Erschließungs- und Pioniergeschichte Alaskas – und natürlich auch des kanadischen Nordens – verbunden.

Und es gibt sie heute noch, die Buschpiloten des Nordlandes. Sie bringen Lebensmittel, Ausrüstung, Post und Medikamente in die einsamen Camps und Dörfer ohne Straßenanschluß. Sie fliegen Patienten in die Krankenhäuser, suchen Vermißte und bringen Geologen zu ihren Forschungen in die entlegensten Regionen. Ohne Buschpiloten wäre das Leben in den kleinen Orten des Nordens bei weitem nicht so erträglich und fortschrittlich. Und auch als Besucher kann und

sollte man sich den Buschfliegern Alaskas anvertrauen – mit ihnen lassen sich Wildnisregionen erleben, von denen man entlang der Highways sonst nur träumen kann.

Anchorage und Fairbanks sind die beiden wichtigsten Stützpunkte der Buschflieger. Lake Hood und Lake Spenard in Anchorage bilden zusammen den größten Flughafen für Wasserflugzeuge weltweit. Und das kleine Merrill Field am östlichen Stadtrand von Anchorage zählt nach der Anzahl der Flugbewegungen zu den 100 größten Flughäfen Amerikas. Gut 1300 Starts und Landungen verzeichnet das Flugfeld an einem betriebsamen Tag.

Doch von »tollkühnen Männern in ihren fliegenden Kisten« ist hier nicht die Rede. Die modernen Buschpiloten Alaskas haben zwar immer wieder gefährliche Situationen zu bestehen, die Wildnis und unberechenbares Wetter mit sich bringen, aber tollkühn sind sie nicht. Ihr eigenes Leben ist ihnen lieb und teuer, ihre Maschinen checken sie samt der vorgeschriebenen Notaus-

östlich von Delta Junction ein ›Cold Region Test Center‹ eingerichtet, wo Menschen und Material unter härtesten Winterbedingungen erprobt werden.

Im kleinen Ort **Delta Junction,** dem Zentrum einer wichtigen Landwirt-

schaftsregion, stößt der Richardson auf den Alaska Highway. Von hier begannen die Soldaten 1942 nach Süden zu bauen. In dem Dreieck am Schnittpunkt der beiden Highways steht vor dem Informationszentrum der vielfotografierte letzte

rüstung höchst penibel. Und schon längst fliegen nicht mehr nur Männer. Rose Waldstein zum Beispiel ist Buschpilotin mit Basis in Anchorage. Seit 1974 lebt die ausgewanderte Deutsche aus Hessen bereits in Alaska. Ihre Ehe mit einem Piloten brachte sie zur Fliegerei, und schließlich erwarb sie sogar ihre Lizenz als Fluglehrerin. Heute hat sie ihre eigene Firma und fliegt tagtäglich durch das gewaltige Land. Einmal muß ein eingeschneiter Trapper samt seinen Hunden aus der Wildnis ausgeflogen werden, dann wieder will ein Angler zu einem fischreichen See gebracht werden. Für die Menschen, die im Busch leben, stellt sie den Kontakt zur Außenwelt her. Sie bringt ihnen die Post oder das bestellte Ersatzteil für den Bootsmotor oder das Schneemobil.

Und im Sommer fliegt Rose auch Touristen hinaus in die Einsamkeit der Berge, zeigt ihnen, wo die Bären zum Lachse-Fangen hinkommen oder die Gletscher am schönsten ins Meer kalben. Solche Einsätze bedeuten fast Erholung für sie, denn die normalen Fracht- und Transportflüge sind harte Knochenarbeit.

Ein noch härterer Job, aber ein wichtiges finanzielles Standbein für viele Buschflieger, ist das *fishspotting,* bei dem im Frühjahr aus der Luft die Heringsschwärme vor der Küste geortet und die Kapitäne der Fang-

schiffe zu den Fischen gelotst werden. Da jeder Skipper seinen eigenen Piloten hat, sind manchmal auf engstem Raum bis zu 60 Flugzeuge in der Luft. Ein gut bezahlter, aber höchst gefährlicher Einsatz, bei dem es um Sekunden geht, denn der Kapitän, der als erster sein Netz auswirft, dem gehört der größte Teil des Fangs.

Die langjährige Praxis bringt es mit sich, daß Buschpiloten mit sicherem Auge auch die verstecktesten Landeplätze erkennen. Die Palette reicht vom besseren Acker bis hin zum mit Öl-Kies bedeckten Highway oder Flußufer. Im Winter wird mit Skikufen geflogen und im Sommer häufig auch mit Schwimmern, um überall landen zu können.

Auch wenn die meisten Piloten von Anchorage aus starten, gibt es die kleinen Charterflieger überall. Nahezu jeder noch so kleine Ort im Norden Alaskas und Kanadas hat eine eigene Charter-Airline und einen Flugplatz sowieso. Auf Kodiak und Katmai fliegt der ›Bärenexperte‹ Butch Toysen mit seiner *Uyak Air* Fotografen zu den Riesenbären von Katmai. Und in Talkeetna in der Nähe des Denali National Park gibt es keinen, der sich so gut mit den launischen Wetterverhältnissen am Mount McKinley auskennt wie Jim Okonek von *K2 Aviation.* Von ihm wird behauptet, daß er in dieser extremen Welt aus Fels, Schnee und Eis jede Gletscherspalte kennt (s. Abb. S. 58/59).

Meilenstein des Alaska Highway. Einige Kilometer weiter nördlich blieb noch eines der alten *road-houses* der Pionierzeit Alaskas erhalten, Rika's Roadhouse & Landing. Gleich daneben überspannt die **Transalaska Pipeline** den Tanana River.

Die Straße führt nun über kleinere Hügelketten parallel zum Fluß in Richtung Nordwesten. Immer wieder öffnen sich über das breite Tal herrliche Panoramen auf die schneebedeckten Dreitausender der Alaska Range. 20 km vor Fairbanks

Zuschauerinnen bei den Indian Olympics in Fairbanks

glaubt man plötzlich seinen Augen nicht zu trauen: Eine zehn Meter hohe Nikolausfigur grüßt von der anderen Straßenseite! Der kleine Ort im dahinterliegenden Wald heißt **North Pole.** Hierhin schicken die amerikanischen Kinder ihre Weihnachtswünsche. Denn wo sollte Santa Claus wohl sonst wohnen als in Nordpol, Alaska? Der bekanntheitsträchtige Name wird denn auch weidlich ausgenutzt: Ein riesiger Weihnachtsladen neben dem Nikolaus verkauft Christbaumschmuck und winterlichen Nippes.

Fairbanks und Umgebung

Hinter North Pole nimmt der Verkehr spürbar zu. Rechter Hand liegen noch zwei Militärstützpunkte (wichtige Faktoren für die Wirtschaft der Region), und schließlich erreicht man **Fairbanks** ⑨ (S. 360). Der Ursprung der ›Metropole‹ Zentral-Alaskas – heute leben in dieser Region fast 80 000 Menschen – geht auf einen Goldrausch in den Jahren 1903 und 1904 zurück. Der eigentliche Aufschwung kam jedoch erst während des Zweiten Weltkriegs, als West-Alaska von den Japanern bedroht war, der Alaska Highway erbaut und der Nachschub für die Sowjetunion über Fairbanks nach Nome und von da weiter nach Sibirien geleitet wurde (s. S. 252). Die USA stellten der Sowjetunion Kriegsgüter im Wert von neun Mrd. US-Dollar zur Verfügung. Amerikanische Flieger brachten Tausende von Flugzeugen von Montana nach Alaska, wo russische Piloten sie übernahmen und über Sibirien an die Front in Osteuropa flogen.

Die kriegerische Geschichte der Stadt ist längst passé. Fairbanks ist heute die zweitgrößte Stadt Alaskas und *der* Ausgangspunkt für die Exploration des hohen Nordens. Von hier aus werden all die kleinen Buschsiedlungen an der Beringstraße und am Polarmeer versorgt, von hier aus wird auch die Ölförderung im Norden gesteuert. Die geschäftige Innenstadt liegt am Südufer des Chena River, wo auch das **Visitor Information Center** die Besucher bei ihren Besichtigungsplänen berät.

Sehr zu empfehlen ist ein Besuch der **University of Alaska,** die auf einem Hügel im Nordwesten der Stadt liegt. Das Museum der Universität gibt einen ausgezeichneten Überblick über die Natur- und Kulturregionen des Staates, und an einem klaren Tag kann man von dort oben auch den Mt. McKinley in der Ferne erspähen. Unten in der Stadt bietet sich mit dem Schaufelraddampfer »**Discovery**« eine Tour auf dem Chena River an.

Ein Besuch in **Alaskaland,** einem Stadtpark und Freilichtmuseum, versetzt einen auf seine Art in die Pioniertage zurück. Nach der Besichtigung des Geländes nimmt man im Mining Valley an einem *salmon bake* teil, einem Lachsgrillfest, und geht vielleicht später in den Palace Saloon, bestellt einen *pitcher* Bier, lehnt sich zurück und genießt die Wildwest-Atmosphäre bei Country-Musik und traditionellen Songs. Noch uriger wird es etwas außerhalb von Fairbanks im alten Goldgräberort **Ester,** wo im historischen Malemute Saloon abends der Whisky fließt und der Nordland-Poet Robert Service vor der original erhaltenen Kulisse – einschließlich des mit Sägemehl bestreuten Fußbodens – in Gestalt eines Schauspielers zu Dichterlesungen wieder aufersteht.

Nur 15 km nördlich von Fairbanks blieb bei **Fox** am Old Steese Highway einer der riesigen alten Schaufelradbagger aus den Goldgräbertagen erhalten – ein verblüffender Kontrast zur supermodernen Alyeska Pipeline, die direkt daran vorbeiführt. Von hier aus führt der fast 700 km lange **Dalton Highway** nach Norden bis zum Polarmeer. Die Schotterpiste wurde ursprünglich 1974 als Service Road für den Bau der Pipeline angelegt und in den letzten Jahren immer weiter für die Öffentlichkeit zugelassen. Aber ehe man eine Fahrt über die Brooks Range nach Norden wagt, sollte man sich zuvor in Fairbanks und dann an den Servicestationen entlang des Wegs genau nach dem Straßenzustand erkundigen. Lohnend ist auch ein Ausflug von Fairbanks aus nach Norden – zu den heißen Quellen von Chena Hot Springs oder von Manley Hot Springs.

Zum Mount McKinley und Denali National Park

Fairbanks – Denali National Park – Anchorage (576 km)

Über niedere Hügelketten mit Blick über das Panorama der Alaska Range fährt man auf dem **George Parks Highway** (Alaska Route 3) wieder nach Süden. Zehn Kilometer hinter Fairbanks zweigt zwischen den alten und neuen Schutthalden der Goldgräber eine kurze Seitenstraße nach Ester ab (s. o.).

Der kleine Ort **Nenana** an der Mündung des gleichnamigen Flusses in den breiten Tanana River, ist in ganz Alaska für sein *Ice Classic* bekannt. In diesem seit 1917 alljährlich stattfindenden Wettbewerb geht es um den genauen Zeitpunkt des Eisaufbruchs auf dem Tanana. Gegen eine Gebühr von zwei Dollar können die Bewohner Alaskas, des Yukon-Territoriums und Besucher an über 150 Verkaufsstellen im Staat ein Lotterietikket erwerben und ihre Schätzung für Tag, Stunde und Minute des Aufbruchs abgeben. Am letzten Februarwochenende wird dann im Rahmen eines großen Festes in Nenana der Tripod, eine dreibeinige Holzkonstruktion, auf dem Eis des Tanana aufgestellt und durch ein Seil mit der Stoppuhr am Ufer verbunden.

Ende April oder Anfang Mai ist es dann soweit – die ganze Einwohnerschaft des Ortes sortiert die Lotterietikkets chronologisch, und 24 Stunden am Tag wird Wache gehalten, damit alle den Eisaufbruch miterleben können. Bei den ersten leichten Bewegungen im Eis schlägt der Wächter Alarm, und prompt versammeln sich alle Nenanaer am Ufer. Einige Stunden später beginnt die Eismasse aufzubrechen, um sich dann unter gewaltigem Getöse stromabwärts zu schieben. Das Seil vom Tripod zum Ufer strafft sich, wird durch einen Fallbeilmechanismus gekappt und die Uhr bleibt stehen. Nun kann der glückliche Gewinner von gut 100 000 Dollar benachrichtigt werden.

Im Sommer drehen sich auf dem **Tanana River** die *salmon wheels* der Indianer. Diese baggerartigen Holzgerüste mit zwei Schaufeln schwimmen fest verankert im Fluß, werden durch die Wasserkraft gedreht und schaufeln sehr effektiv alle durchschwimmenden Lachse in das danebenliegende Boot. Ursprünglich haben die Weißen diese Fangmethode eingeführt, doch heute dürfen nur noch die Indianer so fischen – und holen auf diese Weise jedes Jahr Tausende von Chum- und King Salmon-Lachs an Land. Die Fische werden entweder tiefgefroren und an die Restaurants verkauft oder für den Eigenverbrauch im Winter zubereitet. Hinter so mancher Hütte in Nenana sieht man einen Räucherofen dampfen: Der Lachs wird zuerst in Streifen geschnitten, dann luftgetrocknet und danach etwa zwei Wochen über Eschenholz geräuchert. Diese *salmon strips* halten sich Jahre. Noch ein kurzer Besuch im **Alaska Railroad Museum,** das im alten Bahnhof von Nenana untergebracht ist, dann geht es weiter nach Süden.

Vorüber am ältesten Kohlebergwerk Alaskas bei **Healy,** in dem heute jährlich 800 000 t gefördert werden, führt der Highway hinein in die Alaska Range. Noch einige Kilometer im engen Canyon des Nenana River, dann erreicht man den Höhepunkt jeder Alaskafahrt – den 1917 gegründeten Denali National Park mit dem höchsten Berg Nordamerikas, dem 6194 m hohen Mount McKinley.

Denali National Park

10 (S. 356) Gleich am Parkeingang gibt es im **Visitor Center** Landkarten und Tips für den Parkbesuch. Ein Stück weiter stößt man auf das Park Hotel, das in komfortabel möblierten Eisenbahnwaggons der Alaska Railroad untergebracht ist. Wenn Sie allerdings hier, im einzigen Hotel innerhalb des Nationalparks schlafen möchten, sollten sie schon lange vorab reservieren – und auch die Hotels am Parkeingang sind meist ausgebucht. Die sechs Campingplätze des Nationalparks werden im *first come, first serve*-System belegt, also wer zuerst kommt (und das bedeutet ab 6 Uhr morgens am Visitor Center anstehen), der bekommt dann auch einen Platz.

Um die Natur des Parks so wenig wie möglich durch den Menschen zu belasten, sind nur die ersten 18 km der Straße in den 2,4 Mio. ha großen Nationalpark im Sommer für den öffentlichen Verkehr freigegeben. Vom Park Hotel aus kann man sich einer *wildlife tour* anschließen. Für den Individualisten bietet sich eine andere Möglichkeit: Alaskanische Schulbusse mit ihrer typisch gelben Farbe werden von der Parkverwal-

Im Denali National Park erhebt sich Nordamerikas höchster Berg, der Mount McKinley

tung von Juni bis September als kostenlose Shuttle-Busse eingesetzt und bringen die Touristen in die grandiose Bergwelt der Alaska Range. *Tokens,* eine Art Fahrkarte für diese Busse, werden für bis zu zwei Tage im voraus ausgegeben. Man sollte sich also gleich bei der Ankunft am Besucherzentrum die *tokens* holen, wo auch um 6 Uhr morgens der erste Bus abfährt. Bei großem Andrang zur Hochsaison muß man eventuell ein bis zwei Tage warten, während derer man Wanderungen am Parkeingang, einen Flightseeing-Ausflug in die grandiose Bergwelt ringsum oder auch eine

Schlauchboottour auf dem Nenana River unternehmen kann.

Hat man die Marke ergattert und seine Zeit abgewartet, geht es auf rüttelnder Piste los: $7^1/_2$ Stunden Fahrt zum **Eielsen Visitor Center** direkt gegenüber dem Bergmassiv des Mount McKinley oder gar zehn Stunden Fahrt bis zum **Wonder Lake.** Aber keine Angst, der Bus hält oft, denn immer wieder gibt es Tiere am Wegesrand zu beobachten: Elche, Bären oder Karibus zum Beispiel. Unterwegs kann man ohne weiteres aussteigen, einige Stunden wandern und mit einem der nächsten Busse wieder weiter-

Denali National Park

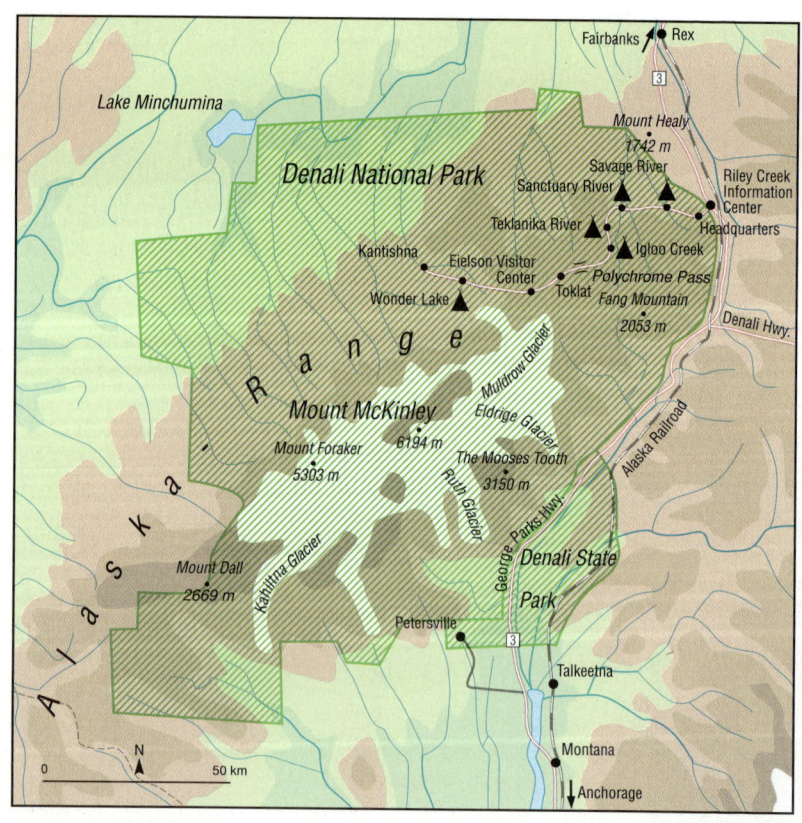

fahren. Noch ein Tip: Bringen Sie ein Lunchpaket mit, denn im Park gibt es keinerlei Möglichkeit, etwas Eßbares zu kaufen.

Die Straße schlängelt sich zunächst durch dichtbewaldetes Elch-Terrain und zieht sich dann über kahle, dabei vielfarbige Berghänge, immer wieder mit großartigem Blick über die breiten Gletschertäler an der Nordflanke der Alaska Range. Der Bereich um den **Sable Pass** ist Grizzlygebiet, hier darf man als Wanderer zwar nicht aussteigen, man kann jedoch die Könige der Tundra in ihrem silbrigbraunen Pelzwams häufig vom Bus aus beobachten.

Dann ist es soweit, das Zittern beginnt: Ist der Berg heute zu sehen, oder dräuen dichte Wolken? Gut 40 km vom Parkeingang entfernt besteht zum erstenmal die Möglichkeit, den zuvor hinter den Vorbergen versteckten Mount McKinley zu sehen. An zwei von drei Tagen hüllen Wolken den Gipfel des Eisberges ein, doch mit Glück erwischt man ja einen der klaren Tage ... (zum Trost: auch die Tierwelt allein ist schon die Fahrt wert). Vom Eielsen Visitor Center aus ist das Bergmassiv dann in seiner vollen, gletscherumgebenen Pracht zu bewundern.

Der **Mount McKinley** ist der einzige Berg dieser Größenordnung so nahe am Polarkreis, so daß im Sommer auf seinem Gipfel die Mitternachtssonne scheint. Vier alaskanische Goldgräber, echte *sourdoughs,* bestiegen 1910, durch eine Wette angestachelt, ohne besondere Ausrüstung und Vorkenntnisse den Berg – verirrten sich aber auf den etwas niedrigeren Nordgipfel. Erst 1913 wurde der Eisberg dann zum erstenmal bestiegen: Walter Harper, ein junger Athabasken-Indianer aus Nenana, war der erste Mensch auf dem 6194 m hohen Gipfel. Heute erklettern viele Expeditionen jähr-

lich den Berg. Klettertechnisch nicht besonders schwierig, drohen aber aufgrund der nördlichen Lage den Bergsteigern in den oberen Regionen der Eiskappe auch im Sommer Temperaturen von –40° C. Der Mount McKinley ist wohl der Berg mit den extremsten Witterungsbedingungen auf unserer Erde – und jedes Jahr sind unter den Bergsteigern mehrere Todesfälle zu beklagen.

Die Strecke zwischen dem **Eielson Visitor Center** und dem **Wonder Lake** bietet immer wieder attraktive Ansichten des Bergmassivs. Spätestens jetzt sollte man sich vom Busfahrer absetzen lassen (man kann jederzeit entlang der Strecke ein- und aussteigen), ein Stück durch die Tundra wandern und mit einem der späteren Busse weiterfahren. Ein Teppich winziger, bunter Tundrablumen und absolute Stille in einer weitausladenden Urlandschaft belohnen diesen Entschluß. Solange man sich merkt, ob man sich nördlich oder südlich der Straße befindet, ist es nicht schwer, sich im Park zurechtzufinden. Man darf nur den letzten Bus nicht verpassen, der gegen 22 Uhr am Parkeingang eintrifft.

Zurück nach Anchorage

Vom Denali-Park aus führt die Route 3 weiter nach Süden über den Broad Pass in das Tal des Susitna River und seiner Nebenflüsse. Das Gebiet ist bis hinunter zum Cook Inlet unter den Sportfischern bekannt für seine zahlreichen großen Lachszüge, die zwischen Juni und September die Bäche in Paradiese für Angler verwandeln.

Zentrum der Region bildet das 25 km vom Highway 3 gelegene **Talkeetna** ⑪ (S. 383) (450 Einwohner), in dem ländliche Atmosphäre und alt-alaskanischer Charme den Besucher erwarten. »Wir

Ganz in Weiß – Alaska im Winter

Knirschender, strahlend weißer Schnee überzieht Straßen und Häuser. Kleine Wölkchen von Atemdampf schweben um die dick in Pelze und Daunenjacken eingemummten Menschen, und der Blick schweift unter stahlblauem Himmel ungehindert über die in Rauhreif gehüllten Bäume bis zur entfernten Alaska Range: So präsentiert sich Anchorage im Winter, wenn Tausende von Alaskanern zum ›Fur Rendezvous‹ zusammenströmen. Seit es 1936 als Pelzauktion für Trapper begann, hat sich das alljährlich Mitte Februar abgehaltene ›Fur Rondy‹ zum größten und buntesten Ereignis der Stadt gemausert. Trauben von Menschen säumen die 4th Avenue, wenn eines der hochdotierten Hundeschlittenrennen ›abgeht‹. An die 4000 Felle wechseln bei der Pelzauktion ihre Besitzer. Die kalten Füße, die man sich leicht holt, wärmen sich beim Softball-Spiel auf Schneeschuhen schnell wieder auf. Sogar ein Heißluftballon-Rennen steht auf dem Programm dieses fünftägigen Winterkarnevals, der abends seine Krönung im ›Miners and Trappers Ball‹ findet.

Alaska im Winter hat durchaus seine Reize: Anchorage und Fairbanks liegen noch weit südlich des Polarkreises, so daß selbst im Januar hier noch keine dunkle Polarnacht herrscht, wie in den Eskimo-Orten hoch im Norden. Eis und Schnee gibt es dafür auch im Süden reichlich, aber die Kälte im Landesinneren ist trocken und gut verträg-

lich. Zudem trifft man im Winter auf eine stabilere Wetterlage als im Sommer, was die Chancen, den Mount McKinley in seiner ganzen Pracht zu sehen, deutlich erhöht.

Winter in Alaska ist vor allem die Zeit der Hundeschlittenrennen. In vielen kleinen Orten werden Wettbewerbe ausgerichtet, deren Höhepunkt das Iditarod-Rennen darstellt. Jedes Jahr im März fällt in Anchorage der Startschuß für das berühmte Hundeschlittenrennen, das über eine 1688 km lange Strecke an die Küste nach Nome führt.

Zahlreiche Veranstalter bieten auch Touren an, bei denen man selbst einen Hundeschlitten durch die weiße Winterwildnis lenken kann. Oder man beobachtet die in bunten Farben über den Himmel tanzenden Nordlichter, geht zum Skifahren ins (natürlich absolut schneesichere) Alyeska Resort etwas außerhalb von Anchorage, bucht eine Fahrt mit der Alaska Railroad durch die winterliche Landschaft, besucht einen Trapper in der Wildnis, oder … oder … oder …

fliegen die Bergsteiger zum Einstieg hinauf zu einem der großen Gletscher auf der Südseite des Mount McKinley«, erzählt Jim Okonek von K2 Aviation, und er als Air Taxi-Pilot muß wissen, wovon er redet, wenn er von den wildreichen Wäldern und wilden Gletscherströmen an der Südflanke der Alaska Range schwärmt.

Eine gute Stunde von Talkeetna erreicht man nach Wasilla wieder den Glenn Highway (Route 1). In **Wasilla** 🗓 (S. 391) lohnt sich noch ein Besuch im Museum of Alaska Transportation & Industry, das alte Flugzeuge und Farmgerät aus den Pioniertagen zeigt, und im Visitor Center des Iditarod Trail Committee wird die Geschichte des berühmtesten Hundeschlittenrennens der Welt dargestellt.

Die restlichen 50 km bis Anchorage hat man auf der Schnellstraße bald geschafft. Und der Kreis der Rundfahrt durch das *great land up north* schließt sich, durch eines der letzten Gebiete unserer Erde, das reich ist an Entwicklungsmöglichkeiten, aber auch reich an Natur und Wildnis für die Zukunft des Menschen – wenn die Ressourcen richtig genutzt und geschützt werden. Das staatliche Motto drückt es treffend aus: ›North to Alaska, North to the Future!‹

Wrangell und St. Elias Nationalpark: Ghost Towns und Gletscher
von Kurt J. Ohlhoff

Im Herzen von Amerikas größtem Nationalpark, einem riesigen Wildnisgebiet mit gewaltigen, gletscherbedeckten Bergketten, steilaufragenden Felswänden, endlosen Wäldern und reißenden Flüssen, liegt der winzige Ort **McCarthy**

🗓 (S. 372) mit der benachbarten Geisterstadt **Kennicott,** eine der schönsten in ganz Alaska. McCarthy/Kennicott sind nicht ganz ohne Mühe zu erreichen, denn die letzten zwei Drittel der 150 km langen Straße haben es in sich. Doch die Eindrücke im **Wrangell-St. Elias National Park** 🗓 (S. 396) lohnen den Aufwand allemal.

Der 1980 gegründete Nationalpark schlägt viele Rekorde. In dem über 53 000 qkm großen Gebiet, in das der Yellowstone-Nationalpark fast sechsmal hineinpassen würde, erheben sich 16 der höchsten Berggipfel der USA. Zusammen mit dem angrenzenden Kluane National Park auf der kanadischen Seite bildet er eines der größten zusammenhängenden Ökosysteme der Welt – Heimat von Grizzly, Elch, Wolf, Vielfraß, Karibu, Dallschafen und Bergziegen. Trotz seines rauhen und wilden Terrains ist der Wrangell-St. Elias Park mit Hilfe der Buschpiloten relativ leicht zugänglich. Anders als in den Nationalparks in den *lower 48* dürfen Piloten im Wrangell-St. Elias überall landen, wo sie ihre Maschine sicher herunterbringen können.

Das Hauptquartier und Informationszentrum des Nationalparks befindet sich 16 km südlich von Glenallen am Richardson Highway. Informationsmaterial und Videofilme vermitteln einen Eindruck über das bevorstehende Abenteuer. Über Copper Center erreicht man nach weiteren 36 km die Abzweigung des **Edgerton Highways,** der – zunächst noch als Teerstraße – mit langen, steilen Steigungen durch einsames, dicht bewaldetes Gebiet führt. Immer wieder bieten sich schöne Fernsichten auf die schneebedeckte Bergkette der Wrangell Mountains. Bei schönem Wetter sind Mount Drum (3661 m), Mount Wrangell (4317 m) und Mount Blackburn (4996 m) klar zu erkennen. Auf der letzten Hälfte folgt die Straße dem breit mäandernden Copper River. Hier bieten sich schöne Ausblicke auf den Fluß mit den Bergen im Hintergrund. Nach 50 km geruhsamer Fahrt ist **Chitina** erreicht. Der kleine Ort wurde 1908 als Versorgungsposten für die Eisenbahn und die Kennicott Bergwerke gegründet. Weniger als 50 Einwohner leben hier. Neben einem Restaurant und einer Bar gibt es eine Tankstelle, einen *general store* und eine Rangerstation des Nationalparks, die in einer historischen Blockhütte untergebracht ist. Hier kann man sich über die bevorstehende Fahrt nach McCarthy informieren.

Hauptanziehungspunkt für Sportfischer und Zuschauer sind die großen Lachsschwärme, die von Juni bis September den Copper River hinaufziehen. Auf der O'Brien Creek Road gelangt man zu den Sandbänken am Fluß, wo die Einheimischen die ›Lachsernte‹ mit Tauchnetzen und *fish wheels* (Fischfallen, die mittels eines Wasserrades die Lachse aus dem Wasser schaufeln) einbringen. Diese Art des Fischens ist jedoch nur Alaskanern erlaubt, die zudem eine besondere Genehmigung haben müssen.

Ein paar Kilometer hinter Chitina endet der geteerte Edgerton Highway, und mit der Fahrt auf der McCarthy Road beginnt das Abenteuer. Auf dem alten Bahndamm der Copper River & Northwestern Railway verläuft die Straße über 95 km durch völlig menschenleere Wildnis. Mit etwa vier Stunden Fahrtzeit sollte man mindestens rechnen. Zwar braucht man nicht unbedingt einen Geländewagen, um die schmale, schlaglochübersäte Straße zu meistern, aber schwierig ist das Fahren allemal. Bei trockenem Wetter wird man in eine Staubwolke gehüllt, regnet es, verwandelt sich die Straße in eine Schlammbahn. Darüber hinaus muß man aufpassen, daß man nicht über einen aus der Fahrbahn ragenden Schwellennagel fährt und sich die Reifen zersticht.

Nach 25 km führt die Straße über die Holzplanken der ehemaligen, 117 km hohen Eisenbahnbrücke über den Kuskulana River. Bevor man hier 1988 ein Geländer anbrachte, war die Überfahrt der absolute Nervenkitzel auf der Strecke. Am Kennicott River endet die Straße und man muß das Auto abstellen – am be-

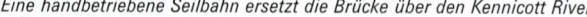

Eine handbetriebene Seilbahn ersetzt die Brücke über den Kennicott River

sten auf einem der oberen Parkplätze, denn die unteren direkt am Fluß werden oft überflutet. Dann gilt es mit einer handbetriebenen Seilbahn das eiskalte und schnellfließende Wasser des Kennicott River zu überqueren, zunächst bis zu einer Insel, dann noch einmal bis zum anderen Ufer. In einem schwankenden Gestell sitzend, zieht man sich Hand-über-Hand an einem Drahtseil über das breite Flußbett – für manchen eine echte Mutprobe. Vom Ufer führt eine 500 m lange Straße nach McCarthy.

Man kann den Ort jedoch auch auf weniger mühsame Weise erreichen. Nach vorheriger Vereinbarung mit Wrangell Mountain Air in McCarthy läßt man sich mit dem Buschflugzeug vom kleinen Flugfeld am Ufer des Copper River, 7 km vor Chitna, abholen. Das Auto kann man für ein paar Tage ruhig am Flugfeld stehenlassen. Der Flug über die schneebedeckten Gipfel der Wrangell Mountains und die in der Sonne gleißenden Eisfelder der Riesengletscher ist ein einmaliges Erlebnis. Aus der Luft hat man einen guten Überblick über die verstreut in einem Pappelhain liegenden Holzhäuser von McCarthy, den breiten, silbrigglänzenden Fluß und die benachbarte Geisterstadt Kennicott. Der Pilot dreht eine weite Runde über den Ort. Deutlich ist die McCarthy Lodge und die hellblau gestrichene Westernfassade des alten Pionierhotels zu erkennen. Zwischen Gletscher und Bergkette, nur ein paar Kilometer entfernt, leuchten die roten Bergwerksgebäude von Kennicott mit den schmucken weißen Fensterrahmen in der Abendsonne. Von der staubigen kleinen Flugpiste etwas außerhalb von McCarthy wird der Besucher dann mit dem *pick up truck* in den Ort gefahren.

In McCarthy leben in Blockhütten und restaurierten historischen Gebäuden etwa zwei Dutzend Zivilisationsmüde, un-ter ihnen ein paar Maler, Fotografen, Geologen, Piloten, Lehrer und Schlittenhunde-Züchter. Im Sommer allerdings beleben mehr und mehr Touristen den Ort. Dann bilden sich manchmal sogar Warteschlangen an der Seilbahn über den Fluß.

Das Leben in McCarthy ist nicht leicht, denn die Abgeschiedenheit bringt spezifische Probleme mit sich. Elektrischer Strom muß durch einen Generator erzeugt werden, und es gibt keinen Telefonanschluß. Will man jemanden in McCarthy erreichen, schickt man die Botschaft am besten an die Radiostation KCAM in Glenallen. Der Radiosprecher bringt die Nachricht dann in seinem Programm »Caribou Clatters«, dem ›Buschtelegrafen‹, das viermal täglich gesendet wird. Einmal pro Woche kommt die Post, und jeglicher Nachschub muß aus dem eine Tagesreise entfernten Anchorage geholt und dann mühsam in den kleinen Gondeln der Seilbahn über den Fluß gezogen werden. Die großen Fässer mit Flugbenzin und Dieselöl für den Generator werden im Winter auf Schlitten über den zugefrorenen Fluß gezogen. Dann ist die McCarthy Road auch nicht mehr befahrbar – man muß also für die Wintermonate vorgesorgt haben.

Der Ausbau der Straße und eine Brücke über den Kennicott River würde vieles erleichtern, doch das lehnen die Bewohner von McCarthy ab – man will sich den besonderen Lebensstil bewahren und die Zahl der Touristen auf ein überschaubares Maß begrenzen. Auf gar keinen Fall möchte man hier den alljährlichen Touristenrummel des Denali-Nationalparks erleben.

Betty und Gary Hickling betreiben die McCarthy Lodge, ein uriges Holzgebäude mit einem mächtigen Elchgeweih über dem Eingang und einem *frontier saloon* aus der Zeit um 1900. Die Lodge

In der McCarthy Lodge treffen sich Einheimische und Besucher

ist der Mittel- und Treffpunkt des Ortes. im Restaurant trifft man sich morgens bei Kaffee und *pancakes, bacon and eggs,* Betty Hicklings Spezialität. Abends herrscht im Saloon Hochbetrieb. Das schräg gegenüberliegende Ma Johnson's Hotel gehört ebenfalls zur Lodge. Die Pionierherberge mit der überdachten Holzveranda aus dem Jahr 1916 könnte auch gut in einem Western als Kulisse dienen. Die fünf kleinen Räume sind stilgetreu eingerichtet, und das Bad liegt am Ende des Flurs – immerhin mit fließend Wasser.

Das kleine, aber sehenswerte Museum im alten Eisenbahndepot zeigt eine faszinierende Sammlung von Gegenständen und Fotos aus der Bergwerksgeschichte der Region. Hier ist auch ein detaillierter Führer erhältlich, in dem die einzelnen Gebäude des verlassenen Bergwerksortes Kennicott beschrieben sind. Die *ghost town* mit über 40 Gebäuden ist heute ein National Historic Site und die Hauptattraktion der Region. Man

versucht, die langsam verfallenden Gebäude so gut es geht zu erhalten, ohne dabei den ursprünglichen Charakter des Ganzen zu verändern.

Eine etwa 8 km lange, unbefestigte Straße führt von McCarthy nach **Kennicott.** Eine schöne Wanderung – man kann sich aber auch mit dem Minivan hinbringen lassen. Von der Kennicott Glacier Lodge folgt man den Eisenbahnschienen bis ins Herz des alten *mining camps.* Die Lodge, ursprünglich eines der historischen Gebäude des Bergwerksortes, das nach einem Feuer wieder aufgebaut wurde, hat ein gutes Restaurant und bietet 25 der komfortabelsten Zimmer in McCarthy/Kennicott.

Das riesige, 14 Stockwerke hohe Hauptgebäude des Bergwerks erstreckt sich über mehrere Ebenen den Berg hinauf. Es ist relativ gut erhalten. Aber manche der rostroten Holzgebäude sind schon arg verwittert und lehnen sich bedenklich zur Seite, bei anderen ist das Dach verschwunden oder eingestürzt

Kennicott –
Die reichste Kupfermine der Welt

Die Geschichte von Kennicott begann kurz vor der Jahrhundertwende, als Prospektoren im Gebiet des Chitina River an mehreren Fundorten Kupfer und andere wertvolle Mineralien entdeckten. Jack Smith und Clarence Warner, auf der Suche nach einem Zugang von Westen, trauten ihren Augen kaum, als sie in der Nähe des Bonanza Creek oberhalb der Baumgrenze auf dem Kamm eines Höhenzuges die grünschimmernden Klippen sahen – sie bestanden aus nahezu reinem Kupfer. Diese Entdeckung führte schließlich zur Gründung der Kennecott Copper Corporation (durch einen Druckfehler bei der Firmengründung wurde damals aus dem »i« in Kennicott ein »e«). Finanziert wurde das Unternehmen von den New Yorker Finanzmagnaten Guggenheim und J. P. Morgan.

Der wagemutige Eisenbahnbauer Michael Heney, der schon die Eisenbahn von Skagway nach Whitehorse gebaut hatte, schlug die Trasse von Cordova am Prince William Sound mitten durch die Wildnis bis zum Fuß des Kennicott-Gletschers. Im Frühjahr 1911 erreichte die erste Ladung Erz Cordova. In diesem Jahr förderte die größte Kupfermine der Welt bereits über 10 000 t hochgradiges Erz. Nur mit großem Aufwand ließ sich die Eisenbahnlinie instand halten. Um die Schienen im Winter schneefrei zu halten, wurden die größten Schneepflüge der Welt eingesetzt.

Die Kennecott-Bergwerksgesellschaft hatte ein eigenes Kraftwerk, ein Krankenhaus, Läden, eine Schule und Wohnhäuser für die bis zu 550 Arbeiter und Ingenieure mit ihren Frauen und Kindern. ›Glacier City‹, wie Kennicott scherzhaft genannt wurde, war eine florierende Stadt, die sich sogar ein Orchester leistete. Bars und ›leichte Mädchen‹ waren jedoch nur im sieben Kilometer entfernten McCarthy zu finden – um die Moral in Kennicott zu wahren, hatte die Bergwerksdirektion die ›sündige Vorstadt‹ gegründet.

Über ein Vierteljahrhundert herrschte am Kennicott-Gletscher geschäftiges Treiben, hallte der dumpfe Klang der Dynamit-Explosionen durch die Wildnis, dann war alles vorbei. Die Entdeckung großer und leicht zugänglicher Kupferlager in Chile und ein weltweiter Preisverfall führten zur Schließung der Bergwerke. Der letzte Zug verließ Kennicott am 11. November 1938. Die Beschäftigten waren überzeugt, die Minen würden bald wieder geöffnet und nahmen deshalb nur das wichtigste mit. Sie irrten sich – zurück blieb eine Geisterstadt. Bis zur Schließung der Minen wurden in Kennicott Kupfer und Silber im Gesamtwert von rund 250 Mio. Dollar produziert – mit einem Nettogewinn von über 100 Mio. Dollar.

und der Fußboden verrottet. Ungehindert beschleunigen Regen, Schnee und Wind den Verfall. Alte Planken, große gußeiserne Schwungräder und andere Maschinenteile sind über das Gelände verstreut. Sie wirken wie stille Mahnmale eines gescheiterten technologischen Versuchs, die Wildnis zu bezwingen.

Zu den Aktivitäten der Region gehören *backpacking* in unberührter Wildnis, Bergsteigen, Gletschertouren, Floßfahrten und Wildbeobachtung (vor allem Bergschafe und -ziegen). Das Piloten-Ehepaar Kelly und Natalie Bay betreibt einen Air Taxi Service und fliegt *hiker* in die Wildnis und Abenteuerlustige zum Goldwaschen. Mit der kleinen und leichten ›Super Cub‹ läßt sich sogar auf Ufer-

streifen, Sandbänken, Bergwiesen oder Gletschern landen. Möchte man die Gegend auf weniger abenteuerliche Weise kennenlernen, wählt man den bequemen, dabei nicht weniger eindrucksvollen Rundflug über den Kennicott-Gletscher. Außerdem werden Trailritte nach Kennicott und in die Berge veranstaltet, und auf dem Root Glacier kann man das Klettern auf einem Gletscher erlernen.

Ohne Wildniserfahrung sollte man alleine keine längeren Exkursionen ins *back country* unternehmen. Die Trails sind nicht markiert und dramatische Wetterwechsel kommen in der Region häufiger vor. Kürzere Trailwanderungen in der näheren Umgebung des Ortes sind jedoch völlig unproblematisch.

Kodiak und Katmai: Land der Bären und Lachse

Ein Besuch der ›grünen Insel‹ Kodiak und der Katmai Peninsula abseits der Touristenrouten in Süd- und Südost-Alaska ist zugleich eine Reise zu den Ursprüngen von Russisch-Amerika. Herzliche Gastfreundschaft, ein Lodge-Aufenthalt inmitten unberührter Natur mit reichen Angelgewässern, eine Kajaktour entlang der wildromantischen Küste oder die Begegnung mit den großen Braunbären sind Grund genug für einen Abstecher oder eine Extrawoche Alaska.

Zwei Fluggesellschaften, MarkAir und Era Aviation, unterhalten mit insgesamt 12 Flügen täglich einen Liniendienst von Anchorage nach Kodiak. Mit der Boeing 737 dauert der Flug eine knappe Stunde, mit den kleineren Maschinen etwa 1 1/2 Stunden. Will man sein Auto auf die Insel mitnehmen, wählt man die Fährverbindung von Homer oder Seward. Die See-

reise von beiden Häfen nach Kodiak dauert etwa 12 Stunden. Auf der Insel bieten verschiedene Veranstalter Sightseeing-Touren an, doch sind auch Mietwagen zu haben. Ein Auto lohnt jedoch nur für ein oder zwei Tage, da es nur ein paar Straßen in der Umgebung von Kodiak gibt und die Sehenswürdigkeiten der Stadt bequem zu Fuß erreichbar sind. Möchte man die Insel genauer kennenlernen, Bären beobachten oder Angel-Camps und Wildnislodges besuchen, fliegt man mit dem Air Taxi. Die Charterpiloten bieten auch Sightseeing-Flüge an.

Von Kodiak aus kann man per Charter nach Katmai fliegen. Will man nur Katmai besuchen, bietet sich ein Flug von Anchorage nach King Salmon am Westrand des Katmai National Parks an. Hier befindet sich die Nationalpark-Verwaltung, von der aus man mit dem Wasserflugzeug zu den Lodges im Park fliegen kann. Die Flüge werden von Juni bis Mitte September angeboten, der besten Reisezeit für Kodiak und Katmai. Dann bewegen sich die Temperaturen zwischen 10° C und 25° C, mitunter auch an einem Tage sehr schnell wechselnd.

Kodiak Island

■ (S. 370) Regenkleidung sollte man nicht vergessen, denn plötzliche Regenstürme sind im Kodiak-Sommer keine Seltenheit. Über 1700 mm Niederschlag im Jahr sorgen für die üppig-grüne Vege-

Kodiak Island

tation, der Kodiak das Prädikat *Emerald Island* verdankt. Der meiste Regen fällt im Winter, der jedoch nicht so kalt ist wie im übrigen Alaska. An klaren Tagen präsentiert sich Kodiak in atemberaubender Schönheit, mit schneebedeckten Bergen, leuchtendgrünen Hängen, Blumenwiesen und blaugrünen Buchten.

Von der 9376 qkm großen Insel wurden bereits 1941 knapp 7700 qkm Naturschutzgebiete zum Schutz der Bären eingerichtet. Die 16 000 Einwohner, darunter 2200 Aleuten, verteilen sich auf sechs Dörfer. Vielfältige Landschaftsformen sorgen für Abwechslung: dichte Wälder im Norden, Wiesen und Feuchtgebiete in den Küstenregionen, im Landesinneren bis zu 1200 m hohe Berge mit tiefen Seen und unzähligen Bächen und Flüssen. Fjordähnliche Meeresarme reichen überall tief ins Land, so daß kein Punkt der Insel mehr als 25 km vom Meer entfernt ist.

Auf Kodiak Island befindet sich die älteste russische Siedlung Amerikas: Old Harbor an der Three Saints Bay, 1784 von Pelzhändlern der Russisch-Amerikanischen Gesellschaft gegründet. 1792 wurde das Hauptquartier der Gesellschaft in das Gebiet der heutigen Stadt Kodiak verlegt. Bereits 1763 hatten die Russen versucht, auf der Insel Fuß zu fassen, wurden aber damals von den Aleuten vertrieben. Russische Kultur und orthodoxer Glaube sind auch heute noch auf Kodiak present. Viele Aleuten tragen russische Namen und fünf russisch-orthodoxe Priester, die dem Bischof in Sitka unterstellt sind, kümmern sich um das Seelenheil der Gläubigen. Besucher sind zum Gottesdienst in der russisch-orthodoxen Kirche herzlich eingeladen. Die Russian Orthodox Church, ein weißes Holzgebäude mit zwei strahlendblauen Zwiebeltürmen und goldenen russischen Kreuzen, weithin sichtbar auf einer Anhöhe über dem Ort, ist das Wahrzeichen von **Kodiak** – man sollte ihr auf jeden Fall einen Besuch abstatten.

Von der Anhöhe blickt man auf den Stadtpark und das Baranof Museum. Hier hat man eine umfangreiche Sammlung von Gegenständen aus Kodiaks langer Geschichte zusammengetragen: Knochen- und Steinwerkzeug aus prähistorischer Zeit, Ikonen, Samoware, Perlen aus der Zeit des russischen Handelsimperiums sowie Möbel und Gebrauchsge-

Die russisch-orthodoxe Kirche in Kodiak

genstände aus der US-amerikanischen Pionierzeit. Das Museum befindet sich im ältesten russischen Gebäude Amerikas, 1808 errichtet. Das zweistöckige Holzhaus wurde damals von Alexander Baranof als Lagerhaus für Seeotterfelle benutzt. Heute ist es ein National Historical Landmark. Im Museum Shop gibt es Bücher über Kodiak und hübsche Andenken. Das **Alutiiq Cultural Center** am Rezanof Drive wurde von der Kodiak Native Association gegründet, um Sprache, Kultur und historisches Erbe der Ureinwohner zu bewahren. Im Center gibt es Ausstellungen historischer Fotos, prähistorische Gebrauchsgegenstände, die Alutiiq Kayak und traditionelles Kunsthandwerk, Körbe und Perlenstickereien zu sehen. Letztere kann man dort auch als originelles Mitbringsel erwerben.

Im **Kodiak National Wildlife Refuge Visitor Center** an der Buskin River Road, 6 km außerhalb in Richtung Flugplatz, kann man sich über Flora und Fauna des Naturschutzgebietes und besonders über die Kodiak-Braunbären informieren.

Naturfreunde dürften auf Kodiak voll auf ihre Kosten kommen. Steller-Seelöwen und Seeotter leben direkt beim gleichnamigen Ort, und die Insel ist ein wahres Paradies für Ornithologen und Hobby-Vogelkundler. Weißkopfseeadler, Falken, Puffins, Kormorane, Eiderenten sind zahlreich vertreten und können entlang der Küstenstraße beobachtet werden.

Die Gewässer von Kodiak sind für ihren Fischreichtum bekannt. Jedes Jahr kommen an die hundert Millionen Lachse, um in den 400 Bächen und Flüssen von Kodiak zu laichen. Dicht gedrängt warten dann die Fischerboote vor der Küste auf das offizielle Signal, das die Fangsaison eröffnet. Sie ist oft nur auf wenige Tage begrenzt, doch ein einziger erfolgreicher Tag kann jedem Besatzungsmitglied mehrere tausend Dollar einbringen. Fischfang und -weiterverarbeitung stellen Kodiaks Hauptwirtschaftszweig dar. Allein der Lachsfang bringt 40 Mio. Dollar pro Jahr, weitere 40 bis 50 Mio. Dollar werden durch Hering, Kabeljau und Heilbutt erzielt. Kodiak ist Heimathafen für die zweitgrößte Fischereiflotte der USA. Der zweite große Arbeitgeber der Insel ist die Küstenwache, die hier ihren alaskanischen Hauptstützpunkt unterhält.

Das regenreiche Klima sorgt für sattgrüne Weiden, und so versuchen ein paar hartnäckige Rancher seit einigen Jahrzehnten, auf Kodiak Vieh zu züchten. Sie haben es nicht leicht: Die Heuernte ist wegen des feuchten Klimas für den Winter nicht ausreichend - und dann sind da noch die Braunbären. Obwohl der Lachsreichtum ihnen bereits ein Leben im Überfluß beschert, sehen sie die Rinder auf den Weiden als willkommene Bereicherung ihrer Speisekarte an. Kein Wunder, daß die Rancher frustiert sind und von einem totalen Jagdschutz für Bären auf der ganzen Insel nicht viel halten. In dem 7689 qkm großen Schutzgebiet leben etwa 3000 Braunbären, und zwar die größten Exemplare in der Welt. Ein ausgewachsener männlicher Bär kann bis zu 700 kg schwer werden und aufgerichtet eine Höhe von über drei Metern erreichen! Obwohl mit einem eigenen Namen versehen, werden die riesigen Kodiakbären von Wissenschaftlern nicht für eine eigene Spezies gehalten. Sie sehen den Grund für deren immense Größe in ihrer besonders proteinhaltigen Nahrung.

Doch es gibt Probleme im Bärenparadies: Über 1300 qkm Land im Schutzgebiet, mit den besten Lachsflüssen der Insel, gehören den Ureinwohnern. Land, das Mitglieder der drei Alaska Native Corporations verständlicherweise auch nut-

zen möchten. Sie sehen dafür zwei Alternativen: Entweder soll die Regierung ihnen das Land abkaufen, oder man will es selbst für den Tourismus entwickeln. Letzteres würde den Lebensraum der Bären erheblich bedrohen. Seit Ende 1993 scheint nun eine Lösung in Sicht: Bundes- und Staatsregierung wollen einen Teil der »Exxon«-Entschädigungssumme (s. S. 297 ff.) dazu benutzen, den Ureinwohnern das Land abzukaufen, um es dann der National Wildlife Refuge hinzuzufügen.

Am **O'Malley River** auf Kodiak Island unterhält das Department of Fish and Wildlife ein Camp, von dem man die großen Braunbären aus der Nähe beobachten kann. Jedes Jahr, wenn von Juni bis Ende Oktober die Lachsschwärme das kleine Flüßchen hinaufziehen, versammeln sich hier die Bären zum ›Festschmaus‹, ganz unbeeindruckt von den Zuschauern. Trotzdem hat die Verwaltung nur ein Kontingent von insgesamt 90 Besuchern pro Jahr zugelassen, um die Bären so wenig wie möglich zu stören. Eine Lotterie entscheidet, wer von

den etwa 300 Bewerbern aus aller Welt für ein paar Tage den Bären zuschauen darf. In kleinen Gruppen werden die glücklichen Gewinner dann von den Rangern zur Beobachtungsstelle am Ufer des O'Malley River geführt. Wenn die Lachse springen, halten sich manchmal bis zu einem Dutzend der großen Raubtiere im kaum metertiefen Gewässer auf. Die stärksten Tiere sichern sich natürlich die besten Plätze. Es ist erstaunlich, mit welcher Geschicklichkeit die Bären die Lachse mit der Tatze aus dem Wasser schlagen, um sie dann mit dem Maul aufzufangen. Mitunter gibt es Streitigkeiten, wenn die Platzordnung neu etabliert werden muß. Dann wird die Lachsjagd für kurze Zeit unterbrochen, um mit Drohlauten den Rivalen zu vertreiben. Eine Bärin mit Jungen hat es dabei doppelt schwer, da sie zusätzlich noch auf die Kleinen aufpassen muß, die sich vor den anderen Bären durchaus nicht sicher fühlen können. Nur ein paar hundert Meter entfernt, beobachtet die kleine Gruppe der Zuschauer hinter ihren Kameras das faszinierende Schauspiel.

Ein nicht alltägliches ›Rendezvous‹

Aber auch ohne das richtige Los gezogen zu haben, lassen sich Bären beobachten. Butch Toysen, ein Charterpilot in Kodiak, hat sich darauf spezialisiert. Er kennt sein Revier und weiß, wo die Bären zu finden sind und wie man sich in ihrer Nähe verhalten muß. Für seinen Geschmack herrscht auf der Beobachtungsplattform am Bärenfluß schon ›zuviel Rummel‹. Am liebsten fliegt er deshalb seine Gäste nach Katmai, um ihnen dort das Erlebnis einer ganz individuellen Begegnung mit *Ursus arctos middendorffi* zu vermitteln.

Unter dem Flugzeug schimmert in einem fast unwirklichen Blau die Shelikof Street, und in der Ferne glänzen blendendweiß die gletscherbedeckten Bergketten der Katmai Range. Dann taucht die Küste von Katmai auf. Hochragende Bergzüge, durchschnitten von tiefen Fjorden und silbrig glänzenden Flüssen, die mit zahlreichen schlängelnden Armen durch weite, sattgrüne Marschen ins Meer fließen. Braunbären lieben diese Ebenen, und das auf-

merksame Auge des Piloten hat auch schon mehrere braune Punkte an einem Flußufer entdeckt. Nach einer weiten Schleife wassert die Maschine in einer geschützten Bucht. Der Pilot klettert aus der Kabine und zieht das leichte Flugzeug die letzten Meter auf den Strand, um es hier mit einem Anker zu befestigen. Ganz ohne nasse Füße gelangen wir nicht ans Ufer. Wir schlagen einen weiten Bogen, um mit dem Wind an den Fluß zu gelangen – die Bären sollen unsere Gegenwart rechtzeitig bemerken und Gelegenheit haben, sich an uns zu gewöhnen. Nach einer halben Stunde Marsch durch knietiefes Gras ist hinter einer Düne das Flußbett erreicht. Vor uns liegt ein Prachtexemplar von einem Katmai-Braunbären und läßt sich die Sonne auf den Pelz scheinen. Zwei weitere Bären suchen in der Nähe nach Wurzeln oder Beeren. Sie haben uns längst bemerkt und zeigen nur mäßiges Interesse durch gelegentliches Wittern in unsere Richtung. Auch das Klicken der Kamera scheint sie nicht zu stören.

Auf der Katmai Peninsula

■ (S. 368) Der Katmai National Park am nördlichen Ende der Alaska Peninsula ist berühmt geworden durch das **Valley of Ten Thousand Smokes,** dem ›Tal der zehntausend Rauchsäulen‹. Eine Vulkan-

eruption im Jahr 1912 bedeckte das Tal mit einer teilweise 200 m hohen Asche-schicht. Der Ausbruch, bei dem die Kuppe des Mount Katmai in die Luft flog und ein neuer Vulkan Novarupta entstand, hüllte die gesamte Region tagelang in völliges Dunkel. Auch auf Kodiak ging ein meterdicker Ascheregen nieder. Mehr als zwölfmal so viel Gestein und Asche wie beim Ausbruch des Mount St. Helens wurden damals freigesetzt.

1916 entdeckte eine National Geographic-Expedition unter Führung von Robert F. Griggs das bizarre Tal mit seinen unzähligen Fumarolen. Beeindruckt von diesem grandiosen Naturschauspiel schrieb er: »So weit wir blicken konnten, war das ganze Tal voll von Hunderten, ja Tausenden – nein, buchstäblich Zehntausenden von Rauchsäulen, die von seinem Spalten durchzogenen Boden aufstiegen. Es war, als seien alle Dampfmaschinen der Welt vereint, als seien plötzlich alle Sicherheitsventile geplatzt und pufften nun den überschüssigen Dampf um die Wette in die Welt hinaus.«

Inzwischen ruht die vulkanische Tätigkeit in der Region und die Fumarolen sind schon seit den 20er Jahren nicht mehr zu sehen. Doch mit seinen seltsamen Formen und Farbenspielen ist das Tal immer noch einen Besuch wert. Den richtigen Einstieg erhält man am **Three Forks Overlook.** Hier bietet sich ein überwältigender Panoramablick über eine mondähnliche Landschaft aus Felsen, Schlacke und Vulkanasche, durch die der Lethe River eine 30 m tiefe Schlucht gegraben hat.

Und natürlich ist Katmai auch durch seine Bären bekannt geworden, die hier nicht weniger imposant sind als ihre Artgenossen auf Kodiak. In der **McNeil River State Game Sanctuary,** die sich im Norden an den Nationalpark an-

Katmai National Park

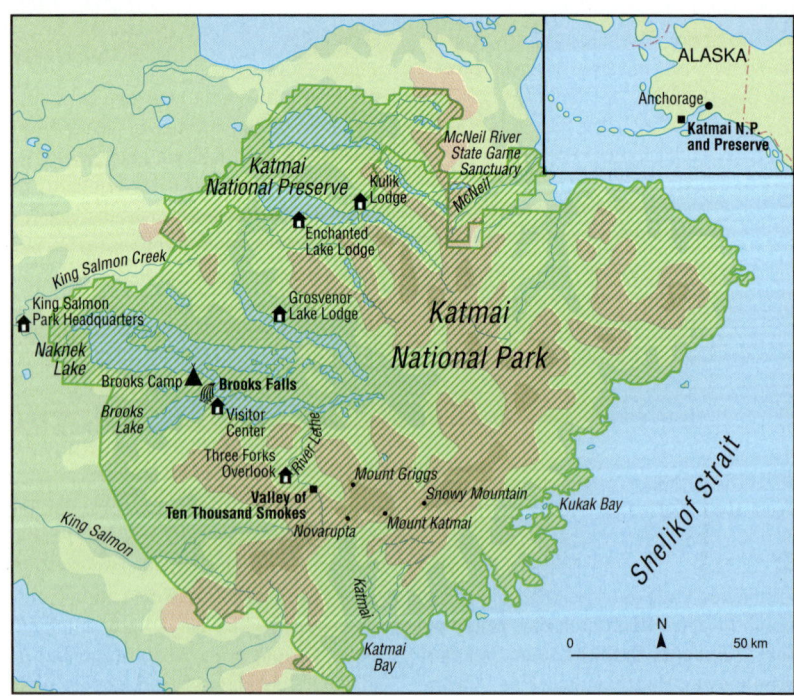

schließt, gibt die Parkverwaltung einer kleinen Zahl von Zuschauern, ebenfalls durch Losentscheid, die Möglichkeit, Bären zu beobachten.

In Katmai ist der Lebensraum der Braunbären jedoch weniger gefährdet als auf Kodiak, denn in das riesige Gebiet des Nationalparks, fast 17 000 qkm groß, führen keine Straßen. Und nur durch ein halbes Dutzend Lodges mit jeweils einigen Blockhütten, über den Nordwesten des Parks verstreut, wird die Präsenz des Menschen sichtbar. Die Lodges sind nur mit dem Wasserflugzeug erreichbar. Vor allem der Brooks River ist ein Paradies für Angler und Wildnisliebhaber. Wenn sich dort jedoch ein Bär dem Fluß nähert, muß der Angelplatz verlassen werden, um eine Konfrontation zu vermeiden – hier haben Bären Vorrang. Flußaufwärts jedoch, an den **Brooks Falls**, hat man neben dem Flußufer eine Plattform geschaffen, von der aus man unter Aufsicht von Parkrangern die Bären beim Lachsfang in den Stromschnellen beobachten kann. Im **Brooks Camp** gibt es außer Übernachtungsmöglichkeiten auch eine Rangerstation und einen kleinen *store*. Man erhält Informationsmaterial und kann an organisierten Aktivitäten teilnehmen. Von hier aus werden geführte Wanderungen oder Bustouren zum Valley of Ten Thousand Smokes veranstaltet. Zum Camp kann man auch für Tagestouren aus Anchorage einfliegen.

Südost-Alaska:
Mit der Fähre durch die ›Inside Passage‹

Kalte, klare Wasserstraßen durch dichtbewaldete Fjord- und Insellandschaften mit hohen vergletscherten Bergketten, zahllosen Buchten und Landzungen bilden die Lebenslinien Südost-Alaskas. Von der Hauptstadt Juneau bis zum kleinsten Nest liegt alles am Wasser – an den Docks, wo die Fischerboote den Lachs entladen, Fracht holen und bringen und wo die Alaska-Fähren und Kreuzschiffe die Passagiere anlanden. Die Bewohner der etwa 20 Orte entlang des 800 km langen Küstenstreifens leben vorwiegend vom Fischfang und von der Holzindustrie.

Nur die Orte Haines, Hyder und Skagway sind durch Straßen mit der Außenwelt verbunden, selbst in größeren Ortschaften führen alle Wege nach einigen Kilometern in die Wildnis. Alle größeren Orte können auch mit dem Flugzeug erreicht werden. Aber Südostalaskas große Verkehrsverbindung ist der ›Marine Highway‹, die Route der Alaska-Fähren, die die Orte der Inside Passage miteinander verbindet. Südost-Alaska ist ein touristisches Wunderland der Superlative: Wasserfälle, vier Millionen Hektar Wald, über 60 größere Gletscher, 25 000 Braunbären, 15 000 Weißkopfseeadler. An der großartigen Landschaft hat sich kaum etwas geändert, seit Tlingit- und Haida-Indianer, Händler und Pelztierjäger vor über 100 Jahren dieses Gebiet durchkreuzten.

Das Klima ist im Winter rauh und regnerisch, wenn auch nicht so kalt wie im übrigen Alaska. Auch im Sommer regnet es häufig und sonnige Hochsommertage sind eher selten. Dennoch, feuchtes Wet-

»Alaska Marine Highway« –
Die Alaska-Fähren

Außer dem Flugzeug stellen Alaska-Fähren das einzige öffentliche Verkehrsmittel in Südost-Alaska dar. Von Prince Rupert oder Seattle aus steuern sie alle wichtigen Häfen des *panhandle* an (Südost-Alaska erhielt aufgrund seiner Form den Beinamen ›Pfannenstiel‹). Nach Prince Rupert gelangt man von Edmonton, Jasper und Prince George mit der kanadischen Eisenbahn »VIA Rail« oder mit dem »B. C. Ferries«, die zwischen Prince Rupert und Port Hardy an der Nordspitze von Vancouver Island verkehren.

Zwischen Prince Rupert, Ketchikan, Wrangell, Petersburg, Juneau, Haines und Skagway besteht tägliche Verbindung, nach Sitka zweimal wöchentlich und nach Seattle einmal pro Woche. Zusätzlich zu den großen Fähren, die die oben genannten Strecken bedienen, gibt es kleinere Fährschiffe, die die abgelegeneren Orte wie Metlakatla, Angoon oder Hoonah von Ketchikan bzw. Juneau aus anlaufen. Auf diese Weise lassen sich bequem Tagestouren zu entlegeneren Orten einbauen, wie

z. B. nach Admiralty Island oder Tenaka Springs und seinen heißen Schwefelquellen.

Die modernen und im allgemeinen recht pünktlichen Schiffe transportieren Passagiere sowie Flugzeuge. Mit ihren komfortablen Kabinen, Aussichtsdecks, Cafeterias, Lounges und Bars stellen die Alaska-Fähren für Touristen ein preiswertes Mittel dar, die Küstenregion zu erkunden. Auf verglasten und beheizten Sonnendecks kann man auch in Schlafsäcken übernachten und *stopovers* sind jederzeit möglich. Während des Sommers sind die Fähren gut belegt – wer also sein Fahrzeug mitnimmt oder eine Kabine möchte, muß einige Monate vorher reservieren.

Der Fahrpreis von Prince Rupert nach Skagway beträgt pro Person etwa 100, für einen Pkw ca. 300 Dollar. Für die Fahrt von Skagway nach Prince Rupert muß man etwa zwei Tage, bis Port Hardy (Vancouver Island) mit der »B.C.-Fähre« einen weiteren Tag einplanen. Von Skagway über Sitka nach Seattle ist man fast vier Tage unterwegs.

ter gehört irgend wie zu dieser Landschaft. Statistisch gesehen sind Mai und Juni am trockensten – mit Durchschnittstemperaturen von 10° bis 12°C – und damit auch die besten Reisemonate. Aller-

dings herrscht dann oft auch ziemlicher Trubel, wenn in den sonst eher verträumten Orten mehrere große Kreuzfahrerschiffe auf einmal ihre Passagiere ausladen. Der erste Hafen, den Kreuzfahrt-

Südost-Alaska

schiffe und Fähren auf ihrer Fahrt von
Seattle oder Prince Rupert anlaufen, ist
Ketchikan auf Revillagigedo Island. Vom
Anleger der Fähre erreicht man mit Bus
oder Taxi die drei Kilometer südlich gele-
gene Downtown.

Ketchikan –
Tor zum Südosten Alaskas

1 (S. 369) Alaskas südlichste und mit
14 000 Einwohnern viertgrößte Stadt
nennt sich stolz »Lachshauptstadt der
Welt«. Da ist schon etwas dran, denn Ketchikan lebt hauptsächlich vom Fischfang. Von hier gehen alljährlich Millionen
Kisten Dosenlachs in alle Welt. Darüber
hinaus spielen Holzwirtschaft und in den
letzten Jahren auch der Tourismus eine
Rolle. Die erste Lachsverarbeitungsfabrik wurde bereits 1886 gegründet, zu
einer Zeit, als es hier nur ein Tlingit-Dorf
an der Mündung der Ketchikan Creek
gab. Als dann 1898 Gold gefunden wurde, entwickelte sich die kleine Siedlung
rasch zur Boomtown. Wenig mehr als ein
Jahrzehnt später saßen die letzten Goldsucher wieder in Seattle – die meisten
genau so arm wie sie losgezogen waren.
Eine Reihe von Holzhäusern an einem
auf Pfählen gebauten Plankenweg über
dem Ufer des Ketchikan Creek war der
turbulente Treffpunkt von Goldgräbern,
Bergleuten, Seeleuten und Holzfällern.
Dorthin hatte man um die Jahrhundertwende die Bars und Freudenhäuser ver-
bannt, um den Rest der Stadt ›ehrbarer‹
zu machen. Noch bis 1954 hielt hier das
sündige Leben an. Heute haben junge
Leute einer bunten Künstlerkolonie Black
Jane, Dolly und ihre Kolleginnen abge-
löst, und die historische **Creek Street**
mit den schön restaurierten Häusern, in
denen jetzt Galerien, Buchläden, Cafés
und Restaurants untergebracht sind, ist

Totempfahlschnitzer in seiner Werkstatt

eine der Hauptattraktionen von Ketchikan. Das Haus der Dolly Arthur ist in ein
Museum verwandelt worden. Im August
kann man im Bach unter der Veranda die
Lachse springen sehen. Aber auch heute
noch ist Boomtown-Atmosphäre zu ver-
spüren. An der geschäftigen Waterfront
liegen dicht an dicht die Fischerboote,
hier legen im Sommer die Kreuzfahrtschiffe an, und in den zahlreichen Bars löschen Fischer, Holzfäller, Touristen und
auch Tsimshian- und Tlingit-Indianer ihren Durst.

Einen guten Einblick in die örtliche Geschichte bietet das **Tongass Historical
Museum.** Schwerpunkte sind Ausstellungen über Holzwirtschaft und Fischerei sowie die Kultur der Indianer vor
Ankuft der Weißen. Neben dem Eingang
steht der *Raven-Stealing-the-Sun*-Totem.

Ketchikan besitzt einige der schönsten Sammlungen von historischen Totempfählen ind Nordamerika. Im **Totem
Heritage Center** hat man aus verlassenen Tlingit- und Haida-Siedlungen an

die 30, zum Teil über hundert Jahre alte Totempfähle und geschnitzte Hauspfosten zusammengetragen. In Workshops werden alte Pfähle restauriert und neue angefertigt. Auf Führungen wird das Programm zur Rettung der alten Totems erklärt. Auf dem Gelände steht eine *Raven-Woman* – Totem des bekannten Schnitzers Nathan Jackson und ein Lehrpfad macht mit der einheimischen Pflanzenwelt vertraut.

Eine ebenso schöne Sammlung von 26 Totempfählen befindet sich im Totem Park des kleinen Indianerdorfes **Saxman,** vier Kilometer südlich von Ketchikan. Auch hier stehen Totempfähle, die man von verlassenen Dörfern und Friedhöfen geholt hat, um sie vor dem Verfall zu retten. Im *carving shed* kann man zusehen, wie indianische Künstler Totems und Masken schnitzen. Während des Sommers führen Mitglieder der Cape Fox Dancers im Beaver Tribal House ihre traditionellen Tänze auf. Zwanzig Kilometer nördlich von Downtown stehen im **Totem Bight State Historical Park** weitere Totempfähle und ein rekonstruiertes Stammeshaus. Vom Park her bietet sich ein schöner Ausblick über die Tongass-Meerenge.

Ketchikan ist auch Ausgangspunkt für Touren mit dem Boot oder per Flugzeug zum 80 km östlich gelegenen **Misty Fjords National Monument,** ein 930 000 ha großes Naturschutzgebiet mit einer wildromantischen Fjordlandschaft, steilen Klippen, ursprünglichen Regenwäldern, Gletschern und über 1000 m hohen Wasserfällen.

In der 20 km südwestlich von Ketchikan gelegenen Indianersiedlung **Metlakatla** (mit der Fähre zu erreichen) beherbergt das Duncan Museum, das ursprüngliche Wohnhaus des Missionars William Duncan, eine Sammlung zur Geschichte des Stammes der Tsimshian-Indianer und zur Missionsarbeit ihres geistigen und politischen Führers.

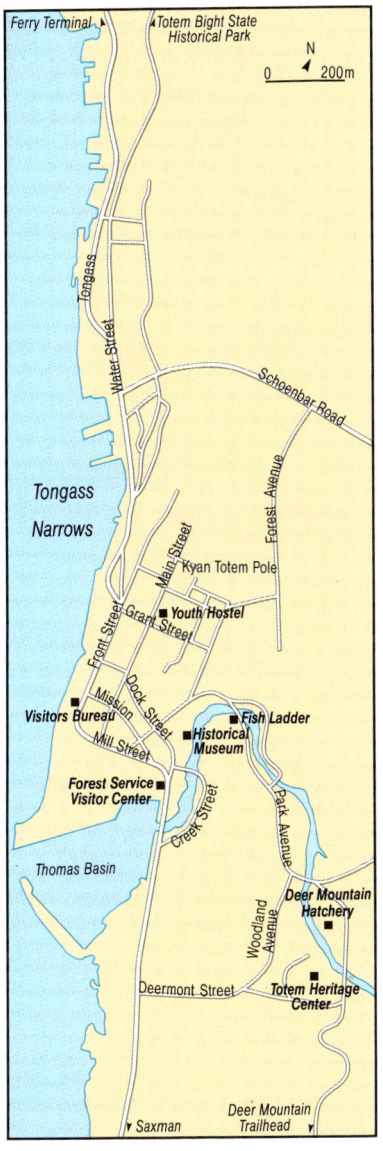

Ketchikan

Wrangell

2 (S. 396) Der nächste Stopp der Fähre ist in Wrangell, Alaskas zweitältester Siedlung und die einzige, über der drei verschiedene Fahnen wehten. Von 1834 bis 1839 hatten die Russen das Sagen, von 1840 bis 1867 war der Ort ein Pelzhandelsposten der Hudson's Bay Company, von den Engländern Fort Stikine genannt. Seitdem ist der Ort in amerikanischem Besitz, benannt nach dem russischen Baron von Wrangell. Als 1872 in der Cassiar-Region in British Columbia Gold entdeckt wurde, überfluteten Tausende von Abenteurern den Ort, um dann mit Booten auf dem Stikine River weiterzufahren. Ende der 90er Jahre kamen Goldsucher auf dem Weg zum Yukon Territory.

Die 2600 Einwohner zählende Stadt lebt vom Fischfang und von einem Sägewerk. Frachtflugzeuge und ein riesiges *hovercraft* (Luftkissenboot) bringen Erz von einer kanadischen Goldmine zur Verladung nach Wrangell. Das in einem historischen Schulhaus untergebrachte **Wrangell Museum** zeigt informative Ausstellungen über die örtliche Indianer- und Pioniergeschichte. Das **Chief Shakes Community House** auf der kleinen, gleichnamigen Insel im Hafen ist über eine hölzerne Fußbrücke zu erreichen. Hier stehen einige schöne Totempfähle und der Nachbau eines Tlingit-Langhauses. Sehenswert sind die uralten **Petroglyphen** auf den Felsen am Strand, etwa einen halben Kilometer nördlich vom Fährterminal. Ein ausgeschilderter Plankenweg führt zu den Felszeichnungen, die auf 8000 Jahre geschätzt werden.

50 km südlich von Wrangell unterhält der U.S. Forest Service das **Anan Bear Observatory**, zugänglich nur mit dem Schiff oder Charterflugzeug. Von Juli bis Anfang September kann man hier von einem Aussichtspunkt Bären und Weiß-

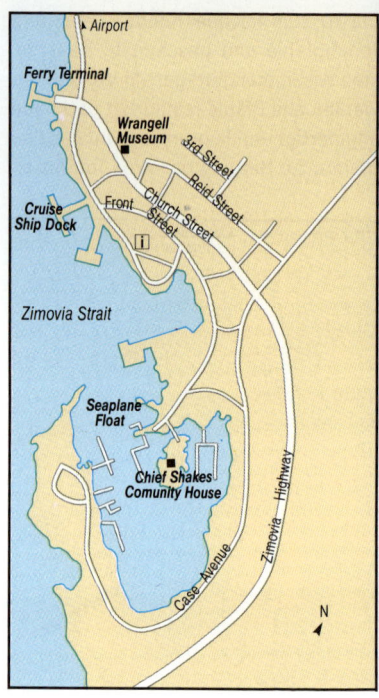

Wrangell

kopfseeadler beobachten, die sich an den stromaufwärts wandernden Lachsen gütlich tun.

Petersburg – ›Klein-Norwegen‹ in Alaska

3 (S. 373) Gegründet wurde der Fischerort 1891 von dem norwegischen Einwanderer Peter Buschmann, nach ihm ist er auch benannt worden. Viele der etwa 3500 Einwohner sind Nachfahren der ersten norwegischen Siedler. Sie leben hauptsächlich vom Fischfang und dessen Weiterverarbeitung. Hier kann man in den *canneries* sehen, wie Seelachs, Heilbutt, Krabben und Muscheln konserviert werden.

Der hübsche, blitzblanke Ort mit seinen weißgestrichenen Häusern, grünen Rasenflächen und bunten Blumengärten hat viel von seiner skandinavischen Tradition bewahrt und wird deshalb auch ›Klein Norwegen‹ genannt. Die pittoreske Hafenpromenade mit den Fischerbooten und den schneebedeckten Bergen im Hintergrund ist ein beliebtes Fotomotiv.

Auf der Fahrt von Wrangell nach Petersburg müssen die Fährschiffe die gefährlichen Wrangell Narrows passieren, eine 33 km lange und bei Ebbe kaum mehr als sieben Meter tiefe Meerenge zwischen Kupreanof und Mitkof Island. Im Zickzack fahren die Schiffe dabei durch einen mit blinkenden Bojen ausgewiesenen Slalomkurs. Weil die großen Kreuzfahrtschiffe die Narrows meiden, hat Petersburg seine idyllische Ruhe bewahren können.

Sehenswert ist das **Clausen Memorial Museum.** Hier werden Gegenstände aus der Pioniergeschichte und zwei Weltrekord-Lachse gezeigt (wovon einer 57 kg wiegt). Hübsch anzusehen ist die 1911 erbaute **Sons of Norway Hall** mit ihren bemalten Fensterläden, Sitz des Heimatvereins und Community Center. Auf dem alljährlich im Mai stattfindenden Little Norway Festival feiert man mit Volkstänzen in farbenprächtigen Trachten die norwegische Herkunft.

Sitka – Auf den Spuren russischer Geschichte

4 (S. 380) Die Stadt an der Westseite von Baranof Island ist sicherlich eine der bezaubernsten Orte an der Südostküste Alaskas. Eingebettet in einen Kranz dunkelgrüner Wälder, umgeben von schneebedeckten Bergen und dem Sund mit seinem Gewirr von Inseln und Fischerbooten wartet das Bilderbuchstädtchen auf

Alaska-Fähre in der Inside Passage

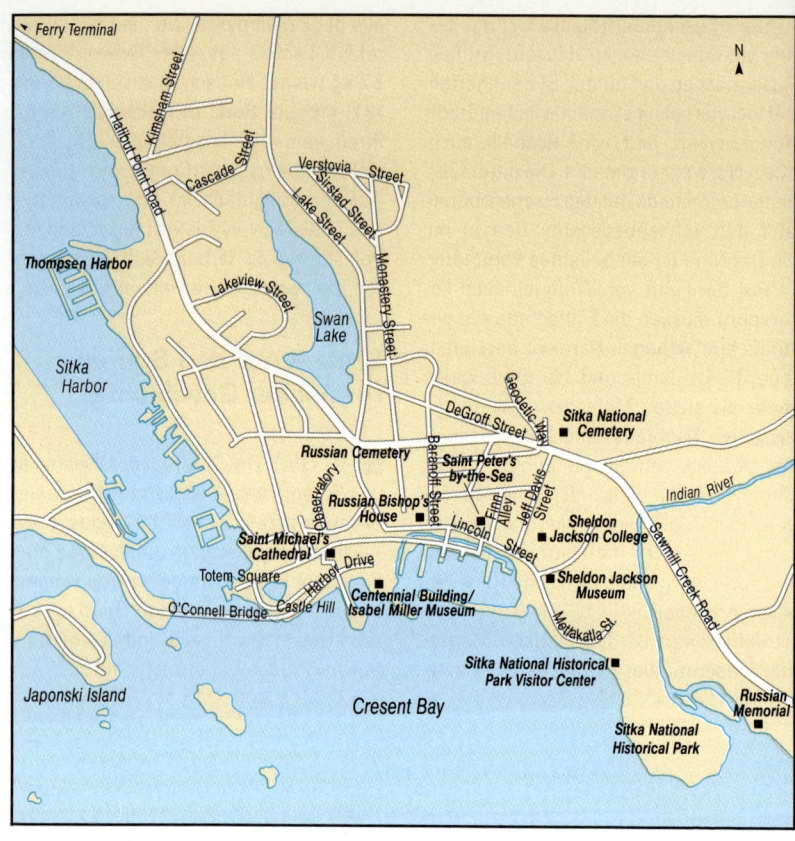

Ferry Terminal

Halibut Point Road
Kimsham Street
Cascade Street
Verstovia Street
Sirstad Street
Lake Street
Lakeview Street
Monastery Street

Thompsen Harbor

Sitka Harbor

Swan Lake

DeGroff Street
Geodetic Way
Sitka National Cemetery

Russian Cemetery

Saint Peter's by-the-Sea

Observatory
Russian Bishop's House

Indian River

Baranof Street
Finn Alley
Jeff Davis Street
Lincoln Street

Sheldon Jackson College

Sawmill Creek Road

Saint Michael's Cathedral

Totem Square
Harbor Drive

Sheldon Jackson Museum

Castle Hill
O'Connell Bridge
Centennial Building/ Isabel Miller Museum

Metlakatla St.

Japonski Island

Cresent Bay

Sitka National Historical Park Visitor Center

Sitka National Historical Park

Russian Memorial

Sitka

seine Besucher. Um Sitka zu erreichen, müssen die Fähren die schmale Meerenge zwischen Chichagof und Baranof Island passieren und sich dabei den Gezeiten anpassen. Häufig kommt es vor, daß Schiffe mehrere Stunden im Hafen von Sitka warten müssen – vorteilhaft für den Besucher, der nicht über Nacht bleiben möchte – so bleibt mehr Zeit für einen Stadtbummel. Am Fähranleger warten Busse, um die Passagiere zur 12 km südlich gelegenen Stadt zu bringen. Leider spielt das Wetter oft nicht mit. Mit 2400 m Niederschlag pro Jahr ist Sitka einer der feuchtesten Orte des Südostens.

So farbig wie die Stadt ist auch ihre Geschichte. Nova Arkhangelsk, wie der Ort zuerst hieß, war in der ersten Hälfte des letzten Jahrhunderts die wirtschaftliche, religiöse und kulturelle Metropole des russischen Alaska und die erste größere Stadt an der Nordwestküste. Das ›Paris des Nordens‹ hatte eine Kathedrale, eine Bibliothek mit mehreren Tausend Bänden, eine Wetterstation, ein Krankenhaus, eine Schiffswerft und zahlreiche andere Einrichtungen.

Bereits 1799 gründete Alexander Baranof, Gouverneur der Russisch-amerikanischen Gesellschaft, unter einer Charter des russischen Zaren den Pelzhandelsposten an der Westseite von Baranof Island. Das Gebiet gehörte ursprünglich den Tlingit-Indianern, die sich mit den neuen Herren nicht anfreunden konnten und 1802 die Warenhäuser plünderten und das Fort niederbrannten. Zwei Jahre später kam Baranof mit einem Kriegsschiff und 200 russischen Soldaten und 800 aleutischen Hilfstruppen zurück. Die Tlingit unterlagen – es war der letzte größere Widerstand der Westküsten-Indianer überhaupt – und die mitgebrachten aleutischen Otterjäger, die wie Sklaven gehalten wurden, sorgten bald für den Reichtum der späteren Metropole. Von 1808 bis 1867 war Sitka Hauptstadt des russischen Amerika. 1867 wechselte Alaska in amerikanische Hände über und in den folgenden Jahren kehrten die meisten Russen ins Mutterland zurück.

Heute hat die Stadt etwa 8700 Einwohner, die von Fischfang, der Holzindustrie und zunehmend auch vom Tourismus leben. Hauptanziehungspunkt ist indianische Tradition, die man auch entsprechend kultiviert. Die **New Archangel Dancers** führen in authentischen Kostümen russische und ukrainische Volkstänze auf, und in den Geschäften der Downtown werden russische Andenken verkauft. Auch sonst ist die russische Vergangenheit nicht zu übersehen. Das 1842 aus Baumstämmen gebaute und jetzt schön restaurierte **Bishop's House,** heute Teil des Sitka National Historical Parks, war Residenz, Büro und private Kapelle des ersten Bischofs von Alaska, Patriarch Innozenz Weniaminow. Das historische Wahrzeichen der Stadt ist die **St. Michael's-Kathedrale** aus dem Jahr 1844. Obwohl sie 1966 bei einem Brand zerstört wurde, konnten die kostbaren Ikonen, einige noch aus der Zeit vor 1800, gerettet werden. Sie hängen heute wieder in der originalgetreu wieder aufgebauten russisch-orthodoxen Kirche. Auf dem **Old Russian Cemetary** liegen russische Siedler und Adlige begraben, wie z. B. Prinzessin Maksoutof, Gattin des letzten russischen Gouverneurs. Neben dem alten *post office* an der Lincoln Street führt eine Treppe auf den Castle Hill, wo Baranofs herrschaftliche Residenz stand. Hier fand 1867 die Übergabe der russischen Kolonie an die USA statt. Vom Berg bietet sich ein schöner Blick über die Stadt.

Im Centennial Building am Harbor Drive befindet sich das **Isabel Miller Museum** mit Exponaten zu Sitkas reicher Geschichte: Gemälde verschiedener Zeitperioden, russische Werkzeuge und Ausstellungen zur Fisch- und Holzwirtschaft. Interessant ist auch ein detailgetreues Modell der Siedlung im Jahre 1867. Im Museum erhält man auch alle anderen touristischen Informationen.

Berühmt sind die Ausstellungen von indianischem Kunsthandwerk im **Sheldon Jackson Museum.** Das Museum auf dem Gelände des Sheldon Jackson College, der ältesten öffentlichen Schule Alaskas gelegen, bietet eine hervorragende Sammlung der materiellen Kultur der Urbevölkerung Alaskas: Eskimo-Masken, Kajaks und Schlitten, Kleidung und Werkzeuge der Tlingit, Haida, Athabasken und Aleuten. Die meisten der Exponate sammelte der Missionar Dr. Sheldon Jackson auf seinen Reisen in den 80er Jahren des vorigen Jahrhunderts. Lohnend ist auch ein Besuch des **Sitka National Historical Park.** Hier stand das befestigte Tlingit-Dorf, wo 1804 der Kampf zwischen den Russen und Indianern stattfand. Ein kleines Museum informiert über die Geschichte und Kultur der Tlingit, in einer Werkstatt werden Masken geschnitzt, und an einem Rundweg steht eine Gruppe von Totempfählen. Von hier aus hat man einen schönen Ausblick auf den Sitka Sound. Das schönste Stadtpanorama bietet sich von der Brücke über den Hafen zur Japonski Island.

Juneau – Alaskas Hauptstadt

5 (S. 367) Die nach den Goldfunden der Prospektoren Joseph Juneau und Richard Harris gegründete Stadt am Gastineau Channel ist eine bunte Mischung von malerischen Gebäuden aus der Pionierzeit der Jahrhundertwende, viktorianischen

Villen und moderner Glas- und Betonarchitektur der Verwaltungszentren. Mit knapp 30 000 Einwohnern ist Juneau Regierungssitz und drittgrößte Stadt Alaskas. Ungewöhnlich für eine Hauptstadt: Sie ist nur mit dem Schiff oder dem Flugzeug zu erreichen. Die Fähren legen 22 km nordwestlich der Stadt, am Auke Bay Terminal an.

Die Häuser der Downtown drängen sich auf dem schmalen Landstreifen zwischen Wasser und den steil aufragenden Bergmassiven des Mount Juneau und Mount Roberts mit ihren dunkelgrünen Tannenwäldern, in denen zahlreiche Wasserfälle zu Tal stürzen. Die beiden größ-

Juneau

Fischverarbeitung bei Juneau

ten Arbeitgeber sind Tourismus und die Regierungsbürokratie, wobei vor allem letztere Geld nach Juneau bringt. Etwa 300 000 Touristen, davon 270 000 per Kreuzfahrtschiff, besuchen die Stadt. Dennoch hat Juneau, das auch häufig als ›Little San Francisco‹ bezeichnet wird, sich den Charme einer Kleinstadt mit viel Atmosphäre und Geschichtsbewußtsein bewahrt. Die engen Straßen der Downtown lassen sich am besten zu Fuß erschließen. Informationen erhält der Besucher im Tourismusbüro in der **Davis Log Cabin,** einem rekonstruierten Blockhaus an der 3rd Street.

Erinnerungen an die Pionierzeit Alaskas weckt der historische **Red Dog Saloon** mit seiner leuchtendrot gestrichenen Holzfassade und der urigen Inneneinrichtung, zu der eine mächtige alte Theke aus poliertem Edelholz genauso gehört wie der mit Sägemehl bestreute Fußboden. *Honky-tonk* oder Rockmusik lassen die Wogen hoch schlagen. Juneaus farbige Vergangenheit spiegelt sich auch in den Festen und Veranstaltungen wider. In der ›Lady Lou Revue‹ werden Robert Service' berüchtigte Charaktere wieder lebendig und in der ›Gold Nugget Revue‹ zeigt man die Abenteuer des Joe Juneau und Cancan Girls sorgen für Stimmung. Die herrscht ohnehin beim *salmon bake,* einem täglichen Grillfest am Gold Creek, wo sich Besucher und Einheimische preiswert nach Herzenslust an leckeren Lachssteaks laben.

Die 1894 erbaute **St. Nikolas Russian Orthodox Church** ist die älteste original russische Kirche in Südost-Alaska, in der noch Gottesdienste abgehalten werden. Einen Besuch wert sind auch die beiden Museen. Das **Alaska State Museum** an der Whittier Street bietet hervorragende Ausstellungen zur Kultur der Athabasken-Indianer, Eskimos und Aleuten und eine historische Abteilung über die Besiedelung Alaskas durch Russen und amerikanische Pioniere sowie die folgende moderne Entwicklung. Interessant sind auch die wechselnden Ausstellungen moderner alaskanischer Künstler. Im **Juneau Douglas Museum** in der Nähe des State Capitol konzentriert man sich auf die örtliche Geschichte, besonders auf die Zeit des Goldbooms um die Jahrhundertwende.

Tlingit-Fest in Juneau

Sehenswert ist auch die mit Alaska-Memorabilien ausgestattete Residenz des berühmten Richters Wickersham in der **Wickersham State Historical Site.** Die Nichte des Richters führt durch das Haus, plaudert und serviert den Besuchern Tee und Dessert. Der prächtige weiße Säulenbau der **Governor's Mansion** dient seit 1913 als Residenz von Alaskas Regierungschefs. Gruppenführungen sind möglich. In der Juneau Library findet man interessante Literatur über die Region – und darüber hinaus einen fantastischen Ausblick über Juneau, Douglas Island und den Gastineau Channel.

Ausflüge zum **Mendenhall Glacier** bringen den Besucher an die schimmernde Eisfläche, 20 km vor den Toren der Stadt. Seinen Ursprung hat der Gletscher im riesigen **Juneau Icefield** auf den Bergketten östlich der Stadt. Das 3800 qkm große Eisfeld speist außer dem Mendenhall auch die anderen Gletscher der Region: Taku, Eagle und Herbert Glacier. Der Mendenhall ist der einzige Gletscher Südost-Alaskas, der direkt mit dem Auto zu erreichen ist. Vom Besucherzentrum führt ein kurzer Trail bis zum Gletschersee. Ein Naturpfad bietet die Möglichkeit, im Spätsommer laichende Lachse zu beobachten.

Die Umgebung von Juneau bietet hervorragende Wandermöglichkeiten. Einer der schönsten *hiking trails* führt vom Ende der Basin Road zu den Ruinen der alten **Alaska-Juneau (A-J-Goldmine** im Last Chance Basin, eine knappe Stunde von der Stadt entfernt. Hier haben 1880 die Prospektoren Juneau und Harris an einem klaren Bergbach, der heute Gold Creek heißt und durch Juneaus Downtown fließt, das Gold entdeckt, das zur Gründung von einem halben Dutzend Minen – und damit auch der Stadt führte. Die A-J-Mine war noch bis 1944 in Betrieb. Wanderführer für das Last Chance-Gebiet und auch für die Treadwell Mine in Douglas sind im Stadtmuseum und im Tourismusbüro erhältlich.

Von Juneau können Flightseeing-Trips mit dem Hubschrauber auf das Juneau Icefield und den Mendenhall Gletscher unternommen werden. Mehrere Schiffs- und Fluggesellschaften bieten tägliche Exkursionen zur Glacier Bay sowie nach Haines und Skagway an.

Glacier Bay National Park

6 (S. 362) Umgeben von den mächtigen eisbedeckten St. Elias- und Fairweather-Bergen ist die Glacier Bay eines der spektakulärsten Gletschergebiete der Welt. 5000 m hohe Berge, ins Meer kalbende Gletscher, Buckel- und Schwertwale, Grizzlies, Bergziegen und Weißkopfseeadler sind die Hauptattraktionen des 1,4 Mio. ha großen Glacier Bay National Park, etwa 100 km westlich von Juneau gelegen.

Der kleine Ort **Gustavus** an der Icy Strait ist durch eine 16 km lange Schotterstraße – die einzige, die in den Park führt – mit **Bartlett Cove,** dem Hauptquartier des Nationalparks verbunden. Beide Orte sind Ausgangspunkt für Exkursionen zu den Gletschern der Bay und bieten auch die einzigen Übernachtungsmöglichkeiten. Bartlett Cove hat einen kleinen Zeltplatz und die komfortable Glacier Bay Lodge. Am stilvollsten wohnt man sicher im historischen **Gustavus Inn,** wo den Besucher auch erstaunlicherweise eine Verpflegung erwartet, wie sie in einem Drei-Sterne-Restaurant nicht besser sein könnte. Das Gemüse wird im eigenen Garten gezogen und der Fisch täglich frisch gefangen.

Schon Captain George Vancouver berichtete 1794 über die riesigen Gletscher, die hier bis ans Meer reichten. Die Glacier Bay gab es allerdings zu seiner Zeit noch nicht. Erst in den letzten beiden Jahrhunderten haben sich die Gletscher stetig zurückgezogen und damit die heutige Bay mit ihren bis zu 100 km tief ins Landesinnere einschneidenden Inlets und Fjorden geschaffen. In aller Welt bekannt wurde die Glacier Bay durch den amerikanischen Naturschützer und Forscher John Muir, der 1879 nach seiner Alaska-Reise von diesem »Fjord, in den sich Flüsse von Eis ergießen«, berichtete. Zu dieser Zeit hatten sich die Gletscher schon 60 km ins Landesinnere zurückgezogen. 1925 wurde die Region unter Schutz gestellt.

Die Bucht ist ein ›lebendes Laboratorium‹, in dem sich die Entstehung der Vegetation an der pazifischen Nordwestküste studieren läßt. An den Ufern am Eingang der Bay (seit über 200 Jahren eisfrei) stehen schon mächtige Fichten und Hemlocktannen, während in den Regionen, die vor kurzem noch vom Gletscher bedeckt waren, lediglich Moose und Gräser als erste Vorboten der Vegetation erscheinen. Mit Ausflugsschiffen, die auch Paddler und ihre Kajaks mitnehmen, kann man bis dicht an die Gletscherwände heranfahren und Robben auf treibenden Eisschollen beobachten. Am beeindruckendsten ist natürlich, wenn ein Gletscher mit donnerndem Getöse abbricht, oder ›kalbt‹, wie es heißt.

Haines und Skagway – Das Tor zum Gold

Nördlich von Juneau, zwischen Chilkat Range und den Coast Mountains, ragt der Lynn Canal etwa 100 km ins Landesinnere hinein. Teilweise über 800 m tief, ist er einer der tiefsten Fjorde Nordameri-

Wale leben in den Gewässern der Fjord- und Inselwelt Südost-Alaskas ▷

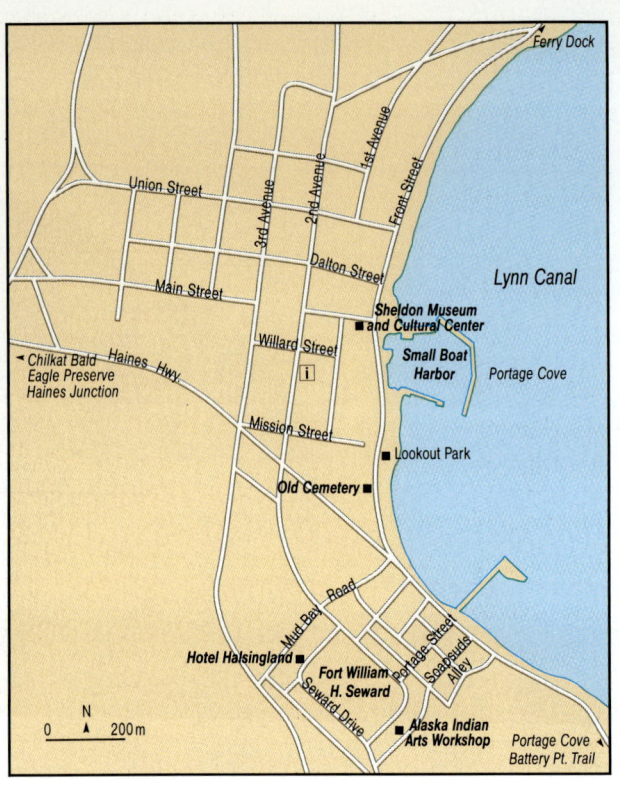

Haines

kas. An seinem nördlichen Ende liegen die beiden Goldgräberorte Haines und Skagway. Beide Städte sind durch Straßen mit dem Alaska Highway im angrenzenden Yukon Territory verbunden, doch als Verbindung zwischen den beiden Orten bietet sich praktisch nur die Fähre an, die die 20 km Luftlinie in kurzer Zeit bewältigt, während auf der Straße ein Umweg von 580 km erforderlich ist. In Haines legen die Alaska-Fähren fünf Kilometer nördlich vom Zentrum an, in Skagway befindet sich der Terminal direkt am Ort.

Haines

7 (S. 363) Der malerische Fischerort mit der imposanten Bergkulisse im Hin-

tergrund begann 1881 als Missionsstation. Zuvor hatten John Muir und der presbyterianische Missionar Samuel Young gemeinsam eine Erkundungsreise in die Region unternommen. Man fand das Gebiet, in dem sich seit langem Siedlungen der Chilkat- und der Chilkoot-Tlingit befanden, für die Missionsarbeit bestens geeignet. Von den ehemals fünf Indianerdörfern ist nur noch Klukwan am Chilkat River mit etwa 130 Bewohnern übriggeblieben. Aus dem traditionellen Dorf kamen Meisterschnitzer und die Weber der berühmten Chilkat-Decken aus der feinen Wolle von Bergziegen. Heute lebt der 1300-Einwohner-Ort hautpsächlich vom Fischfang; in den letzten Jahren ist der Tourismus für Haines zunehmend wichtiger geworden.

Pflegen traditionelle Tänze: die Chilkat Dancers

Im Süden von Haines liegt **Fort William H. Seward,** das von der U.S. Army kurz nach der Jahrhundertwende erbaut und 1978 in ein National Historic Landmark umgewandelt wurde. In den gut erhaltenen Gebäuden leben und arbeiten jetzt Künstler, Kunsthandwerk wird verkauft, und im ehemaligen Offiziersheim, dem jetzigen Halsingland Hotel, kann man stilvoll übernachten und speisen. Die Hauptattraktion des Forts ist das **Chilkat Center for the Arts.** Hier finden die Aufführungen der weltberühmten Chilkat Dancers statt, die in farbenprächtigen traditionellen Kostümen mit ihren rituellen Tänzen die Mythen und Legenden der Tlingit interpretieren. Und im Alaska Indian Arts Workshop wird das traditionelle Kunsthandwerk der Tlingit

gepflegt. Der Besucher ist herzlich eingeladen, den Totempfahl-Schnitzern bei der Arbeit zuzusehen. Von ihnen stammt auch das Tribal House, ein schön verziertes Stammeshaus auf dem Paradeplatz des Forts. Im Sommer findet hier abends das Port Chilkoot Potlatch mit gegrilltem Lachs und anderen Leckereien statt.

Sehenswert ist auch das **Sheldon Museum and Cultural Center** mit einer faszinierenden Sammlung von Kunst- und Gebrauchsgegenständen der Tlingit. Gezeigt werden auch einige der seltenen *Chilkat*-Decken mit ihren dekorativen Mustern. Daneben gibt es noch Memorabilia aus der Gold Rush-Zeit zu sehen.

Der **Lookout Park** in der Nähe des Hafens ist ein ideales Fleckchen für ein Picknick. Von hier bietet sich ein schöner

Im Chilkat Bald Eagle Preserve warten Weißkopfseeadler auf die Lachsschwärme

Blick über den Lynn Canal und die ein- und auslaufenden Fischerboote. Hinter dem Park befinden sich ein Pionierfriedhof mit Gräbern aus dem vorigen Jahrhundert. Die Uferstraße führt vorbei an verfallenden Fischkuttern und einsamen Buchten.

Die meisten Reisenden werden zwar die Region im Sommer besuchen wollen, doch hat der Winter in Haines ein ganz besonderes Erlebnis zu bieten: In der Zeit vom späten Oktober bis Januar versammeln sich im **Chilkat Bald Eagle Preserve,** knapp 30 km nördlich des Ortes, Tausende von Weißkopfseeadlern. Ein beeindruckendes Bild: Auf den Sandbänken und Bäumen zu beiden Seiten des Chilkat-Flusses warten die Adler auf die späten Lachsschwärme, die zum Laichen den Fluß hinaufziehen. Vom Haines Highway, der durch das 20 000 ha große Naturschutzgebiet führt, kann man die majestätischen Vögel beobachten, wie sie immer wieder ins Wasser stürzen und

mit einem zappelnden Fisch in den Fängen zu ihrem Warteplatz zurückkehren. Doch auch im Sommer kann man immer noch einige hundert *Bald Eagle* beobachten, vielleicht auf einer gemütlichen Floßfahrt auf dem Chilkat River.

Der Haines Highway, der nach Norden zum Alaska Highway führt, folgt dem alten Dalton Trail, den Pionier Jack Dalton während des Goldrausches durch die Wildnis schlagen ließ. Dalton war ein cleverer Geschäftsmann – er kassierte für die Benutzung des 490 km langen Trails die damals stolze Summe von 150 Dollar. Bewaffnete Männer sorgten dafür, daß auch jeder Goldsucher bezahlte. Die meisten zogen deshalb den mühsameren aber billigeren Weg über Skagway vor.

Skagway

8 (S. 381) War der Ort einst Ausgangspunkt zu den Goldfeldern des Klondike, ist er heute der nördlichste Hafen der Inside Passage. Die gut erhaltenen Westernfassaden, hölzernen Bürgersteige, Hotels und Saloons erinnern an die turbulenten Tage des Jahres 1897, als Skagway innerhalb von vier Monaten von 2000 auf über 20000 Einwohner anwuchs. In wenigen Wochen strömten mehr als 40000 Goldsucher auf dem Weg nach Dawson City durch die Stadt. Noch im August 1896, als George Carmack und seine Gefährten das Gold am Klondike fanden, stand in Skagway nur eine einzige Trapperhütte.

Mit Packpferden machten sich die wohlhabenderen der Goldsucher auf den Weg über den **White Pass,** der angeblich der ›bequemere‹, für Lasttiere geeignete Trail sein sollte. Er war es nicht: mehrere Tausend Pferde und Maultiere und nicht wenige ihrer Führer kamen auf dem schmalen Pfad im zerklüfteten Berggelände ums Leben. Noch heute erinnert die *Dead Horse Gulch,* die ›Schlucht der toten Pferde‹, an die verzweifelten Goldsucher. So blieb der steile, aber nicht so gefährliche Weg von Dyea über den **Chilkoot Pass** die Hauptroute für Zehntausende schwerbeladener Goldgräber, die den mühsamen Aufstieg sogar bis zu vierzig mal machen mußten, da die Northwest Police im Yukon nur Goldsucher ins Territorium ließ, die für mindestens ein Jahr Vorräte mitbrachten.

Dyea ist heute eine *ghost town* und in Skagway leben das Jahr über etwa 800 Menschen. Jetzt sind es Touristen, die an manchen Tagen zu Tausenden durch die Stadt strömen. Praktisch die gesamte Downtown von Skagway ist Teil des **Klondike Gold Rush National Histori-**

Skagway

White Pass & Yukon Route

Von Skagway kann man heute auf bequemere Art den Spuren der Klondike- Abenteurer folgen. Entlang des alten Goldsuchertrails führt die *White Pass & Yukon Route* von Skagway zur Station Fraser in British Columbia durch eine der schönsten und wildesten Berglandschaften Nordamerikas. Die Fahrt mit der historischen Eisenbahn über den White Pass ist ein einmaliges Erlebnis.

Man kann in Fraser mit dem gleichen Zug wieder nach Skagway zurückfahren oder aber mit dem Bus nach Whitehorse weiterreisen. Autofahrer gelangen auf dem Klondike Highway über Carcross nach Whitehorse (s. S. 268 f.).

In Skagway startet die historische Eisenbahn

Die Arctic Brotherhood Hall

nier- und Goldgräbermuseum ist im 2. Stock des ältesten Steingebäudes in Alaska untergebracht – damals war es das Gerichtsgebäude, heute dient es als Rathaus. Neben anderen Exponaten sind auch persönliche Gegenstände des Bösewichts Soapy Smith zu besichtigen. In alten Ausgaben der »Skagway News« kann man Interessantes aus Skagways gesetzloser Zeit nachlesen. Sehenswert und kurios ist die aus über 20 000 Treibholzstangen errichtete Fassade der **Artic Brotherhood Hall.** 1898 als Gemeinschaftshalle der Goldgräber errichtet, ist hier heute das Besucherzentrum untergebracht. Wer will, kann im ältesten Hotel Alaskas, dem Golden North Hotel mit seinen Möbeln aus der Goldrausch-Zeit logieren. Stilechtes Entertainment gibt es im ›Red Onion Saloon‹ und im ›The Days of '98 Theater‹ in der Eagles Hall. In ›Moe's Frontier Bar‹ treffen sich die Einheimischen, hier herrscht heute noch Pionier-Atmosphäre.

cal Park, zu dem noch der Chilkoot Trail (detaillierte Beschreibung s. S. 269 ff.) und der White Pass gehören. Zur Erinnerung an die große Zeit werden in historischen Kostümen Melodramen aufgeführt, die sich vor allem um den Desperado und Barbesitzer Jefferson R. »Soapy« Smith und seine Spießgesellen drehen. Nachdem der berüchtigte Soapy Smith monatelang die Goldgräber ausgeraubt, betrogen und Schutzgelder erpreßt hatte, wehrten sich die Bürger. Es kam zum *shoot out* zwischen Soapy und dem Stadtvermesser Frank Reid. Bei dem Revolverduell blieben beide auf der Strecke. Ihre Gräber kann man im alten Goldgräberfriedhof neben denen von Goldgräbern und Pionieren finden. Der **Gold Rush Cemetary** ist auf einer gemütlichen Wanderung, etwa 2,5 km nördlich vom Ortszentrum zu erreichen.

Auf keinen Fall sollte man einen Besuch des **Trail of '98 Museum** in der 7th Avenue versäumen. Das kleine Pio-

›Jake‹ begrüßt die Besucher von Skagway

Diverse Textbeiträge in diesem Buch stammen von folgenden Autoren:

Rainer W. Hamberger, geb. 1949, Studium und langjährige Berufstätigkeit im Bildungswesen in Kanada und Deutschland. Seit vielen Jahren hält er regelmäßig Vorträge und veröffentlichte zahlreiche Bild- und Textbeiträge über Kanada in Reisemagazinen, Tageszeitungen, im Rundfunk und in Fachbüchern.

Katrina Hartje, geboren 1949 in Boston, Studium der Kunstgeschichte und Psychologie an der Harvard University. Seit 1982 leitet sie in Berlin die Galerie Akmak. Schwerpunkt des Galerieprogramms: moderne indianische und amerikanische Kunst.

Dieter Kreutzkamp, 1946 geboren, von Beruf Regierungsamtmann. Er ließ seine bürgerliche Existenz hinter sich und zog mit seiner Frau sieben Jahre nonstop durch alle Kontinente. Zahlreiche Reisen führten ihn auch durch den Westen Kanadas, wo er unter anderem Tausende von Kilometern im Kanu zurücklegte. Seine Berichte und Fotos erschienen in mehreren Zeitschriften und Reisepublikationen.

Karl Teuschl, 1955 geboren, Studium der Amerikanistik, Phonetik und Anthropologie in München und Los Angeles. Lebt in München und arbeitet als freier Reisejournalist. Seit zehn Jahren bereist er den nordamerikanischen Kontinent, unter anderem als Reiseleiter für West-Kanada und Alaska. Er lieferte zahlreiche Beiträge zu diesem Band und ist Mitarbeiter des Bandes »Richtig reisen« Ost-Kanada.

Wolfgang R. Weber, Jahrgang 1943, ist Diplomingenieur. Seit einigen Jahren verbringt er den Sommer im Yukon Territory und in Alaska. Einheimische Freunde, darunter mehrere Buschpiloten, vermitteln ihm eine gute Kenntnis von Land und Leuten. Der Inhaber eines Pilotenscheins ist Fotograf und Autor zahlreicher Beiträge in Flugzeitschriften.

Danksagung

Der Autor möchte allen Mitarbeitern danken, die das Buch durch Anregungen und Hilfen bereichert haben. Joy Firmstone, Calgary, für die historischen Indianerfotos ihres Großvaters Harry Pollard; Chris Harris, 108 Mile Ranch, für Ratschläge und Fotos zum Kanufahren. Für tatkräftige Hilfe und Unterstützung dankt der Autor Elvira Quarin, Tourism Vancouver; LaVerne Barnes, Fremdenverkehrsamt der Provinz British Columbia; Dr. Horst A. Schmidt und Karin R. Teubert, Regierung der Provinz Alberta; Edeltraut Sommer, Anette Gerats und Sharon Gaiptman, Division of Tourism, State of Alaska; Gary und Betty Hickling, McCarthy, Alaska; Kelly und Natalie Bay von Wrangell Mountain Air, McCarthy; Butch Toysen von Uyak Air Service, Kodiak; Tom Watson von Wavetamer Kayaking, Kodiak; Nancy Wong, Vancouver; Karen Kingsland, Tourism Manitoba; R. Fred Hammer, Dinosaur Provincial Park, Alberta; Gerard Makuch, Tourism Saskatchewan, Regina; Sharol Hlebechuk, Kodiak Katmai Outdoors; Linda Blessin, Kodiak Tours; Susan und Darwin Baerg, Fraser River Raft Expeditions, Yale (British Columbia); Keith und Le Anne Lane, Granum, Alberta; Peter und Bärbel Guttchen, Kodiak; Thomas Tait von »Where«, Calgary; insbesondere Michaela Ohlhoff, Hannover, die unermüdlich recherchiert und Korrektur gelesen hat.

Information

 Unterkunft

 Camping

 Einkaufen

 Aktivitäten

 Restaurants

 Entertainment

 Fährverbindung

 Bahn

Serviceteil

Serviceteil

So nutzen Sie
den Serviceteil richtig

▼ Das erste Kapitel, **Adressen und Tips von Ort zu Ort,** listet die im Reiseteil beschriebenen Orte in alphabetischer Reihenfolge auf. Zu jedem Ort finden Sie hier Empfehlungen für Unterkünfte und Restaurants sowie Hinweise zu Verkehrsverbindungen, zu den Öffnungszeiten von Museen und anderen Sehenswürdigkeiten, zu Festen, Unterhaltungsangeboten etc. Piktogramme helfen Ihnen bei der raschen Orientierung.

▼ Die **Reiseinformationen von A–Z** bieten von A wie ›Anreise‹ bis Z wie ›Zollbestimmungen‹ eine Fülle an nützlichen Hinweisen – Antworten auf Fragen, die sich vor und während der Reise stellen.

▼ Der **Sprachführer** am Ende des Serviceteils hilft Ihnen, in gängigen Reise- und Alltagssituationen zurechtzukommen.

Bitte, schreiben Sie uns, wenn sich etwas geändert hat!
Alle in diesem Buch enthaltenen Angaben wurdem vom Autor nach bestem Wissen erstellt und von ihm und dem Verlag mit größtmöglicher Sorgfalt überprüft. Gleichwohl sind – wie wir im Sinne des Produkthaftungsrechts betonen müssen – inhaltliche Fehler nicht vollständig auszuschließen. Daher erfolgen die Angaben ohne jegliche Verpflichtung oder Garantie des Verlages oder des Autors. Beide übernehmen keinerlei Verantwortung und Haftung für etwaige inhaltliche Unstimmigkeiten. Wir bitten daher um Verständnis und werden Korrekturhinweise gerne aufgreifen:
DUMONT Buchverlag, Postfach 10 10 45, 50450 Köln

Inhalt

Adressen und Tips von Ort zu Ort

Postalische Abkürzungen: BC (British Columbia), AB (Alberta), MB (Manitoba), SK (Saskatchewan), NT (Northwest Territories), YT (Yukon Territory), AK (Alaska); **Preiskategorien** s. S. 403 (Restaurants) und S. 416 (Unterkunft)

Alert Bay (BC)

Information: Alert Bay Travel Info Centre, 116 Fir St., Alert Bay, BC, ℘ 250/974-5213, Fax 974-5470

Unterkunft: Bayside Inn Hotel, 81 Fir St., P.O. Box 492, Alert Bay, BC VON 1AO, ℘ 250/974-5858 (mit Blick auf die Broughton Strait, 20 Zimmer, Restaurant u. Bar, unbedingt reservieren, bevor man mit der Fähre zur Insel fährt; $$–$$)

Aktivitäten: U'Mista Cultural Centre, Front St., 2 km vom Fähranleger, Alert Bay BC, ℘ 250/974-5403 (Kulturzentrum der Westküstenindianer mit Ausstellungen und Vorführungen; Mai–Sept. Mo–Fr 9–17 Uhr, Sa–So u. Feiertage 12–17 Uhr, im Winter Mo–Fr 9–17 Uhr)
Sea Orca Expeditions, P.O. Box 483, Alert Bay, BC VON 1AO, ℘ 250/974-5225, 1-800-668-6722, Fax 974-2266 (Exkursionen mit einer Segeljacht, geführte Touren mit dem Seekajak zu verlassenen Indianerdörfern, lautlos Wale beobachten)
Alert Bay Museum, 199 Fir St., Alert Bay, BC, ℘ 250/974-5721 (Bibliothek und Gegenstände der Kwakiutl-Kultur; Juli–Aug. Mo–Sa 13–16 Uhr; im

Winter Mo u. Mi 19–21 Uhr, Fr–Sa 13–16 Uhr

Verkehrsmittel: BC-Fähren, Port McNeill nach Alert Bay; Auskunft und Reservierungen: ℘ 250/624-9627

Anchorage (AK)

Information: Anchorage Convention and Visitors Bureau, Log Cabin Visitor Information Center, 4th Ave. und F St., Anchorage, AK 99501, ℘ 907/274-3531, Fax 278-5559

Unterkunft: Hotel Captain Cook, P.O. Box 102280, 5th St./K St., Anchorage, AK 99510, ℘ 907/276-6000, Fax 258-4857 (Luxushotel mit Blick auf Berge und Bay. Restaurant, Lounge, Coffee Shop, Fitneßraum, Pool; $$$$)
Day's Inn, 321 E. 5th Ave., Anchorage, AK 99501, ℘ 907/276-7226, Fax 278-6041 (modernes Hotel in der Innenstadt; gutes Restaurant. $$–$$$)
Alaska Private Lodgings
Stay with a Friend, P.O. Box 200047, Anchorage, AK 99501-2103, ℘ 907/258-1717, Fax 907/258-6613 (Bed and Breakfast)
Anchorage International Hostel, 700 H-St., Anchorage, AK 99501, ℘ 907/276-3635

Camping: Centennial Camper Park, P.O. Box 196650, Anchorage, AK 99519, ℘ 907/333-9711 (städtischer Campingplatz)

Restaurants: Josephine's, 401 E. 6th Ave., Sheraton Anchorage Hotel, ✆ 276-8700 (Luxusklasse mit Blick über die Stadt und das Cook Inlet. So Brunch, Mo geschlossen; $$$)

Anchorage Top of the World Hilton Hotel, 3rd Ave./E. St., Anchorage, ✆ 265-7111 (Buffet und gepflegte Hotelküche, So Brunch, Reservierung angeraten; $$$)

Gwennie's Old Alaska Restaurant, 4333 Spenard Road, Anchorage, ✆ 243-2090 (Alaskanische Spezialitäten in Pionier-Atmosphäre: Rentier-Omelett, geräucherter Lachs, Alaska King Crab; Breakfast, Lunch, Dinner; $$)

Phyllis's Cafe, 436 D-St., Anchorage, ✆ 907/274-6576 (Alaska-Spezialitäten vom Grill, besonders lecker: Salat, Lachsfilet und alaskanisches Bier, $$)

Dianne's Restaurant, 550 W. 7th Ave., Anchorage, ✆ 279-7243 (Naturkost, selbstgebackenes Brot, herzhafte Suppen, leckere Desserts, auch rein vegetarische Gerichte; $)

Chilkoot Charlies, 2435 Spenard Rd., Anchorage, ✆ 272-1010 (Nachtleben à la Alaska. Rustikaler Saloon mit Unterhaltung)

Einkaufen: Alaska Native Art & Crafts Association, 333 W. 4th Ave., Anchorage, AK, ✆ 274-2932 (Verkaufsausstellung; Kunst der Ureinwohner, Körbe, Schnitzereien und Perlenstickereien)

David Green & Sons, 130 W. 4th Ave., Anchorage, AK, ✆ 277-95 95 (exklusives, alteingesessenes Pelzgeschäft; Mäntel, Jacken, Stolas)

Oomingmak-Musk Ox Producers Co-op, 604 H St., Anchorage, AK, ✆ 272-92 25 (erstklassige Strickwaren aus Moschusochsenwolle)

Cook Inlet Book Company, 415 W. 5th Avenue, Anchorage, ✆ 258-4544 (Die beste Auswahl an Büchern über Alaska und den hohen Norden)

Artique Ld., 314 G. St., Anchorage, AK, ✆ 277-1663 (moderne nicht-traditionelle Kunst, Rie Munoz und Fred Machetanz)

Aktivitäten: The Gray Line, 745 W. 4th Ave., Anchorage, ✆ 907/ 277-5581 (Rundfahrten)

Euro Alaska-Tours, Rose Waldheim, P.O. Box 220004, Anchorage, AK 99522, ✆ 907/274-1596, Fax 274-1587 (Sightseeing-Flüge in den Chugach Mountains, individuelle Touren ins Hinterland, auch längere mit Übernachtung; Flugunterricht; deutschsprachig)

Advanced Balloon Adventures, 8701 Solar Drive, Anchorage, AK 99507-3745, ✆ 907/346-3495 (Mit dem Heißluftballon übers Matanuska-Tal)

ERA Flightseeing Adventures, 6160 S. Airpark Drive, Anchorage, AK 99502, ✆ 907/248-4422, 266-8351, 1-800-843-1947 (Hubschrauber-Rundflüge in und um Anchorage)

Anchorage, Museum of History & Art, 121 W. 7th Ave., Anchorage, AK, ✆ 907/343-4326 (vom 17. 5.–12. 9. tägl. 10–18 Uhr, im Winter Di–Sa 13–17 Uhr, So und an Feiertagen geschlossen)

Alaska Aviation Heritage Museum, 4721 Aircraft Drive, Lake Hood Südufer, Anchorage ✆ 907/248-5325 (vom 1. 5.–30. 9. tägl. 9–18 Uhr, im Winter Di–Sa 11–16 Uhr)

Alaska Experience Theater, 705 W. 6th Ave. u. G Street, Anchorage, ✆ 907/276-3730 (stündlich Filmvorführungen: im Sommer 9–22 Uhr, im Winter 11–20 Uhr)

Atlin (BC)

Unterkunft/Restaurant: The Atlin Inn, P.O. Box 39, Atlin B.C. VOW 1AO, ✆ 250/651 7546, Fax 250/651 7500 (schönes Hotel am Atlin Lake, Cottages, Restaurant)

Aktivitäten: Summit Air Charters, P.O. Box 134, Atlin, BC VOW 1AO, ✆ 250/651-7600, Fax 250/651-7537 (Rundflüge, Angeltrips)

Auyuittuq National Park (NT)

Information: Auyuittuq National Park Reserve, Pangnirtung, NT XOA ORO, ✆ 819/473-8828 (Auskünfte und Material über den Park)

Unterkunft: Auyuittuq Lodge, Pangnirtung, NT XOA ORO, ✆ 819/473-8955, Fax 819/473-8611 (komfortable Lodge und Fishing Camp. 10. 7.–20. 8. $$$–$$$$)

Banff National Park (AB)

Information: Banff National Park, P.O. Box 900, Banff, AB TOL OCO, ✆ 403/762-1550
Banff/Lake Louise Chamber of Commerce, P.O. Box 1298, 94 Banff Ave., Banff, Alta. TOL OCO, ✆ 403/762-8421 (Informationen über Wintersport in Banff/Lake Louise)

Unterkunft: Banff Caribou Lodge, 521 Banff Ave., Banff, AB, TOL OCO, ✆ 403/762-5887, Fax 403/762-5918 (großes Hotel, schöne Lobby mit großem Kamin; beliebtes Steak-Restaurant; $$$)
Homestead Inn, 217 Lynx St., Banff, AB TOL OCO, ✆ 403/762-4471, Fax 762-8877 (Chaletstil. Zentral gelegen.

Nebenan »Melissa's Missteak« mit ausgezeichneter Küche; $$)
Banff Springs Hotel, Spray Ave., Banff, AB TOL OCO, ✆ 403/762-2211, Fax 762-5755 (dieses Canadian-Pacific-Hotel gehört zu Kanadas besten Häusern. Südlich von Banff am Zusammenfluß von Bow- und Spray River in prachtvoller Berglandschaft gelegen. Mehrere exquisite Restaurants, Cocktail-Lounges, Boutiquen, Geschäfte, Riesenpools, hervorragender Golfplatz; $$$$)
Mount Royal Hotel, 138 Banff Ave., Banff, AB TOL OCO, ✆ 403/762- 3331, Fax 762-8938 (geräumige Zimmer, rustikaler Speiseraum, abends mit Country und Folk; $$$)
Rundle Manor, Martin St./Moose St., Banff, AB TOL OCO, ✆ 403/762-5544 (Apartment, geeignet für Familien oder kleine Gruppen, volleingerichtete Küchen; $$)

Camping: Castle Mountain, Banff National Park, ✆ 403/762-1550 (30 km westl. von Banff am Hwy. 1A, 43 Plätze)
Tunnel Mountain Village, Banff National Park, ✆ 403/762-1571 (3 km von Banff entfernt; Village 1 [615 Plätze], Village 2 [224 Plätze])

Restaurants: Giorgio's Trattoria, 219 Banff Ave., Banff, ✆ 403/762-5114 (stets gut besuchtes italienisches Restaurant; $$–$$$)
Le Beaujolais, Ecke Banff Ave./Buffalo St., Banff, ✆ 403/762-2712, 762-5365 (Französische Küche, elegante Atmosphäre, schöner Blick; tägl. 17–23 Uhr; $$$)
Melissa's Missteak, 218 Lynx St., Banff, ✆ 403/762-5511 (Restaurant in rustikalem Blockhaus, Frühstück, Lunch und Dinner; tägl. 7–22 Uhr; $–$$)

The Caboose, Ecke Elk St./Lynx St. (im Bahnhof), Banff, ✆ 403/762-3622 (zu empfehlen: Steaks, Hummer, Alaska King Crab, Rocky-Mountain-Forelle; tägl. 17–24 Uhr, Reservierung empfohlen; $$–$$$)

Fine Grind Coffee House, Cariboo Street, Banff, (mehrere Dutzend Kaffeesorten, leckeres Gebäck; praktische Thermobecher für unterwegs; $)

Einkaufen: Great Northern Trading Co., 201 Banff Ave., Banff, AB, ✆ 762-4166 (Kunsthandwerk, Souvenirs, Spezialitäten, Kleidung – alles handgefertigt in Alberta)

The Hudson's Bay Company, 12 Banff Ave., Banff, ✆ 762-5525 (Kanadas traditioneller Department Store, auch gute Auswahl an Canadiana und Souvenirs, u. a. die berühmten bunten Hudson's Bay-Wolldecken)

Aktivitäten: Banff Alpine Guides, P.O. Box 1025, Banff, AB TOL OCO, ✆ 403/678-6091 (u. a. 4tägige Wanderungen in kleinen Gruppen vom Lake O'Hara zum Floe Creek; Mo–Fr während der Saison; ca. $ 120; Bergsteigerkurse)

Banff Centre and School of Fine Arts, St. Julien Road, Banff, AB, ✆ 403/762-2291, Box Office 762-6300 (Ausstellungen und Aufführungen)

Banff Park Museum, 92 Banff Ave., Banff, AB, ✆ 403/762-1558 (West-Kanadas ältestes Naturkundemuseum, geöffnet Do–So 10–18 Uhr)

Bicycle Tours-Rocky Mountain Cycle Tours, P.O. Box 8178, Canmore, AB TOL OMO, ✆ 403/678-6770, 1-800-661-2453 (einwöchige Exkursionen durch die Bergwelt der Rocky Mountains; alle Touren ab Banff; Übernachtung in Camps oder Lodges; auch kombinierte Kanu- und Fahrradtouren)

Brewster Transportation & Tours, Banff, AB, ✆ 403/762-6767 (bietet etliche Exkursionen und Rundreisen an: Icefield Parkway Tour von Banff nach Jasper oder umgekehrt, mit Besuch des Lake Louise; bei Rundreise Übernachtung in Banff oder Jasper; Columbia Icefield Tour von Banff aus, ca. 9 Stunden Dauer, Mittagspause am Gletscher)

Cave & Basin Hot Springs, Banff, ✆ 403/762-1557, (Interpretive Centre ganzjährig geöffnet, Pool von Mitte Juni bis Anfang Sept.)

Luxton Museum, 1 Birch Ave., Banff, ✆ 403/762-2388 (Ausstellungen über Rocky Mountains u. Prärieindianer, April–Okt. tägl. 9–21 Uhr, im Winter geschlossen)

Minnewanka Boat Tours, Am Transkanada Hwy., 15 Min. nordöstl. von Banff, ✆ 403/762-3473 (90min. Bootsfahrten, Mai [Viktoria Day]– 30. Sept.)

Sulphur Mountain Gondola, 3 km von Banff, an der Mountain Ave., ✆ 762-5438, 762-2523 (Betriebszeiten erfragen)

Warner Guiding and Outfitting, P.O. Box 2280, Banff, AB TOL OCO, ✆ 403/762-4551 (von Frühjahr bis Herbst große Auswahl von Touren im Banff-Nationalpark; Schlafsack mitbringen; ca. $ 80 pro Tag)

Whyte Museum of the Canadian Rockies, 111 Bear St., Banff, ✆ 403/762-2291 (Regionales Kunst- und Rocky Mountains-Archiv; Öffnungszeiten erfragen)

Barkerville (BC)

Aktivitäten: Barkerville Historic Park, Hwy. 26, Barkerville, BC, ✆ 250/994-3332 (etwa 75 historische

Gebäude sind gut erhalten; im Sommer tägl. außer freitags Theateraufführungen)

Bowron Lakes Prov. Park (BC)

Information: BC Parks, Cariboo District, 540 Borland St., Williams Lake, BC V2G 1R8, ℘ 250/398-4414, Fax 398-4686 (Info zum Bowron Lake Park. Camping: 25 Plätze; Juni–Okt.)

Unterkunft/Camping/ Aktivitäten: Beckers Canoe Outfitters and Lodge, P.O. Box 129, Wells, BC V0K 2R0, ℘ 250/992-8864 (Blockhütten am Bowron Lake, Campingplatz, Restaurant; Vermietung von Kanus und Ausrüstung für den beliebten Kanutrip im Bowron Lake-Provinzpark)
Pathways Canada Tours, c/o Great Expeditions, 5915 West Boulevard, Vancouver, BC V6M 3X1, ℘ 604/257-2040, 1-800-663-3364, Fax 604/257-2037 (einwöchige Kanu-Exkursionen auf dem Bowron Lakes-Rundkurs; Ausrüstung und alle Mahlzeiten sind inbegriffen)

Cache Creek (BC)

Unterkunft: Tumbleweed Motel, P.O. Box 287, Cache Creek, BC V0K 1H0, ℘ 250/457-6522 (Transkanada Hwy. 1, östl. Kreuzung Hwy. 97; $)

Camping: Cache Creek Campground, P.O. Box 127, Cache Creek, BC V0K 1H0, ℘ 250/457-6414 (4 km nördl. von Cache Creek am Hwy. 97.180 Plätze, die meisten am Flußufer; Pool)

 Aktivitäten: Hat Creek Ranch, Kreuzung Hwy. 12 u. 97, Cache

Creek, ℘ 250/457-9722 (historisches Roadhouse aus der Pionierzeit; tägl. 10–18 Uhr, Mitte Mai–Mitte Okt.)

Calgary (AB)

Information: Alberta Tourism, ℘ 1-800-661-8888
Calgary Convention & Visitors Bureau: Information Centre am Calgary Tower, Suite 200, 237 – 8th Ave. S.E., Calgary, AB, T2G 0K8, ℘ 403/263-8510, 1-800-661-1678, Fax 403/262-3809 (weitere Informationen im Calgary Airport)
City of Calgary Park and Recreation, Calgary, ℘ 403/268-3888, 268-2300, (Auskünfte über Sportaktivitäten)

Unterkunft: Prince Royal Inn, 618 5th Ave SW, Calgary, ℘ 403/263-0520, Fax 403/298-4888 (preiswertes Appartement-Hotel, alle Zimmer mit Kitchenette; Restaurant, Lounge; $)
Blackfoot Inn, 5940 Blackfoot Trail S.E., Calgary, ℘ 403/252-2253, Fax 252-3574 (nahe den Stampede Grounds, Restaurants, Nachtclub; Lounge; hier gastiert auch das populäre »Yuk Yuk Kornedy Kabaret; $$)
Lord Nelson Inn, 1020 8th Ave. S.W., Calgary, ℘ 403/269-8262, Fax 269-4868 (recht zentral, preiswert, freundlicher Service, Restaurant; $–$$)
Palliser Hotel, 9th Ave., 1st. St. S.W., Calgary, ℘ 403/262-1234, Fax 260-1260 (Nähe Calgary Tower, Speiseraum mit Kamin, Entertainment; $$$)
Radisson Plaza Hotel, 110-9th Ave./ Centre St., Calgary, ℘ 403/266-7331, Fax 262-8442 (Luxushotel mit Gartenterrasse, Pool, Gourmetrestaurant, Familienbuffet; Zugang zum Palliser Square; Shows und hervorragende Jazzcombos; $$$$)

St. Regis Hotel, 124 7th Ave. E., Calgary, ℘ 403/262-4641, Fax 403/262-1125 (im Zentrum, sehr einfach und preiswert; $)

⚠ **Camping: Calaway Park RV Campground,** S.W. Transkanada Hwy. 1 u. Springbank Rd., Calgary, ℘ 403/249-7372 (privater Camp-ground mit 104 Plätzen, alle Services)

⏸ **Restaurants: Chief Chiniki Restaurant,** 1/2 Autostunde westl. von Calgary, Morley, ℘ 403/881-3748, (Restaurant und Shop für Kunst-handwerk, betrieben von Angehörigen des Stoney-Indianerstammes. Kanadi-sche und traditionell indianische Kost wie Büffelfleisch, Wildbraten, Bannok und Lachs; $$)

Caesar's Steakhouse, 512 4th Ave. S.W., Calgary, ℘ 403/264-1222 und 10816 MacLeod Trail South, ℘ 278-3930 (exzellente Steaks und Rippchen; $$)

Cannery Row Restaurant, 317-10th Ave. S.W., Calgary, ℘ 403/269-8889 (New Orleans-Atmosphäre, Kreolische Küche, frische Meeresfrüchte, Live-Entertainment, Jazz; Lunch 11.30–14.30, Dinner 17–23.30 Uhr; Do–Sa bis 1 Uhr; $$)

1886 Café, Eau Claire Market, ℘ 403/269-9255 (Originelle ›Old Calgary‹-Atmosphäre, 7–15 Uhr; $)

La Chaumiere, 139 – 17th Ave. S.E., Calgary, ℘ 403/228-5690 (Spezialität: Fasan mit Sauce Perigourdine, Soufflés; Reservierung empfohlen, elegantere Kleidung; $$$)

Calgary Tower, 9th Ave./Centre St. S., Calgary, ℘ 403/266-7171 (Dreh-restaurant mit fantastischer Aussicht; tägl. von 7.30–23 Uhr; $$$)

Rimrock Room, Palliser Hotel, 9th Ave./1st St. S.W., Calgary, ℘ 403/262- 1234 (Kamin, Western-dekor an den Wänden; exzellente Steaks; tägl. bis 22.30 Uhr; $$$)

Silver Dragon, 106 3rd Ave. S.E., Cal-gary, ℘ 403/264-5326 (sehr beliebt bei Chinesen, sehr zu empfehlen; tägl. bis 2.30, So bis 21.30 Uhr; $$)

🛍 **Einkaufen: Riley and McCormick,** 209 8th Ave. SW, Calgary, ℘ 403/262-1556, (Traditions-reicher Western-Store. Hier gibt es alles, was das Cowboyherz begehrt: Sättel, Stiefel, handgearbeitete Gürtel, Hemden, Jeans und natürlich Stetsons in allen Ausführungen)

Alberta Boots, 614–10th. Ave., Cal-gary, ℘ 403/263-4623 (Kanadas größ-tes Geschäft für Cowboystiefel)

Cottage Craft Gifts & Fine Arts, 6503 Elbow Dr. S.W., Calgary, ℘ 403/252-3797 (Indianer- und Eskimo-Kunst. Di–Sa 9.30–17.30, Fr bis 21 Uhr)

🍸 **Entertainment: Ranchman's South,** 9615 MacLeod Trail S., Calgary, ℘ 403/253-1100 (die Western-Bar mit Top-Country-Entertainment; So geschlossen)

The Highlander, 16th Ave./17th St. N.W., Calgary, ℘ 403/289-1961 (sehr beliebte Disco, auch Live-Entertain-ment)

Stage West, 727 – 42nd Ave. S.E., Calgary, ℘ 403/243-7077 (Dinner-Theater mit populären Broadway-Pro-duktionen)

Lunchbox Theatre, Box Valley Square, 205-5th Ave. S.W., Calgary, ℘ 403/265-4297 (Mo–Sa 12 Uhr. Etwas Besonderes: Theater in der Mit-tagspause. Das Programm reicht von klassischen Stücken bis zu den neue-sten Broadway-Produktionen)

Calgary Centre for Performing Arts, 205-8th Ave. S.E., Calgary, Karten

403/299-8888, Programminformation, 294-7455 (Calgarys Theater- und Konzertzentrum. Hier finden die Veranstaltungen des Calgary Philharmonic Orchestra, des Alberta Theatre Project und des Theatre Calgary statt)

Aktivitäten: Chinese Cultural Centre, 197-1st St. SW, Calgary, 403/262-5071 (der neue Mittelpunkt von Chinatown, mit Restaurant und Ausstellungen)

Alberta College of Arts, 1407-14th Ave. N.W., Calgary, 403/284-7600 (Ausstellungen moderner Kunst; Öffnungszeiten telefonisch erfragen)

Alberta Science Centre/Centennial Planetarium, 701-11th St. S.W., Calgary, 403/264-4060, 221-3700 (großes Planetarium und Observatorium, Museum mit Flugzeugen und Raketenmodellen; Öffnungszeiten telefonisch erfragen)

Balloon Dimensions, Calgary, AB, 403/254-5246 (Flüge mit dem Heißluftballon)

Brewster Transportation & Tours, 403/762-6700, Calgary (Stadtrundfahrt 4½ Stunden: Downtown, Fort Calgary und Heritage Park. Touren in die Rockies, die längste [12 Stunden] schließt einen Besuch des Columbia-Eisfeldes ein; alle Touren führen über Banff)

Calaway Park, Am Hwy. 1–6 km westl. von Calgary, 403/240-3822 (West-Kanadas größter Vergnügungspark; 21. Juni–31. Aug. täglich 10–20 Uhr, 15. Mai–20. Juni Fr 17–22 Uhr, Sa–So 10–20 Uhr; Sept.–Okt. Sa/So 11–18 Uhr)

Calgary Tower, 101–9th Ave. S.W., Calgary, 403/266-7171 (Blick auf Calgary und die Rocky Mountains, 16. Mai–14. Sept. tägl. 7.30–24 Uhr;

15 Sept.–15 Mai 8–24 Uhr)

Calgary Zoo, 1300–200 Rd. St. George's Island, Calgary, 403/232-9300 (Kanadas zweitgrößter Zoo, Tropenhaus, lebensgroße Dinosauriernachbildungen, Streichelzoo; Öffnungszeiten erfragen; Ende Mai [Victoria Day]–Anfang Sept. [Labour Day] tägl. 9–18 Uhr, im Winter tägl. 9–16 Uhr)

Canada Olympic Park, West, auf Hwy. 1, Calgary, 403/247-5452 (Schauplatz der Winterolympiade von 1988. Im Winter können Touristen eine Fahrt auf der Bob-Bahn wagen. Das Sportmuseum Hall of Fame ist tägl. 9–17 Uhr geöffnet; andere Aktivitäten tel. erfragen)

Devonian Gardens, Toronto Dominion Square, 4. Etage, zwischen 2nd und 3rd St. S.W., Calgary, 403/268-5207 (gigantischer Dachgarten mit über 20 000 subtropischen Pflanzen; tägl. 9–21 Uhr)

Fort Calgary Historic Park, 750–9th Ave. S.E., Calgary, 403/290-1875 (Ausstellungen und audio-visuelle Präsentationen zu Calgarys Geschichte; tägl. 9–17 Uhr)

Glenbow Museum, Calgary Convention Centre, 130–9th Ave. S. E., Calgary, 403/268-4100 (Ausstellungen von Werken indianischer Künstler, Eskimokunst; zahlreiche Exponate aus der Geschichte West-Kanadas, Waffensammlung; Di–So 10–18 Uhr)

Grain Academy Plus 15 Ebene, Round-Up-Centre, Calgary Stampede Park, 403/263-4594 (Wissenswertes über Getreide, Lagerung und Transport; Mo–Fr 10–16 Uhr)

Heritage Park Historical Village, 14th St./1900 Heritage Dr. S.W., Calgary, 403/259-1900, 259-1910 (in über 90 historischen Häusern, Läden und Werkstätten wird das Leben der frühen Siedler dargestellt; 22. Mai–

11. Okt.; Öffnungszeiten erfragen)
Tsuut'ina Museum, 3700 Anderson
Road, Calgary, ℘ 403/238-2677
(Ausstellung über die Geschichte der
Sarcee-Prärieindianer; Mo–Fr 8–16
Uhr)

Cambridge Bay (NT)

**ℹ️ Information: Arctic Coast
Tourism Association,**
P.O. Box 91, Cambridge Bay,
NT XOA OHO, ℘ 403/983-2224,
Fax: 403/983-2302

**🛏️ Unterkunft: Arctic Islands
Lodge,** P.O. Box 92, Cambridge
Bay, NT XOE OCO, ℘ 403/983-2345,
Fax 403/983-2480 (25 Zimmer.
An der Nordwestpassage gelegen.
Arrangiert auch Exkursionen)

🚶 Aktivitäten: Char Lines,
P.O. Box 54, Cambridge Bay,
NT XOE OCO, ℘ 403/983-2744 (Exkur-
sionen und Charter Services)

Campbell River (BC)

**ℹ️ Information: Campbell River
Info Centre,**1235 Shoppers Row,
Campbell River, BC VOW 5B6,
℘ 250/287-4636, Fax 286-6490

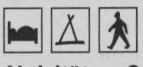 **Unterkunft/
Camping/
Aktivitäten: Campbell River Lodge
and Fishing Resort,** 1760 N. Island
Hwy., Campbell River, BC V9W 2E7,
℘ 250/287-7446, Fax 287-4063
(Resort 1,6 km nördl. vom Stadtzen-
trum am Hwy. 19, am Campbell River.
Rustikale Atmosphäre, schöner Blick,
Lounge, Entertainment, Sauna, Whirl-
pool, Angeltouren, Tauchen; Ausflüge
nach Gold River und zum Strathcona
Provincial Park; $$)
Passage View Motel, 517 Island Hwy.,
Campbell River, BC V9W 2B9,
℘ 250/286-1156, Fax 286-1139 (Blick
auf Meer u. Inseln, Hochseeangeln;
1 km südl. von Campbell River; $–$$)
Heriot Bay Inn, P.O. Box 100, Heriot
Bay, BC VOP 1HO, ℘ 250/285-3322,
Fax 285-2708 (in schöner Lage auf
Quadra Island; Bed & Breakfast,
Restaurant, Cottages, Camping; mit
der Fähre von Campbell River nach
Quadra Island, dann 10 Min. Fahrt zum
Anleger der Cortez-Fähre)
Tsa-Kwa-Luten Lodge, P.O. Box 460,
Quathiaski Cove, BC, ℘ 250/285-
2042, Fax 285-2532 (schön gelegen,
am Strand auf Quadra Island; von
Indianern geführt, mit indianisch
inspirierten Menüs)
**Kwakiutl Museum and Cultural
Center,** Quadra Island, BC, ℘ 250/285-
3733 (3,6 km südl. v. Fähranleger; Aus-
stellung traditioneller Potlatch-Gegen-
stände; Öffnungszeiten erfragen)

 Verkehrsmittel: BC-Fähren,
Campbell River nach Quadra
Island; Auskunft und Reservierungen:
℘ 250/624-9627

Cape Dorset (NT)

**🛏️🚶 Unterkunft/Aktivitäten:
Kingnait Inn,** Cape
Dorset, NT XOA OCO, ℘ 819/897-
8863, Fax 897-8807 ($$$)
Cape Dorset Tourism Committee,
General Delivery, Cape Dorset,
NT XOA OCO, ℘ 819/897-8943,
Fax 819/897-8030 (arrangiert Touren
in der Cape Dorset-Region)

Cardston (AB)

Aktivitäten: Remington-Alberta Carriage Centre, 623 Main St., Cardston, AB, ℘ 403/653-5139 (über 200 Kutschen aus dem 19. u. frühen 20. Jh. und weitere Ausstellungen; 15. Mai–Anfang Sept. [Labour Day] 9–20 Uhr, im Winter 9–17 Uhr)
C. Ora Card Home, 337 Main St., Cardston, AB, ℘ 403/653-4322 (Blockhütte des Mormonenführers; Juni–Aug. Mo–Sa 10–17 Uhr)

Castlegar (BC)

Unterkunft/Restaurant: Best Western Fireside Motor Inn, 1810–8th Ave., Castlegar, BC V1N 2Y2, ℘ 250/365-2128, Fax 365-2158 (2stöckiges Gebäude mit Restaurant, Zimmer mit Kühlschrank, z.T. mit Balkon; $–$$)

Aktivitäten: Doukhobor Historic Village, Hwy. 3A, East Castlegar, BC, ℘ 250/365-6622 (Museumsdorf, in dem das Leben der Duchoborzen, einer russischen Sekte, um die Jahrhundertwende gezeigt wird. Im Sommer tägl. 9–17 Uhr)

Churchill (MB)

Information: Visitor Reception Centre, Bayport Plaza, Churchill, MB, ℘ 204/675-8863, Fax 204/675-2026 (Information und Ausstellungen zur Pelzhändlergeschichte)

Unterkunft: Polar Inn, 15 Franklin St., Box 1031, Churchill, MB ROB OEO, ℘ 204/675-8878, Fax 204/675-2647, (kleines, sauberes Motel; $$)

Tundra Inn, 34 Franklin St., Box 999, Churchill, MB ROB OEO, ℘ 204/675-8831, Fax 204/675-2764 (mit Whirlpool; $$)

Restaurant: The Trader's Table, Churchill, MB, ℘ 204/675-8804 (Originelle Einrichtung mit Memorabilien aus dem Norden. Besonders empfehlenswert sind die Nordlandspezialitäten wie Karibufleisch, Elcheintopf und gebratener Saibling; $$)

Aktivitäten: Fort Prince of Wales, Churchill, MB, ℘ 204/675-8863 (Bootstouren zu den Überresten des HBC Forts; Start: Besucherzentrum in Churchill)
VIA-Rail Travel Bureau, 123 Main St., Winnipeg, MB, ℘ 204/944-8780 (6tägige VIA-Rail-Canada-Explorer-Tour von Winnipeg nach Churchill an der Hudson Bay; Juni–November)
Tundra Buggy Tours, P. O. Box 622, Churchill, MB ROB OEO, ℘ 204/675-2121, Fax 675-2877
Churchill Wilderness Encounter, P.O. Box 9, Churchill, MB ROB OEO, ℘ 204/675-2248, Fax 675-2045 (Beide Unternehmen bieten Tundratouren in Spezialfahrzeugen an. Spezialität ist die Beobachtung von Eisbären; Saison: Ende Oktober/Anfang November. Im Sommer Vogelpirsch und Beobachten von Belugawalen)
Eskimo Museum, La Verendrye St., Churchill, MB, ℘ 204/675-2030 (Exponate aus der Kulturgeschichte der Eskimos; gute Eskimokunst; Mo 13–17 Uhr, Di–Sa 9–12 u. 13-17 Uhr)

Clinton (BC)

Aktivitäten: South Cariboo Historical Museum, Cariboo Hwy., Clinton, BC, ℘ 250/459-2442

(Pioniermuseum im ehemaligen Gerichtsgebäude des *hanging judge* Matthew Begbie; im Sommer tägl. 10–17 Uhr)

Cowichan Bay (BC)

Restaurants: Bluenose Restaurant, 1765 Cowichan Bay Road, Cowichan Bay, ✆ 250/748-2841 (direkt am Wasser; Meeresfrüchte u. Gegrilltes; $$)

Cowichan Bay Maritime Centre, 1761 Cowichan Bay Road, Box 787, Duncan, BC V9L 3Y1, ✆ 250/746-4955 (Ausstellung, Kurse und Workshops – vom Bootbauen bis zur Meeresökologie)

Aktivitäten: »Meriah« and Great Northwestern, Cowichan Bay, B.C. V0R 1N0, ✆ 250/748-7374, Fax 250/748-6525 (mehrstündige und ganztägige Segeltörns mit der klassischen 18-Meter-Ketch »Meriah«, Baujahr 1935, auch zweitägige Exkursionen in den Gulf Islands)

Cypress Hills Prov. Park (AB)

Information: Cypress Hills Provincial Park, P.O. Box 12, Elk-Water, AB T0J 1C0, ✆ 403/893-3777

Cypress Hills Prov. Park (SK)

Information: Cypress Hills Provincial Park, Hwy. 21, südlich von Maple Creek, SK ✆ 306/662-4411 (Aktivitäten: Reiten, Wandern, Camping)

Aktivitäten: Fort Walsh National Historic Park, am Hwy. 271, 55 km südwestlich von Maple Creek, Sask. ✆ 306/662-3590, 662-2645 (restaurierter Stützpunkt der North-west Mounted Police und Pelzhandelsstation; tägl. 9–17.30 Uhr vom 22. Mai–11. Okt.)

Dauphin (MB)

Aktivitäten: Ukrainian Folk Art Centre and Museum, 12 km südlich, ✆ 204/638-5645, (restaurierte Siedlerstätte mit Kirche)

Dawson City (YT)

Information: Dawson City Visitor Reception Center, Front St./King St, Dawson City, YT, ✆ 403/993-5566

Unterkunft: Downtown Hotel, 2nd. Ave. Queen St., Dawson, YT Y0B 1G0, ✆ 403/993-5346, Fax 403/993-5076 (neu restauriertes Goldgräberhotel; $$$)

Klondike Kate's Motel, P.O. Box 777, Dawson City, Y. T. Y0B 1G0, ✆ 403/993-6527, Fax 993-6044 (Zimmer in authentischer 1898er Goldrausch-Atmosphäre, Restaurant/Lounge; $$)

Triple J Cabins & Motel, Queen St./5th St., Dawson City, ✆ 403/993-5323, Fax 993-5030 (nettes Motel am Rand der Downtown; $$–$$$)

Dawson City Bed & Breakfast, 451 Craig Street, Dawson City, ✆ 403/993-5649, Fax 403/993-5648 ($–$$)

Camping: Gold Rush Campground, 5th Ave. & York St., P.O. Box 198, Dawson City, YT Y0B 1G0, ✆ u. Fax 403/993-5247

Restaurants: Klondike Kate's Restaurant, 3rd Ave. & King St., Dawson City, ✆ 403/993-6527 (gute Auswahl, historisches Ambiente, guter Kaffee; Mai–Sept. tägl. 7–23 Uhr)

Triple »J« Cafeteria, 6th Ave./Queen St., Dawson City, ℰ 403/993-5323 (herzhaft und preiswert; $–$$)

Einkaufen: Claim 33, km 10 am Bonanza Creek, Dawson City, ℰ 403/993-5804 (preiswerter Goldschmuck direkt aus den *claims;* wer will, kann selbst Gold waschen)
Dawson Trading Post, P.O. Box 889, Dawson City, YT YOB 1 G0, ℰ 403/993-5316 (Vermietung von Kanus, Camping-, Angel- und Jagdausrüstung)

Aktivitäten: Palace Grand Theatre – Gaslight Follies, King St./3rd. Ave., Dawson City, ℰ 403/993-6217 (historisches Opernhaus der Goldgräber; tägl. außer Di. um 20 Uhr großes Melodrama und Varieté; sehr empfehlenswert)
Diamond Tooth Gertie's Saloon & Gambling Hall, 4th Ave./Queen St., Dawson City (einzige legale Spielbank Kanadas; Black Jack und Roulette; 14. Mai–24. Sept. tägl. 19–2 Uhr morgens geöffnet)
Dawson City Museum & Historical Society, 5th Ave./Church St., Dawson City, ℰ 993-5291 (Ausstellungen über die Goldgräberzeit, Film- und Dia-Vorführungen; im Sommer tägl. 10–18 Uhr)
Gold Room-Canadian Imperial Bank of Commerce, Front St., Dawson City (Ausstellungen zu den Goldfunden am Klondike im ersten Stock der Bank; im Sommer tägl. 10–15 Uhr)
Robert Service Cabin, 8th Ave./Church St., Dawson City (Hütte des Dichters Robert Service; 21. Mai–11. Sept. tägl. 9–17 Uhr, Dichterlesungen um 10 u. 15 Uhr)
Gold City Tours, Dawson City, ℰ 403/993-5175 (Sightseeing, geführte Stadttouren, Goldwaschen)
Pleasure Island Restaurant, Yukon River Cruise & Salmon Barbecue Dawson City, ℰ u. Fax 403/993-5482 (»All-you-can-eat« Lachsbuffet und Ausflugsfahrt auf dem Yukon River)

Dawson Creek (BC)

Information: Dawson Creek Visitor Information Center, North Alberta Railway Park, Alaska Ave. u. 10th St., ℰ 250/782-9595 (Pionier-Museum u. Kunstgalerie im Sommer tägl. 8–20 Uhr, im Winter Di–Sa 9–17 Uhr)

Unterkunft/Restaurant: Alaska Café and Pub, Nähe Milepost O, Dawson Creek, BC, ℰ 250/782-7998 (Hotel), 250/782-7040 (Cafe), Fax 250/782-6277 (historisches Bed & Breakfast Hotel, empfehlenswertes Restaurant mit Brunch, Lunch und Dinner)

Camping: Mile »O« Campsites, 900 Alaska Avenue, Dawson Creek, BC V1G 4T6, ℰ 250/782-7144 u. 2590 (1 Meile westl. der Kreuzung von Hart und Alaska Hwy.)

Denali National Park (AK)

Information: Denali Nationalpark and Preserve, P. O. Box 9, Denali National Park, AK 99755, ℰ 907/683-2686, 683-2294

Unterkunft: Denali Cabins, P.O. Box 229, Denali National Park, AK 99755, ℰ 907/683-2643, Fax 683-2595 (43 Blockhütten in der Nähe des Nationalpark-Eingangs)
Denali Backcountry Lodge, P.O. Box 189, Denali National Park, AK 99755,

907/683-2594, Fax 683-1341 (Wildnislodge im Herzen des Parks; Blockhütten mit Bad; Restaurant, Lounge, Goldwaschen, Flußfahrten, Hiking)

Denali Park Hotel & Mc Kinley Chalet Resort, Denali National Park, P.O. Box 202516, Anchorage, AK 99520, 907/276-7234, Fax 907/258-3668 (Hotel, Lodge, luxuriöses Resort; div. Touren und Aktivitäten möglich)

Kantishna Roadhouse, Box 130, Denali National Park, AK 99755, im Sommer 907/683-1475, Fax 907/683-1444 (Wildnisresort am Ende der Nationalparkstraße, Unterbringung in Hütten mit eigenem Bad; Fotoexkursionen, Bergwandern, Goldwaschen, Rundflüge)

Denali Hostel, Mile 1,3 Otto Lake Road, P.O. Box 801, Denali National Park, AK 99755-0801, 907/683-1295, Fax 683-2106

Camping: Camp Denali, P.O. Box 67, Denali National Park, AK 99755, im Sommer 907/683-2290, im Winter 603/675-2248, Fax 603/675-9125 (am Fuße des Mt. McKinley im Herzen des Nationalparks; Hütten mit Küche und Pauschalangebot, incl. Mahlzeiten; Programm mit Wandern, Kanufahren, Fotokursen)

McKinley KOA Campground, Mile 248.5 Parks Highway, nördl. vom Denali-Nationalpark, P.O. Box 340, Healy, AK 99743, 907/683-2379, Fax 907/683-2281

Restaurant: Overlook Bar & Grill at the Crow's Nest, Denali National Park, 907/683-2723, (kostenloser Zubringer; Lunch u. Dinner mit herrlicher Aussicht auf die Alaska-Berge; Steaks, Meeresfrüchte, Hamburger; Mitte Mai–Mitte Sept.; $$)

Dinosaur Prov. Park (AB)

Information: Dinosaur Provincial Park, P.O. Box 60, Patricia, AB T0J 2K0, 403/378-4342

Drumheller (AB)

Unterkunft: Hoo-Doo Motel, Drumheller, AB T0L OM0, 403/823- 5662 (preiswertes Hotel, 1 km südl. von Drumheller am Hwy. 9; $–$$)

Camping: Dinosaur Trail RV Resort, Drumheller, AB, 403/823-9333 (in den Badlands, am Fluß gelegen, 173 Plätze; geheizter Pool, Kanufahren, alle Services)

Aktivitäten: Royal Tyrrell Museum of Paleontology, Dinosaur Trail (Hwy. 838) nordwestl. von Drumheller 403/823-7707 (mit 35 vollständigen Dinosaurier-Skeletten eine der größten Sammlungen der Welt; Ende Mai [Victoria Day]. Anfang Sept. [Labour Day] tägl. 9–21 Uhr, im Winter Di–So 10–17 Uhr)

Atlas Coal Mine Museum, 18 km östl. am Hwy. 10, Drumheller, 403/822-2220 (geführte Touren; 16. Mai–1. Sept. 9–18 Uhr)

Duncan (BC)

Aktivitäten: British Columbia Forest Museum, Hwy. 1, 1,5 km nördl. von Duncan, B.C., 250/746-1251 (B.C.'s größtes Forstmuseum; Ausstellungen, Führungen, Fahrt mit einem *logging train;* Mai–Sept. tägl. 9.30–18 Uhr)

Native Heritage Centre, 200 Cowichan Way, westl. vom

Hwy. 1, Duncan, B.C. ✆ 250/746-8119
(Kultur der Nordwestküsten-Indianer;
Ausstellungen, Vorführungen, Work-
shops; Mitte Mai–Mitte Okt. tägl.
9.30–17.30 Uhr, im Winter 10–16
Uhr)

Eagle Plains (YT)

  **Unterkunft/Camping:
Eagle Plains Hotel,**
Dempster Highway, km 371,7, ✆ u. Fax
403/ 979-4187 (Hotel, Restaurant,
Campground)

Edmonton (AB)

**Information: Edmonton
Tourism,** 104–9797 Jasper Ave.,
Edmonton, AB T5J 1 N9,
✆ 403/496-8400, 1-800-463-4667
Edmonton Parks and Recreation,
Edmonton, ✆ 403/496-4999 (Aus-
künfte über Sportaktivitäten)

Unterkunft: Hotel McDonald,
10065 – 100th St., Edmonton,
AB T5J 0NG, ✆ 403/424-5181,
Fax 424 8017 (Edmontons klassisches
Hotel im Chateau-Stil, gerade erst
renoviert, Hallenbad, gutes Restaurant; mit schönem Blick über das Flußtal; $$$$)
Fantasyland Hotel and Resort, West
Edmonton Mall, 17700–87 Ave.,
Edmonton AB T5T 4V4, ✆ 403/444-
3000, Fax 444-3294 (es gibt Themen-
Zimmer, z. B. Hollywood Traumsuiten,
römischer Palast, sogar Betten auf der
Ladefläche von *pick up trucks.* Die nor-
malen Zimmer sind groß, gut eingerich-
tet, mit Jacuzzi im Zimmer und einer
voll verglasten Wand, die einen weiten
Blick über die Stadt erlaubt; $$$)
Delta Edmonton Centre Suite Hotel,
10222 – 102nd St., Edmonton,

AB T5J 4C5, ✆ 403/429-3900,
Fax 426-0562 (erstklassiges Hotel
mit Pool, Restaurant, zentral gelegen;
sehr zu empfehlen; $$$)
Saxony Hotel, 15540 Stoney Plain Rd.,
Edmonton, ✆ 403/484-3333,
Fax 489-3774 (etwa 10 Min. vom Zentrum, spanisches Dekor, preiswert;
erstklassiges Restaurant, *coffee shop,*
geheizter Dachpool, Sauna, Lounge mit
Entertainment; $$)
YMCA, 10030 – 102nd. Ave., Edmon-
ton, ✆ 403/421-9622 (für Männer,
Frauen, Paare; modern, komfortabel,
Pool, Fitneßmöglichkeiten; $)
YWCA, 10305 – 100th Ave., Edmon-
ton, ✆ 403/423-9922 (nur für Frauen;
modern, komfortabel, Pool, Fitneßmög-
lichkeiten; $)

**Camping: Klondike Valley
Campground,** 1660 Calgary Trail,
Edmonton, am Südrand der Stadt, Hwy.
2 u. Ellerslie Rd., ✆ 403/988-5067
(165 Plätze, ruhige Lage am Blackmud
Creek, kompletter Service)

Restaurants: The Creperie,
10220–103rd St., Edmonton,
✆ 403/420-6656 (beliebt und gemüt-
lich; zu empfehlen: Cordon bleu, Geflü-
gel, Crepes, Schokoladenfondue;
Mo–Sa bis 23.30, So bis 21 Uhr; $$)
Yeoman Steak House,10030–107th
St., Edmonton, ✆ 403/423-1511 (die
Adresse für Gegrilltes; stilvoll einge-
richtete Räume, köstlich der heiße
Apfelstrudel mit Rumsoße; tägl. bis
24 Uhr; $$$)
The Russian Tea Room, 10312 Jasper
Ave. Edmonton, ✆ 403/426-0000 (ge-
mütlich; russische Spezialitäten; $$)
La Ronde Revolving Restaurant,10111
Bellamy Hill (Holiday Inn Crowne Plaza),
Edmonton, ✆ 403/428-6611 (schöner
Panoramablick; Mo–Sa 17.30–23.30

Uhr, So. 10.30–14.30 u. 17.30–23.30
Uhr; $$)

Einkaufen: Old Strathcona,
Whyte Ave. (zwischen 103rd St.
u. 106th St.), Edmonton (historische
Gebäude mit zahlreichen Geschäften,
Restaurants und Boutiquen)
The Boardwalk Market, 87th Ave.,
170th St., Edmonton (zwei restaurierte
Lagerhäuser mit kleinen Spezialitäten-
geschäften und Restaurants)
The High Street, 124th St. (zwischen
102nd Ave. u. 109th Ave.), Edmonton
(Boutiquen, Buchläden, Bistros,
Restaurants, Kunstgalerien)
West Edmonton Mall, 8770–170th
St., Edmonton (über 400 Geschäfte
und der weltgrößte Indoor-Vergnü-
gungspark unter einem Dach; Wellen-
bad mit Strand; auch So geöffnet)

**Entertainment: Cook County
Saloon,** 8010–103rd Street (Old
Strathcona), Edmonton, ☏ 403/432-
2665 (top live Country Music Club)
The Thunderdome, 9933 Argyll Road,
Edmonton, ☏ 403/433-3663 (Live
Rockmusik auf zwei Ebenen);
Club Malibu, 10310–85th Ave (Old
Strathcona), Edmonton ☏ 403/432-
7300 (populäre Disco; vielfältiges Pro-
gramm)
Northern Alberta Jubilee Auditorium,
11455–87th Ave., Edmonton, ☏ 427-
9622 (Programm von Ballett bis Jazz,
hier spielt auch das Edmonton Sym-
phony Orchestra)
Stage West, Mayfield Inn, 16615–
109th Ave., Edmonton, ☏ 403/483-
4051 (eines der erfolgreichsten Dinner-
Theater in Kanada: Spannendes auf
der Bühne, leckere Menüs; Aufführun-
gen tägl. 20.30 Uhr)
The Citadel Theatre, 9828–101 A Ave.,
Edmonton, ☏ 403/426-4811 (Theater,

Workshops, Seminarräume und ein
Restaurant unter einem Dach; faszinie-
rende Glasarchitektur; Klassiker und
Stücke zeitgenössischer kanadischer
Autoren)

**Aktivitäten: Klondike Jet
Boats,** Laurier Park (beim Valley
Zoo), Edmonton, ☏ 403/486-0896
(Ausflugstouren mit dem Jet-Boot auf
dem North Saskatchewan River; Mai–
Oktober, Reservierung erforderlich)
Big Sky Helicopters, 11210-215th St.,
Edmonton, ☏ 403/447-4534 (Rund-
flüge über Edmonton)
Windship Aviation, 5615-103rd
Street, Edmonton, ☏ 403/438-0111
(Fahrten mit dem Heißluftballon)
Edmonton Art Gallery, Sir Winston
Churchill Square, 99th St. u. 102nd A
Ave., Edmonton, ☏ 403/422-6223
(Kunstausstellungen mit Rahmenpro-
gramm, über 1200 Exponate kanadi-
scher und internationaler Kunst;
Mo–Mi 10.30–17 Uhr, Do–Fr 10.30–
20 Uhr, Sa–So u. Feiertage 11–17 Uhr)
**Edmonton Space and Science Cen-
ter,** 111th Ave./142nd St., Edmonton,
☏ 403/451-7722, 451-3344 (größtes
Planetarium in Kanada, Raumfahrtaus-
stellung; tägl. 10–22 Uhr, Sept.–Juni
Mo geschlossen)
Fort Edmonton Park, Whitemud Free-
way/Fox Dr. Edmonton, ☏ 403/496-
8787 (Nachbau des Hudson's Bay-Han-
delspostens Fort Edmonton und histori-
scher Straßen aus dem Edmonton des
vorigen Jahrhunderts. Ende Mai [Victo-
ria Day Weekend] – Anfang Sept.
[Labour Day Weekend] 10–18 Uhr, Öff-
nungszeiten im Winter tel. erfragen)
Muttart Conservatory, 98th Ave./
96 A St., Edmonton, ☏ 403/496-8755
(Botanische Gärten in vier großen
Glaspyramiden, So–Mi 11–21 Uhr,
Do–Sa 11–18 Uhr)

Old Strathcona Model & Toy Museum, 8603-104 St., Edmonton, ℘ 403/433-4512 (für Kinder und Modellbauer interessantes Museum im historischen Stadtviertel; 1. Juni–Anfang Sept. Mo–Di 12–17, Mi–Fr 12–20, Sa 10–18, So u. Feiertage 13–17 Uhr, im Winter Mo u. Di geschlossen)

Provincial Museum and Archives of Alberta, 12845-102nd Ave., Edmonton, ℘ 403/453-9100 (große Ausstellungskomplexe zu Albertas Geschichte: Indianer, Pelzhändler und Siedler, Anfang Juli [Victoria Day Weekend] – Anfang Sept. [Labour Day Weekend] tägl. 9–20 Uhr, im Winter Di–So 9–17 Uhr)

Royal Tours, ℘ 403/488-9040, (3½stündige Stadtrundfahrten mit Besuch der West Edmonton Mall, der University of Alberta, des Jubilee Auditoriums, Fort Edmontons und des Centennial Museums; Abfahrt 13.10 Uhr)

Valley Zoo, 134th St./Buena Vista Rd., Edmonton, ℘ 403/496-6911 (kleiner Zoo mit Vergnügungspark; Mai–Juni 10–18 Uhr, Juli–Anfang Sept. [Labour Day] 10–21 Uhr)

Elk Island National Park (AB)

Information: Elk Island National Park, Site 4, R. R. 1, Fort Saskatchewan, AB T8L 2N7, ℘ 992-6392

Ellesmere National Park (NT)

Aktivitäten: Bradley Air Services, Resolute Bay, NT, XOA OVO Tel., ℘ 819/252-3981, Fax 252-3794 (Charterflüge in den Park)

Fairbanks (AK)

Information: Fairbanks Convention & Visitors Bureau, 550 1st Ave., Fairbanks, AK 99701, ℘ 907/456-5774, 1-800-327-5774, Fax 907/452-2867

Unterkunft: Westmark Inn, 813 Noble St., Fairbanks, AK 99701, ℘ 907/456-7722, Fax 907/451-7478 (komfortabel, Restaurant und Lounge, kostenlose Abholung vom Flughafen; $$$–$$$$)

Northern Lights Hotel, 427 1st Ave., Fairbanks, AK 99701, ℘ 907/561-5200, Fax 907/563-8217 (großes Hotel am Chena River in der Innenstadt; Restaurant und Bar; $$$)

Fairbanks Bed & Breakfast, P. O. Box 74573, Fairbanks, AK 99701, ℘ 907/452-4967, Fax 451-5955

Camping: Chena Hot Springs, 100 km nordöstlich Fairbanks' am Ende der Chena Hot Springs Road; heiße Quellen, gemütliche Lodge, Wanderwege)

River's Edge Campground, 4140 Boat St., Fairbanks, AK 99709, ℘ 907/474-0286, 1-800-770-3343 (am Cheena River, Nähe Shopping Center)

Restaurants: The Pump House, Mile 1, 3 Chena Pump Rd., Fairbanks, ℘ 907/479- 8452 (von außen unscheinbare Wellblechbaracke des alten Pumphauses [denkmalgeschützt] in herrlicher Lage am Chena River; antikes Mobiliar, vorzügliche Küche; beim Mittagsbuffet kann man die Schaufelraddampfer vorbeiziehen sehen; $$)

Alaska Salmon Bake, Mining Valley, Alaskaland Airport Way, Fairbanks, ℘ 907/452-7274 (*spareribs,* Heilbutt

oder Lachs beim traditionellen Barbecue im Freien; $$)
Malemute Saloon, Cripple Creek Resort, Ester, AK, ✆ 907/479-2500, 1-800-676-6925 (Restaurant mit Entertainment; $$)

Einkaufen: Larson's, 405 Noble St., Fairbanks, ✆ 907/456-4141 (Nuggetschmuck aus Alaskas traditionellem Goldgebiet um Fairbanks)
Santa Claus House, Mile 349 Alaska-Richardson Highway, North Pole, AK, ✆ 907/488-2200 (20 km östl. von Fairbanks; Souvenirs vom Weihnachtsbaumschmuck bis zur Postkarte; der Laden ist einen Besuch wert, hier macht der Kitsch schon wieder Spaß)

Aktivitäten: Riverboat Discovery, 1975 Discovery Drive, Fairbanks, ✆ 907/479-6673 (vierstündige nostalgische Schaufelraddampferfahrt auf Chena und Tanana River; tägl. 8.45 und 14 Uhr)
University of Alaska Museum, 907 Yukon Drive, Fairbanks, ✆ 907/474-7505 (Mai u. Sept. 9–17 Uhr, Juni–Aug. 9–19 Uhr)

Fort Langley (BC)

Aktivitäten: Fraser River Connection, 810 Quayside, New Westminster, B. C., ✆ 604/ 525-4465 (Touren auf dem Fraser River zwischen New Westminster und dem historischen Fort Langley)
Fort Langley National Historic Park, 6 km nördl. des Transkanada Hwy., Langley B. C., ✆ 604/888-4424 (originalgetreu rekonstruierter Handelsposten der Hudson's Bay Company; tägl. 10–16.30 Uhr, im Sommer bis 18 Uhr)

Fort MacLeod (AB)

Aktivitäten: Fort MacLeod Museum, 219-25 St., Fort McLeod, ✆ 403/553- 4703; Calgary: 403/265-0048 (Replika des alten Forts u. Geschichte der North West Mounted Police. Schauritte in der leuchtendroten Uniform der RCMP viermal tägl. im Juli u. Aug.; geöffnet Mai–Juni, tägl. 9–17 Uhr, Juli–Anfang Sept. tägl. 9–20.30 Uhr, Sept.–15. Okt. tägl. 9–17 Uhr, 16. Okt.–1. Mai Mo–Fr 9.30–16 Uhr)
Head-Smashed-In Buffalo Jump Interpretive Centre, Hwy. 85 (18 km westl. vom Hwy. 2), Fort MacLeod, ✆ 403/553-2731; Calgary: 403/265-0048 (einer der größten *buffalo jumps* Nordamerikas: im Sommer tägl. 9–18 Uhr, im Winter 9–17 Uhr, Mo geschlossen)
Empress Theatre, 219-25 St., Fort McLeod, ✆ 403/553-4404 (historisches *Vaudeville Roadhouse;* Juni–Aug., Aufführungen tägl. 20 Uhr; Sept.–Mai von Fr–Mo 19.45 Uhr Filmvorführungen)

Fort Simpson (NT)

Information: Nahanni-Ram Tourism Association, P.O. Box 177, Fort Simpson, NT, ✆ 403/695-3182, Fax: 403/695-2511

Fort Smith (NT)

Information: Fort Smith Tourist Information Bureau, 56 Portage Ave., Fort Smith, NT, ✆ 403/872-2515

 **Unterkunft/Aktivitäten: Subarctic Wildlife Adventures,** Box 685, Fort Smith,

NT X0E 0P0, ✆ 403/872-2467,
Fax 402/872-2126 (Bed & Breakfast
und Veranstalter von Touren)

Fort St. James (BC)

**Aktivitäten: Fort St. James
National Historic Park,** Hwy. 27,
Fort St. James, B C, ✆ 250/996-7191
(originalgetreu rekonstruiertes Fort der
Hudson's Bay Company, 1806 von
Simon Fraser gegründet. Museum,
Führung; im Sommer tägl. 9–17 Uhr)

**Camping: Stuart River
Campground,** Roberts Road,
Fort St. James, BC, ✆ 250/996-8690
(wunderschön am Ufer des Stuart
River gelegen, Bootsverleih und
geführte Touren)

Fort Steele (BC)

**Unterkunft: Top of the World
Guest Ranch,** P.O. Box 29, Fort
Steele, BC V0B 1N0, ✆ 250/426-6306
(Ranch mit Rinder- und Pferdezucht,
6 km nördl. von Fort Steele am Fuße
der Rockys; kräftiges Essen, Unterbringung in Blockhütten, Trailritte, Angeln
und Kanufahren; $–$$)

**Aktivitäten: Fort Steele Histo-
ric Park,** Hwy. 95, 16 km nordöstl. von Cranbrook, ✆ 250/489-3351
(Museumsdorf mit 40 rekonstruierten
Häusern; Vorführungen von Handwerkskunst, Museum, Theater, Fahrten
mit Postkutsche und Dampflok; Juli bis
Sept. tägl.)

Garibaldi Prov. Park (BC)

Information: BC Parks,
Garibaldi/Sunshine Coast,
P.O. Box 220, Brackendale,

BC V0N 1H0, ✆ 604/898-3678,
Fax 604/898-4171 (Camping: nur
Wildnis-Plätze)

Glacier Bay National Park (AK)

**Information: Glacier Bay Natio-
nal Park and Preserve,** Gustavus, AK 99826, ✆ 907/697-2230

**Unterkunft/Aktivitäten:
Gustavus Inn,** P.O. Box
60, Gustavus, AK 99826, ✆ 907/697-
2254, Fax 907/697-2255 (kleines, inti-
mes Gasthaus mit exzellentem Essen
am Familientisch. Der kleine Gustavus
Airport wird täglich von Juneau aus
angeflogen. Abholung durch Gastgeberfamilie. Touren in den wenige Kilometer entfernten Glacier Nat. Park.
Geöffnet: 15. Mai–15. Sept. $$$, pro
Person, Mahlzeiten inklusive.
Glacier Bay Lodge, P.O. Box 199,
Gustavus, AK 99826, ✆ 907/697-
2226, 1-800-451-5952 (Sommer),
Reservierungen: 520 Pike St., Suite
1400, Seattle, WA 98101, ✆ 202/623-
2417, Fax 206/623-7809 (schöne Hüt-
ten im Wald; mit Gustavus durch eine
15 km lange Schotterstraße verbun-
den; hier beginnen auch die Touren in
die Glacier Bay, $$$ (preiswerte Unter-
kunft im Schlafsaal für Hiker, $)

Glacier National Park (BC)

**Information: Glacier National
Park,** P.O. Box 350, Revelstoke,
B.C. V0E 2S0, ✆ 250/837-7500
(3 Campingplätze)

**Unterkunft: Best Western
Glacier Park Lodge,** Glacier
National Park, Rogers Pass (75 km östl.
von Revelstoke), ✆ 250/837-2126

(Motel mit Lounge, Cafeteria [24 Std. ge-öffnet], Sauna, geheiztem Pool; $$)

Gleichen (AB)

 Aktivitäten: Siksika Nation Museum of Human History, Oldsun College (südwestl. von Glei-chen), ℘ 403/734-3862 (Displays und Exponate aus der Zeit von Colonel Mac-Leod und Chief Crowfoot; Mo–Fr 9–16.00 Uhr)

Glennallen (AK)

i **Information: Greater Copper River Visitor Center,** Glenn u. Richardson Hwys. Milepost 189, ℘ 907/822-5555 (tägl. 8–19 Uhr)

Unterkunft/Restaurant: Caribou Hotel and Restaurant, Glenn Hwy., Milepost 186,9, Glennallen, AK 99588, ℘ 907/822-3302, Fax 822-3711

Camping: Northern Nights Campground, Glenn Hwy., Mile-post 188,7 (Nähe Glennallen Visitor's Center), ℘ 907/822-3199

Aktivitäten: Gulkana Air Service, P. O. Box 342, Glenn-allen, AK 99588, ℘ 907/822-5532 (Flightseeing-Tours)

Golden (BC)

i **Information: Golden Travel Info Center,** 500-10th Ave. N., Gol-den, BC V0A 1H0, ℘ 250/344-7125

Unterkunft: Golden Rim Motor Inn, 1416 Golden View Rd., Golden, BC V0A 1H0, ℘ 250/344-2216, Fax 250/344-6673, (am Hwy. 1,

1½ km östl. Hwy. 95; schöner Blick, Zimmer auch mit Kitchenette, Pool, Restaurant; $$)

Grasslands National Park (SK)

i **Information: Grasslands National Park,** P. O. Box 150, Val Marie, Sask. S0N 2T0, ℘ 306/298-2257, 298-2042 (Office tägl. 8–16.30 Uhr, Infocenter vom 16. Mai–6. Sept., tägl. 8–18 Uhr)

Haines (AK)

i **Information: Visitor Center,** 2nd und Willard St., P.O. Box 530, Haines, AK 99827, ℘ 907/766-2234, 1-800-458-3579 (Juni–Aug. tägl. 8–20 Uhr, Sept.–Mai Mo–Sa 8–17 Uhr)

 Unterkunft/Restaurant: Hotel Hälsingland, P.O. Box 1589, Haines, AK 99827, ℘ 907/766-2000, Fax 907/766-2445 (im Fort Seward, viel Atmosphäre, schöne Lage; Restaurant auf frische Meeresfrüchte spezialisiert; sehr zu empfehlen. Außer den Buffet-Mahlzei-ten im alten Offizierskasino des Forts kann man auch gegenüber im Totem Village am Lachs-Grillen teilnehmen; $$–$$$) **Lighthouse Restaurant,** Main St., Haines, AK, ℘ 907/766-2442 (Dinie-ren mit Blick über den Hafen; $$)

Camping: Port Chilkoot Cam-per Park, Mud Bay Road, Fort Seward, Haines, AK 99827, ℘ 907/766-2000, 1-800-542-6363

Aktivitäten: Sheldon Museum and Cultural Center, Main St./1st Ave., Haines, ℘ 907/766-2366

(im Sommer tägl. 13–17 Uhr)

Chilkat Guides, P. O. Box 170, Haines, AK 99827, ☎ 907/766-2491, Fax 907/766-2409 (Flußfahrten durch das Weißkopfseeadler-Schutzgebiet am Chilkat River; Kajak und Backpack-Exkursionen im Glacier Bay National Park)

Chilcat Center for the Arts, Alaska Indian Arts Workshop, Fort William H. Seward, Haines, ☎ 907/766-2160 (Im Sommer treten hier auch die Chilkat Dancers auf. Workshop Mo–Sa von 9–12 u. 13–17 Uhr geöffnet)

Haines Junction (YT)

Information: Kluane Visitor Center, Haines Junction, YT, ☎ 403/634-2345 (Sommer)

Unterkunft: Kluane Park Inn, P.O. Box 5400, Haines Junction, YT Y0B 1L0, ☎ 403/634-2261, Fax 403/634-2273 (20 Zimmer, Hotel/Motel)

Camping: Kluane R.V. Kampground, P.O. Box 5496, Haines Junction, YT Y0B 1L0, ☎ 403/634-2709, Fax 403/634-2735 (Einkaufsmöglichkeiten, Angellizenzen)

Hay River (NT)

Information: Hay River Chamber of Commerce, Box 1278, Hay River, NT X0E 0R0, ☎ 403/874-6160

Unterkunft: Ptarmigan Inn, Hay River, NT X0E 0R0, ☎ 403/874-6781, Fax 403/874-3392 (in einem Gebäude mit Restaurant, Bar, Bank, Kunstgewerbeladen; $$$)

Restaurant: The Back Eddy, Hay River (über dem Drugstore

im Geschäfteblock; gute Steaks zu vertretbaren Preisen)

Hazelton (BC)

Camping: 'Ksan Campground, Box 440, Hazelton, BC V0J 1Y0, ☎ 250/842-5940 (an den Ufern von Skeena und Bulkley River; 60 Plätze in der Nähe des 'Ksan Indian Village)

Aktivitäten: 'Ksan Indian Village, Hwy. 16,6 km nördl. von New Hazelton, BC, ☎ 250/842-5723 (authentisch rekonstruiertes Gitksan-Indianerdorf mit Totempfählen und 7 Stammeshäusern; Workshop für Totempfahlschnitzer. Village: geöffnet 3. Mai–15. Okt. tägl. 9–18 Uhr, im Winter Mo–Fr 9–17 Uhr; Museum: Ende Mai [Victoria Day] – Anfang Sept. [Labour Day] tägl. 9–18 Uhr, im Winter telefonisch erfragen)

Hecla Prov. Park (MB)

Information: Hecla Provincial Park, P.O. Box 70, Riverton MB R0C 2R0, ☎ 204/279-2056, 378-2945 (erklärende Programme und geführte Touren)

Unterkunft: Solmundson Gesta Hus, General Delivery, Hecla, Man. R0C 1K0, ☎ 204/279-2088 (im historischen isländischen Dorf Hecla, schön gelegen, mit Blick über den Lake Winnipeg; Einzel- u. Doppelzimmer, alle Mahlzeiten)

Hells Gate (BC)

Aktivitäten/Restaurant: Hells Gate Air Tram, Am Hwy. 1, 11 km südlich von Boston Bar,

604/867-9277 (Gondelbahn über die Schlucht des Fraser River mit seinen Fischleitern; Ausstellungen über Lachse, Restaurant mit Blick auf den Fraser; Mai–Sept. tägl. 9–17 Uhr, im Winter 10–16 Uhr)

Homer (AK)

Information/Aktivitäten: Pratt Museum, 3779 Bartlett St., Homer, 907/235-8635 (im Sommer tägl. 10–18 Uhr; im Winter Di–So 12-17 Uhr; im Museum befindet sich auch das Visitor Information Center)
Homer Tours, 907/235-0530 (Sightseeing-Touren in Homer)
Discovery Adventures, P.O. Box 127, Homer, 907/235-6942 (Gletscher- und Kanutouren, Angeln, Hubschrauberflüge)

Unterkunft: Bay View Inn, P.O. Box 804, Homer, AK 99603, 907/235-8485, 1-800-478-8485, Fax 907/235-8716 (gemütliches Hotel, auch Kitchenettes; schön gelegen mit herrlichem Blick über die Kachemak Bay und Kenai Mountains)

Camping: Oceanview RV Park, P.O. Box 891, Homer, AK 99603, 907/235- 3951 (Camping mit schönem Blick auf die Kachemak Bay)

Restaurant: Cafe Cups, 162 W. Pioneer Ave., Homer, 907/235-8330 (Künstler-Café und Gourmet-Restaurant; $$)

Verkehrsmittel: Alaska-Fähre von Kodiak nach Seldovia, Kodiak, Seward, Port Lions, Valdez und Cordova (ganzjährig; Auskunft und Reservierungen: 907/235-8449, 1-800-9229, Fax 235-6907)

Hope (BC)

Unterkunft: Quality Inn, 350 Hope-Princeton Hwy., Hope, B.C., 604/869-9951 (Pool und Sauna, auch Zimmer mit Kitchenette; $$)

Inuvik (NT)

Information: Western Arctic Tourism Association, Box 2600, Inuvik, NT X0E 0T0, 403/979-4321, Fax: 403/979-2434

Unterkunft: Mackenzie Hotel, Inuvik (gegenüber der Igloo-Kirche), 403/ 979-2861, Fax 403/979-3317 (angenehme Atmosphäre, gutes Restaurant und nette, gemütliche Bar; $$$–$$$$)

Restaurant: The Mad Trapper, Inuvik, Downtown (wilde Bar mit Wänden voller Geldscheine mit Namen und Adresse; die Alteingesessenen führten diesen Brauch ein, damit sie nach ihrer Rückkehr aus dem Busch mit Sicherheit wenigstens ein Drink erwartete)

Iqaluit (NT)

Information: Nunavut Tourism, P.O. Box 1450, Iqaluit, NT X0A 0H0, 819/979-6551, 1-800-491-7910, Fax 819/979-1261 (Informationen über die östliche Region der Northwest-Territories)

Unterkunft: Discovery Lodge Hotel, P.O. Box 387, Iqaluit, NT X0A 0H0, 819/979-4433, Fax 819/979-6591 ($$$)
Frobisher Inn, P.O. Box 610, Iqaluit, NT X0A 0H0, 819/979-2222, Fax 819/979-0427 ($$$–$$$$)

Jasper (AB)

Information: Jasper National Park, 500 Connaught Dr., P.O. Box 10, Jasper, AB T0E 1E0, ✆ 403/852-6161
Jasper Park Chamber of Commerce, 632 Connaught Dr., P.O. Box 98, Jasper, AB T0E 1E0, ✆ 403/852-3858

Unterkunft: Jasper Park Lodge, Lodge Rd., über Maligne Lake Rd. zu erreichen, P.O. Box 40, Jasper, AB T0E 1E0, ✆ 403/852-3301, Fax 852-5107 (luxuriöse Ferienanlage am idyllischen Lac Beauvert; hervorragendes Restaurant; geheizter Pool, komplettes Programm an Aktivitäten; $$$$)
Jasper Inn, Bonhomme St./Geikie St., Jasper, AB T0E 1E0, ✆ 403/852-4461 (am Ortsrand; Chalets mit Küche, Zimmer; Restaurant, Pool, Sauna; $$$–$$$$)
Becker's Roaring River Chalets, Hwy. 93 (5 km südlich von Jasper), ✆ 403/ 852-3779, Fax 852-7202 (Chalets mit Kamin und Küche in schöner Lage. Mai– Okt.; Gourmet-Restaurant; $$–$$$)
Tekarra Lodge, Am Hwy. 93 A (1 km südlich von Jasper), ✆ 403/852-3058, Fax 852-4636 (geräumige, gemütlich eingerichtete Blockhäuser mit Kamin auf einem Waldgelände am Athabasca River; Restaurant; 7. Mai–2. Okt.; $$–$$$)
Whistlers Inn, 105 Miette St., Jasper, AB T0E 1E0, ✆ 403/852-3361, Fax 852-4993, (Restaurant, *coffee shop;* im Gebäude des Wildlife Museum, Zentrum; $$$)
Athabasca Hotel, 510 Patricia St., Jasper, AB T0E 1E0, ✆ 403/852-3386, Fax 852-4955 (schönes älteres Hotel mit Jagdhaus-Atmosphäre, Bergblick; Restaurant, *coffee shop,* Entertainment; $–$$)

Camping: Whistlers, 3 km südlich von Jasper, AB, ✆ 403/852-6161 (781 Plätze, mit Spielplatz: 1. Mai–15. Okt.)
Pocahontas, an der Straße nach Miette Hot Springs, Jasper National Park, ✆ 403/852-6161 (140 Plätze, 15. Mai–1. Sept.)

Restaurants: Jasper Park Lodge, Lodge Rd., über Maligne Lake Rd. zu erreichen, ✆ 403/852-6052 (mehrere exzellente Restaurants und Lounges mit herrlicher Aussicht; Breakfast, Lunch, Dinner; $$–$$$$)
Villa Caruso, 628 Connaught Dr., Jasper, ✆ 403/852-3920 (stilvoll eingerichtet, exzellente Küche – nicht nur italienisch; tägl. 11–2 Uhr; $$)
Something Else Restaurant, 621 Patricia St., Jasper, ✆ 403/852-3850 (Griechische Küche, Spezialitäten vom Grill; Pizzen; tägl. 11 bis 24 Uhr; $$)
Papa George's Restaurant, Astoria Hotel, 404 Connaught Dr., Jasper, ✆ 403/852-3351 (beliebtes Familienrestaurant mit großer Auswahl; Breakfast, Lunch, Dinner; $–$$)

Aktivitäten: The Brewster Transportation & Tours, Jasper, ✆ 403/852-3332 (Exkursionen zum Whistler Mountain, zum Columbia Icefield und nach Banff)
Columbia Icefield Snowmobile Tours, Icefield Parkway, Jasper-Nationalpark, 105 km südl. von Jasper, ✆ 403/762-6735, 1-800-661-1750 (45minütige Touren mit dem »Snowcoach« auf dem Eis des Columbia-Gletschers; 1. Mai– 10. Okt. 9–17 Uhr)
Maligne Lake Tours Ltd., 626 Connaught Dr., Jasper, AB, ✆ 403/852-3370 (Bootstouren auf dem Maligne Lake; auch Wildwasserfahrten, Angeln, Kanuvermietung und Trailreiten)

Beauvert Boat & Cycle, Jasper Park Lodge, BBQ-deck – Lac Beauvert, Jasper, ☎ 403/852-5708 (Verleih von Booten, Fahrrädern, Angelausrüstung)

Tonquin Valley Amethyst Lakes Pack Trips Ltd., P. O. Box 23, Brule, AB T0E 0C0, ☎ 403/863-4417 (3- und 4-Tage-Ritte im Tonquin Valley; Start: Mt. Edith Cavell, Abholung möglich. Auch für Kinder geeignet. Übernachtung in Hütten; Juni–Sept.)

Maligne Tours Ltd., Box 280, Jasper, AB T0E 1E0, ☎ 403/852-3370 (Trailreiten am Maligne Lake; Juni–15. Sept.)

Rocky Mountain Voyageurs, P.O. Box 1873, Canmore, AB T0L 0M0, ☎ 403/952-5595 (Floßtouren auf dem Athabasca River – auch mit Kindern; Teilnehmer werden in Jasper abgeholt; Mitte Mai–30. Sept. Fahrten um 10.30, 14.30 und 18.30 Uhr)

Jasper Climbing School, P.O. Box 452, Jasper, AB T0E 1E0, ☎ 403/852-3964 (Klettertouren im Jasper Nationalpark für Anfänger und Fortgeschrittene, ½ bis 5tägige Kurse; auch deutschsprachige Führer)

Jasper Tramway, Icefield Pkwy, 7 km südl. von Jasper, ☎ 403/852-3093 (Seilbahn auf den Whistler Mountain; 9. April–20. Mai 9.30–17 Uhr, 21. Mai–18. Juni 9–20.30 Uhr, 19. Juni–5. Sept. 8–22 Uhr, 6. Sept.–Ende Okt. 9–17 Uhr)

Miette Hot Springs, P.O. Box 452, Jasper, AB T0E 1E0, ☎ 403/852-3939 (Heiße Quellen etwa 60 km östlich von Jasper; Verleih von Badesachen; im Sommer tägl. 8.30–22.30 Uhr, Frühjahr/Herbst 11.30–19 Uhr, im Winter geschl.)

Juneau (AK)

 Information: Juneau Information Center, Davis Log Cabin, 134 3rd. St., Juneau, AK 99801, ☎ 907/586-2201, Fax 586-6304

Unterkunft: Westmark Baranof Hotel, 127 N. Franklin St., Juneau, AK 99801, ☎ 907/586-2660, 1-800-544-0970, Fax 907/586-8315 (traditionsreiches Hotel, restauriert; Restaurant, Lounge, Fitneßraum; $$$)

Alaskan Hotel, 167 S. Franklin St., Juneau, AK 99801, ☎ 907/586-1000, 1-800-327-9347 (historisches Hotel mit Pionieratmosphäre, einige Räume mit Kitchenette; Bar, Sauna, Waschsalon; sehr zu empfehlen; $$)

Juneau International Hostel, 614 Harris St., Juneau, AK 99801, ☎ 907/586- 9559

Restaurants: The Fiddlehead Restaurant and Bakery, 429 W. Willoughby Ave., Juneau, AK, ☎ 586-3150 (leckere Meeresfrüchte, Reformkost und frische Backwaren; sehr zu empfehlen; $$)

Summit Restaurant, Inn at the Waterfront, 455 S. Franklin St., Juneau, AK, ☎ 586-2050 (Gourmet-Restaurant, auf Alaska-Meeresfrüchte spezialisiert)

Red Dog Saloon & Cook House, 200 Admiral Way, Juneau, ☎ 463-3658 (Restaurant), ☎ 463-3777 (Saloon) (wohl der berühmteste Saloon Alaskas, noch heute in originaler Atmosphäre; $$)

Gold Creek Salmon Bake, Last Chance Basin Historic District, Juneau, ☎ 586-1424 (im Sommer traditioneller Lachs-Barbecue; $$)

Einkaufen: Nugget Mall, Nähe Juneau International Airport, Juneau, AK (Juneaus größtes Shopping Center; Übernacht-Parken für Camper ist erlaubt; Mo–Fr 10–21, Sa 10–18, So 12–17 Uhr)

Tips von Ort zu Ort

367

Rie Munoz Gallery, 2101 N Gordon Ave. St., Juneau, AK, ✆ 907/789-7411 (Aquarelle, Siebdrucke, Wandteppiche der bekannten Volkskünstlerin)

🚶 **Aktivitäten: State Historical Site Wickersham,** 213 7th Ave., Juneau, im Winter nur nach Voranmeldung, ✆ 586-9001, 465-4563 (Führung durch die mit Alaska-Memorabilien ausgestattete Residenz des berühmten Richters Wickersham)
Alaska State Museum, 395 Whittier St., Juneau, ✆ 465-2901 (ständige Ausstellung zur Kultur der Athabasken-Indianer, Eskimos und Aleuten, historische Abteilung über die Besiedelung Alaskas durch die Weißen und die moderne Entwicklung, wechselnde Ausstellung moderner alaskanischer Künstler; im Sommer Mo–Fr 9–18, Sa/So 10–18 Uhr, Winter Di–Sa 10–16 Uhr)
Thane Ore House, Mile 4,4, Thane Road, Juneau, ✆ 586-1462 (Bergwerks- Museum, »Gold Nugget Revue«, Vaudeville-Theater, Buffet)
Tracy Arm Glacier Cruise, 76 Egan Drive, Juneau, ✆ 463-5510, 1-800-451-5952 (kombinierte Flug-/ Schiffstouren in den Tracy Arm Fjord)
ERA Helicopters, 6160 S. Airpark Drive, Juneau, ✆ 586-2030 (Hubschrauber-Rundflüge zum Mendenhall Glacier und Juneau Icefield)

Kamloops (BC)

ℹ️ 🚶 **Information: High Country Tourism Association,** 2-1490 Pearson Place, Kamloops, BC V1S 1J9, ✆ 250/372-7770, Fax 250/828-4656, 1-800-567-2275 (Info über die gesamte Region vom Mt. Robson im Norden bis Kamloops im Südwesten; u. a. Wildwasser, Reiten, Bergsteigen)

Kamloops Travel Info Centre, 1290 West Trans Kanada Hwy., Kamloops, B.C., ✆ 250/374-3377

🛏️ **Unterkunft: Thompson Hotel,** 650 Victoria St., Kamloops, B.C., ✆ 250/ 374-1999 (im Stadtzentrum, gerade erst renoviert; Pool, Steakhaus und Coffee shop; Ausflüge ins Shuswap-Seengebiet, Thompson River Country und zum Wells-Gray-Provinzpark; $$)

⛺ **Camping: Kamloops River View RV & Campground,** 1-4395 E Transkanada Hwy., Kamloops, BC V2C 2J3, ✆ 250/573-3255 (schön gelegener Campingplatz mit geheiztem Pool, Spielplatz, Einkaufsmöglichkeiten)

🚶 **Aktivitäten: Secwepemc Native Heritage Park,** 355 Yellowhead Hwy., Kamloops, ✆ 250/828-9781 (Kulturzentrum der Secwepemc-Indianer mit Museum und Replika eines traditionellen Indianerdorfes)

Kananaskis (AB)

🛏️ **Unterkunft: The Lodge at Kananaskis,** P.O. Box 6666, Kananaskis Village, AB T0L 2H0, ✆ 403/591-7711, 1-800-441-1414, Fax 591-7770 (Hotel und Resort, schön gelegen, Freizeitaktivitäten, Restaurant; $$–$$$)

Katmai National Park (AK)

ℹ️ **Information: Katmai National Park and Preserve,** P. O. Box 7, King Salmon, AK 99613, ✆ 907/246-3305

Unterkunft: Brooks Lodge, Reservierung über **Katmailand,** 4700 Aircraft Dr., Anchorage AK 99502, ✆ 907/243-5448, Fax 907/243-0649 (Pauschalangebote inkl. Flug von Anchorage; Katmailand betreibt mehrere Lodges im Parks und veranstaltet Touren zum Valley of Ten Thousand Smokes; außerdem Angeln, Bären beobachten)

Kelowna (BC)

Information: Okanagan Similkameen Tourism Association, 1332 Water Street, Kelowna, BC V1Y 9P4, ✆ 250/860-5999, Fax 250/861-7493
Big White Ski Resort, P. O. Box 2039, Station R, Kelowna, B. C. V1X 4K5, ✆ 250/765-3101, Fax 765-8200

Unterkunft/Aktivitäten: Lake Okanagan Resort, P. O. Box 1321, Station A, Kelowna, B. C. V1Y 8B2, ✆ 250/769-3511, Fax 769-6665 (entlang der Westside Rd. Chalets und Zimmer; Restaurant und Lounge, Pools, Reiten, Tauchen, Segeln, Tennis, Golf; März–Nov.; $$$)

Kenai (AK)

Information/Aktivitäten: Kenai Visitors and Cultural Center, ✆ 907/ 283-1991 (Museum und Information Center)
St. Nicholas Russian Orthodox Church, Kenai, ✆ 907/283-4122 (älteste russisch-orthodoxe Kirche Alaskas, Friedhof und Kapelle; Führungen durch den Popen; nebenan Fort Kenai Museum zur Geschichte der Region)

Kenai Fjords National Park (AK)

Information: Kenai Fjords National Park, P. O. Box 1727, Seward, AK 99664, ✆ 907/224-3874

Ketchikan (AK)

Information: Ketchikan Visitors Bureau, 131 Front St., gegenüber v. Cruise Ship Dock, ✆ 907/225-6166

Unterkunft: Gilmore Hotel, 326 Front St., Ketchikan, AK 99901, ✆ 907/225-9423, Fax 907/225-7442 (historisches Hotel im Ortskern, direkt am Wasser, mit Gartenrestaurant; $$)

Restaurant: Annabells Famous Keg and Chowder House, Gilmore Hotel, Ketchikan, AK, ✆ 907/225-6009 (Ketchikans bestes Restaurant, mit Lounge; $–$$)

Einkaufen: Scanlon Art Gallery, Main Creek St., Ketchikan, AK, ✆ 907/225-4730 (Gemälde, Drucke, Kunsthandwerk alaskanischer Künstler)

Aktivitäten: Misty Fjords N. M. Cruise-Fly, P. O. Box 7814, Ketchikan, AK 99901, ✆ 907/225-6044, Fax 907/225-8636 (Kombination von Flug und Bootsfahrt im Misty Fjords)
Totem Heritage Center, 601 Deermount St., Ketchikan, AK, ✆ 225-5900 (größte Sammlung alter Tlingit- und Haida-Totempfähle; Workshops, in denen alte Pfähle restauriert und neue angefertigt werden; im Sommer Mo–Sa 8–17, So 9–17 Uhr)
Tongass Historical Museum, 629 Dock St., Ketchikan, ✆ 225-5600 (Tlingit- und Haida-Kultur; Juni–Sept. Mo–Sa 8.30–17, So 13–17 Uhr; Rest d. J. Mi–Fr 13–17, Sa–So 13–16 Uhr; auch geöffnet beim Besuch von Kreuzfahrtschiffen)

Saxman Totem Park/Cape Fox
Dancers, ✆ 907/225-5163

Kimberley (BC)

**ℹ️ Information: Rocky Mountains
Visitors Association,** 495 Wallinger Ave., P.O. Box 10, Kimberley,
BC V1A 2Y5, ✆ 250/427-4838,
Fax 250/427-3344
Kimberley Travel Info Center, Ross
Street, Kimberley, ✆ 250/427-3666

🛏️ Unterkunft: Inn of the Rockies,
300 Wallinger Ave., Kimberley,
✆ 250/427-2266 (Ortsmitte,
Restaurant, Lounge; $–$$)

Kluane National Park (YT)

**ℹ️ Information: Kluane National
Park,** Haines Junction, YT
Y0B 1L0, ✆ 403/634-2345 (Sommer)

🚶 Aktivitäten: Kluane Adventures, P.O. Box 5396, Haines
Junction, YT Y0B 1L0, ✆ 403/634-2282 *(backpacking* und Angeltouren im
Kluane-Nationalpark; Boot- und Kanuvermietung)

Kodiak (AK)

**ℹ️ Information: Kodiak Visitor
Information Center,** Ferry
Terminal, 100 Marine Way, Kodiak,
AK 99615, ✆ 907/486-4782
(im Sommer tägl. 8.30–17 Uhr)
**Kodiak National Wildlife Refuge
Visitor Center,** 1390 Buskin River
Road, Kodiak, AK 99615,
✆ 907/487-2600 (Info über Freizeitmöglichkeiten im Naturschutzgebiet,
Ausstellungen, Filme und Informationen über Kodiakbären)

**🛏️ 🍴 Unterkunft/Restaurant:
Westmark Kodiak,** 236
Rezanof Dr., P.O. Box 1647, Kodiak,
AK 99615, ✆ 907/486-5712, Fax 907/
486-3430 (Kodiaks bestes Hotel;
gutes Restaurant; $$$)
Wintel's Bed & Breakfast,
P.O. Box 2812, Kodiak, AK 99615,
✆ 907/486-6935 (Nähe Baranof
Museum und Orthodoxe Kirche, schön
eingerichtet, hervorragende Küche,
Lunch u. Dinner auf Wunsch; Nichtraucher; $$)

🚶 Aktivitäten: Baranov Museum,
Erskine House, 101 Marine Way,
Kodiak, ✆ 907/486-5920 (Sammlungen zur Kultur der Eskimos und aus
der russischen Siedlungszeit. Im
Museumsladen werden handgeflochtene Körbe und russische Samowars
verkauft; Mitte Mai–Mitte Sept. Mo–Fr
10–16, Sa/So 12–16 Uhr; im Winter
Mo–Fr 11–15 Uhr, Sa 12–15 Uhr)
Alutiiq Culture Center, 214 West
Rezanof Dr., Kodiak (archäologisches
und ethnographisches Material über
die Kultur der Eskimo, Aleuten und
Alutiiq; Mo–Fr 10–17 Uhr)
Russian Orthodox Church,
Kashewarof Ave. u. Mission Rd.,
Kodiak, ✆ 907/486-3524 (Besuch
nach Vereinbarung)
Uyak Air Service, P.O. Box 4188,
Kodiak, AK 99615, ✆ 907/486-3407,
Fax 907/486-2267 (Sightseeing-Flüge,
Bären beobachten, Flüge zum Katmai
Nationalpark, Verleih von Kayaks und
Campingausrüstung)
Wavetamer Kayaking, P.O. Box 228,
Kodiak, AK 99615, ✆ u. Fax 907/486-2604 (geführte See-Kajak-Touren für
Anfänger und Experten, auf Kodiak
Island und entlang der Katmai-Küste)
Kodiak Tours, P.O. Box 3831, Kodiak,
AK 99615, ✆ 907/486-2628 (ganz-

und halbtägige Sightseeing-Touren in Kodiak)

Kodiak-Katmai Outdoors, P. O. Box 8630, Kodiak, AK 99615, ✆ 907/486-2628, Fax 907/486-5666 (vermittelt Touren, Aktivitäten; Unterkunft u. Bed & Breakfast in Kodiak)

 Verkehrsmittel: Alaska-Fähre, von Kodiak nach Port Lions, Homer und Seward (ganzjährig). Auskunft und Reservierungen: ✆ 907/486-3800, 1-800-526-6731

Kootenay National Park (BC)

Information: Kootenay National Park, P. O. Box 220, Radium Hot Springs, B. C. V0A 1M0, ✆ 250/347-9615 (4 Campingplätze)

Lac la Ronge Prov. Park (SK)

Information: Lac la Ronge Provincial Park, ✆ 306/425-4234 (Hwys. 102 und 915 in Nord-Saskatchewan)

Aktivitäten: Scenic Air Tours, La Ronge, Sask., ✆ 306/425-2382, 1-800-665-7275 (Flightseeing und Touren zu den Nistowiak Falls, Exkursionen auf den Spuren der Pelz-händler)

Lake Louise (AB)

Unterkunft/Restaurant: Chateau Lake Louise, Lake Louise, AB T0L 1E0, ✆ 403/522-3511, Fax 762-3834 (von Canadian Pacific betrieben, ca. 50 km westlich Banffs am schönsten See der Rockies; hier sind schon Fürsten und Könige zu Gast gewesen; Restaurants, Pool, Boutiquen und Schönheitssalon; $$$–$$$$)

Lake Louise Inn, 210 Village Rd., Lake Louise, Alta. T0L 1E0, ✆ 403/522-3791, Fax 522-2018 (schön gelegen, Indoor Pool, Restaurant und Lounge; $$$)

Camping: Lake Louise Trailer Park, Banff National Park, 1 km östl. von Lake Louise, ✆ 403/522-3980 (230 Plätze)

Aktivitäten: Timberline Tours, P. O. Box 14, Lake Louise, AB T0L 1E0, ✆ 403/522-3743 (3-, 6- und 14-Tage-Ritte vom Lake Louise aus; Unterbringung in Zelten, Schlafsack mitbringen! Auch für Kinder; max. 12 Teilnehmer; ab $ 350; Stunden- oder Tagesritte vom Bow Lake aus; Juni–Steptember)

Lethbridge (AB)

Unterkunft: Lethbridge Lodge Hotel, 320 Scenic Drive, Lethbridge, AB T1J 4B4, ✆ 403/328-1123, Fax 328-0002 (Indoor Pool, Coffee Shop, Restaurant u. Entertainment; $$)

Aktivitäten: Sir Alexander Galt Museum, 1st St./5th Ave. S., Lethbridge, ✆ 403/320-3898 (Exponate aus dem Leben der Indianer, Pelzhändler und Rancher. Juli–Aug. Mo–Fr 10–16 Uhr, Sa–So 13–20 Uhr; Sept.–Juni Mo–Fr 10–16 Uhr, Sa–So 13–16 Uhr)

Fort Whoop-Up, Indian Battle Park, Lethbridge, ✆ 403/329-0444 (rekonstruiertes ›Whiskey Fort‹. Geführte Touren u. Wagenfahrten. Mai (Victoria Day) – Anfang Sept. (Labour Day) Mo–Sa 10–18 Uhr, So 12–17 Uhr; Rest d. J. Mo–Fr 10–16 Uhr, So 13–16 Uhr)

Nikka Yuko Japanese Gardens, Henderson Lake Park, 7th Ave. u. Mayor

Magrath Dr., Lethbridge, ℘ 403/328-
3511 (orientalischer Garten als Symbol
japanisch-kanadischer Freundschaft;
Ende Mai [Victoria Day-Wochenende] –
Mitte Juni 9–17 Uhr, Mitte Juni–Ende
Aug. 9–20 Uhr)

Lillooet (BC)

Aktivitäten: Lillooet Museum,
790 Main St., Lillooet, B.C.,
℘ 250/256-4308 (Indianer, Goldsucher und Chinesen sind die Themen
der Ausstellungen in den Räumen der
historischen anglikanischen Kirche; im
Sommer tägl. 9–17 Uhr)

Lytton (BC)

Aktivitäten: Historic Trails Outfitters, P.O. Box 53, Lytton,
BV V0K 1Z0, ℘ 250/455-6655 (Trailritte auf der historischen Cariboo Road)
Kumsheen Raft Adventures, Hwy. 1,
6 km östl. von Lytton, BC V0K 1Z0,
℘ 250/455-2296, 1-800-663-6667,
Fax 455-2297 (Wildwasser-Floßfahrten – bis zu 6 Tagen – auf dem Thompson, Fraser, Chilko und Chilkotin)

Manning Prov. Park (BC)

Information: Manning Provin-
cial Park, P.O. Box 3010, Cultus
Lake, BC V2R 5H6, ℘ 250/840-8836
(Camping: 355 Plätze; Mai–Okt.)

McCarthy/Kennicott (AK)

Unterkunft/
Restaurant/
Aktivitäten: McCarthy Lodge,
McCarthy, AK 99588, Reservierung:
℘ 907/554-4402, Fax 554-4404
(via Glennallen), (viel Atmosphäre, Zim-
mer in altem Pionier-Hotel, Restaurant,

urige Bar; Schlauchbootfahren, Hiking,
Sightseeing wird arrangiert, Fahrten
nach Kennicott im Preis inbegriffen; $$)
Kennicott Glacier Lodge, Reservie-
rung: P.O. Box 103940, Anchorage, AK
99510, ℘ 907/258-2350 (im alten Stil
wieder aufgebaute Lodge mit Restau-
rant, direkt neben dem alten Bergwerk;
Touren werden arrangiert; $$$)
Wrangell Mountain Air, McCarthy,
AK 99588, Radiophone 907/554-
4400, 1-800-478-1160 (McCarthy's
Buschpilot, Sightseeingflüge und
Gletscherlandungen, Air-Taxi und täg-
liche Flüge von Chitina; $$$)

Misty Fjords Nat. Monument (AK)

Information: Misty Fjords
National Monument, 1817 Ton-
gass Ave., P.O. Box 6137, Ketchikan,
AK 99901, ℘ 907/225-2148

Mount Revelstoke Nat. Park (BC)

Information: Mount Revelstoke
National Park, P.O. Box 350,
Revelstoke, B.C. V0E 2S0,
℘ 250/837-7500 (kein Camping)

Mount Robson Prov. Park (BC)

Information: Mount Robson
Prov. Park, P.O. Box 579, Vale-
mount, V0E 2Z0, ℘ 250/566-4325
(Camping: 144 Plätze; Mai–Sept.)

Unterkunft/
Camping/
Aktivitäten: Mt. Robson Guest
Ranch, P.O. Box 17, Valemount,
BC V0E 2Z0, ℘ 250/566-9940,
Fax 566-9941 (Cottages und Cam-
ping; Trailreiten, *backpacking, hiking,*

Floßtouren, Kanufahren und *heli-hiking*)

Mt. Robson Adventures Holidays,
P.O. Box S687, Valemount, BC V0E 2Z0, ✆ 250/ 566-4386, Fax 566-4351 *(backpacking, hiking,* Kanufahren und *heli-hiking* in der Wildnis; mehrstündige Unternehmungen bis mehrtägige Exkursionen)

Nahanni National Park (NT)

Information: Nahanni National Park Information Centre, P.O. Box 300, Fort Simpson, NT X0E 0N0, ✆ 403/695-3151, Fax 403/695-2446

Aktivitäten: Liard Air Ltd., P.O. Box 8, Muncho Lake, BC V0C 1Z0, ✆ 250/776-3481, Fax 250/776-3482 (Sightseeing-Flüge zu den Virginia Falls und Transport-Flüge in den Nahanni National Park – von der Highland Glen Lodge in Muncho Lake, Mile 462, Alaska Highway)
Simpson Air Ted Grant, P.O. Box 260, Fort Simpson, NT X0E 0N0, ✆ 403/695-2505, Fax 695-2925 (Transport in den Park, Kanuvermietung und Sightseeing-Flüge)
Nahanni Wilderness Adventures, Box 4, Site 6 RR 1, Didsbury, AB T0M 0W0, ✆ u. Fax 403/637-3843 *(Backpack-*Exkursionen und Kanufahrten)

Nanaimo (BC)

Information: Nanaimo Travel Info Centre, 2290 Bowen Road, Nanaimo, BC V9T 3K7, ✆ 250/756-0106, Fax 250/756-0075

Unterkunft: Harbourview, 809 Island Hwy. S., Nanaimo, B.C. V9R 5K1, ✆ 604/754-8171, Fax 754-8557 (viele Zimmer mit schö-

nem Hafenblick, auch mit Kitchenette; Indoor Pool, Restaurant; $$)

Camping: Shoregrove Camp-site & RV Park, 6990 Dickinson Rd., Lantzville, BC V0R 2H0, ✆ 250/ 390-4032 (zwischen Nanaimo und Parksville schöner Platz am Strand, mit Kirschbäumen bewachsen; Geschäfte und Restaurant sind zu Fuß zu erreichen; 36 Plätze; 1. April–15. Okt.)

Restaurant: The Grotto, 1511 Stewart Ave., Nanaimo, ✆ 250/753-3303 (beliebtes Seafood-Restaurant an der *waterfront* in der Nähe der B.C.-Fähren; $$)

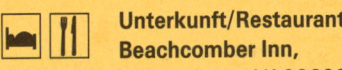 **Verkehrsmittel: BC-Fähren** von Nanaimo nach West-Vancouver/ Horseshoe Bay, Auskunft und Reservierungen ✆ 250/386-3431, 1-888-223-3779

Pacific Rim National Park (BC)

Information: Pacific Rim National Park, P.O. Box 280, Ucluelet, B.C. V0R 3A0, ✆ 250/726-7721 (2 Campingplätze)

Penticton (BC)

Aktivitäten: The Grist Mill at Keremeos, RR 1, Upper Bench Rd., Keremeos, ✆ 250/499-2888 (1 km östl. vom Hwy. 3A; Museum in einer Mühle; Mitte Mai–Mitte Okt.)

Petersburg (AK)

Unterkunft/Restaurant: Beachcomber Inn, P.O. Box 570, Petersburg, AK 99833, ✆ 907/772-3888 (Resort-Hotel; Grill-restaurant, Sightseeing, Angelmöglichkeit, Boots- und Wasserflugzeuggelände; $$–$$$)

Aktivitäten: Clausen Memorial Museum, 203 Fram St., Petersburg, AK, ℘ 907/772-3598 (Pioniergeschichte und zwei Weltrekordlachse; Mai–Mitte Sept. Mo–Sa 9.30–16.30, So 12.30–16.30 Uhr; Rest d. J. tel. erfragen)

Pincher Creek (AB)

 Unterkunft/Aktivitäten: Willow Lane Guest Ranch, P.O. Box 114, Granum, AB TOL 1A0, ℘ 403/687-2284 (gastfreundliche Familien-Ranch am Ostrand der Rockies, hervorragende Küche; Trailreiten und andere Aktivitäten)
Kootenay Brown Museum and Historical Park, James Ave./Grove St., Pincher Creek, AB, ℘ 403/627-3684 (Pioniermuseum und Blockhütten; Öffnungszeiten erfragen)

Port Alberni (BC)

Information: Alberni Valley Chamber of Commerce, Site 215, Comp. 10, RR 2, Port Alberni, BC V9Y 7L6, ℘ 250/724-6535, Fax 604/724-6560

Unterkunft/Camping: Timberlodge & RV Campground, 5 km östl. am Hwy. 4, Site 210, Port Alberni, B. C. V9Y 7L6, ℘ 250/723-9415, Fax 723-0311 (Zimmer mit Kitchenette, Indoor Pool, Restaurant, Lounge; $$)

Aktivitäten: Alberni Marine Transportation, P.O. Box 188, Port Alberni, BC V9Y 7M7, ℘ 250/723-8313, 1-800-663-7192 (Die »Lady Rose« verkehrt als Post- und Passagierschiff zwischen Port Alberni, Bamfield

und Ucluelet. Wassersportgeräte und Kanus kann man mitnehmen, oder aber auch vor Ort mieten; Juni–Sept.)

Port Hardy (BC)

Information: Port Hardy Chamber of Commerce, 7250 Market St., P. O. Box 249, Port Hardy, BC V0N 2P0, ℘ 250/949-7622 (auch Info über Cape Scott Prov. Park)

 Unterkunft/ Restaurant/ Aktivitäten: Pioneer Inn, 4965 Byng Road, PO Box 699, Port Hardy, BC V0N 2P0, ℘ 250/949-7271, 1-800-663-8744, Fax 949-7334 (in schöner Lage beim Quatse River, Zimmer mit Kitchenette, Restaurant, Coffee Shop, Spielplatz; Pauschalangebote mit Angeln, Tauchen, Wale beobachten, Kanufahren; im Sommer Reservierung ratsam; $$–$$$)

Camping: Quatse River Campground, 5050 Hardy Bay Road, P.O. Box 1409, Port Hardy, BC V0N 2P0, ℘ 250/949-2395 (am Quatse River, 61 Plätze; Besichtigung der Quatse River-Fischzuchtanstalt möglich; im Sommer Reservierung ratsam)

Verkehrsmittel: BC-Fähre von Port Hardy nach Prince Rupert, Ende Mai bis Ende Sept., Auskunft und Reservierungen ℘ 250/386-3431, 1-888-223-3779

Powell River (BC)

Information: Powell River Travel Infocentre, 4690 Marine Ave., Powell River, BC V8A 2L1, ℘ 604/485-4701, Fax 485-2822

Unterkunft: Marine Inn,
4429 Marine Ave., Powell River, BC V8A 2J9, ℘ 604/485-4242 (an der *waterfront*, Nähe Comox-Powell River Fähre; Restaurant, Coffee Shop; $)
Beach Gardens Resort Hotel,
7074 Westminster Ave., Powell River, B.C., V8A 1C5, ℘ 604/485-6267, Fax 485-2343 *(Waterfront*-Zimmer, z.T. mit Kitchenette; Restaurant, Coffee Shop, Indoor Pool, Tennis, Marina, Boot-Charter)

Camping: Saltery Bay Provincial Park, Hwy. 101, 30 km südöstl. von Powell River, ℘ 604/898-3678 (42 Plätze am Nordufer vom Jervis Inlet, schön gelegen)

Aktivitäten: Destiny Charters, 6865 Gerrard Street, Powell River, ℘ 604/485-5931, Fax 604/485-5832 (Angel- und Sightseeing-Touren zum malerischen Desolation Sound)

Verkehrsmittel: BC-Fähren von Powell River nach Comox/Little River und nach Texas Island, Auskunft: ℘ 250/386-3431, 1-888-223-3779

Prince Albert Nat. Park (SK)

Information: Prince Albert National Park, P.O. Box 100, Waskesiu Lake, SK S0J 240, ℘ 306/663-5322
Prince Albert Tourism and Convention Bureau, 3700-2nd Ave., Prince Albert, SK S6W 1A2, ℘ 306/953-4385, 764-6222

Unterkunft: Prince Albert Inn, 3680-2nd Ave. W., Prince Albert, SK S6V 5G2, ℘ 306/922-5000, Fax 922-2224 (Restaurant u. Entertainment; $–$$)

Camping: Baker's Waskesiu Bungalows, Waskesiu Drive, nördl. von Waskesiu Lake, SK S0J 2Y0, ℘ 306/663-5211 (Blockhütten am See, Einkaufsmöglichkeiten, Campingplatz)

Aktivitäten: Paddlewheeler Tours, Waskesiu Lake, SK, ℘ 306/922-6866, 663-5253 (einstündige Ausflüge mit dem Schaufelraddampfer im Prince-Albert-Nationalpark; Touren um 13, 15, 17 und 19 Uhr; Ende Juni–Ende Aug.)
Waskesiu Riding Stables, Am Hwy. 264, ½ km östl. von Waskesiu, SK, ℘ 306/663-5286, 306/672-3547 (Trailritte im Prince Albert National Park; 15. Mai–15. Sept. 9–21 Uhr)

Prince George (BC)

Information: North by Northwest Tourism Association of B.C., 3736-16th Ave., Smither, BC V0J 2N0, ℘ 250/847-5227, Fax 250/847-7585 (Informationen über die Region von Prince George bis Prince Rupert und den Queen Charlotte Islands im Westen sowie Atlin im Norden British Columbias)
Prince George Travel Info Centre, 1198 Victoria St., Prince George, BC, ℘ 250/562-3700, Fax 563-3584

 **Unterkunft/Restaurant: The Coast Inn of the North,** 770 Brunswick St., Prince George, B.C., ℘ 250/563-0121, 1-800-663-1144, Fax 563-1948 (zentral gelegen, Pool, Sauna, Restaurant und Coffee Shop; Entertainment; $$$)
Connaught Motor Inn, 1550 Victoria St., Prince George, BC V2L 2L3, ℘ u. Fax 250/562-4441, 1-800-663-6620 (Motel mit Restaurant, Indoor

Pool, Sauna, einige Zimmer mit Kitchenette; $$)

△ **Camping: Purden Lake Provincial Park,** ☎ 250/565-6340 (am Hwy. 16, 40 km östl. von Prince George, in schöner Waldlandschaft am See; 78 Plätze; Mai–Okt.)

🏃 **Aktivitäten: Fort George Regional Museum,** 20th Ave. im Fort George Park, Prince George, BC, ☎ 250/562-1612 (Pioniermuseum mit originaler Eisenbahnstation. Fahrt mit dem *steam train;* Mai–Sept. tägl. 10–17 Uhr, im Winter 12–17 Uhr)
Railway and Forest Museum, Cottonwood Island Park, Prince George, BC, ☎ 250/563-7351 (Mitte Mai–Sept. tägl. 10–17 Uhr)

Prince Rupert (BC)

ℹ **Information: Prince Rupert Convention & Visitors Bureau,** 100-1st. Ave. E., Port Edward, B.C., ☎ 250/624-5637, 1-800-667-1994, Fax 250/627-8009

🛏 **Unterkunft: Coast Prince Rupert Hotel,** 118–6th St., Prince Rupert, B.C., ☎ 250/624-6711 (Downtown, Hafenblick, Restaurant; $$)
Totem Lodge Motel, 1335 Park Ave., Prince Rupert, B.C., ☎ 250/624-6761, Fax 624-3831 (auch Zimmer mit Kitchenette; $$)

△ **Camping: Park Avenue Campground,** P.O. Box 612, Prince Rupert, B.C. V8J 3R5, ☎ 250/624-5861 (Hwy. 16, 1 km von den Fähren entfernt, zentrumsnah; 87 Plätze)

🏃 **Aktivitäten: Museum of Northern British Columbia,** 100-1st Ave./Mc Bride St., Prince Rupert, B.C., ☎ 250/624-3207 (Indianermuseum, Kunstgalerie und Informationsbüro; Mitte Mai–Anfang Sept. Mo–Sa 9–20, So bis 17 Uhr, im Winter Mo–Sa 10–17 Uhr)
North Pacific Cannery Village Museum, 1889 Skeena Dr., Port Edward, B.C., ☎ 250/628-3538 (Fischverarbeitung vor der Jahrhundertwende: historische Gebäude und Ausstellungen)

🚢 🚆 **Verkehrsmittel: BC-Fähre** von Prince Rupert nach Port Hardy (Vancouver Island), Ende Mai–Ende Sept.; zwischen Prince Rupert und Skidegate auf den Queen Charlotte Islands; Auskunft und Reservierungen ☎ 250/386-3431, 1-888-223-3779, Fax 907/277-4829
Alaska-Fähre von Prince Rupert nach Ketchikan, Wrangell, Petersburg, Sitka, Juneau, Haines, Skagway; ganzjährig, Auskunft und Reservierungen ☎ 250/627-1744, 1-800-642-0066
VIA-Rail, Eisenbahnverbindung nach Edmonton, Auskunft ☎ 1-800-665-8630

Queen Charlotte Islands (BC)

ℹ **Information: Parks Canada,** Box 37, Queen Charlotte, BC V0T 1S0, ☎ 250/559-8818 (Informationen über den South Moresby National Park)
Queen Charlotte Islands Chamber of Commerce, Box 36, Masset, BC V0T 1M0, ☎ 250/626-3982, Fax 626-3968

🛏 🍴 **Unterkunft/Restaurant: Moresby Island Guest House,** 385 Auiford Bay Rd., Box 485, Sandspit, BC V0T 1T0, ☎ 250/637-5300, ☎ u. Fax 637-5300 (Bed &

Breakfast an der schönen Single Bay, einige Zimmer mit Kitchenette; $–$$)
Sea Raven Resort Motel, 3301-3rd Ave., P.O. Box 519, Queen Charlotte, BC V0T 1S0, ℘ 250/559-4423, 1-800-665-9606, Fax 559-8617 (3 km vom Skidegate Fähranleger, einige Zimmer mit Kitchenette; Restaurant; Angeltouren und Sightseeing; $$)

Camping: Naikoon Provincial Park, Skeena District, Bag 5000 Smithers, BC V0J 2N0, ℘ 250/847-7320 (62 Plätze im Nordosten von Graham Island; $–$$)

Aktivitäten: Haida Gwaii Watchmen, P.O. Box 699, Queen Charlotte City, B.C. V0T 1S0, ℘ 250/559-8225 (Von Angehörigen des Haida-Stammes geführte Exkursionen zu den alten Siedlungsstätten. Die Indianer-Reservate dürfen nur mit Erlaubnis der Stammesleitung betreten werden: Masset Band Council Office ℘ 626-3337, Skidegate Band Council Office ℘ 559-4496)
Whitecap Charters, Box 195, Queen Charlotte City, BC, ℘ 1-800-667-0699, Fax 250-627-7224 (3- bis 10tägige Exkursionen mit der »M.V. Northern Oasis« durch die Queen Charlotte Islands)

Quesnel (BC)

Information: Quesnel & District Infocentre, 703 Carson Ave., Quesnel, BC V2J 2B6, ℘ 250/992-8716, Fax 992-9606

Unterkunft: Cascade Inn, 383 Laurent Ave., Quesnel, BC V2J 2E1, ℘ 250/992-5575, Fax 250/992-2254 (Motel im Zentrum, Indoor Pool, einige Zimmer mit Kitchenette)

Camping: Roberts Roost Campground, 3121 Gook Rd., Quesnel, BC V2J 4K7, ℘ 250/747-2015 (Campingplatz an der Westseite des Dragon Lake; Spielplatz, Angeln, Schwimmen, Bootfahren)

Aktivitäten: Cottonwood House Historic Park, Hwy. 26, 28 km östl. von Quesnel, B. C., ℘ 250/994-3997 (restauriertes und original eingerichtetes *roadhouse* am berühmten Cariboo Trail; im Sommer tägl. 8–20 Uhr)

Regina (SK)

Information: Tourism Regina, Hwy. 1 E., P.O. Box 3355, Regina, SK S4P 3H1, ℘ 306/789-5099, Fax 306/789-3171 (Mo–Fr. 8.30–16.30 Uhr, Juli/Aug. 8–19 Uhr an Wochentagen, 10–18 Uhr an Wochenenden)

Unterkunft: Hotel Saskatchewan Radisson Plaza, 2125 Victoria Ave., Regina, SK, ℘ 306/522-7691, 1-800-667-5828, Fax 306/757-5521 (schönes altes Hotel mit Blick auf Victoria Park; Restaurant und Nachtclub; $$–$$$)
The Plains Hotel, 1965 Albert St., Regina, SK, ℘ 306/757-8661 (einfaches Motel, Restaurant; $$)

Restaurants: Bartleby's, 1920 Braod St., Regina, SK, ℘ 306/565-0040 (massives Holz in dunklen Tönen schafft gediegene Atmosphäre; vorzügliche Steaks und Salatbar, nette Weinbar; sehr zu empfehlen; $$)
Park Place Restaurant, 3000 Wascana Scenic Dr., Regina, SK, ℘ 306/522-9999 (sehr luftig im Park am See; Frühstück, Lunch und Dinner,

für Abendessen besonders an Wochen-
enden Reservierung empfohlen; $$)

Einkaufen: Antique Mall,
1175 Rose St., Regina, SK,
✆ 306/352-7450 (an die 30 Antiquitä-
tengeschäfte)
Braithwaite & James, 1821 Hamilton
St., Regina, SK, ✆ 306/525-8520
(Kunsthandwerk und Qualitäts-
Andenken)
**The Painted Buffalo Indian Trading
Post,** 2741 Dewdney Ave., Regina, SK,
✆ 306/525-1880 (einer der größ-
ten Trading Posts in West-Kanada.
Großes Angebot an traditionellem
indianischem Kunsthandwerk)

**Aktivitäten: Royal Saskatche-
wan Museum,** College Ave./
Albert St., Regina, SK, ✆ 306/787-
2815 (Museum Shop führt Bücher und
Kunsthandwerk; Anfang Mai–Anfang
Sept. tägl. 9–20.30 Uhr, Sept.–April
9–16.30 Uhr)
Regina Plains Museum, 4th Floor des
historischen Old Post Office, 1801
Scarth St., Regina, SK, ✆ 306/780-
9435, 352-0861 (Ausstellungen über
die Geschichte der Prärieindianer und
Siedler, April-Sept. täglich 10–16 Uhr;
Rest d. J. Mo–Fr 10–16 Uhr)
RCMP Centennial Museum, RCMP
Training Academy, Dewdney Ave. W.,
Regina, SK, ✆ 306/780-5838
(1. Juni–15. Sept. tägl. 8–18.45 Uhr;
16. Sept.–31. Mai tägl. 10–16.45 Uhr)
RCMP Sergeant Major's Parade,
✆ 780-5777 (Mo–Fr 13 Uhr, jedoch
nicht bei schlechtem Wetter)
RCMP Sunset Retreat Ceremonies,
✆ 780-5900 (an bestimmten Tagen im
Juli u. Aug.)
Saskatchewan Centre of the Arts,
200 Lakeshore Drive, Wascana Centre,
Regina, SK, ✆ 306/565-4500

(eines der führenden Zentren Nordame-
rikas für darstellende Künste mit Thea-
ter-, Ballett-, Oper-, Tanz- und Musik-
produktionen, Spielstätte des Regina
Symphony Orchestra)

Resolute Bay (NT)

**Unterkunft: High Arctic Interna-
tional Explorers Home,** Reso-
lute Bay, NT, ✆ 819/252-3875, Fax
819/252-3766 (gemütliche Pension
mit Familienanschluß, gemeinsame
Mahlzeiten an langer Tafel und Flug-
platztransfer im Preis inbegriffen;
immer viele interessante Leute; $$$)

Revelstoke (BC)

**Information: Revelstoke Info-
centre,** 203 Campbell Ave.,
Revelstoke, BC V0E 2S0, ✆ 250/837-
5345, 837-3522, Fax 837-4223

Unterkunft: Regent Inn,
112-1st St. East, Revelstoke,
B.C. V0E 2S0, ✆ 250/ 837-2107,
Fax 837-9669 (schöne Zimmer,
Restaurant, Saloon; $$)

Camping: KOA Revelstoke,
Transkanada Highway East,
Revelstoke, B.C. V0E 2S0,
✆ 250/837-2085 (Pool, Pancake-
Breakfast, Einkaufsmöglichkeiten)

**Aktivitäten: Revelstoke
Museum,** 100 Second St.,
Revelstoke, ✆ 250/837-3067

Riding Mountain Nat. Park (MB)

**Information: Riding Mountain
National Park,** Wasagaming,
MB R0J 2H0, ✆ 204/848-7275

Unterkunft: Lamp Post Guest House, P. O. Box 27, Riding Mountain, MB R0J 1T0, ℘ 204/967-2501 (Bed & Breakfast in der Nähe des Nationalparks)

 Aktivitäten: Riding Mountain Nature Tours, P. O. Box 429, Erickson, MB R0J 0P0, ℘ 204/636-2968, Fax 204/636-2557 (Wildnisabenteuer, Trailreiten)

Saskatoon (SK)

 Information: Tourism Saskatoon, 6-305 Idylwyld Dr. N. Saskatoon, SK S7K 0Z1, ℘ 306/242-1206, Fax 306/242-1955

 Unterkunft: Bessborough Delta, 601 Spadina Crescent-E, Saskatoon, SK, ℘ 306/244-5521, Fax 306/665-7262 (eindrucksvoller, schloßähnlicher Bau am Ufer des South Saskatchewan River; elegante Restaurants; $$$)
Saskatoon TraveLodge, 106 Circle Dr. W., Saskatoon, SK, ℘ 306/242-8881, Fax 306/665-7378 (sauberes Motel mit großen Zimmern, Restaurant u. Sauna; $$)

 Restaurants: David's Restaurant, Richmond Mall, Saskatoon, SK, ℘ 306/664-1133 (im Stil einer ›San-Francisco-Bar‹ eingerichtet, recht gemütlich; $–$$)
Shaheen's Curry, 135–20th St. W., Saskatoon, SK (ausgezeichnete indische Küche; $–$$)

 Einkaufen: Saskatchewan Craft Council and Gallery, 813 Broadway Ave., Saskatoon, SK, ℘ 306/653-3616

 Aktivitäten: Saskatchewan Western Development Museum, 2610 Lorne Ave., Saskatoon, SK, ℘ 306/931-1910 (Darstellung der Besiedelung des Westens; Pionierdorf mit über 30 Gebäuden; Museen in Battleford, Moose Jaw und Yorkton)

Selkirk (MB)

 Aktivitäten: Lower Fort Garry, Selkirk, 32 km nördlich von Winnipeg, ℘ 204/785-6050, 1-800-442-0600 (einst Zentrum des Pelzhandels der Hudson's Bay Company, heute ein ausgezeichnetes Museum, in dem das Leben der Pelzhändler im 19. Jh. dargestellt wird; im Sommer tägl. 9.30–18 Uhr, ganzjährig zugänglich)

Seward (AK)

 Information: Seward Visitor Center, 2001 Seward Hwy. und 3rd u. Jefferson St., Seward, AK 99664, ℘ 907/224-8051 (in einem historischen Eisenbahnwaggon; Juni–Aug. 11–17 Uhr)
Kenai Fjords Nat. Park Visitor Center, 1212 4th Ave. (Small Boat Harbor), Seward, AK 99664, ℘ 907/224-3175

 Unterkunft: The Van Gilder Hotel, 308 Adams St., P. O. Box 2, Seward, AK 99664, ℘ 907/224-3079, 1-800-204-6835, Fax 907/224-3689 (kleines, stilvolles Hotel in historischem Gebäude; $$)

 Camping: A Creekside Park (6,5 Meilen vor Seward), HCR Box 375, Seward, AK 99664, ℘ 907/224-3647 (Motel, Tankstelle, Campingplatz für RV und Zelte, schön am Bear Creek gelegen, Boot-Exkursionen und Sightseeing-Flüge zum Kenai Fjords National Park können arrangiert werden)

ष **Restaurant: Ray's,** Waterfront,
Seward, AK 99664, ℘ 907/224-
5606 (Fischspezialitäten; mit schönem
Blick über den Hafen; $$)

 **Verkehrsmittel: Alaska-
Fähre** von Seward nach
Kodiak und Valdez (ganzjährig, Aus-
kunft und Reservierung 907/224-
5485, 1-800-382-9229)
Alaska-Eisenbahn, Anschluß nach
Anchorage und Fairbanks (ganzjährig,
Auskunft ℘ 1-800-544-0552)

Sicamous (BC)

 **Information: Sicamous Travel
Infocentre,** Main St. & Riverside
Ave., Box 346, Sicamous, BC V0E 2V0,
℘ 250/836-3313, Fax 836-4368

 **Unterkunft/Aktivitäten:
Blue Water Houseboat
Charters,** 110 Weddup, P.O. Box 248,
Sicamous, BC V0E 2V0, ℘ 250/836-
2255, 1-800-663-4024 (Vermietung
von Hausbooten am Shuswap Lake, für
4–10 Personen)
Shuswap Lake Ferry Service, Phoebe
Ann Lake Tours, Box 370, Sicamous,
B.C. V0E 2V0, ℘ 250/836-2200 (Fahr-
ten mit der Schaufelrad-Fähre auf dem
Shuswap Lake; Tagesfahrten mit der
»Phoebe Ann« und der »Moyie I« zum
Salmon Arm oder Seymour Arm)

Sitka (AK)

 **Information/Aktivitäten:
Sitka Convention &
Visitors Bureau und Isabel Miller
Museum,** Centennial Bldg.,
330 Harbor Dr., P.O. Box 1226, Sitka,
AK 99835, ℘ 907/747-5940,
Fax 907/747-5940, Isabel Miller
Museum 747-6455 (im Sommer von
8–17 Uhr, wenn Fährschiffe einlaufen

auch länger; im gleichen Gebäude
befindet sich auch das Auditorium, wo
die New Archangel Dancers auftreten)
Sitka National Historic Park,
Metlakatla St., P.O. Box 277, Sitka, AK
99835, ℘ 907/747-6281 (Juni–Sept.
tägl. 8–18 Uhr, Okt.–Mai Mo–Fr
8–17 Uhr)
Sheldon Jackson Museum,
104 College Dr., Sitka, AK,
℘ 907/747-8981 (im Sommer tägl.
8–17 Uhr)
Russian Bishop's House, Lincoln/
Monastery St., Sitka, AK,
℘ 907/747-6281 (Juni–Sept. tägl.
8–17 Uhr, Okt.–Mai nach Verein-
barung)
St. Michael's Cathedral, Lincoln u.
Observatory St., Sitka, AK,
℘ 907/747-8120 (Juni–Sept. Mo–Sa
11–15 Uhr, So 11–12 Uhr, wenn Kreuz-
schiffe anlegen 9–15 Uhr, Okt.–Mai
nach Vereinbarung)

 **Unterkunft: Rockwell Light-
house,** Box 277, Sitka, AK
99835, ℘ u. Fax 907/747-3056 (in
einem alten Leuchtturm mit herrlichem
Blick auf Sitka und das Küstengebirge;
in 10 Minuten mit dem Boot von Sitka
zu erreichen; $$$)
Westmark Shee Atika, P.O. Box 78,
Sitka, AK 99835, ℘ 907/747-6241,
1-800-544-0970, Fax 907/747-5486
(Sitkas bestes Hotel, mit wunderschö-
nem Blick auf Hafen oder Berge, gutes
Restaurant; $$$)
Helga's Bed & Breakfast,
2827 Halibut Point Rd. (5 km nördl.
von Sitka), P. O. Box 1885, Sitka,
AK 99835, ℘ 907/747-5497 (am
Beach, schöne Aussicht; 5 Zimmer,
alle mit Bad; $$)

Restaurant: The Channel Club,
Halibut Point Rd. (zwischen

Downtown u. Fähre), Sitka, AK, ✆ 747-9916 (Top-Restaurant, Salatbar, Steaks und Seafood; $$–$$$)

 Einkaufen: Impressions Gallery, 233 Lincoln St., Sitka, AK, ✆ 747-5502 (Gemälde und Drucke alaskanischer Künstler, Speckstein-Skulpturen und andere kunstgewerbliche Artikel)

Skagway (AK)

 Information: Skagway Convention & Visitors Bureau, Artic Brotherhood Hall, Broadway St., P.O. Box 415, Skagway AK 99840, ✆ 907/983-2854, Fax 907/983-2151 (Informationen und Ausstellung über die White Pass Railroad; Anfang Mai–Ende Sept. 9–21 Uhr)
Klondike Gold Rush National Historic Park, 2nd Ave u. Broadway St. (im restaurierten Railway Depot), P.O. Box 517, Skagway AK 99840, ✆ 907/983-2921 (Ausstellungen und Filme zu Skagways Geschichte und Informationen über den Chilkoot Trail)

Unterkunft/Restaurant: Golden North Hotel, 3rd. Ave./Broadway St., P.O. Box 431, Skagway, AK 99840, ✆ 907/983-2451 und 983-2294, Fax 907/983-2755 (Alaskas ältestes Hotel, 1897 erbaut; Atmosphäre der Goldrauschzeit; Restaurant, Lounge, $$–$$$)
Skagway Inn, 7th Ave./Broadway St., P.O. Box 500, Skagway, AK 99840, ✆ 907/983-2289, Fax 983-2713 (historisches Gasthaus im Stil der Goldgräberzeit, 1897 als Saloon gebaut; Nichtraucher; $–$$)

 Camping: Skagway RV & Camping Parks, P.O. Box 324,

Skagway, AK 99840, ✆ 907/983-2768 (2 Campingplätze: Pullen Creek beim Fähranleger und Hanousek Park am Broadway, nördlich der Downtown)

 Einkaufen: Corringston's Alaska Ivory Company, Broadway St. zwischen 5th u. 6th Ave., Skagway, AK, ✆ 983-2580 (alaskanisches Kunsthandwerk)

 Aktivitäten: White Pass & Yukon Railroad Route, P.O. Box 435, Skagway AK 99840, ✆ 907/983-2217, 1-800-343-7373 (USA), 1-800-478-7373 (Kanada); (Anfang Mai–Ende Sept. tägl. Fahrten, 2¾ Stunden Rundfahrt; ab Skagway 7.45 Uhr und 13 Uhr)
Trail of '98 Museum, 7th Ave., Skagway, AK, ✆ 907/983-2420, 983-2564 (Pionier- und Goldgräbermuseum im ehemaligen Gerichtsgebäude und heutigen Rathaus; im Sommer 8–20 Uhr)
Skagway Street Car Co., ✆ 907/983-2908 (Skagway-Rundfahrt in antiken Tourbussen – vom Landeplatz der Goldgräber bis zum Pionierfriedhof)
The Red Onion Saloon, Broadway St., Skagway, AK, ✆ 907/983-2222 (Drinks, Sandwiches, Musik und Billard im historischen Saloon, komplett mit Sägemehl am Boden)
Skagway in the Days of '98, Eales Hall, 6th Ave./Broadway St., Skagway, ✆ 907/983-2545 (›Soapy Smith‹ Vaudeville-Show; tägl. 20.30 Uhr)

Smithers (BC)

 Information: Smithers Travel Infocentre, 1425 Main St., Smithers, B.C., ✆ 250/847-9854, Fax 847-3337

 **Unterkunft/Restaurant: Hudson Bay Lodge,**

3251 Hwy 16 East, Box 3636,
Smithers, B.C. V0J 2N0,
℘ 250/847-4581, 1-800-663-5040,
Fax 847-4878 (großzügige Zimmer,
Restaurant, Coffee Shop, Lounge,
Entertainment; $$)

Sooke (BC)

 **Unterkunft/Restaurant:
Sooke Habour House,**
1528 Whiffen Spit Rd., Sooke, BC,
(knapp 40 km SW von Victoria, auf
dem Hwy. 14) ℘ 250/642-3421,
Fax 250/642-6988 *(Das* Gourmet-
Restaurant in Victoria und Umgebung –
der »Toronto Star« hält es für das
beste Restaurant in Kanada. West-
küsten-Cuisine vom Feinsten; spektaku-
läre Lage auf einer Klippe über dem
Meer, romantische Atmosphäre am
Kamin. Freizeitkleidung ist durchaus
erlaubt; Meeresfrüchte werden direkt
von den örtlichen Fischern bezogen;
nur Dinner ab 17.30 Uhr, Reservierung
erforderlich; $$$.
Außerdem 14 Bed & Breakfast-Zimmer,
liebevoll eingerichtet, alle mit Kamin,
Balkon; die Mahlzeiten – Frühstück,
Lunch, Dinner und eine Karaffe
Portwein – entsprechen denen des
Restaurants, daher oberste Preiskate-
gorie; $$$–$$$$; sehr zu empfehlen!)

 **Aktivitäten: Sooke Region
Museum,** 2070 Phillips Rd.,
1 km östl. am Hwy. 14, Sooke, BC,
℘ 250/642-6351 (zeigt die Geschichte
der Westküstenregion, im Sommer
wird ein Lachs-Grillfest veranstaltet;
tägl. Mai–Sept. 9–18 Uhr, im Winter
9–17 Uhr)

Steinbach (MB)

**Aktivitäten: Mennonite Heri-
tage Village Museum,** Hwy. 12,

Steinbach, MB, ℘ 204/326-9661
(Nachbau eines mennonitischen
Dorfes)

Stewart (BC)

**Information/Aktivitäten:
Stewart Historical
Society,** P.O. Box 402, 6th u. Columbia
St., Stewart, BC V0T 1W0, ℘ 250/636-
9224 (Museum und Visitor Information
in historischem Feuerwehrgebäude)

**Unterkunft/Restaurant:
King Edward Motel,**
P.O. Box 86, 5th/Columbia St., Ste-
wart, BC V0T 1W0, ℘ 250/636-2244
(Zimmer auch mit Kitchenette, Coffee
Shop, Restaurant)

**Camping: Stewart Lions Camp-
ground,** Box 431, Stewart, BC
V0T 1W0, ℘ 250/636-2537 (schöner
Campingplatz in der Nähe des Ortes,
Tennisplatz, Wanderwege; 62 Plätze)

 Verkehrsmittel: Alaska-Fähre
von Stewart nach Ketchikan (ein-
mal pro Woche, Auskunft und Reservie-
rungen ℘ 907/235-8449, 1-800-382-
9229)

Strathcona Provincial Park (BC)

Information: BC Parks, Strath-
cona District, Box 1479, Parks-
ville, BC V9P 2H4, ℘ 250/337-2400,
Fax 250/337-5695 (Info über den
Strathcona Provincial Park; Camping:
161 Plätze)

**Unterkunft/Aktivitäten:
Strathcona Park Lodge
Outdoor Education Center,** P.O. Box
2160, Campbell River, BC V9W 5C9,
℘ 250/286-8206, Fax 286-6010 (ein-

Tips von Ort zu Ort

382

und mehrtägige Wandertouren in den Bergen des Strathcona-Parks und auf Nootka Island, Grundkenntnisse im Klettern, Gletscherwandern und Verhalten in der Wildnis werden vermittelt; Kanu- und Kajakexpeditionen auf Vancouver Island, Segeln und Surfen)

Takhini Hot Springs (YT)

Camping: Takhini Hot Springs, Takhini Hot Springs Road, etwa 30 km von Whitehorse u. 10 km westl. vom Klondike Hwy., ℗ 403/633-2706 (Campen neben den Quellen; Trailreiten)

Talkeetna (AK)

Unterkunft/ Restaurant/ Aktivitäten: Talkeetna Roadhouse, Main Street, P. O. Box 604, Talkeetna, AK 99676, ℗ 907/733-1351 (50 Jahre altes Gasthaus mit ›Old Alaska‹-Atmosphäre, ganzjährig geöffnet; Frühstück, Lunch und Dinner; organisieren Angel- und Floßtouren im Sommer, Touren mit Schlittenhunden im Winter; $$)

K2 Aviation, P. O. Box 545, Talkeetna, AK 99676, ℗ 907/733-2291, 1-800-478-2291, Fax 907/733-1221 (Jim Okoneks erfahrene Piloten bieten *flight-seeing* zum Denali National Park, Gletscherlandungen auf dem Mount McKinley und Air-Taxi für Hiker, Angler und Jäger)

Denali River Guides, P. O. Box 165, Main St., Talkeetna, AK 99676, ℗ 907/733-2697 (halbtägige Floßtouren in der Denali-Region)

Tofino (BC)

Information: Tofino Travel Infocentre, 380 Campbell St., Tofino, B. C. V0R 2Z0, ℗ 250/725-3414, Fax 725-3296

Unterkunft: Pacific Sands Beach Resort, 1421 Pacific Rim Hwy., P.O. Box 237, Tofino, BC V0R 2Z0, ℗ 250/725-3322, Fax 725-3155 (am Hwy. 4 an der Cox Bay mit Blick auf den Pazifik; Strandhäuschen, Apartments, Motelzimmer, teils mit Kamin und Kitchenette; Ausflüge zum Pacific Rim National Park, Surfen, Strandwandern; $$)

Schooner Motel, 311-321 Campbell St., P. O. Box 202, Tofino, B. C. V0R 2Z0, ℗ 250/725-3478, Fax 250/725-3499 (direkt am Hafen, mit schönem Blick, Zimmer z. T. mit Kitchenette; Restaurant; $$)

Cable Cove Inn, 201 Main St., Tofino, BC V0R 2Z0, ℗ 250/725-4236 (gemütliches Bed & Breakfast Inn, stilvoll eingerichtete Zimmer mit Bad, Kamin und Terasse, schöner Blick über den Hafen, $$)

Camping: Bella Pacifica Campground, Pacific Rim Hwy., P.O. Box 413, Tofino, B. C. V0R 2Z0, ℗ 250/725-3400, Fax 725-2400, (schöner Campingplatz am Mackenzie Beach, 3 km südl. von Tofino)

Restaurants: Wickaninnish Restaurant, Long Beach, ℗ 726-7706 (Top Restaurant; herrlicher Blick über Long Beach; $$$)

Crab Bar, 601 Campbell St., Tofino, ℗ 725-3733 (Salatbar, Krabben und Krebse – auch zum Mitnehmen; $$)

Einkaufen: Roy Vicker Gallery, Campbell St (gegenüber Schooner Restaurant), Tofino, B. C. V0R 2Z0, ℗ 725-3235, Fax 725-2195 (Gemälde, Drucke, Skulpturen, traditionelle Kunst der Nordwestküste; im Sommer tägl. 9–21 Uhr)

 **Aktivitäten: Jamies Whaling Station,** P. O. Box 590, Tofino, BC V0R 2Z0, ℘ 250/725-3919, 1-800-667-9913 (Wale beobachten, mit Motorboot oder Floß; März–Okt.)

Tok (AK)

 Information: Alaska Public Lands Information Center, Mile 1314, 1 Alaska Hwy., Tok, AK 99780, ℘ 907/883-5667 (Informationen über State Parks, Ausstellungen zur Geschichte und Flora und Fauna des Landes; 16. Mai–30. Sept. tägl. 8–20 Uhr, 1. Okt.–15. Mai 8–16.30 Uhr) **Tok Visitor Center,** Main St., Tok, AK, ℘ 907/883-5775, 883-5887 (umfassende Informationen, öffentliche Telefone, Toiletten; 1. Mai–1. Oktober tägl. 7–21 Uhr)

Unterkunft/ Restaurant/ Camping: Golden Bear Motel and Camper Park, P. O. Box 276, Tok, AK 99780, ℘ 907/883-2561 (komfortabel und preiswert; Campingplatz, Restaurant, Lounge, Waschsalon, Einkaufsmöglichkeiten; $$)

Ucluelet (BC)

Unterkunft/Restaurant: Canadian Princess Resort, Peninsula Rd, P.O. Box 939, Ucluelet, B. C. V0R 3A0, ℘ 250/726-7771 (Einzel- und Mehrbettkabinen auf einem im Hafen von Ucluelet verankerten historischen Westküsten-Dampfer – oder größere Zimmer mit Kamin im Resort am Ufer; März–Sept.; $$–$$$)

 Camping: Ucluelet Camp-ground, Box 777, 260 Seaplane Base Rd., Ucluelet, B. C. V0R 3A0, ℘ 250/726-4355 (Campingplatz mit Blick auf den Hafen; Angelcharter, Bootsvermietung)

Valdez (AK)

 Information: Valdez Visitor Center, 200 Chenega Ave., Valdez, AK, ℘ 907/835-2984, Fax 907/835-4845 (Informationen, Karten und Vorschläge zu Wanderungen für die Region um Valdez; tägl. 8–20 Uhr) **Bed & Breakfast Reservation Service,** ℘ 907/835-4988 (kostenlose Reservierung für über 50 B&B in Valdez)

Unterkunft/Restaurant: Westmark Valdez, 100 Fidalgo Dr., P. O. Box 468, Valdez, AK 99686, ℘ 907/835-4391, 1-800-544-0970, Fax 907/835-2308 (größtes Hotel am Platze, im Sommer meistens ausgebucht, große Zimmer; »Captain's Table«-Restaurant ist von 6–23 Uhr geöffnet; mit schönem Blick auf den Hafen; $$$) **Cliff House Bed & Breakfast,** P.O. Box 1995, Valdez, AK 99686, ℘ 907/835-5244, (schönes Haus in herrlicher Lage mit Blick über Hafen und Berge; Nichtraucher; leckeres Frühstück, selbstgebackenes Brot)

Camping: Eagles's Rest RV Park, Richardson Hwy. and Pioneer Dr., P.O. Box 610, Valdez, AK 99686, ℘ 907/835-2373, 1-800-553-7275 (Campingplatz in schöner Lage mit vollem Service)

Aktivitäten: Stan Stephens Charters, P. O. Box 1297, Valdez, AK 99686, ℘ 907/835-4731, 1-800-992-1297 (Exkursionen zum

Prince William Sound und zum Columbia-Gletscher)
Era Helicopters Valdez, ℘ 907/835-
2595 (Hubschrauberflüge zum Columbia-Gletscher)

 Verkehrsmittel: Alaska-Fähre
von Valdez nach Cordova,
Whittier und Seward, Auskunft und
Reservierungen (erforderlich):
℘ 907/835-4436, 1-800-382-9229

Vancouver (BC)

**Information: Vancouver Travel
Infocentre,** 200 Burrard St.,
Vancouver, BC V6G 3L6, ℘ 604/683-
2000, Fax 682-6839 (Anfang Mai–
Anfang Sept. tägl. 8– 18, im Winter
Mo–Sa 9–17 Uhr)
Vancouver Park Board (Informationen
über Golf, Tennis und Boccia,
Schwimmbäder und Fahrradverleih)

Unterkunft: Westin Bayshore,
1601 W. Georgia St., Vancouver,
℘ 604/682-3377, Fax 687-3102 (Nähe
Stanley Park, mit schönem Blick auf
Jachthafen und Berge, Pool, Marina,
Sauna, Lounges, Garten-
restaurants; Trudeaus Lieblingshotel in
Vancouver; $$$$)
Four Seasons, 791 W. Georgia St.,
℘ 604/689-9333, Fax 684-3466
(zentral, im Pacific Center; Garten-
lounge mit üppigem Grün, Spring-
brunnen und Pianomusik, Restaurant
von Weltklasse; $$$$)
Hotel Vancouver, 900 W. Georgia
St., Vancouver, ℘ 604/684-3131,
Fax 662-1929 (traditionsreichstes
Luxushotel, Lounges und Gourmet-
restaurants; der Panorama Roof
Nightclub ist einer der elegantesten in
der Stadt; $$$$)

Landmark Hotel, 1400 Robson
St., Vancouver, ℘ 604/687-0511,
Fax 687-2801 (mit 42 Stockwerken
Vancouvers höchstes Hotel; Lounge,
Nachtclub, Saunas, Coffee Shop, Dreh-
restaurant mit Panoramablick; $$$)
**Delta Pacific Resort and Conference
Centre,** 10251 St. Edwards Drive, Rich-
mond, BC V6X 2M9, ℘ 604/278-9611,
Fax 276-1121 (Resort-Hotel in der
Nähe des Vancouver Airport; Fitness-
Center, Indoor/Outdoor Pool, gutes
Restaurant, Spielzentrum für Kinder;
Ideal für Stopover; $$$)
Park Hill Hotel, 1160 Davie St.,
Vancouver, ℘ 604/685-1311, Fax
681-0208 (zentral gelegener Hotel-
turm mit schönem Blick aus den
oberen Stockwerken; $$$)
Sylvia Hotel, 1154 Gilford St.,
Vancouver, ℘ 604/681-9321 (Nähe
English Bay und Stanley Park, Restau-
rant und Lounge; preiswert, exzellenter
Service, sehr beliebt, im Sommer
Reservierung nötig; $$)
Riviera Motor Inn, 1431 Robson St.,
Vancouver, ℘ 604/685-1301,
Fax 685-1335 (Apartmenthotel;
volleingerichtete Küche, Balkon und
schöner Blick; $$)
Kingston Hotel, 757 Richards St.,
Vancouver, ℘ 604/684-9024,
Fax 684-9917 (Frühstück inbegriffen,
Sauna, Waschsalon; nicht alle Zimmer
mit eigenem Bad; $$)
**Canadian International Hostelling
Association,** BC Region, 1515 Disco-
very St., Vancouver, ℘ 604/224-3208
YWCA Hotel, 733 Beatty St., Vancou-
ver, ℘ 604/895-5830, Fax 681-2550
(preiswert und modern, Pool und
Sauna nur für Frauen; Lounge, Pool,
Sauna und Cafeteria; einige Zimmer
mit Bad und Kitchenette)
University of British Columbia,
Conference Centre, 5961 Student Union

Blvd., B.C. V6T 2C9, Vancouver, ✆ 604/825-1060, Fax 822-1069 (herrliche Lage mit Blick über die English Bay, 15 Min. von Downtown, Gärten, Tennis- und Golfplätze; Einzelzimmer und Apartments von Mai bis August, Mahlzeiten in der Campus-Cafeteria; $)

Restaurants: The Teahouse Ferguson Point, Stanley Park, Vancouver, ✆ 669-3281 (erstklassige Küche in romantischer Atmosphäre, schöne Aussicht; Spezialitäten: Lammbraten, Desserts; bis 22 Uhr; $$$)

Trader Vic's, im Westin Bayshore, 1601 W. Georgia, Vancouver, ✆ 682-3377 (maritime Atmosphäre mit Südsee-Touch, u. a. auch *luau*-Spezialitäten; Lunch und Dinner; Mo–Fr 12–22, Sa–So 17–22 Uhr; $$$)

Salmon House on the Hill, 2229 Folkestone Way, W. Vancouver, ✆ 926-3212 (seit 20 Jahren beliebtes Fischrestaurant in idyllischer Lage mit schönem Meeresblick; West Coast Cuisine, besonders empfehlenswert: gegrillter Pazifiklachs; $$$)

India Village Restaurant, 308 Water St., Vancouver, ✆ 681-0678 (indische Küche, besonders zu empfehlen: Tandori-Gerichte auf traditionelle Art im Backofen zubereitet; 11–23 Uhr; $$)

Mulvaney's, Granville Island, 1535 Johnston St., Vancouver, ✆ 685-6571, (schöne Lage, kreolische Spezialitäten: Coquilles Baton Rouge, Lamm, Meeresfrüchte. Reservierung erforderlich; $$–$$$)

The Prow Restaurant, 999 Canada Place, Vancouver, ✆ 684-1339 (im futuristischen Canada Place mit Blick auf Hafen und Berge; pazifische Spezialitäten, Lamm, Steaks; Lunch 11.30–14.30, Dinner ab 17 Uhr, So Brunch 11–14.30 Uhr; Reservierung empfohlen; $$–$$$)

O'Douls Restaurant, 1300 Robson St., Vancouver, ✆ 684-8461 (populäres Restaurant mit verglastem Straßencafé; ausgezeichnete Küche; Lunch ab 11, Dinner ab 17 Uhr, Sa und So Brunch; $$

Restaurant Ship of the Seven Seas, Lonsdale Ave., Vancouver, ✆ 987-3344 (sehr große Auswahl an delikaten Meeresfrüchten, Lunch und Dinner; $$)

Greens and Gourmet, 2681 West Broadway, Vancouver, ✆ 737-7373 (exzellente vegetarische Gerichte; Mo–Fr 8–22 Uhr, Sa und So bis 23 Uhr; $$)

Sprinklers Restaurant, Van Dusen Gardens, 37th and Oak St., Vancouver, ✆ 261-0011 (mit Blick auf prachtvolle Gartenanlagen, Westküstenspezialitäten; tägl. 11.30–15, 17.30–22 Uhr, Afternoon-Tea 15–17 Uhr, Sa Brunch bis 15 Uhr; $$$)

Beijing Restaurant, 865 Hornby St., Vancouver, ✆ 688-7788 (hervorragende nord- und südchinesische Küche, *dim sum*-Spezialitäten; Lunch und Dinner; tägl. 11–14.30 Uhr und 17–22.30 Uhr; $$–$$$)

Raintree-Restaurant, 1630 Alberni St., Vancouver, ✆ 688-5570 (fantastischer Blick über Coal Harbour, Burrard Inlet und Küstengebirge; Nordwestküstenspezialitäten; Dinner tägl. ab 17.30, Lunch Mo–Fr 11.30 Uhr, Brunch So 11–15 Uhr, Reservierung empfohlen; Do–Sa Live Entertainment in »Leon's Bar«; $$$)

Shanghai Chinese Bistro, 1128 Alberini St., Vancouver, ✆ 683-8222 (Shanghai und Szechuan Cuisine, Dim Sum, besonders empfehlenswert: Meeresfrüchte, beliebt sind die täglichen »noodle shows« – eine schwungvolle Nudelzubereitung am Tisch, $$)

Water Street Cafe, 300 Water St., Gastown, Vancouver, ✆ 689-2832 (im

Herzen des historischen Gastown Districts; Frische Meeresfrüchte, leckere Nudelgerichte, Lunch ab 11.30, Dinner So–Do bis 22 Uhr, Fr, Sa bis 23 Uhr; $$)
Old Spaghetti Factory, 53 Water St., Gastown, Vancouver, ☏ 684-1288 (beliebtes, originelles Lokal mit einem zum Speisewagen umfunktionierten Straßenbahnwagen; tägl. bis 22 Uhr, So bis 21 Uhr; $)
Chuck E. Cheese's, 9898 Government Place, Burnaby, Vancouver, ☏ 421-8408 (Pizza, Eis und Spiele: Restaurant und Unterhaltungs-Paradies für Kinder; $)

 Einkaufen: The Bay Vancouver, Georgia St./Granville St., Vancouver (Flaggschiff der Bay-Kaufhauskette; elegante Kleidung, große Abteilung für Kanadiana)
Pacific Centre, Georgia und Granville St., Vancouver (Kaufhaus Eatons und über 130 Geschäfte);
Sinclair Centre, 757 W. Hastings St., Vancouver, (elegante Shopping Mall mit Boutiquen und Restaurants; architektonisch interessant: hier sind historische Gebäude unter einem Glasdach miteinander verbunden)
Duthie Books, 919 Robson St., Vancouver, ☏ 684-4496 (große Auswahl an Büchern über die Region und Reiseführer)
Vancouver Flea Market, 703 Terminal Ave. (Sa, So 9–17 Uhr)
Marion Scott Gallery, 671 Howe Street, Vancouver, ☏ 685-1934 (von den Inuit und Nordwestküsten-Indianern gefertigtes zeitgenössisches Kunsthandwerk)
Images for a Canadian Heritage, 779 Burrard St., Vancouver, ☏ 685-7046 (Kunsthandwerk der Indianer und Inuit; Skulpturen, zeitgenössische indiani-

sche Töpferarbeiten und indianischer Schmuck)
Inuit Gallery of Vancouver, 345 Water St., Gastown, Vancouver, ☏ 688-7323 (Kunsthandwerk der Inuit und Nordwestküsten-Indianer von Museumsqualität)
Hills Indian Crafts, 165 Water St., Vancouver, ☏ 685-4249 (Kunsthandwerk der Inuit und Nordwestküsten-Indianer, Drucke und Gemälde kanadischer Künstler)
Museum Shop, UBC Museum of Anthropology, Vancouver, 6393 N.W. Marine Dr. (gute Literatur, Drucke, Schnitzereien)

Entertainment: Orpheum Theatre, 884 Granville St., Vancouver, ☏ 682-0706 (schön renovierte Konzerthalle, in der die Aufführungen des Vancouver Symphony Orchestra stattfinden)
Arts Club Theatre, 1585 Johnston St., Granville Island, Vancouver, ☏ 687-1644 (gemischtes Programm von Theater- und Musikveranstaltungen, auch Produktionen aus London und vom Broadway werden aufgeführt; ganzjährige Spielzeit)
Vancouver East Cultural Centre, 1895 Venables St., Vancouver, ☏ 254-9578 (Theater, Musik und Tanzveranstaltungen – für Erwachsene und Kinder; ganzjährige Spielzeit)
Jazz Hotline, ☏ 682-0706, Vancouver, (aktuelle Informationen über Jazz- und Bluesveranstaltungen)
Richard's on Richard's, 1036 Richard's St., Vancouver, ☏ 687-6794 (eleganter Nachtclub mit Staraufgebot)
Shark Club, 180 West Georgia St., Vancouver, ☏ 687-4275 (beliebtes Szenelokal, besonders für Sport-Fans, leckere Grill-Spezialitäten, 11.30–2 Uhr morgens)

Hot Jazz Society, 2120 Main St., Vancouver, ☏ 873-4131 (Dixieland-Bands, die täglich wechseln, Swing und Big-Band-Sound; sehr beliebt)

Aktivitäten: B.C. Museum of Mining, Hwy. 99, Britannia Beach am Howe Sound, ca. 50 km nördl. von Vancouver, ☏ 604/688-8735, 896-2233 (Bergwerksmuseum und National Historic Site; Führungen 15. Mai–11. Okt.)

Bloedel Conservatory, 33rd Ave./Cambie St., Vancouver, ☏ 257-8570 (Botanische Gärten unter einer Glaskuppel; April–Sept. Mo–Fr 9–20 Uhr, Sa–So 10–21 Uhr, sonst 10–17 Uhr)

Capilano Salmon Hatchery, 4500 Capilano Park Rd., North Vancouver, ☏ 666-1790 (Lachszucht; in der Laichsaison kann man die zurückkehrenden Lachse beobachten; 8–20 Uhr)

Capilano Suspension Bridge, 3735 Capilano Rd., North Vancouver, ☏ 985-7474 (Fußgänger-Hängebrücke über den Canyon; Juni-Anfang Sept. [Labour Day], 8–21 Uhr, Labour Day – 30. Sept. 8–19.30 Uhr, 1.–28. Okt. 8.30–18.30 Uhr, 29. Okt–14. Nov. 9–18 Uhr; sonst 9–17 Uhr)

Children's Zoo & Miniature Train, Stanley Park, Vancouver (Tiere zum Anfassen, Fahrt mit der Miniatureisenbahn; Juni–August 11–18 Uhr)

Dr. Sun Yat-Sen Chinese Garden, 578 Carrall St., Vancouver, ☏ 662-3207 (klassischer chinesischer Garten; Mai–Aug. 10–18 Uhr, sonst 10–16.30 Uhr)

Early Motion Tours Ltd., 1-1380 Thurlow St., Vancouver, ☏ 687-5088 (Sightseeing im restaurierten 1928 Model A Ford Cabriolet)

Fantasy Garden World, 10800 No. 5 Rd. Richmond (am Hwy. 99), ☏ 277-7777 (Replika eines europäischen Dorfes, Kapitän Vancouvers Geburtshaus, Mini-Eisenbahn, Vogelpark und exotische Gärten)

Gray Line of Vancouver, ☏ 879-3363 (verschiedene Stadtrundfahrten zwischen 1½–6 Std. Dauer: Stanley Park, Granville Island, Grouse Mountain und Aquarium; Abfahrt vom Hotel Vancouver ab 9 Uhr alle 1½ Std.)

Grouse Mountain, 6400 Nancy Greene Way, Vancouver, ☏ 984-0661 (Gondelbahn zum 1128 m über der Stadt gelegenen Berg; tägl. 9–22 Uhr)

Harbour Ferries Ltd., Ferry Terminal/ Denman St., Vancouver, ☏ 688-7246 (gemächliche Schaufelraddampfer-Touren im Hafen, mit herrlicher Stadtansicht)

Lynn Canyon Park/Centennial Ecology Centre, Lynn Valley Rd., Vancouver, ☏ 981-3193 (Hängebrücke über Wasserfall und Canyon; Filme und Displays; Park geöffnet 6–22 Uhr, Ecology Centre Feb.–Nov. tägl. 10–17 Uhr, sonst Mo–Fr 10–17 Uhr)

Museum of Anthropology, University of British Columbia, 6393 N.W. Marine Dr., Vancouver, ☏ 822-3825 (Kunst und Kultur der Nordwestküsten-Indianer; Mai–Anfang Sept. [Labour Day] tägl. 10–17 Uhr, sonst Di–So 11–17 Uhr, außerdem Di 17–21 Uhr)

MV Britannia, Denman St., North Vancouver, ☏ 688-7246, 1-800-663-1500 (Exkursion mit dem Kreuzfahrtschiff »Britannia« durch den Howe Sound nach Squamish, Mai–Juli, 1.–25. Sept. Mi–So, Aug. tägl.; Abfahrt 9.30 Uhr)

Playland Family Fun Park, Exhibition Park, Hastings St., Vancouver, ☏ 255-5161 (Freizeitpark; März–Sept.)

Science World, 1455 Quebec St., Vancouver, ☏ 268-6363 (Wissenschaft zum Anfassen; Musik im Elektronik-Zeitalter, Filmvorführungen auf der größten Omnimax-Leinwand der Welt;

So–Fr 10–17 Uhr, Sa 10–18 Uhr)
Paddlewheel Harbour Tours, North
Foot of Denman Street, Vancouver,
℘ 688-7246 (Hafenrundfahrten und
Sunset Dinner Cruises mit Vancouvers
einzigem *sternwheeler,* der »M.P.V. Con-
stitution«)
Royal Hudson Steam Train, 1311 West
First St., North Vancouver,
℘ 688-7246, 984-5246 (Exkursion
mit dem letzten Zug, der von einer der
berühmten »2860«-Dampflokomotiven
gezogen wird, von North Vancouver in
6 Std. die Küste entlang bis Squamish;
Kombination mit einer Fahrt auf dem
Kreuzfahrtschiff »Britannia« möglich;
Mai–Juli, 1.–25. Sept. Mi–So; Aug.
tägl. Abfahrt 9.30 Uhr)
**University of British Columbia
Botanical Gardens,** 16th Ave. & SW.
Marine Drive, Vancouver, ℘ 822-9666
(1916 eröffneter, ältester Botanischer
Garten einer kanadischen Universität;
Mitte März–Mitte Okt. 10–18 Uhr)
Vancouver Aquarium, Stanley Park,
Vancouver, ℘ 682-1118 (über 8000
Tiere aus allen Weltmeeren einschließ-
lich Belugawalen und Delphin-Show;
Juli–Anfang Sept. [Labour Day]
9.30–20 Uhr, sonst 10–17.30 Uhr)
Vancouver Art Gallery, 750 Hornby
St., Vancouver, ℘ 662-4700,
662-4719 (Gemäldegalerie mit
Exponaten klassischer kanadischer,
amerikanischer und europäischer
Künstler, Werke der Kanadierin Emily
Carr; Mo–Sa 10–17 Uhr, Do bis 21 Uhr,
So 12–17 Uhr)
Vancouver Helicopters, Vancouver
Airport, 5455-D Airport Rd., South
Richmond, ℘ 270-1484 (Sightseeing-
Flüge mit dem Hubschrauber)
**Vancouver Maritime Museum and St.
Roch,** 1905 Ogden Ave., Vanier Park,
Vancouver, ℘ 257-8300 (Ausstellun-
gen zu Vancouvers Geschichte als

Hafenstadt sowie das historische
RCMP-Schiff »St. Roch«; 10–17 Uhr)
Vancouver Museum, 1100 Chestnut
St., Vanier Park, Vancouver,
℘736- 4431, 736-7736 (im Museum
Shop gibt es ausgezeichnete Bücher
und Drucke zu kaufen; Mai–Sept.
10–18 Uhr, Okt.–April Di–So
10–17 Uhr)

**Verkehrsmittel: BC-Fäh-
ren:** West Vancouver/
Horseshoe Bay nach Nanaimo; Van-
couver/Tsawwassen nach Victoria/
Swartz Bay (keine Reservierungen;
Auskunft ℘ 250/386-3431, 1-888-
223-3779)
VIA-Rail: Eisenbahnverbindung nach
Edmonton und mit dem »Rocky
Mountaineer« nach Banff (Auskunft
℘ 1-800-561-8630)

Victoria (BC)

**Information: Greater Victoria
Visitor Information Center,** 812
Wharf St., Victoria, BC V8W 1T3,
℘ 250/953-2033, Fax 382-6539

Unterkunft: Empress Hotel,
721 Government St., Victoria
℘ 384-8111, Fax 381-4334 (*Die*
Adresse in Victoria. Das Canadian
Pacific Grandhotel gegenüber dem
Jachthafen kultiviert den Stil des alten
England. Es ist schon ein Erlebnis, sei-
nen Tee in der Lobby einzunehmen. Im
Hotel eines der besten Restaurants der
Stadt, Gartencafé, zwei Bars; $$$$)
Chateau Victoria, 740 Burdett Ave.,
Victoria, ℘ 382-4221, Fax 380-1950
(supermodernes und elegantes Hotel
mit Lounge, Dachrestaurant, Pool,
Sauna; einige Zimmer mit Kitchenette;
$$$)

Harbour Towers, 345 Quebec St.,
Victoria, ℘ 385-2405, Fax 385-4453
(beim Parlamentsgebäude, schöner
Blick; Pool, Sauna Restaurant; $$$)
Shamrock Motel, 675 Superior St.,
Victoria, ℘ 385-8768, (am Beacon Hill
Park, Apartments mit Kitchenette, $$)
Admiral Motel, 257 Belleville St.,
Victoria, ℘ 388-6267 (kleines, ruhiges
Motel am Hafen, einige Zimmer mit
Kitchenette; $$)
Cherry Bank Hotel, 825 Burdett Ave.,
Victoria, ℘ 385-5380 (einfach, doch
mit Atmosphäre, in der Nähe des
Beacon Hill Parks; im Restaurant
leckere *spareribs;* $)

**Camping: Goldstream Provin-
cial Park,** 20 km nördl. von Vic-
toria am Hwy. 1, ℘ 250/391-2300
(schöne Campingplätze)

**Restaurant: The Empress
Room,** Empress Hotel, 721
Government St., Victoria, ℘ 384-8111
(elegant, Tafelmusik, Service und Menu
erstklassig, Dinner bis 22 Uhr; $$$)
Captain's Palace, 309 Belleville St.,
Victoria, ℘ 388-9191 (Gourmet-
restaurant mit Meeresblick; Spezialitäten: Austern, Krebse, Kammuscheln;
tägl. Frühstück, Lunch, Tee und Dinner;
$$$)
The Aerie Resort, am Trans Canada
Highway, Abfahrt Spectacle Lake,
20 Min. nördlich von Victoria, ℘ 250/
743-7115 (elegantes Country Inn auf
der Malahat Ridge, mit fantastischem
Blick über Berge, Fjorde und Gulf
Islands; Restaurant der Spitzenklasse
u. 20 stilvoll eingerichtete Zimmer;
$$$)
Pescatores, 614 Humboldt St., Victo-
ria, ℘ 385-4512 (Meeresfrüchte in
großer Auswahl, Austernbar; Lunch
und Dinner; $$–$$$)

Taj Mahal, 679 Herald St., Victoria,
℘ 383-4662 (indisches Restaurant mit
exotisch gewürzten Speisen; Lunch
und Dinner Mo–Sa; $$)
Herald Street Cafe, Herald und
Government St., Victoria, ℘ 381-1441
(populäres Restaurant mit Pacific
Northwest Cuisine; Meeresfrüchte,
Lamm, Pasta, leckere Desserts; Lunch
(außer Mo u. Di) u. Dinner, So Brunch,
11.30 Uhr – Mitternacht; $$–$$$)
Gay Nineties Spare Rib House,
Cherry Bank Hotel, 825 Burdett St.,
Victoria, ℘ 385-5380 (sehr populäre
Dining lounge; empfehlenswert:
Barbecued Ribs, Steak und Lachs;
auch Kinderportionen; tägl. Lunch und
Dinner; $)

Einkaufen: Munro's Books,
1108 Government St., Victoria,
℘ 382-2464 (stilvoller Bookstore mit
viktorianischem Dekor, große Auswahl
an Kanadiana)
Roger's Chocolates, 913 Government
St., Victoria, ℘ 384-7021 (Spezialitäten
für Schokoladenliebhaber)
Sasquatch Trading, 1233 Government
St., Victoria, ℘ 386-9033 (indianische
Cowichan-Pullover, Kunsthandwerk,
indianischer Schmuck)
Northern Passage Gallery, 1020
Government St., Victoria, ℘ 381-3380
(Arbeiten kanadischer Künstler und
Kunsthandwerker, Gemälde, Skulptu-
ren, Schmuck)
The Market Square, 302-560 John-
son St., Victoria (über 40 Lädchen mit
originellem Angebot, untergebracht in
historischen Backsteingebäuden)
Cowichan Trading Company, 1328
Government St., Victoria, ℘ 383-0321
(Cowichan-Pullover, Kunsthandwerk)

**Entertainment: McPherson
Playhouse,** 3 Centennial Square,

Victoria, ℘ 386-6121 (restauriertes altes Theater; buntes Programm, von Operette und Musical bis Drama und modernem Tanz)

Royal Theatre, 805 Broughton St., Victoria, ℘ 386-6121 (überwiegend Konzerte, aber auch Musicals; hier spielt das Victoria Symphony Orchestra)

Strathcona Hotel, 919 Douglas St., Victoria, ℘ 383-7137 (Victorias Entertainment-Zentrum mit mehreren Nachtclubs, Cabaret und Discos; in der **Big Bad John's Lounge** herrscht rustikale Atmosphäre mit Hillbilly-Kellnern und viel Trubel)

Pagliacci's, 1011 Broad St., Victoria, ℘ 386-1662 (Victorias Treff für Jazzfans)

The Belfry, 1291 Gladstone St. Victoria, ℘ 385-6815 (Comedy Plays, Revuen, Musicals)

Aktivitäten: Butchart Gardens, Brentwood, BC, am Hwy. 17 ca. 20 km nördl. von Victoria, ℘ 652-4422 (14 ha Blumen, abends Shows, Juli–Aug. Sa Feuerwerk, Mai–14. Juni 9–17 Uhr, 15. Juni–Ende Aug. 9– 22.30 Uhr, 1.–15. Sept. 9–18 Uhr, 16.–30. Sept. 9–17 Uhr)

Helmcken House, Thunderbird Park, Belleville St., Victoria (Pionierhaus mit originalem Mobiliar ausgestattet und kunstvoll restauriert; Mai–Okt. 11–17 Uhr)

Miniature World, Empress Hotel, 649 Humboldt St., Victoria, ℘ 385-9731 (Liliputwelt, historische Darstellungen; 15. Juni–15. Sept. 9–22 Uhr, ansonsten So–Do 9–17 Uhr, Fr–Sa 9–21 Uhr)

Parliament Buildings, Belleville St., Victoria, ℘ 387-3046 (Sitz der Provinzregierung; im Sommer tägl. Führungen, sonst nur an Wochentagen)

Royal British Columbia Museum, 675 Belleville St., Victoria, ℘ 387-3701 (Juni–Sept. 9.30–19 Uhr, sonst 10–17.30 Uhr)

Royal London Wax Museum, 470 Belleville St., Victoria, ℘ 388-4461 (Wachsfiguren aus Geschichte und Gegenwart sowie Szenen aus dem Märchenland; Juli–Aug. 9–21 Uhr, sonst 9.30–17 Uhr)

Pacific Undersea Gardens, 490 Belleville St., Victoria, ℘ 382-5717 (Fenster unter dem Meeresspiegel – einheimische Meeresflora und -fauna; Juli–Anfang Sept. 9–21 Uhr, sonst 10–17 Uhr)

Maritime Museum of B.C., 28 Bastian Square, Victoria, ℘ 385-4222 (Schiffsmodelle, Werkzeuge, Marine-Uniformen; 9.30–16 Uhr)

Tallyho Horsedrawn Tours, 713 Bexhill Rd., Victoria, ℘ 474-4332 (Stadtrundfahrten mit der Pferdekutsche)

Verkehrsmittel: BC-Fähren Victoria/Swartz Bay nach Vancouver/Tsawwassen (keine Reservierungen); Victoria nach Seattle (nur für Passagiere). Auskunft ℘ 250/386-3431, 1-888-223-3779

Wasilla (AK)

Information/Aktivitäten: Dorothy G. Page Museum and Visitor Center, Main St., Wasilla, AK, ℘ 907/373-9071 (Auskünfte über die Region und Ausstellungen zur Pioniergeschichte in historischen Gebäuden; im Sommer tägl. 10–18 Uhr, im Winter 8–17 Uhr)

Museum of Alaska Transportation and Industry, Mile 46,5 Parks Hwy., Wasilla, AK, ℘ 907/376-1211 (im Sommer Mo.–Sa 10–18 Uhr, im Winter Di.–Sa 8–16 Uhr)

Iditarod Headquarters, Mile 2,2 Knik Road, Wasilla, AK, ✆ 907/376-5155, Fax 907/373-6998 (Informationen und Ausstellungen über das berühmte Schlittenhunderennen; im Sommer tägl. 8–17 Uhr, im Winter Mo–Fr 8–17 Uhr)

Waterton/Glacier Park (AB)

Information: Waterton Lakes National Park, Waterton Park, AB TOK 2MO, ✆ 403/859-2224

Unterkunft: Prince of Wales Hotel, im Sommer: Waterton Park, AB TOK 2MO, ✆ 403/859-2231; im Winter: Stn. 0928, Phoenix, Arizona 85077 ✆ 602/207-6000 (historisches Hotel in schöner Lage, hoch über dem Waterton Lake; 19. Mai–25. Sept.; $$$)
Kilmorey Lodge, Waterton Park, AB, ✆ 403/859-2334, Fax 859-2342 (Resorthotel im Landhausstil mit rustikaler Atmosphäre, guter Küche; April–Okt.; $$–$$$]

Camping: Waterton Townsite, Waterton Park, Alta., ✆ 403/ 859-2224 (238 Plätze; kompletter Service, Pool, Marina, Freizeitaktivitäten; 1. Mai–9. Okt.)

Aktivitäten: Waterton Shoreline Sightseeing, Waterton Park, AB, ✆ 403/859-2362, 859-2180 (Bootstouren auf dem Waterton Lake mit mehreren Stops; Abfahrt: Mai–Mitte Juni 10 und 14.30 Uhr, Mitte Juni–Ende Juni 10, 13 u. 16 Uhr, Ende Juni– Anfang Sept. 9, 10, 13, 16 und 19 Uhr, ab Sept. tel. erfragen)

Watson Lake (YT)

Information: Yukon Visitor Reception Centre, Kreuzung Alaska u. Robert Campbell Hwy., ✆ 403/536-7469

Unterkunft: Gateway Motor Inn, Watson Lake, YT, YOA 1CO, ✆ 403/536-7744, Fax 403/536-7740, (24 Stunden geöffnet, Restaurant, Kitchenettes)

Camping: Gateway to the Yukon RV Park, Km 1017,7 von Dawson Creek, Watson Lake, YT YOA 1C✆ ✆ 403/536-7448, Fax 403/536-7971 (Campingplatz, Service Station, Supermarkt, Angellizenzen)

Wells (BC)

Unterkunft: Wells Hotel, P.O. Box 39, Wells, BC VOX 2RO, ✆ 250/994-3427, Fax 250/994-3494 (historisches Bed & Breakfast Guesthouse mit gemütlicher Atmosphäre; das Hotel ist auch Postamt und Mittelpunkt des kleinen Ortes; Aktivitäten können arrangiert werden; $–$$)

Wells Gray Prov. Park (BC)

Information: Clearwater Chamber of Commerce, P.O. Box 1988, Clearwater BC VOE 1NO, ✆ 250/674-2646, Fax 250/674-3693 **BC Parks,** Thompson River District, 1210 McGill Rd., Kamloops, BC V2C 6N6 ✆ 250/851-3000, Fax 250/828-4633 (Info über den Wells Gray Prov. Park; Camping mit 83 Plätzen; Mai–Sept.)

 Unterkunft/Aktivitäten: Helmcken Falls Lodge, P.O. Box 239, Clearwater, BC VOE 1NO,

$\wp$ 250/674-3657, Fax 674-2971
(schöne Lodge im Wells Gray Park;
hiking, Reiten, Kanufahren)

Whistler (BC)

 **Information: Whistler Travel Info Centre,** 2097 Lake Placid Road, Box 181, Whistler, B.C. VON 1BO, $\wp$ 604/932-5528, Fax 932-3755

Unterkunft/Restaurants: Whistler Resort and Club, P.O. Box 279, Whistler, B. C. VON IBO, (Hwy. 99, nördl. Vancouver) $\wp$ 604/932--5756, Fax 932-2969 (Resorthotel mit Restaurant und Lounge, geheiztem Pool, Sauna, Whirlpool; Tennis, Golf, Wandern, im Winter Ski; Ausflüge in den Garibaldi Provincial Park; $$$)

The Blackcomb Motor Inn, 4220 Gateway Drive, P. O. Box 400, Whistler, BC VON 1BO, $\wp$ 604/932-4155, Fax 932-6826 (Zimmer u. Studios, z.T. mit Kamin und Balkon, Indoor Pool, Restaurant; $$–$$$)

Camping: Dryden Creek Resorts, Hwy 99, 20 km südl. von Whistler, PO Box 1012, Garibaldi Highlands, BC VON 1T0; $\wp$ 604/898-9726, Fax 604/898-9780 (Motel und Campground, Aktivitäten: Reiten, Schwimmen, Klettern, Angeln, Floßfahrten; ganzjährig geöffnet)

Whitehorse (YT)

Information: Whitehorse Visitor Reception Centre, 302 Steele St., Whitehorse, YT, $\wp$ 403/667-2915

Unterkunft: Westmark Whitehorse Hotel, 2nd Ave./Wood St.,
Whitehorse, YT Y1A 3T3, $\wp$ 403/668-4700, Fax 403/668-2789 (modernes Hotel, komfortabel mit Restaurant, Friseur und kleinen Läden; $$$)

Westmark Klondike Inn, Whitehorse, YT Y1 A 3T3, $\wp$ 403/668-4747, Fax 403/667-7639 (gute Zimmer, interessanter Coffee Shop, »Sternwheeler Lounge«, Restaurant, Trappers Pub; $$–$$$)

Chilkoot Trail Inn, 4190 4th Av., Whitehorse, $\wp$ 403/668-4190, Fax 668-4910 (preiswertes, kleineres Hotel am westl. Stadtrand; $–$$)

Baker's Bed & Breakfast, 84–11th Avenue, Whitehorse Y.T., $\wp$ 403/633-2308 (zwei Zimmer mit Kamin; $$)

Camping: Robert Service Campground, South Access Rd. nach Whitehorse, $\wp$ 403/668-3721, Fax 403/667-6334 (schöner Campingplatz am Yukonufer, mit allen Einrichtungen; Ende Mai–Anfang Sept.)

Restaurants: Arizona Charlies Dining Room/Westmark Klondike Inn, 288– 2nd Ave., Whitehorse, $\wp$ 403/668-4555 (Gourmet-Restaurant mit 1898'er-Goldrausch-Atmosphäre, Lunch u. Dinner; $$$)

Westmark Hotel/Village Garden Dining Room. 2rd Ave./Wood St., Whitehorse, YT, $\wp$ 403/668-4700 (reichhaltiges Mittagsbuffet $, sonst $$; abends Gold-Rush-Bühnenshow ›Frantic Follies‹ ($\wp$ 668-2042)

 Murdoch's, 207 Main St., Whitehorse, $\wp$ 403/667-7403 (auch wenn man nichts kaufen möchte, sollte man sich den antiken und modernen Nuggetschmuck dieses Juweliers trotzdem einmal anschauen)

Mac's Fireweed Books, 203 Main St., Whitehorse, ☎ 403/668-2434 (Bücher über den Norden)

Hougen's, 305 Main St., Whitehorse, YT, ☎ 403/667-4222 (Kaufhaus mit komplettem Angebot an Büchern und Souvenirs bis zu Fotogeräten und Wildnisausrüstung)

Yukon Gallery, 2093–2nd Ave., 100–208 Steele St., Whitehorse (topographische Karten)

 Aktivitäten: Emerald Tours Ltd., P. O. Box 33016, Whitehorse, YT Y1A 5Y5, ☎ 403/633-3778, Fax 403/633-5460 (Exkursionen und Bustouren im ganzen Yukon Territory, geführte Tageswanderungen – auch deutsch – in der Umgebung von Whitehorse)

Frantic Follies Vaudeville Revue, Whitehorse, ☎ 403/668-2042 (›Goldgräber‹-Musical, tägl. Vorführungen, Ende Mai–Mitte Sept.)

MacBride Museum, 1st Ave./Wood St., Whitehorse, ☎ 403/667-2709 (Goldgräberrelikte, ausgestopfte Tiere des Yukon Territory; im Sommer tägl. 10–18 Uhr)

Old Log Church Museum, 3rd Ave./ Elliott St., Whitehorse, ☎ 403/668-2555 (Ausstellung zur Missionierungsgeschichte; im Sommer tägl. 9-21 Uhr)

S. S. Klondike, South Access Rd., Whitehorse, ☎ 403/667-4511 (komplett restaurierter Schaufelraddampfer am Yukon-Ufer; im Sommer tägl. 9–18 Uhr; empfehlenswerte Führungen)

Yukon Archives, Yukon Place, Whitehorse, ☎ 403/667-5321 (Di.–Mi 9–17 Uhr, Do–Fr 13–21 Uhr, Sa 10–18 Uhr)

M.V. Schwatka – Yukon River Cruise, Whitehorse, ☎ 403/668-4716 (2stündige Fahrt mit dem Schiff auf den Spuren der Goldgräber durch den Miles Canyon)

Big Bear Adventures, P. O. Bix 5210, Whitehorse, YT Y1A 4Z1, ☎ 403/633-5642, Fax 403/633-5630 (Kanu, Kayak, Hiking, Floßfahrten, Fahrradtouren, auch Verleih)

Whiteshell Prov. Park (MB)

 Aktivitäten: War Eagle Wilderness Experience, Rennie, Man. ROE 1R0, ☎/Fax 204/369-5336 (Wildnisabenteuer, Wandern, Kanufahren im Whiteshell Park)

Williams Lake (BC)

 Information: Williams Lake Visitor Centre, 1148 Broadway South, Williams Lake, BC V2G 1A2, ☎ 250/392-5025, Fax 250/392-4214

Unterkunft/Restaurant: Overlander Motor Inn, 1118 Lakeview Crescent, Williams Lake, BC, ☎ 250/392-3321, 1-800-663-6898, Fax 392-3983 (»Overlander Pub« mit Tanz und Entertainment, Steakhaus und Coffee Shop; Ausflüge nach Barkerville und Bowron-Lake-Provinzpark; $$)

Camping/Aktivitäten: Springhouse Trails Ranch, P. O. Box 2, R.R.) 1, Springhouse, BC V2G 2P1, ☎ 250/392-4780, Fax 392-4701 (an der Dog Creek Road, 20 km südwestl. von Williams Lake Guest Ranch und Campground, Trailreiten, Wildnistrips; Mai–Sept. preiswerte Pauschalangebote; $–$$)

Winnipeg (MB)

Information: Tourism Winnipeg, 320-25 Forks Market Road,

Winnipeg, Man. R3C 4S8, ℘ 204/
943-1970, Fax 204/942-4043

 Unterkunft: Fort Garry Hotel,
222 Broadway, Winnipeg, Man.
R3C OR3, ℘ 204/942-8251, Fax 204/
956-2351 (elegantes altes Hotel in der
Innenstadt, das kürzlich renoviert
wurde; $$$)
Sheraton Winnipeg, 161 Donald St.,
Winnipeg, Man. R3C 1M3, ℘ 204/942-
5300, Fax 204/943-7975 (modernes
Luxushotel in der Innenstadt, Swim-
ming-pool, Sauna, Restaurant; $$$)
Place Louis Riel, 190 Smith St.,
Winnipeg, Man. R3C 1J8,
℘ 204/947-6961, Fax 204/947-3029
(wohnliches Apartmenthotel in ausgezeichneter Lage; $$–$$$)
St. Regis Hotel, 285 Smith St., Winnipeg R3C 1K9, ℘ 204/942-0171, Fax
204/943-3077 (kleines preiswertes
Hotel in der Innenstadt, Coffee Shop,
Restaurant; $)

 **Restaurants/Entertain-
ment: Le Beaujolais,**
131 Provencher Blvd., Winnipeg,
℘ 204/237-6306 (Gourmet-Restaurant, im restaurierten St. Boniface-Vier-
tel; eines der 100 besten Restaurants
in Kanada; Spezialitäten: Meeresfrüchte, Ente, Lamm, verführerische
Desserts. Dinner ab 17 Uhr; $$$)
Dubrovnik Restaurant, 390 Assini-
boine Ave., Winnipeg, ℘ 204/944-
0594 (kontinentale und jugoslawische
Küche in einem alten Gebäude am
Fluß; $$–$$$)
Alycia's, 559 Cathedral Ave., Winni-
peg, ℘ 204/582-8789 (einfaches
Restaurant mit guter ukrainischer
Küche; $–$$)
Palomino Club, 1133 Portage Ave.,
Winnipeg, ℘ 204/772-0454 (beliebter

Country und Western Club, Live Entertainment, Restaurant, Bar)
Celebrations Dinner Theatre, International Inn, 1808 Wellington Ave.,
Winnipeg, ℘ 204/982-8282
(Restaurant mit abendlichen Theateraufführungen; Mi–So)

 **Einkaufen: The Upstairs
Gallery,** 266 Edmonton St.,
Winnipeg, Man., ℘ 204/943-2734
(Winnipegs größte Gallerie für Inuit-
Kunst und -Kunsthandwerk)
Northern Images, 2nd level Portage
Place Mall Store, Winnipeg,
℘ 204/942-5501 (Kunst und Kunst-
handwerk der Inuit und Dene)

**Aktivitäten: Centennial
Concert Hall,** 555 Main St.,
Winnipeg, ℘ 204/956-1360, Ticket
Info 956-2792 (Ballett, Symphonie,
Opera Association)
Museum of Man and Nature,
190 Rupert Ave., Winnipeg,
℘ 204/956-2830 (Ein Besuch des
Museums lohnt sich auf jeden Fall! Im
Sommer tägl. 10–18 Uhr, im Winter
Di–Sa 10–17 Uhr, Mo geschlossen)
Paddlewheel-River Rouge Tours,
Water St./Gilroy Ave., Winnipeg,
℘ 204/942-4500 (Sightseeing im
Doppeldeckerbus und Schiffstouren
auf dem Red River und dem Assini-
boine, abends auch mit Dinner)
Prairie Dog Central Steam Train, St.
James CNR Station, 1661 Portage Ave.,
Winnipeg, ℘ 204/832-5259 (von Win-
nipeg nach Gros Isle in einem Dampf-
zug der Jahrhundertwende; Juni–Sept,
nur So)
Royal Winnipeg Ballet, 380 Graham
Ave., Winnipeg, ℘ 204/956-0183
St. Boniface Museum, 494 Ave.
Taché, Winnipeg, ℘ 204/237-4500
(tägl. 9–17 Uhr)

Royal Canadian Mint, 520 Lagimo-
diere Blvd., Winnipeg,
℘ 204/257-3359 (tägl. von 9–13 Uhr
interessante Führungen durch die auch
architektonisch sehr moderne Münz-
anstalt)
**Ukrainian Cultural and Educational
Centre,** 184 Alexander Ave., Winnipeg,
℘ 204/942-0218 (Di–Sa 10–16 Uhr,
So 14–17 Uhr)
The Forks Public Market, Waterfront,
Winnipeg, ℘ 204/942-6309 (tägl.
9.30–18.30 Uhr, Fr bis 21 Uhr)
VIA-Rail Travel Bureau, 123 Main St.,
Winnipeg, ℘ 204/949-7400 (6tägige
VIA-Rail-Canada-Explorer Tour von
Winnipeg nach Churchill an der Hud-
son Bay; Juni–November)
Winnipeg Art Gallery, 300 Memorial
Blvd., Winnipeg, ℘ 204/786-6641
(eine der größten Sammlungen von
Eskimokunst in der Welt; nette Cafete-
ria; Di, Sa, So 11–17 Uhr, Do, Fr 11–21
Uhr)
Winnipeg Commodity Exchange,
360 Main St., Winnipeg, ℘ 204/925-
5000 (von der Besuchergalerie
kann man beobachten, wie in
hektischer Atmosphäre Kanadas
Weizen gehandelt wird; Mo–Fr 9.30–
13.30 Uhr)

Wood Buffalo Nat. Park (NT)

**Information: Wood Buffalo
National Park,** P.O. Box 750,
Fort Smith, NT XOE OPO,
℘ 403/872-2349

Wrangell (AK)

Aktivitäten: Wrangell Museum,
2nd St., Wrangell, AK, ℘ 907/
874-3770 (im Sommer Mo u. Mi–Fr
9.30–13 u. 14–17 Uhr, Sa–So

13–15.30 Uhr und wenn Passagier-
schiffe anlegen)
Chief Shakes Community House, 2nd
St., Wrangell, AK, ℘ 907/874-3747
(Mai–Sept. Mo u. Mi–Fr 9.30–17 Uhr,
Sa–So 13–15.30 Uhr und wenn Passa-
gierschiffe anlegen)

Wrangell-St. Elias Nat. Park (AK)

**Information: Wrangell-St. Elias
National Park and Preserve,**
P.O. Box 29, Glennallen, AK 99588,
℘ 907/822-5234

Writing-on-Stone Prov. Park (AB)

**Information: Writing-On-Stone
Provincial Park,** Box 12, Elkwa-
ter, AB TOJ 1CO, ℘ 403/647-2364

Yale (BC)

**Aktivitäten: Fraser River Raft
Expeditions,** P.O. Box 10, Yale,
BC VOK 2SO, ℘ 604/863-2336, Fax
863-2355 (ein- bis achttägige
Schlauchbootexpeditionen auf dem
Thompson und Fraser, u. a. durchs
Hell's Gate; Ausgangspunkt Yale, 180
km östl. von Vancouver am Transka-
nada Hwy.)
Hell's Gate Airtram, Am Hwy. 1, zwi-
schen Yale und Lytton, ℘ 604/867-
9277 (Gondelbahn über den Fraser
Canyon; Restaurant)

Yellowknife (NT)

**Information: Yellowknife
Tourist Information Cabin,**
52nd St. u. 49th Ave. (bei der City
Hall)
**Northern Frontier Tourism Associa-
tion,** 4807–49th St., Yellowknife,

NT X1A 3T5, ℘ 403/873-3131,
Fax 403/873-3654

🛏 **Unterkunft: Explorer Hotel,**
Yellowknife, Hwy. 4, am
Ortseingang, ℘ 403/873-3531,
Fax 403/873-2789 (modernes, kom-
fortables Hotel mit 110 Zimmern und
gutem Restaurant; $$$–$$$$)
Discovery Inn, Box 784, Yellowknife,
NT X1A 2NG, ℘ 403/873-4151, Fax
403/920-7948 (Downtown Hotel mit
40 Zimmern, auch Kitchenettes; $$$)
Blue Raven Bed & Breakfast, 37B
Otto Dr., Yellowknife, NT XIA 2T9,
℘ 403/873-6328, Fax 403/920-4013
(schön gelegen, mit Blick über den
Great Slave Lake, 3 Gästezimmer; $$)
YWCA, 5004-54 St., Yellowknife,
NT X1A 2R6, ℘ 403/920-2777,
Fax 403/873-9406 (33 Einzimmer-
Apartements; $$)

🍴 **Restaurants: Mackenzie
Lounge,** Yellowknife Inn, Yellowknife, Downtown, ℘ 403/873-2601
(sehr gutes Restaurant; Treffpunkt von
Geschäftsleuten, Piloten und Leuten
aus dem Goldminengeschäft)
The Wild Cat Cafe, Yellowknife, Old
Town (urige Kneipe aus der Gründerzeit; man sitzt auf Holzbänken an lan-

gen Tischen und ißt nordische Spezialitäten wie Karibu-Stew oder Moschus-
ochsensteaks)

🛍 **Einkaufen: Northern Images,**
YK Centre Mall, Franklin St./48th
St., ℘ 403/873-5944 (Kunsthandwerk
der Indianer und Eskimos; auch in
anderen Orten im Yukon und den
Northwest Territories)

🚶 **Aktivitäten: The Prince of Wales
Northern Heritage Centre,** Yellowknife, NT, ℘ 403/873-7551 (prächtige Ausstellungen zu Naturgeschichte,
Entdeckung und Kultur des Nordens;
Juni–Aug tägl. 10.30–17 Uhr; sonst
Di–Fr 10.30–17 Uhr, Sa–So 12–17 Uhr)
Naocha Enterprises Cruises, Yellowknife, Government Dock, ℘ 403/873-
8019 (Juni–Sept. tägl. etwa zweistündige Bootsfahrten auf dem Great Slave
Lake mit Fischgrillen auf einer Insel;
auch Segelbootcharter)

Yoho National Park (BC)

ℹ **Information: Yoho National
Park,** P. O. Box 99, Field, BC
V0A 1G0, ℘ 250/343-6783 (Wanderwege und ein halbes Dutzend Campingplätze)

Reiseinformationen von A–Z

Anreise

... nach Kanada

Anflughäfen für den Westkanada-
Urlauber sind in der Regel Vancouver
und Calgary. Die Preise für Flüge sind
recht unterschiedlich. Holiday- und
Spezialtarife gibt es je nach Reisezeit
zwischen 1200 DM und 2000 DM.
Außer von einer Anzahl von Chartergesellschaften wird West-Kanada direkt
von Deutschland mit der **Air Canada**
und der **Lufthansa** angefolgen. Unter

gemeinsamen Flugnummern fliegen die beiden Gesellschaften täglich nonstop nach Calgary und Vancouver – im Sommer insgesamt 18 mal pro Woche. Die **Canadian International Airlines** kooperiert mit British Airways und bietet täglich von allen deutschen Flughäfen via London Heathrow nonstop-Flüge nach Calgary und insgesamt 13 mal wöchentlich nach Vancouver an. **Canada 3000 Airlines** bietet von April bis Oktober von Düsseldorf, Hamburg und München einmal pro Woche Flüge nach Calgary und Vancouver. Eine besonders preiswerte Möglichkeit, Kanada kennenzulernen, bieten Air Canada mit drei verschiedenen Rundreise-Programmen und Canadian International mit dem ›Go Canadian Pass‹. So sind z. B. drei Coupons schon ab 600 DM erhältlich. Durch die Zusammenarbeit mit kanadischen und US-Airlines sind auch recht günstige Anschlußflüge nach Alaska und anderen amerikanischen Städten möglich.

... nach Alaska

mit dem Flugzeug:
Von Deutschland aus wird Anchorage nur von Chartergesellschaften direkt angeflogen. Linienflüge gehen über Chicago oder Seattle. Von Seattle, der Drehscheibe für den Flugverkehr nach Alaska, dauert der Flug nach Anchorage 3½ Stunden. Die Route über Seattle ist auch nicht unbedingt teurer. Die wichtigsten inneramerikanischen Gesellschaften, die nach Alaska fliegen, sind Alaska Airlines, Delta, United, Northwest Orient. Eine schnellere und dabei preisgünstige Verbindung besteht von Deutschland über Vancouver und Seattle nach Anchorage. Von Vancouver nach Seattle fliegen meh-

rere Gesellschaften mit über einem Dutzend Flügen täglich. So kostet ein Verbindungsflug von Vancouver nach Seattle in Kombination mit Canadian-Flügen nur 75 CAN $.

Der Anchorage International Airport liegt etwa 10 km außerhalb. Der Autotransfer zu den größeren Hotels der Innenstadt kostet etwa $ 10; mit dem öffentlichen Bussystem ›People Mover‹ kann man ebenfalls in die Stadt gelangen. Alle größeren Autovermietungen sind am Flughafen vertreten.

mit dem Auto:
Zu Land ist Alaska vom Yukon Territory her über verschiedene Straßen zu erreichen. Der Alaska Highway führt von Whitehorse nach Tok, und von Dawson City aus kann man im Sommer über den Top-of-the-World Highway ebenfalls Tok und damit den Anfang des alaskanischen Straßennetzes erreichen.

Wer von Kanada her kommend mit dem Leihwagen oder -camper einige Zeit im Nordland verbringen möchte, mietet den Wagen besser schon in Alberta (Edmonton) oder British Columbia, da dort die Preise meist günstiger sind. Noch preiswerter und zuverlässiger mietet man seinen Wagen schon in Deutschland.

mit der Fähre:
Fährschiffe verkehren von Seattle oder von Prince Rupert aus, dem nördlichsten Hafen der B. C.-Fähren. Von hier hat man auch Anschluß an die kanadische Eisenbahn VIA-Rail von Edmonton Jasper und Prince George.

Ärztliche Versorgung

Die ärztliche Versorgung ist in den Städten West-Kanadas und Alaskas mit der unsrigen vergleichbar. Auch außerhalb der Städte wird Hilfe per

Flugzeug gebracht. Für eine Behandlung kann mit Kreditkarte bezahlt werden.

Krankenhäuser findet man unter »Hospital«, Apotheken unter »Pharmacies« oder auch unter Drugstores in den gelben Telefonbuchseiten.

Autofahren

... in Kanada

Der nationale Führerschein ist ausreichend, es wird jedoch empfohlen, einen internationalen Führerschein mitzubringen. Tankstellen gibt es in Orten und entlang der Fernstraßen reichlich; will man jedoch besonders im Norden entlegenere Seitenstraßen befahren, empfiehlt sich ein gefüllter Tank, wohl auch ein Reservekanister.

Pannen/Unfälle

Mietwagenfahrer sollten sich bei Pannen mit dem Mietbüro in Verbindung setzen, um alle weiteren Schritte abzustimmen. In entlegeneren Gebieten und auf Fernstraßen helfen oft die Lkw-Fahrer weiter, da sie meist mit CB-Funk ausgerüstet sind und über den Notrufkanal 9 Polizei und Rettungswagen herbeirufen können.

Zwischen den europäischen Automobilclubs und der Canada Automobile Association bestehen Kooperationsverträge. Gegen Vorlage der Mitgliedskarte erhält man in den Büros des CAA Informationen und Landkarten, im Notfall auch Pannenhilfe.

... in den Northwest Territories

Das Straßennetz umfaßt ganze 1700 km – meist geschottert. Dazu gehört der Dempster Highway, eine Wildnisstraße von Dawson City nach Inuvik

(besonders schön Ende Sommer/Anfang Herbst, wenn sich die Tundra verfärbt). Auch Liard und Mackenzie Highway, die vom Great Slave Lake nach Süden (Fort Nelson, BC bzw. Grimshaw, Alberta) führen, lohnen eine Fahrt. Der Ingraham Trail (eine Straße) führt von Yellowknife aus 70 km nach Osten in den Busch.

Info über Autofähren – NT

Hwys. 1 u. 3	℘ 1-800-661-0751
o. Yellowknife	℘ 403/873-7799
Fort Simpson	℘ 403/695-2018
Dempster Hwy. 8	℘ 1-800-661-0752
o. Inuvik	℘ 403/979-2678

Straßenzustandsbericht – NWT

Hwys. 1 bis 7	℘ 1-800-661-0750
o. Hay River	℘ 403/874-2208
Dempster Hwy. 8	℘ 1-800-661-0752
o. Inuvik	℘ 403/979-2678

... in Alaska

Alaskas Hauptverbindungsstraßen sind geteert, Nebenstrecken und Stichstraßen häufig nur geschottert und deshalb nach Regenfällen und im Frühjahr oft unpassierbar. Obwohl die befestigten Straßen alle vier bis fünf Jahre neu asphaltiert werden, können manchmal frostbedingte Bodenwellen und Schlaglöcher Fahrzeug und Passagieren böse zusetzen. An Tankstellen gibt es keinen Mangel, jedoch sollte man Ausflüge ins Hinterland nur mit vollem Tank beginnen. Bevor Sie sich auf einer der Schotterstraßen in die Wildnis begeben, erkundigen Sie sich bei der nächsten Tankstelle oder Lodge nach dem Straßenzustand. Man wird Ihnen auch gern allgemeine Tips und Informationen geben.

Leihwagen

Sofern man nicht eine reine Wandertour, Fähr- oder Zugreise plant, ist der Mietwagen oder Camper wohl die praktischste Möglichkeit, das Land kennenzulernen. Bei der Anmietung in Kanada oder Alaska sollte man auf jeden Fall eine Kreditkarte vorweisen, da man sonst einige hundert oder tausend Dollar Kaution hinterlegen muß. Den Reisepaß sollte man niemals als Pfand aus der Hand geben.

Für ein- oder mehrwöchige Auto-/ Campermieten empfiehlt es sich in jedem Fall, das Fahrzeug bereits in Deutschland über ein Reisebüro zu reservieren, da die speziellen Urlaubstarife der Autovermieter für Europäer nur hier gebucht werden können und es in der Hauptsaison manchmal schwierig sein kann, vor Ort ein Fahrzeug zu bekommen. Außerdem sind die Angebote in der Regel in Deutschland überschaubarer und notwendige Versicherungen im Mietpreis inbegriffen, die man vor Ort teurer bezahlen müßte.

Die großen Autovermieter wie z. B. Avis, Budget und Hertz bieten in Deutschland Tarife an, die neben freien Kilometern auch ein komplettes Versicherungspaket enthalten – Leistungen, die man in Kanada und Alaska so nicht bekommen kann, oder die dort viel teurer wären. Im Reisebüro kann man so das beste Angebot heraussuchen. Die großen Leihwagenfirmen sind in der Regel auch die zuverlässigsten, was Wartung der Mietwagen und eventuellen Pannenservice anbetrifft (besonders in entlegeneren Gebieten), da sie auch das dichteste Netz haben. Nähere Informationen und Tarife bei:

Avis Autovermietung
Zimmersmühlenweg 21
61437 Oberursel
✆ 0 61 71/68 18 00, 01 80/5 55 77,
Fax 68 10 01

Hertz Autovermietung
Ginnheimer Str. 4
65760 Eschborn
✆ 0 61 96/93 70, 01 80/5 33 35 35
(gebührenfrei), Fax 93 91 16

Diplomatische Vertretungen

... in Deutschland

Kanadische Botschaft
Einwanderungsabteilung
Friedrich-Wilhelm-Straße 18
53113 Bonn
✆ 02 28/81 00 60
Für besondere Anfragen zur Einreise nach Kanada (Besucher brauchen kein Visum.)

... in Österreich

Kanadische Botschaft
Laurenzer Berg 2
A-1010 Wien
✆ 0222/5 31 38 30 00,
Fax 0222/5 31 38 33 21

... in der Schweiz

Kanadische Botschaft
Kirchenfeldstr. 88
CH-3005 Bern
✆ 031/352 6381, Fax 352 73 15

... in West-Kanada

Federal Republic of Germany
704-999 Canada Place
Vancouver, British Columbia, V6C 3E1
✆ 604/684-8377

Federal Republic of Germany
Calgary, Alberta
✆ 403/269-5900

Austrian Consulate for Alberta
1131 Kensington Rd. N.W.

Calgary, Alberta, T2N 3P4
℘ 403/283-6526

Austrian Honorary Consul
Suite 202, 1810 Alberni St.
Vancouver, British Columbia
℘ 604/687-3338

Swiss Consulate
790-999 Canada Place
Vancouver, British Columbia, V6C 3E1
℘ 604/684-2231

Swiss Consulate
4926-89th St.
Edmonton, Alberta, T6E 5K1
℘ 403/462-9221

... in Alaska

German Honorary Consul
425 G St., Suite 650
Anchorage, AK 99501
℘ 907/274-6537, Fax 274-8798

Einkaufen

Bis auf Alberta, Yukon und Northwest
Territories wird in den kanadischen Provinzen eine Verkaufssteuer *(sales tax)*
erhoben, die aber Touristen unter
bestimmten Bedingungen zurückerstat-
tet wird (neueste Regelung im
Geschäft erfragen). **Alberta** hat eine
Übernachtungssteuer und erhebt
5 % Aufschlag auf Hotelrechnungen.

In Kanada ist die Ausfuhr von
bestimmten Gegenständen eingeschränkt, die über 50 Jahre alt und
von historischer oder wissenschaftli-
cher Bedeutung sind.

Alkoholische Getränke sind in
Kanada nur in den staatlichen Mono-
pol-Läden erhältlich.

Einreise- und Zollbestimmungen

... für Kanada

Reisende nach Kanada benötigen als
Touristen kein Visum. Reisepaß bzw.
Kinderausweis (ab 10 Jahren ist ein
Lichtbild erforderlich) genügen, sofern
er noch mindestens 6 Monate gültig
ist.

Impfungen sind nicht vorgeschrie-
ben.

Zollfrei eingeführt werden dürfen
alle Gegenstände, die für den persönlichen Gebrauch während der Reise
bestimmt sind. Außerdem: 1,1 Liter Spi-
rituosen, 200 Zigaretten, 1000 Gramm
Tabak und 50 Zigarren. Lebensmittel in
begrenztem Umfang und nur als Konserven, also keine Früchte und kein
Gemüse. Als Geschenk dürfen Gegenstände im Wert von 40 Dollar pro zu
beschenkender Person eingeführt werden. Jagd- und Sportwaffen dürfen
zwar mitgebracht werden – hierfür gelten aber besondere Bestimmungen.
Nähere Auskünfte erhält man bei der
Tourismusabteilung des kanadischen
Generalkonsulats in Düsseldorf.

... für Alaska

Auch die Einreise in die USA ist für
Besucher aus Deutschland, Österreich
und der Schweiz (bis zu einem Aufenthalt von 90 Tagen) problemlos. Vorge-
legt werden muß ein Reisepaß bzw.
Kinderausweis (ab 10 Jahren mit Lichtbild), der für die Dauer der gesamten
Reise gültig sein muß. Ein Visum wird
nicht mehr benötigt. Das Formular I-94
W zur Befreiung von der Visumpflicht
wird von den Grenzbehörden oder an
Bord des Flugzeugs bzw. Schiffes zum
Ausfüllen ausgehändigt. Außerdem
sind ein Rückflugticket und der Nach-

weis ausreichender Mittel für die Dauer des Aufenthaltes erforderlich.

Für **Anschlußreisen** von Kanada in die USA ist kein Visum erforderlich. Dabei muß beachtet werden, daß bei mehrfachem Grenzwechsel der *departure record*-Abschnitt des Einreisedokuments nicht entfernt wird.

Zollfrei mitgebracht werden dürfen Gegenstände des persönlichen Gebrauchs sowie 1 Liter alkoholische Getränke, 200 Zigaretten oder 50 Zigarren oder 1350 g Tabak (nur für Personen ab 21 Jahre). Geschenkartikel bis zum Wert von 100 US $ dürfen ebenfalls zollfrei eingeführt werden (gilt nicht für Alkohol und Zigaretten).

Nähere Auskünfte über die Einfuhrbestimmungen bezüglich Tiere, Autos, Jagdwaffen usw. erhält man von den amerikanischen Konsulaten oder der US-Botschaft.

Frische und konservierte Lebensmittel (Obst, Gemüse, Fleisch und Süßigkeiten mit Alkoholfüllung) sowie Pflanzen, Narkotika, gefährliche Arzneimittel (Ausnahmen mit ärztlichem Rezept) dürfen nicht in die USA eingeführt werden.

Elektrische Geräte

In Kanada und USA beträgt die Stromspannung 110/120 V, 60 Hz Wechselstrom. Wenn Sie elektrische Geräte aus Deutschland mitbringen, müssen diese umschaltbar sein. Außerdem benötigen Sie einen Adapter für die in Nordamerika gebräuchlichen Flachstekker, der übrigens leichter in Deutschland zu bekommen ist.

Entfernungen

s. S. 404/405

Essen und Trinken

Alaska, Yukon Territory, Northwest Territories

Michelin-Sterne gibt es im Norden keine, dafür aber oft frischen Fisch und einheimisches Wild. Auch mit Steak geht man meist nicht fehl. Im hohen Norden gibt es kaum Restaurants, gegessen wird im Hotel. Dort werden durchaus einheimische Leckerbissen wie Karibu-Stew, Moschusochsensteak oder Saibling serviert, auch wenn es manchmal etwas Überzeugungskraft erfordert, klarzumachen, daß man diese Gerichte Konserven aus dem Süden vorzieht. Kleidungsvorschriften werden auch in den Städten sehr locker gehandhabt.

Übrigens werden in den kanadischen Restaurants kaum Wildgerichte angeboten, da kommerzielle Jagd und der Verkauf von Wild verboten ist – man darf nur für den eigenen Kochtopf jagen.

... übriges Kanada

In den Städten des Südens von West-Kanada gibt es hervorragende Restaurants, die keinen Vergleich scheuen müssen. Bedingt durch die ethnische Vielfalt der großen Städte wie Vancouver, Edmonton, Calgary und Winnipeg entdeckt man hier auch eine Bandbreite von kulinarischen Genüssen, wie man sie wohl in keiner europäischen Stadt finden würde.

Das Dinner ist die Hauptmahlzeit des Tages, üblicherweise zwischen 17 und 20.30 Uhr serviert, also etwas früher als bei uns.

Unabhängig von den verschiedenen Restaurant-Kategorien variieren die Preise naturgemäß je nach getroffener Auswahl. Die unten angegebenen Richtwerte gelten pro Person für ein Hauptgericht ohne Getränke, Vor- und Nachspeisen und den üblichen *tips* (Trinkgeld) von ca. 15 %. (In Kanada CAN $, in Alaska US $)

$	= unter 10 Dollar,
$$	= zwischen 10 und 20 Dollar,
$$$	= über 20 Dollar

Kleiner Restaurant-Sprachführer

apple sauce – Apfelmus
bacon – Frühstückspeck
bass – Goldbarsch
batter – im Teigmantel
bill – Rechnung
black currant – schwarze Johannis-
  beeren
blackberry – Brombeere
boiled potatoes – gekochte Kartoffeln
braised – geschmort
bread roll – Brötchen
breakfast – Frühstück
brussel sprouts – Rosenkohl
cabbage – Weißkohl
cake – Kuchen
cauliflower – Blumenkohl
cereal – Haferflocken, Cornflakes
cherry – Kirsche
chicken – Hähnchen
cod – Kabeljau
cold cuts – Aufschnitt
cooked, boiled – gekocht
corn – Mais
crab – Krebs
cranberry – Preiselbeere
cucumber – Gurken
cup – Tasse
dumplings – Klöße/Knödel
egg: over easy – Spiegelei, von beiden
  Seiten gebraten
egg: poached – verlorenes Ei
egg: scrambled – Rührei
egg: soft boiled – weich gekochtes Ei

egg: sunny side up – Spiegelei, nicht
  gewendet
flounder – Scholle/Flunder
fork – Gabel
french-fries – Pommes frites
fried – gebraten
fried potatoes – Bratkartoffeln
gooseberry – Stachelbeere
gravy – Soße
haddock – Schellfisch
halibut – Heilbutt
ham – Schinken
herring salad – Heringsalat
jam – Marmelade
juice – Saft
knife – Messer
Lamb – Lamm
lettuce – Kopfsalat
lobster – Hummer, Languste
mackerel – Makrele
mashed potatoes – Kartoffelpürree
menu – Speisekarte
mustard – Senf
mutton – Hammel
napkin – Serviette
partridge – Rebhuhn
pastry – Gebäck
pheasant – Fasan
pickled – gebeizt, eingelegt
pigeon – Taube
pike – Hecht
plate – Teller
pork chop – Schweinekotelett
pork – vom Schwein
potato dumpling – Kartoffelknödel
prawn cocktail – Garnelen-Cocktail
roast chicken – Brathähnchen
roast pork – Schweinebraten
roast roe – Rehbraten
roast stag – Hirschbraten
rye bread – Roggenbrot
salmon – Lachs
sausage – Wurst
shrimps – Krabben
smoked – geräuchert
smoked salmon – Räucherlachs

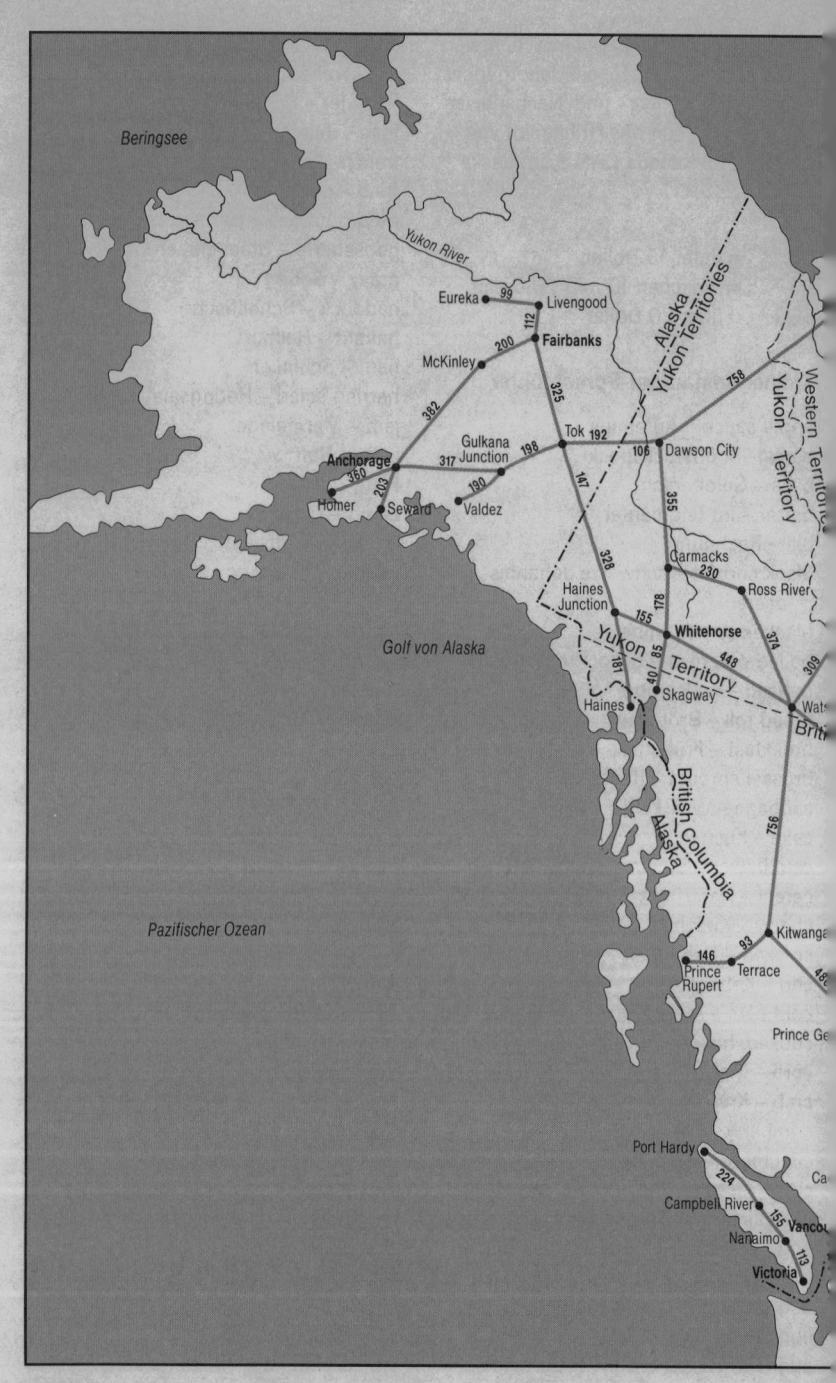

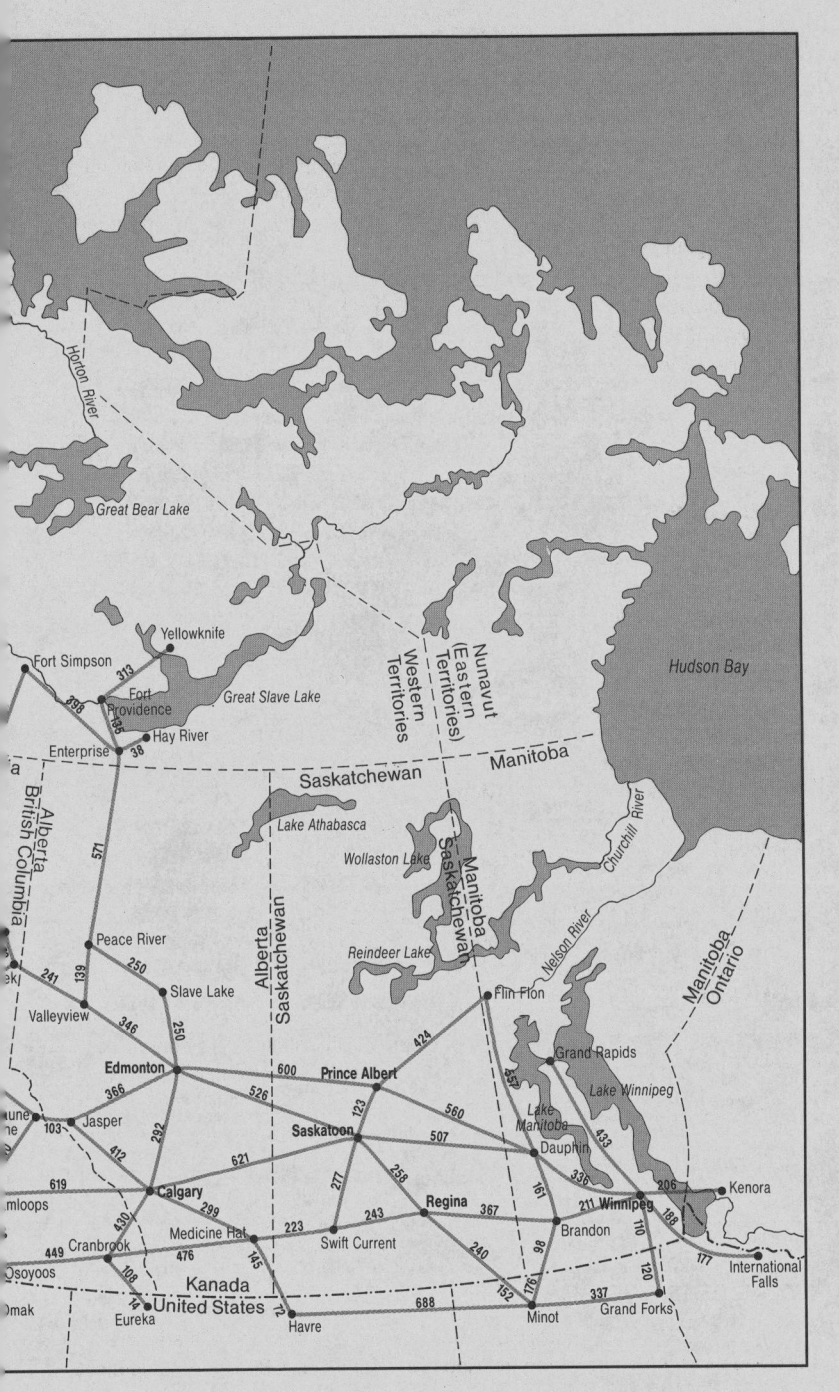

sole – Seezunge
spoon – Löffel
steak rare – rosa Steak
steak medium rare – kurz angebrate-
nes Steak
steak well done – durchgebratenes
Steak
stew – Ragout
tablecloth – Tischtuch
trout – Forelle
turkey – Truthahn/Puter
vinegar – Essig
waiter – Kellner
whipped cream – Schlagsahne

Feiertage

… in Kanada

Neujahrstag (1. Januar)
Karfreitag
Ostermontag
Victoria Day (Montag vor dem 25. Mai)
Canada Day (1. Juli)
Heritage Day in Alberta und
British Columbia Day in B.C. (1. Mon-
tag im August)
Discovery Day im Yukon Territory
(3. Montag im August)
Labour Day (1. Montag im September)
Thanksgiving (2. Montag im Oktober)
Remembrance Day (Heldengedenktag,
11. November)
Christmas Day (25. Dezember)
Boxing Day (26. Dezember)

… in Alaska

Neujahrstag (1. Januar)
Martin Luther Memorial Day (3. Mon-
tag im Januar)
Lincoln's Birthday (12. Februar)
Washington's Birthday (3. Montag im
Februar)
Seward's Day (letzter Montag im März)
Memorial Day (letzter Montag im Mai)

Unabhängigkeitstag (4. Juli)
Labour Day (1. Montag im September)
Alaska Day (18. Oktober)
Veterans Day (11. November)
Thanksgiving (4. Donnerstag im
November)
1. Weihnachtstag (25. Dezember)

Fotografieren

Alle gängigen Filme und Fotomateri-
alien sind in Alaska und Kanada erhältlich, aber generell etwas teurer als in
Deutschland. Hat man nicht genügend
Filme mitgebracht, empfiehlt es sich,
diese in einem Fotogeschäft einer größeren Stadt zu kaufen, dort sind sie
meist preiswerter und auch frischer als
in kleineren Orten und Souvenirshops.

Geld

Europäischen Besuchern wird dringend
geraten, auf kanadische bzw. amerikanische Dollar ausgestellte **Reiseschecks** mitzubringen. Euroschecks
werden nicht akzeptiert, auch beim
Umtausch europäischer Währungen
gibt es bei den kanadischen Banken
Schwierigkeiten. Reiseschecks tauschen nicht nur die Banken ein, sie
werden auch von Hotels, Geschäften
und Tankstellen angenommen. Außer
einer Kreditkarte und Reiseschecks
sollte man zusätzlich noch einen kleinen Barbetrag in der Landeswährung
mitnehmen.

Kreditkarten
»Eurocard/Mastercard«, »Visa« werden
praktisch überall akzeptiert. Es wird
dringend empfohlen, eine dieser Karten mitzunehmen. So erspart man sich
Probleme, z. B. beim Mieten eines Fahr-

zeugs, das man ohne Kreditkarte gar nicht oder nur bei Hinterlegung einer hohen Geldsumme bekommt.

Banken
Banken sind im allgemeinen in Kanada und Alaska Mo–Fr in der Zeit von 10– 15 Uhr geöffnet.

Münzen
Obwohl es von 50 c- bis 1 $-Münzen alles gibt, sind praktisch nur 1 c, 5 c *(nickel)*, 10 c *(dime)* und 25 c-Stücke *(quarter)* im Umlauf. Es empfiehlt sich also, immer genügend *quarter* bei sich zu führen, um genügend Kleingeld für Busfahrten, Automaten oder zum Telefonieren zu haben.

Banknoten
In **Kanada** gibt es Banknoten zu 1, 2, 5, 10, 20, 50, 100, 500 und 1000 $, sie sind von verschiedener Größe und Farbe.

In den **USA** sind Banknoten zu 1, 2, 5, 10, 50 und 100 $ im Umlauf; sie sind von gleicher Größe und grüner Farbe.

Manchmal werden größere Geldscheine über mehr als 50 $ in Läden und Restaurants nicht gern angenommen. Man sollte große Scheine daher besser bei den Banken wechseln.

Gesundheitsvorsorge

Angesichts der extrem hohen Arzt- und Krankenhauskosten oder auch der Notfalltransportkosten sollte man unbedingt vor Reiseantritt eine Reisekrankenversicherung abschließen, bzw. sich bei der eigenen Krankenversicherung über eine Abdeckung der entstehenden Kosten bei Auslandsreisen informieren. So oder so wird aber von Ärzten und Krankenhäusern meist sofortige Bezahlung verlangt – in bar oder mit Kreditkarte.

Spezielle Medikamente sollten Sie mitbringen und eine Rezeptkopie dabei haben, damit ein kanadischer bzw. amerikanischer Arzt das Rezept erneuern kann. Bei Wanderungen und längeren Aufenthalten abseits der Siedlungen sollte man auf jeden Fall eine Reiseapotheke mit sich führen – und Mückenschutzmittel nicht vergessen!

Informationsstellen

... in Deutschland

Kanada Tourismus-Programm
Postfach 20 02 47, 63469 Maintal
℘ 0 61 81/4 51 78 (Kanada hotline),
Fax 0 61 81/49 75 58
Allgemeines Informationsmaterial über Kanada und in Deutschland angebotene Pauschalreisen und alle Anfragen, Reisen nach Kanada betreffend.

Alaska Fremdenverkehrsamt
Pfingstweidstraße 4, 60316 Frankfurt
Alaska-Infotelefon ℘ 0 18 05-21 52 53
Karten- und Informationsmaterial, deutschsprachiger Reiseplaner können von einem Versandhaus gegen Gebühr bezogen werden

Geo Buchhandlung
Schülperbaum 9
24103 Kiel
℘ 04 31/9 10 02, Fax 04 31/9 42 49
Spezialkarten über Kanada für Exkursionen (topographische, nautische und aeronautische Karten).

... in Kanada und Alaska

Alberta Tourism
Main Level, City Centre

10155-102nd Street
Edmonton, AB T5J 4L6
℘ 403/427-4321, 1-800-661-8888
Fax 403/422-0867

B. C. Ministry of Tourism
Parliament of Buildings
Victoria BC V8V 1X4
(nur schriftliche Anfragen)

Travel Manitoba
Dept. E30, 7th Floor, 155 Carlton St.
Winnipeg, Man. R3C 3H8
℘ 204/945-3777 oder 1-800/665-
0040 (kostenlos innerhalb Manitobas),
Fax 204/945-2302

Tourism Saskatchewan
1919 Saskatchewan
Regina, Sask., S4P 3V7
℘ 306/787-2300 oder 800/667-7538
(kostenlos innerhalb Saskatchewans),
Fax 306/787-3872

NWT Arctic Tourism
P. O. Box 1320, Yellowknife,
NT X1A 2L9, ℘ (403) 873-7200,
Fax (403) 873-0294, 1-800-661-0788
(Informationen über die westliche
Region der Northwest-Terrotories)

Nunavut Tourism
P. O. Box 1450, Iqaluit, NT X0A 0H0,
℘ 819/979-6551, 1-800-491-7910,
Fax 819/979-1261 (Informationen über
die östliche Region der Northwest
Territories)

Bei den genannten Informationsbüros
der Provinzregierungen erhält man
kostenlos umfangreiches Informationsmaterial über die einzelnen Tourismus-
regionen sowie besondere *guides* über
Unterkunft, Camping, Abenteuer- und
Sportferien, Winterurlaub, Jagen und
Angeln.

Kinder

Kanada eignet sich in hervorragendem
Maße für Familienreisen mit Kindern.
Weder fehlt es an entsprechenden Einrichtungen (Kindermenues, Kinder bis
15 Jahre logieren im allgemeinen
kostenlos in Hotels etc., besondere
Attraktionen), noch schließt Abenteuer-
reisen Kinderfreundlichkeit aus. Im
Gegenteil: Das Leben im Camp mit viel
Platz, Kochen im Freien, Fischen und
Feuermachen bereitet Kindern besonderen Spaß. Die Kanadier lieben es,
mit Kind und Kegel die Campingplätze
zu bevölkern – eine gute Voraussetzung übrigens, um Kontakte mit ihnen
zu knüpfen: Kinder mit Kindern ebenso
wie die Eltern untereinander. Generell
gilt, daß man in Kanada und USA auf
Reisende mit Kindern besser eingestellt ist und mehr Rücksicht nimmt
als in Deutschland.

Wer mit Kind(ern) reist, sollte allerdings den Zeitplan etwas großzügiger
gestalten, um unterwegs genügend
Spielraum zu haben, um sich mit dem
Nachwuchs beschäftigen zu können.

Kleidung

Lockere, legere Freizeitkleidung ist in
Alaska und West-Kanada allenthalben
richtig. Die Wildnis ist nie weit entfernt, und so ist man mit einem Flanell-
hemd, Jeans oder anderen strapazierfä-
higen Beinkleidern und Wanderschu-
hen immer gut gerüstet. Vor allem im
Innern von Alaska und auch in den
westkanadischen Provinzen herrscht
im Sommer meist eine stabile Hoch-
drucklage vor. Für das Bilderbuchwet-
ter, das man dann an langen Sommer-
tagen genießen kann, kommt man
auch mit leichterer Kleidung aus.

Abends empfiehlt sich auf jeden Fall eine Jacke oder ein Pulli – schon wegen der Mücken. Empfehlenswert ist immer eine Ausstattung, die nach dem ›Zwiebelprinzip‹ funktioniert: Wenn nötig, eine Kleidungsschicht ablegen oder hinzufügen.

Beim Aufenthalt in Süd- und Südost-Alaska sowie an der Westküste von Vancouver Island und des nördlichen British Columbia sollte man auch Regenkleidung einpacken. Sonnenschutzmittel nicht vergessen, vor allem beim Wassersport!

Im Winter reicht für das Gebiet um Anchorage und in Südost-Alaska europäische Winterkleidung aus. Im Norden allerdings sollte man sich speziell ausrüsten. Die dortigen Geschäfte bieten eine große Auswahl an Kaltwetterkleidung. Für den Ski-Urlaub in British Columbia oder Alberta stattet man sich nicht anders aus als in Europa.

Trotz aller Wildwest- und Freizeitatmosphäre kann man in den Großstädten wie Vancouver, Edmonton oder Anchorage in Theatern oder eleganten Restaurants durchaus auch ein Dinnerjackett bzw. ein Abendkleid tragen.

Literatur

Berton, Pierre: The Klondike Fever. Toronto, 1958

Berton, Pierre: The National Dream/ The Last Spike, Toronto, 1974

Bryan, Liz & Jack: Country Roads, British Columbia & SW Alberta, Sunflower Publications, Vancouver, 1991

Drucker, Philip: Indians of the Northwest Coast, Garden City, NY, 1955 (American Museum of Natural History)

Hamberger, Rainer (Hrsg.): Kanada – Land der Kontraste und Abenteuer, Gessler, Friedrichshafen, 1993

Hetman, Frederik (Hrsg.): Indianermärchen aus Kanada, Fischer Taschenbuchverlag, Frankfurt, 1978

Hungry Wolf, Adolf u. Beverly: Indian Tribes of the Northern Rockies, Skookumchuk, BC, 1989

Kloosz, Wolfgang/Lutz, Hartmut: Kanada. Geschichte, Politik, Kultur, Berlin, 1986

Leadem, Tim: West Coast Trail, Douglas & McIntyre, Toronto, 1993

Malcolm, Andrew: The Land and People of Canada, Harper Collins, New York, 1991

The Milepost, Alaska Northwest Publishing Co. (Jährliche, detaillierte Beschreibung der Straßen des Nordens)

Morawietz, Kurt (Hrsg.): Kanada, ein Land in der Schwebe (= die Horen, Bd. 141), Bremerhaven, 1986

Naske, Claus-M., und **Slotnik, Hermann E.:** Alaska, A History of the 49th State, Erdmans Publishing, Grand Rapids, 1979

Nelson, Richard K.: Hunters of the Northern Ice. University of Chicago, 1969

Nienhueser, Simmerman: 55 Ways to the Wilderness of Southcentral Alaska. The Mountaineers, Seattle, Wa.

Pole, Graeme: Canadian Rockies, Altitude Publishing, Vancouver, 1993

Pole, Graeme: British Columbia Interior, Altitude Publishing, Vancouver, 1993

Sabin, Stefana (Hrsg.): Kanada erzählt, Fischer Taschenbuchverlag, Frankfurt, 1992

Satterfield, A.: Chilcoot Pass. Alaska Northwest Publishing Co, Anchorage

Service, Robert: The Best of Robert Service. McGraw-Hill Ryerson, Toronto, 1940

Sock, Paul (Hrsg.): Eskimomärchen, Insel-Verlag, Frankfurt, 1984

Maße, Gewichte, Temperatur

... in Kanada

Hier gilt wie in Europa das metrische System.

... in Alaska

1 inch (in.) = 2,54 cm
1 foot (ft.) = 12 inches = 30,48 cm
1 yard (yd.) = 3 feet = 91,44 cm
1 mile (mi.) = 1,609 km

1 ounce (oz.) = 28,35 g
1 pound (lb.) = 16 oz. = 453,6 g

1 pint (pt.) = 0,4731 l
1 quart (qt.) = 2 pts. = 0,946 l
1 gallon (gal.) = 4 qts. = 3,785 l

Die **Temperatur** wird in Alaska in Fahrenheit (F) gemessen und läßt sich wie folgt umrechnen:

$$\frac{(°F - 32) \times 5}{9} = C$$

z. B sind 32° F = 0° C, 68° F = 20° C, 86° F = 30° C

Nationalparks und Provinzparks

National- und Provinzparks haben meistens die besten Picknick- und Campingmöglichkeiten. Da keine Reservierungen angenommen werden, sollte man sich möglichst früh am Tag seinen Platz sichern. Canadian Parks Service und die Provinzregierungen halten detaillierte Informationen über die Parks und deren Freizeiteinrichtungen bereit.

Canadian Parks Service
220 4th Ave. SE, P.O. Box 2989, Station M, Calgary, Alberta, Kanada T2P 3H8, ✆ 403/292-4401 (allgemeine Informationen über alle Nationalparks in Kanada)

Notfälle

In allen Notfällen (Ambulanz, Feuerwehr, Polizei) kann man landesweit in Kanada und in Alaska die Rufnummer 911 wählen. In wenigen Ausnahmen ist der Notdienst über die 0 *(operator)* zu erreichen. Der *operator* ist auf jeden Fall immer eine hilfsbereite Anlaufstelle. Natürlich ist die Hotelrezeption, eine Tankstelle oder dergleichen auch immer in Notfällen *(emergencies)* behilflich. *Emergencies* heißen auch die Notaufnahmen in den Krankenhäusern oder Sanitätsdiensten.

Öffentliche Verkehrsmittel

Bus

Alle Hauptstraßen in Süd-Alaska sowie die Verbindungsroute durchs Yukon Territory nach Haines oder über Whitehorse nach Skagway werden, wenn auch nicht immer täglich, von Überlandbussen befahren. Dauert eine Fahrt länger als einen Tag, wird in einem kleinen Ort übernachtet – diese Kosten müssen extra gerechnet werden. Folgende Busgesellschaften bieten Linienverkehr an:

Greyhound Lines of Canada
Whitehorse, ✆ 403/667-2223, Whitehorse – Anchorage, Fairbanks, Skagway, Dawson Creek und alle Grenzübergänge zwischen USA und Kanada

Dempster Highway Bus Service
Box 2021, Unuvik, NT X0E 0T0,
✆ 403/979-4100, Fax 403/979-2259,
1-800-661-0721 (regulärer Bus-
Service von Juni–Sept. Dawson City-
Inuvik, Anschluß nach Whitehorse)

Grayline of Alaska
Anchorage, ✆ 907/274-6388
u. 274-6388, Anchorage – Denali
National Park, Fairbanks, Prudhoe Bay,
Prince William Sound, Seward, Portage
Glacier, Skagway, Whitehorse, Haines.

Alaska Direct Busline
Anchorage, ✆ 907/277-6652,
1-800-770-6652, Anchorage – Fairbanks, Tok, Whitehorse, Haines, Skagway, Dawson City.

Seward Bus Lines
Anchorage, ✆ 907/224-3608, Anchorage – Homer Seward

White Pass & Yukon Motorcoaches
Anchorage, ✆ 277-5581 und
800/544-2206, Skagway – Whitehorse – Anchorage, Haines – Anchorage

Eisenbahn

Die beiden großen Eisenbahnlinien
Canadian National und Canadian Pacific Railroad sind heute unter dem
Namen **VIA-Rail** zusammengeschlossen. Eine Reise mit dem Zug kann
gerade in **West-Kanada** zu einem
besonderen Erlebnis werden, da das
Bahnfahren hier eine lange Tradition
hat. Schon 80 Jahre bevor die erste
Straße, der Transkanada Highway, nach
Westen führte, rollten die Waggons
der Canadian Pacific-Rail über die
Pässe der Rocky Mountains. Nahezu
unverändert erlebt der moderne Reisende dieselbe Szenerie vom komfortablen Glaskuppelwagen aus. Mehrere
Routen stehen zur Auswahl oder kön-

nen kombiniert werden: Calgary –
Banff – Golden – Kamloops – Vancou-
ver; Edmonton – Jasper – Prince George
– Prince Rupert; Edmonton – Calgary.

Eine weitere Eisenbahnlinie, die **British Columbia Railway,** führt durch
das Fraser River-Tal von Vancouver aus
nach Norden bis Prince George und
schließt hier den Kreis der Schienen-
wege zu einer möglichen Eisenbahn-
rundfahrt durch West-Kanada.

Die Transkanada-Eisenbahn (VIA-
Rail) fährt Di, Do und Sa von Toronto
über Edmonton und Jasper nach Vancouver: Abfahrt 23.30 Uhr, Ankunft
8.25 Uhr. Von Vancouver verkehrt der
Zug Mo, Do und Sa: Abfahrt 21 Uhr,
Ankunft in Toronto 7.30 Uhr. Die
gesamte Fahrstrecke beträgt 5000 km,
Ankunft ist jeweils am 5. Tag. Reiseun-
terbrechungen sind in jedem Ort möglich. Die Züge sind komfortabel ausgestattet, außer regulären Schlafwagen-
abteilen gibt es auch Abteile, die wie
kleine Hotelzimmer mit eigenem Bad
eingerichtet sind. Donnerstags fährt
zusätzlich ein Sonderzug, der »Rocky
Mountaineer« von Calgary über Banff
nach Vancouver (Abfahrt 7 Uhr). Um
die grandiose Berglandschaft bei
Tageslicht genießen zu können, wird
unterwegs übernachtet, so daß man
freitags abends in Vancouver
ankommt.

Fahrten mit der VIA-Rail kann man
schon in Deutschland reservieren.

Canada Reisedienst
Rathausplatz 2, 22926 Ahrensburg
✆ 0 41 02/8 87 70, Fax 88 77 55
Informationen über Eisenbahnfahr-
pläne, Preise sowie Buchungen in
Deutschland

VIA-Rail-Informationen in Kanada:
✆ 1-800-561-8630

Die Fahrt mit **Alaskas** einziger Eisenbahn ist ein nostalgisches Erlebnis. In den rustikal-gemütlichen blaugelben Waggons fühlt man sich in die Zeit von 1923 zurückversetzt, als die Bahn eröffnet wurde. Passagierzüge verkehren zwischen Anchorage über den Denali-Nationalpark, wo man einen Aufenthalt einlegen sollte, nach Fairbanks (hin und zurück ca. $ 180). Nach Süden besteht eine tägliche Verbindung nach Whittier am Prince William Sound (Anschluß an die Fähren). Interessant für Wanderer: Nach Absprache mit dem Zugpersonal kann man unterwegs aussteigen und weiterwandern.

Der Bahnhof liegt in Anchorage an der 1st Ave., in Fairbanks an der 280 N. Cushman St. – also jeweils nahe am Stadtzentrum. Reservierungen und genauere Informationen:

The Alaska Railroad
P. O. Box 107500, Anchorage, AK 99510
☎ 907/265-2494, 1-800-544-0552,
Fax 907/265-2323

White Pass & Yukon Route
P. O. Box 435, Skagway, AK 99840
☎ 907/983-2217, 1-800-343-7373,
Fax 907/983-2734

Fähren

Die meisten Küstenorte **British Columbias** werden regelmäßig von Fährschiffen angelaufen. Von Vancouver Island über die zahllosen Inseln in der Strait of Georgia bis nach Norden zu den Queen Charlotte Islands ist die Inselwelt der Westküste so für den Touristen leicht und auch preiswert zu erkunden.

In **Alaska** gibt es ebenfalls ein ausgedehntes Fährsystem, den »Alaska Marine Highway«. Fast tägliche Verbindungen bestehen zwischen Prince Rupert, Ketchikan, Wrangell, Petersburg, Juneau, Haines und Skagway, und von Whittier (Anschluß an die Alaska Railroad, auch mit Fahrzeugen) dreimal pro Woche nach Cordova; ein- bis zweimal eine wöchentliche Verbindung zwischen Seward, Homer und Seldovia nach Kodiak und Port Lions.

Anschluß an die Alaska-Fähren in Prince Rupert; British Columbia bietet von Edmonton, Jasper und Prince George aus die kanadische Eisenbahn »VIA Rail«. Die »B. C. Ferries« verkehren zwischen Port Hardy an der Nordspitze von Vancouver Island und Prince Rupert, ebenfalls mit Anschluß an den Alaska Marine Highway.

Fahrzeugplätze und Kabinen auf den Fähren sollte man (vor allem im Sommer) unbedingt frühzeitig reservieren. Weitere Auskünfte über Fahrpläne und Preise sowie Reservierungen:

British Columbia Ferry Corporation
1112 Fort St., Victoria, BC V8V 4V2
☎ 250/386-3431, 1-888-223-3779
Vancouver (Tsawwassen) – Victoria (Swartz Bay); Vancouver (Horseshoe Bay) – Nanaimo; von Vancouver entlang der Küste nach Norden und zu den Gulf Islands; Port Hardy – Prince Rupert; Prince Rupert – Skidegate (Queen Charlotte Islands).

Ministry of Transportation and Highways Marine Services, 3 D
940 Blanshard St., Victoria,
BC V8W 3E6, ☎ 250/387-3403
Von Vancouver Island aus zu den Inseln in der Strait of Georgia und Verkehr zwischen den Inseln, Inlandfähren für Flußüberquerungen und auf dem Shuswap Lake, Kootenay Lake und den Arrow Lakes.

Alaska Ferry System
P.O. Box 166, Homer, AK 99603
☎ 907/235-8449, 1-800-382-9229,
Fax 907/235-6907

Flugzeug

Das dichteste Streckennetz innerhalb
West-Kanadas unterhält **Canadian Airlines.** Auskünfte und Buchungen bei
den Reisebüros und bei Canadian International in Deutschland.

   Etliche kleinere Fluggesellschaften
und zahllose Charterpiloten bedienen
auch die entlegensten Orte in Alaska,
Yukon und den Northwest Territories
und stellen hier in den weglosen Weiten des Nordlandes die einzigen Verkehrsmittel dar (Adressen und Telefonnummern der Buschpiloten s. Gelbe
Seiten der Telefonbücher)

Fluglinien in Alaska:

Alaska Airlines
Anchorage, ☎ 907/266-7600,
1-800-426-0333, Fax 266-7666

Era Aviation
Anchorage, ☎ 907/243-6633,
1-800-866-8394, Fax 907/266-8383

Chartergesellschaften:

Alaska Bush Carrier, Inc.
4801 Aircraft Drive, Anchorage,
AK 99502, ☎ 907/243-3127
Charterflüge, Angel- und Jagdexkursio-
nen, Rundflüge

Wings of Alaska
Juneau Airport
☎ 907/789-0790, Fax 789-2021
Linien- und Charterflüge in Südost-
Alaska, Glacier Bay-Rundflüge, Flüge
zu den Lodges und Hütten im Tongass
National Forest.

Öffnungszeiten

Die Einzelhandelsgeschäfte in Kanada
und Alaska haben in der Regel an
Wochentagen zwischen 9 und 18 Uhr
geöffnet, aber Ausnahmen sind durchaus möglich, besonders in den ganz
kleinen Orten und in den Großstädten
sind die Geschäfte (vor allem Super-
märkte) häufig bis in den späten
Abend geöffnet. Auch an Sonntagen
kann man sich mit dem Notwendig-
sten eindecken. Vorgeschriebene Öffnungszeiten wie bei uns gibt es in
Kanada und Alaska nicht.

Post

Auch in den kleinsten Orten West-
kanadas und Alaskas gibt es Postämter, die allerdings manchmal nicht wie
in den Städten ganztägig geöffnet
sind. Öffnungszeiten dort in der Regel
Mo–Fr von 8–17 Uhr, Sa 8–12 Uhr. Die
Adressen der Postämter in Kanada
finden Sie im Telefonbuch unter der
Rubrik »Government – Canada Post«,
in Alaska unter »United States
Government«.

   Telefon und Telegrammwesen sind
in Kanada und USA privatwirtschaft-
lich organisiert und haben mit der Post
nichts zu tun.

   Falls Sie sich Post nachsenden lassen wollen, die etwa vier Wochen zur
Verfügung gehalten wird, können Sie
dies postlagernd nach folgendem
Schema tun:
(Ihr Name)
c/o General Delivery Main Post Office
(die Stadt und die Provinz, in der Sie
sich aufhalten werden).
   Laufzeit: per Luftpost 7–10 Tage
nach und von Europa.

Rauchen

Anders als in vielen europäischen Ländern gibt es in Kanada und den USA in den meisten Restaurants separate Zonen für Raucher und Nichtraucher. Einige Restaurants sind sogar gänzlich ›rauchfrei‹. In öffentlichen Gebäuden ist das Rauchen grundsätzlich untersagt, dazu zählen auch viele Flughäfen (oder es ist dort nur in bestimmten Zonen erlaubt). In den meisten Hotels und Motels gibt es Zimmer speziell für Nichtraucher. In den USA ist das Rauchen auf fast allen Inlandsflügen verboten, und in Kanada ist der blaue Dunst seit kurzem auf allen Flügen kanadischer Airlines nicht mehr erlaubt.

Reisezeit

Die Hauptreisezeit der Touristen fällt in die Monate Juni bis August; jedoch haben die etwas kühleren Monate Mai und September mit Frühlingsblumen bzw. Herbstfarben bei strahlend klaren Tagen ebenso ihre Reize. Für manche sind Herbst und Winter sogar die beliebteste Zeit im Norden – kein Straßenstaub, wenige Touristen, dafür Hundeschlittenrennen und andere Feste – und vor allem: keine Moskitos, die in den Sommermonaten doch sehr lästig werden können.

Ab Labour Day (1. Wochenende im September) sind kaum noch Reservierungen notwendig, allerdings sind dann auch die Öffnungszeiten vieler Museen eingeschränkt und auch für viele Veranstalter von Touren und Exkursionen endet die Saison Ende September, besonders in den nördlichen Gebieten.

Telefon

Von Deutschland, Österreich und der Schweiz wählt man nach Kanada und Alaska 001, gefolgt vom *area code* für die jeweilige Provinz bzw. die von Alaska und der Teilnehmernummer. Innerhalb der kanadischen Städte wählt man nur die siebenstellige Rufnummer. Zu Auswärtsgesprächen *(long distance calls)* innerhalb der eigenen Provinz bzw. Alaskas wählt man eine »1« vorweg.

Vorwahl

British Columbia (außer Vancouver) 250

Vancouver u. Südwest-BC 604

Alberta 403

Yukon 403

Saskatchewan 306

Manitoba 204

Northwest Territories je nach Region 403 oder 819

Alaska 907

In allen **Notfällen** wählt man 911 und für **Auskünfte** kann man sich an den Operator (0) wenden. R-Gespräche *(collect calls)* und die sogenannten *person-to-person calls,* bei denen man gegen einen Aufpreis eine bestimmte Person ans Telefon rufen lassen kann, vermittelt ebenfalls der Operator. Telefonnummern mit der **Vorwahl 800** sind gebührenfrei, z. B. zur Hotel-, Flug- oder Autoreservierung.

Manche nicht ans Netz angeschlossenen Telefone in abgelegenen Regionen sind über Funk mit dem allgemeinen Netz verbunden. Diese *mobile phones* erreicht man über den Operator.

Von Kanada und Alaska aus kann auch **nach Europa** durchgewählt werden: zuerst die Vorwahl 011 und danach die jeweilige Landesvorwahl (BRD 49, Österreich 42, Schweiz 41). Obschon dies von jedem Münzfernsprecher aus möglich ist, empfiehlt es sich, für längere Gespräche ein Büro der Telefongesellschaft aufzusuchen, um das langwierige Münzeneinwerfen zu vermeiden. Telefonieren vom Hotelzimmer aus ist bequem, aber wesentlich teurer als in Fernsprechzellen. Darüber hinaus kann man auch gebührenfrei eine Vermittlungsstelle in Frankfurt anrufen, um eine Verbindung innerhalb der BRD herstellen zu lassen.

Vermittlungsstelle für **Kanada:** 1-800-465-0049; für **Alaska:** 1-800-292-0049, 1-800-766-0049 oder 1-800-927-0049. Die Gebühren zahlt dann der Angerufene.

Eine preiswerte und bequeme Art, Fern- und Überseegespräche zu führen, bieten die Telefonkarten von AT&T, Telekom und anderer Firmen. Die angefallenen Gesprächsgebühren werden über VISA, Mastercard oder andere gebräuchliche Kreditkarten abgerechnet.

Telegramme

Die Postämter in Kanada und Alaska vermitteln keine Telegramme. In **Kanada** wendet man sich an das nächste Büro des **CN/CP Telegraph,** dem man ein Telegramm auch telefonisch durchgeben kann – sowohl vom Hotel als auch von einem öffentlichen Fernsprecher aus (mit genügend quarters).

In **Alaska** kann man Telegramme bei **Western Union** oder telefonisch von jedem Fernsprecher aus aufgeben, wenn Sie über den Operator (0) die Nummer »Zenith 9500« anrufen, ihren Text durchgeben und den jeweiligen Betrag in Münzen entrichten oder (im Hotel) auf die Rechnung setzen lassen.

Wichtig: Postamt, Telegrammdienst und auch Telefondienst sind getrennte Institutionen und haben nichts miteinander zu tun.

Trinkgeld

In Kanada und Alaska sind Bedienungsgelder nicht im Preis inbegriffen. Es ist üblich, in Restaurants, bei Friseuren und Taxifahrern ca. 15 % des Rechnungsbetrages als Trinkgeld zu geben. Für das Tragen eines Gepäckstückes gibt man gewöhnlich 75 c. Zimmermädchen sollte man je nach Aufenthaltsdauer und Übernachtungspreis ca. 3-10 $ geben.

Unterkunft

Hotels

Das Angebot an Unterkunftsmöglichkeiten ist vielfältig und reichlich. Moderne Hotels und Motels findet man in den Städten und entlang der Fernstraßen, *guest ranches* im Hinterland und *lodges* zum Jagen und Angeln in der ausgedehnten Wildnis. Die Luxushotels der großen Ketten wie Sheraton, Hilton, Holiday Inn, Hyatt oder Westin gibt es vorwiegend in den großen Städten, während die preisgünstigeren *family-hotels,* z. B. TraveLodge und Best Western, auch in vielen kleineren Orten vertreten sind. Diese Hotel- und Motelketten versenden auf Anfrage ein Verzeichnis mit Lageplänen ihrer Hotels.

Best Western Hotels
Frankfurter Straße 10–14
65760 Eschborn
℘ 0 61 96/4 72 40, Fax 47 24 24
℘ 0 18 02-21 25 88 (Reservierung)

Canadian Pacific Hotels & Resorts
Frankfurt National Office
Kleiner Hirschgraben 10–12
60311 Frankfurt/M.
℘ 0 69/28 22 13, Fax 28 22 02

Wer seinen Urlaub bereits von Europa aus planen möchte, kann für die meisten dieser Hotelketten im Reisebüro verbilligte Übernachtungsgutscheine erhalten.

Das Frühstück ist in kanadischen Hotels und Motels im Preis nicht inbegriffen, man geht dazu in den Coffee Shop. In vielen Häusern kann man ein Zimmer mit *kitchenette,* einer voll eingerichteten Küche, mieten.

In **Alaska** nennen sich viele kleine Motels an den Highways (meist mit Coffee Shop und Tankstelle) oft *lodge,* nicht zu verwechseln mit den Wildnis-Lodges, die einen ganz anderen Charakter haben.

In den **Northwest Territories** findet man ausgesprochene Hotels nur in den regionalen Zentren (Yellowknife, Inuvik, Iqaluit), in den kleineren Orten entlang der Straßen gibt es Motels oder Lodges. Fast alle Siedlungen in der Arktis haben eine oft ›Hotel‹ genannte Unterkunftsmöglichkeit, die oft jedoch nicht dem normalen Hotelstandard der Städte entspricht. Sie befindet sich meist im Besitz der lokalen Co-op. Die Spannweite geht von hotelähnlichen Neubauten mit Komfort über einfache und saubere bis zu Basisunterkünften. Die Preise liegen durchweg über 100 $ pro Person, enthalten dafür aber alle Mahlzeiten. Rechtzeitige Reservierungen sind wegen der begrenzten Kapazitäten überall in den Northwest Territories zu empfehlen.

Zur besseren Übersicht sind die Hotels, die in den »Praktischen Tips von Ort zu Ort« empfohlen werden, in verschiedene Preiskategorien eingeteilt. Die unten angegebenen Preise gelten für eine Übernachtung für zwei Personen. Auch für weitere Personen sind in der Regel nur ein paar Dollar mehr zu zahlen (in Kanada CAN $, in Alaska US $):

$$$$ über $ 150 (Luxusklasse)
$$$ $ 80–150
$$ $ 50–80
$ unter $ 50

Bed & Breakfast

Bed & Breakfast ist eine andere, interessante Art der Unterbringung. Über eine Vermittlungsorganisation kann man, meist in den größeren Orten, Zimmer in Privathäusern mieten. Neben dem oft reichhaltigen, im Preis eingeschlossenen Frühstück am nächsten Morgen erhält man gute Tips für Ausflüge in die Umgebung und kann auch mal einen Blick auf das kanadische oder amerikanische Familienleben werfen. Nähere Informationen bei den regionalen Tourismusbüros und in den »Praktischen Tips von Ort zu Ort«.

British Columbia Bed & Breakfast Association
101-1001 West Broadway Ave.
P. O. Box 593, Vancouver, BC V6H 4B1,
℘ 604/276-8616, Fax 604/990-5876

Edmonton Bed & Breakfast
13824-110A Ave., Edmonton, AB T5M 2M9, ℘ 403/455-2297

Bed & Breakfast in Edmonton, Banff, Jasper und Hinton; $

Alberta Bed & Breakfast
M. P. O. Box 15477, Vancouver,
BC V6B 5S2, ☏ 604/944-1793
Bed & Breakfast in Alberta und BC

Northern Network of Bed & Breakfast
P.O. Box 954, 451 Craig Street,
Dawson City, YT Y0B 1G0,
☏ 403/993-5644, Fax 993-5648
Bed & Breakfast im gesamten Norden,
vor allem in BC, Yukon und Alaska

Alaska Private Lodgings
P. O. Box 200047, Anchorage, AK
99520, ☏ 907/258-1717,
Fax 907/258-6613
Vermitteln auch Unterkünfte in Kenai,
Homer, Palmer und Talkeetna

Alaska Available Bed & Breakfast,
3800 Delwood Place, Anchorage, AK
99504, ☏ 907/337-3414, Fax 800-
4744-2262 (vermittelt über 350 B&B
in Alaska)

Camping

Camping erfreut sich zu Recht in West-
Kanada und Alaska immer größerer
Beliebtheit. Mit vorbildlichen sanitären
Einrichtungen, Picknick-Tischen und
-Bänken sowie Feuerstellen bieten sich
hier ideale Übernachtungsmöglichkeiten. Europäische Enge ist auf den Plätzen außerhalb der Städte so gut wie
unbekannt. Viele öffentliche Campingplätze und Tankstellen besitzen *dump
stations,* wo Sie Ihren Wasservorrat
ergänzen und verbrauchtes Wasser ent-
sorgen können – und nur dort sollten
Sie dies tun! Private Campingplätze
sind oft mit allem Luxus ausgestattet

(Wasser- und Stromanschluß; für
Duschen muß häufig extra bezahlt werden). Die staatlichen Plätze verzichten
häufig auf eine Luxusausstattung, liegen aber in den schönsten Parks inmitten herrlicher Natur. Da vor allem in
den Parks keine Plätze vorbestellt werden können, sollte man zumindest
während der Hauptreisezeit im Juli/
August schon im Laufe des Nachmittags einen Campingplatz ansteuern.
›Wildes Campen‹ ist nur mit Genehmigung des Grundstückseigentümers
oder der örtlichen Behörden gestattet.
　　Die Tourismusbüros der kanadischen
Provinzen und von Alaska bieten kostenlos ausführliche Campingführer an.

Hostels/Jugendherbergen

Sehr preiswert übernachtet man als
Mitglied des Jugendherbergsverban-
des in den kanadischen Jugendherber-
gen, die in vielen Städten und manchen Nationalparks zu finden sind.
Eine Liste der Häuser ist erhältlich bei:

Canadian Hostelling Association
☏ 613/237-7884

Wildnislodges

Wildnis-Lodges können den Charakter
eines einfachen Camps oder den Komfort eines Resorts haben. Bei allen
steht das Abenteuerprogramm mit
Jagen und Angeln, Kanufahren, Fliegen,
Wandern u. a. im Vordergrund. Die meisten sind nur per Boot oder Buschflugzeug zu erreichen. Da die Unterbrin-
gungsmöglichkeiten oft sehr begrenzt
sind, empfiehlt sich rechtzeitige
schriftliche Reservierung. Die Preise
variieren stark (von 50 bis über 200 $
pro Tag und Person). Information und
Adressen, alle **Alaska:**

Ketchum Air Service
Anchorage, AK 99519, ✆ 907/243-5525,
1-800-433-9114, Fax 907/243-8311
Angel-Exkursionen, Flightseeing, Wildnislodges und Cabins

Denali Backcountry Lodge
Sommer (9. Juni–10. Sept.):
P. O. Box 189, Denali Park, AK 99755,
✆ 907/683-2594, Fax 907/683-1341
Winter (11. Sept.–8. Juni):
P. O. Box 810, Girdwood, AK 99587,
✆ 907/783-1342, Fax 907/783-1308
Wildnislodge im Denali-Nationalpark.
Unterbringung in Blockhütten mit eige-
nem Bad. Goldwaschen, Flußfahrten,
Hiking

Elfin Cove Lodge
P.O. Box 44, Elfin Cove, AK 99825
✆ 907/239-2212 (Mai–Sept.)
P.O. Box 4407, Renton, WA 98057
✆ 1-800-422-2824 (Winter)
130 km westlich von Juneau auf der
Chichagof-Insel. Sportangeln nach
Lachs

Brooks Lodge, Katmai National Park
Reservierung über **Katmailand,**
4700 Aircraft Dr., Anchorage AK
99502, ✆ 907/243-5448,
Fax 907/243-0649
Pauschalangebote inklusive Flug von
Anchorage. Katmailand betreibt meh-
rere Wildnis Lodges im Nationalpark.
Touren zum Valley of Ten Thousand
Smokes, Angeln, Bären beobachten

Silver Salmon Lodge
Peter & Baerbel Guttchen
P. O. Box 378, Kodiak, AK 99615
✆ und Fax 907/680-2230
Lodge auf Kodiak Island in schöner
Lage an einem Fjord, in 20 Min. mit
dem Wasserflugzeug zu erreichen;

komfortabel eingerichtet, exzellente
Küche; man spricht deutsch. Angeln,
Jagen, Bootfahren, Wild beobachten –
sehr zu empfehlen.

Forest Service Cabins

Eine ideale Möglichkeit, einen Teil seines Aufenthaltes preiswert in der Wildnis zu verbringen, sind die *cabins* des
»Forest Service«. Verstreut in den großen Wäldern, an Seen oder Fjorden,
unterhält der Forstdienst in **Süd-** und
Südost-Alaska fast 200 einfache Hütten, die an Gruppen (4–6 Personen)
vermietet werden – für ca. 10 $ pro
Tag! Reservierung etwa ein halbes Jahr
im voraus. Am nächstgelegenen Ort
angekommen, chartert man ein Wasserflugzeug und läßt sich (gut ausgerüstet wohlgemerkt) zur Hütte fliegen.
Wanderungen zu nahe gelegenen Gletschern oder auf die Berge, Fischen und
Bootfahren (zu vielen Hütten gehören
Ruderboot oder Kanu) machen den
Aufenthalt unvergeßlich. Informationen
und Adressen der jeweils zuständigen
Unterbezirke erhält man bei:

USDA Forest Service
Chugach National Forest, Huffmann
Business Park Building C, Anchorage,
AK 99508 (für Süd-Alaska)

USDA Forest Service
P. O. Box 21628, Juneau, AK 99802
(für Südost-Alaska)

Guest Ranches

Besonders in **British Columbia** und
Alberta gibt es ein vielseitiges Angebot für Ranchferien. Neben den bewirt-
schafteten Ranches und Farmen mit
authentischer Westernatmosphäre gibt
es auch solche mit Resortcharakter.
Einige sind besonders für Familien mit

kleinen Kindern geeignet, andere bieten Wildnistrips, Trailreiten, Kanufahren und Angeln, aber auch Campen an. Pro Person und Tag muß man ca. 60–80 $ rechnen (inklusive Mahlzeiten; häufig auch Reiten). Es gibt Kinderermäßigungen und oft günstige Wochenraten. Je nach Komfort und Programm differieren die Preise jedoch sehr. Informationen und besondere Broschüren über diese Form des Urlaubs gibt es bei den Tourismusbehörden der jeweiligen Provinzen.

Bull River Bavarian Ranch
P. O. Box 133, Cranbrook, BC V1C 4H7 ℘ 250/429-3760, Fax 250/426-3324 Working Ranch mit Rinderzucht in der Kootenay-Region. Gäste werden in volleingerichteten Blockhütten (Küche/Bad) untergebracht. Reiten, Kanufahren, Wandern, Jagen und Fischen. Es wird auch Deutsch gesprochen.

Flying U Guest Ranch
P. O. Box 69, 70 Mile House, BC V0K 2K0 (100 km nördl. von Cache Creek, Hwy. 97), ℘ 250/456-7717 Rinderzucht. Unterkunft in Blockhütten, Lodge mit Kamin, Waschraum, Sauna, Reiten, Kanufahren, Wandern; inklusive Mahlzeiten

Beaver Ranch
P. O. Box 518, Clearwater, BC V0E 1N0, ℘ 250/587-6567 (Guest Ranch 20 km südl. von Clearwater, Hwy. 5, an der Dunn Lake Rd.; Blockhütten mit Kitchenette; Reiten, Fischen, Kanufahren

Black Cat Guest Ranch
P. O. Box 6267, Hinton, AB T7V 1X6 ℘ 403/865-3084, Fax 865-1924 In den Rocky Mountains, Zimmer mit Bad; Reiten, Kanutouren, Angeln,

Ausflüge zum Columbia Icefield und Maligne Lake

TL Bar Ranch
Tom und Willie Lynch, P. O. Box 217, Trochu, AB T0M 2C0, ℘ 403/442- 2207 Pferde- und Rinderzucht, nahe Drumheller; Ranchhaus und Hütten mit Kochmöglichkeit; Reiten, Kanufahren, Ranchaktivitäten

Sehr preisgünstig sind *farm vacations,* die unseren ›Ferien auf dem Bauernhof‹ ziemlich genau entsprechen. In vielen Fällen gibt es dazu noch ein komplettes Freizeitprogramm mit Reiten, Angeln oder Kanufahren. Ausführliche Informationen und Verzeichnisse gibt es bei den Tourismusbüros von Alberta, Manitoba und Saskatchewan (s. S. 408), zu Saskatchewan auch bei:

Saskatchewan Vacation Farms
Beatrice Magee, P. O. Box 654, Gull Lake, SK S0N 1A0, ℘ 306/672-3970

Urlaubsaktivitäten

Wandern/Bergsteigen

Mountain Canada, Purcell Helicopter Skiing
P. O. Box 1530, Golden, BC V0A 1H0 ℘ 250/344-5410, Fax 344-6076 1–5tägige Bergsteigertouren in den zentralen und nördlichen Rocky Mountains in Fels und Eis

Strathcona Park Lodge Outdoor Education Center
P. O. Box 2160, Campbell River, BC V9W 5C9, ℘ 250/286-3122, Fax 287-2301 Ein- und mehrtägige Wandertouren in den Bergen des Strathcona-Parks und auf Nootka Island, Grundkenntnisse im

Klettern, Gletscherwandern und Verhalten in der Wildnis werden vermittelt.

Mt. Robson Adventure Holidays
P.O. Box 687, Valemount, BC V0E 2Z0
℘ 250/566-4386, Fax 566-4351
Backpacking, Hiking, Kanufahren und Heli-hiking in der Wildnis des Mount Robson Parks, westl. von Jasper, mehrstündige Unternehmungen bis mehrtägige Exkursionen

Banff Alpine Guides
P.O. Box 1025 Banff, AB T0L 0C0
℘ 403/678-6091, Fax 678-4861
4tägige Wanderungen vom Lake O'Hara zum Floe Creek, kleine Gruppen; auch andere Touren, Mo–Fr während der Saison; Bergsteigerkurse; auch deutschsprachige Führer

Yamnuska Inc.
1316 Railway Ave., Canmore, AB T1W 1P6, ℘ 403/678-4164
Bergsteigerkurse, Back Packing, Trekking, Skitouren, deutschsprachige Führer

Exkursionen

Haida Gwaii Watchmen
P.O. Box 699, Queen Charlotte City, BC V0T 1S0, ℘ 250/559-8225, 559-4496 (Büro des Stammes)
Von Angehörigen des Haida-Stammes geführte Wildnistouren zu den alten Siedlungsstätten

Ecosummer Expeditions
1516A Duranleau St., Vancouver, BC V6H 3S4, ℘ 604/669-7741, Fax 669-3244
Entdeckungsreisen mit Kajak oder Segeljacht zu den Queen Charlotte Inseln oder nach Vancouver Island

Canadian River Expeditions
Box 1023, Whistler, B.C. V0N 1B0,
℘ 604/938-6651, Fax 938-6621
10- bis 12tägige Schlauchboot-Wildnistouren auf den Flüssen Chilcotin, Fraser, Tashenshini oder Alsek River

Alaska Travel Adventures
9085 Glacier Hwy., Suite 204, Juneau, AK 99801, ℘ 907/789-0052, Fax 789-1749
Über 40 Flußexpeditionen und Wildwasserfahrten im Kanu, Kajak oder Schlauchboot, Rucksacktouren im Denali-Park; auch Tagesexkursionen

Sourdough Outfitters
P.O. Box 90, Bettles, AK 99726,
℘ 907/692-5252, Fax 692-5612
Wildnistrip in die Brooks-Berge; Fahrten mit Schlauchboot, Kanu und Kajak, Skiwandern, Hundeschlittenexkursionen

Katmailand
4700 Aircraft Dr., Anchorage,
AK 99501, ℘ 907/243-5448,
Fax 907/243-0649
Pauschalangebote inkl. Flug von Anchorage; Katmailand betreibt mehrere Lodges im Park und veranstaltet Touren zum Valley of Ten Thousand Smokes; Angeln, Kanufahren, Bären beobachten

Rainbow Adventure Tours Ltd.
3089 3rd Ave., Whitehorse,
YT Y1A 5B3, ℘ 403/668-5598,
Fax 403/668-5595
Kanuvermietung; geführte Kanu- und Wandertouren im ganzen Territorium; Verleih von Wildnisausrüstung und Transport per Buschflugzeug zu den Flüssen des Nordens

Arctic Tour

P.O. Box 2021-A, Inuvik, NT X0E 0T0,
✆ 403/979-4100, Fax 403/979-2054
2mal wöchentlicher Busservice zwischen Dawson City, Yukon und Inuvik;
ein- und mehrtägige Pauschaltouren,
Bootsfahrten auf dem Mackenzie River

Kanu/Kajak/Wildwasser

Fraser River Raft Expeditions

P.O. Box 10, Yale, BC V0K 2S0, ✆ 604/
863-2336, Fax 863-2355
1- bis 8tägige Schlauchbootexpeditionen auf dem Thompson und Fraser,
u. a. durchs Hell's Gate; Ausgangspunkt ist Yale, 180 km östl. von
Vancouver am Transkanada Hwy.

Pathways Canada Tour Co.

c/o Great Expeditions,
5915 West Boulevard, Vancouver,
BC V6M 3X1, ✆ 604/257-2040,
1-800-663-3364, Fax 604/257-2037
Einwöchige Kanu-Exkursionen auf dem
Bowron Lakes-Rundkurs. Ausrüstung
und alle Mahlzeiten sind inbegriffen

Mirage Adventure Tours,

P.O. Box 1620, Canmore, AB I0L 0M0,
✆ 403/678-4919, Fax 591-7301
1- bis 8tägige Kanutouren, Wildwasser-Floßfahrten auf Athabasca und Bow
River; auch Kombination von Wildwasser und Trailritt möglich; besonders
attraktiv zum Kennenlernen ist ein eintägiges Pauschalangebot mit Wildwasserfahrt, Trailritt und Hubschrauberflug
für ca. 150 $; Ausrüstung wird gestellt

Artic Edge Canoe Expeditions

P.O. Box 4896, Whitehorse,
YT Y1A 4N6, ✆ 403/633-5470,
Fax 633-3820
Kanu- und Ausrüstungsvermietung,
Expeditionsplanung und Informationen

Alaska Discovery Wilderness Expeditions

5449-4 Shaune Dr., Juneau,
AK 99801, ✆ 907/586-1911
Unternehmen seit zwei Jahrzehnten
Exkursionen in den Wildnisgebieten
Alaskas. 4- bis 14tägige Kajak- und
Kanutouren; Juni–Sept.

Reiten

Alpine/Wilderness Adventures Ltd.

P.O. Box M, Tatlayoko Lake,
BC V0l 1W0, ✆ u. Fax 250/476-1169
Trailritte in der Wildnis der Coast
Range Mountains, 1 Flugstunde von
Vancouver entfernt; gekocht wird am
Lagerfeuer, geschlafen in Blockhütten
oder Zelten; pro Tag ca. 120 $

McKenzie's Trails West

P.O. Box 97, Rocky Mountain House,
AB T0M 1T0, ✆ 403/845-6708,
Fax 845-4389
6- und 12 Tage-Ritte in entlegene
Regionen der Rockies; Basislager am
Abraham Lake, 150 km von Rocky
Mountain House, Zelte; bei 6- und 12-
Tage-Ritten kostenlose Abholung in
Calgary; 10–12 Teilnehmer; Juni–Aug.

Willow Lane Guest Ranch

P.O. Box 114, Granum, AB T0L 1A0,
✆ 403/687-2284
Gastfreundliche Familien-Ranch am
Ostrand der Rockies mit hervorragender Küche; individuelles Reiten, Trailreiten, Ausflüge.

Dalton Trail Lodge

P.O. Box 5331, Haines, YT Y0B 1L0,
✆ u. Fax 403/667-1099
Touren in den Kluane National Park;
Trailreiten, Hiking, Kanufahren

Pack Trails North Adventures

P.O. Box 228, Dept. Y, Watson Lake,

YT Y0A 1C0, ☏ 403/536-2174
5- bis 10tägige Trailritte, Angeln, Bergsteigen; auch Familien-Camping

Segeln

Meriah and Great Northweastern
P. O. Box 57, Cowichan Bay, BC V0R
1N0, ☏ 250/748-7374, Fax 748-7122
3stündige und ganztägige Segeltörns
mit der klassischen 18 m-Ketch
»Meriah«, Baujahr 1935. Auch 2tägige
Exkursionen zu den Gulf Islands

Sea Wing Sailing School Ltd.
1818 Maritime Mews, Granville I.,
Vancouver, BC V6H 3X7,
☏ 604/669-0840, Fax 669-5302
5tägige Segeltörns vor der Küste
Vancouvers und im Inselgebiet der
Strait of Georgia

Victoria Sailing Academy
481 Head St., Victoria, BC V9A 5S1,
☏ 250/384-7245, Fax 382-7245
Segelkurse mit Lizenz, verschiedene
Törns und Bootsvermietung für die
Gewässer um Vancouver Island, das
schönste und interessanteste Segel-
gebiet an der Westküste

Old Salt Charters Ltd.
2086 West 7th Ave, Vancouver,
B.C. V6J 1T4, ☏ 604/736-0238, Fax
604/736-0248
Vermittelt über 300 Yachten im pazifischen Nordwesten. Hochseeangeln
und Segeltörns in den Inselrevieren der
Inside Passage und der Queen Charlotte Islands sowie um Vancouver
Island. Prospekt erhältlich.

Hausboot-Charter

Bluewater Houseboats
P. O. Box 248, Sicamous BC V0E 2V0,
☏ 250/836-2255, Fax 836-4955;
Mai–Sept.

Waterway Houseboats
P. O. Box 69, Sicamous, BC V0E 2V0,
☏ 250/836-2505, Fax 836-4848;
Mai–Sept.

Tauchen

Exta Sea Charters
P. O. Box 1051, Nanaimo, B.C.
V9R 5Z2, ☏ 250/756-0544, Fax 758-
4897
2- bis 10tägige Tauchexkursionen in
den Revieren des Barkley Sound, der
Gulf Islands und um Port Hardy

Wintersport

Whistler Resort Association
P. O. Box 1400, Whistler, BC V0N 1B0,
☏ 604/932-4222, 932-3928

Panorama Resort
P. O. Box 7000, Invermere, BC V0A
1K0, ☏ 250/342-6941, Fax 342-3395

Kootenay Helicopter Skiing,
P. O. Box 717, Nakusp, BC V0G 1R0,
☏ 250/265-3121, Fax 265-4447
Tages- und Wochentouren in die Selkirk und Monashee Mountains

CMH Heli-Hiking
217 Bear St., Banff, AB T0L 0C0,
☏ 403/762-7100, 1-800-661-0252,
Fax 762-5879
Hubschrauberflüge in abgelegene
Gebiete, Wanderungen unter erfahrener Führung

Ski Banff/Lake Louise
P. O. Box 1085, Banff, AB T0L 0C0,
☏ 403/762-4561, Fax 762 8185
Schule mit vielen Pauschalangeboten

Summit Vacations Ltd.
204 Caribou St., Banff, AB T0L 0C0,
☏ 403/762-5561

Pauschalangebote für Skiurlaub mit Luxushotel und Chalets, *heli-skiing*

Chugach Express Dog Sled Tours

P. O. Box 261, Girdwood, AK 99587
℘ 907/783-2266, Fax 907/783-2625
Fahrten mit dem Hundeschlittengespann

Jagen und Angeln

Ausführliche Informationen über Jagd- und Angelmöglichkeiten, Bestimmungen und Kosten; Verzeichnisse von Ausrüstern und lizensierten Führern *(guides)* sind bei den Touristenbüros Alaskas und der jeweiligen kanadischen Provinzen erhältlich oder bei:

BC Environment, Lands and Parks

10334-152 A St., Surrey, BC V3R 7P8,
℘ 1-800-665-7027

Alberta Dep. of Environmental Protection

Fish and Wildlife Division, Main Floor, Bramalea Bldg., 9920-108th St., Edmonton, AB T5K 2M4, ℘ 403/944-0313

Saskatchewan Outfitters Ass.

P. O. Box 2016, Prince Albert, SK, S6V6K1, ℘ 306/763-5434

YT Department of Renewable Resources, Field Services Branch

P. O. Box 2703, Whitehorse, YT Y1A 2C6, ℘ 403/667-5221, Fax 403/667-2691

Alaska Department of Fish and Game

P. O. Box 3-2000, Juneau, AK 9982, 230 S. Franklin St., ℘ 907/344-0541

Silver Salmon Lodge

Peter & Baerbel Guttchen,
P. O. Box 378, Kodiak, AK 99615,
℘ und Fax 907/680-2230
Lodge auf Kodiak Island an einem Fjord, in 20 Min. mit dem Wasserflugzeug zu erreichen, komfortabel eingerichtet, exzellente Küche. Es wird Deutsch gesprochen; Angeln, Jagen, Bootfahren, Wild beobachten, sehr zu empfehlen.

Veranstaltungskalender

Der genaue Zeitpunkt der einzelnen Veranstaltungen kann beim örtlichen oder regionalen Informationsbüro erfragt werden; dort erhält man auch Hinweise auf viele weitere Feste und Aktionen. Da die Alaskaner gerne feiern und außerordentlich sportbegeistert sind, veranstaltet fast jeder Ort im Winter Hundeschlittenrennen und im Sommer Pioniertage, ein Kunstfestival oder »Indian Days«. Beliebt ist oft wochenlanges Wettfischen auf Lachse, hohe Preise winken den Siegern, an den rauschenden Partys dürfen alle teilnehmen.

British Columbia

Januar: Ende des Monats: farbenprächtige *Chinese New Year Celebration* mit Umzügen durch die Chinatown von Vancouver
Februar: Am ersten Samstag des Monats findet im 100 Mile House das *Cariboo Cross Country Ski Marathon* mit 1500 Teilnehmern aus ganz Kanada statt; in vielen Orten Winterfeste mit Skirennen, Hundeschlittenrennen und Karneval, am bekanntesten sind die Feste in Kimberly, Penticton und Nelson.

Mai: Anfang des Monats: *Vancouver Children's Festival.* Eine Woche lang dreht sich alles um die Kinder – geboten wird: Pantomime, Marionettentheater, Tanz, Spiel und Gesang. Am letzten Mai-Wochenende findet in Victoria die renommierte *Swiftsure-Segelregatta* vor internationalem Publikum statt. Etwa 500 Boote gehen auf die 220 km lange Strecke.

Juni: Folkfest mit Musik und Spezialitäten der Einwanderer in Victoria und Vancouver; erste Rodeos und Holzfällerfeste in den kleineren Orten wie Revelstoke, Salmon Arm oder Ashcroft

Juli: Erstes Wochenende: Die Cowboy-Asse treffen sich zum größten Rodeo der Provinz, der *Williams Lake Stampede.* Mitte des Monats laden die *powwows* in Mission und Penticton zu traditionellen Tänzen und indianischer Küche ein. Ebenfalls Mitte Juli finden in Quesnel die *Billy Barker Days* statt, ein Pionier- und Goldgräberfest, und zwischen Nanaimo und Vancouver hört man die kleinen Außenbordmotoren an den Badewannen, in denen die Teilnehmer am *Nanaimo Bathtub Race* über die Meeresenge tuckern. Logging Sports der Holzfäller stehen im Mittelpunkt der *All Sooke Days* auf Vancouver Island.

August: In Abbotsford versammeln sich Flugzeugbegeisterte alljährlich zur *International Air Show.* Von Mitte August bis Anfang September öffnet der Exhibition Park in Vancouver seine Tore zur Industrie- und Landwirtschaftsausstellung, der *Pacific National Exhibition.* Ein großer Karneval rundet die seit 1910 alljährlich stattfindende Selbstdarstellung der Provinz ab.

Oktober: Spielzeitbeginn für Theater und Eishockey-Clubs – für BC zwei wichtige und enthusiastisch besuchte Aktivitäten

Alberta

Genaue Termine und Einzelheiten im »Alberta Events Calendar« kostenlos bei Alberta Tourism (s. S. 408)

Januar: Höhepunkt der Skisaison mit Wettbewerben in Banff und Jasper. *Lake Louise Winter Festival,* Lake Louise

Februar: *Fox Creek-Hundeschlittenrennen,* Fox Creek. *North American Snowmobile Races,* Wetaskiwin

März: *Rodeo Royal,* Calgary (Anfang des Monats). *Canadian Western Superrodeo,* Edmonton (Ende des Monats). Die Veranstaltungen finden in der Halle statt.

April: Rodeos in Red Deer, Camrose, Cardston, Vulcan und Drumheller

Mai: *Little Britches Rodeo,* High River: ›Kinderrodeo‹. *National Horseshow,* Spruce Meadows, südl. Calgarys: Pferdeschau mit großen Turnieren.

Juni: *Festival of the Arts,* Banff (bis August): Kunstausstellungen, Workshops, Theater, Oper, Tanz. *Ponoka Stampede,* Ponoka.

Juli: *National Horseshow,* Spruce Meadows, südl. von Calgary: Pferdeschau mit großen Turnieren. *Hot Air Balloon Race,* Grande Prairie: Internationaler Wettbewerb der Heißluftballonfahrer. *International Folk Festival,* Red Deer. *Ukrainian Pysanka Festival,* Vegreville (östlich von Edmonton): buntes Volksfest der ukrainischen Volksgruppe. *Calgary Stampede,* Calgary, Stampede Grounds (Anfang des Monats), größtes professionelles Rodeo der Welt. *Klondike Days,* Edmonton (Ende des Monats): Für 14 Tage wird die Zeit des Goldrausches von 1898 wiedererweckt; mit historischen Kostümen, Straßenfestivals, Paraden, Pferderennen, sportlichen Wettkämpfen.

August: *Medicine Hat Stampede,* Medicine Hat: kleines Rodeo in Südalberta. *Heritage Day:* Offizieller Feiertag in

Alberta, ethnische Festivitäten in Edmonton und Calgary. *Folk Music Festival,* Edmonton. *International Native Art Festival,* Calgary. *North American Chuckwagon Races,* High River. *North American Indian Classic Rodeo,* Hobbema. *Whoop-up Days,* Lethbridge: Einwöchiges Festival mit Rodeo, Wettbewerben, historischen Kostümen
September: *Masters Horse Show,* Calgary, Spruce Maedows: Pferdeschau und Springturnier
November: *Canadian Rodeo Finals,* Edmonton

Manitoba und Saskatchewan

Februar: Ungebrochen von der bitteren Kälte findet in Winnipeg das *Festival du Voyageur* mit Hundeschlittenrennen, Kostümball und der Fertigung von Eisskulpturen statt. – Berühmter noch ist das *Northern Manitoba Trappers's Festival* in The Pas mit vielen Wettkämpfen.
Juni: Mitte des Monats kann man in Moose Jaw, Saskatchewan, die größte Flugschau der Prärien erleben, die *Saskatchewan Air Show.*
Juli: Die Cowboys ganz Kanadas treffen sich Mitte des Monats in Morris, Manitoba, zur *Manitoba Stampede,* einem großen Rodeo. Ebenfalls Mitte des Monats kann man in Battleford, Saskatchewan, beim *Saskatchewan Handcraft Festival* gutes Kunsthandwerk einkaufen. Ende des Monats findet in Dauphin, Manitoba, *Canada's National Ukrainian Festival* mit leckerer ukrainischer Küche und viel Folklore statt.
August: Anfang des Monats erlebt man bei den *Steinbach Pioneer Days* die Mennoniten beim Feiern und kann dann weiterfahren zum *Islendingadagurin* in Gimli, Manitoba, wo die Isländer ihr kulturelles Erbe hochhalten. Folklori-

stisches zeigen die Siedlergruppen Winnipegs Mitte des Monats beim *Folklorama.*
September: Ende des Monats kann man sich in Swift Current, Saskatchewan, in die Musik der alten Zeit zurückversetzen lassen: bei den *Western Canada Oldryme Fiddling Championships.*

Northwest Territories

Ostern: Inuvik, *Top of the World Ski Championships,* Skilanglaufwettbewerbe
März: Yellowknife, *Caribou Carnival*
Juni: *Annual Midnight Golf Tournament,* Internationales Golfturnier.
Juli: *Folk on the Rocks* in Yellowknife, Openair-Veranstaltung mit Inuit- und Indianerkünstlern sowie Volksmusikgruppen aus dem Süden.

Yukon

Januar: Ende des Monats: *Southern Lakes Classic Dog Sled Race,* Hundeschlittenrennen in Carcross
Februar: Ende des Monats: *Sourdough Rendezvous* in Whitehorse, Hundeschlittenrennen *Yukon Quest* (1600 km von Fairbanks nach Whitehorse), Sportwettbewerbe, Tanz und Winterkarneval
März: Frühlingsfeste in Dawson City, Whitehorse, Carcross, Carmacks
Mai: Mitte des Monats: *International Gold Showl,* in Dawson City
Juni: 21. Juni: zur Sommersonnenwende Festivitäten in Dawson City, Whitehorse und Burwash Landing
Juli: 1. Juli: in den meisten Orten Feiern zum Kanada-Tag. Mitte des Monats: *International Midnight Dome Race* in Dawson City, Wettlauf zum Gipfel des Berges über der Stadt und natürlich die zugehörige Party und Siegerehrung. Ebenfalls in Dawson City: Welt-

meisterschaften im Goldwaschen und Music Festival. Rodeo in Whitehorse

August: Mitte des Monats: *Discovery Days* in Dawson City, Floßrennen, Parade in historischer Kleidung und eine dreitägige Nonstop-Party – alles im Gedenken an den ersten Goldfund im Yukon

September: Erstes Wochenende: *Klondike International Outhouse Race,* in Dawson City, mit Klohäuschen auf Rädern geht es auf der 2 km langen Rennstrecke durch die Stadt, ein Riesenspaß.

Alaska

Januar: *New Years Day Picnic* in Sitka, findet meist im strömenden Regen statt, aber die Bewohner sind mit großer Begeisterung dabei.

Februar: *Fur Rendevous* in Anchorage: Hundeschlitten-Weltmeisterschaftsrennen, Pelzauktion, Winterkarneval. Das größte Winterfest in Alaska, ℘ 907/277-8615. *Ice Classic Tripod Days* in Nenana: Mit diesem Fest wird die große Eislotterie eingeläutet, bei der geraten wird, wann auf dem Tanana River das Eis aufbricht.

März: Anfang des Monats: Start des *Iditarod Trail Race* in Anchorage, des berühmtesten Langstrecken-Hundeschlittenrennens in Alaska: 1049 Meilen bis Nome, ca. zwei Wochen später wird ein großes Ankunftsfest in Nome gefeiert, ℘ 907/376-5155.

April: *Alaska Folk Festival* in Juneau

Mai: An dem dem 17. Mai nächsten Wochenende: *Little Norway Festival* in Petersburg: norwegische Gerichte, Sportveranstaltungen und Feste der norwegischen Bevölkerungsgruppe. Ab Mitte des Monats *Salmon Derbys* in Ketchikan, Sitka und Haines sowie

Kodiak Crab Festival in Kodiak. *Celebrations,* Festival der Sea Alaska Heritage Foundation in Juneau u. *Mayfest,* Frühlingsfeiern in den Orten der Inside Passage.

Juni: Ende des Monats: *All Alaska Logging Championships* in Sitka; Tanz, herzhaftes Essen und eine Vielzahl an Wettbewerben, in denen Alaskas beste Holzfäller ihr Geschick unter Beweis stellen.

Juli: 4. Juli: Unabhängigkeitstag; Feuerwerk, Paraden und Feste in den meisten alaskanischen Orten, dazu noch spezielle Veranstaltungen: *Tongass Sailing Race* (Segelregatta) in Ketchikan. *Mt. Marathon Race,* ein spektakulärer Laufwettbewerb zum Gipfel des Hausberges in Seward. *Nome River Raft Race,* lustiges Floßrennen in Nome. 2. Samstag des Monats: *Annual Moose Dropping Festival,* Talkeetna-Jahrmarkt, Picknick, lustige Spiele. Ende des Monats: *Golden Days* in Fairbanks mit historischer Parade und vielen kleinen Veranstaltungen, die an die Goldgräberzeit erinnern. Etwa zur selben Zeit *Worlds Eskimo-Indian Olympics,* wo traditionelle Spiele und Sportarten der Arktis in Perfektion zu beobachten sind.

August: *Salmon Derbys* in Valdez, Seward und Juneau. Verteilt über den ganzen Monat finden in allen Regionen Alaskas die *State Fairs* (Ausstellungen zu Wirtschaft und Landwirtschaft mit großem Jahrmarkt) statt, die wichtigste in Palmer, weitere in Fairbanks, Haines und Kodiak.

Oktober: 18. Oktober: *Alaska Day,* Staatsfeiertag, Parade und Feierlichkeiten in Sitka

Verkehrsregeln

Kanada

Alle Geschwindigkeits- und Entfernungsangaben sind in Kilometern ausgeschildert. Die erlaubte Höchstgeschwindigkeit beträgt auf Fernstraßen (auch Autobahnen) 100 km/h, auf Landstraßen 80 km/h und innerhalb der Ortschaften 50 km/h. In British Columbia und Alberta besteht Anschnallpflicht.

Eine Besonderheit sind die grün blinkenden Ampeln; sie zeigen an, daß der Gegenverkehr bereits Rot hat und man ungehindert nach links abbiegen kann. In den Innenstädten sind alternierende Einbahnstraßen häufig: Fährt man z. B. gerade in Nord-Süd-Richtung durch eine Einbahnstraße, so ist die nächste Parallelstraße in Süd-Nord-Richtung angelegt.

Alaska

Autofahren in Alaska ist im Prinzip nicht anders als in den übrigen USA. Der europäische Autofahrer sei an die unbedingte ›Vorfahrt‹ der Fußgänger erinnert! Innerhalb von Ortschaften gelten Geschwindigkeitsbegrenzungen von 25–30 mph (40–48 km/h), auf dem Highway beträgt die erlaubte Höchstgeschwindigkeit 55 mph (90 km/h); haltende Schulbusse, die Kinder holen und bringen, dürfen auf keinen Fall passiert werden, wenn die Warnlichter blinken (auch nicht in der Gegenrichtung); an einer roten Ampel darf nach (vollständigem) Stopp nach rechts abgebogen werden. In den USA gilt absolutes Alkoholverbot am Steuer; im Fahrzeug ist auch keine geöffnete Flasche oder Dose mit alkoholischem Getränk mitzuführen.

Zeit

Angaben über die Zeitzonen finden Sie jeweils bei der Kurzbeschreibung der Provinzen und Territorien im weißen Routenteil. Auch in Kanada und Alaska gilt die Sommerzeit. Mit Ausnahme von Saskatoon stellt Kanada im letzten Sonntag im April auf Sommerzeit und im letzten Samstag im Oktober auf Normalzeit um.

Wichtige Rufnummern

Bei Notfällen in Kanada und Alaska:

Operator	0
oder Notruf	911 (Feuerwehr, Ambulanz, Polizei)
Telefonauskunft	411
VIA-Rail	1-800-561-8630

British Columbia

Straßenzustand	1-800-663-4997
Pannenhilfe	
Vancouver	293-2222
sonst	411
Fähren	1-888-223-3779
BC Rail,	
Vancouver	984-5246

Alberta
Alberta Motor Association

Straßendienst	1-800-222-4357

Yukon

Straßenzustand	667-5893

Northwest Territories
Straßenzustand

Hwy. 1–7	1-800-661-0750
Hwy. 8	
(Dempster)	1-800-661-0752

Alaska

Fähren	1-800-382-9229

Glossar/Sprachführer

Allgemeine Begriffe

backpacking – Rucksackwandern, Trekking

bannock – in der Pfanne gebackener Teig (das Brot der Pioniere)

bare boat charter – ohne Skipper und Mannschaft mieten

beach combing – den Strand nach Gegenständen absuchen

blankets – Wolldecken

branding – Vieh mit dem Brandeisen kennzeichnen

bronco – wildes Pferd

caches – Speicher, bärensicherer Aufbewahrungsort

cannery – Konservenfabrik

carving shed – Schnitzwerkstatt

cattle drive – Viehtrieb

chuckwagon – Küchenwagen der Cowboys

claim – abgesteckte Besitzrechte für eine Schürfstelle

clerks – Angestellte, Verkäufer

coastal forest – Küstenwald

colors – Goldflocken, die beim Waschen in der Pfanne übrigbleiben

cook stove – Kocher

creek – Bach, kleines Flüßchen

dive shop – Laden für Tauchausrüstungen

executive – Führungskräfte

fairs – Ausstellungen, Messen

fly-in-guide – Piloten, die mit Angelund Jagdgästen in die Wildnis fliegen

general store – Krämerladen, der alles führt

guest ranches – Ranches, die auch Gäste aufnehmen

guide – Führer, Expeditionsleiter

hanging judge – Richter im Wilden Westen, die schnell mit dem Todesurteil zur Hand waren

hash browns – Röstkartoffeln

hiking – Wandern, Trekking

historical society – historische Gesellschaft, Heimatverein

homestead – erste Siedlerstätte der Pioniere

hot tub – Zuber mit warmem Badewasser zum Relaxen

Inside Passage – vor der offenen See geschützte Wasserstraße an der Westküste Nordamerikas

Interior – das Landesinnere von British Columbia zwischen Coast und Rocky Mountains

lodge – Ferienanlage, meistens Blockhütten (von rustikal bis komfortabel) mit einem Haupthaus, in dem sich Restaurant und andere Einrichtungen befinden

logging – Holzfällen

logging roads – Forststraßen

national historic site – historische Stätte unter nationalem Schutz

off limits – Zutritt verboten

outfitter – Ausrüster

overlander – Pioniere auf dem Treck (nach Westen)

pay dirt – goldhaltige Erde

pick-up – Kombi-Fahrzeug mit offener Ladefläche

pitcher – Krug (mit Bier)

placer miner – Goldwäscher

pow wow – Indianerfest

range – offene (Prärie)Landschaft

rapids – Stromschnellen, Wildwasser

resort – Ferienanlage

ridge – Bergkamm
road house – Rasthaus zu Pionierzeiten
round-up – Viehtrieb (im Frühjahr und
    Herbst)
salmon wheels – in den Fluß gebaute
    Schaufelräder, die Lachse aus der
    Strömung heben
skipper – Kapitän, Bootsführer
sourdough – erfahrener Nordlandken-
    ner, Einheimischer im Norden
square dance – Volkstanz
tall stories – Abenteuergeschichten
    (mit einer gewissen Übertreibung)
voyageur – die frühen Pelzhändler
    (meist französischer Abstammung),
    die mit ihren Kanus die Wildnis
    erschlossen haben
wilderness campground – Zeltplatz in
    der Wildnis, ohne Einrichtungen
working ranch – Ranch, auf der über-
    wiegend Viehzucht betrieben wird
    (im Gegensatz zur Ferien- oder dude
    ranch)

Flora und Fauna

Bäume und Pflanzen

Alpine Fir – Balsam-Tanne
Alpine Larch – Lärche
Amabilis Fir – Purpurtanne
Black Cottonwood – Westliche Balsam-
    Pappel
Blue Elder – Holunder
Devils Club – Igelaralie
Douglis Fir – Douglasie
Eel Grass – Seegras
Engelmann Spruce – Engelmann-Fichte
Fireweed – Weidenröschen
Grand Fir – Große Küstentanne
Indian Paint Brush – Kastillea
Juniper – Wacholder
Lodgepole Pine – Dreh-Kiefer
Moss Campion – stengelloses Leim-
    kraut

Pacific Dogwood – Pazifischer Hart-
    riegel
Ponderosa Pine – Gelb-Kiefer
Prickly Pear – Feigenkaktus
Red Alder – Roterle
Rocky Mountain Maple – Ahorn
Sitka Spuce – Sitka-Fichte
Skunk Cabbage – Stinktierkohl
Trembling Aspen – Zitterpappel
Western Hemlock – Hemlock-Tanne
Western Larch – Westamerikanische
    Lärche
Western Red Cedar – Riesenlebens-
    baum
Western White Pine – Westamerikani-
    sche Weymouthskiefer
Western Yew – Eibe
White Birch – Papierbirke
White Spruce – Weißfichte
Yellow Cypress – Nootka-Schein-
    zypresse

Säugetiere

Badger – Dachs
Beaver – Biber
Bighorn Sheep – Dickhornschaf
Caribou – Karibu
Chipmunk – Erdhörnchen
Coho Salmon – Coho-Lachs
Elk – Wapitihirsch
Lynx – Luchs
Marten – Marder
Mink – Nerz
Moose – Elch
Mountain Goat – Bergziege
Mule Deer – Maultierhirsch
Muskrat – Bisamratte
Porcupine – Stachelschwein
Prairie Dog – Präriehund
Wolverine – Vielfraß

Fische

Arctic Char – Eismeersaibling
Arctic Grayling – Arktische Äsche

Bass – Barsch
Dolly Varden – Saibling
Lake Trout – Seesaibling
Musky – Muskelunge
Northern Pike – Hecht
Perch – Flußbarsch
Pickerel – Zander
Rainbow Trout – Regenbogenforelle
Salmon – Lachs
Smelt – Stint
Steelhead – Stahlkopfforelle

Vögel

Bald Eagle – Weißkopfseeadler
Canada Warbler – Grasmücke

Gannet – Baßtölpel
Grouse – Birkhuhn
Harlequin Duck – Kragenente
Heron – Reiher
Jay – Häher
Kingfisher – Eisvogel
Loon – Taucher
Oystercatcher – Austernfischer
Puffin – Papageientaucher
Razorbill – Tordalk
Robin – Drossel
Sandpiper – Strandläufer
Tern – Seeschwalbe
Woodcock – Waldschnepfe
Woodpecker – Specht

Abbildungsnachweis

Register

Abkürzungen der Provinzen: British Columbia (BC), Alberta (AB), Manitoba (MB), Saskatchewan (SK), Northwest Territories (NT), Yukon Territory (YT), Alaska (AK)

Orts- und Sachregister

Register

442

Personenregister

DUMONT

DUMONT

DUMONT
REISE-TASCHENBÜCHER

Umschlagvorderseite: Maligne Lake mit Spirit Island, Rocky Mountains
Umschlaginnenklappe: Das Marine Building in Vancouver spiegelt sich in den
   Glasfassaden benachbarter Wolkenkratzer
Umschlagrückseite: Tlingit-Haus in Haines, Südost-Alaska

Über den Autor: Kurt Jochen Ohlhoff, 1943 geboren, wanderte 1968 nach Kanada
aus; Studium der Psychologie, Soziologie und Literatur mit M.A. Examen an der
Universität von Santa Barbara, Kalifornien. Von 1978 bis 1995 war er Programmdirek-
tor des Amerika-Hauses Hannover; heute arbeitet er als freier Reisejournalist und
Fotograf. Jährliche Studienreisen führen ihn nach Kanada und in die USA. Im
DuMont Buchverlag veröffentlichte er in der Reihe »Richtig reisen« außerdem die
Bände »Ost-Kanada« und »Hawai'i«.

Fremde Kulturen kennenlernen und gastfreundlichen Menschen begegnen –
wie sehr genießen wir das auf Reisen. Zu Hause bei uns jedoch wird mancher
Ausländer von einer kleinen Minderheit beschimpft, bedroht und sogar miß-
handelt. Alle, die in fremden Ländern Gastrecht genossen haben, tragen hier
besondere Verantwortung. Deshalb: Lassen Sie uns gemeinsam für die Würde des Menschen einstehen.

Verlagsleitung und Mitarbeiter des DuMont Buchverlages

© DuMont Buchverlag
3., aktualisierte Auflage 1997
Alle Rechte vorbehalten
Satz: Fotosatz Harten, Köln
Druck: Rasch, Bramsche
Buchbinderische Verarbeitung: Bramscher Buchbinder Betriebe

Printed in Germany   ISBN 3-7701-3412-5